The Diplomatic Endeavor of Japanese Three Prime Ministers in the Sunset of Cold War: 1980-1989

若月秀和 WAKATSUKI Hidekazu

冷戦の終焉と日本外交

鈴木・中曽根・竹下政権の外政 1980〜1989年

叢書
21世紀の国際環境と日本
006

千倉書房

冷戦の終焉と日本外交　鈴木・中曽根・竹下政権の外政　１９８０〜１９８９年

目次

第四章　日中・日韓関係の進展とソ連との関係調整

第Ⅲ部　新冷戦から新デタントへの移行と中曽根外交
――一九八五～八七年〈中曽根康弘政権・後期〉

第五章　三つの課題を求めて――日米摩擦・対ソ関係・戦後政治の総決算

第六章　中曽根外交のかげり――短すぎた続投期間

第IV部　冷戦の終焉と新たな日本外交の模索——一九八八～八九年〈竹下登政権期〉

序章　戦後日本外交における一九八〇年代

1 「新冷戦」を象徴する光景

一九八〇年七月九日、日本武道館において、前月一二日に心筋梗塞のため現職のまま他界した大平正芳首相の内閣・自民党合同葬が行われた。荘重に進められた葬儀には世界一四ヵ国から元首・首相級の要人が参列し、そのなかには米国のカーター大統領(James Earl Carter, Jr.)や、中国の華国鋒《かこくほう》首相の姿もあった。同日、カーターと華国鋒は世田谷区瀬田の大平邸を弔問している。カーターは志げ子夫人に「我々は厚い友情で結ばれているのみならず、Christian brothersでもあった」と述べ、華も「中日友好という財産を日中両国の財産とするのみならず、アジアひいては世界の共通の財産に拡大発展させるべきだ」という大平の言葉を伝えた。大平と米中両首脳が、国益を超える絆でつながっていたことを思わせるエピソードである[1]。

翌一〇日、カーターと華は東京都内のホテルで首脳会談を行った。会談冒頭、両首脳は「日米および日中関係の強化によってアジアの平和と安定を図ろうとした視野の広い政治家を失ったことは、日本だけでなく米中両国にとっても損失である」と述べ、生前の大平の業績を称えるとともにその死を悼《いた》んだ。さらに両者は、前年にアフガニスタンを侵攻したソ連、カンボジアに侵攻したベトナムの両国に対する厳しい姿勢を引き続き維持していく方針を確認している。ソ連が大平の葬儀に、駐日大使を送るに止めている事実を考え合わせると、大平の死に際して「米中日対ソ」という対立構図は、より鮮明に国際社会に印象づけられた[2]。

米中両首脳の賛辞が示すように、大平は僅か一年半の首相在任中、日米・日中両関係の紐帯《ちゅうたい》を固めていた。米ソの緊張緩和（デタント）が行き詰まりを見せるなか、戦略的にソ連の後手にまわる印象が強いカーターを励ますため、大平は歴代首相として初めて日米関係を「同盟」と位置付け、「西側の一員」たる日本の立場を明確化させた。日中関係についても、大規模な円借款供与を決断したのみならず、その改革開放路線を後押しして共産主義体制の中国を国際的な相互依存網に組み込み、国際社会においてより穏健な存在となるよう導こうとした。かくして、一九八〇年前後の東アジアでは、軍事力増強を積極的に進めるソ連に対して、相互に関係を改善した米中日三国が提携する構図ができ上がるが、その形成過程で大平外交が果たした役割は小さくない。

大平の葬儀が執り行われたのと同じ七月、外務省は「安全保障政策企画委員会第一ラウンドとりまとめ骨子」を公表し、一九八〇年代の安全保障のあり方に関する認識を示した。この安全保障政策企画委員会は、大平政権下の一九七九年四月に設置され、関係各局の審議官クラスを中心に討議を重ねていたものである。同省が全省をあげて安全保障問題に取り組んだのは戦後初めてのことであった。

この文書は、戦後の世界平和は米ソの軍事力の抑止機能によって維持されてきたと明確に規定し、米国を中心とする西側全体の軍事的優位を維持する必要性を主張していた。そのために日本は、①当面、「防衛力整備のための中期業務見積り」の早急達成により、できるだけ速やかに防衛計画大綱が目標とする防衛力の規模に達するよう努力する、②ＮＡＴＯ（北大西洋条約機構）諸国とともにグローバルな観点から自衛力の増強を図る必要があると訴えている。

また「安全保障確保のための外交の役割」として、日米同盟関係の堅持、ＥＣ（欧州共同体）諸国、カナダ、豪州、ＮＺなど西側諸国との協力関係の拡大、韓国、ＡＳＥＡＮ（東南アジア諸国連合）諸国など東アジアの友好国の強靭性の増進を目指し、政治・経済面での連携を通じて自由主義陣営の強化に貢献するよう述べている。特に「米中ソの関係」の項目において、「わが国としては日米の友好関係を基軸としつつ、安定し開かれた中国との協力関係を進め、他方ソ連とのコレクトな関係の発展をはかるとの従来の方針を貫いていく必要がある」と指摘している。なお同文書には、右の箇所を除いて対ソ外交に関する記述がほぼ見られない[3]。

2　続かなかった新冷戦

今日から振り返れば、大平が首相として展開した外交や、外務省がとりまとめた「安全保障政策企画委員会第一ラウンドとりまとめ骨子」が、一九八〇年代の日本外交の方向性を大きく規定していることは明らかである。大平や外務官僚たちは、デタントから「新冷戦」（あるいは「第二次冷戦」）へと移行する国際環境の下で、相対的に力を低下させつつある自由主義陣営の盟主・米国を側面から支援することにより、日本と世界の平和と安定を確保しようとした。おりしも日本は二度の石油危機を乗り越え、世界のGDP（国内総生産）の約一割を占める経済大国となっていた。無論、そのことも国際政治への能動的対応に道を開く一因となっただろう。

しかしながら、大平たちが与件とした「新冷戦」の国際状況は、思いの外、長くは続かなかった。一九八〇年代初めの数年こそ、米ソ間の緊張は極度に高まったが、八四〜八五年を境に早くも緊張緩和の局面に向かい、「新デタント」期を経て八九年には冷戦そのものが終結してしまう。一九四〇年代後半から続いた莫大な冷戦コストの負担に、米ソ両国とも疲弊しきっていたことが主因であった。他方、「新冷戦」の重要な構成要素であった中ソ対立も、大平が他界した時点でピークを過ぎつつあった。一九七〇年代後半までソ連の覇権主義反対を呼号していた中国も、八二年には「独立自主の対外政策」を打ち出し、米ソ両国に対して是是非非の立場をとる路線に移行していく。

冷戦終結の前夜、高坂正堯《こうさかまさたか》は、デタントが退潮した一九七〇年代後半から新冷戦に至る約一〇年間は「まるで無用の対立の時代であったように思われる」と述べ、この一〇年間を飛ばしても歴史は成り立つと評している[4]。そう考えると、一九八〇年代の日本は「無用の対立」に付き合い、不必要な負担を被ったと評価すべきなのだろうか。

福田赳夫政権が標榜した「全方位外交」の旗を降ろし、大平政権に至って「西側の一員」としての立場を鮮明にした日本外交は、デタント崩壊－米ソ対立先鋭化－新たな緊張緩和－冷戦終結とジェットコースターのように変転した一九八〇年代の国際環境をどのように把握し、対応していったのだろうか[5]。冷戦最後の約一〇年間における日本外交とは、一体何だったのであろうか。

3　一九八〇年代日本外交の性格

この時期の外交に関する考察は、一九八〇年代末に友田《ともだ》錫《せき》が先鞭を付けている。友田は著書のなかで、大平が日本の「西側の一員」としての座標軸を明確にした後、後継の鈴木善幸首相が心理的なためらい(国内世論への配慮)から、日米関係を混迷させたが、次の中曽根康弘首相が、サミットでの活躍などを通じて、大平の打ち出した路線を積極的に継承・発展させたと論じた[6]。五百旗頭《いおきべ》真や北岡伸一も、ほぼ同じ時期に同様の見解を示している[7]。

その後、村田晃嗣《こうじ》が、一九八〇年代の日本外交を概説した論稿において、「大平が『西側の一員』として一歩進め、鈴木が半歩退こうとした日米同盟関係を、中曽根は大きく前進させることになる」と述べ、とりわけ中曽根外交については「日米関係の一層の緊密化と同盟化、そして日本外交のよりグローバルで積極的な展開」を進めたと位置付け、そのうえで、この時期の日米同盟強化(あるいは制度化)が、欧州とアジアで米国と対峙するソ連の国力を分散・消耗させ、「間接的ながら冷戦の終焉に大きく貢献」するのみならず、冷戦終結後も同盟が命脈を保つことにつながったと高く評価した[8]。

右のような①大平-中曽根によって、一九八〇年代の日本外交が「西側の一員」として国際的な役割を積極的に担うようになる、②鈴木が日米同盟関係や日韓関係を混乱あるいは悪化させるも、その後継の中曽根が日米・日韓両関係を顕著な形で改善させるとともに、サミットでのグローバルな国際政治に積極的に関与していく、という解釈はもはや通説として確立したものと考えてよい[9]。

さりながら、一九八〇年代の日本が展開した対アジア外交の全体像は、いまだ十分に明らかにされているとは言いがたい。一九七〇年代、日中関係では国交正常化から平和友好条約締結、円借款供与の開始という流れがあり、対東南アジア外交では福田ドクトリンの表明と対ASEAN支援の強化という展開があった。また、アジア太平洋地域を包括した「環太平洋連帯構想」も提示されるなど、この時期、日本の対アジア外交にはエポック・メイキングな出来事が並ぶ。それに比べると、一九八〇年代の日本の対アジア外交は、歴史教科書や靖国参拝といった、おもに歴史認識に関わる問題が断続的に発生するも、七〇年代に匹敵するような大きな出来事に乏しい。

中曽根が対アジア外交に注力していたという指摘はある。中曽根がアジア主義を国際主義に融合させる形で、アジア諸国と一種の共同体を希求する感性を持ちつつ、韓国、東南アジア、中国、インド、パキスタンと周到にアジア各地との外交を展開したと指摘する添谷芳秀の研究はその一例である[10]。前出の五百旗頭も、中曽根外交は「『日米関係の深化』を主軸としたが、アジアとの間で二者択一することはなかった」として、「中曽根内閣期が戦後日本外交のピークを画した」と位置付ける[11]。

なかでも日中関係については、高原明生が、日本経済の発展とプラザ合意以降の日系企業の対外進出の加速、そして中国の改革開放の始動といった経済交流を基礎に、おおむね良好に推移したと分析しており[12]、服部龍二も、中曽根と胡耀邦は、歴史認識によっても揺らがない信頼関係を構築し、「日中関係の頂点ともいうべき一時代を築いた」と評価する[13]。

その一方で、前出の添谷は、中曽根が「対米外交や国際国家日本の外交が多くの成果を生み、一定の形をとることができたのとは対照的に、アジア外交が総体として戦略の域に達することはなかった」と注意を促す[14]。佐藤晋も、当時の日本が対米関係を基軸としつつ、同時に中国・韓国とも友好な関係を築けたのは、「当時の戦略環境、すなわちソ連の脅威の増大、米ソの対立関係、中ソ関係の緊張といった状況のもとで可能になったもの」と指摘する。さらに、「一九八〇年代の経済大国日本は、その経済力をアジアに向ける代わりに、ソ連の拡大された脅威に対抗するため、米国との関係安定化に使い果たし、貴重な外交資源と時間を浪費してしまった」と厳しい見方を示している[15]。

中曽根政権の対中外交を分析した神田豊隆も、同政権の中国やソ連に対する外交は「国際環境の変化に受動的に対応した面が大きかった」と指摘したうえで、中曽根以降の一九八〇年代後半の日本外交は「冷戦終焉の波に乗り遅れ」、「東アジアにおける緊張緩和は限定的なものに止まった」との評価を下す[16]。一方、防衛政策面については植村秀樹が、中曽根政権によって自衛隊増強と日米安保強化が推進されたが、この路線を担った「軍事的リアリスト」は最後まで冷戦の終焉を認めない「冷戦ボケ」の体を示したと論じている[17]。

また、益尾知佐子が、冷戦終結後の日中関係の悪化要因となる歴史問題が育まれたのは、両国関係が表面的には「黄金時代」のように見えた一九八〇年代であったと指摘し、「改革開放初期に日本が中国の近代化支援を打ち出したことは、結果的には皮肉にも歴史問題という副産物を創出し」、両国で相手国への「負のナショナリズム」がエスカレートして、同問題が「両国関係の棘」として成長していったと分析していること[18]、さらに、小嶋華津子が、一九八七年に表面化した光華寮問題をめぐる日中関係の考察のなかで、「経済協力を頼みに日中関係を打開する経緯が蓄積されることにより、後に『政冷経熱』と称されるような日中関係のパターンが固定化されていった」と指摘していること、などにも留意しなければならないだろう[19]。

井上寿一は、一九八〇年代に日中間の歴史問題が政治問題として深刻化した点について、中国の改革開放路線に対応するような政治・外交レベルでの関係改善が進展しなかったと結論付ける。また、中曽根が日米韓三国の安全保障関係を経済関係の緊密化という間接的なアプローチによって強化しようとしたものの、韓国＝「独裁国家」というう日本側のイメージゆえに、日韓関係の緊密化が当初期待されたほど進展しなかったこと、さらに「ロン・ヤス」関係に象徴される中曽根のパフォーマンスにもかかわらず、日米間の経済摩擦が深刻化したことなども当時の日本外交の欠落点として挙げる[20]。

また、職業外交官であった加藤淳平は、一九八〇年代以降「全方位外交」から「西側の一員」に舵を切った日本外交のあり方にはっきりとした批判を加えている。つまり、この方針転換が、国際情勢を米ソ二極の対立と割り切り、日本が「西側」に属することを政策の基本としたため、冷戦の収束過程においては中東や中国、東南アジア、またソ連への外交上の対応を遅らせたのみならず、日本独自の情報収集や判断といった外交能力の低下を招くことになったと断ずるのである。加藤は、中曽根政権は前半期において は対アジア外交に意を用い、大平・鈴木両政権よりも「全方位外交」に傾きながら、その後半期に「全方位」的な要素を失い、米欧諸国との協力関係を基軸とする「西側の一員」路線を定着させたと分析している[21]。

諸見解を総括すると、一方では中曽根政権を中心とする一九八〇年代の日本外交は、「西側の一員」の立場から米国との同盟関係を強化すると同時に、中国や韓国、ASEAN諸国など近隣のアジア諸国との関係も発展させて、戦後日本外交の頂点に到達したとの見方を抽出できる。

他方、日本が対米・対アジア双方と良好な関係を形成できたのは、新冷戦の国際状況に受動的に順応した結果に過ぎず、冷戦が緩和・終焉に至る過程では対米経済摩擦の処理や対米安保協力の推進に忙殺され、国際環境の変動に乗り遅れてしまったとする、より消極的な評価も見いだせる。さらには中曽根のパフォーマンスによって良好に見えた表向きとは逆に、日米・日中・日韓各々の関係は内実において、むしろ深刻な矛盾を宿していたという指摘、「西側の一員」への転換自体がその後の日本外交の力を低下させたとの批判もある。

一九八〇年代の経済大国・日本の外交は、時の国際情勢に積極的に対応し、戦後日本外交の頂点を築いたと評価するべきなのか。それとも冷戦終焉に向かいつつある変動への準備に遅れ、後世に多くの課題を残したととらえるべきなのか。

いずれにせよ、この時期の日本外交を考察する際、一九八二年から八七年の約五年間にわたって首相を務めた中曽根康弘の存在を意識しないわけにはいかない。前述の如く、鈴木政権による外交上の失態や停滞を後続の中曽根が劇的に立て直し、「国際国家・日本」を世界に向けてアピールしたという、ある種の「成功物語」が世上には存在する。特に、累次にわたる中曽根自身の回顧録の刊行や彼の側近の証言により、今後、中曽根外交は歴史的に注目され、その評価は一層高まっていくものと見られる[22]。

ただし、その「成功物語」は、政権発足当初の「電撃訪韓」(一九八三年一月)、首相としての初訪米(同月)、ウィリアムズバーグ・サミット(八三年五月)という政権初期の一連の過程に集中する傾向があり、その後の外交展開についてそれほど明確なイメージが形成されているわけではない。すなわち、「新デタント」期と称された一九八〇年代後半(中曽根政権期後半から竹下政権期)の日本外交の輪郭が明瞭にならないのである。特に、内政重視の政治家であった竹下登が展開した外交は、外政派で陣頭指揮型の中曽根のそれと比べても、全体像がつかみにくい。竹下と同様、内政・調整型で、中曽根がある種「反面教師」とした鈴木の外交も、また然《しか》りである[23]。

4 先行研究について

事実、一九八〇年代はデタントと冷戦終結に挟まれた過渡期(あるいは相対的安定期)にあたる。七〇年代や九〇年代に比べると外交・安全保障上のトピックが相対的に少ないせいか(各種年表を見ても、この時期は表記事項が少ない傾向がある)、当該時期を対象とする実証的かつ包括的な研究業績は依然として限られている。先に触れた先行研究の多くは概説にとどまり、とりわけ日米関係の実証的研究は、その考察対象が一九七〇年代末から八〇年代初頭までというケースが多い[24]。それは資料上の制約の問題ばかりでなく、安全保障や経済その他の日米関係の基本的枠組みが、右の時期までにおおよそ定まっていることを示唆しているのかもしれない。

それでも、一九八〇年代プロパーの日米関係についての実証的研究としては、八〇年代前半の対米武器技術供与に関する李娜兀《イナオル》や櫻川明巧《あきよし》[25]、八七年のペルシャ湾への自衛隊掃海艇派遣をめぐる政治過程を分析した加藤博章や山口航《わたる》らの業績がある[26]。また日米間の経済摩擦については、日米半導体摩擦の発生・激化の原因を、当時の米韓間の半導体摩擦に絡めて分析した大矢根聡の著作がある[27]。さらに日米二国間という枠を超えて、西欧諸国との関係にも及ぶが、一九八一年から八七年に行われた米ソＩＮＦ(中距離核戦力)削減交渉をめぐる日本の安全保障上の利益と主張に注目したうえで、日米両国が西側の結束を基本にして、ＳＳ20の全廃に向けて協力する政治過程を描いた瀬川高央の業績も挙げられる[28]。

　同様に、一九八〇年代の日中関係に関する実証研究としては、当該時期の歴史教科書や靖国参拝問題、光華寮問題、経済問題をほぼ同時代的に検証・分析した、田中明彦やホワイティング、国分良成、横山宏章の先駆的な著作がある[29]。近年では、一九七二年の国交正常化から二〇〇〇年代に至る中国ナショナリズムの政治的変容とその対日政策上のインプリケーションを分析するなかで、一九八〇年代の日中関係を、中国国内の「愛国統一戦線」政策や「抗日戦争」研究が、「中日友好」を徐々に浸食していったと評価する江藤名保子の研究もある[30]。江藤が中国側の政治過程や認識について詳細な分析を行うのに対し、前出の服部は日本側の政治決定過程により重点を置く形で、一九八〇年代の日中(日韓)間に発生した歴史認識問題を検証している[31]。

　また、一九七〇年代末から九〇年代までの日中関係を、経済協力に焦点を当てて分析する徐承元《じょしょうげん》が、この時期の日中関係が両国政府主導の経済協力を基礎に比較的安定を保ちながら進展したと分析する[32]のに対し、兪敏浩《ゆびんこう》は、中国外交の政策過程と対外戦略を分析することを通じて、一九八〇年代の日中間の経済面での非対称構造の下で、中国が歴史の負の遺産について日本に不信感や警戒感を持つのは必至であったと述べる[33]。

　日韓関係に関する先駆的な業績としては、ヴィクター・Ｄ・チャと李庭植《イチョンシク》の著作が挙げられよう[34]。特にチャは、国際関係の理論的視点から日韓関係を「疑似同盟関係」ととらえ、一九六〇年代末からの日韓関係を通観すると、八〇年代に米国からの「見捨てられ」の懸念が緩和したことで、日韓双方には協力を強化するインセンティヴがなくなったと指摘している。この点については、当該時期を通じて日韓の安全保障協力に大きな進展はなかったとする松下竜朗の研究もある[35]。その一方、一九八三年に合意に至る日韓の「安保経済協力」に関する政治過程を検証した小此木政夫は、当時の政治家の主導性によって、東アジアにソ連の脅威に対抗できる「米日韓」連合が構築されたと評価している[36]。

また木村幹は、一九八〇年代、韓国社会の世代交代による「歴史の再発見」という阻害要因が生じ始めるも、日韓両国の政権や統治エリートの関係が比較的良好であったことから、歴史認識問題もまた政治エリートたちの掌中で何とかコントロールされていたと述べる[37]。これに対し、金栄鎬のように、この時期、韓国社会の中から沸き起こった侵略と植民地支配の記憶の想起によって、中曽根‐全斗煥両首脳によって開かれた「日韓新時代」が揺さぶられていったとの評価もある[38]。他方、一九八〇年代の日朝関係に関する実証研究はごく限られる。そのなかでは、新冷戦期に考察の焦点が当たっているわけではないが[39]、戦後の日朝関係を包括的に研究した辛貞和《シンジョンホワ》の業績を挙げておこう。

当該時期の日ソ関係についての実証研究として特筆すべきは、長谷川毅と木村汎《ひろし》の業績であろう。前者は、冷戦という座標軸が崩れつつあるなか、日ソ両国が領土問題をめぐって冷戦期に定着した固定観念にとらわれてしまったため関係改善ができず、冷戦の負の遺産を克服できなかったと主張する[40]。後者は、ソ連の政治過程や国際認識に重点を置きつつ、一九八〇年代の新冷戦期の日ソ関係を精緻に研究している[41]。ゴルバチョフ政権時代の日ソ関係を採りあげた先行研究としては、他にも、原貴美恵や下斗米伸夫、クジミンコフなどの著作がある[42]。

同時期の東南アジア外交については、ベトナムによるカンボジア侵攻（一九七九年）によって「福田ドクトリン」が機能しなくなったこともあり、須藤季夫が、カンボジア紛争をめぐる日本とASEAN諸国との協力関係を概観していることを除けば、全般に研究が低調であることは否めなかった[43]。しかし近年、プレセロが「福田ドクトリン」と冷戦終結後の「カンボジア和平」との狭間で埋没していた時期の日本外交の動向を克明に検証する論稿を発表した。プレセロによれば、新冷戦期の日本は、ベトナムへの関与政策と、「西側の一員」としての立場に基づく政策とを両方追求する、いわば「二軌道外交」を選択したという[44]。

アジア太平洋の地域政策については、大庭三枝の業績がある。大庭はこのなかで、中曽根政権の地域協力構想の目的は日米協調を基礎とした「太平洋」諸国間の協調と関係強化にあり、「西側の一員」としてのアイデンティティが強調されていたと指摘する。そのうえで、一九八〇年代後半のアジア諸国の急激な経済発展と、それによる米国との経済摩擦、米国からの自由貿易協定の申し入れといった「危機／変動」に直面した日本が、豪州とともに新たなアイデンティティを求めて、「アジア太平洋」概念を再定義したと分析する[45]。

5 問題意識の所在と分析対象

一九八〇年代の実証研究を概観してきたが、当時の日本外交が国際状況に積極的に対応したと見て良いのか、それとも変動への対応が遅れ、後世に多くの課題を積み残したと解釈すべきなのか、必ずしも判然としない。このような一九八〇年代外交の二面性は何に起因するのであろうか。

その理由について、筆者は次のような仮説を立てたい。すなわち、一九八〇年代の日本外交が、その前半では総じて新冷戦に対応し得た半面、後半は冷戦終結に向かう情勢の変化を十分にフォローできなかったことが、評価の二面性の由縁《ゆえん》と見る。日本は、新冷戦の国際環境——東アジアにおいては「米中日対ソ」の対立構図——に、葛藤を伴いつつも順応していった。特に、一九八二年に登場した中曽根首相は積極的に順応・対応する姿勢を見せていた。ところが、日本が与件とした新冷戦の状況は長く続かず、状況の重要な要素であった中ソ対立もまた一九八二年以降、漸進的に収束に向かう一方、冷戦対立の枠組みでは把握できない歴史認識問題が、中韓両国との間で生起してきた。

一九八〇年代半ばになると、米ソ関係も緊張緩和の局面に入り、すでに顕在化していた日米間の経済摩擦が一層クローズアップされる。一九八七年に民主化を達成した韓国も、中ソ両国との関係正常化に向かうようになる。さらに同年、それまで親日的政策を展開してきた胡耀邦総書記が失脚した中国は、対日政策をより実利的な性格に変質させると、一九八九年にはソ連との和解プロセスを完成させ、天安門事件を引き起こす。これにより「米中日対ソ」の対立構図に完全に幕が引かれる。米ソ首脳によって冷戦の終結が宣言されたのは、同年末のことである。

せっかく新冷戦に順応した日本は、ふたたび急激な国際情勢の変動に迫られた。事態は新冷戦以上に予測困難であり、日本外交は厳しい試練と向き合うこととなった。いや、むしろ変化のスピードが速すぎて、当時の政治指導者や外交当局者、国民世論もその時点で起こっていることの意味を容易に見いだせなかったのかもしれないし、あるいは変化自体を十分に感得できなかったのかもしれない。

二〇〇六年、筆者は一九七〇年代の日本外交について、「全方位外交」という一般方針に着目し、「デタント」と呼ばれた全体的な緊張緩和と東アジアの国際環境の流動化のなかで、日本政府が独自の緊張緩和策を模索しながら、最終的には「西側の一員」として新冷戦的な状況に順応していく過程を分析した著作を公刊した。これに対し、本書では「西側の一員」を旗印とした日本が、新冷戦から冷戦終結へと目まぐるしく変転する一九八〇年代の国際環境をどのように把握し、対応していったのかを検証・考察したい。外交上のフリーハンド確保を重視した「全方位外交」の時代とは対照的に、自国の立ち位置をあえて西側に明確に位置付けるようになった日本外交は、変転する国際情勢にどの程度有効に対処できたのであろうか。

このような問題意識に基づき、本書では、大平の遺影の前で米中両首脳がソ連の脅威に対する協力を誓った一九八〇年七月から、「米中対ソ」の対立構図の終焉を画する八九年六月の天安門事件までを考察の対象時期とする。すなわち、鈴木、中曽根、竹下の三政権が、外交の基軸である対米関係を政治・経済両面でどのように運営し、同時にソ連も含めた近隣のアジア諸国や西欧諸国といかなる関係性を築いていったのか検証する。自民党内に派閥抗争が頻発し、平均で二年に一回は首相が交代した一九七〇年代と異なり、八〇年代の日本政治は全体として安定していた。それは時の政権が、外交政策を展開するのに有利な環境をもたらした。ただ、冷戦終焉前夜の一九八〇年代末、自民党政治は混乱期に入り、日本外交の動きもまたその混乱に掣肘《せいちゅう》されるに至るのである。

6　本書の構成

最後に本書の構成について概説しておこう。まず第一部では、鈴木政権期の外交、すなわち大平首相が打ち出した「西側の一員」路線に鈴木政権が具体的に対応していく過程を考察する。

第一章では、同政権が政権発足当初、対アジア外交の中で「西側の一員」の立場を明確にし、ソ連やベトナムに対抗する一方、米国からの防衛力増強要求には強い抵抗を示して引き延ばし戦術をとり、韓国の全斗煥政権への安全保障上絡みの経済援助供与にも難色を示した経緯などを挙げて論じる。ただし、「日米同盟」の文言をめぐる紛糾の後、鈴木政権は対米関係の悪化を回避するべく、対応可能な防衛努力には応じるとともに、満額回答できない防衛面での貢献を補うため、韓国との「安保経協」交渉にも着手する戦術に転じている。さらに、この間、カンボジア紛争や南北問題、中東政策では、外交当局を中心に日本の独自性が志向された点についても検証する。

第二章では、鈴木政権後半の外交政策が考察の焦点となる。北方領土問題について歴代首相以上に強硬な姿勢を示した鈴木であったが、ソ連のアフガン侵攻によって途絶えていた日ソ間の政治対話を、「西側の一員」としての立場に基づき(かつ具体的成果はさておき)、それ自体を続けていく目的とする形で復活させる。次いで、米中関係悪化と中ソ和解の兆しという米ソ中三大国間の戦略関係の変動のなか、教科書問題と鈴木首相訪中を通じて日中関係が「中日友好」と「軍国主義復活」批判が並存する、二元的なものとなるに至る過程を描く。もう一方の日米関係では、深刻になりつつあった経済摩擦を抑えるため、「防衛力整備のための中期業務見積り」(五六中業)策定やシーレーン防衛の日米共同研究開始、F16の三沢配備決定、対米武器技術供与の検討と、防衛面での摩擦回避に動いていく過程を検証する。同政権下で韓国との「安保経協」交渉がほぼまとまっていた点にも着目したい。

第二部の検証対象は、中曽根政権前半の外交である。第三章では、電撃訪韓‐初訪米‐ウィリアムズバーグ・サミット、大韓航空機撃墜事件を主軸に、中曽根首相が米国を中心とする自由主義陣営との紐帯を固めて、国際安全保障に政治的参画していく軌跡を論じる。日米関係では首脳同士の信頼関係を基礎に、日本の国内事情・制約に関する米国側の理解が高まり、年来の防衛問題による摩擦は鎮静化した。牛肉・オレンジや金融自由化といった経済的案件も総じて円滑に処理された。日韓関係については、中曽根‐全斗煥両首脳同士の意気投合ぶりにもかかわらず北朝鮮の脅威が強調されることはなく、また経済協力も民生安定の見地で説明されるなど無難な線に帰着した点に注目する。さらに対ASEAN外交が、日本の防衛政策に対する疑念を解く点に力点を置き、低姿勢に終始したことも論じる。

第四章においては、政権一年目に米国を中心とする自由主義陣営との関係を固めた中曽根が、二年目に中国、インドやパキスタン、韓国との首脳外交を展開するかたわら、ソ連や北朝鮮、ベトナムとの一定の関係修復を進める過程を検証・考察する。特に、中曽根は中国の胡耀邦総書記との信頼関係を軸に、過去数年熱が冷めつつあった日中友好関係の盛り上げを図り、第二次円借款に踏み切る。米中関係が発展局面に入った一方、中ソ関係の改善が停滞したことも、日中関係安定の追い風となった。次いで、韓国とは全大統領の訪日で過去の清算を図る一方、北朝鮮との関係改善も目指した。また、ソ連に対して当初こそ強硬姿勢を見せた中曽根であったが、大韓機事件以降は対話路線に転換し、日ソ間の政治往来のレベルを一九七〇年代後半の水準に戻した。ベトナムとの対話も、外務省主導で進んだ。

第三部では、国際環境の潮目が新冷戦から緊張緩和に転換する状況下にあった中曽根政権後半の外交を検討する。第五章では、中曽根が、政治・経済両面での西側の結束維持に腐心しつつ、外交上の三つの目標（①戦後政治の総決算、②日ソ関係の打開、③日米経済摩擦の処理）を追求する動きに焦点を当てて、一九八五年から八六年の衆参同日選までの外交展開を検証し、論じていく。

右の一点目の具体的課題は、防衛費対GNP（国民総生産）比一％枠撤廃と靖国神社公式参拝であった。前者は、自民党内の「保守本流」宮澤喜一総務会長をはじめとする党内ハト派、長老グループによって阻害されるも、中業の政府計画格上げを通じて実質的な枠の突破にこぎつける。後者については、終戦記念日の公式参拝断行が、事前の予想を上まわる中国からの反発を招来し、秋の例大祭参拝断念を余儀なくされた。二点目については、中曽根が米ソ関係改善を念頭に、外相定期協議の定例化を通じ、領土問題解決を含む日ソ関係打開を模索する軌跡を追う。三点目に関しては、中曽根政権が、米国や西欧諸国から集中的な批判を受けないよう、アクション・プログラムからプラザ合意、前川レポートといった日本の経済社会の変革を伴う政策を、随時打ち出していく過程を論じる。

第六章は、衆参同日選挙での自民党大勝により獲得した総裁任期延長期間、一年間の中曽根外交を考察する。まず、選挙での勝利を背景に、対米関係においては懸案のSDI（戦略防衛構想）研究参加や防衛費一％枠撤廃が決定された。その一方で、靖国神社参拝（最終的に断念）や歴史教科書に関わる閣僚の発言といった歴史認識をめぐる問題が頻出したため、中曽根は二度目の中韓訪問によって関係の地固めを図った。しかし頼みであった胡耀邦の失脚によって中国の政情は不安定化し、硬直化した対日政策の下、日中関係は国交正常化以降、最も険悪な状態を迎える。

米ソ関係の一時的停滞や日本のSDI研究参加、東芝機械ココム違反事件といった阻害要因が重なり、ゴルバチョフ書記長の訪日も消滅すると、日ソ関係は数年前の冷ややかな状態に戻ってしまった。他方、慢性化した経済摩擦により「ロン・ヤス」の蜜月を誇った日米関係も困難な状況を迎える。とりわけＦＳＸ（次期支援戦闘機）導入計画交渉に象徴されるように、日米間の摩擦が通商のみならず技術や安全保障とも複雑に絡み合い、問題解決を一層難しくした。政権末期には、ペルシャ湾への自衛隊派遣という従来は想定されなかった問題も登場する。しかし、任期を区切られ、売上税問題で消耗した中曽根には、内需拡大など米国からの諸要求を凌ぐことが精一杯であった。

　最後の第四部は竹下政権期の外交を考察する。第七章は、首脳外交が通常の形で展開された一九八八年秋の昭和天皇の容態悪化の時期までを分析する。竹下はその持前の国内調整力を発揮して、日米経済関係の懸案事項であった農産物や建設市場参入といった諸問題を解決する。米ソ関係の改善が不可逆的となった状況下、米国の役割分担の要求は防衛協力体制に止まらず、経済援助の拡大など「総合安全保障」的色彩の強いものになると同時に、ＰＫＯ（国連平和維持活動）への人員派遣といった冷戦終結後に焦点となる問題も提起されるようになる。これに対して竹下政権は、①平和のための協力強化、②国際文化交流の強化、③政府開発援助（ＯＤＡ）の強化を三本柱とする「国際協力構想」を打ち出す。また、この間、米国やアジア、西欧などに活発な首脳外交を展開し、特に訪中では右構想の②と③に基づき、敦煌遺跡の保全協力と第三次円借款を公約した。

　第八章は竹下政権末期から天安門事件までの日本外交の軌跡を検証する。昭和天皇の御不例やリクルート事件による竹下政権崩壊、宇野宗佑《そうすけ》政権の成立に至るこの時期は、日本外交の機動性が著しく低下していた。数少ない例外としては、韓国・盧泰愚《ノテウ》政権の「北方外交」に応じる形で、外務省事務当局と社会党の主導により、北朝鮮との政府間接触の開始が目指され、後の金丸信訪朝への道筋が付けられたこと、そして日ソ間で外相協議や事務レベル協議が頻繁に行われ、平和条約締結交渉が本格化したことが挙げられよう。ただソ連との交渉に関して言えば、日本側が従前の四島一括返還論から立場を修正するも、北方領土問題で目立った進展はなく、ゴルバチョフ訪日の目途も立たなかった。

　また、竹下退陣前後から、経済面における米国の諸要求は苛烈さを増す一方であった。竹下最後の外遊となったＡＳＥＡＮ歴訪も、中ソ・中越対立が収束し、カンボジア和平の展望が見えつつある状況下で、本来は時宜を得た訪問であったが、退陣表明後であったため、その効果は大きく減殺されてしまった。そして、第三次円借款で安定したはずの日中関係は、天安門事件の発生によって大きく揺さぶられる。中ソ関係も正常化され、一九七〇年代末以来の「米中対ソ」の構図を前提に対中政策を進める時代は終焉する。冷戦の終結は目前であった。

最終章では、第一章から第四章までの検証・考察を踏まえ、新冷戦－新デタント－冷戦終焉と変容した国際環境のなかで、「西側の一員」を掲げた一九八〇年代の日本外交の果たした役割とその限界を分析し、戦後日本外交史における当時の外交の位置付けを明らかにしたい。

なお、本書で利用した史資料は、情報公開法に基づいて入手した外務省の内部文書及び本省と在外公館との間で交わされた電信記録、外交史料館所蔵ファイル、東京大学法学部近代法制史史料センター所蔵の大村襄治文書、中曽根康弘事務所所蔵の長谷川和年外交ファイル、及びデジタル・ナショナルセキュリティー・アーカイブ・コレクションの「日本と米国（第二部）」である。また、中曽根元首相や外務省OBのオーラルヒストリーや回顧録も、積極的に活用した。

註

1――服部龍二『大平正芳　理念と外交』岩波現代全書、二〇一四年、二〇八～二〇九頁。

2――若月秀和『「全方位外交」の時代――冷戦変容期の日本とアジア・1971～80年』日本経済評論社、二〇〇六年、三〇〇～三〇一頁。

3――永野信利『日本外交のすべて』行政問題研究所、一九八六年、三六一～三六四頁。

4――高坂正尭『現代の国際政治』講談社現代文庫、一九八九年、二二〇～二二一頁。

5――「全方位外交」とは、一九七六～七八年に首相を務めた福田赳夫によって標榜された外交の一般方針で、福田自身は、「全方位平和外交」と称していたが、「全方位外交」の呼称が定着した。その内容は、日米関係を最重要視しながら、東西冷戦対立の枠組みを超えて、あらゆる国々と友好関係を結ぶことによって、より協調的な国際環境の形成に努めるものであった。「全方位外交」の方向性自体は、田中角栄や三木武夫など福田以外の一九七〇年代の歴代首相にも共有されており、その意味ではデタント期七〇年代の日本外交の基本的潮流を敷衍したものとして把握した方が妥当であろう。

6――友田錫『入門・現代日本外交』中公新書、一九八八年、三〜三八、六九〜一三八頁。

7――五百旗頭真「国際環境と日本の選択」有賀貞・宇野重昭・木戸蓊・山本吉宣・渡辺昭夫編『講座国際政治4 日本の外交』東京大学出版会、一九八九年、四二〜五〇頁。北岡伸一『日本政治史 外交と権力』有斐閣、二〇一一年、二四六〜二四七頁（初版は一九八九年）。

8――村田晃嗣「『国際国家』の使命と苦悩（第5章）」五百旗頭真編『戦後日本外交史』有斐閣アルマ、二〇一四年（第三版補訂版）、一八七〜二二五頁。

9――もっとも、佐道明広は当該時期の防衛政策に関し、大平が「基盤的防衛力構想」を基礎に、財政再建を目指すべく、防衛支出に一定の歯止めをかけることを志向し、鈴木も大平の路線を踏襲したのに対し、中曽根は日米防衛協力路線に大きく舵を切ったと分析している。大平‐中曽根の連続性を重視する見方から距離を置いた見解である。佐道明広『自衛隊史論 政・官・軍・民の六〇年』吉川弘文館、二〇一五年、一三三〜一三六頁。

10――添谷芳秀『日本の「ミドルパワー」外交』ちくま新書、二〇〇五年、一五九〜一六四頁。

11――五百旗頭真「戦後日本外交とは何か（終章）」同編、前掲書、三〇〇〜三〇一頁。

12――高原明生「1980年代の日中関係（第5章）」国分良成・添谷芳秀・高原明生・川島真『日中関係史』有斐閣アルマ、二〇一三年、一四一〜一六九頁。

13――服部龍二「中曽根・胡耀邦関係と歴史問題 一九八三‐八六年（第5章）」高原明生・服部編『日中関係史 1972‐2012 I 政治』東京大学出版会、二〇一二年、一九〇〜一九一頁。

14――添谷、前掲書、一六四頁。

15――佐藤晋「『経済大国』日本とアジア――一九八〇年代」宮城大蔵編著『戦後日本のアジア外交』ミネルヴァ書房、二〇一五年、一八一〜二〇九頁。

16――神田豊隆「1980年代の冷戦と日本外交における二つの秩序観――中曽根政権の対中外交を軸として」『アジア太平洋研究』一九号（二〇一三年一月）、五三〜六九頁。

17――植村秀樹『自衛隊は誰のものか』講談社現代新書、二〇〇二年、一三八〜一六〇頁。

18――益尾知佐子「中国の近代化と日本モデル――鄧小平時代の日中関係」趙宏偉・青山瑠妙・益尾・三船恵美『中国外交の世界戦略 日・米・アジアとの攻防30年』明石書店、二〇一一年、二八〜四九頁。また、一九八〇年代初頭の中国の「独立自主の外交政策」への転換を詳細に分析するとともに、その転換と日本の「全方位外交」との関係性に言及している業績として、益尾『中国政治外交の転換点 改革開放と「独立自主の対外政策」』東京大学出版会、二〇一〇年がある。

19――小嶋華津子「光華寮問題」高原・服部編、前掲書、一九七〜二二七頁。

20――井上寿一『日本外交史講義』岩波テキストブック、二〇〇三年、二一七〜二二二頁。

21――加藤淳平「『全方位外交』とその後の日本外交――1970年代末における日本外交路線の転換」『常盤国際紀要』第三号（一九九九年三月）、八九〜九四頁。

22――中曽根自身の回顧録としては、中曽根康弘『政治と人生――中曽根康弘回顧録』講談社、一九九二年。同『天地有情——五十年の戦後政治を語る』文藝春秋、一九九六年。同『自省録——歴史法廷の被告として』新潮社、二〇〇四年。同(中島琢磨・服部龍二・昇亜美子・若月秀和・道下徳成・楠綾子・瀬川高央編)『中曽根康弘が語る戦後日本外交』新潮社、二〇一二年。また、中曽根の総理秘書官が残した回顧録としては、長谷川和年(瀬川高央・服部龍二・若月秀和・加藤博章編)『首相秘書官が語る中曽根外交の舞台裏——米・中・韓との相互信頼はいかに構築されたか』朝日新聞出版、二〇一四年。また、中曽根の政治キャリア全体の外交を俯瞰する業績として、服部龍二『中曽根康弘——「大統領的首相」の軌跡』中公新書、二〇一五年、中島琢磨「中曽根康弘——冷戦期の日本外交の帰結点」佐道明広・小宮一夫・服部龍二編『人物で読む現代日本外交史 近衛文麿から小泉純一郎まで』吉川弘文館、二〇〇八年、二六九～二八二頁がある。

23 ——鈴木・竹下両者とも、中曽根に比して自身の政治的軌跡について回顧する機会が少なかった。確かに、竹下は「平成の語り部」として証言を多く残す意向があったとは思われるが、関心対象の多くは内政であったうえ、多くの証言を残すことなく二〇〇〇年に死去してしまった。鈴木自身の回顧録としては、鈴木善幸(聞き手・東根千万億)『等しからざるを憂える——元首相鈴木善幸回顧録』岩手日報社、二〇〇四年。岩手放送編(聞き手・七宮涬三)『元総理鈴木善幸激動の日本政治を語る——戦後40年の検証』岩手放送、一九九二年。これら著書で外交分野について多くを割いているのは、一九八一年五月の日米共同声明をめぐる紛糾である。また、鈴木首相の秘書官を務めた外務官僚の谷野作太郎が、自身の回顧録の一章を割き、鈴木政権の外交に関する証言をしている(谷野作太郎『外交証言録アジア外交 回顧と考察』岩波書店、二〇一五年、六九～一一七頁)。一方、竹下自身の回顧録としては、竹下登『政治とは何か——竹下登回顧録』講談社、二〇〇一年。同『証言 保守政権』読売新聞社、一九九一年。なお、竹下外交を概説する業績としては、佐道明広「竹下登——『調整型政治』の完成とその限界」同・小宮・服部編、前掲書、二八三～二九三頁。

24 ——近年、一九七〇年代後半の日米関係についての、実証的かつ斬新な角度からの業績が出されている。例えば、武田悠は、一九七七年の日米首脳会談の主要議題であった安全保障、経済、原子力の三つの分野における日米間の協力を検証したうえで、経済大国・日本がどのような国際的役割を担うに至ったか分析している。ただ、その分析対象はカーター政権期が終了する八一年までとなっている(武田悠『「経済大国」日本の対米協調』ミネルヴァ書房、二〇一五年)。また、野添文彬は、一九七二年の沖縄返還の同地への米軍基地集中化の過程を米国政府、日本政府、沖縄の相互関係を検証しながら分析しているが、その考察対象の中心は、一九七八年の「思いやり予算」の開始までの時期で、一九八〇年代の西銘県政の時期はエピローグ的な扱いとなっている(野添文彬『沖縄返還後の日米安保 米軍基地をめぐる相克』吉川弘文館、二〇一六年)。さらに、吉田真吾は、一九五〇年代後半から七〇年代後半までに、日米同盟が「高度に制度化」されていく過程を精緻に分析したうえで、八〇年代以降については仮説的な検討に止めている(吉田真吾『日米同盟の制度化 発展と深化の歴史過程』名古屋大学出版会、二〇一二年)。一方、山口航は、日米防衛協力という「狭義の安全保障」と政府開発援助などの「広義の安全保障」の相互補完性に着目し、レーガン-中曽根時代の日米の「黄金期」が、一九七〇年代末から八〇年代初頭に準備されたもの、と分析するが、題目の通り、分析対象は新冷戦期初期で止まっている(山口航「新冷戦期初期における日米安全保障関係の変容と継続――『狭義の安全保障』と『広義の安全保障』の交錯」(同志社大学法学研究科博士論文・二〇一六年三月))。他方、石田智範は、一九八三年に決着した日韓間の「安保経協」について、一九七七~八一年の米国内の政策決定及び日米間の外交交渉に焦点を合わせることで、その新たな解釈や意義づけを試みているが、これも一九八一年で考察が終わっている(石田智範「対韓支援問題をめぐる日米関係(一九七七~一九八一年)――「責任分担」論の視点から」(二〇一〇年度 慶應義塾大学大学院法学研究科修士論文)。

25――櫻川明巧「日本の武器禁輸政策――武器輸出三原則の国会論議をめぐって」日本国際政治学会編『国際政治』第一〇八号(一九九五年三月)。李娜兀「日本の対米軍事協力メカニズム――『武器輸出三原則』の解釈を中心に」『法学政治学論究』第六六号(二〇〇五年九月)。

26――加藤博章「冷戦下自衛隊海外派遣の挫折――1987年ペルシャ湾掃海艇派遣問題の政策決定過程」『戦略研究10』(戦略研究学会・二〇一一年一〇月)、一〇九~一二八頁。山口航「中曾根康弘政権における日米同盟の拡大――ペルシャ湾安全航行問題を事例として」『同志社法学』(六四巻四号・二〇一二年九月)、二二九~二七五頁。

27――大矢根聡『日米韓半導体摩擦――通商交渉の政治経済学』有信堂、二〇〇二年。

28――瀬川高央『米ソ核軍縮交渉と日本外交――INF問題と西側の結束 1981-1987』北海道大学出版会、二〇一六年。

29――田中明彦『日中関係 1945-1990』東京大学出版会、一九九一年、アレン・S・ホワイティング(岡部達味訳)『中国人の日本観』岩波書店、一九九三年。横山宏章『日中の障壁 戦争と友好の代償』サイマル出版会、一九九四年。国分良成「対日政策決定のメカニズム――光華寮問題の場合」小島朋之編『アジア時代の日中関係 過去と未来』サイマル出版会、一九九五年。

30――江藤名保子『中国ナショナリズムのなかの日本「愛国主義」の変容と歴史認識問題』勁草書房、二〇一四年。

31――服部龍二『外交ドキュメント 歴史認識』岩波新書、二〇一五年。

32――徐承元『日本の経済外交と中国』慶應義塾大学出版会、二〇〇四年。

33――兪敏浩『国際社会における日中関係 1978~2001年の中国外交と日本』勁草書房、二〇一五年。

34――ヴィクター・D・チャ(船橋洋一監訳・倉田秀也訳)『米日韓反目を超えた提携』有斐閣、二〇〇三年。李庭植(小此木政夫・古田博司訳)『戦後日韓関係史』中公叢書、一九八九年。

35――松下竜朗「日韓防衛交流の進展と停滞――信頼醸成措置の可能性と限界」『防衛学研究』第四二号一〇九~一二九頁。

36――小此木政夫「新冷戦下の日米韓体制――日韓経済協力交渉と三国戦略協調の形成」小此木・文正仁編著『日韓共同研究叢書4 市場・国家・国際体制』慶應義塾大学出版会、二〇〇一年、一八九~二一二頁。

37――木村幹『日韓歴史認識問題とは何か 歴史教科書・「慰安婦」・ポピュリズム』ミネルヴァ書房、二〇一四年。また木村の指摘に関連して、磯崎典世も、一九八〇年代の日韓関係を概観するなかで、韓国の民主化と冷戦終結の趨勢に言及しつつ、「こうした中で日韓関係は、両国政府が関係を統制できた状態から、市民社会の交流の進展が両国の関係に影響を与える状態へと変化し始めた」と分析し、当該一〇年の日韓関係を「過渡期」と形容している。磯崎典世「韓国民主化と市民社会交流 1980年代（第四章）」李鍾元・木宮政史・磯崎・浅羽祐樹『戦後日韓関係史』有斐閣アルマ、二〇一七年、一三九〜一七二頁。

38——金栄鎬『日韓関係と韓国の対日行動 国家の正統性と社会の「記憶」』彩流社、二〇〇八年。

39——辛貞和「日本の北朝鮮政策（一九四五〜一九九二）——国内力学の観点から」（慶應義塾大学法学研究科博士論文・二〇〇〇年九月）。

40——長谷川毅『北方領土問題と日露関係』筑摩書房、二〇〇〇年。

41——木村汎『遠い隣国——ロシアと日本』世界思想社、二〇〇二年。

42——Kimie Hara, *Japanese-Soviet/Russian Relations since 1945: a difficult peace*, (London and New York: Routledge,1998). Nobuo Shimotomai, "Japan-Soviet Relations Under Perestroika: Perceptions and Interactions between Two Capitals" in Gilbert Rozman(ed.), *Japan and Russia: The Tortuous Path to Normalization, 1949-1999* (New York: St. Martin's Press, 2000), pp.107-121. ヴィクトル・クジミンコフ「ゴルバチョフ政権の対日政策 一九八五・一九九一年」『神戸法学雑誌』（第五六巻第一号・二〇〇六年八月）、一九一〜二四二頁。

43——須藤季夫「日本外交におけるＡＳＥＡＮの位置」日本国際政治学会編『国際政治』第一八号（一九九七年一〇月）、一四七〜一六四頁。

44——アンドレア・プレセロ「ヴェトナム戦争後の東南アジア秩序と日本」宮城大蔵編『戦後アジアの形成と日本』中央公論新社、二〇一四年、一一九〜一六六頁。本稿の詳細については、Andrea Pressello, Japan's Southeast Asia Policy and The Cambodian Conflict, 1979-1993: Diplomacy Amid Great Power Politics and Regional Confrontation (Dissertation, National Graduate Institute for Policy Studies) を参照のこと。

45——大庭三枝『アジア太平洋地域形成への道程』ミネルヴァ書房、二〇〇四年。

第I部

「西側の一員」路線への試行錯誤

——一九八〇～八二年〈鈴木善幸政権期〉

第一章　主体的外交への努力とその限界

1　大平外交の継承

一九八〇年七月一七日、前月の大平首相の急逝を受けて鈴木善幸政権が成立した。鈴木は大平派の幹部であり、自民党総務会長を長く務めるなど、その調整力には定評があったが、総理総裁へのキャリアパスとされる蔵相や外相といった主要閣僚の経験はなかった。それまで首相候補として名前が挙がったことのない彼の政治理念や政策志向についても知られていなかった[1]。

翌一八日、鈴木は首相として初の記者会見で、大平の盟友であった伊東正義前官房長官の外相就任に言及しつつ、前政権の外交方針を継承する意向を表明した。すなわち、日米関係を基軸に前任者が築いた日中関係を一層緊密にするよう努力し、さらに東南アジア諸国などとも友好協力関係を形成することを目標として掲げたのである[2]。九月一六日の講演では、米国の経済・軍事両面での力の低下とソ連の第三世界への浸透により、「ソ連の軍事力増強には、米国一国で対応することはできない状況」と述べ、自由主義陣営の一員たる日本の防衛力整備の必要性を説いた[3]。

大平外交継承の象徴とも言うべき伊東外相は、八月二四日から九月四日まで、タイ、ビルマ、インド、パキスタン、中国の五ヵ国を歴訪した。

八月二五日、最初の訪問国タイにおけるシティ外相(Siddhi Savetsila)との会談で、伊東はソ連のアフガン侵攻を引き合いに出しつつ、武力を使ってカンボジアに侵攻し、「自分の気に入った政府」を樹立させたベトナムを非難した。また、「越のきょう〔脅〕迫に対してはASEANが団結して行くこと」に日本として全面的な支援を表明したうえで、国連での民主カンボジア(ポル・ポト政権)の代表権維持への国際的な働き掛けとカンボジア難民流入により影響を受けているタイ被災民救済のため、約三〇億円の直接援助供与を約束した[4]。また、三一日に行われたパキスタンのハク大統領(Muhammad Zia-ul-Haq)との会談では、対ソ包囲網上の「第一線国」である同国に敬意を表すとともに、対ソ対抗上、「パ米関係の改善を強く念願」するとして、アフガン難民に対する二・九億円の小麦援助供与の政府決定を伝えた[5]。

九月三日には最後の訪問地・北京で、伊東は華国鋒主席と会談した。華主席は、ソ連に対する西側諸国の「反覇権闘争」強化の必要性を説き、伊東が歴訪中、①タイの主権と独立の維持を支持した、②ASEAN支持の立場をもとに、ベトナムのカンボジアからの撤兵を支持した、③パキスタンの難民キャンプを訪問して、ソ連のアフガニスタンからの撤兵の必要性を重ねて確認した点などを挙げて、歴訪の「成功」を賞賛した[6]。

ソ連の国営タス通信はただちに、「伊東外相の訪問はこの地域の緊張緩和に寄与するものではない」と批判した。しかし日本側は、「日本はカネを出すだけで政治的に手を汚そうとしない」というASEAN側の対日不信を払拭するべく、この歴訪ではあえてASEAN支持の旗幟《きし》を鮮明にしたのである[7]。

九月九日、外務省の高島益郎《ますお》事務次官は鈴木首相に、①米国の今後の対ソ政策を見極める必要がある、②フランス、西ドイツのように対ソ関係修復に動くのは日本の国益上好ましくない、という二点を挙げて、アフガン侵攻を機に発動した対ソ制裁措置の継続を進言し、首相もこれを了承した[8]。外務省事務当局は、「最近の日ソ関係の冷却化は、北方領土での軍備強化、アフガン軍事介入等専《もっぱ》らソ連側の行動に起因したもの」であり、日本の方から関係修復の具体的提案をするのは「筋が通らず」、今後の対ソ折衝上も「得策」ではないと考えたのである[9]。

それゆえ、九月二四日のニューヨークの国連総会に伴ってもたれた日ソ外相会談で、伊東は、関係発展の障害除去のため、ソ連軍のアフガン撤退と北方領土での軍事基地建設中止を要求した。ところが、グロムイコ外相(Andrei Andreevich Gromyko)は、ソ連の対アフガン介入は、同国指導部の要請に基づく「純粋に平和愛好行動」と正当化し、北方領土基地建設については言及を避けた。

また、グロムイコは、日本の軍備強化とNATOとの協力着手、そして、中国への接近に懸念を表明した。これに対し、伊東は、日本の防衛費がGNPの〇・九%にすぎない点を根拠に、「軍国主義化の考えは全くない」と述べ、日本が中国やNATOと軍事協力してソ連に敵対することはないと強調した[10]。

国連総会を控えた九月一九日、伊東はワシントンでのマスキー米国務長官（Edmund Muskie）との会談で、カンボジアの国連代表権問題に関し、日米両国が対ASEAN支持で協力することを確認する。また、対ソ制裁措置が欧州の行動により損なわれているとして、全ての同盟国が従うことができるよう、制裁に関する明確なガイドラインを策定するための会議開催を提案した。ブラウン国防長官（Harold Brown）との会談でも、日本は自主性をもって防衛努力を行うと主張している[11]。

次いで伊東は、一二月六日から英仏西独など西欧五ヵ国を歴訪する。おりから、ポーランドに対するソ連の軍事介入の危機が叫ばれるなか、伊東は各国首脳との会談で、最悪の場合、日本が西欧諸国と共同歩調を取ると表明した[12]。

明けて一九八一年三月に作成された米国務省の内部文書でも、日本が過去数年間のうちに、世界第二の経済大国にふさわしく、積極的に政治的役割を拡大してきており、鈴木首相は「全方位外交」あるいは等距離外交の原則を放棄し、「西側の一員」としての日本の責任を強調してきている、と記されていた。

その一方、同文書は、日本の国際的な役割拡大に関する国内世論のコンセンサスが依然未成熟であることや、日本の指導者たちが、「日本は軍事大国にならない」、「憲法上、NATOとともに行動できない」、「中国と一緒に反ソ連合に加わらない」など、自国の役割拡大に制限を設けようとする傾向が顕著に見られるとも指摘していた[13]。米国は日本の変化を評価しながらも、政治・軍事面での対米協力に依然として慎重であることを見逃さなかったのである。

2 防衛費増額要求への抵抗

一九八〇年に入り、「新冷戦」と呼称されるほど米ソ関係の緊張が高まると、米国の日本に対する防衛費増額要求は激しさを増していった。

五月一日に行われたワシントンでの日米首脳会談でもカーター大統領は、「防衛力整備のための中期業務見積り」（五三中業）の達成年次繰り上げを要請してきた[14]。これに対して大平首相は、「同盟国」日本として五三中業の繰り上げを「今検討しているが、米国と協議しつつ対応していきたい」と応答している[15]。ところが、五日に行われたカナダでの記者懇談では、予算決定のなかで防衛費を特別扱いしない考えを表明し、帰国後の国会答弁でも五三中業繰り上げの約束を否定した[16]。イランの米国大使館人質事件やソ連のアフガン侵攻で苦境に立つカーターを勇気づけたい心情と、防衛力整備は国際環境と国内世論、財政状況に即して自主的に決めるべきという筋論の間で大平は揺れていた[17]。

一方、米国側は首脳会談での大平発言を、五三中業の繰り上げ達成を約束したものと受け取った。六月末にハワイで開催された第一二回日米安保事務レベル協議(SSC)の席上、米国は改めて中業の繰り上げ達成を求めている[18]。六月の衆参同日選挙での自民党圧勝もあり、米国側は内閣が交代しても次年度防衛予算は満足のいくレベルに達すると楽観していた[19]。

大平と米国側の認識が食い違うなか、大平はこの世を去り、米国の要求にどう対応するかという課題は後任の鈴木に委ねられたが、新政権は財政再建を最重要課題に掲げ、歳出の削減に踏み切る。次年度予算の編成で概算要求枠(シーリング)を前年度の七・五%増に設定し、伸び率を一律に抑え込んだのである。しかし、七月二八日、大村襄治防衛庁長官と渡辺美智雄蔵相が協議を行い、対米関係を考慮して防衛費ついては九・七%増の特例を認めることを決めた[20]。

八月一日、鈴木は首相官邸を訪れたマンスフィールド駐日大使(Mike Mansfield)に、五月の首脳会談を踏まえて増強の必要性を十分に認識しているとして、次年度予算で防衛費に「防衛費に特別配慮をした」と述べた。また、大使の五三中業の繰り上げ達成要請に対しても、同席の宮澤喜一官房長官は、中業は防衛庁の内部文書と断りつつ、政府として可能なことは実行すると答えた[21]。

鈴木は一九四七年の総選挙で社会党候補として初当選している。その後、保守陣営に転じ、保守本流の宏池会《こうちかい》に属した経歴から、防衛問題では「ハト派」志向であった。首相就任直後の記者会見では、「国の安全保障は国防、狭い意味での防衛力の整備だけでは確保できない」として平和外交推進の重要性を説くと同時に、南北問題解決への積極的貢献や資源エネルギー、食糧問題も「安全保障の大きな要素」と主張していた[22]。その意味で、大平の唱えた「総合安全保障」構想には強い思い入れがあった[23]。実際、鈴木の提唱により、一九八〇年一二月二日には安全保障政策に関する各省庁の施策を調整する自由討議の場として、「総合安全保障関僚会議」の初会合が開かれている[24]。

案の定、予算編成が大詰めの段階を迎えると鈴木は防衛費抑制を主導するようになる。一二月一〇日、鈴木は、九・七％増達成を主張する外務省の浅尾新一郎北米局長と防衛庁の原徹事務次官に対し、①概算要求の九・七％は上限で、そこから財政当局の査定がなされる性格のもの、②他の費目との均衡を考えて、財政の許す範囲で増額に最大の努力をする、③九・七％増が実現しなくとも、日米関係にヒビは入らないと考える、という三点を基本に対処する方針を示した[25]。

一二日に首相官邸で開かれたブラウン国防長官との会談でも、鈴木は「憲法や戦後の歴史に即して、軍事大国にならないというのが日本の防衛政策であり、そうした政策はまた、非核三原則とともに日本国民に支持されている」と述べた。厳しい国際情勢の下で安全保障に関する国民の意識が高まっていると指摘し、その意識を育成すべく予算での社会保障費との均衡を図りつつ、中業達成を目指すことを表明した。

ブラウン長官は、鈴木や大村長官との会談で、現下の国際情勢やグローバルな米国の防衛上の責任に言及しながら、日本が経済力に相応しい防衛責任を担うべきとの見地から、九・七％増確保と中業の早期達成を重ねて要求した[26]。とりわけ大村に対しては、七月の概算要求決定時に合意されたが変化した場合、九・七%増の上積み考慮が合意されたと指摘し、九月のイラン・イラク戦争勃発は同ケースに該当するとしてさらなる増額を迫った。ところが、大村や防衛庁幹部は概算要求決定後の財政状況の悪化と国民世論の反応に鑑み、九・七％を超える増額は困難との認識を示した[27]。それまで増額論を先導してきた同庁の勢いも失速気味であった。

一二月一五日の政府・与党首脳会議では、鈴木は防衛費を九・七％増以下に抑える意向を表明した。しかも会議後の記者会見で、宮澤官房長官は首相発言の「九・七％以下というのは、人件費を含んでいる」と発言した。これでは装備強化など実際の防衛費の増加分は、最終的に七％台にとどまる公算が大きい[28]。右の宮澤発言に、防衛・外務両省庁は強い反発を見せるも、一七日、自民党の国防族議員であった椎名素夫《もとお》は、在京の米国大使館に、「九・七％増の達成の見通しが事実上なくなったと考える」と伝えた[29]。

一八日、自民党執行部は、防衛費に関する最終的な裁断を首相に委ねる決定をするが、鈴木が最大限の増額を選択する見込みはなかった[30]。二〇日、欧州歴訪から帰国した伊東の増額要求にも鈴木は応じなかった[31]。そして、二三日の大蔵省原案内示で、防衛費は前年度比六・六%増に抑え込まれた。二五日には、鈴木が国防族議員らと会談し、①正面装備を中心に政府部内で調整する、②福祉予算との伸び率の比較にこだわらない、との判断を示した。右の二点を提示することで、国防族議員の面子を立てたのである[32]。原案内示後の復活折衝を経た二八日、予算の政府案が決まり、防衛費は原案に一%プラスの七・六一%増で決着した。

確かに、一般歳出全体の伸びが四・三%に抑えられるなか、福祉予算の伸び率の七・六%をわずかながら超える伸びを確保したうえ、正面装備購入費が一七・七%増となったことに着目すれば、決して防衛を軽視する予算ではなかった。しかし、概算要求額から大きく削り込まれた数字であったことも事実であった。大蔵省の予算統制と並んで、鈴木をはじめ政府・与党内に公共投資、福祉予算の削減や増税を伴う防衛費の大幅増額は国民から強い反発を受けるという共通の認識があったことが防衛費抑制につながった。農林族、建設族のように有力な業界団体などの支援組織がない国防族議員は予算増額に向けて孤軍奮闘するしかなかった[33]。

米国の反応は総じて厳しかった。一二月二九日、ニューサム国務次官（David Newsom）が大河原良雄駐米大使に、当初の九・七%増を最低限の数字であり、そのなかに人件費も含まれないと考えていたとして、強い失望を表明した。また、①次期共和党政権が防衛問題重視の姿勢を示している、②顕著な防衛努力がなければ、自動車輸出など経済摩擦に絡むことが不可避であると指摘した[34]。年明けに米国ではカーターからレーガン（Ronald Reagan）への政権移行が迫っていたが、防衛問題は引き続き日米関係の阻害要因となっていく。

3 鈴木首相の東南アジア歴訪
——対ASEAN支持の明確化

鈴木首相の初外遊は、ASEAN五ヵ国歴訪となった。就任当初、一一月の米国大統領選挙の帰趨《きすう》は定かでなかったため、訪米日程を組むことは困難であった。また大平政権時の首脳の相互往来から日が浅いため、首相訪中も喫緊の課題ではなかった[35]。

その後、米大統領選挙でレーガン新政権発足が決まると、外務省や自民党内には早期訪米論が高まった。しかし、就任間もない日本の首相が参勤交代の如く訪米するべきではないという宮澤官房長官の主張で同論も潰れた[36]。そこで、大平がASEAN歴訪を果たすことなく亡くなった経緯を踏まえ、政権発足当初からの伊東の勧めもあり、初外遊先にはASEANが選ばれた[37]。ASEAN諸国との連帯関係を固めて、対米関係での発言力を強化しようとする鈴木自身の意向も作用したようである[38]。

かくして、一九八一年一月八日から一三日間、鈴木はASEAN五ヵ国を歴訪した。当該地域への日本首相の歴訪は、一九七七年八月の福田赳夫首相以来、三年五ヵ月ぶりであり、この間の「対話の空白」を埋め、指導者間の親密度を増進させる意味合いが強かった。実際、大平政権時代には日本の対アジア外交が「中国寄り」の印象を与え、ASEAN諸国に不安や警戒心を生んでいた[39]。

一月一九日、歴訪最後の訪問国・タイのバンコクで、鈴木は東南アジア政策の基本方針を示した。このなかで、世界全体のGNP・貿易で一割を占めるようになった日本は、国際平和維持と世界経済発展に国力に相応しい貢献をすべきと主張したうえで、次の四つの基本方針を挙げた。

① 日本は軍事大国にならず、アジアの平和と安定のため国力及び国際的地位にふさわしい貢献をする。

② ASEAN諸国と「ともに考え、ともに努力する」との精神に立って成熟した関係の構築を目指す。

③ ASEAN諸国への経済協力は、農村・農業開発、エネルギー開発、人造り、中小企業の振興の四分野に重点を置く。

④ カンボディア問題の平和的解決にASEAN諸国と一致協力して取り組み、インドシナ半島に平和が実現すれば、同地域の復興に協力する。[40]

①は「福田ドクトリン」の第一原則に相当する。鈴木は演説のなかで、専守防衛の堅持を「過去の選択の重大な誤りに深く思いを致した結果」とし、また軍事大国化しない選択は、日本国民の総意で何人といえども覆すことは不可能と明言するとともに、「わが国に対して国際社会における軍事的役割を期待することは誤り」と語った[41]。軍事大国化の否定について福田よりも一層鮮明であった。

各国首脳との会談でも、日本の安全保障政策は、日米安保条約の円滑な運用と、専守防衛のための着実な自衛力整備に置かれていると説明し、各国側の理解を得た[42]。もっとも、ASEAN諸国の立場は、ソ連の脅威を念頭に、非核・専守防衛の枠内なら日本の防衛力増強は容認というものであり、むしろ、各国は治安警備用途で高性能な日本の武器を所望していた[43]。

②の「ともに考え、ともに努力する」は、福田ドクトリンの「心と心が触れ合う関係」というくだりが各国にアピールした前例を受け、目線をアジアと同じ高さに置くという日本の姿勢を示すものであった[44]。

③の経済協力については、各国の経済・社会開発のニーズや優先度に応じた協力の実行を重視し、従来の「モノ」中心から「ヒト」中心の協力への転換を明確化した。従来の大型プロジェクト中心の経済協力が、都市と農村の貧富の格差拡大、農村の荒廃、都市のスラム化などを進行させる結果になっていただけに、四大重点項目の筆頭である農村・農業開発への協力は、非常に時宜を得たものであった[45]。シンガポールを除き、他の各国は人口の大多数が農業人口であるにもかかわらず、農業から生産される富は少なかったし、将来急速な人口増が予想されるなかにあって食糧自給の確保は焦眉の急であり、鈴木自身の強い関心事であった[46]。

そして、福田ドクトリンと鈴木演説の相違が最も明白な点が、④の当該地域における日本の政治上の関与のあり方であった。ASEANとインドシナとの平和共存を謳った福田ドクトリンが発表された後、東南アジア情勢は皮肉にも、ベトナムのカンボジア侵攻、中越国境紛争、インドシナ難民の大量流出、さらに前年六月のベトナム軍のタイ領侵犯へと続く急展開を見た。このような情勢に直面して、ASEAN諸国が、東南アジアの平和にとっての有力なファクターとして一層注目されるようになるにおよび、日本の東南アジア政策は、「ベトナムと直接対峙することとなったASEANのインドシナ問題に対する日本の政治的支援の明確化」(渡邊幸治外務省アジア局参事官)へと重点が移行した[47]。

事実、鈴木は演説で、ASEAN諸国が国際環境の緊張激化のなかにあって、地域の平和と安定を保ち、経済と国民生活の改善によって国際的地位を高めてきていると賞賛した。その一方、カンボジアでの戦闘長期化による飢餓と疫病の発生と数一〇万の難民流出に言及して、ベトナムの軍事介入を強く批判、同国軍撤退を主張した[48]。特に、カンボジアに隣接するタイに、日本政府は五五〇億円の円借款などを約束して強力な梃入れを行った[49]。

日本の新聞には、ASEANにのめり込みすぎた「片肺外交」と非難する向きもあった。しかし、貧困状態のインドシナは通商・資源確保両面で重要性が希薄であったうえに、「日米中の相当緊密な関係が存在してソ連に対峙している」(木内昭胤外務省アジア局長)という国際構図を前提に、日本-ASEAN関係は、日米関係、日中関係に次ぐ、日本外交にとっての第三の柱であるとの発想が作用していた[50]。

さらに鈴木は、バンコクでの演説で、「カンボディアにおける全紛争当事者及びその他の関係者を参加せしめる国際会議において、外国軍隊の全面的撤退、国連監視下の自由選挙の実現について話し合うべきであるとの確信をASEANと共有する」としたうえで、国連が前年一〇月の総会で決議した「カンボジア国際会議の開催」の実現に向けて積極的に動くよう求めていた[51]。

しかし、「カンボジア国際会議」の実現は、ヘン・サムリン(Heng Samrin)政権を支援するベトナム側の拒否と、他方、ポル・ポト政権を支持する中国が、「ベトナム軍の撤退」を国際会議開催の条件とすることに固執していたことから、暗礁に乗り上げていた[52]。それだけにこの首相発言は国際会議開催そのものより、日本政府の対ASEAN支持姿勢を内外に示すことに重点があったのである[53]。

日本のベトナムに対する政治的梃子となるはずであった一四〇億円の経済援助も再開の目途が立たなかった。この経済援助は、一九七九年度の実施をベトナムに約束したものであったが、ベトナム軍がカンボジアに侵攻・駐留するとともに、ソ連がベトナムの海空軍基地を常時使用できる状況になっていたため、援助再開に関する米国からの支持獲得は困難で、凍結状態が続いていた[54]。ASEAN各国が、カンボジア情勢の政治解決の見通しがつくまで凍結の継続を望んでいたことも、大きく作用していた[55]。

したがって、この時点で日本にとっては、「インドシナ地域に恒久的な平和が実現した暁には、わが国としては、その復興のため、できるだけの協力を行う所存であります」(前出の鈴木首相バンコク演説)と呼び掛けるのが関の山であった[56]。いわば、「越援助の再開という直接的言葉を避け、インドシナ復興のための援助とかの一般的言い方」にしながらも、「越に対するアメ」として機能することを意図したものであった[57]。しかし、この呼び掛けにも即効性はなかった。

もとより日本が政治的役割を果たすことは、喫緊の課題ではなかった。当時、日本とASEAN各国との間には、農産物の関税引き下げをめぐる問題はあったものの、それほど深刻な懸案事項は存在しなかった。むしろ、鈴木は歴訪を通じて各国首脳たちと親交を深め、特にタイのプレム首相（Prem Tinsulanonda）とは性格的な波長が合ったことから、首相退任後も昵懇《じっこん》な交友関係が続いた。結果的に、歴訪は「非常に落ち着いたいい、鈴木さんらしい旅」（谷野作太郎首相秘書官）となった[58]。

首相の初外遊は訪問国から好感をもって迎えられ、外交への自信を深めた鈴木は、一月一九日の帰国前のバンコクでの記者会見で、五月訪米を示唆する。その後、二二日の日米両首脳間の電話会談で早期の首脳会談開催が合意され、二月初旬には、「五月連休を挟んで一週間」という方向で日程もほぼ固まった[59]。

4　首相訪米に向けて

五月の首相訪米の地ならしとして、三月二一〜二六日まで伊東外相が米国を訪問した。外相訪米の焦点の一つはやはり防衛問題であった。もっとも、年初における米国の政権交代により、防衛政策に関する米国の対日方針に変更が見られた。すなわち、ブラウン国防長官を通じて執拗に防衛費増額を要求したカーター政権に対し、レーガン政権のワインバーガー国防長官（Caspar W. Weinberger）は、米国の同盟国として役割（ロール）と任務（ミッション）を明確に弁《わきま》え、米国と協調して行動する観点で日本の防衛努力を求める「ロール・アンド・ミッション」の概念を押し出してきた[60]。

三月二三日、ワインバーガー長官は訪米した伊東に、右の概念に即して「米国は（防衛費の対GNP比率の）パーセンテージには関心がない。有効性に関心がある」と述べ、海空を中心とする自衛力増強を要求した。次いで、驚異的な経済発展を遂げた日本は防衛上の役割分担において「数多くの行動がとれる」としたうえで、「ソ連のバックファイヤー爆撃機と潜水艦発射弾道弾の脅威に対抗して、日本はフィリピンの以北とグアムの以西の海空域の防衛能力を強化できる」と具体的に日本のなすべき貢献策を提示した。まさに「シーレーン防衛」であった。

これに対し、伊東は、「フィリピン以北・グアム以西の海空域防衛」について「国内でコンセンサスができていない」として、今日の時点では一九七六年の「防衛計画の大綱」における基盤的防衛力の目標達成が国内的に最大限度であると返答した。さらに、大綱策定後の国際情勢変化に即した役割分担を求める長官に対しても、平和憲法の枠内で可能な役割を探求すると主張した[61]。

「シーレーン防衛」に関する日本側の本来の理解は、①

「シーレーン」は航路帯である、②日本の防衛区域は、「面」では周辺の数百海里、「帯」では一〇〇〇海里、という理解があった。ところが、米国は、①シーレーンは「帯」ではなく「面」である、②一〇〇〇海里以遠になる、③日本の守備海域を決めて分担制にする、と考えていた[62]。米国側は対潜能力について航路帯に止まらず面的な防衛を求めており、仮に、米国の解釈に沿った場合、航路帯の防護を目指している大綱の枠を超えることは必至となり、日本側の受容は困難であった[63]。

この訪米で防衛問題と並ぶ焦点となったのが、日本車の対米輸出をめぐる摩擦であった。米国の自動車産業は日本車の急速な進出を脅威と見て、対日輸入制限を目的とする法案が議会に提出された。自由貿易主義の原則と国内の自動車産業との間で板挟みとなった米行政府は、日本による対米輸出自主規制を対応策とした[64]。

三月二三日の日米外相会談では、ヘイグ国務長官(Alexander M. Haig, Jr.)が、首相訪米までに「自主規制」の基本的な枠組み作りを求め、伊東は対米自主規制策の発表を約束する[65]。そして、伊東訪米の直後の三月末、外務・通産両省が日本の自動車業界首脳への根回しを行った後、四月二九日にブロック通商代表(William Brock)が来日、田中六助通産相との会談を経て、五月一日、日本が向こう三年間対米自動車輸出の自主規制を行い、差し当たり一年目は一六八万台に抑制することで合意した[66]。

こうして、首相訪米にあたって経済問題の争点化は回避できた。しかし、これにより防衛問題はますます焦点として浮上することになり、鈴木政権は対応に迫られた。四月二三日の総合安全保障関僚会議では、軍事力による役割分担はできない点を明確にしたうえで、①経済大国の立場を踏まえて応分の寄与を行い、米国をはじめ西側先進民主主義諸国との「連帯と協調」を一層強化する、②南北問題、エネルギー開発の重要性に鑑み、経済協力、技術協力の面で積極的に貢献するとの基本方針が固まった[67]。

五月一日、鈴木は官邸での記者団との懇談で、訪米にあたっての基本的姿勢を語った。まず防衛について、専守防衛の立場に則り、日本の国情を無視した無理な注文や過剰な期待については受容できないと明言した。経済協力についても「日本の予算でやることだ」と述べ、援助供与の基準を「親米か否か」に置く米国の姿勢への違和感を示した。米国が、アフガン侵攻を機に自ら西側諸国に呼び掛けて実行した対ソ穀物禁輸を、四月二四日に一方的に解除する決定を行った点についても批判した[68]。

それは日頃の低姿勢と異なり、ある種の開き直りともとれる強硬な態度であった。鈴木は日米関係の重要性は認識していたものの、米国の家来の如く振る舞うことには抵抗感をもっていた。また米国が、西側先進国のなかで最も経済が好調な日本と手を切ることなどできないこと、米国の要求通り防衛費が急増となれば、自民党政権そのものが危《き》殆《たい》に瀕し、日米関係が深刻な打撃を受けることは米国側も認識しているとの読みが強気を支えた[69]。

鈴木は、レーガン政権と軍需産業の強い結びつきを意識しつつ、軍拡による経済回復は困難と見ていた。また、レーガンの軍拡路線がいつまで続くか分からないのに、日本がそれを真に受けて、不必要な軍備増強をする筋合いはないというのが本音であった。大平が、カーター大統領を勇気づけることで「西側の優位」や「日米関係」を世界に印象付けようとしていたのに対して、鈴木は、日本の防衛問題に対する米国の容喙《ようかい》は許さないとの態度で、国内世論の理解の取り付けに力点を置いていた[70]。

一方、五月五日にワインバーガー国防長官に提出された国防省の内部文書では、「対日政策における米国の最も根底的な目標」として、日本の西側志向の維持、つまり、「日本が中立を選択し、万一粗暴な行動に出るような軍事力や任務を獲得」しないようにする点が挙がっていた。そして、このことを前提に、米国は一〇年以内に日本に自国防衛可能な実力を獲得させ、「米国の戦略核と攻撃用の通常兵器の実力を日本が防御面で補完する」という協力関係形成を眼目と位置付けた。

さらに、同文書では、鈴木訪米にあたっての基本姿勢として、「日本の一九八二年度防衛予算に影響を与える機会を最大化するために、来る首脳会談では、防衛を主要議題とする意向を示すべき」と主張し、日米両首脳が防衛上の責任分担を議論することを通じて、その後の閣僚・実務レベルの協議で「一九八〇年代に向けた日米両国間の相互の戦略計画の内容を拡充することができよう」と指摘する[71]。防衛面での新たな負担回避に腐心する鈴木との認識の乖離《かいり》はあまりにも大きかった。

四月三〇日のヘイグ国務長官からレーガン大統領に宛てられたメモランダムには、「鈴木は深刻な政治的リスクを冒してまで、大幅な防衛努力をすべきと確信するにはいまだ至っていない」と指摘しつつ、「我々は、戦略上重要な国々への日本の援助努力は評価するが、日本は自国の防衛力も強化しなければならない」とも述べている[72]。訪米準備のため一時帰国した大河原駐米大使も、日本の経済協力は安全保障の代替にはならず、両者は別個のものであるという米国側の空気を伝えた[73]。

そもそも外務省事務当局は、米国の対ソ戦略に可能な範囲内で協力することは、日本の安全保障政策として絶対に必要であり、米国が具体的に「ロール・アンド・ミッション」の充実を求めてきている以上、それに応えていくべきだと考えていた[74]。ここに官邸サイドと外交当局との間にも微妙な認識のズレが窺われる。そのズレが、首脳会談の共同声明の文言をめぐる紛糾につながってゆく。

5 鈴木首相の訪米――戦後日米関係の転換点

一九八一年五月四〜九日、鈴木首相は米国を公式訪問した。七日の第一回目の首脳会談では、閣僚も交えてアジアの国際情勢について議論がなされた。

まず、中国については、米国側から良好な米中関係を維持するとの表明があり、日本側からも中国の近代化を支持して西側との協調志向を維持せしめる意向が示された。次いでASEANについて、鈴木が、日本の経済協力が相当の成果を上げていると指摘しつつ、同諸国のほとんどが米国の政治・軍事・経済的プレゼンスの強化を期待していることを伝えた。これに対してレーガンは、翌月のASEAN拡大外相会議にヘイグ国務長官が出席すると述べた。また、カンボジア問題についても越軍撤退と対ASEAN支持を前提に国連主導の国際会議開催による平和的解決を望むと述べ、日本側も同感と応じた(朝鮮半島については後に詳述)。

さらにレーガンは、米国がソ連の脅威に最も脆弱な地域であるアラビア湾、インド洋で軍事力を保ち、当該地域の平和の維持に努力していると説明した。また、日本の防衛についても、日本が憲法その他の制約の枠内で防衛力整備に努力してきた点は承知しており、今後もその努力強化を望むと発言したところで時間切れとなり、第一回目の会談は終了した[75]。

第一回目の会談を見る限り、事前の予想と異なり、大統領から厳しい対ソ認識も強い防衛努力要求も示されなかった。むしろ日本車の対米輸出規制に感謝し、重要決定に関する事前協議を約束するなど、対日配慮を随所に窺わせる会談となった[76]。前日の協議の際、ワインバーガー国防長官が強硬な対日アプローチを主張したものの、ヘイグ国務長官やマンスフィールド駐日大使が鈴木に圧力をかける手法に反対し、レーガンもこれを支持した、という経緯の所産であったようだ[77]。

翌八日午前の第二回目の首脳会談は、当初三〇分間の予定が一時間半に及んだ。しかも大半の時間を、鈴木は防衛問題に関する日本の基本的立場に関する詳細な説明に費やした。

鈴木は一連の会談を通じ、国際情勢に関する両国の認識が「全く一致している」点が改めて明確になったと述べた。そのうえで、①ソ連の軍事力の増強と第三世界への勢力拡張の動きに対して、西側は各国の置かれた情勢、特性を生かしながら、軍事・政治・経済各面で総合的に政策を調整し、対抗していく必要がある、②第三世界の国々に経済的、政治的、社会的に脆弱な面があり、国内不安、隣国との紛争が生じてくる恐れがあるので、そのような諸国の国難克服に協力して、ソ連がつけ込むのを防がなければならないと主張した。

続けて、国際情勢の緊張によって防衛力整備の必要性が日本国民の間に定着しつつあるとして、こうした国民意識を育成しながら、整備を着実に進める考えを表明した。整備にあたっては「国民の意識とか、国の財政とか、他との政策の整合性とか、他の諸国への影響を考りょ《[慮]》」しながら、憲法の枠内で自主的に進めていくとした。その具体的協議については、六月の大村長官訪米の際に委ねたいと述べた。さらに「ソ連の拡張主義に対抗するために」、米国を中心とする西側諸国が軍備増強を進めることに異存はなく、仮に日本が憲法改正して再軍備をすれば、その経済・技術力からして「米、ソに次ぐ軍事大国になることも不可能ではない」と語った。

その一方、「国民は、第二次大戦の悲さん《[惨]》な体験を土台として、決してあのような誤ちをくりかえしてはならないと誓い、それは日本の変わらない国民的誓いとなっている」と強調した。また、「(一九)七一～七九年の間、日本の防衛費の実質増は平均率約七%で、NATOの三%よりも多い」としたうえで、「(日本の)財政の三分の一は借金である。日本の公債依存度は、米国、西欧諸国の公債依存度をすべて合わせたものに匹敵するようなものであって、公債のるい《[累]》積残高が七一兆円、一日あたりの利払いが一二〇億円にも達している」と指摘しつつ、財政再建への決意を語った。

さらに、深刻な財政赤字の下での防衛費突出が、平和主義志向の国民からの強い抵抗を惹起させる危険性があると述べながら、次の如く論じた。

米国が大統領の下で、軍事力強化の決意を固めておられることには敬意を表するが同様のことを日本でやろうとすると、自民党は選挙に勝てないであろう。戦後三〇数年間の日本の安定は自民党の安定政権によるものであった。また、それによって、揺るぎない日米関係を維持することができた。安保廃棄や自衛隊廃止を主張している社会党が選挙で勝つようなことになれば、日米関係の根底が揺らぐことにもなりかねないと心配している。従って、私としては、日本国民の意識を大事に育てつつ、防衛力の整備を図っていきたいと考えているのであって、この点ご理解いただきたい。[78]

このとき鈴木は、米国側の大統領補佐官が「もう時間だ」と苛立ちをあらわにするほど熱弁を振るったという[79]。一九五〇年代前半、当時の吉田茂首相が、日本国内の経済的困窮や反戦感情を盾に、米国からの再軍備要求に抗した前例に倣ったのかもしれない。しかし吉田の時代と異なり、日本はすでに世界屈指の経済大国となり、社会党も万年野党化していたので、往時に比べ「弱者の恫喝」の効果が薄かったことは否めない。

聞き役に徹したレーガンは、鈴木の説明に「多とする」と返答したうえで、米国側の認識を論じ始めた。すなわち、過去数年間、ソ連は世界制覇を目指すべく軍備を増強してきたのに対し、米国が相対的に経済・軍事両面で弱体化してきたため、ソ連や西側同盟諸国が、米国の防衛コミットメントに確信が持てなくなっている現状に鑑み、米国としてソ連の侵略阻止に向けた決意を固めていると発言した。また、第三世界諸国に対する援助についても、日米両国の緊密な協力をもとに、「ソ連の侵略を止めるという観点から最も見返りの大きい地域に重点的に向けていくことが必要である」と主張した[80]。さらに、軍備管理や通商についてソ連と対話する時は、「ソ連の世界における行状というものを必ずとり上げつつ、交渉していく」と厳しい姿勢を示した。

そして、「日本の防衛問題について、ここでハッキリ申し上げたいことがある」と切り出して、以下のように論じた。

われわれは、日本が憲法に反することをすることを望んでいるわけではなく、また、日本に圧力をかけているとの印象を与えることを望んでいないということ

> である。われわれは対等なパートナーとして、話し合いをしていきたいと考えている。……日本が努力を続けられるにあたって、その努力が、米国が行なっている努力といかなる関係に立ち、また、その結果、米国の努力をいかに早く進めることが可能となるかについて、今後話し合いを続けていきたい。
>
> その関連で、米国がインド洋における軍備強化を進めるにあたって、例えば、日本が海のパトロールを行なうといったことがあれば、米国の努力はより容易になるということがあるが、そのような問題について今後話し合っていきたい。[81]

一言でいえば、憲法や防衛の基本政策の枠のなかでも、日本は自衛のためにさらになすべきことがあり、また日本の担うべき役割について、今後の協議で具体的な点を提示していくので、日本側も「十分意見を述べるように準備をしてきてほしい」ということであった[82]。そして、日本が自国の周辺海域での防衛を強化することで、米国はインド洋での軍備強化を促進できるとのことであった。

憲法や国内的制約を盾に防衛努力を値切らないよう鈴木を牽制したレーガンであったが、米国が西側の盟主としての責任を最大限果たしていくと表明しつつ、両国間の緊密な連絡・協議を通じて、ソ連の脅威への効果的な対抗策を導きだしていきたいと語った[83]。大統領の姿勢は一貫してソフトであったので、日本側の同席者は安堵し、鈴木自身も会談に非常に満足した[84]。

しかし、米国側の本音は、二回目の首脳会談の同日午後に持たれたワインバーガー国防長官と鈴木との会談でより鮮明なかたちで示された。

この席でワインバーガー長官は、大統領が就任後、一九八一年度の国防予算の補正と翌八二年度の大幅増額を議会に働きかけていると述べたうえで、以下のように続けた。

> 米国がインド洋やペルシャ湾に兵力を展開できるようにすべく、日本周辺での日本の海空軍力を強化する方策をハワイ(日米安保事務レベル協議)で討議したい。米国としては、あらゆる軍備増強はこれから五年以内で可能な限り速やかになされるべきと強く考える。日米両国は全体としての増強が同じく五年でほぼ達成できるように負担を共有すべきである。脅威に対抗するためにも、米国は五年以内にフィリピン以北・グアム

以西で日本とのパートナーシップを形成したい。この地域の脅威に対抗するべく、両国がともに増強を行うことによって、米国はインド洋その他へ兵力を移動させることができるのである。

米国の唯一の目標は、力でもって平和を維持することであり、そうした努力のなかで日本はきわめて重要な存在である。力による平和が維持されず、ソ連に対抗できなくなれば、我々は、降伏あるいは従属の形で敗北に直面するであろう。

三月の外相訪米に続き、またも「フィリピン以北、グアム以西」の海域防衛の問題提起であった。長官の提案に対し鈴木は直接的な返答を避けながらも、同提案を大いに参考にして、自身の判断を固めていくと表明した。なお、この席でも、鈴木は防衛政策に関する国内の制約要因について理解を求めた。

続いて、同席の伊東外相が、日本の防衛範囲を「フィリピン以北・グアム以西」までに拡大すれば、憲法上許されていない集団的自衛権の行使につながる恐れがあると指摘した。そして、長官の提案が防衛計画大綱の範囲を著しく超えるものとなると、国会での野党の追及など「政治的困難が発生するであろう」と警告した。これに対して、ワインバーガーは、「自分の提案の中で憲法違反に該当するものはなにもない」と反論し、日本側が早期に最大限の防衛努力を行うことに期待を示した[85]。

実のところ、鈴木はこの会談の直前にナショナル・プレスクラブで行われた記者との質疑応答で、その後の海域防衛に多大な影響を及ぼす発言をしていた。すなわち、海上輸送路防衛に関する質問に対して、「米第七艦隊がインド洋、ペルシャ湾に移動し、日本周辺の防衛が疎かになっている」との見方を示したうえで、「周辺海域数一〇〇海里の範囲内と、航路帯（シーレーン）一〇〇〇海里を、憲法と照らし合わせ、わが国自衛の範囲内で守っていく政策を強める」と海上防衛力の拡充に積極的な姿勢を見せていたのである[86]。

もっとも鈴木としては、これまでの国会答弁のラインを踏襲して発言したにすぎず、一〇〇〇海里防衛は、「二本のシーレーンが設定されて、そこを防衛するというだけの話」であった[87]。つまり、「シーレーン防衛」は、日本の石油輸入のための海路を守るためのものであって、米国の軍事力増強に加担するものではないという認識であった。この認識は、防衛官僚や特に統合幕僚本部の海上幕僚のスタッフからの説明によって形成されたようだ[88]。

ところが、米国側は鈴木発言について全く異なる受け止め方をした。すなわち、米国にとって、シーレーンは前線の部隊が確保する兵站《へいたん》補給・連絡ルート(海上連絡交通路=SLOC)であり、戦争遂行の生命線であった。したがって、横須賀からグアムまでの約一〇〇〇海里、大阪から台湾とフィリピンの間の海峡まで約一〇〇〇海里にわたる北西太平洋一帯の海域防衛分担を日本が受け入れたと解釈した。これにより、日本は有事に米空母機動部隊が投入される北西太平洋の制海を任され、ソ連の戦闘機や潜水艦を排除する役割を負うことになるということで、国防総省の日本担当者たちは「日本もやる気になったか」と興奮したのである[89]。

第二次大戦以降、日本の安全保障政策は、①米国が日本に軍事基地を持つ、②日本が西側陣営につく、③日本は攻撃能力を持たない、ということを基本としてきた。こうした歴史的な経緯からすると、日本にP3C対潜水艦哨戒機を大量に保有させ、米国の戦略に軍事的に貢献させるという流れは、過去の対日政策を大きく方向転換させるものであった。鈴木は自分の発言の意味を十分咀嚼《そしゃく》することのないまま、ソ連の攻勢に地球規模で対応するため、日本がオホーツク海のソ連潜水艦を攻撃する役割を担うことを約束したと受け取られたのである。以後、日米同盟はソ連に対する米国のグローバルな軍事的封じ込め戦略の中心的要素となる[90]。

そして、五月八日午前、第二回目の首脳会談を待たずに、日米共同声明が発表された。同声明には安全保障面で重要な四つのポイントがあった。それは、①「同盟」という表現が初めて共同声明に盛り込まれた(第一項)、②日本が米国の中東防衛の「裨益《ひえき》」を受けていることを認め、その中東防衛政策を支持した(第四項)、③日本の防衛と極東の平和・安全に日米の「役割分担」が望ましいとし、周辺海・空域も含めた防衛努力を明記した(第八項)、④世界の平和と安定維持のため、「重要な地域」に対する戦略援助の強化を約束した(第九項)、の四点であった[91]。

まず、①について述べると、従来は、同盟といえば戦前の日独伊三国軍事同盟のイメージがあって、その種の攻守同盟として見られることを回避するため、日本側では日米安保を同盟関係と説明してこなかった。一方、米国側にとっては、当初から同盟関係であることは自明であった。

このような両国間の認識の乖離を最初に埋めたのが、一九七九年の訪米で日米関係を初めて同盟と形容した大平首相であった。さらに翌年に再訪米した大平は、内外で苦境に立つカーター大統領に対して、日本が同盟国として役割を果たすと表明した。外務省事務当局としては、一連の大平発言で同盟に関する認識が定着したと考えた[92]。したがって、今回の共同声明に「同盟関係」と明記することについても、同省は、対米協力の意思の明確化以上に特別な問題意識はなかった[93]。また、声明の起草段階では、鈴木も宮澤との相談のうえ、その明記を了承していた[94]。

一方、②について米国側は、当初「米国の中東防衛によって日本は石油輸入の確保などで恩恵を受けている」という表現を明記するよう主張したが、これをそのまま受容した場合、中東への緊急展開部隊への協力やシーレーン防衛などで新たな役割を負いかねないと考えた日本側は表現の変更を求めた[95]。すなわち、日本を名指しすることは避け、「西側陣営が利益を得ている」という表現を要求したものと見られる。結局、「日本を含む多くの諸国が裨益している」と、やや薄めた表現ながら日本の名は挿入されることとなった[96]。

また、③の防衛努力をめぐり、米国側が「日本の顕著な努力」という表現を盛り込むよう要求したのに対し、日本は「着実な努力」という趣旨の線で抵抗した[97]。その結果、日本の防衛努力が、「自主的にかつ憲法および基本的な防衛政策に従って」行われるべきとの文言となった[98]。しかし、六月予定の閣僚・事務両レベルでの安全保障問題に関する「継続協議」は、米国側の強い主張で明記された[99]。なお、④の戦略援助の文言については採めなかったようだ。

右の四つのポイント以外では、第二項の対ソ認識で、米国側は当初、ソ連のアフガニスタンへの軍事介入のほかポーランド、ベトナムなど具体的な地名を挙げて、強い調子で「ソ連の脅威」に言及するよう要求した。一方、日本側は、ソ連との対話の窓口を開いておくことにこだわった[100]。結果的に、明記されたのはアフガンとポーランドに限定されたが、アフガン介入は「容認できない」とされ、仮にポーランドに介入すれば、西側諸国はこれへの対応で協調するなど、強いトーンで対ソ姿勢を示すことになった[101]。

日米関係が公式文書で初めて「同盟関係」として定義され、日本が米国と共通の国際認識の下、米国の中東における軍事的展開を下支えするべく、自国の周辺海空域での防衛力増強を約束した意味は大きかった。この首相訪米は、戦後日米関係の転換点を画すものであったと言える。首脳会談直後の五月一二日、ヘイグ国務長官は大統領宛てメモランダムで、「日米両国の安全保障協力を一層拡大する強固な基盤ができた」として、会談での米国側の全ての目標が達成されたと総括した[102]。

6 軋む日米関係
——伊東外相の辞任と「ライシャワー発言」

首脳会談では、米国側の姿勢が予想より柔軟であった分、共同声明に表れた米国の強い戦略上の意図が浮き彫りとなった。五月八日、ワシントンで記者会見を行った鈴木は、日本人記者たちから共同声明中の「同盟」の意味や「適切な役割分担」の内容について質された。鈴木は声明文をめくりながら、一瞬不安の影を見せつつ、次のように説明した[103]。

> 自由と民主主義、自由市場の経済体制という価値観で日米は同じ立場だ。これを守っていこうという立場を含めて同盟関係といっている。軍事的意味合いは持っていない。日本は平和憲法のもとに、自衛のための防衛力しか持てない。専守防衛に徹する、軍事大国にならないという点をはっきりさせているので、軍事同盟ということは全然、共同声明の中にも入っていない。[104]

この発言が、日米同盟の軍事的意味合いを否定するものであるとして、後日、混乱を招く引き金になる。すでに、この会見の場で首相発言への違和感が広がり、一部の記者から、安保条約は経済協力という面もあるが、基本は軍事的な協力関係であって、軍事的な意味はないという首相の言い方は明らかに間違いではないかと追及された。ところが鈴木は、「日米安保条約にそんな軍事的な意味はまったくないんだ」と血相を変えて怒った[105]。

日米安保条約に軍事的意味がないという首相発言は、現在の視点から見ると奇異に思われる。しかし、日米関係を最初に「同盟」と称した大平にしても、日米同盟関係は軍事同盟ではなく、「今後、長年にわたり両国民の進歩の礎となる揺るぎないパートナーシップ」と考えていた[106]。したがって、日米同盟関係を非軍事的視点でとらえるのは、鈴木のみならず、大平や伊東、宮澤といった宏池会の政治家に共通する傾向であったと見られる。

さらに、当時の外務省事務当局は、鈴木への事前ブリーフィングのなかで、日米同盟関係というのは、経済・政治・文化的関係であり、かつ同じ価値観を共有することを表するものであり、軍事同盟を意味するものではないと説明していた。つまり鈴木は外務官僚の説明に基づいて、「軍事同盟ではない」と発言したのである[107]。むしろ鈴木の真意は、日本が新たな軍事的役割を背負うことを意味するものではない、という部分にあった。したがって「同盟」をめぐる混乱の発生に関して、事務当局の補佐のあり方に問題があったことは否めない[108]。

しかも、外務省は、今回の訪米で画期的な共同声明を作成しようと意気込んで、両国の実務者同士で綿密に打ち合わせて原案を作ったが、内容が事前に漏れることを極度に警戒した。そのため原案の内容の細かい意味合いについては、首相官邸に十分な説明をしなかったようだ。もとより、鈴木自身は漁業問題を専門とする政治家で、共同声明の表現の裏にある軍事的な意味合いについて深い関心を持っていなかった。このあたりの意識のズレが後々、徒《あだ》となる。

問題が表面化したのは、鈴木が訪米に次いでカナダに立ち寄り、トルドー首相（Pierre E. Trudeau）と会談を終えて、帰途に着いた五月一〇日であった。途中の給油地アンカレッジで、鈴木が九日付の日本の新聞を見ると、自分の訪米は成功したと思っていたにもかかわらず、首相が失言を行ったという趣旨で、各紙とも批判的トーンの記事が掲載されていた[109]。「日本の総理大臣として『体を張った』（鈴木首相）という第二回首脳会談を差し置いて、共同声明中の「同盟」明記により、日本が米国の軍事戦略の踏み込んでいく危険性を書き連ねてあったのである[110]。二回目の首脳会談終了を待たずに共同声明が公表されたため、首脳会談は共同声明に比べて軽い扱いとなっていた[111]。

帰国した鈴木は、一二日正午すぎついに、首相官邸で開かれた自民党最高顧問、党三役との昼食会の席で、「第二回会談が始まる前に共同声明が作成し終わっていたため、自分の意向が盛り込まれず、首脳会談で述べた発言と共同声明の内容にずれが生じた」と不満を漏らした。さらに、この日の閣議の席でも、同様な不満を表明し、「（今後）やり方を検討しなければならない」とまで発言した[112]。鈴木の不満の矛先は、「首脳会談は名のみであって実態は日米の外務官僚同士がやるんだという意識」を持つ事務当局に向かった[113]。

これに対して、同じ一二日の夕方、高島外務事務次官は記者懇談で、「『同盟』というものには軍事的要素があまりないという説明は、ナンセンスだ」と首相を批判した。この次官発言が翌日朝刊に掲載され、鈴木がまた激怒するという悪循環に陥っていく[114]。一九七九年に次官に就任した高島は以来、「西側の一員」路線を推進してきた。日本の平和と繁栄の維持のため、日本も「西側の一員」として戦争抑止力の強化で米国に協力しなければならないというのが高島の持論であった[115]。右の首相批判は、共同声明の評判が良くないと知るや、一度は自ら了承を与えた同声明を批判して、責任を外務省に転嫁する首相への外務官僚の憤慨を代弁していた[116]。

そして伊東も、一三日の自民党の外交・安全保障関連部会の合同会議で、共同声明に謳われた同盟関係について、「日米安保条約もあり、軍事問題が含まれていることは当然だ」と、前日の高島発言に同調した。外相の報告に、自民党側から首相の認識の甘さを批判する意見が相次いだ[117]。

政府部内の不統一は、国会審議にも波及して、同日予定されていた衆院外務委員会は、野党側が反発して紛糾し、開会できなかった。そこで宮澤官房長官が、首相と外相(外務省)との対立の調整に乗り出し、「鈴木首相が『軍事的意味はない』といったのは、共同声明に『同盟』という言葉を使ったからといって、日米安保条約が変わったわけではなく、従って、日本が新たな危険を引き受けたり、軍事にのめり込んだものではない」との統一見解をまとめ、発表した。

翌一四日には、伊東が、鈴木に首脳会談後の混乱と外務省の補佐が不十分であったことについて謝罪し、事態は収拾されたかに見えた。ところが一五日の閣議で、鈴木が共同声明に対する再度の不満を表明したのを契機に、閣僚たちから「官僚政治」への非難が噴出する。閣議で「さらし者」扱いとなり、首相との関係修復がもはや不可能と見た伊東は、「外相辞任」を決断した。伊東からすれば、首相との信頼関係云々と同時に、事後的に共同声明の作成方法について詮議する首相の言動は外交常識を逸脱しており、日米の信頼関係を阻害しかねない状況となったので、混乱を収拾するべく一六日に辞任に至ったのである[118]。なお、伊東の後任には園田直《すなお》厚相が横滑りし、高島次官も七月に退任する。

実のところ、大平直系の伊東は鈴木と必ずしも信頼関係にあったわけではなかった。重要な外交案件は宮澤官房長官が首相から相談を受けるなど、伊東は閣内で疎外感を抱くようになっていた。しかも、三月には田中六助通産相が外務省の正規ルートを通さず、イラン政府に極秘裏に首相の名前が記載された親書を送るという「事件」が起きていた。伊東は鈴木に強く抗議するとともに内々に辞意を表明したが、表沙汰になる前に事態は収拾され、辞表も取り下げとなった。伊東辞任の伏線にはこうした一連の混乱や確執もあった[119]。

その一方で伊東は、事務当局が共同声明の作成にあたり、国会の質疑や野党の姿勢、国内世論を十分に踏まえることなく、「極めて事務的に処理したこと」も問題視していた[120]。事実、事務当局は共同声明の内容が事前に漏れないよう、大臣の伊東にさえ十分な説明をしていなかった[121]。また、伊東は自民党のA・A研(アジア・アフリカ問題研究会)や日朝友好議員連盟に籍を置く「ハト派」であっただけに、外務省事務当局の路線に沿って大平の対米約束を果たそうとすることにジレンマを感じていた[122]。

首脳会談を成功と評価した米国側も、外相辞任という事態には注意を向けざるをえなかった。外相が辞任した一六日、ワインバーガー長官に提出された国防総省の内部文書は、辞任騒動を「純然たる日本の国内問題」とし、伊東の後任外相に就任することになった園田について、「昨年、厚相として社会保障優先の立場から、防衛予算の増額に強硬に反対した」と警戒しつつも、外相が代わろうと「日米共同声明を日本政府と一緒に支持し続ける必要がある」と結論付けた。他方、この騒動を機に、それまで再選が確実視されてきた鈴木の自民党総裁としての地位が不安定になる可能性に言及した[123]。

伊東外相の辞任前後には、日米関係を揺るがす事件が頻発していた。五月一四〜一六日にかけて、米国艦船が北海道・青森沖で日本のマス漁船四八隻の延縄《はえなわ》を切断し、延べ一〇六隻の漁船が被害を受ける事件が発生した。この種の米海軍のミスとしては、四月に米原潜が貨物船・日昇丸に衝突し、逃走する事件があったばかりであった。新聞には「安保公害」とまで書かれ、事務当局は事後処理に追われた[124]。

そして五月一七日、ライシャワー元駐日米大使(Edwin O. Reischauer)が、ケンブリッジ市内にあるハーバード大学で、日本の非核三原則(核を作らず、持たず、持ち込ませず)の正統性を根底から揺さぶる証言を行った。

問題は日米安全保障関係の早い時期から、核の持ち込み(introduction)についての誤解があることだ。日本への持ち込みを事前協議で日本政府が拒否し得ることは言うまでもない。が、その場合のintroductionとは、(核を配備した米艦船の日本領海通過、寄港などは含まれず)

日本領土内に核を配備し、また貯蔵することをさす。

このことについては六〇年の安保改定に付随してなされた日米間の合意があり、その当時は日米双方の理解は明確だったと思う。ところが日本語の「持ち込み」は、はるかにあいまいであり、日本国民は(事前協議抜きでの)核装備米艦船の領海通過すら安保条約違反と考えるようになった。

つまり、ライシャワーは、一九六〇年の日米の合意(口頭了解)に基づき、核搭載艦が日本に寄港していると発言しているのである。七年前の一九七四年に退役海軍少将のラロック国防情報センター所長(Gene Robert Larocque)が、米議会の証言で同様の発言をしていた経緯はあった。しかし、ライシャワーは安保改定の翌年の一九六一年から六六年まで駐日大使として日米安保条約の運用の米国側を代表する責任者であっただけに、政府間交渉の経験に裏打ちされた彼の言葉は、ラロックのそれよりも重みを持っていた[125]。

ライシャワー発言は、五月一八日の朝刊でスクープした『毎日新聞』以外の各紙も、同日夕刊のトップ記事でフォローする大事件に発展する。これに対し、外務省の北米局を中心に、核の持ち込み問題について、「事前協議がないので米国は日本へ核持ち込みをしていない」とする従来の説明の仕方で押し通す方針を決め、政府部内の答弁をこのラインで統一した[126]。

ところが五月二〇日、鈴木は日本記者クラブで自身の訪米に関する講演を行った後の質疑応答の際、ロサンゼルス・タイムズの記者から「核搭載艦船、航空機の領海、領空通過を認めないなら、米国の核のカサは欲しくないと解釈していいのか」と追及され、「事前協議によって日米間でこの問題は現実的に対処していかなければならないと考えている」と答えてしまう。「現実的対処」ということは、核の持ち込みについて、政府が事前協議の結果、「イエス」と回答する可能性があると受け取られかねず、国会紛糾の種になりかねなかった。

結局、官邸での協議により、「一般的な意味での事前協議に対しては『イエス』もあれば、『ノー』もあるが、……核持ち込みには、あくまで『ノー』である」と釈明することで、事態収拾を図った[127]。核持ち込みに関する政府の使い古された答弁は建前にすぎず、ライシャワーが真実を語っているという確信を多くの人々が強めるばかりであったが、騒ぎはほどなく沈静化していく[128]。五月下旬、東京の米国大使館も、核持ち込みに関する失言で首相はさらなるダメージを受けたとしつつ、鈴木以外に自民党全体が合意できる総理総裁候補が存在しないことや野党の力不足といった要因を挙げて、現政権存続の見通しを本国に伝えた[129]。

一方、外務省事務当局では水面下で、核持ち込み問題について、「事前協議がないので米国は日本へ核持ち込みはしていない」とする従来の説明のあり方を修正する試みがなされた。しかし、日米共同声明の「同盟」の文言一つをめぐって首相の発言が大きな問題となる鈴木政権の現状に鑑み、そのような政治的リスクの高い試みは見送られた[130]。

7 とめどない要求
——日米安保事務レベル協議・防衛庁長官訪米

米原潜衝突事件、「日米同盟」問題の紛糾による外相辞任、米艦延縄切断事件、ライシャワー発言という「安保四大事件」(丹波實外務省北米局安全保障課長)を[131]、何とか凌いだ鈴木政権であったが、首脳会談で防衛問題に関する具体的な議論を委ねた六月のハワイでの日米安保事務レベル協議の日が近づいてきた。

六月五日、鈴木と外務・防衛両省庁の幹部との間でハワイ協議に向けた話し合いがなされ、①日本の防衛意識はまだ十分に成熟しておらず、短兵急に防衛力増強を進めることは逆効果、②日本の防衛力整備は、先の訪米で首相が主張した国内の制約の枠内で臨む、③一九八二年度防衛費の概算要求枠の前年度比七・五%増については上限であることを明確にする、などの基本方針が決まった。

しかし、一般歳出全体の増額枠が前年度比一・九%増と厳しく抑え込まれたなかにあって、防衛費七・五%増というのは際立って突出した数字であり、日米共同声明を裏打ちしていた。「安保四大事件」による日米両国間の軋轢《あつれき》を、ハワイ協議の前に解消しておきたいとの首相の判断が、七・五%増決定の背景にあったようだ[132]。

一方、ハワイ協議に備えてワインバーガー国防長官に提出された内部文書においては、今回の協議で米国側が強く主張すべき点として、日本がシーレーン防衛のために海上警備能力を大幅に強化するべく、今後五年間で必要な装備を大規模に調達するよう要請することが挙げられた。要請を具体的に列挙すれば、①緊急時に備えて、必要な弾薬や著しく不足しているその他の兵站物資を調達する、②シーレーン防衛のため、海空軍の規模を約二倍にする、③三軍間の指揮や統制、連絡能力を向上させると同時に、米軍との間に効率的で相互補完的な防衛体制を確立する、ということであった[133]。

六月一〇日から一二日まで第一三回日米安保事務レベル協議が開かれた。一日目の議題は、国際情勢であった。まず、ウェスト国防次官補(国際安全保障担当・France West)が、「本件協議に当たっては、先般の日米共同声明を出発点としたい」と切り出した[134]。共同声明で書かれた約束は、当然守るべきとの牽制であった。次いで、ウェスト次官補は、ソ連が軍事力増強を背景に他地域へのプレゼンスや影響力を拡大させたことで、ペルシャ湾の産油地帯における不安定性が大きくなっていると分析し、西側諸国としてソ連による政治的影響力の行使を排除すべきと主張した。そして、米国の国防努力に言及しつつ、「アジア及び欧州における同盟国」が、合理的な分業を通じ、「自らの及び共通の防衛」に寄与すべきと促した[135]。

また、制服組のロング米太平洋軍司令官(Robert L. J. Long)も、北東アジアでソ連と北朝鮮が、日米両国にとっての「一つの主要な危険」と位置付ける一方、中国は「伝統的な同盟国ではないが」、ソ連に対する「カウンター・バランス」として存在しており、現時点で「自由世界」への脅威となっていないと分析した。そのうえで、歴史的には欧州中央部に向けられていたソ連の軍事力が、過去一〇年間で北東アジアに向けられてきたとの認識を示し、極東ソ連軍の増強やインド洋・アラビア海でのソ連軍進出、北朝鮮軍の増強について詳述した[136]。

さらに、翌一一日の二日目の協議では、アーミテージ国防次官補代理(Richard L. Armitage)が、日米安保関係に関する問題点として、日本の自衛隊が自らの領土・領海・領空を防衛する能力に欠けていることが、東アジアでの「安全の保証人」・米国の立場を阻害していると指摘した。そして、「北太平洋では米国は核の傘と必要に応じた攻撃的投入兵力を提供する」などと述べた後、①日本領土の防衛のための効果的な通常戦闘能力、②日本周辺海域並びに北西太平洋一〇〇〇マイル以内のシーレーンをバックファイヤー及び原潜を含むソ連の脅威に対し、効果的に防衛するに十分な海上・航空戦力を提供すること、以上二点に関する期待を表明した[137]。

米国側は、ソ連の脅威に対応できる西側の軍事力の全体像から、日本の防衛力規模や能力に関する増強案を割り出して、その実行を日本に迫った。その要求は「防衛計画の大綱」の水準をはるかに超え、P3C対潜哨戒機一二五機、対潜水上艦艇七〇隻、F15戦闘機を一七〇〜一八〇機、弾薬備蓄量約三ヵ月分という膨大な内容であった。防衛庁の試算によれば、これを実現するには、毎年対GNP比一・二〜一・五%の防衛費(一九八一年度防衛費は〇・九一%)が必要になると見られた[138]。

しかも、右の防衛水準の達成について、米国側は、国際軍事情勢の緊迫を理由に、間接的表現ながら向こう五年間の期限を付けた[139]。つまり、米国側は、「大綱は時代おくれである。いまある五六中期業務見積り(五六中業・一九八三〜八七年度)が達成してもなお不十分である」という認識をもとに、右の増強案を突き付けてきたのである。日本側はこれに非常に驚き、対応に苦慮することになった[140]。

日本側はひとまず首相からの指示に沿って憲法の枠や財政的制約を強調し、あくまで「大綱」を基礎に着実な防衛努力を行うことを表明することで米国側の理解を求めた。しかし、三日目の協議でも、米国側は「防衛力の整備は時間との競争だ」と譲らなかった。結局、両国の意見が調整できないままで協議は閉幕し、六月末の大村長官の訪米での継続協議となった[141]。しかし、対米関係を重視する外務省幹部ですら、防衛力増強に関する両国の認識が違いすぎて、月末の長官訪米でも決着不能との観測を持たざるをえなかった。また、国防総省のなかに日本の事情に通じていない「タカ派」がいて、日米間の相互理解を阻害している現状を懸念した[142]。

五月に伊東の後任外相となった園田は、米国の圧力に対して批判的な発言を繰り返した。六月一九日にASEAN拡大外相会議が開かれたフィリピンのマニラで、ヘイグ国務長官と会談した際、ハワイ協議での米国の要求が「公に知れ渡れば、安全保障上の必要条件について漸進的に生まれてきた合意形成の進展が阻害されるであろう」と語った。また、右の自衛隊の防衛能力欠如に言及したアーミテージ発言を念頭に、「米国が日本の自衛力を『役に立たない』と言うのは外交関係断絶に至るに十分な理由となろう」と牽制した。そのうえで、大綱目標を向こう五年間で達成することは「不可能」と述べる一方、月末の大村長官訪米は、あくまで「対話の継続」であって、防衛力の水準について具体的に討論する場ではないと釘を刺した[143]。

国際情勢に関して、園田はソ連の経済状態は専門家の評価よりもはるかに悪く、自国やその影響下にある国々での軍事的な負担に耐えられなくなっているとの認識を示した。そのうえで、「もし東西間で軍事的衝突があるとすれば、ソ連が軍事的に優位な立場から西側に攻撃を仕掛けて起こるのではなく、ソ連が封じ込められた結果、『窮鼠猫を噛む』という格好で戦争が発生する」として、西側諸国が慎重に行動すべきと説いた。そして、実際にキューバやベトナムがソ連から離反しつつあると指摘して、「敵か味方」の二分法的な米国流のアプローチを捨て、非同盟中立の国々をソ連から引き離すよう努力すべきと主張した[144]。

ここまで勢いの良かった園田であったが、翌二〇日のマニラでの記者会見で、五月の日米共同声明について質疑を受けた際、重大な失言をする。すなわち、今日の首脳外交で共同声明を発表する意義に疑問を発しつつ、「共同声明の外交上の拘束力はあるのか。ないだろう」と発言したのである[145]。共同声明より、防衛力整備の限界を説いた第二回目の日米首脳会談に重きを置く首相を擁護し、共同声明作成を主導した外務官僚を批判する意図を込めた発言であった[146]。一九七六年の三木武夫首相退陣工作――いわゆる「三木おろし」――以来、政治的盟友である鈴木が、訪米を機に日米関係で苦境に嵌った状況を見て、自分が何とか助けたいという気持ちもあった[147]。なにより福田・大平両政権でも外相を務めた園田は、自民党内では鈴木と同じく「ハト派」だったのである。

しかし、「共同声明に拘束力はない」という発言は明らかに問題であった。なぜなら、一九六七年の沖縄返還実現の目途を「両三年」とした日米共同声明、七二年の日中国交正常化に伴い発出された日中共同声明、また、七三年の田中首相訪ソ時に出された「未解決の諸問題」という文言が入った日ソ共同声明などを想起すれば、共同声明は時に条約以上の重要性、つまり政治的・道義的な拘束力を有するからである。園田は即時に右発言を訂正したが、共同声明の拘束力を否定した発言は、米国側に大きな不信感を与えかねなかった[148]。

六月二五日、大村長官の訪米を前に、鈴木と大村、園田、宮澤による四者協議が行われ、次年度予算の概算要求で前年度比七・五%増とした防衛費の上限枠に積み増ししないことを確認した。そのうえで、①性急な増強要請には国内世論などの面から応じかねることをよく説明する、②向こう一年間にわたる「五六中期業務見積り」(一九八三～八七年度)の作成作業の過程で、海空重視といった米国側が求める装備の優先順位に配慮し、可能なものは取り入れるとの基本方針を決める。米国の要求を一部取り入れつつ、長官訪米は何か結論を出す場ではなく、あくまで対話の継続であると位置付ける先延ばし戦術であった[149]。ハワイ協議で出た米国側の強い要求は、同国の真の政策ではなく、国防の専門家たちの偏った見解を反映するものであるとの憶測が、日本側にはあった[150]。

ところが、六月二三日にヘイグ国務長官に提出されたメモランダムは、「日本が米国の主張に対応するのを回避する策を弄さないように、大村の訪米中、我々は全員、意見を統一して話し続けることが重要である」として、「大統領や米国政府全体が、ハワイの日米防衛事務レベル協議で概略が示された(日米間の)より理にかなった役割分担に本気で取り組んでいる」と表明するよう勧告した[151]。日本の先延ばし戦術は見透かされていた。

六月二九日、ワシントンに入った大村はワインバーガー長官と会談し、他の施策との均衡上、防衛費急増は不可能としたうえで、大綱達成が実現可能な目標であり、次期の中期防衛見積もり(五六中業)で大綱水準を達成したいと述べた。これに対し、ワインバーガーは、大綱を五六中業で達成しても遅すぎると難色を示し、次年度の防衛費概算要求枠七・五%増にも不満を表明した。同日会談したヘイグ国務長官も、対日防衛努力要求について「米政府内に食い違いはない」と表明した[152]。

また、翌三〇日に大村と会談したアレン大統領補佐官(Richard Allen)は、米国が社会保障費削減など大きな犠牲を払って軍備増強に努めていると述べたうえで、「ホワイトハウスが国務長官や国防長官と同じ考えであることを表明しておきたい」と付言して、米国政府が統一された意思の下に防衛力増強要請を行っていることを印象付けた[153]。そして、同日、米議会の実力者であるタワー上院議員(John Goodwin Tower)も大村に対して、米国の国防努力を強調する一方、日本の防衛費七・五%増はインフレを考慮すれば実質的な増額にならないと失望を表明した。また、防衛計画は、国際情勢と脅威の変化に即して修正されるべきと主張した[154]。

一連の会談を通じ、米国政府と議会が一丸となって日本に防衛力増強を求めていると同時に、憲法や財政、世論といった国内事情が防衛努力を回避する口実にはならないというメッセージが日本政府に伝わった。米国の強烈なメッセージに、七月一日、宮澤は会見で、日米間では自由世界の安全に対して担う責任の重さが異なる点を理由に、国際情勢の厳しさについて認識の相違があることを示唆したうえ、米国の要求を「無理な注文」であるとして、政府としては前年度比七・五%増とする考えに変わりはないと述べるなど防戦に努めた[155]。

8　日米首脳の再会談——応急処置的な関係修復

結局、今回の大村長官訪米でも、日米間の協議に結論は出なかった。それでも大村には米国側の危機意識が相当強く伝わった。例えば、ワインバーガー長官との会談では、ソ連の兵器生産能力が近年急激に高まっており、米国と比較して戦術航空機で二倍、潜水艦では三・七倍であるとの説明があった。また、国防総省やハワイの太平洋軍司令部では、米国側が最新の資料を大村に見せつつ、東西の軍事バランスに逆転が生じる可能性を指摘した[156]。

実のところ、ハワイ協議で米国側が示した防衛力増強に関する対日要請案を、今後の日米間協議における「一つの案」として受け止めてほしいとするワインバーガーに対し、大村は、日米共同声明を踏まえて「大綱の枠内で五六中業の中にできるだけ取り入れていく」と約束していた[157]。さらに、七月二日にジャクソンビルの海軍航空基地で行われた会見で、前日の宮澤発言に関して質す米地元記者団に、大村は「それほど、ソ連の脅威に対する日米間の認識に落差があるとは思わない」と答え、次期五六中業ではＰ３Ｃ購入機数を国防会議で決定されている「四五機」よりも可能な限り増やすよう努めたいと表明した[158]。

国内事情を理由に米国の要求をかわし続けることには、もはや限界が見えており、そのような姿勢を続けることは、米国の対日不信を募らせるばかりであった。訪米した大村や大河原駐米大使には、それが明確に理解できた[159]。自民党内でも、五月の首脳会談以来の日米間の不協和音を見て、対米関係の悪化を憂慮する空気が広がっていた[160]。

七月一〇日の閣議で、大村が訪米の帰国報告を行った。そのなかで、①国防・国務両長官、大統領補佐官の三者が、米国が率先して国防予算の大幅増額に踏み切っている以上、同盟国・日本も可及的速やかに防衛努力を進めてほしいという点で完全に意見が一致していた、②米政府当局者と議会における国防関係者との意思疎通がよく行われている印象だと伝えた。そのうえで、今後とも日本の防衛努力の状況を十分に説明するとともに、先方の意見で受容可能なものは取り入れ、対話を継続する必要があると語った[161]。

大村の報告を聞き、園田も、日米安保条約の重要性に言及したうえで、「日本としても、当面、米ソの軍事力の均衡回復という米国の方針を理解すべきだ」と同調した。また宮澤も、「国際情勢の認識で日米間に違いがある」とした先の発言を取り消した。七月下旬に行われるオタワ・サミットでの日米両首脳の再会談を前に、鈴木－園田による日本の独自性を強調する路線が修正された[162]。そして一三日、国連カンボジア国際会議のために訪米した園田は、ニューヨークでヘイグ国務長官と会談し、「防衛計画大綱の枠内で出来るだけ努力を進める」と表明する。両者は国際情勢全般にわたって日米両国が基本姿勢を一致させ、対話を緊密化させる重要性を確認したのである[163]。

七月二一日、鈴木はオタワ・サミットの会場で、レーガン大統領と会談した。鈴木がマンスフィールド駐日大使に依頼して実現した会談の目的は、五月訪米に端を発した両国間の軋轢に終止符を打つことであった。とにかく、両首脳が顔を合わせて、防衛などの具体的問題を脇に置いて、「対話と協調」を謳いあげれば良かった[164]。

日米関係の悪化を懸念する日本政府内の対米関係重視派（大河原駐米大使など）は、防衛力増強で米国の期待に応えるのが困難な状況下、「同盟国としての役割」の落とし所として、在日米軍の駐留経費分担とともにアジア諸国などへの経済協力の拡大に注目するようになっていた。

六月末の大村長官の訪米に際し、米国側も防衛力増強を強く要求しつつ、日米の「責任分担の在り方」を軍事的手段に限らず、政治・経済的手段を含めた包括的な視点から検討するとのシグナルを送っていた。すなわち、日本が「総合安全保障」の見地からＯＤＡの拡充や東南アジアでの外交努力に取り組んでいると主張する大村に、アレン大統領補佐官は、その種の日本の努力について「いわば防衛の見えない要素とも言うべきものであって計りがたい」としながらも、「十分かん〔勘〕案していく考えである」と述べていたのである[165]。

それゆえ、鈴木はオタワでの日米首脳会談において、パキスタン、タイなどアジア地域をはじめ、中東、アフリカ、中南米など紛争周辺国への援助に力を入れていく姿勢を公式に表明し、レーガンも中南米地域への援助増額などに対して感謝を示した[166]。

さらに、この席で、鈴木は自分から対韓経済支援問題に政治的観点からコミットする意向を明確にした[167]。それは西側の対ソ軍事優位を目指す米国の戦略を経済面から支援するものに他ならなかった。鈴木にとって日米関係を悪化させずに防衛費増強要求をかわすための苦肉の策であったに違いない。この後、日本は韓国の全斗煥《チョンドゥファン》政権との経済協力交渉に取り組むようになる。

9　金大中裁判への対応——断たれた日韓のパイプ

一九八〇年七月に鈴木政権が成立した前後の時期、韓国の国内政治は動乱の最中にあった。一九七三年と七九年の二度にわたる石油危機による経済的な停滞、人権問題に関する米国・日本との葛藤といった遠因、反政府運動への対処方針をめぐる政権内部の亀裂と長期政権下の人事的葛藤を近因として、七九年一〇月、金載圭《キムジエギュ》中央情報部長が朴正熙《パクチョンヒ》大統領を暗殺するという衝撃的な事件が発生した。ここに、「第四共和制」＝「維新体制」が幕を閉じる。

朴大統領暗殺によって生じた権力の空白を埋めたのは、全斗煥や盧泰愚《ノテウ》(ともに当時少将)などの陸軍士官学校第一一期生を中心とする「新軍部」勢力であった。彼らは、一九七九年一二月に戒厳令下でクーデターを起こして軍の実権を掌握し、翌八〇年五月の戒厳令の全土拡大と全羅南道の光州市に広がった「内乱」の鎮圧を経て(光州事件)、権力の中枢を握ったのである[168]。かくして全斗煥は、八月に統一主体国民会議により第一一代大統領に選出され、その後制定された新憲法の下、翌年三月には第一二代大統領に就任する。いわゆる「第五共和制」の始まりであった[169]。

権力を掌握した後、全斗煥が最初に着手したのは、朴大統領の最側近である金鍾泌《キムジョンピル》、李厚洛《イフラク》らの逮捕と財産没収であった。彼らはこれまで、首相や中央情報部長として、日韓の政治関係に直接関わってきた人材であった。全は朴が個人的関係や非公式的接触を通じて日韓関係を指導してきたことに、韓国の正統性を傷つけるものとして批判的であった。日本の植民地主義の下で育ち、一九六〇～七〇年代に指導的役割を果たした世代は、腐敗し堕落したものと見なされて排斥され、純粋な「ハングル世代」が韓国指導部を占めることになった[170]。

韓国指導部の急激な世代交代は、日本にとって対韓外交のパイプの喪失を意味した。朴政権時代に機能していた日韓協力委員会や日韓議員連盟も、新政権との人的なつながりがなかった。こうして日韓対話のパイプが途切れてしまったタイミングで、韓国の民主化運動の指導者である金《キム》大中《デジュン》をめぐる問題が再び浮上してくる。金大中は五月の光州事件の最中に逮捕され、裁判にかけられた後、九月一七日には早くも第一審で死刑判決を受けていた。

日本としては、一九七三年に金大中が東京のホテルから韓国政府当局者に拉致された経緯(金大中事件)もあり、その後、政治決着が図られたとはいえ、金の一身上の問題については引き続き重大な関心を寄せていた[171]。金が死刑となった場合、日本の国内世論の矛先は全政権のみならず、鈴木政権にも向けられる可能性が強かった[172]。そうなれば、日韓関係は立ち行かなくなり、米国をはじめ国際社会からソウルに対して厳しい非難が向かうことは目に見えていた。

他方、韓国側にしてみれば、金大中については韓国の国内法の手続きに従い立件されて訴追されているのだから、そこに介入されるのは不当であるということになる。それはある種の民族感情に基づく反発であった[173]。たとえ全大統領自身が国際関係を加味した判断力を持ち合わせていたとしても、新体制の中核を担っている軍の中堅幹部たちがそうであるとは限らない。鈴木や宮澤が頭を痛めたのは、日米両国からの「干渉」に反発した彼らが強硬路線に転じ、金大中の身柄に害を及ぼす可能性であった。「金大中救出」を声高に叫ぶことは、逆効果になりかねなかった。

金大中問題の重要性を早くから認識していた宮澤は、七月一七日の政権発足から僅か一週間後に、マンスフィールド駐日大使と密談を持ち、金を極刑に処さないよう韓国政府に働き掛けるとしたカーター政権の意思を確認したうえで、マンスフィールド大使にも金正濂《キムジョンヨム》駐日韓国大使に、米国側の意向を伝えるように依頼している。しかし、九月に金大中に死刑の求刑が申し渡されるや、「金大中を救え」という日本の国内世論は一挙に盛り上がり、政府の対応を無為無策、あるいは弱腰と批判する声も出てきた[174]。

なお、九月二日、朴大統領に任命された金駐日大使が離任し、後任として、全斗煥が陸軍士官学校に在学した時代に同校の校長を務めた崔慶禄《チエギヨンロク》が着任した。新大使は全の信頼が厚く、その後、韓国側との重要なパイプの一つとなる。

しかし、一〇月二四日、韓国では二審の高等軍法会議が始まり、早くも一一月三日に原審維持すなわち死刑求刑がなされる。翌四日、高島事務次官が崔大使と会談して憂慮の念を表明する。そして、同じ四日の米国大統領選では共和党のレーガン大統領候補が当選した。北朝鮮への強硬な立場から韓国の安定を重視するレーガンが大統領となれば、全政権により理解のある態度をとるとの観測から、金への判決は厳しくなると予想され、日本の外交当局の懸念は一段と深まった[175]。

一一月二一日、崔大使と会談した鈴木は、慎重な言葉使いで、「一二月に最悪事態（死刑確定）」ということになると、①日本の国会や世論は大騒ぎし、通常国会で野党が韓国に対して強硬な決議を採択しようと迫るようになり、国会で多数を持っている自民党としても厄介になる、②北朝鮮もこの機会を利用して、韓国の孤立を図るためにいろいろな動きをするに違いないと述べ、慎重な対応を促した。

ところが韓国紙は右の会談について、首相が大使を呼びつけ、金大中処刑の場合、日本国内で北朝鮮との交流を求める声が起きかねないと語って韓国に重大な内政干渉をしたと一斉に報道した[176]。日朝交流の可能性と金大中裁判とをリンクさせたとする刺激的な記事は、正しい報道ではなかったが、日韓両国の世論を刺激して事態を悪化させた[177]。

首相の発言をめぐって日韓間に緊張感が走る最中の一一月二六日、東京で東アジア大洋州地域大使会議が開かれた。この席で、須之部量三駐韓国大使は、全大統領が金大中問題で国内の若手将校からの突き上げで柔軟策がとりにくくなっている一方、日本での「全斗煥反対、韓国反対という点から金大中氏裁判をとらえる傾向」が韓国側の反発を招き、問題解決が困難になっていると指摘して、日本としては表面だったアプローチは避けて、事態を見守るしかないと主張した[178]。

それでも、同じ一一月二六日にソウルでは、村岡邦男駐韓公使と金東輝《キムドンフィ》外務次官とが会談し、日韓関係が阻害されないよう金大中問題の沈静化に最大限努力することで一致した[179]。さらに鈴木は、金の助命を求める首相親書を持たせ、極秘裏に伊藤忠商事取締役会長の瀬島龍三を訪韓させた。韓国の政財界の要人たちとの人脈を有する瀬島は、かねてより全大統領とも懇意な人物であった[180]。

そして、米国からの働き掛けが、韓国政府の金大中への処遇に大きな影響を与えたと見てよい。一九八〇年一二月から翌年一月にかけて、レーガン次期政権の国家安全保障問題担当補佐官に内定していたアレンが、韓国当局者らとの秘密協議を行った結果、金大中の命を救う代わりに全大統領の訪米を実現させ、カーター政権下で在韓米軍撤退政策をめぐって険悪化した米韓関係を正常化するという取引をまとめた。こうして一九八一年一月二一日、レーガン新政権は全の訪米を発表し、その三日後、全は戒厳令を解除するとともに、金の死刑を終身刑に減刑すると発表したのである[181]。

二月二日の米韓首脳会談で、レーガン大統領は在韓米軍の撤退を完全に中止すること、韓国軍の近代化に協力することを保証した。事実、全の訪米に合わせ、二月一日から四月一〇日にかけてチーム・スピリット81演習が実施されている。また、四月の米韓安保協議会では、韓国に対する米国の核の傘の提供を再確認し、同年末には米議会も三六機の最新鋭戦闘機F16の韓国売却を決定する[182]。レーガンは、韓国をソ連の脅威に対する東アジア前線を抱える忠実な同盟国と見ており、前任者であるカーターのように軍事独裁体制にまつわる人権問題には拘泥《こうでい》しなかった[183]。米韓関係は大幅に修復されるとともに、米国の強力な支持により全の権力掌握は既成事実となる。

10　全斗煥政権による安保経済協力の提案

日韓関係の棘《とげ》になっていた金大中問題が解決し、首相官邸や外交当局は安堵した[184]。ところが、まもなく日韓両国はいわゆる安保経済協力（安保経協）をめぐって激しく対立することになる。

　この安保経済協力の問題は、二月の米韓首脳会談で全大統領から提起されていた。全は北東アジア地域の情勢に言及しながら、「この地域の安全保障のために、日本のより積極的な役割が必要である」と強調し、「日本が今日の繁栄を享受することができるのは、韓国と米国が共産陣営に対して防波堤の役割を果たしているからであり、米国が二個師団の兵力を韓国に駐屯させるのに必要なだけの費用を日本は防衛費形態ではなく、経済協力方式で（提供し、）韓国を助ければならない」と主張したのである。また、韓国がGNPの六%を国防費に充当しているのに対して、日本は〇・九%を使用しているにすぎないとも指摘した。欧州・アジア両面で地域的安保体制の再強化を目指していたレーガン政権にとっても、全が主張する韓国「前哨基地」論や日本の地域的役割の強調は歓迎すべきところであった[185]。

　このように冷戦的な国際認識で足並みを揃えた格好の米韓両国と鈴木政権下の日本の認識との間には埋めがたい溝が存在した。二月二八日、四日後の全の大統領就任式に出席する予定の伊東外相は、「米韓と日米の問題は三角で結ばれることにはならない。憲法上の問題もあり日本と韓国で軍事上の問題を話すことはない」と強調した[186]。伊東は周囲に、「自分が『南北』の橋渡しをしてもいい、というような腹案を持って行くんだ」と語っていた[187]。

　三月二日の日韓外相会談において、盧信永《ノシンヨン》外務部長官は、①二月の米韓首脳会談で米韓両国が北朝鮮を含む北東アジア情勢と韓国の防衛力強化について完全な意見の一致をみた、②昨年度の経済がマイナス成長を記録したにもかかわらず、韓国はGNPの六%を国防費に充当しなければならない困難な立場にある、と説明した。そのうえで、日本の自由、平和そして繁栄が少なからず韓国の堅固な防衛力に依存していると言及しつつ、日本からの経済支援を要請する。これには伊東も、韓国の防衛努力を評価せざるをえなかった。また、朝鮮半島の平和に日本も努力するとして南北対話仲介の意向を表明したが、韓国側に拒否されてしまった。

さらに、翌三日に青瓦台を訪問した伊東に、全大統領も米韓間の合意事項はまず日韓間で確認されるべきで、北朝鮮の脅威についても日韓で認識を一致させなくてはならないと指摘した。さらに、韓国の防衛努力に言及し、経済協力の要請を再確認したものと見られる[188]。

もともと、伊東は自民党A・A研グループの一員として一九七五年に北朝鮮を訪問した経験があるだけに、韓国の唱える「北の脅威」という言葉に同調できなかった。むしろ、「三八度線の北側から南を見てみるとよい。米軍と韓国軍の威力は大変な脅威だと北が思っても不思議ではない」としばしば語っていた。また、盧信永外務部長官主催の歓迎夕食会の席で、伊東は北朝鮮訪問時の体験に触れ、「平壌の冷麺はうまかった」と呟いて座を白けさせ、全の大統領就任を祝う記念メダルも粗略に扱った[189]。韓国の軍事政権を明らかに嫌っており、金大中の判決が問題化した前年八月の国会答弁で、死刑の場合は金大中事件の政治決着の見直しを求める意見が出るとも発言していた。韓国側を刺激しないよう配慮する事務当局との温度差は明らかであった[190]。

三月二三日のワシントンでのワインバーガー国務長官との会談でも、伊東は北朝鮮が韓国を攻撃する可能性の有無についてワインバーガーに質しつつ、中国が北の対南攻撃を支持しないとして、その可能性に関して疑問を呈した。また、伊東は「四〜五年前」の訪朝時、金日成主席が、自国が南を攻撃すれば米軍の爆撃機により甚大な被害を受けるとの見通しを語っていたことも伝えた。

ワインバーガーは、在韓米軍の撤退が北の攻撃を誘発する危険性を指摘したうえで、米国として韓国が自力で自国防衛が可能になるまで軍事的支援を提供するとの意思を示した[191]。同日の日米外相会談でも、伊東が北の対南攻撃の可能性を否定し、ヘイグ長官がこれに反論する場面があった[192]。

米韓両国と日本の認識が乖離した状況のまま、韓国は鈴木首相の訪米にタイミングを合わせるかのように、日本に要請する大型借款の総枠を提示する。すなわち、四月二三日、盧信永外務部長官は須之部駐韓大使を招致し、次のごとく切り出した。

韓国は、いま、朴大統領亡き後、大きな転換期にあって、種々の困難に直面している。ついては、この際、豊かな隣国であり、歴史的にもつながりのある日本から、思い切った、防衛、経済協力をお願いしたい。具体的には、現行の日本の対韓国協力の額を一〇倍に増やし、年間約二〇億ドル、それを向こう五年間、合計一〇〇億ドルの資金を韓国へ提供願いたい。

　本来であれば、この数字の根拠や必要性について説明したうえで要請すべきかもしれないが、ここは日本として政治的、高次元の判断に立って、まずは、こうした資金の提供とその大枠について原則的に同意していただきたい。[193]

右の要請を受けた須之部大使は、至急東京の本省に伝えた。その際、韓国の経済情勢が「容易ならぬ事態に直面している」点を指摘するとともに、韓国側が首相訪米を睨んで米国に日本に働き掛けるよう要請する蓋然性を指摘しながら、韓国の要望を無下に拒否せず、好意的に検討するよう意見具申した[194]。韓国の一〇〇億ドルの資金援助要請に外務省事務当局は驚くとともに、須之部が何ら反論をせず、要請をそのまま取り次いだことへの批判の声も出た[195]。

政権上層部にも、韓国の要請をそのまま受容する用意はなかった。伊東はもとより、鈴木自身、本音では全斗煥政権を好ましく思っていなかった。福田派など自民党右派が反共意識に基づき韓国の軍事独裁政権への支援を躊躇しなかったことに比べると、宏池会の政治家たちは、軍事独裁への抵抗感や南北朝鮮へのバランス感覚が強かった[196]。

何より鈴木政権は、米国に対し自国の安全保障政策を「総合安全保障」論の観点から説明していた。そこで強調されたのは、経済協力を主な手段として世界の平和維持に貢献するにしても、それはあくまでも南北問題の観点からなされるという理屈であった。二月一〇日のマンスフィールド駐日大使との会談でも、鈴木は、対米協調の視点から経済協力を「責任分担」の一環と位置付けつつ、その対象を開発途上国に限るとの姿勢を示していた[197]。こうした見地に立てば、自国の過重な防衛負担の肩代わりに経済援助を求める韓国側の論理は、日本にとって受容不可能であった。すでに韓国は途上国ではなかった。

しかしながら、韓国の要請の背後に米国の後押しがあるとする見方が、日本側にはあった。四月中旬、離任挨拶に往訪した須之部大使に、南悳祐《ナム・ドグ》首相もそれを示唆する発言をしている。その意味で、五月七〜八日のワシントンにおける日米首脳会談は、いわば、米国の態度を確かめる機会となった[198]。七日の第一回目の会談で、鈴木は朝鮮半島問題に関して以下のように述べた。

> 韓国について先般全トカン［斗煥］大統領訪米の際、貴大統領が在韓米軍駐留継続の決定をされたことは朝鮮半島の平和と安定のために非常に効果のある立派な決断であったと考える。わが国として韓国を軍事的に支援することができないが、それ以外は従来より経済、技術、文化等あらゆる面で協力してきた次第であり、今後も経済協力等の面で一層協力して行く考えである。かかるわが国の協力と在韓米軍のプレゼンスが相まって韓国が北からの侵略をよく［抑］止することを可能とし、朝鮮半島の平和と安定がしっかりと保たれることを期待している。

ここで注目すべき点は、鈴木が韓国の安全保障と絡めつつ、対韓経済支援の実施に前向きな姿勢を示したことである。このような姿勢を表明したのは、韓国側から総額一〇〇億ドルの経済支援を要請されるなか、米国から直接対韓支援要請を受けてしまうことで、今後の韓国との交渉において不利な立場に立たされることを恐れたからと考えられる。さらに「シーレーン防衛」に関する米側の期待表明を受け、防衛面での「過剰な」期待に応えられない分を、対韓援助に積極的な姿勢を示すことで埋め合わせようとした可能性もある。しかし、米国から「責任分担」として認定されるよう自国の経済協力に戦略的考慮を付与すれば、国内政治上の困難が予想された[199]。

対韓経済協力に積極的姿勢を示した鈴木に対し、レーガン大統領は翌八日の二回目の首脳会談では対韓協力に直接言及しなかった。もっとも、日本の経済援助が「ソ連の侵略を抑止する見地より最も効果的の大きい国々に重点的に向く」べきとの立場を表明した。この範疇に韓国が入ることは自明であった。日米両国とも対韓経済協力の重要性については意見の一致を見ていたが、これを安全保障問題の一環と見ていた米国側に対し、日本側は戦術的に安全保障と絡めながらも、基本的には韓国の社会・経済の安定のためととらえていた[200]。そして、米国側は、経済援助増額によって防衛力増強努力を免除できないとの立場から、会談では専ら海空域防衛力の増強に関する要請に終始したのだろう。

しかし、六月の安保事務レベル協議や大村長官訪米を通して、日本が防衛面で米国の期待に応えるのが困難であることが判明するにおよび、米国側はようやく日米の「責任分担」の一環として経済協力の拡大を見るようになるのである。こうした米国の変化を受けて、日本も対韓援助により前向きな態度を示すようになる。七月二一日のオタワでの日米首脳会談で、鈴木は「今後両国外相会談、定期閣僚会議を通じてわが国の財政事情にも照らして調整を図った上で、自分が全トカン《斗煥》大統領と会ってわが国の対韓協力をまとめたいと考えている」と表明した[201]。

11 難航する安保経済協力交渉
——外相会談から定期閣僚会議へ

しかし、オタワでの鈴木の約束とは裏腹に、日韓首脳会談はおろか、第一ステップの外相会談開催にこぎつけることすら容易ではなかった。

そもそも、韓国の第五次経済社会発展五ヵ年計画（一九八二〜八六年）の資金導入計画に照らしても、五ヵ年で日本から一〇〇億ドルの公的援助ないし資金の導入は過大すぎた。中進国の韓国に対する経済援助の大幅増額は、日本の経済協力政策の一般的原則に抵触するうえ、軍事負担の軽減を目的とする援助は論外であった。

したがって外相会談を開いても「物別れ」に終わり、逆に関係が悪化しかねないことから、当初六月末に予定されていた同会談の東京開催は、日本側の意向で延期となった。日米「同盟」問題の余波が残るなか、ライシャワー発言を契機に米艦の核持ち込み問題が生じ、外務省が国会対策に忙殺されたことも延期の一要因であった。さらに韓国側が、会談の延期を日本の「非礼」としたことから、関係は一層緊張の度合いを強めることとなった[202]。

さらに六月には、朝鮮労働党の中央委員格を持つとされた玄峻極《ヒョンジュングク》（対外文化連絡協会代表）の入国問題が、日韓関係の新たな緊張要因として加わる。外相会談が延期され、日韓関係が緊張しているタイミングでの「北」の要人訪日は「時期的に」容認しがたいと韓国政府が強く申し入れたのに対し、日本側が韓国側の度重なる要請を拒み、玄の訪日を認めたのである。結果、崔慶禄駐日大使は不満の意思表示として、突如帰国する[203]。さらに、来日中の玄が『朝日新聞』のインタビューに応じ、光州事件などを理由に全政権を「犯罪者」と決めつけ、「対話の相手にできない」と言明したことは、韓国側の苛立ちを増幅させたに違いない[204]。

玄訪日の背景には、鈴木政権が南北対話と朝鮮半島の緊張緩和を標榜していることを重視した社会党関係者が、内閣への働き掛けを強めていたことがあった。金大中裁判や光州事件のため日本国内では批判の強い全斗煥政権の意向に沿って北朝鮮要人の入国を拒めば、日本政府に反発が向かいかねなかった。

それでも、六月中旬に安倍晋太郎政調会長、七月には日韓議連の安井謙参議院議員一行がそれぞれ訪韓して韓国要人と面談すると、日韓政府間の高いレベルの直接対話がない状態は好ましくないという見解が外交当局内部に強まっていった。また、園田外相が、何事も自ら表舞台に出て取り仕切るタイプの政治家であることも相俟って、八月に外相会談を開催する流れが固まった[205]。

ところが前任の伊東同様、園田も韓国の軍事政権に良い感情を持っておらず、韓国のマスコミも園田を「韓国嫌い」と受け止めていた[206]。事実、七月二八日、園田は韓国が大規模な援助を受ける権利を有するとか、日本はそれを提供する義務があるという韓国の立場には同意できないと述べた。さらに八月八日には、外遊先のアルゼンチン・ブエノスアイレスで、もし韓国が日本の防衛肩代わりを理由に支払いを主張するのであれば、援助要請を絶対に拒絶するであろうと言明する[207]。

八月二〇、二一の両日、東京で二回にわたり日韓外相会談が行われた。二〇日の一回目の会談では、朝鮮半島を中心とする国際情勢に関する意見交換が行われ、懸案の経済協力問題は、主として二一日の二回目の会談で行われた[208]。

まず、一回目の会談で、韓国側は、①北朝鮮の軍事的脅威が増大している、②日米首脳会談やサミットで、増大するソ連の脅威に西側同盟諸国が団結して対処することで合意されたが、かかる考え方を朝鮮半島に適用してほしいと発言した。これに対し、日本側は、①朝鮮半島に緊張が存在し、韓国の困難な状態を理解するが、同半島に緊張緩和が実現するのを強く希望する、②ソ連の脅威はグローバルな文脈で把握するべきで、朝鮮半島に自動的に適用されるわけではないと主張した[209]。

また、盧信永長官は、日本も米国と同様に、北朝鮮要人の入国を拒否するよう再三要求した。これについても園田は、入国査証の発給の是非は国家の主権に属することであるとして、北の要人の入国拒否の約束までできないと答えた。執拗に日本から言質を取ろうとする盧の態度に園田は相当心証を害した。さらに盧は、日本側が、韓国の立場を尊重するふりをしながら、裏では北に対して甘い態度をとっているとして、日本の不誠実な態度を批判した。

会談は終始すれ違いのままだったうえ、日本側の記者会見で韓国側の主張が省略されているとして、盧が翌朝の一番機で帰国すると言い出す事態となり、前駐韓大使の須之部事務次官の取り成しで、ようやく外相会談の中止を免れるという具合であった[210]。

二一日に行われた二回目の外相会談で韓国側は、北朝鮮の脅威に対抗するには、軍の近代化のため向こう五年間で二四〇億ドル前後の膨大な資金を充てねばならず、第五次経済五ヵ年計画に必要とする資金が不足していることから、日本の経済協力を必要としていると述べた。さらに、①総額について、今後五年間にわたり政府借款六〇億ドル、②援助供与の手続きに関し、五ヵ年計画当初より六〇億ドル全額に包括的なコミットメントを要請した。対する日本側は、①対韓援助については、国内的制約（財政事情・ODA倍増計画の枠）と国際的制約（低開発国向け援助の強化論）が存在する、②プロジェクトごとに韓国側から説明を受け、単年度主義で積み上げる方式でなければ協力はできないと主張した[211]。

園田は、二国間援助に回せる予算が五年間で一五〇億ドルにすぎないなかで、韓国にだけ六〇億ドルの巨額な援助に応じるのは到底不可能であり、日本の予算の単年度主義を度外視して、個々のプロジェクトの内容が把握できないまま総額を要求されても、「日本として対応の仕様がない」と言明した。盧は園田に「事務的な検討」ではなく「政治的決断」のために、という位置付けで、プロジェクトのリストを手交した。一応、韓国側から資料が提示され、日本側がそれを検討するということで、経済協力についてはいったん話が収められた。

次いで、一九七八年以来開かれていない日韓定期閣僚会議の開催について、園田は「つらい、苦しい、困難な選択である」としつつも、自らの責任で開催を主張した。ここで延期して、経済協力問題の解決に熱意がないと非難されるより、成果の可否如何に関わらず会議に臨む方が良いとの読みからであった[212]。このときの外相会議では、経済協力をめぐる両国の隔たりは埋らなかったが、双方とも互いの国内情勢についての理解や認識を深め、今後の段取りを考える契機とはなった[213]。

こうして、九月一〇、一一日にソウルで開催予定の閣僚会議に向け、外務省は共同声明作成などの準備に着手した。しかし、九月二日の衆議院外務委員会で園田が、「金を借りる方がびた一銭まかりならんというようなことは日本の常識ではなかなか通用しない」と韓国側の姿勢を批判し、共同声明を無理に出す必要はないとの考えを表明したのは、声明作成作業の難航を示すものであった[214]。韓国のマスコミは園田発言を「妄言」として強く非難し、園田も自分が韓国で極悪非道呼ばわりされていると自嘲した[215]。一方、同じ九月二日の韓国国会の外務・国防合同委員会で、盧長官は、対日「安全保障次元の政府借款要請」が妥結しない場合、引責辞任すると言明した[216]。韓国側は、国内世論から日本に「頭を下げて」協力を要請していると批判されないよう、安全保障を大義名分に日本の援助は当然との議論を展開したかった[217]。

他方、米国は、日本に韓国への経済協力を促した。九月三日、日米下田会議に出席したアマコスト国務次官補(Michael H. Armacost)は、日本の国際的責任として、「戦略的に重要な地域の安定のための経済的貢献」を挙げ、日本が自らの経済力に即して対韓援助を行うよう求めた[218]。また、九月九日付韓国の夕刊各紙は、アーミテージ国防次官補代理が、「韓半島の安定が日本の安保に直結しているため、韓日両国が強力な経協関係を推進すべきだ」と強調した旨を伝えた[219]。

九月一〇日、第一一回日韓定期閣僚会議が開催され、まず同日午前に全体会議が持たれた。この席で盧は、極東ソ連軍の顕著な増強に言及しつつ、韓国の戦力の約二倍を有する北朝鮮は単独「南進」も可能であると述べた。また、世襲体制に移行しつつある北朝鮮の国際情勢認識は、「予測しがたい危険要素」があるとも指摘した[220]。一方、園田は「韓国の防衛努力が朝鮮半島の勢力均衡に寄与していることを高く評価する」と述べ、従来よりも韓国側の認識に歩み寄った[221]。

しかし、韓国側の姿勢は依然として強硬であった。翌一一日午前の河本敏夫経企庁長官との個別会談において、申秉鉉《シンスンヒョン》副首相兼経済企画院長官は日本側の「年一億ドル」の民生安定の経済協力は、「現在六〇〇億ドル」の規模に達する「韓国の経済運営上プラスにならない」と述べ、あくまで安保絡みの経済援助を要請した[222]。

それでも、九月一一日の外相同士の個別会談では、盧は公表しないことを条件に、安全保障と経済協力とを分離して扱うことで「問題はない」と明言したうえで、経済協力の金額の問題を提起した。すなわち、盧は、「何とか六〇億ドルと四〇億ドルとの間で」政治的合意に持ち込めないかと提案した。これに対し、園田は、「四〇億ドルでは到底無理である」となおも拒んだ[223]。

もっとも園田はこの会談で、木内アジア局長に「一三億ドル」という妥協案を極秘裏に提示させた。しかし、盧は、一三億ドルでは「話し合いの基礎にならない」と拒み、四〇億ドル以上にこだわった[224]。そして、「経済協力問題が解決しなければ大統領としても共同声明は出せないと考えている」と発言した。園田は、今後も外相会談で「話をつないで行きたい」と述べるにとどまり[225]、共同声明は発表されなかった。

九月一一日、園田以下六名の閣僚たちが青瓦台の大統領府に全斗煥大統領を表敬訪問した。この席で全は、米ソ間の軍事的不均衡の深刻化と米国の防衛予算の大幅増額が困難である点を理由に、「八六~七年までが軍事面でも、経済面でも世界平和に対する危険をはらんでいる時期」との判断を示し、特に世界規模の戦争の発火点が朝鮮半島となる可能性に言及した。次いで、前日会議の合間に行われた板門店の訪問についての感想を求めると、園田も「極めて厳しい緊張状態の存することを実感した」と返答した[226]。

結局、日韓定期閣僚会議は、一一日の土壇場の段階で共同声明より拘束性の弱い共同新聞発表をとりまとめた[227]。同発表の第三項には、両国の閣僚が、朝鮮半島の平和が日本を含む東アジアの平和にとって「緊要」であると認めるとともに、日本側が、韓国の防衛努力が同半島の勢力均衡に寄与している点を高く評価すると表記された[228]。このように、日本側が国際情勢認識で韓国側に歩み寄る一方、第五項で、日本側が「韓国の国造りに貢献するため、日本の経済協力の基本方針」の下で協力を推進する意向を表明し、両国がこの問題での継続協議を約した[229]。

これをもって外務省は、韓国側が安保絡みの経済協力は不可能との日本側の立場を「非公式ながら認めつつある」と理解した。共同新聞発表が出たことに加え、韓国のプレスの反応も冷静で、日本側閣僚の表敬訪問の際の大統領の対応も穏やかであったことから、「当面日韓関係が極度に荒れる可能性は少ない」と読んだのである[230]。経済計画のなかで日本の援助を位置付けることなく、あくまで巨額の借款を要求する韓国側の姿勢は相変わらずであったが、かろうじて交渉決裂は回避できた[231]。

閣僚会議から二週間ほど経過した九月末、韓国外務部の幹部も、ソウルの日本大使館の館員に対して、同会議の結果、朝鮮半島情勢の認識で「意見の一致を見ることができた」と評価し、経済協力について日本の大枠での意思表示が得られれば、安保を絡めずに協議を進めることが可能と付言した。

ただ、韓国側にとって、六〇億ドルは全政権に対する日本の「政治的」支持の象徴であり、その中身は民間資金ではなく、あくまで大規模な公的資金でなければならなかった。一方、園田は一〇月中旬、「民間資金も含めた混合経済による経済協力を要請してくれれば金額の協議に入れる」と発言しており、日韓両国の認識の差は依然大きかった。日本側は、金額云々以上に、韓国側が、日本側の法的・政治的制約や事情を十分理解することを重視した。それでも日韓双方に、暫時時間をおいてさらなる歩み寄りのための政治的な雰囲気の醸成を図ろうとする流れが強まりつつあった[232]。

12 国際的役割の模索——南北問題と紛争解決

日米・日韓両関係の対応に苦慮し続けた感のある鈴木であったが、一九八一年六月中旬の西欧六ヵ国歴訪の途上ロンドンでの演説で、経済大国となった日本が国際社会における「受動的享受者の立場から能動的創造者へと外交姿勢を転換する」必要性を訴えた。そして、途上国の政治・経済両面での脆弱性が世界の不安定化を促進する要因と指摘し、日本はアジア域外も含めた「開発途上国への協力を強力に推進する」と表明した[233]。

続く七月二〇～二一日のオタワ・サミットでは、第一回全体会議で、初参加の鈴木が第一スピーカーの「栄誉」に浴した[234]。その冒頭発言で鈴木は、西側諸国全体が国際情勢に関する基本的な認識と戦略を一致させる必要性を説くかたわら、各国がその国力と国情に相応しい貢献を行うべきとしたうえで、「わが国の対応は経済面・経済協力面、アジアをはじめとする第三世界における政治的、経済的役割を中心としたものになる」と主張した。さらに「世界の平和と繁栄を脅かしている政治的、経済的な諸要因」にも「相互依存と多様性」の概念で対応すると説いた[235]。

今回のサミットの焦点となったのは南北問題であった。サミット参加国のうち米英両国は同問題に後ろ向きのスタンスであったが、日本とカナダは、一〇月にメキシコで開催が予定されているカンクン・サミット（南北サミット）に向け、発展途上諸国が今回の先進国サミットの議論の行方を注視していることから、南北問題を疎かに扱ってはいけないと主張した。その結果、一九七五年の第一回以降初めて、サミットで南北問題が実質的な時間をかけて討議された。同問題に関心の強い鈴木も積極的に発言を行った[236]。

各国間の合意ができなかったのは、南北問題に関する国連のグローバル・ネゴシエーションズ（GN）――全ての国連加盟国の参加を得たうえで行われる、あらゆる問題を総合的にとらえた包括交渉――発足の是非であった。米国が反対したためサミットの宣言起草は難航するも、最後はレーガン大統領が若干譲歩し、「お互いに受諾できる条件で」との留保付きで、宣言のなかでGNが言及されることになった。同宣言は途上国側にも評価され、一〇月のカンクン・サミットへの弾みとなった[237]。

一〇月二二日、カンクン・サミットに参加した鈴木は、第一回会合で、まず南北問題への対応にあたっては、「相互依存の認識と連帯の精神に基づき、現実的な解決を見出していくよう、南北間の対話を忍耐強く続けていかなければならない」と述べ、経済発展にとって重要なのは、自助努力と軍縮により生じる余剰資源であると指摘した。

そのうえで、①GNの重要性に鑑み、南北双方が受容できる手続き・議題について速やかに合意して、交渉開始の準備が整うことを期待する、②一九八〇年代前半五ヵ年間の日本の援助実績総額を七〇年代後半五ヵ年間の総額（一〇六・八億ドル）の倍以上に拡充するよう努力する、③援助の重点対象分野は、農村・農業開発、エネルギー開発、「人造り」、中小企業の振興であると表明した[238]。

右の鈴木発言のうち、「相互依存の認識と連帯の精神」という訴えは会議全体のキーワードとなり、会議終了時に発表された議長総括の基調となった。また、ODAについても、増額を具体的に表明したのは日本だけで、途上国側からは好感を持って迎えられた[239]。また、軍縮と開発の問題が密接不可分とする鈴木の主張にユーゴスラビアも賛同し、目下世界中で軍備に使われている五〇〇〇億ドルのうち〇・五％でも開発援助に向けられるならば状況は様変わりすると発言した[240]。

同日の夕方からは第二回会合が開かれ、食糧・農業開発問題が討議の中心となった。もともと、農水関係を専門とする鈴木は同会合でも冒頭発言者となって活躍した[241]。ここで鈴木は、農業が国造りの基本であり、その農業を振興するために農地改革や農産品の価格、税制の面などで優遇を与えることが必要と述べた[242]。さらに、①ODAに占める農業比率を高める、②国連食糧農業機構（FAO）、国際農業開発基金(IFAD)への出資に応じる、③世界銀行の国際農業研究協議グループへの出資にも応じる、との方針を表明し、途上国側の共感を得た[243]。

鈴木が力説したのは、食糧増産の必要性であった。特に、食糧自給できない途上国は大いに食糧を増産して、貴重な外資を食糧輸入で費やすことのないようにすべきであり、そのためにも先進国が食糧増産を支援する用意があるという点であった。以上の鈴木発言は食糧・農業開発問題の基調演説のような位置を占め、その後、レーガンはじめ多くの発言者によって言及された[244]。

そして、GN問題をどのようにまとめるかが、会議の成功を占う重要なポイントであった。二二日の一回目の会合でレーガンは、米国がGNに参加する条件として、①IMF(国際通貨基金)、世界銀行、GATT(関税及び貿易に関する一般協定)などの権限や主体性が確保され、これら機関の決定が最終的な性格を持つべき、②GNで取り上げる問題は、貿易の自由化、食糧、エネルギーの資源開発、投資環境の整備・改善といった事項に限る、などの了解事項を各国が受容することを挙げた[245]。GNの対象から通貨・金融を外したのは、一国一票の国連でGNを行えば、世界銀行やIMFの改組問題に発展し、先進国に多大な不利益をもたらす懸念があったためである[246]。

米国の意向は、GN実現を強く主張する途上国の立場と隔たりが大きく、両者間の妥協策を求めて非公式な話し合いが重ねられた。しかし、会議二日目の第四回会合になっても合意はならず、各国首脳は議場の内外で議長総括の案文について協議を続けた。鈴木も、GN実現への途上国の強い熱意を念頭に、会議初日から晩餐会や会議のコーヒーブレークで、レーガンに対し大局的見地から合意に到達するよう説得した[247]。特に、議長国・メキシコから、米国説得の要請を受けて、鈴木はレーガンと議長役のポルティーヨ(José Guillermo Abel López Portillo y Pacheco)大統領との三者会談を行う一方、園田もヘイグ国務長官をつかまえて説得に努めた。

最終的にまとめられた「議長総括」では、GN問題について、①各国首脳は国連の場におけるGN開始の総意を支持することが望ましいとの点を確認した、②しかし、一部の国から既存の専門機関の権限は侵されるべきでないとの主張があった旨を明記して決着となった。途上国も米国も会議決裂は望んでいなかったし、米国の重要な隣国である加墨両国の対米説得が大きく作用した[248]。

以上のような南北サミットでの努力は、その後の国連でのＧＮ発足交渉再開へのインセンティブを与えた。しかし、一九八三年の国連総会まで幾度も交渉が繰り返されたにもかかわらず、ＧＮ発足の合意に至らなかった。その理由として、一九八一年以降、世界経済の停滞と石油の供給過剰の顕在化によって、先進国側から南北問題に積極的に関わっていく機運を殺《そ》いだことがあった。ＧＮ不成立は途上国側にも大きな挫折感を残した[249]。

一方、一九八〇年代初頭、アジアの国際政治における大きな焦点となっていたのがカンボジア内戦への対応であった。内戦が長期化するなか、日本はＡＳＥＡＮ諸国と共同歩調をとりベトナムへの経済協力を停止するかたわら、目立たない形でベトナムとの対話を維持した。一九八一年五月、外務省の木内アジア局長がベトナムを訪問し、グエン・コ・タック外相(Nguyen Co Thach)と会談した。むろん、タク外相は、同外相の東京招請という伊東外相のメッセージに応じる姿勢は見せなかったし、日本の対中経済援助を批判しつつ、皮肉を交えて日本の政策が中国やＡＳＥＡＮをベトナムに敵対させていると語ったが、両国の関係拡大自体が相互の利益との認識は示した[250]。

この時期、日本政府がハノイとの限定的な対話に着手した背景には、ソ越関係の陰りの兆候があった。六月八日、ホルドリッジ国務次官補(John Holdridge)との協議で、大河原駐米大使は、「ソ連からの援助へのベトナムの不満が、その経済状況の悪化により強まっているとの報告を受けている」と発言していた[251]。また、伊東から外相を引き継いだ園田は、六月一九日のマニラでのＡＳＥＡＮ拡大外相会議開催に伴って持たれたヘイグ国務長官との会談で、経済状態が悪化しているソ連が対外的な軍事負担をすることが困難となり、キューバやベトナムのソ連への信頼性が低下しつつあると分析したうえで、西側として今後、ソ連と非同盟・中立諸国との離間に専心すべきと提案している[252]。

六月一九〜二〇日のＡＳＥＡＮ拡大外相会議は、七月にニューヨークで開催される国連のカンボジア問題国際会議の開催を睨んだ議論がなされた。園田はこの場で、ＡＳＥＡＮ・インドシナ関係について、「体制の差異自体は共に平和と繁栄を享受することの妨げにはならない」として、最終的な両者間の共存共栄の確立を訴えた。また、カンボジア問題についてＡＳＥＡＮの基本的な立場を踏まえつつ、①外国軍隊の撤退、②カンボジア国民を代表する政府の樹立、③全ての隣国にとって脅威にならない政府の成立という三目標を掲げた。さらに、七月の国際会議に関しても、

①非同盟諸国の参加を確保、②ベトナム糾弾集会としない、③ソ越両国への参加要請、④ベトナムが真剣に検討できる案の提示、の四点を強調した[253]。

続いて、具体的な問題の包括的な解決策として、軍事面では①国連軍導入による即時停戦、②ベトナム軍の段階的撤退(例えば、第一段階としてメコン川以西からの撤退)、③カンボジア人武装勢力の指定地域への集結と武装解除、④長期的措置としてベトナム・カンボジア国境での非武装地帯設置を提案した。また、政治面では、自由選挙実施のための国連選挙監視団派遣や、国連平和維持軍との連絡調整、カンボジア内全勢力代表による合同委員会設置などを提唱した[254]。

右の園田提案のなかでも、ベトナムに対して「完全」ではなく「部分」撤退を求めるのは、撤退にあたって同国により柔軟な選択肢を与えることを意図した妥協策であった。特に、メコン川以西からの部分撤退は、タイとベトナムとの軍事的緊張の緩和につながるものであった。同時にカンボジア領内の安全地帯設置により難民の帰還が進むことで、タイの負担軽減も期待できた。

つまり、紛争に伴うタイの負担を軽減する一方で、ベトナムに受容可能な形でカンボジアから撤退する選択肢を提供することは、ASEAN各国とベトナムが妥協できる状況に持っていこうとする日本の努力に他ならなかった。その意味で、園田提案は、福田ドクトリンで示された基本的な考え方を反映したものであった[255]。他方、ASEAN側も、日本が提案した包括的解決策について、高い評価を下した。前年六月のベトナム軍のタイ領侵犯直後のASEAN会議で見られた痛烈な対ベトナム批判は影を潜めるなど、ASEAN側はハノイに対しより柔軟な姿勢に転じていた[256]。

七月一三〜一七日、国連カンボジア国際会議が開催され、七九ヵ国、オブザーバーとして一四ヵ国、カンボジア第三勢力二組織(シアヌーク、ソン・サン両派)が参加した。しかし、ソ越両国、東欧諸国など親ソ派二五ヵ国は参加しなかった[257]。

一三日の同会議での演説で園田は、日本の基本的な立場として、①一国が武力介入で他国の民族自決を妨げることは容認し得ない、②解決は国連総会決議によって行われるべきである、③しかし、ベトナム軍撤退、自由選挙の実施などが確保されるなら、その実施の様態は十分、柔軟であってよい、④難民問題への国際的取り組み、平和到来後のベトナム、カンボジアへの国際的復興が必要であると表明した。そのうえで、問題解決にあたり、「ヴィエトナム《ママ》の安全保障上の利害を無視すべきではない」とも述べ、同国に交渉のテーブルに着くよう呼び掛けた[258]。

会議では、対ベトナム姿勢や紛争解決のアプローチについて柔軟派のASEANと強硬派の中国との間の差異が際立っていた。日本は前者のASEANの立場に近く、米国はむしろ後者の中国のそれに類似していた[259]。

実際、会議の宣言作成の作業部会では、ASEAN提出の案が、民主カンボジア軍（ポル・ポト派）もカンボジア人民共和国軍（ヘン・サムリン政権）も同様に武装解除して暫定政権を樹立するものであるのに対し、中国案はあくまでポル・ポト派の正統性を主張して武装解除の対象とせず、暫定政権も同派で固めようとするものであったので、両案間の調整作業は難航した。

政治解決についても、①国連平和維持軍の監視下における外国軍撤退、②全勢力の武装解除、③暫定政府樹立、④国連監視下の自由選挙実施というASEAN草案の②、③について、中国が削除を要求してきた。ASEAN側は、いったんは拒否して抵抗するも、結局一六日、両項目の削除に応じ、中国に譲歩した。

また、平和的解決後のカンボジアおよびベトナムを含む全ての東南アジア諸国への経済援助を検討するというASEAN案の項目（日本とASEANにとって、今後ベトナムを交渉に引き出す餌であった）についても、中国の主張により「ベトナム」を削除して「すべての東南アジア諸国」との表記となった[260]。さらに、ASEAN案には、紛争中そして和平後におけるベトナムの安全保障や主権、領土保全への言及があったが、これも中国の反対でベトナムへの言及が消え、一般的・抽象的な表記に変えられた[261]。

それでも、宣言にはカンボジア問題の平和的解決に至る全過程にベトナムの参加を呼び掛ける記述が随所に明記された[262]。そして宣言の発表と同時に、今後の会期間委員会を設置することも決まった。同委員会は、問題解決に向けて継続的に協議を続けていくことを任務とし、国連事務総長の諮問機関という性格を帯びていた。そのメンバーには日本をはじめとする七ヵ国が指名された[263]。和平に向けた過程に日本が関与する形は作られた。

しかし、カンボジアのヘン・サムリン政権の正統・合法性を主張するベトナムと、同政権の存在自体を否認するASEANという根本的な対立構図が解消される展望は全く見えなかった[264]。その構図の下、日本はASEANとの共同歩調という基本方針ゆえに、紛争解決上の重要アクターであるヘン・サムリン政権との接触は困難であった。対ＡＳＥＡＮ関係が日本外交の裁量を大きく制約したのである。

それゆえ園田は、九月二日の衆議院外務委員会で、九月中旬から国連総会で議論されるカンボジアの国連代表権問題について、政府として今年も従来通り民主カンボジア政府（ポル・ポト政権）の代表権維持を支持する方針を表明した[265]。実に、「我々がベトナムの（侵略）行為を非難し続けなくてはいけない一方で、そのことがポル・ポト派の政権復帰を望むことを意味しないというのが、（当時の日本の）ジレンマ」（川島裕元外務省南東アジア一課長）であった[266]。結果、九月一八日の国連総会では、民主カンボジアの代表権維持が確定する[267]。

当時、外務省アジア局で難民問題を担当し、紛争収束後に駐カンボジア大使となる今川幸雄は、ベトナム軍の軍事行動は国際法上侵略に該当するとしながらも、①ポル・ポト政権下のカンボジアがベトナムに侵攻して、殺戮行為を繰り返したことに対し、ベトナムが自衛権の行使として出兵したこと、②ベトナムの軍事力行使の結果、カンボジア人はポル・ポト政権の虐殺行為から解放されたこと、の二点が見落とされていたと指摘する。今川は当時の日本政府の対応についても、以下のように厳しく批判している。

> 日本政府は、もともと確たる信念もなく、アメリカ、中国、ベトナムなどの主張に揺り動かされ、カンボジア問題については「ＡＳＥＡＮの立場を支持する」というだけで、自主的な対応は全く見られなかった。結局はアメリカと中国の路線に追随し、ベトナムやベトナムに支援されたカンボジアのヘン・サムリン政権には何の考慮も払わず、国連においては一一年間にわたりクメール・ルージュを支持し続けた。このことを忘れてはならない。[268]

今川の評価は、いささか辛辣にすぎるかもしれない。しかし、福田ドクトリンの理想と、米中両国やＡＳＥＡＮがソ越両国に対峙する新冷戦下の国際情勢との現実との間で揺れ動く日本の対東南アジア外交にある種の中途半端さは感じざるをえない。当時の日本がベトナムにできることは人的交流を維持することと、ホーチミン市のチョーライ病院への医療品補充という人道援助供与に限定された。しかも、この僅か三〇〇〇万円の援助にさえ、ＡＳＥＡＮ諸国の駐在大使などから、日本の信用を損なうとの慎重論が出る状況だったのである［269］。

他方、鈴木政権下で、日本独自の中東外交を模索する動きもあった。一九八一年一〇月のＰＬＯ（パレスチナ解放機構）のアラファト議長（Yasir Arafat）の日本招請である。

一九七三年一〇月の第四次中東戦争時にいわゆる「油乞い外交」を強いられた反省から、日本は中東和平問題に取り組むようになった。まず、一九七八年九月の福田首相の中東歴訪時に、「エルサレムのアラブ地区を含む全アラブ占領地」からのイスラエルが撤退すべきという立場を明らかにした。次いで、一九七九年八月、園田外相が在京のアラブ一二ヵ国の大使たちに対し、右のイスラエルの全アラブ占領地域からの撤退に加えて、①イスラエルとＰＬＯが相互承認し相手の立場を認め合う、②中東和平達成にはＰＬＯの参加が不可欠である、③イスラエルがアラブ占領地内で行っている入植地建設は違法であり、認められない、とする見解（外相所感）を手交して、アラブ寄りの立場を一層明確にする［270］。

事務レベルでも、一九七九年一一月から翌八〇年二月まで三回にわたり、村田良平駐アラブ首長国連邦大使が、ＰＬＯ内ファタハの実力者アッバス（Mahmoud Abbas）と会談を重ねた。そして、一九八〇年八月に本省の中近東アフリカ局長となった村田は、アラファト訪日の実現に向けて動く。すなわち、村田局長は、田中政権で外相を経験した日本－パレスチナ友好議員連盟の木村俊夫と協議して、木村を団長とする超党派議員団をレバノンのベイルートに派遣して直接招待の意を伝える段取りを固めた。一一月、超党派議員団が現地に赴き、アラファトは訪日招待を受諾する［271］。

アラファト招請について米国は反対の立場であったが、招請を阻止するだけの根拠は持ち合わせていなかった。とはいえ、対米関係を考慮して招請が公的性格を有する印象を薄めたい外務省北米局の意見を容れ、鈴木との公式会談は首相官邸ではなく、国会内の総理大臣室で行うことした［272］。

一〇月一二日、アラファトが来日し、一四日に鈴木、園田とそれぞれ個別に会談を行った。首相と外相は、中東和平に関する日本の方針として、①日本は西側の一員であり、米国、ＥＣ諸国などと連携しながら、話し合いによる包括和平に協力する、②独立国樹立を含むパレスチナの自決権実現を望むが、武力解決には賛成できない、③ＰＬＯ側もイスラエルの生存権を認め、双方が歩み寄って和平への努力をしてもらいたいなどと述べた。特に、鈴木はアラブの立場を理解しながら、中東和平に関与していく姿勢を明らかにした[273]。

会談の焦点となったのは、八月に発表されたサウジアラビアの八項目提案に対するアラファトの態度であった。特に、八項目提案のなかの第七項は、「中東のすべての国の生存を認める」と謳い、間接的にイスラエルの生存権を承認する内容であった。日本側としては、ＰＬＯ穏健派のアラファトを招待することで、同派の立場が強化され、ＰＬＯがイスラエルとの穏健な交渉の道を選択するのを期待したのである[274]。一方、アラファトは鈴木に、①右の八項目提案に同意、②共産主義とは一線を画す、③ＰＬＯ国家は経済的に生存可能である、④米国からのシグナルを欲している、⑤イスラエルの生存権の承認は切り札であると発言した[275]。

右のアラファトとの会談は、日本の意を強くするものであった。アラファト離日直後の一七日にヘイグ国務長官から大統領宛てに提出されたメモランダムは、アラファトがサウジの八項目提案を評価したうえに、最終的なイスラエル承認を示唆したことに注目しており、五日後に控えた南北サミットでの日米首脳会談で、鈴木が日本として「米国とアラファトとの間の仲介役を果たす」ことへの同意を求めてくる可能性に触れた。もっともヘイグは、その種の日本のイニシアティブが、翌一九八二年四月に予定されるシナイ半島からのイスラエルの撤退とその後の和平交渉への妨げにならないよう、鈴木に強く注意を喚起する必要があることを指摘することも忘れなかった[276]。

しかしながら、日本側のアラファトに対する見方は楽観的にすぎると言わざるを得なかった。アラファトは、八項目提案を包括的和平に進む一つのベースとして評価したまでであり、ただちにイスラエルの生存権を認めたものと受け取られるのは立場上、望ましいことではなかった[277]。事実、アラファトはベイルートに戻ると、再び八項目提案に否定的な態度に戻った。ＰＬＯ内部での急進派の力は、依然として強かったのである。

もちろんこの問題の解決には、ＰＬＯ内部の問題以前に、イスラエルがパレスチナ問題を正当に受け止めてＰＬＯとの和平交渉に参画し、パレスチナ人の自決権を独立国家の承認も含めて認める必要があった。そして、頑迷な姿勢で国際法違反の行為を繰り返すイスラエルを説得できるのは米国だけであった[278]。しかし、パレスチナに対する国際世論がいかに動こうと、国連安全保障理事会で米国は孤立を辞さず拒否権を行使し、イスラエルを守り続ける一方、日本にも常に政治的圧力をかけ、その行動を制約したのである[279]。こうして日本の独自外交の模索は頓挫する。

南北問題における首相の積極的姿勢、福田ドクトリンの立場に即したカンボジア和平促進の動き、アラファト招請を通じた中東和平への関与など、鈴木政権が進めた個々の政策自体は画期的な要素を含んでいた。さらに言えば、一九八二年六月の第二回国連軍縮特別総会において、鈴木は強い熱意をもって核軍縮を訴えている[280]。鈴木のなかには、軍縮や和平によって生じる財の余剰を南北問題の解決につなげていくという基本的発想があったものと思われる。しかし一連の外交的な動きは、相互に関連付けて展開されることなく、いずれもその後のフォローアップがなされないまま、その場限りで終わってしまったのである。

註

1——宇治敏彦『鈴木政権・八六三日』行政問題研究所、一九八三年、三四頁。

2——鈴木善幸（聞き手・東根千万億）『等しからざるを憂える 元首相鈴木善幸回顧録』岩手日報社、二〇〇四年、二三二頁。

3——『朝日新聞』一九八〇年九月一七日。

4——小木曽大使発外務大臣宛て電信「イトウ大臣のアジア諸国訪問（外相会談）」（昭和五五年八月二五日）、五頁（開示請求番号二〇〇三-〇〇一一三）。なお、日本政府は、一九八〇年九～一〇月の国連総会におけるカンボジア代表権問題の多数派工作に協力し、民主カンボジアの代表権は維持された。

5——鈴木大使発外務大臣宛て電信「大臣のアジア諸国訪問（ハック大統領との会談）」（昭和五五年九月一日）、二～三頁（開示請求番号二〇〇三-〇〇一一三）。

6——吉田大使発外務大臣宛て電信「大臣のアジア諸国訪問（華国ホウ主席との会見）」（昭和五五年九月三日）、一～二、四頁（開示請求番号二〇〇三-〇〇一一三）。

7——田崎史郎「今後の課題は政治外交の中身——伊東外相アジア五ヵ国歴訪同行記」『世界週報』一九八〇年九月二三日号、四四～四五頁。

8——櫻川明巧「日本外交の展開」『国際年報一九七九-一九八〇』日本国際問題研究所、一九八五年、一四一頁。

9——「第五章 第三五回国連総会における伊東・グロムイコ会談」（「我が方の基本方針」の箇所）（開示請求番号二〇〇三-〇〇二〇〇）。

10——同右（「概要」と「会談内容」の箇所）。

11——Telegram from U. S. Department of State to American Embassy Tokyo, "Foreign Minister Ito Has a Busy Day" (September 20, 1980),

Digital National Security Archive Collection: Japan and the United States: Diplomatic, Security, and Economic Relations, Part II: 1977-1992, <hereafter cited as *JUII*>, JUII00752, pp.1-3.

12——笠井尚『最後の会津人 伊東正義——政治は人なり』歴史春秋社、一九九四年、一九三～一九四頁。もっとも、一二月一五日の西独のシュミット首相（Helmut Schmidt）との会談で、伊東は「西側の一員」として協力するが、軍事面での協力はできないと発言している。

13——Department of State Briefing Paper, "The "New Look" in Japanese Foreign Policy" (March ,1981), JUII00825, pp.1-2.

14——五三中業は、昭和五三年度（一九七八年四月から七九年三月）に作成され、昭和五五年度から昭和五九年度までを対象とした防衛庁内限りの計画。

15——若月、前掲『「全方位外交」の時代』、二九一頁。

16——佐道明広『戦後日本の防衛と政治』吉川弘文館、二〇〇三年、三二五頁。

17——大平正芳回想録刊行会編著『大平正芳回想録』鹿島出版会、一九八三年、五八四頁。

18——櫻川、前掲論文、一三五頁。

19——朝日新聞社編『総点検・日米安保』朝日新聞社、一九八二年、一三一頁。

20——塩田潮『官邸決断せず——日米「安保」戦争の内幕』日本経済新聞社、一九九一年、一三三頁。

21——Telegram from American Embassy Tokyo to U. S. Department of State, "Ambassador's Call on Prime Minister Suzuki" (August 1, 1981), JUII00726, pp.1-2.

22——東根、前掲書、二三八頁。

23——谷野、前掲『アジア外交』、八五頁。

24——宇治、前掲書、一三四頁。

25——『朝日新聞』一九八〇年一二月一一日。

26——Telegram from American Embassy Tokyo to U. S. Department of State, "Secretary Brown's Visit to Japan" (December 15, 1980), JUII00797, pp.1, 5-6.

27——Telegram from American Embassy Tokyo to U. S. Department of Defense, "Uncleared Memorandum: SECDEF-JDA Meeting" (December 22, 1980), JUII00801, pp.10-12.

28——『朝日新聞』一九八〇年一二月一六日。

29——Telegram from American Embassy Tokyo to U. S. Department of State, "Defense Budget Debate: Outcome Still Uncertain" (December 17, 1980), JUII00798, pp.2-3.

30——Telegram from American Embassy Tokyo to U. S. Department of State, "Status of Defense Budget Negotiations" (December 19, 1980), JUII800, p.1.

31——Telegram from American Embassy Tokyo to U. S. Department of State, "JFY 1981 Defense Budget" (December 22, 1980), JUII00802, p.3.

32——『朝日新聞』一九八〇年一二月二七日、一二月二九日。

33——大嶽秀夫「防衛費増額をめぐる自民党の党内力学」同編『日本政治の争点』三一書房、一九八四年、二八六～二九三頁。

34——Telegram from U. S. Department of State to American Embassy Tokyo, "Japanese Ambassador Explains Defense Budget Shortfall" (December 30, 1980), JUII00806, pp.1-3.

35――木内昭胤「鈴木総理ASEAN訪問の意義と成果」『世界経済評論』一九八一年三月号、五頁。木内は当時の外務省アジア局長。
36――宇治、前掲書、一二八頁。
37――小木曽大使発外務大臣宛て電信「東南アジア地域臨時大使会議(議事録等送付)」(昭和五五年八月二八日)五頁(開示請求番号二〇〇三‐〇〇一一四)。
38――東根、前掲書、九六～九七頁。
39――原野城治「鈴木首相のASEAN五ヵ国歴訪に同行して　期待される国際舞台での政治的役割」『世界週報』一九八一年二月一〇日号、一九頁。特に、一九六五年の九・三〇事件以来、対中警戒感が根強いインドネシアのスハルト大統領(Haji Muhammad Soeharto)には、日本が中国との協力に重点を移し、自国との協力への関心を低下させているとの感情があったようである。外務省アジア局「ASEAN諸国及びヴィエトナム事情」(昭和五五年一一月二六日)六頁(インドネシアの箇所・情報公開法による開示)。
40――外務省アジア局「鈴木総理大臣のASEAN諸国訪問」(昭和五六年三月)、一三六～一四三頁(総理のバンコクにおける政策演説の箇所・開示請求番号二〇〇七‐〇〇七一四)。
41――同右、一三八頁。
42――渡辺幸治「鈴木総理のASEAN歴訪」『東亜』一九八一年四月号、七〇頁。当時、渡辺は外務省アジア局参事官。
43――木内、前掲論文、八頁。
44――渡邊幸治元ロシア大使へのインタビュー(二〇〇九年五月一六日)。
45――原野、前掲論文、二一頁。
46――木内、前掲論文、一〇頁。
47――渡辺、前掲論文、六九頁。
48――前掲「鈴木総理大臣のASEAN諸国訪問」、一三六～一四二頁(総理のバンコクにおける政策演説の箇所)。
49――渡辺、前掲論文、七三頁。
50――木内、前掲論文、七～八頁。
51――前掲「鈴木総理大臣のASEAN諸国訪問」、一四二頁。
52――原野、前掲論文、二〇頁。
53――前年一一月末に東京で開かれた東アジア大洋州地域大使会議における中島敏次郎駐シンガポール大使の以下の発言は、カンボジア問題に関する日本政府の本音を端的に示している。「国際会議開催の提唱についてはこれを主張すること自体は悪いことではなく、当面実現困難という意味で現実的政策ではないが、国連決議の立場を擁護し、ASEANのpositionを支持すべきであり、日本国内でもこれは支持されているものと思われ、safe playとして国際会議開催を主張しつづけることが無難な政策と考える」。アジア局地域政策課「昭和五五年度東アジア・大洋州地域大使会議議事録」(昭和五六年一月)五一～五二頁(情報公開法による開示)。
54――池上萬奈「対越経済援助における日本外交――経済援助再開の試みと日米関係」慶應義塾大学大学院法学研究科『法学政治学論究』二〇一〇年六月号(第八五号)、八三頁。
55――前掲「昭和五五年度東アジア・大洋州地域大使会議議事録」三九頁。結局、事態は改善することのないまま、一九七九年度分の援助は八一年四月に法的期限が切れてしまった(繰り越し可能は一年間のみ)。池上、前掲論文、八三～八四頁。
56――前掲「鈴木総理大臣のASEAN諸国訪問」、一四二頁。
57――前掲「昭和五五年度東アジア・大洋州地域大使会議議事録」

四〇頁。この条件付きの復興援助の表明のアイディアは、前年一一月の東アジア・大洋州地域大使会議で小木曽本雄駐タイ大使から出されている。

58 ――谷野、前掲書、九一～九三頁。

59 ――宇治、前掲書、一二九、一四四～一四七頁。

60 ――大河原良雄『オーラルヒストリー　日米外交』ジャパン・タイムス、二〇〇六年、三三三～三三四頁。

61 ――Memorandum for Record, "MEMCON of Meeting between Secretary of Defense Weinberger and Japanese Foreign Minister Masayoshi Ito, March 23, 1981, 1530-1645" (April 7, 1981), JUII00858, pp.3-4.

62 ――外岡秀俊・本田優・三浦俊章『日米同盟半世紀　安保と密約』朝日新聞社、二〇〇一年、三六八～三六九頁。

63 ――『朝日新聞』一九八一年三月二九日。

64 ――大河原良雄『孤立化を避けるために――大使の直言』世界の動き社、一九八五年、三二～三三頁。

65 ――Memorandum of Conversation, "General Foreign Policy, Automobiles, Defense, North-South" (March 31, 1981), JUII00853, pp.3-5.

66 ――大河原、前掲『日米外交』、三一二～三一五頁。

67 ――『朝日新聞』一九八一年四月二三日(夕刊)。

68 ――同右、一九八一年五月二日。

69 ――宇治、前掲書、一六三～一六五頁。

70 ――同右、一四〇、一六四～一六六頁。

71 ――Memorandum for the Secretary of Defense, "Your Meeting with Japan's Prime Minister Suzuki" (May 5, 1981), JUII00874, pp.8-9.

72 ――Memorandum from Alexander M. Haig, Jr. to The President, "Visit of Japanese Prime Minister Zenko Suzuki, May 6-9, 1981" (April 30, 1981), JUII00872, p.2.

73 ――宇治、前掲書、一六〇～一六一頁。

74 ――大河原、前掲『日米外交』、三四〇頁。

75 ――浅尾新一郎「日米首脳会談の真相」『世界経済評論』一九八一年七月号、一三～一四頁。苅田吉夫「鈴木総理の訪米について」『経済と外交』一九八一年六月号、一三～一四頁。当時、浅尾は外務省北米局長で、苅田は同局北米第一課長。

76 ――宇治、前掲書、一七九～一八〇頁。

77 ――Ronald Reagn, *The Reagan Diaries*, Volume1 January 1981-October 1985, (Harper Collins, 2009), p.37.

78 ――「第二回首脳会談(五月八日午前)」、一～八頁(大村襄治関係文書・「日米関係」ファイル)。

79 ――谷野、前掲『アジア外交』、一〇〇頁。

80 ――前掲「第二回首脳会談(五月八日午前)」、八～一一頁。

81 ――同右、一〇～一三頁。

82 ――浅尾、前掲論文、一五頁。

83 ――前掲「第二回首脳会談(五月八日午前)」、一四～一五頁。

84 ――朝日新聞社編、前掲書、一〇一頁。

85 ――Memorandum for Record, "Meeting between the Secretary of Defense and Japanese Prime Minister Zenko Suzuki, May 8, 1981, 2:30-3:30 p.m., Blair House" (May 12, 1981), JUII00876, pp.1-3.

86 ――『朝日新聞』一九八一年五月九日(夕刊)。

87 ――谷野、前掲『アジア外交』、九八頁。

88 ――「浅尾新一郎氏インタビュー」(国際交流基金・一九九六年三月一〇日の村田晃嗣による)、八～九頁。

89——豊田祐基子『「共犯」の同盟史 日米密約と自民党政権』岩波書店、二〇〇九年、二三五頁。

90——孫崎享『日米同盟の正体 迷走する安全保障』講談社現代新書、二〇〇九年、三六〜三八頁。

91——宇治、前掲書、一八四〜一八五頁。

92——栗山尚一(中島琢磨・服部龍二・江藤名保子編)『外交証言録 沖縄返還・日中国交正常化・日米「密約」』岩波書店、二〇一〇年、二五六〜二五七頁。なお、鈴木首相訪米時、栗山は大臣官房審議官(条約局勤務)。

93——大河原、前掲書、三三五頁。

94——朝日新聞社編、前掲書、一二三〜一二四頁。

95——宇治、前掲書、一七三頁。

96——共同声明の和訳で、「恩恵」ではなく「裨益」という一般国民には難解な日本語を使用したところに、対米譲歩したことへの外務省の複雑な心情が窺える。同右、一七三〜一七四頁。

97——同右、一七二頁。

98——苅田、前掲論文、一七頁。

99——朝日新聞社編、前掲書、一二一頁。

100——宇治、前掲書、一七一〜一七三頁。

101——杉浦正章「新湾岸条項に役割分担の芽 首脳会談後の日米同盟関係」『世界週報』一九八一年五月二六日号、一四頁。

102——Memorandum from Alexander M. Haig, Jr. to The President, "Wrap-Up of Suzuki Visit" (May 12, 1981), JUII00877, p.1.

103——宇治、前掲書、一八六、一八九頁。

104——『朝日新聞』一九八一年五月九日(夕刊)。

105——老川祥一『政治家の胸中——肉声でたどる政治史の現場』藤原書房、二〇一二年、二〇一〜二〇二頁。老川は当時、読売新聞の首相官邸詰め記者として、鈴木首相訪米に同行し、本稿上の質問を首相に行っている。

106——J・カーター「日米関係を高いレベルに引上げた総理」公文俊平・香山健一・佐藤誠三郎監修『大平正芳 政治的遺産』大平正芳記念財団、一九九四年(大平正芳記念財団ウェブサイト中の「大平正芳 全著作及び研究書」より)。

107——東根、前掲書、二〇二、二一八〜二一九頁(畠山襄元通商産業審議官と谷野元駐中国大使の証言箇所)。鈴木政権時、両者とも総理秘書官として官邸に出向していた。

108——同右、二一七、二一九頁(谷野の証言の箇所)。

109——老川、前掲書、二〇三〜二〇四頁。

110——国正武重『伊東正義 総理のイスを蹴飛ばした男——自民党政治の「終わり」の始まり』岩波書店、二〇一四年、六六頁。

111——浅尾、前掲論文、一九頁。

112——永野信利「外務省の憂鬱」『中央公論』一九八一年一〇月号、二九八頁。

113——東根、前掲書、一〇一〜一〇三頁。

114——『柳谷謙介 オーラル・ヒストリー(元外務事務次官)中巻』(C・O・Eオーラル・政策研究プロジェクト)政策研究大学院大学、二〇〇三年、一七九頁。当時、柳谷は外務省官房長の任にあった。

115——永野信利「外務官僚高島益郎の外交感覚」『諸君』一九八二年四月号、二三〇〜二三一頁。

116——永野、前掲「外務省の憂鬱」、二九八頁。

117——国正、前掲書、七六〜七七頁。

118——同右、八六〜八九、九一〜九三、九八〜九九頁。

119 ——同右、一〇一頁。

120 ——前掲『柳谷謙介 オーラル・ヒストリー 中巻』、一七八〜一七九頁。

121 ——宇治、前掲書、二〇六頁。

122 ——朝日新聞社編、前掲書、一三四〜一三五頁。

123 ——Memorandum for the Secretary of Defense, "Resignation of Japanese Foreign Minister Ito" (May 16, 1981), JUII00881, pp.1-2.

124 ——丹波實『わが外交人生』中央公論新社、二〇一一年、五〇頁。当時、丹波は外務省北米局安全保障課長の任にあった。

125 ——外岡・本田・三浦、前掲書、五四六〜五四七頁。

126 ——丹波、前掲書、五〇〜五一頁。

127 ——宇治、前掲書、二〇九〜二一二頁。

128 ——豊田、前掲書、二三三頁。

129 ——Telegram from American Embassy Tokyo to U. S. Department of State, "National Press Club Misstatement Creates Further Problems for Suzuki" (May 21, 1981), JUII00884, pp.1-2. Telegram from American Embassy Tokyo to U. S. Department of State, "Political State of Play in Wake of Nuclear Weapons Controversy" (May 28, 1981), JUII00886, pp.1-2.

130 ——栗山、前掲書、二五三〜二五七頁。

131 ——丹波、前掲書、四五頁。

132 ——『朝日新聞』一九八一年六月六日。

133 ——Memorandum for the Secretary of Defense, "U. S.-Japan Security Subcommittee (SSC)" (June 8, 1981), JUII00891, p.1.

134 ——「安保事務レベル協議(国際情勢)」(大村襄治関係文書・「SSC」ファイル)。

135 ——同右。

136 ——「安保事務レベル協議(米太平洋軍司令官の観察)」(大村襄治関係文書・「SSC」ファイル)。

137 ——「日米安保事務レベル協議」(大村襄治関係文書・「SSC」ファイル)。

138 ——朝日新聞社編、前掲書、七三〜七四頁。

139 ——西脇文昭「大綱のワクを守れるか 時間かせぎいつまで 日本の防衛力増強」『世界週報』一九八一年七月二八日号、一四頁。

140 ——『夏目晴雄オーラルヒストリー 元防衛事務次官』(C・O・Eオーラル・政策研究プロジェクト)政策研究大学院大学、二〇〇五年、三一九頁。当時、夏目は防衛庁の官房長の任にあった。

141 ——『朝日新聞』一九八一年六月一三日(夕刊)。

142 ——浅尾新一郎「新展開の日米関係」『東亜』一九八一年九月号、六七頁。一方、防衛庁の塩田章防衛局長は、六月一九日の自民党安保関係合同部会の席で、米国側の要請は軍事的な合理性の見地に立てば無理なものではないと発言していた。防衛庁や日本戦略研究センターの事前の試算でも、ハワイ協議での米国側の対日要請案とほぼ同水準の整備目標が掲げられていた(後者の試算は自衛隊OBを動員して作られた)。西脇、前掲論文、一五頁。

143 ——なお、ヘイグ長官は園田に対し、経済力に相応しい安全保障上の役割分担を求めている。Telegram from US Secretary in Manila to U. S. Department of State, American Embassy Tokyo, "Secretary Haig's Bilateral Meeting with Japanese Foreign Minister Sonoda" (June 20, 1981), JUII00899, pp.8-9,11.

144 ——ibid., p.7.

145 ——『朝日新聞』一九八一年六月二二日。

146——田崎史郎「『カンボジア』解決にはほど遠い　園田外相のマニラ訪問を取材して」『世界週報』一九八一年七月七日号、二二頁。
147——宇治、前掲書、二一七頁。
148——田崎、前掲「『カンボジア』解決にはほど遠い」、二二頁。
149——『朝日新聞』一九八一年六月二六日。
150——Memorandum from Michael H. Armacost to The Secretary, "Japanese Defense Minister Omura: Visit to the U.S." (June 26, 1981), JUII00904, p.3.
151——Memorandum for Secretary of State, "Japanese Defense Minister Omura: Visit to the U.S." (June 23, 1981), JUII00901, p.1.
152——『朝日新聞』一九八一年六月三〇日(夕刊)。
153——同右、一九八一年七月一日(夕刊)。
154——「大村防衛庁長官の訪米(タワー上院軍事外交委員長との会談)」(大村襄治関係文書・「訪米、訪欧関係(メモ)」ファイル)。
155——『朝日新聞』一九八一年七月二日。
156——大村襄治・坂田道太・阪中友久「日米防衛摩擦の真相(座談会)」『中央公論』一九八一年九月号、八七、八九〜九一頁。
157——西脇、前掲論文、一七頁。
158——『朝日新聞』一九八一年七月三日(夕刊)。
159——西脇、前掲論文、一七頁。
160——『朝日新聞』一九八一年七月四日。
161——「総理大臣に対する報告」(昭和五六年七月一〇日)(大村襄治関係文書・「長官訪米関係」ファイル)。
162——『朝日新聞』一九八一年七月一〇日(夕刊)。
163——同右、一九八一年七月一四日。
164——同右、一九八一年七月二二日。
165——石田智範「対韓支援問題をめぐる日米関係(一九七七〜一九八一年)——「責任分担」論の視点から」(二〇一〇年度　慶應義塾大学大学院法学研究科修士論文)、七六〜七八頁。
166——『朝日新聞』一九八一年七月二二日。
167——石田、前掲論文、七九〜八〇頁。
168——金、前掲『日韓関係と韓国の対日行動』、一二九頁。
169——谷野作太郎『アジアの昇龍——外交官のみた躍進韓国』世界の動き社、一九八八年、四九頁。
170——李、前掲『戦後日韓関係史』、一五〇〜一五一頁。
171——『股野景親　オーラル・ヒストリー　元スウェーデン大使』(C・O・Eオーラル・政策研究プロジェクト)政策研究大学院大学、二〇〇二年、三一五〜三一七頁。当時、股野は外務省アジア局北東アジア課長。
172——宇治、前掲書、一三〇頁。
173——前掲『股野景親　オーラル・ヒストリー』、三一七頁。
174——宇治、前掲書、一三〇〜一三一頁。宮澤自身の回想によれば、マンスフィールド大使に加えて、崔慶禄駐日大使(金大使の後任)との内密の接触を重ねる形で、金大中死刑回避に動いたという(宮澤喜一『戦後政治の証言』読売新聞社、一九九一年、一八八〜一九一頁)。なお、宮澤は、三木政権の外相として、一九七五年の金大中事件の第二次政治決着にあたっている。
175——前掲『股野景親　オーラル・ヒストリー』、三一六〜三一八頁。
176——宇治、前掲書、一三二〜一三三頁。
177——前掲『股野景親　オーラル・ヒストリー』、三一八頁。
178——前掲「昭和五五年度東アジア・大洋州地域大使会議議事録」、一八〜二三頁。

179――宇治、前掲書、一三三頁。
180――谷野、前掲『アジア外交』、八七～八八頁。
181――ドン・オーバードーファー(菱木一美訳)『二つのコリア 国際政治の中の朝鮮半島』共同通信社、一九九八年、一六六～一六七頁。
182――村田晃嗣『大統領の挫折――カーター政権の在韓米軍撤退政策』有斐閣、一九九七年、二五〇頁。
183――チャ、前掲『米日韓 反目を超えた提携』、一七四頁。
184――前掲『股野景親 オーラル・ヒストリー』、三一九頁。宇治、前掲書、一三三頁。
185――小此木政夫「新冷戦下の日米韓体制――日韓経済協力交渉と三国戦略協調の形成」小此木・文正仁編『日韓共同研究叢書四 市場・国家・国際体制』慶應義塾大学出版会、二〇〇一年、一九三～一九四頁。
186――『朝日新聞』一九八一年三月一日。
187――前掲『柳谷謙介 オーラル・ヒストリー 中巻』、一七五頁。
188――小此木、前掲論文、一九四～一九五頁。
189――小倉和夫『秘録・日韓一兆円資金』講談社、二〇一三年、二六～二七頁。当時、小倉は外務省アジア局北東アジア課長(前出の股野の後任)。
190――『朝日新聞』一九八〇年八月一四日。
191――"MEMCON of Meeting between Secretary of Defense Weinberger and Japanese Foreign Minister Masayoshi Ito," op.cit., pp.2-3.
192――小此木、前掲論文、一九五頁。
193――小倉、前掲書、一六～一七頁。
194――石田、前掲論文、六四頁。
195――小倉、前掲書、二九～三〇頁。
196――若宮啓文『戦後保守のアジア観』朝日選書、一九九五年、一七六～一七八頁。
197――石田、前掲論文、六二頁。
198――小倉、前掲書、三九～四〇頁。
199――石田、前掲論文、六七～六八頁。
200――小倉、前掲書、四〇～四二頁。
201――同右、四〇～四二頁。
202――同右、四四～四七、五〇～五一、六七～七一頁。
203――同右、五一～五三頁。
204――『朝日新聞』一九八一年六月一七日。
205――小倉、前掲書、五二、五九～六〇頁。
206――渡部亮次郎「元外相秘書官の語る秘話(16)閣内混乱で三度目の外相」『自由』一九九五年一月号、一五四～一五五頁。渡部は当時の園田外相秘書官。
207――李、前掲書、一六二～一六三頁。
208――小倉、前掲書、八二頁。
209――外務大臣発在仏、西独、伊、オランダ、ベルギー、英、デンマーク大使宛て電信「日韓外相会談(第三国へのブリーフィング)」(昭和五六年八月二五日)、二～三頁(開示請求番号二〇〇七－〇〇六七八)。
210――小倉、前掲書、八三～九六頁。
211――前掲「日韓外相会談(第三国へのブリーフィング)」、三頁。
212――小倉、前掲書、九八～一〇三頁。
213――前掲「日韓外相会談(第三国へのブリーフィング)」、五頁。
214――「外務委員会会議録第二十一号(閉会中審査)」(昭和五六年九月二日)、一一～一二頁(国会会議録検索システム)。

215――外務大臣臨時代理発在韓大使あて電信「日韓定期閣僚会議（大臣の考え）」（昭和五六年九月九日）、三頁（開示請求番号二〇〇七-〇〇六七九）。

216――小此木、前掲論文、一九八頁。

217――小倉、前掲書、一一〇頁。

218――小此木、前掲論文、一九八～一九九頁。

219――小倉、前掲書、一一一頁。

220――前田大使発外務大臣宛て電信「第一一回日韓定期閣僚会議（第一回全体会議・第二二一四号）」（昭和五六年九月一一日）、二頁（開示請求番号二〇〇七-〇〇六七九）。

221――外務大臣発在米大使宛て電信「日韓定期閣僚会議（米国に対するブリーフィング）」（昭和五六年九月一七日）、三頁（開示請求番号二〇〇七-〇〇六七九）。

222――前田大使発外務大臣宛て電信「日韓個別閣僚協議（経企庁）」（昭和五六年九月一四日）、一～二頁（開示請求番号二〇〇七-〇〇六七九）。

223――「第一一回日韓閣僚会議 外務大臣個別会議」、二～六頁（開示請求番号二〇〇七-〇〇六七九）。

224――小倉、前掲書、一二七～一二八頁。ちなみに、この時、提示された一三億ドルの案というのは、一九八一年度のODAを近年の実績の二倍である三八〇億円とし、五ヵ年計画の初年度にあたる八二年度に約五〇〇億円、その後に五五〇億円と増額すれば、結果的には一二～一三億ドルになるし、それに輸出入銀行資金の約二七億ドルを加えれば、総額四〇億ドルに到達するというものであった。これは、翌年に日本政府が用意した妥協案の原型である。

225――前掲「第一一回日韓閣僚会議 外務大臣個別会議」、五～六頁。

226――前田大使発外務大臣宛て電信「閣僚会議代表団の全大統領表けい訪問」（昭和五六年九月一三日）、二～三、五～六頁（開示請求番号二〇〇七-〇〇六七九）。

227――『朝日新聞』一九八一年九月一二日。

228――「第一一回日韓定期閣僚会議共同新聞発表」（昭和五六年九月一一日）、二頁（外務省文書）。

229――同右、三頁。

230――前掲「日韓定期閣僚会議（米国に対するブリーフィング）」、四～五頁。

231――外務大臣発在EC代表部、仏、伊、オランダ、ベルギー、英国、デンマーク、アイルランド、西独大使宛て電信「日韓定期閣僚会議についての対ECブリーフィング」（昭和五六年九月一七日）、四頁（開示請求番号二〇〇七-〇〇六七九）。

232――小倉、前掲書、一四七～一五〇頁。

233――外務省『わが外交の近況』（昭和五七年版）、四〇〇～四〇五頁（英国王立国際問題研究所における鈴木善幸内閣総理大臣演説）。

234――これは、議長役のカナダのトルドー首相から鈴木に対し、マクロ経済の運営が最も成功している日本の首相として、二度の石油危機を社会的犠牲なしに克服しつつある日本経済の運営の秘訣を披歴してもらいたいという要請によるものであった。菊地清明「オタワ・サミットの成果と日本――連帯と協調を維持し自由貿易を堅持」『世界経済評論』一九八一年一〇月号、七頁。菊地は、当時の経済担当の外務審議官。

235――宇治、前掲書、四三二～四三五頁（オタワ・サミットにおける鈴木首相の冒頭発言）。

236――菊地清明「西側経済の再活性化に向けて（オタワ・サミットを

終えて)」『経済と外交』一九八一年八月号、九～一〇頁。

237 ――菊地、前掲「オタワ・サミットの成果と日本」、九頁。

238 ――門田省三「南北サミットの成果について」『経済と外交』一九八一年一一月号、四頁。当時、門田は外務省国際連合局長。

239 ――原野城治「証明された南北対話の難しさ――カンクン・サミットは何を残したか」『世界週報』一九八一年一一月一七日号、一五頁。

240 ――菊地清明「カンクン・サミットの成果と課題――『軍縮と開発』の問題が密接不可分であることを主張」『世界経済評論』一九八二年一月号、六〇頁。

241 ――『菊地清明オーラル・ヒストリー 元国連大使・元外務審議官 下巻』(C・O・Eオーラル・政策研究プロジェクト)政策研究大学院大学、二〇〇三年、一六六～一六七頁。

242 ――門田、前掲論文、六頁。

243 ――原野、前掲論文、一五頁。

244 ――菊地、前掲「カンクン・サミットの成果と課題」、五七頁。

245 ――門田、前掲論文、三～五、七頁。

246 ――原野、前掲論文、一四頁。

247 ――門田、前掲論文、七～九頁。

248 ――原野、前掲論文、一四、一六頁。

249 ――谷口誠『南北問題――解決への道』サイマル出版会、一九九三年、二三、二六～二八頁。谷口は、一九八一年当時、国際連合日本代表部公使(経済担当)の任にあった。

250 ――Andrea Pressello, Japan's Southeast Asia Policy and The Cambodian Conflict, 1979-1993: Diplomacy Amid Great Power Politics and Regional Confrontation (Dissertation, National Graduate Institute for Policy Studies), pp.150-152.

251 ――Telegram from U. S. Department of State to American Embassy Jakalt, Bangkok, Kuala Lumpur, Manira, Singapore, Tokyo, Beijing, "Assistant Secretary Holdridge Briefing of Ambassador Okawara June 8th on Secretary's Forthcoming Asian Trip" (June 11, 1981), JUI00895, p.4.

252 ――"Secretary Haig's Bilateral Meeting with Japanese Foreign Minister Sonoda", op.cit., p.7.

253 ――田崎、前掲「園田外相のマニラ訪問を取材して」、一九頁。

254 ――小野瀬修二「ベトナム引っ張り出しの『地ならし』――『カンボジア』国際会議とASEANの態度」『世界週報』一九八一年七月一四日号、五〇～五一頁。

255 ――Pressello, op.cit., pp.153-154.

256 ――小野瀬、前掲論文、四九～五一頁。

257 ――東南アジア調査会『東南アジア月報』(一九八一年七月号)、四〇頁。

258 ――前掲『わが外交の近況』(昭和五七年版)、四〇五～四〇七頁(カンボディア国際会議における園田外務大臣演説)。

259 ――Pressello, op.cit., p.155.

260 ――前掲『東南アジア月報』(一九八一年七月号)、四二～四三頁。

261 ――Pressello, op.cit., p.158.

262 ――前掲『わが外交の近況』(昭和五七年版)、四八二～四八五頁(カンボディア国際会議におけるカンボディアに関する宣言及び決議)。

263 ――前掲『東南アジア月報』(一九八一年七月号)、四四～四五頁。

264 ――田崎、前掲「園田外相のマニラ訪問を取材して」、一八、二〇頁。

265——前掲「外務委員会会議録第二十一号（閉会中審査）」（昭和五六年九月二日）、四頁（国会会議録検索システム）。

266——Pressello, op.cit., p.164.

267——『朝日新聞』一九八一年九月一九日（夕刊）。

268——今川幸雄『ベトナムと日本』連合出版、二〇〇二年、一七四、一八〇頁。

269——外務省アジア局地域政策課「昭和五六年度東アジア・大洋州地域大使会議（資料）」（昭和五六年一二月七～九日）、三三～三四、四一、五〇～五四頁（開示請求番号二〇〇七-〇〇七二一）。

270——永野、前掲『日本外交のすべて』、二〇二～二〇三頁。

271——村田良平『村田良平回想録 上巻——戦いに敗れし国に仕えて』ミネルヴァ書房、二〇〇八年、二八四～二八七、二九九～三〇〇頁。

272——同右、三〇〇～三〇一、三〇三頁。

273——『朝日新聞』一九八一年一〇月一五日。村田局長によれば、鈴木は、アラファト訪日をめぐる中東情勢に関して、熱心に勉強したという。また、園田も、歴代の外相経験者のなかで、木村と並んで中東問題に特別の関心を持っていたようだ。村田、前掲書、三一〇、三一二頁。

274——友田、前掲書、九八頁。

275——村田、前掲書、三〇二～三〇三頁。

276——Memorandum from Alexander M. Haig, Jr. to The President, "Bilateral Meeting with Japanese Prime Minister Suzuki at Cancun" (October 17, 1981), JUII00919, pp.1-2.

277——木村俊夫「中東外交の展望——アラファト議長を迎えて」『世界』一九八一年一二月号、八〇～八一頁。

278——同右、八二～八三頁。

279——村田、前掲書、三〇四頁。

280——谷野首相秘書官によれば、軍縮会議での演説草稿には、鈴木自身が熱心に修正を入れていたという。谷野、前掲『アジア外交』、九三～九五頁。

第二章　新冷戦下の対中ソ外交と対米・対韓関係の調整

1　領土問題での強硬姿勢と日ソ対話の再開

鈴木政権は発足当初、対ソ外交に関して、ソ連がアフガニスタン問題や北方領土問題などで基本的な姿勢を転換しない限り、日本側から関係改善を働きかけないとする強硬な方針で臨んだ。一九八一年一月六日の閣議において、日露通好条約が締結され、北方四島が日本領となった二月七日(一八五五年)を「北方領土の日」とすることが決定された。初の「北方領土の日」に総理府主催で開催された全国集会でも、鈴木は領土返還実現への強い決意を示した。

さらに九月一〇日には、現職首相として初めて北方領土視察を行い、「領土より魚、という声も聞くが、それは大変な間違い」と、領土問題の解決なくして四島周辺での自由な操業が不可能であることを強調し、二島返還論を牽制した。これはソ連による国内世論の分断工作への対応を意図した発言であった[1]。もとより水産界の実力者である鈴木は、一九七七年に福田政権の農相として、ソ連の二〇〇海里内(排他的経済水域)での操業をめぐる厳しい漁業交渉を担った経緯もあり、領土問題には格別の思いがあった[2]。「ソ連という国は、こちらが強く出ると譲歩し、弱く出るとなめてくる」と認識する鈴木は、日本国民が一本にまとまっていれば、領土問題解決の展望がやがて開けると考えた[3]。

一方で「北方領土の日」制定は、日本政府ばかりか全党派の政治家、メディア、国民世論までもが領土問題にばかりとらわれる副作用をもたらした。そのことが総合的な対ソ政策を推進する機運を減殺し、問題解決にマイナス効果として働いた可能性は否めない[4]。鈴木の北方領土視察当日、ソ連共産党の機関紙『プラウダ』は、「ソ連に対する甚だしく非友好的な行為」と非難している[5]。

ただし、鈴木自身は領土問題で強面の姿勢をとったものの、ソ連脅威論や反ソ主義にとらわれていたわけではなかった。むしろ、経済的に疲弊しているソ連には欧州と極東の両正面で戦争をする余力はなく、とりわけアジアではソ連の脅威は「潜在的」にとどまると読んでいた[6]。鈴木が「日米同盟」にのめり込むことに強く抵抗したのも、そうした認識に基づくものであろう。鈴木は首相在任中、一九七三年の日ソ共同声明を基礎に、領土問題を話し合いで解決する方途を模索する[7]。

実際、内外に多くの問題を抱えるソ連が、新たに柔軟な対日政策を打ち出す兆候はなかったが、さりとて対日関係を現状以上に敵対的にさせる余裕もなかった[8]。三月九日、ポリャンスキー駐日ソ連大使(Dmitrii Polianskii)は、外務省を通じて鈴木首相との会談を申し入れた。翌一〇日、伊東外相と鈴木が対応策を検討した結果、首相が大使に会う前にまず外相が会見しソ連側の真意を質すことになった[9]。

一五日、伊東–ポリャンスキー会談が外務省で行われた。大使が日本の外相と会うのは、一九七七年一二月の園田外相以来、三年三ヵ月ぶりであった。しかし案の定、領土問題については何の進展もなかった。日本側が関係改善の実際的なステップとして、旧島民らの北方領土への墓参と貝殻島周辺でのコンブ漁を解禁するための話し合い開始を提案したのに対し、大使がそれを本国に伝えると返答したことだけが、会談の僅かな成果であった。結局、首相と大使との会談実現には至らなかった。

それどころか、ポリャンスキーが首相との秘密会談を画策する話が取り沙汰され、日ソ関係は一層刺々しいものとなってしまう。宮澤官房長官は三月一六日の記者会見で、①外相との会談でのポリャンスキーの交渉姿勢や彼が首相との「秘密」会談を持とうとしたと言われていることは、オープンな日本社会への理解が不適切であることの反映である、②ソ連の外交官は、日本人との限られた秘密裏の繋がりしか有していない、と発言した。これに対して、翌一七日、ソ連大使館は前日の宮澤発言をソ連への「侮辱」であるとして外務省に正式に抗議し、宮澤やその他政府高官が、大使が首相との秘密会談を求めたとする根拠のない推測を広めるのを止めるよう要求した。

ポリャンスキーは一九七六年の赴任以来、その言動によって高圧的かつ無神経なソ連の対日アプローチを日本の世論に強く印象付けており、東京の米国大使館が、ソ連の脅威を「人的に体現」する同大使は「図らずも、日本人の防衛意識の高まりに多大な貢献」してきたと揶揄したほどであった[10]。

それでも、ソ連は日本に対して若干ではあるが柔軟姿勢を見せる。八月二五日、貝殻島周辺での日本漁船によるコンブ採取再開に関する日ソ協定が調印された。一九六三年に日本の民間漁業団体とソ連政府との間で締結された協定に基づいて、七六年まで続けられた同島周辺でのコンブ漁は、七七年の二〇〇海里交渉が難航したあおりで中断し、その後の再三の交渉もソ連側が主権明記を執拗に主張して暗礁に乗り上げていた。ところが一九八一年六月の交渉再開以降、ソ連側の姿勢が軟化し、妥結に至ったのである[11]。外務省は、ソ連側が領土問題での原則を変えずに、対日関係改善の意欲を示すべく、コンブ漁での妥協で瀬踏みを始めたと分析した[12]。

そして、九月二一~二三日の国連総会出席に伴う日ソ外相会談に臨む園田外相に、鈴木は外相・事務レベルでの対話再開を打診するよう指示した[13]。特に、一九七九年五月に初めて開催されたものの、同年末のソ連によるアフガン侵攻後、開かれていない日ソ事務レベル協議について、対話の必要性に鑑み、再開に応じるとの方針をとった[14]。

九月二三日のソ連国連代表部における日ソ外相会談で、園田は日本が米中両国と結んで、ソ連に対抗する意図がないことを強調した。そのうえで、ソ連が米国と対話を進め、また真の対アジア外交を行いたいのであれば、対米関係を外交の基軸とし、アジア諸国と緊密な関係を有する日本との関係改善が「一つの足場」になると主張する一方、政治や経済、その他の問題についてソ連と「密接に話すこと」は日本にも有益であると述べた。そして、「日本も独と同じような関係をソ連と有したい」として、領土を含めた両国間の問題を協議するよう求めた[15]。しかし、グロムイコ外相は領土返還交渉に応じる意思のないことを明確にするばかりであった[13]。

ところが、園田が両国間の事務レベル協議や大臣レベル協議の開催を提案すると、グロムイコはこれに賛成した[17]。これで、事務レベル協議と外相協議の再開について原則的な合意ができた。特に事務レベル協議については、一〇月二〇日、モスクワでの魚本藤吉郎駐ソ大使とフィリュービン外務次官(Nikolai Firiubin)との会談で、翌年一月中旬以降に同地で開催する方向が定まった[18]。

一方、一〇月一二~一三日には日米両政府の事務レベルで、ソ連の外交・内政全般に関する協議がなされた。この席で日本側は、ソ連の対日政策の目的は相変わらず日米の離間や、領土問題棚上げの善隣協力条約締結、日本のシベリア開発を通じてその高度技術を獲得する線のままであると指摘した。外務省の丹波實ソ連課長は、「ソ連と西欧諸国との対話が継続し、レーガン政権もソ連指導部との接触を始めていることに鑑み、日本政府もソ連との対話が必要になった」と述べながらも、「日ソ間の対話再開は、現行のアフガン侵攻後の対ソ政策の修正を意味するものではない」と説明した。さらには、ソ連との対話が具体的な成果を生むとは期待していないと付言した[19]。

一九八二年一月二〇〜二二日の三日間、日ソ事務レベル協議が、約二年八ヵ月ぶりにモスクワで開催された。アジア情勢に関する二〇日の協議で、日本側代表の柳谷謙介外務審議官(政治担当)は、「ソ連がアジア外交を進めるにあたって」、当該地域の政治・経済両面で日本が大きな役割を果たしている点を認識するよう要請した。その後、極東ソ連軍の増強やベトナムの軍事基地使用、ベトナムのカンボジア侵攻への支持に苦言を呈するとともに、アフガンからの軍の全面撤退を要求した[20]。

これに対して、フィリューービン外務次官は、インドシナを中心とする東南アジアの困難な状況は、米中両国の内政干渉によるものと指摘した。そのうえで、反越三派連合政府の設立を目指すASEAN諸国や日本の動きについて、「ポル・ポット殺人者集団を援助しているのは驚くべきこと」と口を極めて批判する一方、越軍のカンボジア駐留を『カ』の合法政権の要請」によるものと擁護した。アフガンへの軍事介入も正当化した[21]。

翌二一日の協議では、前日、ソ連側が一九七九年の中国の対越侵攻を日本が容認したと非難したことに対して、日本側が「事実に反する」と主張した。また、日米安保に基づいて軍事大国化しているとのソ連側の批判を意識して、日本側は、「米国は日本が軍事大国になることを求めてなどおらず」、「ソ連のような軍事大国」が日本の「小さな」防衛予算を槍玉に上げるのは理解不能と反論した[22]。

さらに、ソ連側は、日本が軍事予算の額で世界第八位となり、日米軍事協力も密接になっていること、さらに日本が一九八〇年以後共同軍事演習「リムパック(環太平洋合同演習)」に参加していることを指摘して「脅威は誰が作り出しているのか」と問い詰め、日本の「自主性」ある対外政策を要求した。これに対し、日本側は近年の自国の防衛努力は極東ソ連軍の増強への対応であると反論するとともに、日本が対米追随外交をしているという非難は「一面的であって誤った判断」と切り捨てた。また、前年一二月に戒厳令が敷かれ緊張状態にあったポーランド(次節参照)についても、ソ連の自制を求めた[23]。

この日の協議では、領土問題をはじめとする二国間関係も話し合われたが、日本側が領土問題解決 - 平和条約締結による関係安定を主張するのに対し、ソ連側は「領土問題は存在しない」と繰り返すのみで進展はなかった。同日には柳谷審議官、魚本駐ソ大使とグロムイコ外相との会談も行われた。この席で、日本側は外相の早期訪日を求めるも、外相は確答を避けた。またグロムイコは、最近の米国の姿勢が悪いと批判する一方、「日本との関係を良くしていきたい。日本の自主的な行動を望む」とも発言した[24]。

二二日の協議では、軍縮問題が議論された。一九七〇年代後半以来、米国及びNATOの「軍事的優位確保」路線が従前のデタントの基礎を破壊したと非難するとともに、軍縮への日本の消極性を指摘するソ連側に、日本側は、一九七〇年代以来の第三世界へのソ連の軍事介入と軍備増強が緊張激化を招いたと反論した。また、日本側が来るINF削減交渉の対象を欧州に限定せず、極東配備のSS20削減に広げるよう求めたのに対し、ソ連側は極東に米国のミサイルだけが残るだけになるとして要求を拒んだ[25]。

厳しいやりとりだけを拾い上げると、意見のすれ違いと批難の応酬ばかりであったように見えるが、それでも協議の最後には双方が、両国の立場や意見の不一致を認めつつも、今回の意見交換自体を評価することで合意した。次回の協議の東京開催も決まる[26]。

一月二六日、帰国した柳谷は東京の米国大使館のスタッフに対ソ協議について説明した。柳谷はまず、「自分の発言に応答する際のソ連側の抑制ぶりが印象的であった」と述べた。その一方で、ソ連側が「国際環境の悪化の責めを米国に集中させ」るなど、「日米離間がソ連の戦略であるとの印象を受けた」と説明し、日米離間策に警戒感をもって対応していると伝えた[27]。

ソ連のアフガン侵攻を契機にほぼ途絶えていた日ソ間の政治対話は、「西側の一員」としての立場に依拠し、成果云々より対話の継続自体を目的とする形で復活した。アフガン侵攻に伴う対ソ制裁の一環としての人事交流制限は、実質的に解除されたのである。

2 ポーランド戒厳令への対応と対ソ制裁措置をめぐる葛藤

前節で採りあげた日ソ事務レベル協議を控えた一九八一年一二月一三日、ポーランド全土に戒厳令が敷かれた。自主管理労働組合「連帯」が九月初めの全国大会で、経済改革・国会の自由選挙などを求める宣言を採択したことを受け、ソ連がポーランド政府に「連帯」の政治的要求に厳しく対処するよう要求・警告を発し、そのなかでの戒厳令布告であった[28]。米国は、二三日にポーランドへの経済制裁を発表した後、ソ連が間接的に関与しているとして、二九日には対ソ経済制裁を発動した。同制裁には、天然ガスおよび石油に関連する機材の禁輸が含まれており、この米国の措置を西欧諸国は大いに懸念した[29]。

年が明けた一九八二年一月九日、一二日と外務省はポーランド情勢の分析を行い、日本の対応のあり方を検討した。その結果、①所詮ポーランドは東欧圏にある国なので、西側がどう対応してもその影響力は限定的、②西側が対ソ制裁措置をとれば、ソ連を硬化させて逆効果になる恐れがある、との認識から、遺憾の表明や自制を求めるといった対応に止まらざるをえないと見方が大勢を占めた[30]。

それでも、イギリスや西ドイツなどの制裁措置が明らかになるにつれ、日本としても米欧との協調姿勢を示す必要が出てきた。二月二三日、日本政府は、宮澤官房長官の談話という形で正式な措置を発表する。

まず、ソ連に対する措置としては、①日ソ科学技術協力協定に基づく科学技術協力委員会の開催には応じない、②日ソ貿易年次協議の開催には当面応じない、③在日通商代表部などの拡充については当面検討しない、④ソ連買付ミッションの本邦在留期間(同年末までの期間)の延長については、今後のポーランド情勢を見ながら慎重に検討する、の以上四点であった。なお、アフガン情勢との関連で、すでに日本がとっている措置については従来どおりの基本方針を維持するとした[31]。

もっとも、同日の会見で宮澤は、右の対ソ措置に関し、「ソ連との実務的な話し合いは継続する日本政府の方針に変わりない」として、日ソ間の科学技術協力委員会と貿易年次協議の棚上げ措置は、実務関係に大きな影響は与えないことを示唆した。また、ポーランドへの制裁措置に含まれる債務繰り延べや新規信用供与の停止は、西側主要国による債権国会議での交渉が中断しており、現状を追認したものにすぎなかった[32]。

なお、右の対ソ・ポ両国への措置を公にする前の一二月一六日、外務省のソ連課員が在京の米国大使館員に対し、日本政府は今後、パイプライン敷設機の対ソ輸出を停止するが、戒厳令布告以前に契約した敷設機については輸出が履行されるとの事前の根回しを行った。外務省は、対ソ制裁など西側からの圧力が、ヤルゼルスキ将軍(Wojciech Jaruzelski)をして抑圧的な対応の緩和を困難にし、ポーランドのソ連圏依存を高める結果に追い込むことを懸念していた。主要な西欧諸国以上に厳しい措置を採用する意思はなかった[33]。

一方、米国ではレーガン政権内の対ソ強硬派が、ソ連‐欧州間のパイプラインに関する制裁強化を主導した。一九八二年六月一八日、レーガン大統領はついに、米国企業のみならず、海外の米国系企業子会社や米企業からライセンス受注によって製品を製造している欧州企業についてもパイプライン関連部品の禁輸措置の適用範囲を拡大すると発表する。さらにそれを、制裁発表以前にすでになされているソ連との契約にも適用するとしたのである。これには西欧各国の首脳も公然と対米批判を始めた。七月一四日にはEC委員会も米国務省に対し、米国内法の域外適用にあたる米国の措置に抗議し、制裁解除を求めた。八月後半、西欧各国の企業は各国政府の後押しを受け、米国政府の意向に反してソ連へのパイプライン建設物資の輸送を開始する。パイプラインをめぐる米欧対立は頂点に達した[34]。

この制裁強化の標的はソ連‐欧州間のパイプラインであったが、余波を受けて日ソ間のサハリン大陸棚石油・ガス採鉱開発プロジェクトも制裁措置の対象となり、流産しかねない状況となった[35]。日ソ間のサハリン大陸棚石油・ガス採鉱開発プロジェクトは、二年前のアフガン侵攻に伴う対ソ制裁の際にも、日米間の交渉により例外とされ、日本側も再三、米国に同プロジェクトが対ソ制裁の対象外であることを確認してきた経緯があっただけに、米国の決定に失望したのは日本も同様であった。

七月二〇日、大河原駐米大使は米国側に、①今回の対ソ措置の域外適用は国際法上正当化できない、②サミットで謳われた国際的な技術交流の流れを阻害することになると申し入れた[36]。なお、サハリン・プロジェクト自体は、日本の石油開発協力会社とソ連側の協議により、米国の禁輸措置に対応して開発期間を延長し、事業を継続することになった[37]。

また、日本政府は九月一日までに、米国企業の技術供与を受けた石油・天然ガス関連資材の対ソ輸出契約を結んでいる国内企業に対して、「たとえ米国政府の対ソ措置に抵触するとしても、国際法上、輸出することは何の問題がない」との政府見解を伝え、各社の自主判断に基づく輸出を支持した。当初、政府内には「主権侵害である点を強く打ち出し、行政指導の形で企業に対ソ輸出を求めるべきだ」とする意見もあったが、英仏両国のような輸出を命令する法律がないため、右の政府見解を企業に伝達する策に落ち着いた[38]。

当時日本は、米国は自国の都合ばかりを優先して自分たちの経済的利害関係を無視すると反発する西欧諸国と、同盟諸国が経済的利益を追うあまりソ連から逆手をとられて分断策に使われると安全保障上の懸念を表明する米国の双方から同調を求められた。ソ連との間に経済関係を持っていた日本としても苦しい選択を迫られた[39]。ただ、米国側はこの間の日本の対応について、サハリン・プロジェクトの事業継続はともかく、西欧諸国のように米国の措置に反抗することはなかったと見ており、今後も、東西問題では米国と提携関係を維持するものと踏んでいた[40]。

とはいえ、西欧や日本からの強い反発を受け、米国も対ソ制裁問題の再検討に動かざるを得なかった。一〇月に入ると、シュルツ国務長官（George P. Shultz・七月にヘイグ国務長官が辞任し交代）の下で、何度か各国大使会議が開かれ、妥協点を探る努力がなされた。一一月一三日、レーガンは声明を発表し、石油・ガス関連機器の対ソ輸出に関する前年一二月および六月の規制措置の撤回を明らかにする[41]。実のところ、この制裁解除は西側同盟の亀裂を修復するイニシアティブの一環であると同時に、米国の議会や産業界、特にパイプライン制裁で直接的な打撃を受けたエネルギー関連企業などからの強力な解除要請の所産でもあった。また、ソ連の最高指導者ブレジネフ書記長（Leonid I. Brezhnev）の死去（一一月一〇日）という劇的なタイミングを見計らって発表された点で、明らかにソ連の譲歩を引き出すことを狙う意図もあったであろう[42]。

さらに、問題の発端となったポーランド情勢も、逮捕されていた「連帯」の議長ワレサ（Lech Walesa）がブレジネフ死去後に釈放され、一九八三年七月には戒厳令も解除されて、懸念されたソ連軍の介入を招くことなく事態は収拾される。

3　ソ連による「平和攻勢」の内実

米国の中央情報機関（ＣＩＡ）が一九八二年五月に作成し

た内部文書は、「過去五ヵ月間で、ソ連は停滞した対日関係により積極的な装いを帯びさせるべく、いくつかのイニシアティブをとって」いると指摘し、三月二四日のブレジネフ書記長のタシケント演説は、こうしたソ連の姿勢転換を敷衍《ふえん》したものと位置付けた。この演説のなかに、日ソ間の緊張関係を日本の責任に帰して、日本から関係改善に動くべきとするお決まり主張がない点にも着目した。

また、同文書は、三月初旬にブレジネフが日本国内の平和運動を意識して、日本国内の核持ち込みの永続的禁止を引き換えに、ソ連が日本に対する核不使用を約する特別協定を提案したことに言及し、仮に日本が提案を受容した場合、日米間の安全保障関係に緊張が生じるのは必至と警告した。さらに、以上のようなソ連の対日「平和攻勢」が、①日米の離間、②日本からの技術と投資の獲得の二点を動機とすると指摘する一方で、文書は、日本のソ連への対応は用心深く、領土問題などに関するソ連の立場に変化はないと確信すると同時に、真の関係改善に向けてソ連が具体的行動(領土問題に関する討議の承認や北方領土でのソ連軍削減、アフガンからの軍撤退)を示すべきと考えていると分析した[43]。

実際、この文書に先立つ三月下旬に帰国した魚本駐ソ大使は講演で、対米関係が緊張し、国内経済も苦境にあるソ連が、西欧や日本との関係改善を意図して、その対外姿勢を軟化させていると指摘しつつも、領土問題解決による平和条約締結なしに、西独やフランスのようにソ連と長期経済協力協定を結んで経済協力を進める方法は不適切と主張した[44]。また同月、丹波ソ連課長も講演で、「日ソの領土問題や国際社会におけるソ連の不法・不当な行動」を脇に置いて経済関係だけを進展させる政経分離策は採用しないと強調した[45]。

ただし、原則的な姿勢を堅持する日本にとっても、対ソ関係の著しい悪化は避ける必要性があった。なによりソ連の強大な軍事力は無視できなかったのである。これまでの対ソ制裁問題でも、米国や西欧諸国と比して突出しないように注意していたのは、そのためであった[46]。だからこそ、一九八二年一月の事務レベル協議の後も、ソ連との対話を重ねていたのである。

まず六月九日、第二回国連軍縮特別総会に出席する鈴木に随行した櫻内義雄外相(一九八一年一二月に園田の後任として就任)は、ソ連の国連代表部でグロムイコ外相と会談した。席上、領土問題について日本の原則的主張を行う櫻内に、グロムイコは平和条約締結は現時点で「困難」であるとして、善隣協力条約締結を考慮するよう提案したが、櫻内は、善隣協力条約締結は「ソ連の軍事介入の根拠として利用されてきた」と拒絶した。また、櫻内は八月以降のグロムイコの訪日を提案し、この訪日が、極東の信頼醸成措置を提案した三月のブレジネフ演説について説明の機会となると水を向けた。しかし、グロムイコは「タイミングの問題がある」と返答するにとどまり、訪日の具体的日程は何も決まらなかった[47]。

一〇月四日の国連総会に伴って持たれた日ソ外相会談でも、領土やソ連外相訪日についてソ連側から新味のある発言はなされなかった。むしろ、六月の外相会談の時よりもソ連側の雰囲気は厳しくなっていた[48]。グロムイコは日本側が領土問題に固執し続けているとして、東京招請を拒み続けた。高位の政治家の訪日を拒むソ連側の態度を、日本側は自国への軽蔑の現れと見た(それまでに日本からは鳩山一郎・田中角栄両首相が訪ソしている)。そして、ソ連が軍事力を背景に自国に有利な形で問題決着を図ろうとしているとの見方が、日本で強まった[49]。

日ソ間の成果の乏しい対話が続くなか、一一月一一日にブレジネフ書記長の死去が発表された。超大国の一方の雄たるソ連の最高指導者を一八年間務めてきた人物の死は、それ自体大きな出来事である。そこで問題となったのは、故書記長の葬儀に誰が出席するかであった。西側各国はランクの高い要人を派遣するとの情報が入っていたが、鈴木はこれに先立つ一〇月一二日に退陣表明をしていた。それでも、自民党三役は「総理が訪ソすべき」という雰囲気であったし、高島益郎駐ソ大使も首相の訪ソを進言していた。すでに櫻内外相の葬儀出席が決まっていたことから、首相も参列となれば「重すぎる」との意見もあったが、最終的に首相訪ソが実現し、一三日には、新書記長となったアンドロポフ(Yuri V. Andropov)に会見を申し入れることが決まった[50]。

一四日、首相一行はモスクワに入った。翌一五日昼の赤の広場での葬儀の後、クレムリンで、居並ぶアンドロポフ以下のソ連指導部たちと、鈴木は各国代表団の列に連なる形で僅か二分ほど面会した[51]。あとは、新書記長と首相との会談が実現するか否かであった。

ところが、同日夜八時すぎのタス通信で、その日の午後には、アンドロポフとチーホノフ首相(Nikolai Tikhonov)が各国代表と個別に会談していたとのニュースが流れ、日本側は愕然とすることになる。アンドロポフが会ったのは、米国のブッシュ副大統領(George W. H. Bush)、インドのガンジー首相(Indira Priyadarshini Gandhi)、アフガニスタンのカルマル大統領(Babrak Karmal)、パキスタンのハク大統領、西独のカルステンス大統領(Karl Carstens)であった。ブッシュは米ソ関係の重要性に照らして当然と思われたし、パキスタンには、アフガン問題の他、当時対米接近を図りつつあったインドへの牽制という意味合いがある。そして、西独については、翌年からＩＮＦ削減交渉が最大の問題となるのを睨んだ米欧分断の意図が窺われた。

新書記長の会談相手の顔触れほど明白にソ連の外交上の目標や優先順位を示すものはない。そこに鈴木が入らないことは、すでに退陣表明をしていたとはいえ、そもそもソ連外交における日本の優先順位が低く、過小評価されていることの明確な証拠に他ならなかった[52]。結局、新書記長との会談は実現することなく、鈴木一行は一六日に帰国する。

4　中国のプラント契約破棄問題

ブレジネフ書記長の死からさかのぼること約二年前の一九八〇年一二月三～五日、第一回日中閣僚会議が北京で開催された。北京での会議の総括にあたって伊東外相は、今回の会議が「将来長きにわたる日中友好関係の基礎になることを期待する」と語った。会議終了の翌六日、『人民日報』の社説は「中日両国の友好関係の発展が一つの新しい高度に達した」として、会議が日中間の協力関係の強化とアジアと世界の平和と安定に「重大な意義」を持つと賞賛した[53]。

会議開催中、日本側は鈴木首相からの趙紫陽首相訪日招請の意を伝達する一方、趙首相も鈴木に対し中国政府の訪中招請を表明するなど[54]、華々しく日中友好が称揚される裏側で、このとき日中の経済関係には一つの問題が浮上してきていた。中国のプラント契約破棄問題であった。

一九七八年一一～一二月に行われた共産党の中央工作会議で、五〇年代以来、経済政策を取り仕切ってきた陳雲《ちんうん》が党の副主席および政治局常務委員に選出されると、外国から大規模かつ急速にプラントを導入していく、それまでの「洋躍進」路線の修正が始まった。一九七九年に入ると、陳雲が国務院財政経済委員会を再建し、鄧小平の主導する対外開放の路線を維持しつつも、当初三年間の予定で経済調整を本格化させ、中国経済の重点は大規模・先進的なプラント設備の導入から外資導入による省コスト方式へと変化した。その後、中国でインフレが進行して生活不安が高まり、過度な投資が財政赤字の原因と指摘されると、一九八〇年夏ごろにはプラント導入計画が「金食い虫」と批判されるに至る[55]。

　中国の調整政策が本格化する一九八〇年一一月、日中経済協力の象徴的存在であった上海の「宝山製鉄所」二期工事延長の知らせがもたらされると、日本の産業界は動揺する。相前後して、南京のエチレンプラントの工事延期など、日本関連の大型プロジェクトの計画変更が伝えられた。そのため、第一回日中閣僚会議における日本側の最大の狙いは、中国の経済調整について可能な限り多くの情報を得ることとなったのである[56]。

　一二月三日の全体会議では、姚《よう》依《い》林《りん》副首相（国家計画委員会主任）が、一九七九年以来の調整政策が「初歩的な成果をあげた」としながら、財政赤字、物価上昇を理由に「来年は更に調整に力を入れたい」と述べ、外国から導入する大型プロジェクトは進行中のものも含め、「至急必要でないもの、または条件が整ってないものは停止、または延期する」と説明した。

　また、翌四日に持たれた日中蔵相の個別会談でも、王丙《おうへい》乾《けん》財政部長が、調整政策の実施期間を当初の三年から「三～五年」に延長するに伴い、「日本の協力プロジェクトについても中止、延期、変更がありうる」と明言した。発言を受けた渡辺美智雄蔵相は、プロジェクトが突然中止や延期、変更されると、日本の民間企業が対中投資に不安を覚えること、政府ベースの経済協力の実施にも支障が生じ、日中協力関係の発展拡大を阻害しかねないこと、などを指摘した。そのうえで、調整の対象となる可能性の高いプロジェクトに関する迅速な情報提供、また調整対象となったプロジェクトの補償についても誠意ある対応を求めた。

　同じく四日に行われた鄧小平党副主席との会見で、田中六助通産相は、調整政策を短兵急に行うことで「大失敗する可能性もあるとすら思う」と警告した。鄧は、調整政策は経済成長に必要な条件を作るものと語り、今後二～三年間はそれが続くとの見通しを明らかにした[57]。

　かくして閣僚会議直後の一二月一六日に、中央工作会議は厳しい緊縮財政を提起し、プラント導入契約のキャンセルに着手することを正式に決定した[58]。また、年が明けた一九八一年一月二六日、中国技術輸入公司が三菱グループに対し、契約済みだった宝山製鉄所の熱延設備の建設中止を通告し、その四日後の三〇日には、南京石油化学コンビナート、山東勝利石油化学コンビナートのエチレン設備、東方科学工場の建設中止を、それぞれ日本側の関連メーカー・商社に通告する事態に至った。

これら一連のキャンセル決定は、純粋に経済的な判断ではなく、西側からの大型プラントの導入を理論的に正当化していた反ソ統一戦線戦略（「一本の線」戦略）が指導部内で否定されたため、そのあおりを受けて具現化した可能性がある。プラント導入計画こそが西側諸国との団結の象徴となっていたと解釈できるからである。実際に、一九八一年一一月、鄧小平はルーマニア首相との会見で、同戦略を推進する立場から、西側先進国からの経済的支援の獲得に舞い上がっていた過去について反省している[59]。

また、前出の日中閣僚会議に出席した日本側閣僚に、鄧小平は、翌年一月に発足するレーガン政権の親台湾的性格を念頭に、「対ソ政策が強硬であれば、中国は米国の台湾に関する強硬な政策にも手をこまねいているだろうと考えている者もいるようだ。しかし、それは幻想である」と牽制している[60]。

いずれにせよ、プラント・キャンセルの中止通告が突然になされ、かつ対象となった契約金額の総額が約三〇〇〇億円と巨額であったことは、日本の民間企業にとって深刻な問題となった。日中関係全般への悪影響を憂慮した日本政府は、状況把握と事態収拾のため、二月一〇～一二日に大来佐武郎《おおきたさぶろう》政府代表（前外相）を中国に派遣した[61]。戦前の大連に生まれた大来は長らく国際エコノミストとして活躍してきた。中国も複数回訪問して同国の近代化支援に携わったのみならず、大平政権では外相を務め、対中円借款の開始を積極的に進めた人物であった。

訪中した大来は、鄧小平をはじめ谷牧《こくぼく》・姚依林両副首相とも会談した。中国側はプラントのキャンセルや繰り延べについて、投資計画を縮小して財政の均衡を図り、インフレ防止に努めざるをえなくなったと説明した。また、資金不足と石油生産見通しの誤りが、建設中止の最大の理由と認めた[62]。日本に石油を供給し、その収入で日本からプラントを購入するのが本来の中国の戦略であったが、肝心の石油供給が当初の想定を大幅に下まわったのである。結局、発注取り消しの決定自体は変更不可能であり、「日中の友好関係に悪影響を与えないように処理する」としながらも、中国側からは具体的な損害賠償の方法について言及がなかった。

大来は、国内の事情だけを考えて相手のことを配慮せず一方的に契約を破棄するという中国の対応に苦言を呈したが、反面、中国側が対外的な問題の扱いに慣れておらず、対応方法が分からないことも今回の問題発生につながっていることを見て取った。さらに、大来は公式会談の合間、中国側の経済政策の責任者の谷牧に対し、中止されたプロジェクトに充てられていた円借款を商品借款に変更するとともに、国際水準から見て金利の安い日本の民間融資、日本輸出入銀行の延べ払い信用供与を組み合わせれば、最低限の基本建設の継続が可能だと助言した[63]。事実、大来の助言のラインで、その後、プラント問題の解決が図られるのである。

二月下旬以降、中国側契約当事者である中国技術輸入公司と日本側関係企業との間で、プラント契約破棄の補償交渉が重ねられた結果、四月に一定の区切りが付いた。中国側は、①一月に行った石油化学プラント契約の中止通告は撤回し、既契約の同プラントはすべて引き取る、②宝山製鉄所第二期工事は中止するが、関係契約の補償は別途行う、③大慶石油化学プロジェクト、南京石油化学プロジェクト、宝山製鉄所第一期工事は建設を続行するが、このための財源が不足しているので、日本から長期の低利融資を得たい、との考えを示してきた。これにより、民間の問題であるプラント引き取りはひとまず解決される。

もっとも、プラント引き取りと関連して中国からの長期低利の融資要請にいかに対処するかという問題が焦点として浮上する。五月にかけての日中両政府間の二度の協議を通じて、中国側は大慶石化・南京石化・宝山製鉄所の三プロジェクトに対し、総額二六・八億ドルの資金協力を要請した[64]。円換算で総額六〇〇〇億円に上る巨額なものであったが、中国政府は補償問題を避けつつ、あくまでも政府借款に打開の糸口を見出そうとしたのであった。

他方、日本国内でも契約再開のための資金供与論が出てきていた。対中経済関係に長く携わってきた岡崎嘉平太は、大来が訪中した二月の時点で、鈴木首相に対して「戦争の賠償権を放棄した」中国に「大局的見地から」資金協力の決断を促していた。同月中旬には、伊東外相も、民間レベルの協議が失敗したら、低利ローンなどの補完措置を検討する方針を明らかにしていた。こうして三月には、金融支援によってプラント問題の決着を図る政府方針が固められた[65]。

このときの中国への金融支援に関する政府の基本的な考え方は、日中正常化以来、順調に発展してきた日中関係が契約破棄問題で阻害されないようにすると同時に、国内の近代化を最優先し、西側諸国との協調の下に穏健な対外路線をとる現在の中国の路線を支援することは、日中関係の発展のみならずアジアの安定に資する、というものであった[66]。

しかし、日本側とて厳しい財政事情を抱えており、中国側が求める六〇〇〇億円の協力要請をそのまま受容することはできなかった。四～五月の日中間の事務協議で日本側は、①未使用円借款の一部を商品借款に転用する、②民間からの円ローンを認める、③契約中の未処理分を現金から延べ払いにする、の三点を提案した。ところが「既得分」援助を利用しようとする日本側に対して中国側があくまでも「新規分」による援助を求めたため、合意に至らなかった[67]。

日本政府部内での検討は必ずしもスムーズに進まなかった。対中経済外交推進の見地から中国側の要請に理解を示す外務・通産両省と、民間協力を政府資金によって事後処理することに難色を示す大蔵省との間に対立があったのである[68]。事実、中国が要請してきた援助額は、キャンセルされたプラントの金額をはるかに上回るものであったし、一九七九・八〇両年度の円借款の合算額一〇六〇億円のうち、僅か三億円しか使われていない現状もあって、渡辺蔵相は対中低利ローンを現行以上に拡大するのは基本的に困難との見解を示していた[69]。

中国では六月に共産党中央委員会第六回全体会議（六中全会）が開かれ、近代化路線の堅持が再確認された。これを受けて日本としても同路線への協力が必要との認識が改めて共有され、九月四日には宮澤官房長官の下で四省庁局長会議が開かれた。ここで日本の最終案が固まり、六日に中国政府に正式に提案される運びとなった[70]。

その具体的内容は、①大慶化学プラント、宝山製鉄所に約三〇〇〇億円（ドル換算で一三億三〇〇〇万ドル）の資金協力を行う、②その内訳は、商品借款（円借款）約一三〇〇億円、日本輸出入銀行の延べ払い信用供与約一〇〇〇億円、民間融資約七〇〇億円とする、というものであった。商品借款一三〇〇億円は、すでに延期が決まっている二件のプロジェクトに充てる予定であった円借款を転用した一〇〇〇億円に、さらに三〇〇億円積み増したものであった。また、総額三〇〇〇億円の資金供与額の平均金利は、大蔵省案の六・五％から五・九％に下がる見通しとなった[71]。

九月七日、谷牧副首相は、北京に赴いた自民党の二階堂進総務会長との会談において、中国側は日本側の最終案に原則的に合意すること、また細部については事務レベルで詰めると回答した。この原則的合意を踏まえて一〇月初旬には北京で事務方同士による細部の詰めが行われ、実質的な合意が成立した。当初、日中関係に深刻な悪影響を与えかねないとされたプラント契約破棄問題は、こうして両国の話し合いを通じて解決を見たのである[72]。

5　日中国交正常化一〇周年
――米中ソ相互関係転換のなかで

一九八一年一二月一五～一六日、東京で開催された第二回日中閣僚会議では、国際情勢や両国の経済・財政政策に関して意見交換がなされるとともに、日中関係の順調な発展に満足の意が示され、明年（一九八二年）に国交正常化一〇周年を記念して行われる予定の両国首相の相互訪問の意義が確認された[73]。鈴木首相は表敬に訪れた中国側閣僚に、日中関係は過去二〇〇〇年の歴史で最良の状態と評価の言葉を述べた。また、中国側代表の谷牧副首相は閣僚会議終了にあたり、日中協力関係は、国際情勢の変動如何にかかわらず発展するとの展望を語った。

しかし、最終決着がなされたプラント契約破棄問題は、やはり日中両国にわだかまりを残さずにはおかなかった。一六日の日中両国外相同士の個別会談で、黄華外交部長が、問題が発生した際、日本のマスコミが行った、歪曲や中傷を含む中日友好関係に不利な報道に苦言を呈すると、櫻内外相は、日本での「報道の自由」を前面に出しつつ、中国側が心配する事態には至らないと反論した[74]。

一九八一年五月の総理府による「外交に関する世論調査」でも、「中国に親しみを感じる」という回答が、前年五月の調査の三一・八%から、一一・八%落ちて、二〇・〇%となる一方、「親しみを感じない」、「どちらかといえば親しみを感じない」はそれぞれ三～四%の増加となっていた[75]。「親しみを感じる」、「どちらかといえば親しみを感じる」の割合が依然全体の六八・三%を占めているとはいえ、契約破棄問題によって日本国内の中国フィーバーが冷めた様子が窺える。

さらにインドシナ問題について、民主カンボジア（ポル・ポト派）を断固支持し、ベトナムに対して圧力をかけてカンボジアからの撤兵を迫る中国の強硬姿勢は右の外相会談でも相変わらずであった。日中両国が同問題で協力できる余地はなかった。

また、台湾問題をめぐる中国の対米姿勢は、前年の閣僚会議の時以上に強硬になると同時に、ソ連に対する米国との戦略的提携の意図も一段と後退していた。黄部長は、米中国交正常化以後における米国の対台湾武器輸出について、「中国側の忍耐にも限度がある。かかる状況が無期限に継続することは許さない」と警告するだけでなく、前出の鄧小平の発言同様、中国が米国の対ソ強硬策に免じて台湾への武器売却を受忍する意思はないと述べ、米国の「中国カード」行使を牽制した。

さらに、黄は、内政不干渉と主権・領土保全の尊重といった中国の原則的立場を軽視して行動するならば、「中米関係後退の可能性も避け難」く、関係後退の全責任も米国に帰すると表明した。これに対して櫻内は、台湾問題を「中国の内政問題」と位置付け、「米中関係が良好に進むことは、アジアの平和と安定に大きく寄与する」と述べた[76]。しかし、この閣僚会議直前の一二月四日から対台湾武器輸出に関する米中交渉が始まっていたが、合意はならなかった。レーガン政権の台湾政策に強い不満を持つ中国は、これ以降、自らの世界戦略の再検討をさらに進めていく[77]。

米中関係の険悪化を横目に眺めるソ連は、関係の正常化に向けて中国にシグナルを送り始めた。一九八二年三月二四日、ブレジネフ書記長は中央アジアのタシケントで、いかなる前提条件もつけずに、ソ中関係の改善について交渉するよう呼び掛けた[78]。

このタシケント演説について外務省中国課は、①過去の同書記長演説における対中国言及に比べ、より具体的な関係改善の呼び掛けとなっている(国境交渉の継続や国境地域における信頼醸成措置など)、②前年二月の第二六回党大会演説で見られた中国に対する名指しの批判がない、③中国に社会主義体制が存在する旨を言明している、④台湾に対する中華人民共和国の主権の全面的な承認、の以上四点に注目した。

中国課はすでに前年九月以降、ソ連が一九七八年以来中断されている中ソ国境交渉を再開する提案を行うとともに、西側政府当局者や報道関係者に対して中ソ関係が決して悪くないとの印象を与えるよう努めていたことにも着目した。さらに、ポーランド問題に関し、中国が対ソ批判を行わず、西側の対ソ措置に同調や支持をしないことも、ソ連が対中関係を肯定的にとらえる背景となっているとも指摘した[79]。

一方の当事者である中国は、タシケント演説について、ソ連がアフガン侵攻の負担と対米関係の緊張に耐えかね、戦略的な調整を打ち出したと見た。鄧小平はすぐに同演説に反応し、外交部に対応を指示した[80]。二日後の三月二六日、次のような外交部スポークスマン声明が発せられた。

われわれは、ブレジネフ主席が三月二四日にタシケントで行った中ソ関係に関する談話に留意しました。われわれは談話の中の中国に対する攻撃を断固拒否します。中ソ両国関係と国際事務において、我々が重視しているのは、ソ連の実際の行動である。[81]

中国の外交部声明直後の三月三〇〜三一日に東京で日中外交当局間協議が開かれ、中国側は中ソ関係について、①特に変化はなく改善の見通しは立てがたい、②ブレジネフ提案の内容は新味がない、③中国の立場は、(イ)留意、(ロ)対中非難拒否、(ハ)ソ連の実際行動重視、という外交部スポークスマンの発言通り、④ソ連は言行不一致、嘘を捏造するのも得意、と説明した[82]。また、中国側はこの席で、米国の対台湾武器売却問題に関して、「原則さえはっきりしていれば、時間を掛けて処理する」と比較的柔軟な発言を一方で示しながら、レーガン政権が「二つの中国」を続けて内政干渉していると批判した。これに対し、日本側は、「アジアの安定のために」、英知をもって円満解決するよう求めた[83]。

米中関係の悪化は、「基本的には米中二国間の問題ではあるが、その推移は、日本を含む東アジアの安定に深い関係がある」(外務省)ことは明らかで、日本としても強く関心を寄せざるをえなかった[84]。対米関係を基軸に中国との友好協力関係を推進する日本にとって、仮にも米中関係の悪化が中ソ関係改善の動きと連動するような事態は、看過できるものではなかった。

事実、鈴木首相が、日米防衛首脳協議に出席するため三月下旬に来日したワインバーガー国防長官に「中国は、我々の陣営に近づけておくべきで、ソ連側に追いやるのは得策ではない」というメッセージを告げたのも、そうした懸念の存在を裏付けている[85]。鈴木は、四月半ばには、台湾への武器売却問題に関する強い憂慮を示す親書を、趙紫陽首相に送っている[86]。

さいわい、国交正常化一〇周年を記念するべく、五月三一日から六月五日に行われた趙紫陽首相の訪日は、米ソ両超大国に対する中国の戦略修正が、日中関係のあり方に重大な変更をもたらすものではなく、むしろ中国側が長期的かつ安定的な対日関係を志向していることを示した。

五月三一日の第一回目の首脳会談で、趙首相は、ソ連の有言不実行ぶりを非難しつつ、「中ソ関係については、全く変化がない」との認識を示した。すなわち、①中ソ国境の紛争をなくし、ソ連部隊を引き揚げる、②ベトナムのカンボジア侵略への支持を止める、③アフガニスタンへの出兵を止めるといった実際的な行動をとらない限り、中ソ関係の実質的な改善はないというのが中国側の立場であった。そして、「中米関係の変化により、中ソ関係に影響をもたらすということはありえない」と言明し、中国が対米・対ソ両関係を連関させて、操作しないとの立場を示した。

次いで趙は、米中間でいまだ台湾への武器売却問題が解決していない点を指摘し、「一定期間内に武器売却の量を次第に減らし、最後には完全に停止する」とした中国側の立場を、米国が受容することを通じ、「中国の主権を尊重し、内政干渉をしない決心を示してほしい」と主張した。また、台湾問題の平和的解決に向けた最大限の努力を示しながらも、「(台湾の)武力解放をしないという承諾は出来ない」と言明した。さらに、中米関係の如何に関わらず、「中国が日本との友好協力関係を発展させていくとの方針については少しの変更もない」と強調したのだった[87]。

右の趙の発言は、鈴木を安堵させたに相違ない。翌六月一日の二回目の会談で鈴木は、日中友好協力関係の発展の方針を堅持するとの趙の見解に、全く同感であると応じた。それでも、まだ念を押すかのごとく、「米中関係があまり悪くなると日中関係にも影響が出てくることは避けられない」として、武器売却問題を「十分な話し合いで解決してほしい」と発言している[88]。なお、この会談から約二ヵ月半後の八月一七日、米中両国は同問題に関する合意に至り、コミュニケを発表した。この合意によって米国は台湾への武器売却を継続することが可能となったが、売却する武器の性能と数量の面で制限を受けることとなる[89]。

会談の席で、鈴木が国交正常化以来一〇年の両国関係の発展ぶりを称賛し、「今後、新しい一〇年に向かって日中友好協力関係を強化・拡大させることが我々の使命である」と表明すると、趙も、日中間の友好協力関係を発展させるうえで、「天の時、地の利、人の和」が備わっていると応じた。さらに、趙は、今後両国関係を、「平和友好、平等互恵、長期安定」の三つの原則に基づいて発展させていく意思を示した[90]。

この「日中関係三原則」の三番目にある「長期安定」は、「国際的な波風の影響を受けないもの」との説明が示す通り、対日経済関係を国際政治から切り離して推進することを意図したものと見られる。すなわち、この三原則は日中関係を米中ソ関係に影響されないように設計し、「平等互恵」を踏まえて経済を集中的に発展させようとする方針に転じたことを意味するのであり、従来、中国においては対ソ戦略上に位置付けられてきた対日関係の脱安保化を意味するものであった。

また、第二原則の「平等互恵」が対外経済関係を律する支配的論理になったことは、外貨利用政策の長期借款へのシフト、日本の対中ODA供与と相俟って、中国の対外開放政策における「日本最重視」につながった。資源が豊富で強大な市場である中国と先進的な技術と豊富な資金を持ちながら、資源に乏しい日本との関係は、平等互恵原則と極めて適合性があったのである[91]。

首脳会談では、趙は右の三原則を説明した後、一九八〇年以降の経済調整という「大きな手術」によって、国内経済安定化の目標が基本的に達成され、今年度は五%超の経済成長率が見込まれると述べた。さらには、一九八〇年代の間に経済発展のための基礎固めをして、九〇年代の「新たな振興期」につなぐ展望を語った。鈴木も、中国の発展と日中友好のために可能な限りの協力を約束した[92]。

6 教科書問題の発生——政治問題化する歴史認識

趙首相が訪日中の六月二日、『人民日報』は「日本はソ連の脅威に対抗するため防衛力を増強すべき」とする日本側の論考を紹介するなど、この時点まで中国の公式見解は日本に対してある種過剰なまでに肯定的であった。中国が日本を重要なパートナーと見なし、鈴木政権の安全保障政策に理解があったことが窺える[93]。

ところが、平穏理に国交正常化一〇周年を迎えるかに見えた日中関係に、教科書問題が忽然と沸き起こる。

六月二六日付の日本の主要各紙は、前日に公表された高校日本史教科書の検定結果を一斉に報じていた。共通する報道内容は、検定によって日本軍の中国に対する「侵略」という表記が「進出」に訂正させられたというトーンのものであった。この報道は、表現の訂正を強制されたという意味では「誤報」であった。しかし、検定によって「侵略」を「進出」と書き換えた教科書があったことは事実であり、その意味では必ずしも誤報とは言えなかった[94]。

当初、中国側の反応は比較的冷静であった。だが、約一ヵ月後の七月二〇日に『人民日報』が「この教訓を心に刻みつけて忘れないようにせよ」という短評を掲載し、文部省の「教科書の書き改め」を非難した。二二日には新華社通信も日中共同声明と平和友好条約に違反する行為として批判し、二四日から大規模なキャンペーンを展開するようになった。そして、二六日、蕭向前《しょうこうぜん》外交部第一アジア司長が正式な抗議を申し入れて、日中間の外交問題に発展する[95]。

このときの申し入れ内容は、①日本の報道によれば、文部省は歴史教科書の検定の過程で事実に反する改竄《かいざん》を行った、②その例として、（イ）華北侵略を「進出」、（ロ）中国への侵略を「進攻」、（ハ）九・一八事件（柳条湖事件）を「南満州鉄道爆破事件」、（ニ）南京虐殺事件を中国軍の抵抗のため多数の死者が出たと記述するよう指導したなど、③この問題は中日共同声明、中日平和友好条約の精神に違反し、中日友好に不利であり、人民の態度に影響を与えるものであり、極めて重大な関心を示さざるをえない、④日本政府が、この中国政府の立場に留意して教科書の誤りを正すよう切望する、というものであった。

対応した渡邊幸治中国公使は、①申し入れの内容については直ちに本国に報告する、②日中関係の過去に関する日本政府の立場は日中共同声明に書かれた通りであり、これにいささかの変化もない、③教科書検定問題に関する詳細は承知しておらず、言及は控えたいと述べた。さらに蕭司長は、日本の中国侵略は少数の軍国主義者の責任という公式的見解を表明して、鈴木首相の訪中を歓迎すると述べる一方、教科書問題の発生は「愉快ではない」と付言した[96]。二日後の二八日にも、渡邊から蕭に、学校教育でも日中共同声明の認識が反映されるべき、との政府の基本的立場が説明されている[97]。

しかし、七月二三日の閣議後の記者会見で、松野幸泰国土庁長官が教科書検定に対する中国の批判を「場合によっては内政干渉となることもあり得る」と述べるとともに、主管大臣の立場にある小川平二文相も同日の日教組の槙枝元文委員長との会談で、同様に「内政干渉」と発言した旨が報道された[98]。松野国土庁長官は、その四日後の二七日の閣議でも『進出』と書いてなぜ非難を受けるのか」と持論を展開し、これに中川一郎科学技術庁長官が同調した[99]。以上のような右派の閣僚たちの発言が伝わることで、中国の反発は一層強いものとなり、事態を混迷させた[100]。

政策決定権者である鈴木自身は、松村謙三らのような中国の「老朋友」（古い友人）ではないが、佐藤政権時代に代表質問で中国の国連代表権問題を取り上げ、田中政権では総務会長として日中国交正常化や日中航空協定の党内取りまとめに尽くしており、中国に理解を持ち続けた政治家の一人であった[101]。大平政権時には、またも総務会長として、対中ODA供与に向けた党内調整を担っている[102]。

問題発生当初、鈴木にそれほど強い危機感はなかった。日本の教科書は戦前の国定教科書とは異なり、民間の教科書会社が作っており、その記述変更は文部省が強制するわけではないことから、以上の点を中韓両国に説明すれば十分理解してもらえると期待したのである[103]。七月三〇日の衆議院外務委員会で外相代理として答弁に立った宮澤長官も、教科書検定の仕組みについて中国などに「誠意を持って説明してまいりたい」と述べるとともに、教科書既述の是正の如何に関しては「所管の大臣の御方針に従うべき」と答弁した[104]。教科書是正まで踏み込む必要がないというのが、鈴木 - 宮澤の当初の判断であった。

ところが、日本側の事情を説明すれば理解してもらえるという鈴木らの期待は裏切られる。七月二九日、文部省の鈴木勲初等中等教育局長が、王暁雲《おうぎょううん》駐日公使に対して「検定には修正意見と改善意見があるが、修正意見であっても記述は著作者の創意工夫に委ねられている」と述べたところ、王公使はその説明に強い不満を表明した[105]。

八月一日には、中国教育部の李滔《りとう》外事司長より渡邊公使に、「本件解決前に小川文相が訪中することは適当でない」旨の申し入れがあった[106]。実弟に初代中国大使を務めた小川平四郎を持つ小川文相は、九月予定の首相訪中前に教育行政の視察を兼ねて訪中したいとの希望を早くから中国側に伝え、すでに招待状を受けていた。その招待を取り消すという話だけに、教科書問題に対する中国側の怒りが相当大きいことが窺えた[107]。五日には、呉学謙《ごがくけん》外交部副部長からも鹿取泰衛駐中国大使に教科書是正の「切望」ではなく「要求」の申し入れが[108]、もう一方の韓国政府からも、三日に是正要求がなされた。

事態の推移を見た首相官邸や外務省は、九月の首相訪中も延期になりかねないと懸念を抱き始める。八月四日、鈴木は宮澤、櫻内と協議し、日中共同声明と日韓共同コミュニケ(一九六五年)での過去の日本の行為に対する反省を確認するとともに、早急に打開策をとりまとめるよう指示した[109]。

これを受けて、翌五日、外務・文部両省の事務次官協議が行われ、外務省は中韓両国が「戦争体験に根ざした反日感情」に基づき教科書是正を求めていると説明したが、文部省は修正に強い難色を示した。両省の意見の隔たりは大きかった[110]。なお、四日夜には、自民党文教部会と文部省幹部による懇談会が開かれ、自民党側から文部省方針を激励する意見が相次ぎ、修正には応じないとの意思統一が図られていた[111]。外務省は、中韓両国の是正要求に応じる立場であったが、同省の管轄でない教育行政に関わる事項だけに、対応は容易でなかった[112]。

政府は五日、外務省の橋本恕《ひろし》情報文化局長と文部省の大崎仁学術国際局長を中韓両国に派遣して事情説明に当たらせる方針を決めた。しかし、韓国は国内世論が厳しいことを理由に両局長の受け入れを拒み、一方の中国側は了承する。これにより、両局長は八日〜一三日まで北京に赴くことになった[113]。

外務省の橋本情文局長は、対中交渉のキーマン的存在であった。歴史教科書問題は本来、外務省では情報文化局ではなく、地域局たるアジア局の担当である。しかし、須之部事務次官や木内アジア局長は、あえて橋本局長にこの問題への対処を要請した。橋本が須之部、木内と強い信頼関係にあったことに加え、中国側も、中国課長として一九七二年の日中国交正常化を導いた橋本を交渉相手に望んだためである[114]。

八月一一日、橋本、大崎両局長は北京で中国外交部の蕭司長、教育部の李滔外事司長と意見交換を行った。ここでも中国側から予想以上に非常に厳しい意見の表明があった。蕭の主張の最大のポイントは教科書記述の是正要求であった[115]。一二日に行われた鹿取大使、橋本・大崎両局長と呉学謙外交部副部長、蕭司長らの協議では、中国側の姿勢の厳しさは相変わらずであったが、それでも教科書問題は日本政府のマターであり、これに干渉する意思はないとの柔軟なメッセージも合わせて発せられた[116]。一三日夕方に帰国した両局長と鈴木ら政府首脳が会談し、中国側のメッセージが伝達され、櫻内外相が印パ両国訪問に出発する二七日までに解決を図る方針を確認した。

鈴木自身の考え方は、教科書の記述是正はやぶさかでないが、外圧によって改めるということは検定制度に禍根を残すとの見地から、「近隣諸国との友好」と「自主的な措置」の両立が可能な解決策を模索するべきというものであった[117]。すでに、両局長の北京滞在中の一二日、櫻内は鈴木と宮澤と協議のうえ、「歴史への反省が教科書検定制度運用に反映されないとすれば遺憾」とする外相所見を発表していた。これは事実上、日本政府として是正の必要性を認めたものであった[118]。外務省と文部省との綱引きは続いていたが、首相官邸は外務省寄りの決着に向かって動いていくことになる。

八月一九日の自民党の外交部会と外交調査会との合同会議では、中韓両国への外交的配慮を重視する発言が目立ち、最終的に小坂善太郎外交調査会長が、記述修正への前向き対応を示唆する結論をまとめ、会議の了承を得た[119]。それまで記述修正に難色を示してきた文部省の姿勢も、微妙に変化してきた。同日の参議院外務委員会において、藤村和男教科書検定課長は、「検定制度を堅持しながら何らかの打開策がないかどうか、真剣に検討している」と歩み寄りを示唆する[120]。

　一方、中国の万里副総理は、一八日の日本文楽公演団との会見で、①鈴木首相の訪中を中国は必ず歓迎する、②日本は歴史の真実を正しく記すと明言してほしい、旨発言した[121]。その翌日の一九日の参議院外交委員会で、橋本情文局長は、中国との友好関係を堅持したいとの日本政府の誠意が汲み取れれば、早期の問題解決を望んでいる中国側も柔軟に対応する可能性があるとの認識を示した[122]。

　そして、八月二三日の国会終了後の記者会見で、鈴木は次のように語った。①教科書検定にあたり、教科書がより一層適正になるように改善を図っていきたい、②わが国の戦前の行為が国際的には「侵略」であるとしての批判があるのも事実であり、政府としてもこれを十分認識すべきと考える、③私の責任で結論を出したい、旨を表明した[123]。しかし、②の歴史認識に関して、「国際的には『侵略』であるとしての批判があるのは事実……」と首相自らの判断を回避しているうえ、「戦前のわが国の行為に対する評価は、後世の史家の判断に待つべきもの」とも述べていた。特に後者のくだりについては、鈴木自身が後年「言わなくてもよかった」と述懐している[124]。

　ところが、同日AFP代表団に対し、胡耀邦共産党主席は、「中国は鈴木総理の政策を高く評価している。教科書問題と鈴木総理の政策を混同することはない」と述べ、銭《せん》其琛《きしん》外交部副部長も「鈴木総理は歓迎されるだろう」と発言している[125]。戦後補償問題が表面化する冷戦終結後に中韓両国との間で大問題となる「戦前のわが国の行為に対する評価は、後世の史家の判断に待つべきもの」という発言だが、一九八二年当時は日本政府として標準的な答弁であり、特段問題とならなかった[126]。

　ともかく、教科書を修正するという基本方針が決まったのを受けて、教科書問題に関する政府見解が作成され、八月二六日に「『歴史教科書』についての宮澤官房長官談話」として発表される。その内容は、次の通りである。

①　日中共同声明、日韓共同コミュニケにおいて我が国が表明した認識にいささかの変化もない。

② 日中共同声明、日韓共同コミュニケの精神が、学校教育、教科書検定にあたっても当然尊重されるべきであるが、我が国としては、韓国、中国等の我が国教科書の記述に関する批判に十分耳を傾け、政府の責任において是正する。

③ 今後の教科書検定に際しては、検定審議会の議を経て検定基準を改め、また検定済のものについては、経過措置として、文部大臣所見により前記②の趣旨を教育の場で十分反映せしめる。

④ 今後とも近隣国民との相互理解促進等に努力。[127]

政府見解の作成にあたって最大の議論となったのは、②の「政府の責任において是正する」の文言を表記するか否かであった。この表記に賛成する外務省に対し、文部省は、日本の誤りを認めることになると主張して反対した。結局、最終的に、宮澤の裁定によって、「文部省を泣かせて『是正』を採用する」ことになる。中国を説得するにあたってこの文言が談話に入った意味は大きかった[128]。

ところが、宮澤談話発表から二日後の八月二八日、呉学謙副部長は鹿取大使に、「宮澤官房長官談話には満足しうる明確かつ具体的是正措置がなく、中国政府は、これに同意できない」と述べ、日本政府による確実かつ効果的な措置を要求する[129]。中国側がこの段階で宮澤談話を拒んだのは、中国への事前通報が談話発表の一、二時間前であったため、呉学謙らが幹部に報告する時間が足りないと立腹したためであったという[130]。一方の韓国は、談話発表の翌日に説明を受け入れた。

それでも、九月六日、鹿取大使より呉学謙副部長に対し、宮澤談話と関連して教科用図書検定調査審議会開催の必要性、その開催時期、審議会答申の性格、大臣所見発出時期の目途などについて具体的に示し、答申を待って日本政府の責任において是正する旨を説明した。その二日後の八日、呉学謙は鹿取に「これまでの説明に比べると前進したものであり、中国側もこれを評価する」と回答した[131]。中国側としても、日本の説明努力を多とするとともに、鈴木首相訪中の日程が九月下旬に迫るなか、問題の収拾を図りたかったのである[132]。この日の回答をもって教科書問題は収束した。

その後、一一月一六日に教科用図書検定調査審議会が、文相からの諮問に対して答申をまとめた。次いで、二四日、小川はこの答申に基づいて、教科書検定基準にいわゆる「近隣諸国条項」――「近隣のアジア諸国との間の近現代の歴史的事象の扱いに国際理解と国際協調の見地から必要な配慮がなされていること」——が加えられたとの談話を発表した[133]。

近隣諸国条項の新設は、いわゆる「教科書主権」という立場からすれば、その侵害と言わざるを得ないものであり、実際一部からは自由な教科書作成に大きな枠をはめ込むとの懸念も表明された。しかし同条項によって、自由な教科書作成が制限されるわけでも、教科書が侵略戦争論に染まるわけでもなかった[134]。同条項誕生の基礎となった宮澤談話は、後年、日本が近隣諸国から歴史認識問題で付け込まれる契機を作ったと批判されがちである。しかしながら、宮澤談話を発して教科書問題の収拾を図らなかった場合、その後の日中・日韓両関係は一層困難になっていたと考えられる[135]。

7 中国側の意図

当時の中国首脳が教科書問題を積極的に提起しており、かつ提起することに一定の効用を見出していたことは指摘しなければならない。

事実、鄧小平は、七月二九日に胡喬木《こきょうぼく》、鄧力群《とうりきぐん》、廖承《りょうしょう》志《し》を集め、「この問題はしっかりと摑め」と言明したうえで、日本が中国からの批判を内政干渉と指摘したことを「過去の活動を侵略ではないとしてしまいたい」という目的のためと断じ、日本の「この観点について反駁を行え」と具体的指示を出した。ちなみに、胡喬木、鄧力群は保守派の長老であり、廖承志は対日政策の重鎮的存在であった。最高指導者の意向を受け、中国側の対日交渉担当者はことさら頑な態度を貫くことになる[136]。

さらに、教科書問題が収拾をみた後の九月一八日、鄧は訪中した北朝鮮の金日成主席との会談で、「最近の日本の教科書改訂、歴史改ざんは、我々に再び歴史を見つめなおし、人民を教育する機会を与えてくれた」と述べ、「特にいま我々が対外開放政策を実行し、外国の投資を呼び込み、友好を唱えるのに際しては、この一面が忘れがちになるのだ」と指摘した。この発言は、経済と歴史が表裏一体の関係として意識されていた可能性を示すものであった[137]。

当時、日本と中国の経済力の差は歴然としており、中国は一方的に日本の資金や技術、知識に期待する立場にあった。それだけに、中国側の日本への不満は、経済という実質的な問題ではなく、中国が日本より精神的上位に立てる歴史問題で集約的に表出する傾向を示した[138]。その嚆矢《こうし》となる動きが、一九八二年の教科書問題であった。中国は日本に対してより強い立場から、より多くの経済協力を得ようとしていたのである。

そもそも、鄧が歴史教育の必要性を強調した背景には、中国国内におけるナショナリズムの高まりがあった。一九八〇年代初頭から中国では経済・社会の自由化がもたらした社会混乱が懸案となり、共産党内部でも個人の利益を追求する「個人主義」の思想が問題視されていた。徐々に社会主義イデオロギーが説得力を失うなか、新しい思想的核として登場したのが民族統合を軸とした「愛国統一戦線」であった。その民族統合の歴史的な論拠こそ、一九三〇～四〇年代の「抗日民族統一戦線」であった（前出の胡喬木はこうした中国ナショナリズムのイデオローグである）。それだけに、一九八二年七～八月の「歴史改ざん」キャンペーンは、「愛国統一戦線」の浸透を図るうえで極めて有効であった。中国国内で教科書問題は、「抗日戦争史」再教育の契機となったのである。

さらに、「愛国統一戦線」は対外的にはその主たる目的として台湾統一を標榜していた。一九八〇年一月、鄧小平は「八〇年代の三大任務」の第二に台湾の祖国復帰と祖国統一の実現を挙げており、翌八一年九月には葉剣英《ようけんえい》が「第三次国共合作」を提示して統一を呼び掛けていた。ところが、一九八一年以来、台湾への武器輸出をめぐって米中間の緊張が高まるなかで、八二年七月二〇日、自民党が七二年の断交後初となる訪問団を台北に送ったことは、日台接近を懸念する中国の関係者を刺激したと見られる。しかも、団長の江崎真澄は田中派の幹部で、日中国交正常化時には田中首相に近い重鎮として正常化を推進した人物であった。

自民党側はこの訪問団は「純粋な経済ミッション」と強調したが、台湾側は一五三三品目に及ぶ対日禁輸措置の撤廃を約束したうえ、「北京が統一戦線工作で台湾の孤立化を意図しているいま、それに対する突破口を開く意味」と、この訪問を高く評価した[139]。台湾側は日本の大臣経験者が訪台することで（江崎は通産・自治・防衛を歴任）、政治的体面を保つことができ、日本側は禁輸措置の解除を勝ち取ることができたのである[140]。

七月二二日の北京放送は、江崎代表団が「台湾当局と公式接触を行い、会談の中で『両国』という言葉を使用した」と不快感を示し[141]、翌二三日の『人民日報』は、江崎の「両国」発言と日本の教科書問題を並べて報じ、多くの共産党指導者の注意を喚起した。さらに、翌二四日には、廖承志が蔣経国《しょうけいこく》総統宛に「第三次国共合作」を呼び掛けるメッセージを発して国内政治キャンペーンを開始すると同時に、「歴史改ざん」キャンペーンも始まる[142]。

同じタイミングでどのような出来事が併走していたかを見ると、教科書問題は台湾問題に絡んで誘発された可能性が強いことがわかる。教科書問題が紛糾している最中の八月一五日、『人民日報』はその社説で「日本の反動的動向は日本経済の発展に伴い徐々に醸成」されたと指摘したうえで、その具体例として、「教科書改訂・反動映画・靖国神社参拝・憲法改正の動き・台湾との『公的関係』樹立への動きは注目に値する」と列挙しているのである[143]。教科書や台湾と並んで、靖国や憲法改正、反動映画が、中国共産党の機関紙で批判の対象となっている点にも注目すべきだろう。

一九八二年の終戦記念日、鈴木は「公人か私人か」の区別を明らかにせず、一六閣僚とともに靖国神社を参拝している。鈴木は一九八〇年、八一年の同日にも参拝しているが、この行動は党内右派への融和策の一環と見られる[144]。一九八〇年の衆参同日選挙で自民党が圧勝した後、「保守回帰」の政治状況下、自民党内や一部の閣僚に「防衛力強化‐憲法改正」に向けた動きが見られたことは事実であった[145]。さらに、八月に日本で一般公開された映画『大日本帝国』は(必ずしも戦争を美化したものではなかったにもかかわらず)、東条英機を好戦的人物として描かなかった点が、中国側には「反動」と映ったと思われる[146]。中国が、こうした当時の日本に右傾化の匂いを嗅ぎ取り、教科書問題を提起した側面はあるかもしれない。

そして、教科書問題が外交問題化する直前の七月半ば、鄧小平が、ソ連に対抗する目的での米国との戦略的提携を解消する決断した点も見逃せない。この時期、鄧は、李《り》先《せん》念《ねん》や陳雲、さらに外交部の主な責任者らと会議を持った際、中国側が大胆な行動に出てソ連に情報を伝え、中ソ関係を大きく改善させることを提起し、しかし、原則を守るために、ソ連が「三つの障害」を取り除き、中国の安全保障に与えている脅威を除去することを会議開催の条件とする、とした。この提案は、外交部を通じてソ連に伝達することが決まった(「三つの障害」とは、①中ソ国境地帯およびモンゴルに駐留するソ連軍・②アフガニスタンに駐留するソ連軍、③カンボジアに駐留するベトナム軍、を指す)[147]。

米国と提携関係にあったとはいえ、世界最長の国境線で接する隣国ソ連との間で厳しい緊張関係を保ち続けることは、中国の国力から考えて明らかに過剰負担であった。当時、鄧は国防建設よりも経済建設の重要性を繰り返し主張していた。また、第三世界において一般に好意的には見られていなかった米国と必要以上に緊密な関係を持つことは、第三世界の他の国々に不信の念を抱かれるという事情もあった[148]。

ここに中国は「独立自主の対外政策」という新しい路線を歩むことになった。ソ連が「主要敵」ではなくなる一方、ソ連に替わる「敵」も設定されなかった。このとき、中国は多くの国との外交交渉のなかで、単純に世界を敵と味方に分類できないこと、時々の問題・争点により合従連衡が可能であることなどを学んだものと見られる。是是非非主義的な外交を選択すれば、日米両国がソ連に対抗する統一戦線の仲間であった時とは異なり、これまで目をつぶってきた問題にも、より強く批判的な態度に出ることも可能になる。その好例が、米国による台湾への武器輸出問題であり、日本について言えば歴史認識問題だったのである[149]。

日米両国と一定の距離をとるべく、「独立自主の対外政策」を選択しようとしていた中国指導部にとって、偶然とは言え日本側から持ち上がった教科書問題は、従前のプロレタリア国際主義に代わって主権国家として立つ国益重視の対外姿勢を内外に印象付ける格好の材料であったことだろう[150]。同問題は、ナショナリズムの高まりに伴って中国が対外戦略の修正を模索するなか、日本の「右傾化」と目される兆候が触媒となって、外交問題に発展したといえよう。

8　鈴木首相訪中という節目

一九八二年九月一日、中国共産党第一二回党大会の開幕の辞で、「独立自主の対外政策」を表明した胡耀邦総書記は対外関係の最初に日本に言及し、「中国の隣国であり、日中両国人民は古来密接な交流と深厚な友誼を有する」としながらも、「現在日本には過去の中国と東アジアやその他の国家に侵略した史実を美化し、ひいては日本の軍国主義復活を企むさまざまな活動を行う勢力が存在する」として、このような妨害を排除するよう日本に呼びかけると表明した。中国の対日「友好」姿勢が、五月の趙首相来日から九月までの間に微妙に変化していた様子が窺える[151]。

かねて中ソ関係の動向を追っていた外務省事務当局は、大会での胡報告を、「中国の対ソ基本認識の根本が変化したとはみられない」としつつ、中国が近代化推進を最優先する見地から、「長期にわたる平和的な国際環境を必要とし、ソ連との間に無用の軋轢を避けつつ、より現実的な対ソ外交を行おうとする考慮が存する」と分析した[152]。事実、一〇月五日に中ソ外務次官級交渉が北京で開かれる。

首相訪中を控えた九月二一日、外務省中国課の課長補佐は、東京の米国大使館のスタッフに対し、今回の訪中の主要な目的として、①国交正常化一〇周年を祝う、②日本が中国との政治・経済両面の協力に引き続き前向きであることを中国側に改めて保証する、の二点を挙げた。教科書問題はもはや中心的な議題にならないとの読みであった。さらに、課長補佐は、首相が中国の対外政策の方向性、とりわけ九月中旬の金日成主席訪中の意義や中ソ関係の状況について、中国側に問う意向であると伝えている。外務省は、首相訪中をサプライズもなく予定通りに行い、教科書問題で揺れた日中関係に静穏を取り戻そうとしていた[153]。

九月二六日に北京入りした鈴木は、同日夕方の趙紫陽首相との会談で、「宮澤談話」に基づき、教科書是正の措置を「誠意を以て実行していく」と約束した。そして、日本軍国主義復活に対する中国側の懸念を念頭に、「日本国民の圧倒的多数は軍国主義を排し平和をあくまで求めているということを御承知願いたい」と強調した。これに対して趙首相は、教科書問題での鈴木の対応を評価する一方、日中戦争が両国民に大きな損害を与え、精神的に忘れがたい傷を残したと指摘したうえで、両国関係についての未来志向の論理が「歴史の改竄」に利用されないよう警告した[154]。

二七日の二回目の趙首相との会談では、鈴木の方から、先般の第一二回党大会での胡総書記による対ソ発言を持ち出し、「中国の対ソ政策に変更があるのかどうか。……総括的な貴国の対ソ認識等について伺いたい」と質した。趙はまず、「ソ連覇権主義抑制にあたるという基本的方針は変わっていない」と発言し、一〇月五日予定の中ソ次官級交渉に触れて、関係改善に向けたソ連側の誠意を望みつつも、「中ソ間には重大な相違が存在」するので、関係改善のための交渉は長期化するとの展望を示した。そのうえで、中国は如何なる大国にも従属せず、平和五原則を基礎に「世界諸国との正常な国家間関係を擁護し発展させる」と「独立自主の対外政策」を敷衍《ふえん》して見せた。

これに対して、鈴木は、中国が従来の対ソ政策を堅持するものと理解すると述べたうえで、中ソ関係の展望に関して次のように語った。

私の見るところ、ソ連のとっている色々な行動、例えば中ソ国境或いはモンゴルにおけるソ連軍のはり付け、越への支援、アフガンへの侵攻、こうした行動は、単に中国を対象として行っているものではなく、やはり一方の強力な勢力である米国のことを考慮したソ連の世界戦略上の措置であり行動であり、従ってにわかにソ連がこのような措置を改善するとはみていない。そういう意味で中ソ間で今後話し合いが行われても、現状を大きく改善することは困難であると私は思う。

この鈴木の見解について、趙も大きく頷きつつ同意した。翌二八日、鄧小平も鈴木との会談で、「ソ連が国境沿いに一八〇万の軍隊を駐屯させ、またICBM(大陸間弾道ミサイル)の三分の一をソ連東部に配置している状況がある。ICBMは、日本、米国にも向けられているが、中国にとっても直接の危険だ」と指摘し、「中ソ関係には劇的な変化は何もない」と発言した[155]。日中両国首脳が、対ソ認識について歩調を揃えた格好となり、中国の対ソ政策の転換を注視していた日本側は安堵したであろう。

その一方、趙は、去る八月の米中コミュニケの発表にもかかわらず、台湾問題について米中間には抜きがたい立場の乖離が存在することを長々と説明したうえで、「中米関係は、ソ連の覇権主義・拡張政策への共同対処という共通の利益を有しているだけでは」なく、「中米二つの大国が多くの分野で友好関係を発展させていくことは、中米両国の利益であり、世界の平和と安定にもプラスとなる」と説いた。中国外交における対ソ戦略上の重要性は明らかに相対化されていた[156]。

それにしても、これからソ連との交渉に臨もうとする中国の首脳に向かって、第三者である日本の首相が、ソ連の姿勢の硬直性を指摘し、中ソ交渉が進展しないと観測するのは何とも興味深い光景である。一九七八年の日中平和友好条約の締結交渉では、反ソ統一戦線に日本を引き込もうとする中国に対し、福田首相が、いずれの国とも友好関係を求める「全方位平和外交」を掲げてこれに抗していた。それから僅か四年で、「西側の一員」を掲げる鈴木が、特定の国を敵視しない「独立自主の対外政策」に転じた中国に、米国主導の対ソ戦線に留まることを望む構図となったのである。日中両国の外交的位相は、まったく逆となったといえる。

他方、対中経済協力に関して、鈴木は、中国の「現代化政策の目標達成」が日中両国にとり「相互に碑益するところ大」であり、「アジア全体の経済の成功」を導くと指摘したうえで、日本として積極的に協力する意思を表明した。

次いで、渤海《ぼっかい》湾石油開発のスピードアップや三江平原の農業開発の推進、既存工場の近代化といった具体的な個別案件に対する協力を約束した[157]。

ところが、当初近代化にあたって日本の支援に高い期待を寄せた中国は、日本からの経済協力（特に民間の対中直接投資や技術移転など）が期待ほど増大しないことに、不満を持ち始めていた[158]。それゆえ鄧は鈴木に、中日間の経済協力の発展状況が不十分であると述べ、「この協力は単に政府間の協力では足りないのであって、民間協力も必要である」と指摘した。鈴木も鄧の意見に同意する[159]。

確かに、政府間経済協力はある種の限界に来ていた。このときの首相訪中で合意された一九八二年度の対中円借款は六五〇〇億円で、すでに中国は、日本の政府開発援助（ODA）の最大の対象国となっていた。それだけに、今後は他のアジア諸国との均衡も十分に配慮せねばならず、日本側にはこれまでのように毎年一割増のペースで対中円借款を急増させるわけにはいかないという判断があった[160]。

しかしながら、鄧が望む民間レベルの経済協力も容易ではなかった。前日の会談で趙首相は、日本企業の投資・合弁を促進する環境整備について、「中国はかつて長年閉鎖的な環境にあったから、今すぐ進めるのには経験が乏しい」ので、その整備に時間が必要であることを認めていた。鈴木も鄧に、「租税条約、投資保護協定等投資技術協力ができ易い環境条件」の速やかな整備を要請するよりほかなかった[161]。政治体制の異なる国との協力の難しさが改めて浮き彫りとなる一幕であった。

鈴木首相の訪中は、日中国交正常化から一〇年という歳月の経過に相応しく、両国関係が節目にあることを感じさせるものとなった。鈴木は鄧に対して、「日中関係におけるハネムーンの時代は終り、成熟の時代に入っている。……（日中間の交流・提携が進んでいくなかで）どうしても小さな意見の相違や利害の対立といったさざ波が起こるのは当然である」と語りかけた。鄧も「教科書問題のたぐいの問題は、これからも起こるだろう。この問題は双方の努力で解決した。今後も問題が起こったら、相互了解の精神の下でひき続き解決していこう」と述べ、鈴木もこれに同意する[162]。

しかし、右の鄧発言は今後の日本の行動次第では、この種の歴史認識問題を再び提起する意思を示すものであった。改革開放が進み、中国国内の政治思想が動揺したことでナショナリズム強化の必要性が高まったことからすれば、むしろ歴史問題が発生する政治構造は温存されたと評価できよう[163]。中国の対日認識は、「中日友好」と「軍国主義復活」批判が並存する二元的なものとなっていたのである[164]。

9　深刻化する日米経済摩擦——防衛とのリンケージ

一九八一年五月の鈴木首相訪米に伴って発生した「同盟関係」をめぐる混乱は、日本では外相、事務次官の辞任にまで発展した。もっとも、米政府は在米日本大使館との迅速かつ密接な協力の下、同問題を単なる「言葉の誤解」として処理した[165]。そして、七月のカナダでの日米首脳の再会談で、両国間の軋轢に終止符を打つ演出がなされた。

しかし、一九八一年秋になると、米議会で「安保ただ乗り論」に基づく対日批判が表面化する。一〇月二八日、民主党のニール下院議員(Stephen L. Neal)が、おりから日米間の重要課題に浮上してきた巨額の対日貿易赤字と日本の防衛予算とを連結させ、日本は米国にGNP比二%相当額の安全保障税を支払うべきとする決議案を提出した。また、一一月四日には、同じ民主党のサブロツキ下院外交委員長(Clement J. Zbrlocki)は、日本は当面GNP比一%以上の防衛支出をすべきであるとの決議案を提出した。九日には、上院でも同趣旨の決議案が提出された[166]。

カーター政権以来、日本の防衛努力に対する不満が蓄積されていたところに、「同盟関係」の混乱がきっかけとなって議会が防衛問題について関心を強め、右の一連の決議案の提出になった[167]。さらに、防衛問題に関する日米の齟齬は、両国間の経済摩擦に結び付くようになる。一九八一年後半以降、議会の軍事・外交両委員会の重鎮たちが、従前のように同盟関係重視の見地から通商問題での対日強硬派議員らの動きを抑えようとしなくなったという[168]。一一月九日、来日中のストーセル国務次官(Walter John Stoessel)は、右の一連の決議案に関し、「防衛、貿易赤字の問題を懸念している米国民の相当部分の人たちの意見を反映したもの」と指摘したうえで、問題解決は日本政府の対応次第と述べた[169]。

一一月二七日、一時帰国中の大河原良雄駐米大使は会見で、次年度の防衛予算について、米政府が議会への説明上の観点から、概算要求の対前年度比七・五%確保を強く期待していると述べた。また、貿易問題では、①米国側は輸出抑制など一時しのぎの対応策は望んでいない、②市場開放のために非関税障壁撤廃策など具体的措置が早急に必要である、と発言した[170]。予算編成の最終段階に差し掛かった一二月下旬には、ワインバーガー国防長官から伊藤宗一郎防衛庁長官に対して、米政権側の「議会による防衛・貿易の両問題のリンケージ」回避への決意を示しつつ、「人件費を除いた形で七・五％増が実現されなければ、米国内で説明するのが困難となる」と警告する書簡が発せられた[171]。

次年度予算の大蔵原案に対する復活折衝が、一二月二三日から始まったが、焦点となったのは、前年度比七・五％増の概算要求を大蔵省内示で六・五％増まで削られた防衛費の扱いであった。二五日、鈴木は民放テレビの録画撮りで、防衛費につき前年度並みの七・六一％増とする考えを示した[172]。この発言により、大蔵内示の「六・五」からの大幅上積みの流れができた。二七日の党三役折衝で概算要求の上限である七・五％をさらに〇・二五％上積みする要求が出されたのを踏まえ、鈴木は「七・七五％増」の裁断を下す[173]。この決着により、P3C対潜哨戒機と主力戦闘機であるF15の昭和五七〜五八両年度分の発注が確定するとともに、防衛費の総額は二兆五八六一億円となり、対GNP比は〇・九三三％に迫った[174]。

日本の防衛費七・七五％増の決着について、国務・国防両省は翌二八日、これを歓迎する公式声明を発表した。昨年の防衛予算決定時、両省の声明が不快感を示したのとは対照的であった[175]。同日、ストーセル国務次官は大河原大使を労い、緊縮予算で他の費目が削減される状況下で「（増額の）決定は容易なことではない」と述べ、増額は五月の日米共同声明の精神を反映するものと評価した[176]。

しかし防衛費七・七五％増だけでは、米議会を中心に燃えさかる貿易摩擦の火の手を消すのは困難と見られた。一一月一六日、米国はバラクラフ駐日公使（William Barraclough）の書簡の形で、輸出抑制や輸出課徴金などの一時的措置ではなく、日本側の輸入増加による拡大均衡が必要であるとの考えを強調するとともに、電算機、合板、オレンジ、自動車など二九品目の関税撤廃を求めてきた。米国がここまで網羅的な要求を正式文書の形式で提示することは異例だった。一方、EC諸国もまた、日本市場の閉鎖性や集中豪雨的輸出などを改めて問題にし、対日批判を再燃させた[177]。

米国やEC諸国からの強い要求を受け、一一月三〇日、内閣改造当日の閣議で鈴木は、①関税について、東京ラウンドで合意した段階的引き下げ措置を、例外なしに一律二年間分繰り上げて前倒し実施すること、②輸入検査手続きを見直し、輸入制限的な機能を果たしている制度や運用

（ＮＴＢ＝非関税障壁）の改善を図ることの二点について、関係閣僚に協力を要請した。

次いで、一二月一六日の経済対策閣僚会議では、右の首相の指示を踏まえて、「対外経済対策（第一次）」が取りまとめられた。この対策の目玉は、①一六五三品目を対象とする関税の前倒し引き下げ（約五〇〇億円の税収減に相当）と、②非関税障壁については、自民党に国際経済特別調査会（会長は江崎真澄元通産相）を設け、政府・党一体となって翌年の一月末までに具体的な改善措置をまとめること、の二点であった。そして、明けて一九八二年一月三〇日、輸入検査手続きの改善について、六七項目の改善措置を講ずることが決まった。また、同日の経済対策閣僚会議では、ＮＴＢの改善を継続して進めるため、苦情処理体制の充実を図ることとし、政府に市場開放問題苦情処理推進本部（ＯＴＯ＝Office of Trade and investment Ombudsman）を設置することとされた[178]。

また米国では、大河原大使をはじめ駐米大使館員がほぼ総出で、今回の経済対策について上下両院の有力議員や報道機関、経済関係の各団体などに詳細な説明を行うなど、経済摩擦解消に向けた日本側の熱意や誠意を理解してもらうべく、大々的な説得工作を展開した[179]。しかし、米国では議会の一部で、公正な貿易を追求するため、「相互主義」の名の下、外国の閉鎖性に応じて米国も市場を閉鎖すべきだという、保護主義的な論調が高まった。二月上旬にはそうした立場に基づき、市場を閉鎖する国への報復権限を強化したり、日本などへの市場開放圧力を狙う法案が相次いで提出された。

二月二四日、日米貿易摩擦の打開策を探るべく訪米した自民党国際経済特別調査会の江崎真澄会長を団長とする自民党議員団に対し、ボルドリッジ商務長官（Malcolm Baldrige）は、日米間の貿易不均衡の原因は、日本側が主張するところの為替レートや米国経済の不振の問題ではなく、あくまで日本に構造的な障壁がある点に由来すると主張した。そして、日本側が効果的な措置をとるよう一方的に要求した。前年末以来日本政府が打ち出した打開策を、米国側は依然として評価していなかった。

さらにその前日の二三日、最高決定権者のレーガン大統領までが江崎会長らに対し、保護主義の高まりに関する日本の憂慮に同感を示しつつも、日本市場の閉鎖性を指摘して、「（保護主義の）立法は歓迎しないが、日本側に何らかの動きがない場合、行政府としては立法府に対し無力」と述べるに至った[180]。レーガンは議会からの圧力を梃子に、日本側にさらなる市場開放策を促したのである。

二月二七日、帰国した江崎は鈴木に、「米国の経済は苦しく失業も深刻で、いらだっている」と伝え[181]、今後、米国の出方を十分見守り、政府・党一体となって慎重に対処すべきである、と進言した[182]。三月一日には、一時帰国中の大河原大使が首相官邸に赴き、①日本市場の開放度に関する日米間の大きな認識の乖離を、如何に埋めていくかが重要であり、②対応策は細切れでなく、まとめて打ち出す必要がある、と報告した[183]。

そうした状況の下、三月二〇日に櫻内外相が訪米し、二二日にレーガン大統領と会談した。レーガンは六月にパリで行われるサミットを念頭に、米欧諸国が経済的な困難を抱えるなか、「自由貿易体制の維持という面からも、日本が全ての通商相手国との関係において、市場の一層の解《ママ》放に努力されることを強く期待している」と語り、櫻内も、サミットまでを目途に「さらなる努力を払っていきたい」と約束した[184]。

櫻内の帰国直後の三月二九日に、ホルドリッジ国務次官補(John. H. Holdrige)らがヘイグ長官に宛てたメモランダムには、米国として、日本が①輸入を促進するための当面の行動計画、②永続的な調整を達成するための長期計画の以上二点を発表するのを望むと書かれていた。そして、「自国の通商面での実際の行動のあり方がヴェルサイユの経済サミットで議論の焦点」とならないよう日本は具体策をとるべきと指摘するとともに、五月中旬に予定されている四極通商会議では、「ＥＣやカナダからも、日本に対して大きな圧力がかかるであろう」と予測した[185]。

事実、三月一五〜二五日、江崎調査会長率いる自民党代表団がＥＣ諸国を歴訪した際、同諸国首脳らは、失業者増大など欧州経済が極めて深刻な状態であることを確認したうえで、①早急に貿易バランス改善の具体的行動が望めない場合には、保護主義的措置を阻止することはできない、②日本市場への参入が容易となるよう、非関税障壁の改善、関税引き下げ、流通機構の改善など一層の努力が必要、と主張してきた[186]。

さらに、江崎らが歴訪中の三月二二日、ＥＣ外相理事会は、対日貿易不均衡の拡大の原因は日本の複雑な輸入検査や通関手続、流通機構などにあり、これによってＥＣ製品の対日輸出が阻害され、ＥＣのＧＡＴＴ上の利益が侵害されているとして、ＧＡＴＴ第二三条に基づく協議を提起するに至った[187]。

かくして、日本政府は米欧双方に向けて早急に対策を示す必要に迫られた。四月一三日、宮澤官房長官が、外務省の松永信雄外務審議官、深田宏経済局長らと協議を行い、日本市場の対米欧開放策について詰めの議論を進めたうえで、五月七日ごろまでに経済対策閣僚会議を開き、市場開放策第二弾を打ち出す段取りを固めた[188]。

ところが、四月一二日の日本との協議で日本の農産物残存輸入制限をGATTに持ち込むとしていた米国が急遽、五月七日予定の市場開放策第二弾に農産物を盛り込むよう非公式に打診してきたため、農産物問題をいま一度日米間で協議する必要が生じ、第二弾の対策決定は五月末に延期されることとなった。もっとも、農産物の市場開放については政府内の検討が進まないことから、通産省が管轄する工業製品を中心とした開放政策にせざるをえなかった[189]。

五月一二〜一三日にフランスで行われた四極通商会議においても、米国やEC諸国から農産物の市場開放に関する強い要請がなされたが、同会議に出席した安倍晋太郎通産相は会議後の会見で、牛肉・オレンジといった「最大関心品目」については五月下旬の第二段に盛り込むのは困難と述べる一方、第二弾では果汁、ケチャップ、落花生などの輸入枠の拡大が対象となる見通しを語った[190]。安倍は、農産物について「最小限なにか形をつければ（米国側から）評価されよう」との感触をもって帰国した[191]。

そして、五月二八日の経済対策閣僚会議で、第二弾の市場開放対策が決定された。その内容は、①輸入検査手続などの改善、②関税率の引き下げ、③輸入制限の緩和、④輸入の拡大、⑤流通機構、ビジネス慣行の改善、⑥サービス貿易の自由化、⑦先端技術、⑧その他、の以上八項目からなっていた[192]。特に、②の関税率については、まず、工作機械、家電製品、重電機器、カットダイアモンドなど九六品目の関税を完全撤廃するとともに、コンピューター、自動車部品、フィルム、原子力機器、通信機器など工業製品一〇二品目、農産品一七品目につき関税の引き下げを行うことになった。また、「自由貿易主義堅持のための国際的貢献という観点から」、右の対策を打ち出したとする首相談話が発表された[193]。

経済対策第二弾の効果はあった。第二弾が発表された直後、先の四極通商会議を主導した米国のブロック通商代表は、「（問題解決への）日本政府の決意を認識し、称賛する」との声明を発表した。六月五日のヴェルサイユ・サミットの全体会議では、西独のラムスドルフ経済相（Otto Graf Lambsdorff）、フランスのジョベール対外貿易相（Michel Jobert）がそれぞれ日本弁護の発言をした。特に、ラムスドルフは、「日本の市場開放措置はわれわれを勇気づけるものであり、これを歓迎する」と述べた[194]。

僅かに、ECのトルン委員長（Gaston Egmond Thorn）が、日本の製品輸入の努力不足を指摘する場面はあった。これに対して鈴木は即座に、「貿易摩擦問題は日欧間だけでなく、日米間にもあるし、米欧間にもあるが、こういった問題は世界の経済が非常に悪いから起こっているのであって、世界の経済が再活性化されない限り、最終的には解決しない」と反論し、問題解決に向けた日本の努力のあり方などを説明した。

外務省事務当局は事前に、一部の国から日本に批判的発言がなされるかもしれないと想定し、相応の準備をしていたが、いざフタを開けてみると、ECを除いて日本に対する批判は起きなかった。むしろサミットの議論では、米国の高金利政策や東西経済関係（とりわけソ連に対する公的信用供与）をめぐって、米欧間で激しい応酬があったため、対日通商問題が相対的に目立たなくなったことが日本に幸いした[195]。

しかし、平穏な状態は一時的なものにすぎなかった。夏が終わり、九月ごろから米議会では公聴会が開かれて日本批判が叫ばれるようになる。前出のブロック通商代表も、市場開放第二弾が評価されたことで日本側は安心し、フォローアップを多少怠けているので、その着実なフォローアップを要求する、という様子であったという[196]。そうした米国の不満は、一〇月二〇日からハワイで開かれた日米農産物協議に端的に表れ、米国側は牛肉、かんきつ類の輸入制限を完全撤廃するよう要求した。日本側は、性急にすぎる要求だとしてこれを拒否したため、結局、交渉は決裂した[197]。

また、米国側が強く望む基準・認証制度の見直しが、一九八一年一二月の開放策第一弾に明記されたにもかかわらず、八二年五月の第二弾、八三年一月の第三弾と毎回盛り込まれることから、日本は有言不実行との印象が持たれ、かえって不信感や猜疑心を増幅させることになる。さらに、基準・認証制度の改善の一翼を担うものと当初期待された市場開放問題推進本部（OTO）も、期待通りの役割を果たしていないと米国側が不満を漏らすようになった[198]。

10 認識のズレと実質的な協力の進展

結局のところ、約六〇〇億ドルに上る輸出入がある日米両国間に、経済摩擦の発生は不可避であった。したがって日本にできることは、経済摩擦を最小限に抑えつつ、それ以外の領域で得点を稼いで日米関係を円滑な状態に保つことに尽きた。日米経済摩擦が高潮した一九八〇年初頭、ソ連のアフガン侵攻に対する制裁問題に絡み、大平政権がモスクワ五輪不参加を決定したことで、経済摩擦が一時的にせよ鎮静化した事実に照らしてみても、経済問題以外の事態の進展が大きな意味を持ってくることは明らかであった[199]。

このとき決め手になりえたのは防衛面での積極的協力であった。ところがレーガン政権は前年末の防衛費増額に関しては一定の評価をしたものの、日本の防衛努力全般について満足していなかった。一九八二年六月、ブレマー国務長官特別補佐官（Lewis Paul Bremer）がクラーク大統領補佐官（安全保障担当・William Clark）に宛てた文書では、「自国の防衛（力整備）目標に到達するには、依然動きが鈍い」と不満を示すとともに、大統領自ら直接関心を示さなければ、「競争的な予算要求を前にして、日本は防衛努力で手を抜くかもしれない」と指摘している[200]。

そうしたなか、八月の概算要求に向けて次期主要正面装備調達計画である「五六中期業務見積り」（昭和五八〜六二年度）の策定作業が行われ、六月一七日までに防衛庁と大蔵省との間で、主要項目についての実質的合意を見た。その主な内容は、①F15迎撃戦闘機は「一五〇機体制」、P3C対潜哨戒機は「八〇機体制」とする、②陸上自衛隊の師団の火力を大幅に向上し、「機械化師団」への改編を目指すなど、防衛庁案を大幅に取り入れたものとなった。しかし、経費については、「できるだけ『五六中業』以降の後年度払いにして、計画期間内の防衛費を国民総生産（GNP）の一％以内にとどめたい」と大蔵省が主張したため、その決着は政治判断に委ねることとなった[201]。

鈴木は、四月中旬の時点では、五六中業期間中の防衛費が対GNP比一％を超えるものとなるのを懸念し、伊藤防衛庁長官に「防衛庁が先走らずに、大蔵省とよく相談するように」とクギを刺していた[202]。ところが、七月六日の参議院内閣委員会で、「当面GNPの一％を超えないように努力をしておる」としながらも、五六中業期間中のGNPの成長率がどのようになるか流動的であるとしたうえで、「六十二年（一九八七年）の五六中業の終点までの間に」、防衛計画大綱の水準を着実に達成する努力を続けたいと答弁していた[203]。これは経済情勢の推移によっては、一％枠突破の可能性もありえることを示唆する発言である。

七月二三日、政府は国防会議を開き、防衛庁が報告した五六中業を了承した。同中業は、平時に最低限必要な防衛計画大綱の防衛力水準をほぼ達成するという内容で、防空・対潜・水際防御能力・電子戦能力の向上を目指しているのが特徴であった。防衛庁の推計によると、同中業期間中の防衛費総額は一五兆六〇〇〇億円〜一六兆四〇〇〇億円で、防衛費の対GNP比は平均〇・九七〜一・〇二%となる。経済成長率見通しを現行の五・一%から四%台に修正すれば、一九八四年度にも防衛費がGNPの一%を突破することが明確になった[204]。当然、国会では野党から厳しい抗議がなされたが、防衛官僚は、一%超過は確定しておらず、その枠内に収めるよう努力するとの説明でしのいだ[205]。

しかし、米国側にとって防衛費の一%突破云々は本質的な問題ではなかった。五六中業が政府了承される直前の七月二〇日に出された国家安全保障検討指令第六号(NSSD－6)では、現行の防衛計画大綱そのものについて、「過去数年間のアジアにおけるソ連軍の大規模な増強を考慮して作られていない」と見ていたばかりか、同計画が対象とする限定的かつ小規模な侵略すら、日本が対応できない点を厳しく指摘していた。また、それらを踏まえ、「自国の領土やその周辺の海空域、さらに一〇〇〇海里シーレーン防衛を担うだけの実力を可能な限り早期に(一九八〇年代の終わりまでには)身に付けるよう、日本から同意を得るべきだ」と提言していた[206]。

八月三〇〜九月一日の三日間、ハワイのホノルルで行われた第一四回日米安保事務レベル協議(SCC)が開催された。

第一日目の国際情勢に関する議論では、米国側は近年のソ連軍増強を強調し、日本に一層の防衛力増強を要請した[207]。これを受けた日本側代表である柳谷外務審議官は、アジア地域には朝鮮半島を除いて安全保障上の「深刻な危機はない」と反論し、むしろ、危機の勃発防止の重要性に言及した[208]。さらに、七月以来表面化している教科書問題をめぐる中韓両国、東南アジア諸国の反応を詳しく説明し、「アジアの近隣諸国は、過去の日本の行為を忘れておらず、軍国主義の復活という批判さえある」として、性急な防衛力増強は不可能であると説明した[209]。

二日目の協議で米国側は、「現在の日本の能力ではシーレーン防衛は不十分」であり、「五六中業が完成してもなお対潜水艦能力や洋上防空などの面で弱点を有する」と詰め寄った。そして、前年六月の第一三回協議で米国が提示した増強目標の達成により、シーレーン防衛が可能になると主張した[210]。その意味するところは、あくまでも防衛計画大綱の見直しであった。

協議最終日、吉野實防衛事務次官が、七月に策定された五六中業により日本のシーレーン防衛体制は相当程度向上することを説明し、ソ連の脅威の分析や有事シナリオ設定などを検討すべく、「日米間の専門家グループで、ガイドラインに基づく共同作戦研究として検討を続けたい」とする提案を行った[211]。換言すれば、シーレーン防衛にあたって米国が要求する防衛力は大綱水準をはるかに超えており、「(米国の言い分について)我々はまだ納得できていないから、両方で研究しようじゃないか」ということであった。これには米国側も前向きに応じ、日米ガイドラインに基づくシーレーン防衛の研究が具体化する[212]。

この日米安保事務レベル協議では、米国が前年の協議よりも具体的に有事の際の日本側の防衛上の役割について提示し、日本側がそれについての専門的な研究・検討を継続したところに特徴があった[213]。協議後、柳谷審議官は本省に、「従来のSSCに比べて、割に対話が弾んで、雰囲気も和やかであった」と報告している[214]。前回協議のように具体的数字を挙げて防衛力増強を迫る手法は、日本国内に反発を生むという反省が、米国防総省や国務省の側にあったと同時に、パイプライン建設資材の対ソ禁輸措置をめぐって米国と西欧同盟諸国とが鋭く対立し、西側同盟内部にヒビ割れが生じていたことが考慮されたのかもしれない[215]。

五六中業を策定し、シーレーン防衛の日米共同研究開始に踏み切った鈴木政権は、もう一つの重要な決定を下す。右のハワイ協議から一ヵ月後の九月三〇日、日米防衛首脳協議に出席するため訪米した伊藤防衛庁長官は、米空軍のF16戦闘爆撃機の三沢基地(青森県)配備の正式な受け入れを表明したのである[216]。F16の三沢配備については、同年六月ごろ、米国政府から在日米軍司令官を通じて外務省と防衛庁に申し入れがあったのを受け、以来三ヵ月間政府部内で慎重に検討した結果、右の決定となった。F16の配備は、極東の軍事バランス改善に努め、米国のコミットメント意思を明確にすることで、日米安保体制の抑止力の維持向上を図る目的でなされたのである[217]。

一九六九年七月にニクソン大統領(Richard M. Nixon)が表明したグアム・ドクトリン以来、アジアからの兵力撤退方針に基づいて在日米軍は漸次撤退し、米空軍戦闘部隊も七一年にF4戦闘部隊が撤退して以降、日本本土基地には常駐していなかった。したがって、三沢基地への空軍戦闘部隊の再配置決定は一一年ぶりのことであり、またそれはグアム・ドクトリンからの転換を意味するものといえた[218]。これに対し、一一月九日、ソ連は対日声明を発し、F16配備を「ソ連の安全保障に直接脅威をもたらす」と激しく非難し、何らかの防衛措置をとる可能性を示唆した[219]。

11　対米武器技術供与問題
——鈴木政権が残した課題1

鈴木政権が最後まで踏み込めなかった問題のひとつは、対米武器技術供与であった。この件については、一九八一年六月の日米安保事務レベル協議で、アーミテージ国防次官補から、日米同盟関係は「テクノロジーをより平等に分かちあいかつ防衛研究と開発面で協力し合う局面に至っている」との認識に立ち、「日本側がテクノロジーの分かち合いを真に両方通交《ママ》のものにすることに完全にコミットするよう希望する」と要請されていた[220]。

もともと、日米間には相互防衛援助協定（MDA）に基づく有償援助契約（FMS）や技術交換取り決めなどがあり、これによって日本は米国武器のライセンスや技術情報、データなどを享受してきた。にもかかわらず、日本では「武器輸出三原則」をはじめとする厳しい武器輸出規制が定着し、同三原則に沿って、武器技術についても日本から米国へ、という流れはなかったのである[221]。こうした現状への不満を背景に、アーミテージは問題を提起してきた。

六月末に訪米した大村防衛庁長官にも同様の要請がなされた。大村は帰国後の検討を約束し、七月一〇日の閣議でその要旨を伝えた[222]。七月二日、宮澤官房長官が記者会見で、MDA協定という対米武器技術供与の枠組みが既にある点に言及しつつ、「日米安保条約の目的達成のために有益であるならば前向きに考えていきたい」と発言した[223]。

かくして、外務・防衛・通産の三省庁間での検討・調整が着手された。一〇月一一日には、外務省の浅尾新一郎北米局長が衆議院外務委員会で、①安保条約は第三条で相互援助を義務付けられている、②条約は武器輸出三原則などの国内政策や方針に優先する、③武器供与はMDA協定で排除されていない、との見解を示した。外務省は、財政事情などから大幅な防衛力増強はできないため、武器技術分野での協力姿勢を明らかにすることで米国側の不満を解消しようと目論んだ[224]。

防衛庁は、もとより武器輸出三原則の厳格な運用については批判的であり、西独並みに緊密な外交関係を結んでいる国には安全保障の見地から武器輸出を認めるべきとする意見もあった。他方、通産省は対米武器技術供与に慎重な立場であった。武器技術供与の解禁は、既存の政策の大きな転換であり、国会を説得するのに必要な材料が提供されない状況では、供与許可の権限を有する同省として責任が持てないというのであった[225]。

一二月一四、一五日の両日に防衛庁で開かれた第三回日米装備・技術定期協議(S&TF)で、米国側は、①米国が関心を有しているのは汎用技術の分野にとどまるものではない、②武器技術の共同研究、開発などを念頭に置いている、との意向が示された。汎用技術の枠を超えた純軍事技術の輸出、共同研究・開発は当然、規制の対象となるため、日本側の対応をより困難にした[226]。

一九八二年一月九日、首相官邸サイドの調整役であった宮澤は、外務省の浅尾局長に、通産省の慎重姿勢に加え、歳入欠陥を埋めるべく土壇場で国債を追加発行したことなど、国会が多くの政治的重要課題を抱えていることから、一月二五日の国会の会期明け以前に、対米武器技術供与について最終決定を下すのはリスクが高すぎると指摘した。これ以上、野党に予算審議を遅滞させる口実を与えたくなかったのである[227]。二月六日の記者会見でも宮澤は、「条約上の義務と日本の武器輸出政策とを調整する作業は複雑」であるとして、最終決着を関係各省庁が多くの時間が割けるようになる予算の国会通過後とする考えを示した。

一方、鈴木は、二月五日の衆議院予算委員会で武器技術供与に関する米国側の要請を考慮に入れる見解を表明し、米国側に歩み寄った[228]。三月二七日には来日したワインバーガー国防長官が鈴木に、武器技術移転問題の解決の重要性を指摘し、問題決着に向けて後押しをする。結果、外務省は予算の国会通過が果たされた四月中旬には、同月末までに関係各省庁の局長レベルの詰めの作業を終わらせ、五月半ばまでに最終決着を図る見通しを持つに至った[229]。ところが、五月一七日に九四日という国会の大幅な会期延長が決まったことで、決着は先送りされてしまう。

五月二四日、防衛庁の和田裕装備局長は東京の米国大使館の政務参事官と会談し、防衛・外務・通産三省庁は安保条約とMDA協定の枠内で対米武器技術供与に向け積極的な決定をすべきという点で一致に達していると伝えた。次いで、「唯一の残された問題」は、政府決定の発表にあたり、その理論的根拠を如何なる形にするかである、と述べた。

当時、理論的根拠としては二つの案が考えられていた。第一案は、対米武器技術供与は日米両国の抑止力を強化して国際紛争の発生を防止するという意味で、広く安保条約やMDA協定の目的に適うことから、武器禁輸政策の例外と見なすという論理付けであった。第二案は、一九七六年の三木政権の閣議決定——「武器輸出(禁止)三原則」に該当しない国に対しても、武器や軍事技術の供与を「慎む」とした——中の「慎む」という文言に着目し、『慎む』という言葉は、全面的な禁止ではなく、日本政府が輸出に慎重な姿勢をとる意味にすぎない」(和田局長)という論理で、対米供与を可能とするものであった。外務・防衛両省庁が第一案を支持したのに対し、第二案には首相周辺の助言者たちの間で支持があった。

和田は米国側に、「政府内で考案されている二つの案は、小さな、しかし重要な相違がある」と指摘した。すなわち、第一案を採れば、米国が紛争に関与した場合でも、日本政府は武器技術の輸出を継続できるのに対し、第二案を採ると、米国が戦争状態に立ち入った場合、日本の武器禁輸政策の対象となり、新規の武器供与に向けた合意ができなくなるというのであった[230]。換言すれば、第一案では紛争時の新規供与も含めて、対米提供はすべて武器輸出三原則の枠外に置かれるのに対して、第二案では紛争時の新規提供を拒否することで三原則遵守の大枠を維持しようとするものであった[231]。

今度は、右の第一案・第二案のいずれかに依拠して対米供与に踏み切るのかをめぐって政府内で議論が続き、閣議決定の実施は延び延びになったまま八月を迎える。じつは五月の末、首相官邸は両案を検討した結果、第二案を基礎に新たな政策を作成するよう指示を出していた。その指示には、米国が極東での紛争に立ち入った、あるいは立ち入りそうな場合であっても、すでに契約済みの武器技術については供与を継続する一方、新規契約については行わないという条件が付帯していた。

しかし、首相官邸からの指示を受けた外務省は、米国が戦争に関与しようとする状態、つまり日本の武器技術が最も必要とされるときに、それを獲得する機会が奪われるような「解決策」など認められないだろうと反論している。外務省はなおも、米国を武器輸出三原則の例外扱いとする第一案を支持していた。

通産省はいったん第一案を受け入れる用意を示したものの、米国がサハリン・プロジェクトをめぐるソ連との経済協力を阻害する政策を行った結果、安倍通産相が当初の対米供与実現への熱意を失い、同省は首相官邸の指示に沿った解決策作りに傾いていった。もう一つの当事者である防衛庁は、第一案を志向する外務省のアプローチを支持していた。同庁の見方によれば、官邸サイドは国会対策上の考慮から、武器技術輸出の規制緩和に消極的になっていたという。

八月三日、外務省北米局の松田慶文審議官は、米国大使館の参事官との会談において、満足のいく問題解決に向け、日本政府は、①同盟と防衛協力の文脈に沿って米国への武器技術供与の政策を原則として確立させたとする声明を発する必要がある、②新政策を用意するための最終期限を設定すべき、と語った。特に②について、松田審議官は、九月に予定されていた伊藤防衛庁長官のワシントン訪問までの決着を提案したが、米国側は八月末の日米安保事務レベル協議に間に合わせるべきと主張した。

焦る米国側に、防衛庁は、現時点で米国が圧力をかけても、首相が自分の立場を変更する可能性は低く、もし、彼(首相官邸)が出してきた解決策に、米国が完全に否定的な姿勢をとった場合、おそらく武器技術供与問題それ自体が棚上げされるとの観測を伝えた。あわせて同庁は、当面首相官邸の指示を基礎に実行可能な政策を作り、実質的な事態の前進を図ることを提案した[232]。

米国を武器輸出三原則の枠外に置くことに、鈴木自身が慎重であったことは間違いない。鈴木の心底には、「日本が輸出した武器で、その国の政権が転覆させられるといった混乱を招いてはならないという先を見通した信念があった」(畠山襄《のぼる》首相秘書官・通産省出身)ようである。くしくも、この問題が調整の最中にあった一九八二年六月九日、ニューヨークでの第二回国連軍縮特別総会の一般討論演説のなかで、鈴木は通常兵器の軍縮に絡み、日本政府の武器禁輸政策に言及したうえで、通常兵器の無統制な国際移転の抑制に積極的な姿勢を表明していた[233]。

問題の焦点は、米国が紛争当事国になった場合の武器技術提供にあった。時期は特定できないが、一九八二年六～九月の間に、鈴木が、「平和国家としての日本が、紛争当事国に武器や軍事技術を提供することは、たとえ相手が米国でもできない」として、この方針を米国に伝えたところ、米国側は「同盟関係を満たしていない」と全面拒否したとみられる[234]。鈴木をはじめ首相官邸側は、武器輸出三原則の例外扱いをしない形で対米供与の道を開く第二案の線で決着を図ろうとしたが、あえなく失敗した。

八月三〇日、ハワイにおける日米事務レベル協議で、この問題に関する非公開会合が開かれた。アーミテージ国防次官補が、日本側の提案が、「真に相互的で、（対米供与の）継続性が完全に確保され、事務的手続きによって（米国側に）過剰な負担を負わせないものであるべき」と繰り返し強調したのに対して、防衛庁の吉野事務次官は、国会で議論の焦点となるのを理由に、短期間で米国に満足のいく決着を出すのは困難であるとの見通しを示した[235]。九月三〇日の日米防衛首脳協議でも、武器輸出三原則にとらわれない無条件供与を求めるワインバーガー長官に伊藤長官は、「関係省庁間で検討を詰めたが、結論が出なかったことは残念だ」と述べた[236]。

鈴木をはじめ首相官邸側は、武器輸出三原則の例外扱いにせよと譲らない米国側の強硬な姿勢を受けて解決を事実上先延ばしにした可能性が強い。首相の強い意向を受けた調整役の宮澤も、米国向けに三原則に風穴を開けることについて頑として首肯《しゅこう》しなかったという[237]。一一月の自民党総裁選に立候補せず、退陣する意思を固めつつあった鈴木は、対米関係を慮って自分の意思に反する決断をせず、決着を後継政権に委ねたのである。

12 対韓経済協力問題
――鈴木政権が残した課題2

鈴木政権が積み残した、外交上のもう一つの大きな宿題は、韓国との経済協力問題であった。一九八一年八月の東京での日韓外相会談を皮切りに同問題に関する交渉が始まったが、事務レベルで個々のプロジェクトの額を積み上げたうえで、政治的な最終決着に持ち込む手法をとる日本側と、自国が日本の安全保障を肩代わりしていることの見返りとして六〇億ドルを要求する韓国側とが対立し、交渉は難航した。それでも、一一月三〇日の内閣改造で外相が園田から櫻内に交代すると、日韓両国は事務レベルで徐々に歩み寄るようになる[238]。

外相交代直後の一二月、櫻内外相は伊藤忠商事相談役の瀬島龍三に、首相と相談した結果として、「非公式な特使として訪韓、全大統領と会談して、政府間交渉のための地ならしをしてほしい」と要請した。これを受けて瀬島は、明年一九八二年一月四日に青瓦台で全斗煥大統領と会談することになった。

全大統領との会談の席上、瀬島は、「両国政府が誠意をもって交渉にあたり、できれば三月ごろに外相会談で実質的に妥結したい、妥結した場合は五、六月ごろに訪韓したい」とする首相の意向を伝えた。さらに、一月から両国政府の高級実務者会議を開き、そこで経済協力のプロジェクトの検討と協力額の総枠とを同時並行で行うことが望ましいという日本側の考え方も述べた。大統領は「韓国の安全は日本の安全」との論理で、実務レベルの積み上げ方式ではなく、首相の決断によって総枠を決め、そのうえで外相会談、実務者会談に進むことを望むと語った。両国間の認識の溝は、まだ大きかった。

それでも、この日の大統領との会談で、総枠問題は政府間交渉の過程で話し合うとともに、交渉それ自体は外相会談を中心としつつ、その準備会議として高級実務者協議をなるべく早期に開くという点で一致を見た。一月五日に帰国した瀬島はすぐに櫻内と外務省担当局に、八日には首相にもソウルでの会談の経過を報告した[239]。

瀬島と全大統領との会談によって、今後の交渉手順のおおよその流れが決まり、一月中旬に日韓実務者協議が開催されることになった。この協議にあたり日本政府は、対韓経済協力は、韓国の第五次経済五ヵ年計画に関連する具体的プロジェクトごとに、かつ年次ベースで行う方針と、国防費の肩代わりとしない方針を堅持することとした。また、日本の経済協力の総額にも限度があり、またODAは最貧国中心に供与されるべきとの考えに基づき、中進国である韓国への供与には限界があることなどを十分に説明することとなった[240]。

かくして、一月一四～一五日にソウルで日韓実務者協議が行われ、日本側からは木内アジア局長が出席した。韓国側は、「六〇億ドル」要請を新五ヵ年計画に計上している主要外資として明確に位置付けたことで、「軍事援助はしない」という日本側の方針に歩み寄ってきた。協議の結果、二月中に経済関係各省も含めた実務者協議を東京で開催することが原則合意を見た[241]。

ただ、韓国側が協力要請してきた案件のなかには、釜山地下鉄建設事業や京仁地域LNG供給網建設事業など、収益性の高いものが含まれており、韓国がすでに中進国となっている状況に鑑みても、これらの事業に政府資金であるODAの供与は困難であった。また、住宅建設や宅地開発といったほとんど自国内の技術と資金で実行可能なプロジェクトが含まれていた点も問題であった。さらに、韓国側は商品借款も要請してきていたが、極端に外貨事情が悪い国以外に商品借款は供与しないという日本の方針から受容が困難であった。

二月一八〜一九日に東京で開催された二回目の実務者協議の席で、韓国側は、日本側が指摘する問題点について「実務的説明」を行った。しかし、本来、政治的理由からの対日要請であるものを、何とか経済的ないし民生安定のための協力という枠組みに押し込むためのいささか強引な「実務的説明」であり、問題の核心は経済的必要性ではなく、あくまでも日本の韓国に対する政治的姿勢の問題であるという立場を崩さなかった。

それでも、以上の二度の実務者協議によって、韓国の対日経済協力要請の具体的内容が相当程度明らかになったことで、日本政府は来るべき外相会談へ向けて具体的な提案作りに着手した[242]。

三月八日の外務・大蔵・通産・経企の四省庁の担当課長会議で、外務省は、①収益性の伴わない社会基盤整備は円借款の対象とする、②収益を見込める事業については日本輸出入銀行資金の対象とするとの方針を説明した。一方、協力額の総額については、外務省が、円借款、輸銀融資などを含めて三五〜四〇億ドルまで積み上げたい意向を表明した。これに対し、大蔵など他省庁は、①ODAについて、今後五年間で倍増させる政府中期目標の枠内で対韓援助を考えるべき、②他の途上国への援助とバランスをとるべきであり、韓国向けを特に増やすわけにはいかない、③中進国である韓国に対しては民間融資主体で経済協力を行うべきだと主張した[243]。

三月一九日、政府は、ソウルの日本大使館を通じ、韓国外務部アジア局幹部に日本の方針を伝達した。その内容は、一五億ドルの円借款に二〇億ドル強の輸銀融資を加えることで、全体の額を四〇億ドルまで拡大し、韓国側の面子を立てようとしたものであった。その一方、商品借款の供与は困難であるとした。これに対して、四月二日、韓国側は輸銀融資の可能性を全面的に否定しなかったが、輸銀融資が日本の輸出品とタイドされている点を問題として、商品借款の供与に固執した。

この時点で残る難問は、輸銀融資を全体の援助パッケージに含めることの是非、援助総枠の規模の調整（韓国側主張の六〇億ドルか日本側主張の四〇億ドルか）、商品借款の可否であった。こうした難問を解決するには、一気に外相会談に持ち込むよりも、日本の国内で政治力を持ち、かつ全大統領と直接話し合える特使を日本から派遣するべきとの案が検討され始めた。その特使の最有力候補とされたのが自民党の竹下登幹事長代理であった[244]。

竹下は、最大派閥の田中派の幹部であり、調整役としての能力には定評があった。佐藤・田中両政権で官房長官、大平政権では蔵相を務めていた。竹下によれば、一月の実務者協議で六〇億ドルの内容が明らかになった段階で、鈴木に呼ばれてこの問題の調整にあたることになったという。また、三～四月に再三来日した権翊鉉《クオンイクヒョン》（三星物産常務で全大統領と強いパイプを持つ）と個々のプロジェクトについての詰めの協議を行ったと見られる[245]。なお、権は東京で瀬島とも会談しており、瀬島から、竹下が対韓援助に関する日本側の成案を携えて訪韓し、全大統領に直接伝達する方針を明かされている[246]。

一方、四月に入ると日本政府内部では韓国側に正式に提示する「最終案」の作成が始まる。外務省案は、円借款一五億ドル、輸銀融資二五億ドルの計四〇億ドル、平均利率六％であったのに対し、大蔵省案は、円借款一〇億ドルを限度としたうえで、これに輸銀と民間資金協力を含めて計三五億ドルというものであった。この大蔵省の案では、向こう五年間でODAを倍増するとの政府方針を韓国にも適用し、これまで五年間で三～四億ドルなので、その倍として六～八億ドルとなるが、対韓関係の特殊性を加味して一〇億ドルとした。ただし、同省はこれ以上の増額は認めなかった[247]。

特に、渡辺美智雄蔵相は、歳入欠陥の問題に加え、朴前政権時代の日韓間の人脈を一切断ち切ろうとしている全政権のやり方に不満と不信を抱いていた。その渡辺に、木内アジア局長は、隣国で特別な関係にある韓国に、「五年ないしは六年で三五〇〇か三六〇〇億円くらいの金をやることは当たり前」と説得した。木内局長は関係省庁の局長会議でも、「最終的パッケージを作って韓国側に提示する時期が迫っている」と述べ、六月予定のサミットでの日米首脳会談に備え、慢性化する防衛・貿易両摩擦はともかく、せめて対韓援助問題は解決しておくべきと主張した。

木内の説明に、大蔵省はなおも、金利が高く、韓国側からさほど評価されない輸銀資金を無理に活用するより民間資金の積極活用を唱えた。通産省も、韓国が欲しいのは円借款であり、輸銀融資で水増しして全体で四〇億ドルとしても、あまり意味がないと直言した。

このように関係省庁間の調整は難航したが、四月下旬までに韓国側に提示すべき案がまとまった。その案は、A案とB案の二案からなり、まずA案で交渉し、韓国側が著しい難色を示す場合にはB案を最終案として提示することとなった。すなわち、両案の内容は次の通りである。

A案：総額が六年間で四〇億ドル、うち円借款一三億ドル、輸銀融資二二億ドル、民間資金五億ドル。

B案：総額が六年間で四〇億ドル、うち円借款一五億ドル、輸銀融資二五億ドル。[248]

問題は、右の案を韓国側に伝える使者の選定であった。鈴木と宮澤、渡辺蔵相三者の間では竹下に訪韓してもらい、外務省から須之部量三事務次官が随行するという構想があった。しかし、次官が交渉に出て決裂すれば、その後の事務レベル交渉が不可能になる問題があった。さらに、四月二八日の新聞に「特使または密使として、竹下登か瀬島龍三が行く」という記事が出たため、竹下が訪韓しても大統領との長時間の会談が実現する見込みが不透明となった。次なる使者候補は木内局長であったが、すでに一月に訪韓して韓国側と論戦した経緯があるので、もう一ランク上の柳谷外務審議官が適任ということになった。二八日に鈴木の了承を得て、柳谷訪韓が決まる[249]。

この決定の四日前の二四日、鈴木は来日したブッシュ副大統領に対し、「新五カ年計画にもとづく国家発展への韓国政府の意欲は充分理解しており、わが国としてもできる限りの協力を行っていきたい」と発言している[250]。日本が本件の決着に積極的であることを、その後に訪韓予定のブッシュから韓国首脳に伝えてもらうとともに、米国が望む水準の急速な軍事力増強ができない分、経済面でより大きな役割を果たすことをアピールする発言であった。

四月二九日、次官級の特別使節として訪韓した柳谷は、同日、盧信永外務部長官と会談し、円借款一三億ドル、輸銀二二億ドル、民間借款五億ドルで、期間は一九八六年(昭和六一年)年までという、いわゆる「A案」を提示して、従前の「民借」ベース中心の案に比して「コペルニクス的転換」と強調した。しかし、盧長官は、「これでは、大統領や国民の納得は得られない」と回答する。

その後、柳谷は、前田利一駐韓大使と打ち合わせを行い、翌三〇日も韓国側要人たちとの会談を重ねた末、同日夜に盧長官との二回目の会談に臨んだ。この場で、柳谷は最終案である「B案」の微修正版を提示する。すなわち、円借款一五億ドル、輸銀二五億ドル、期間は一年延ばして一九八七年(昭和六二年)までという案であった。同案について、盧は「これ程度では国内が爆発する。この数字では収まらない」と一蹴して「これは最終案か」と問い、柳谷は「ギリギリ精一杯のものである」と返答した。この場でも合意に至らなかった[251]。

ところが、翌五月一日、盧長官の要請で秘密裏に三回目の会談が持たれた。この席で、盧は、「厳に極秘、内密である」と念を押したうえで、「ODAまたはODAに準じた条件の公共借款を三〇億ドル以上、平均金利は五パーセント未満」という案を出してきた(日本案では金利六%台)。次いで、「この案で、五月中に桜内外相に訪韓いただき、妥結したい」と述べた。これに対し、柳谷は、韓国側の案を首相に報告するとだけ告げた。日本側がいま以上の妥協案を出さないことを、先方に強く認識させるためであった[252]。

13 決着間近での教科書問題の発生

柳谷訪韓で日韓交渉が再び膠着状態に入ったかに見えたなか、韓国では元中央情報部次長と大統領夫人姻戚による巨額の手形詐欺事件や、警察官が民間人五五名を殺害する事件が発生し、社会不安が高まっていた。そこで全斗煥大統領は、四月二八日と五月二一日の二度にわたって内閣改造を行ったが、このときはいずれも盧外務部長官は留任となった。ところが、全大統領は二回目の内閣改造直後の六月二日、外務部長官に新たに李範錫《イボムソク》・大統領秘書室長を就任させ、盧は国家安全企画部に転任となった。この突然の人事の背景には、日韓交渉の膠着状態を破る意図があると見られた[253]。

新外務部長官となった李範錫は、能吏型の印象であった盧と比して、鷹揚な雰囲気を持つ人物であった。しかも、李の生家は独立運動家の間で知られた「名家」であり、「親日派」として糾弾されるおそれも少なかったことから、日本との折衝でも相当率直に話し合える相手ではないかとの観測が、日本側で出ていた。

事実、李長官は、六月二二日、前田駐韓大使に韓国側の「新提案」を提示して、交渉の早期妥結を促した。すなわち、全体の協力額を四〇億ドルとしつつも、円借款部分の拡大と金利条件の緩和を要求したもので、いわば柳谷訪韓の際に日本が提示した「最終案」を最終とせず、さらに交渉を継続するよう求めるものであった。つまり、四〇億ドルのうち、その半分以上、すなわち約二三億ドルを円借款とし、残りの部分についても商品借款、あるいは低利かつ柔軟に使用可能な借款を要請してきたのである[254]。

韓国側はここで初めて、日本側が主張する四〇億ドルの総枠を認めたのである。これ以後、交渉の焦点は、①日本側の一五億ドルと韓国側の二三億ドルという円借款の差額をどのように埋めていくのか、②日本側が商品借款に代わる内資分を融資できるか、の二点に絞られた[255]。

七月五日、李長官は訪米の帰途、日本に立ち寄り、櫻内外相と会談を行った。この席で、李が「四〇億ドル、六%台（の金利）という日本の提案の大筋に韓国は同意し、その代わり、その内容について日本側で再考してもらう」と要請する。櫻内は、柳谷案が最終案であり、商品借款は供与不可能という建前に言及しながらも、特例として円借款の一部を内資分に回せるように配慮したいと返答し、その具体的詰めは事務当局の検討に委ねる提案をした。会談中、李は韓国の防衛努力や過去の歴史を持ち出して援助の大盤振る舞いを求めることはなく、抑えた姿勢で終始した。

李の来日を受けて、日本政府は円借款でも通常三〇%まで国内経費充当分が認められている点を最大限活用することと、そして輸銀融資の一部は、個々のプロジェクトに張り付いた融資ではなく、韓国側が中小企業に融資するための資金を日本がバンク・ローンの形で提供するものとするなど、いくつかの工夫を織り込んだ「日本案」の作成に取り掛かった。その結果、七月二三日、内資調達の便宜を盛り込んだ日本案が、韓国外務部に提示された。もっとも、韓国側は、日本の円借款が全体に占める割合（四〇億ドルのうちの一五億ドル）により、このままでは全体の金利や内資分の調達などに制約がかかり、このままでは受けられないとの立場をとった。結局、交渉は再び円借款の増額という問題にぶつかったのである[256]。

そして、日韓の歩み寄りに向けた動きを一気に吹き飛ばしたのは、七月以降表面化した教科書問題であった。韓国では、創氏改名や神社参拝の「強制」の有無など、日本の朝鮮統治のあり方をめぐる記述が問題とされ、日本人に対するタクシーの乗車拒否の動きすら出るほど韓国民の反日感情が高まった[257]。経済協力交渉は中断を余儀なくされた。

もっとも、問題発生当初、韓国政府の対応は中国よりも抑制的であった。大詰めの段階にさしかかっていた日本との経済協力交渉を決着させるべく、外交問題化を避けようとしたのである。しかし、中国政府が日本に正式な抗議を行うなかで高まる国内世論の圧力に抗しきれず、韓国政府の姿勢は一転する。八月三日、李長官は前田大使に、教科書是正を求める政府覚書を伝えた。松野国土庁長官などが、教科書是正は内政干渉であるとする強硬な発言を繰り返すたびに、中韓のマスコミがこれを大きく報じ、両国の国民感情を刺激して政府に強い是正措置を迫るという悪循環が起きたのである。

最終的に、八月二六日の宮澤談話の発表を受けて韓国側は日本政府の措置を大筋了承し、教科書問題は政治決着した。しかし、韓国社会の中には強い不満と批判が高まった。権威主義体制下の言論統制政策によっても、社会の反日意識を政府が統制することは難しくなっていた[258]。

教科書問題でこじれた両国関係を修復するため、李の働き掛けにより、一〇月二日にニューヨークで日韓外相会談が開かれた。この場で、李は同問題が韓国民に与えた衝撃と韓国政府の微妙な立場について、次のような趣旨の説明を行った。

> 日本国内で左翼勢力が中心になって批判してきた文部省の教科書検定のやり方に対して、共産主義国家たる中国と一緒になって韓国が日本に非難を浴びせるのは、外交戦略の上からいえば奇妙なことである。しかも、日本の検定制度のおかげで、教科書の左翼偏向が是正されているとすれば、韓国にとってはむしろ結構なことであるはずだ。
>
> また、教科書記述の偏向是正のため努力してきた自民党の国会議員の多くは、同時に韓国とは親しい人々であり、この人々を敵に回すようなことをしたくないという考慮も当然あった。[259]

その一方で李は、「しかし、こうした考慮にも増して、韓国政府としては、燃え上がった国民感情に配慮しなければならなかったのです」とも述べた。そして、植民地時代の朝鮮において日本語の使用や神社参拝が強制されたことを指摘したうえで、「(日本の教科書で)日本語の使用は強制されたのではなく単に奨励されたのだといわれれば、私のような者でも感情的になりかねません」と続けたのである[260]。

しかしながら、自民党の親韓国派議員は、植民地支配によって受けた韓国国民の痛みに対し、あまりにも理解が乏しかった。教科書問題が燃え盛る最中の八月二一日、「われわれが韓国をなだめてくる」と意気込んでソウルに乗り込んだ自民党文教族の三塚博・森喜朗両代議士(ともに福田派)は、「日本国内では教科書問題で騒いでいるのは左翼だけだ。韓国がなぜ左翼の連中と歩調を合わせる必要があるのか」と発言して、韓国側の怒りに油を注いだ[261]。それまで日韓のパイプとなってきた両国の政治家たちは、米国を媒介に「反共」でつながっていただけで、お互いに相手の本質を見ようとはせず、ただ利用し合う関係性に止まっていたのである[262]。

一九七三〜七四年の金大中事件や文世光《ムンセグァン》事件（朴大統領射殺未遂事件）では、韓国における反日感情の標的は主に北朝鮮に融和的なハト派や革新派であったが、八二年の教科書問題では、七〇年代まで「親韓国派」と目された自民党の青嵐会などのタカ派議員たちが批判の的になる一方、かつて「反韓派」と見られた自民党のハト派や社会党、「進歩的文化人」たちの侵略と植民地支配に対する認識と取り組みが肯定的に紹介されるようになった。一九七〇年代の反日感情は、対北朝鮮関係での国家の正統性が要因となっていたのに対して、八二年には歴史認識そのものが争点になっており、韓国における対日認識の枠組みが一〇年足らずの間に変化したことが窺える[263]。「親米・反共」のみを頼りに日韓が手をつなぐという時代は、終わりつつあった。

なお、このニューヨークでの外相会談で、李は両国間の閣僚会議開催を提案した。外相会談と異なり、閣僚会議の場合、経済協力問題の決着を強く求められないからであった。しかし櫻内は慎重な回答に終始した。櫻内や外務省幹部は、韓国側が国内世論に押され、日本の閣僚の面前で、教科書問題を再び持ち出すことを懸念していた。

ともあれ、総枠四〇億ドルで意見が一致し、残る問題は内資融資の工夫の一点に絞られていたなかで交渉が止まったことに、櫻内は無念さを隠さなかった[264]。外相会談からまもなく、鈴木首相は退陣表明を行い、彼の政権での対韓交渉は終わった。その後、翌年の一九八三年一月の中曽根康弘首相の訪韓により、本件は最終決着を迎える。

しかしながら、中曽根首相が提示した最終案の内容（総額四〇億ドルうち円借款一八・五億ドル）が、前年に柳谷が提示した案と大きく変わるものではない点に鑑みれば、鈴木政権下ですでに決着に向けた環境整備はなされていたと言える[265]。実際、柳谷訪韓以降は、首相自身のリーダーシップが強く求められる局面に入っていた。しかも、鈴木は、防衛・通商両面で摩擦が続く日米関係を安定化させるためにも、対韓交渉をまとめる必要性を認識していたはずである。

しかし、調整型のリーダーであった鈴木に、後任の中曽根のような「一刀両断」で事態打開を図る決断は最後までできなかった[266]。対米武器技術供与に向けた調整を進めながらも、「死の商人」になりたくないという思いから最終決着を回避したのと同様、韓国の軍事政権に対する違和感をぬぐい去ることが出来なかった鈴木は、対韓交渉でも最終決着に踏み切れないまま、時間切れを迎えたのである。

註

1――本田良一『日ロ現場史 北方領土――終わらない戦後』北海道新聞社、二〇一三年、四一八～四一九頁。
2――鈴木、前掲『等しからざるを憂える』、一一一～一一三頁。
3――宇治、前掲『鈴木政権・八六三日』、一三八頁。
4――Tsuyoshi Hasegawa, *The Northern Territories Dispute And Russo-Japanese Relations*, Volume1 Betweem War and Peace, 1697-1985, (Berkeley: International and Area Studies University of California,1998), pp.169-170.
5――本田、前掲書、四二一頁。
6――宇治、前掲書、一三七頁。
7――同右、一三九～一四〇頁。
8――Telegram from American Embassy Moscow to U. S. Department of State, "The Decline in Soviet-Japanese Relations" (February 19, 1981), JUII00818, pp.1-2.
9――『朝日新聞』一九八一年三月一〇日(夕刊)・三月一一日。
10――Telegram from American Embassy Moscow to U. S. Department of State, "Soviet Ambassador Polyanskiy's Call on Foreign Minister Ito" (March 20, 1981), JUII00848, pp.1-2.
11――『朝日新聞』一九八一年八月二五日(夕刊)。今回の交渉でのソ連側の譲歩は、①貝殻島の表記をソ連名ではなく経度表示とすることを認め、②許可証発行、裁判権管轄の協定明記を取り下げ、③違反操業の場合の裁判権問題で歩みよった、の以上の三点であった。同右、一九八一年八月二六日。
12――同右、一九八一年八月二六日。
13――同右、一九八一年九月二一日(夕刊)。
14――ソヴィエト連邦課「ニュー・ヨークにおける日ソ外相会談用資料」(昭和五六年九月七日)、一九頁(開示請求番号二〇〇七－〇〇六八〇)。
15――西堀大使発外務大臣宛て電信「ソノダ大臣のグロムイコ外相との会談(二の一)」(昭和五六年九月二三日)、二～三頁(開示請求番号二〇〇七－〇〇六八〇)。
16――『朝日新聞』一九八一年九月二四日(夕刊)。
17――西堀大使発外務大臣宛て電信「ソノダ大臣のグロムイコ外相との会談(二の二)」(昭和五六年九月二三日)、三頁(開示請求番号二〇〇七－〇〇六八〇)。前掲「ソノダ大臣のグロムイコ外相との会談(二の一)」、一頁。
18――ソ連課「日ソ事務レベル協議(今後のとりすすめ方)」(昭和五六年一二月四日)(開示請求番号二〇〇七－〇〇六八一)。
19――Telegram from American Embassy Tokyo to U. S. Department of State, "U.S.-Japanese Soviet Experts Talks, Oct. 12-13" (October 22, 1981), JUII00920, p.2.
20――ソヴィエト連邦課「第二回日ソ事務レベル協議議事録(その一:国際情勢)」(昭和五七年一月)、六、一〇～一一頁(開示請求番号二〇〇七－〇〇六八一)。
21――同右、一五～一六、二二～二三頁。
22――同右、二六、三一～三二頁。
23――同右、三三、三六～三八、四〇頁。
24――前掲『柳谷謙介 オーラル・ヒストリー 中巻』、二四〇～二四一頁。

25——前掲「第二回日ソ事務レベル協議議事録（その一：国際情勢）」、四三〜四九頁。

26——同右、五〇頁。

27——Telegram from American Embassy Tokyo to U. S. Department of State, "Japan-Soviet Consultations: Briefing by Deputy Foreign Minister Yanagiya" (January 27, 1982), JUII00949, pp.2, 6-7.

28——鈴木啓介『財界対ソ攻防史——1965-93年』日本経済評論社、一九九八年、一八三〜一八四頁。

29——山本健「天然ガス・パイプライン建設をめぐる西側同盟——一九八一〜一九八二年」増田実・池田亮・青野利彦・斎藤嘉臣編著『冷戦史を問いなおす——「冷戦」と「非冷戦」の境界』ミネルヴァ書房、二〇一五年、一三一頁。

30——前掲『柳谷謙介 オーラル・ヒストリー 中巻』、二二五〜二二六頁。

31——外務省『わが外交の近況』（昭和五七年版）、四四〇頁（ポーランド情勢に関する我が国の対応についての官房長官談話）。

32——『朝日新聞』一九八二年二月二三日（夕刊）。

33——Telegram from American Embassy Tokyo to U. S. Department of State, "Proposed Japanese Measures against Poland and the Soviet Union" (February 17, 1982), JUII00955, p.1.

34——山本、前掲「天然ガス・パイプライン建設をめぐる西側同盟」、一三三頁。

35——村上隆「『サハリン』と『ヤンブルグ』対ソ制裁強化で苦境に立つ石油・ガス開発」『世界週報』一九八二年七月二〇日号、一八頁。

36——安倍晋太郎『ドキュメント・通商産業大臣』サンケイ出版、一九八三年、六六〜六七、七一頁。

37——『朝日新聞』一九八二年七月二九日。

38——同右、一九八二年九月二日。

39——大河原、前掲『孤立化を避けるために』、一三頁。

40——Department of State Internal Paper, "Japan: Continuing Sakhalin Project" (July 28, 1982), JUII01005, p.1.

41——安倍、前掲書、七一、八三〜八四頁。

42——山本武彦「対ソ経済制裁解除と西側同盟の行方」『世界週報』一九八二年一二月一四日号、二九頁。

43——Intelligence Memorandum, "Moscow's New "Peace Offensive" toward Japan" (May 1982), JUII00987, pp.1-4.

44——魚本藤吉郎「最近のソ連の動きをめぐって」『世界経済評論』一九八二年七月号、二二頁。

45——ヤン・C・キム『クレムリンの対日戦略——日米中ソ四極構造の中で』TBSブリタニカ、一九八三年、二〇五〜二〇六頁。

46——Intelligence Report, "Japan-USSR Relations: Frameworks for the Future" (June 17, 1982), JUII00997, p.1.

47——Telegram from U. S. Department of State to American Embassy Tokyo, "Japan-Soviet Relations: Sakurauchi-Gromyko Meeting" (June 17, 1982), JUII00998, p.1.

48——『朝日新聞』一九八二年一〇月五日（夕刊）。

49——Intelligence Report, "Japanese-Soviet Relations" (November 23, 1982), JUII01043, pp.1-2.

50——丹波實『日露外交秘話』中央公論新社、二〇〇四年、一一七〜一二二頁。

51——丹波実『200%の安全保障を求める国——ソ連戦略と日本の

対応』人間の科学社、一九八四年、六八頁。

52――丹波、前掲『200%の安全保障を求める国』、六八〜六九頁。同、前掲『日露外交秘話』、一二五頁。

53――外務省アジア局中国課「第一回日中閣僚会議」(昭和五五年一二月)、一九〜二〇、二六頁(外交史料館所蔵・資料番号〇四-一〇三一-一)。

54――北村隆則「第一回日中閣僚会議」『経済と外交』一九八一年一月号、五四頁。北村は当時の外務省アジア局中国課のスタッフ。

55――益尾知佐子「中国の近代化と日本モデル――鄧小平時代の日中関係」趙宏偉・青山瑠妙・益尾・三船恵美編『中国外交の世界戦略――日・米・アジアとの攻防三〇年』明石書店、二〇一一年、三六〜三七頁。

56――村井雄「日中経済関係の再調整」『世界週報』一九八一年一月一三日号、一七〜一八頁。

57――中国課「第一回日中閣僚会議(項目別会談記録)」(昭和五五年一二月一六日)、三二、三三〜三四、三六〜三七頁(外交史料館所蔵・資料番号〇四-一〇三一-二)。

58――益尾知佐子『中国政治外交の転換点――改革開放と「独立自主の対外政策」』東京大学出版会、二〇一〇年、一四九頁。

59――同右、一四五〜一四八頁。

60――前掲「第一回日中閣僚会議(項目別会談記録)」、一七〜一八頁。

61――黒木雅文「プラント問題をめぐる日中経済関係」『経済と外交』一九八二年二月号、一六、一九頁。黒木は当時の外務省アジア局中国課のスタッフ。

62――小野善邦『わが志は千里に在り 評伝 大来佐武郎』日本経済新聞社、二〇〇四年、三八一〜三八二頁。

63――同右、三八三〜三八五頁。

64――黒木、前掲論文、一七頁。

65――徐、前掲『日本の経済外交と中国』、九二〜九三頁。

66――黒木、前掲論文、一七頁。

67――徐、前掲書、九三頁。

68――桜川明巧「一九八一-八二年日本外交の課題」『国際年報・第二二巻(一九八一-八二年版)』日本国際問題研究所、一九八八年、一〇四頁。

69――徐、前掲書、九二頁。

70――黒木、前掲論文、一八頁。

71――『朝日新聞』一九八一年九月四日。

72――黒木、前掲論文、一八〜一九頁。

73――外務省アジア局中国課「第二回日中閣僚会議」(昭和五六年一二月)、三八〜三九頁(一二月一八日の閣議における櫻内外務大臣発言要旨・外交史料舘所蔵・資料番号〇四-一〇三〇-一)。

74――中国課「第二回日中閣僚会議(会談記録)」(昭和五六年一二月二二日)、七九、八一、九四、九七頁(外交史料館所蔵・資料番号〇四-一〇三〇-一〜二)。

75――「外交に関する世論調査」(各年)内閣府ホームページ。

76――前掲「第二回日中閣僚会議(会談記録)」、七〇〜七二、七五〜七七頁。

77――益尾、前掲書、一七三〜一七六頁。

78――石井明「中ソ・CIS関係」岡部達味編『中国をめぐる国際環境』岩波書店、二〇〇一年、一八四頁。

79――中国課「日中外交当局間定期協議第三回会議 発言要領 応答要領 参考資料(その一・国際情勢)」(昭和五七年三月一九〜二二日)、

二六〜二七頁(開示請求番号二〇〇七-〇〇七一六)。

80——益尾、前掲書、一七八頁。

81——前掲「日中外交当局間定期協議第三回会議 発言要領 応答要領 参考資料(その一・国際情勢)」、二七頁。

82——中国課「第三回日中外交当局間協議(幹部会用資料)」(昭和五七年四月一日)、二頁(開示請求番号二〇〇七-〇〇七一六)。

83——前掲『柳谷謙介 オーラル・ヒストリー 中巻』、二五〇頁。柳谷は外務審議官として、日中外交当局者間協議に出席した。

84——『朝日新聞』一九八二年四月四日。

85——同右、一九八二年三月二八日。

86——中国課「趙紫陽総理訪日会談記録」(昭和五七年六月一〇日)、一五頁(開示請求番号二〇〇七-〇〇七一七)。

87——同右、一三〜一七頁。

88——同右、一九〜二〇頁。

89——益尾、前掲書、一八四頁。

90——前掲「趙紫陽総理訪日会談記録」、二三〜二六頁。

91——兪敏浩「中国の対外開放路線と日本(一九七六-一九八二)——対外開放論理の変容と日中関係の経済化」添谷芳秀編『現代中国外交の六十年——変化と持続』慶應義塾大学出版会、二〇一一年、一二六〜一二七、一三〇〜一三二頁。

92——前掲「趙紫陽総理訪日会談記録」、二六、二九〜三一頁。

93——江藤名保子『中国ナショナリズムのなかの日本「愛国主義」の変容と歴史認識問題』勁草書房、二〇一四年、四四頁。

94——波多野澄雄『国家と歴史——戦後日本の歴史問題』中公新書、二〇一一年、一三六〜一三七頁。

95——江藤名保子「第一次教科書問題 一九七九-八二年」高原明生・服部龍二編『日中関係史1972-2012 I政治』東京大学出版会、二〇一二年、一三五頁。

96——外務省中国課「昭和五七年教科書問題資料」(昭和六一年九月一〇日)、七〜一三頁(外交史料館所蔵・資料番号〇三-六四四-二)。

97——同右、二〇〜二一頁。

98——同右、一八頁。

99——『朝日新聞』一九八二年七月二七日(夕刊)。

100——前掲『柳谷謙介 オーラル・ヒストリー 中巻』、二六七〜二六八頁。

101——宇治、前掲書、三一〇頁。

102——鈴木、前掲書、二一二〜二一三頁(谷野作太郎元首相秘書官の証言)。

103——宇治、前掲書、三〇七頁。

104——「外務委員会議録第二十三号」(昭和五七年七月三〇日)、五〜六頁(国会会議録検索システム)。

105——宇治、前掲書、三〇七頁。

106——前掲「昭和五七年教科書問題資料」、二二頁。

107——宇治、前掲書、三〇七〜三〇八頁。

108——前掲「昭和五七年教科書問題資料」、二二〜二三頁。

109——宇治、前掲書、三〇八頁。

110——『朝日新聞』一九八二年八月五日(夕刊)。

111——同右、一九八二年八月五日。

112——前掲『柳谷謙介 オーラル・ヒストリー 中巻』、二六八頁。

113——宇治、前掲書、三〇八頁。

114——服部龍二『日中歴史認識——「田中上奏文」をめぐる相剋 19

27-2010』東京大学出版会、二〇一〇年、二六〇～二六一頁（橋本恕元中国大使へのインタビューに基づく）。

115——渡邊幸治元駐ロシア大使へのインタビュー（二〇〇九年五月一六日）。渡邊は当時の中国公使で、この八月一一～一二日の日中局長級協議に同席している。

116——前掲「昭和五七年教科書問題資料」、二六頁。

117——宇治、前掲書、三〇九～三一一頁。

118——江藤、前掲書、五四頁。

119——『朝日新聞』一九八二年八月一九日（夕刊）。

120——「外務委員会議録第一四号」（参議院・昭和五七年八月一九日）、四頁（国会会議録検索システム）。

121——前掲「昭和五七年教科書問題資料」、二七頁。

122——前掲「外務委員会議録第一四号」（参議院・昭和五七年八月一九日）、一二頁。

123——前掲「昭和五七年教科書問題資料」、二八頁。

124——宇治、前掲書、三一六～三一七頁。

125——前掲「昭和五七年教科書問題資料」、二八頁。

126——谷野、前掲『アジア外交』、一〇八～一一〇頁。

127——前掲「昭和五七年教科書問題資料」、二九頁。

128——渡邊幸治元駐ロシア大使へのインタビュー（二〇〇九年五月一六日）。当時の外務省の情報文化局長の橋本も、「少なくとも中国側は、宮澤談話のうち特に『政府の責任において是正する』に納得して受け入れ、反日運動をやめた」と証言している。服部、前掲書、二六一頁。

129——前掲「昭和五七年教科書問題資料」、二九～三〇頁。

130——服部、前掲書、二六二頁。

131——前掲「昭和五七年教科書問題資料」、三〇～三二頁。

132——渡邊幸治元駐ロシア大使へのインタビュー（二〇〇九年五月一六日）。

133——服部龍二「宮澤談話に関する一史料」『中央大学論集』（第三〇号・二〇〇九年三月）、一八頁。前掲「昭和五七年教科書問題資料」、五頁。

134——波多野、前掲書、一四〇～一四一頁。

135——前掲『柳谷謙介 オーラル・ヒストリー 中巻』、二七〇～二七一頁。

136——益尾、前掲書、一八二頁。

137——川島真「進出か、侵略か（一九八二年）——日中歴史認識問題の変遷と課題」園田茂人編『日中関係史1972-2012 Ⅲ社会・文化』東京大学出版会、二〇一二年、九四～九五頁。

138——益尾、前掲論文、四二頁。

139——江藤、前掲論文、一四三～一四八頁。

140——松田康博「日台関係の安定化と変化への胎動——一九七九-八七年」川島真・清水麗・松田康博・楊永明『日台関係史1945-2008』東京大学出版会、二〇〇九年、一四七頁。

141——『朝日新聞』一九八二年七月二三日。もっとも、七月二三日に帰国した江崎は、国会内での会見で、国交のない台湾側との会談では「両国」ではなく「双方」という言葉を使ったことを明らかにした。

142——江藤、前掲論文、一四六、一四八頁。

143——前掲「昭和五七年教科書問題資料」、二七頁。

144——『朝日新聞』一九八二年八月一六日。

145——宇治、前掲書、四一二頁。

146——玉腰辰巳「歓迎、中野良子！（一九八四年）——映画による相互イメージの変転」園田編、前掲書、一三四～一三五頁。

147——益尾、前掲書、一八一頁。

148——高原明生「中米関係——戦略的なパートナーかライバルか」川島真編『中国の外交——自己認識と課題』山川出版社、二〇〇七年、一二二～一二三頁。

149——岡部達味『中国の対外戦略』東京大学出版会、二〇〇二年、二〇四～二〇九頁。

150——益尾、前掲書、一八三頁。

151——江藤、前掲書、六九～七〇頁。

152——「中ソ関係（胡耀邦主席の十二全大会演説）」、一頁（一九八二年一〇月に開催された東アジア・大洋州地域大使会議用の資料・開示請求番号二〇〇七-〇〇七二二）。

153——Telegram from American Embassy Tokyo to U. S. Department of State, "Japanese Expectations for Suzuki's Visit to PRC, and Current PRC-USSR Relations" (September 24, 1982), JUII01020, pp.1-2.

154——中国課「鈴木総理訪中会談記録」（昭和五七年一〇月九日）、二～六頁（開示請求番号二〇〇六-〇一一三〇）。

155——同右、一八～二二、四七～四八頁。

156——同右、二四～二七頁。

157——同右、七～八、一一～一七頁。

158——益尾、前掲論文、四五～四六頁。

159——前掲「鈴木総理訪中会談記録」、四三～四四頁。

160——重城康二「新たな段階に入った日中関係」『世界週報』一九八二年一〇月一九日号、二二頁。

161——前掲「鈴木総理訪中会談記録」、一二、四四～四五頁。

162——前掲「鈴木総理訪中会談記録」、四二頁。

163——江藤、前掲論文、一五六頁。

164——江藤、前掲書、七〇頁。

165——有馬龍夫『対欧米外交の追憶　1962-1997　下』藤原書店、二〇一五年、四〇三頁。当時、有馬は在米日本大使館の政務担当の参事官であった。

166——桜川、前掲論文、九〇～九一頁。

167——大河原、前掲『日米外交』、三六九～三七〇頁。

168——北村汎・村田良平・岡崎久彦『日米関係を問いつめる』世界の動き社、一九八三年、一四五～一四六頁。鈴木政権当時、北村はサンフランシスコ総領事と北米局長、村田は中近東アフリカ局長、経済局長、岡崎は駐米公使、調査企画部長をそれぞれ歴任した（本文は村田と岡崎の見解）。

169——『朝日新聞』一九八一年一一月一〇日。

170——同右、一九八一年一一月二八日。

171——Memorandum for the Secretary of Defense, "Letter to Minister of State for Defense Ito" (December 22, 1981), JUII00933, pp.2-3.

172——『朝日新聞』一九八一年一二月二五日（夕刊）。

173——伊藤政経防衛懇話会編『男子の本懐３６３日——伊藤宗一郎防衛庁長官の軌跡』株式会社宗インターナショナル、一九八三年、六〇頁。

174——『朝日新聞』一九八一年一二月二八日。

175——同右、一九八一年一二月三〇日。

176——Telegram from U. S. Department of State to American Embassy Tokyo, "Undersecretary Stoessel Discusses Japanese Defense Budget, Poland and Middle East with Japanese Ambassador" (December 30,

1981), JUII00939, p.1.
177――桜川、前掲論文、九五〜九六頁。
178――安倍、前掲書、一五〜一六、三五〜三六頁。なお、自民党の国際経済特別調査会が生まれたのは、各省の縄張りにまたがる性格を有する複合的な貿易摩擦が、もはや官僚主導では調整困難であったことによるものであった。ことに一九七〇年代以降、通産省と外務省の対外経済問題をめぐる権限・主導権争いが顕著になっていた。船橋洋一『日米経済摩擦』岩波新書、一九八七年、四一〜四七頁。
179――橋本恕・韮澤嘉雄「日米摩擦問題と日本の対外広報体制」『世界経済評論』一九八二年四月号、一八〜一九頁。橋本は、当時の外務省情報文化局長。
180――江崎真澄『経済摩擦解消の対策――第二の開国を迎えた日本』世界政経文化研究会、一九八三年、一九一〜一九四、二一四〜二一五頁。
181――『朝日新聞』一九八二年二月二八日。
182――江崎、前掲書、二一三頁。
183――『朝日新聞』一九八二年三月二日。
184――大河原大使発外務大臣宛て電信「大臣訪米(レーガン大統領への表けい)」(昭和五七年三月二二日)、一〜三頁(開示請求番号二〇〇七-〇〇五五一)。
185――Memorandum from John H. Holdride, Robert D. Hormats to The Secretary, "Trade Issues with Japan: Follow-Up on Sakurauchi Visit" (March 29, 1982), JUII00974, p.1.
186――江崎、前掲書、二一九〜二二〇頁。
187――桜川、前掲論文、九八頁。
188――『朝日新聞』一九八二年四月一四日。
189――安倍、前掲書、四四〜四六頁。
190――『朝日新聞』一九八二年五月一四日。
191――安倍、前掲書、五二〜五三頁。
192――江崎、前掲書、三五八〜三六〇頁。
193――安倍、前掲書、五五〜五六頁。
194――同右、五八〜五九、六三〜六四頁。
195――松永信雄「ベルサイユ・サミットの成果と日本」『世界経済評論』一九八二年八月号、一七〜一九頁。当時、松永は外務省の外務審議官(経済担当)。
196――波多野敬雄「日米経済摩擦・中東和平問題をめぐって」『世界経済評論』一九八二年一二月号、一六〜一八頁。波多野は一九八二年一〇月まで駐米公使。
197――桜川、前掲論文、九九頁。
198――大河原、前掲『孤立化を避けるために』、一一四〜一一六頁。
199――波多野、前掲論文、一五、一八〜一九頁。
200――Memorandum for Mr. William P. Clark The White House, "Defense Issues with Japan" (June 1, 1982), JUII00993, p.2.
201――伊藤政経防衛懇話会編、前掲書、八五〜八六頁。
202――『朝日新聞』一九八二年四月一七日。
203――「内閣委員会会議録第十二号」(昭和五七年七月六日・参議院)、三一頁(国会会議録検索システム)。
204――伊藤政経防衛懇話会編、前掲書、八九頁。
205――前掲『夏目晴雄 オーラルヒストリー』、三三三頁。
206――NSSD-6: United States-Japan Relations (July 20, 1982), JUII01004, pp.4-5.
207――『朝日新聞』一九八二年八月三一日(夕刊)。

208——西脇文昭「シーレーン防衛へ『共同作戦』」『世界週報』一九八二年九月二一日号、一三頁。
209——『朝日新聞』一九八二年八月三一日(夕刊)。
210——西脇、前掲論文、一四~一五頁。
211——『朝日新聞』一九八二年九月二日(夕刊)。
212——前掲『夏目晴雄 オーラルヒストリー』、三四一、三五六~三五七頁。
213——瀬川高央「日米防衛協力の政治経済史——防衛政策・予算制度・防衛力整備」(北海道大学大学院経済学研究科博士論文・二〇〇七年二月)、一一八頁。
214——前掲『柳谷謙介 オーラル・ヒストリー 中巻』、二七六頁。
215——西脇、前掲論文、一二頁。
216——『朝日新聞』一九八二年一〇月一日(夕刊)。
217——伊藤政経防衛懇話会編、前掲書、一〇、一九~二〇頁。
218——桜川、前掲論文、九二頁。
219——『朝日新聞』一九八二年一一月一〇日(夕刊)。
220——「日米安保事務レベル協議(極秘一五六号)」、四~五頁(大村襄治関係文書・「SSC」ファイル)。
221——櫻川明巧「日本の武器禁輸政策——武器輸出三原則の国会論議をめぐって」日本国際政治学会編『国際政治』第一〇八号(一九九五年三月)、九二頁。
222——「防衛庁長官の訪米・訪欧について」(昭和五六年七月一〇日閣議 防衛庁長官発言要旨)、四頁(大村襄治関係文書・「長官訪米関係」ファイル)。
223——櫻川、前掲「日本の武器禁輸政策」、九二頁。
224——李娜兀「日本の対米軍事協力メカニズム——『武器輸出三原則』の解釈を中心に」『法学政治学論究』第六六号(二〇〇五年九月)、一一二~一一三頁。
225——同右、一〇八~一一一、一一四頁。
226——櫻川、前掲「日本の武器禁輸政策」、九四頁。
227——Telegram from American Embassy Tokyo to U. S. Department of State, "Technology Transfer: MOFA View on Timing" (January 12, 1982), JUII00945, p.1.
228——Telegram from American Embassy Tokyo to U. S. Department of State, "Technology Transfer: Outlook and Guidance" (February 9, 1982), JUII00953, pp.1-3.
229——Telegram from American Embassy Tokyo to U. S. Department of State, "Defense Technology Transfer—Status" (April 21, 1982), JUII00983, p.1.
230——Telegram from American Embassy Tokyo to U. S. Department of State, "Defense Technology Transfer" (May 26, 1982), JUII00991, pp.2-3.
231——櫻川、前掲「日本の武器禁輸政策」、九五頁。
232——Telegram from American Embassy Tokyo to U. S. Department of State, "Status of GOJ's Defense Technology Transfer Policy" (August 4, 1982), JUII01009, pp.1-4.
233——鈴木、前掲書、二〇二~二〇三、三一七頁。
234——櫻川、前掲「日本の武器禁輸政策」、九五頁。
235——Memorandum from T. P. Shoesmith to Ambassador Mansfield, "SSC [Security Subcommitee] Restricted Session, August 30, 1982—Technology Transfer" (August 30, 1982), JUII01012, pp.1-2.
236——李、前掲論文、一一七~一一八頁。
237——谷野、前掲『アジア外交』、七四頁。

238——長谷川、前掲『首相秘書官が語る中曽根外交の舞台裏』、一〇一頁。鈴木政権時、長谷川は外務省アジア局参事官の任にあった。
239——瀬島龍三『瀬島龍三回想録 幾山河』産経新聞出版、一九九六年、五五五～五五七頁。
240——小倉、前掲『秘録・日韓一兆円資金』、一七一～一七二頁。
241——『朝日新聞』一九八二年一月一六日。
242——小倉、前掲書、一七五～一八一、一八六頁。
243——『朝日新聞』一九八二年三月九日。
244——小倉、前掲書、一八七～一八九頁。
245——竹下、前掲『証言保守政権』、一三三頁。
246——小此木、前掲「新冷戦下の日米韓関係」、二〇〇頁。
247——『朝日新聞』一九八二年四月一八日。
248——小倉、前掲書、二〇八～二一六頁。
249——前掲『柳谷謙介 オーラル・ヒストリー 中巻』、二五二～二五三頁。
250——北米一「総理・ブッシュ会談についての北米局長及び経済局長記者ブリーフィング」(昭和五七年四月二四日)、三～四頁(開示請求番号二〇〇七-〇〇七一九)。
251——前掲『柳谷謙介 オーラル・ヒストリー 中巻』、二五三～二五四頁。
252——同右、二五四頁。
253——金、前掲『日韓関係と韓国の対日行動』、一五一頁。
254——小倉、前掲書、二二八～二二九頁。
255——小此木、前掲論文、二〇一頁。なお、韓国側が総枠四〇億ドルを呑んだ背景には、当時の外務省アジア局参事官の長谷川和年がソウル入りし(時期は特定できないが、一九八二年四月末の柳谷訪韓と六月二二日に挟まれた時期と推測できる)、金東輝外務部次官との長時間の折衝を行い、金次官が韓国側を四〇億ドル承認で取りまとめたことが作用していたようだ。長谷川、前掲書、一〇一～一〇二頁。
256——小倉、前掲書、二三〇～二四一頁。
257——同右、二四六頁。
258——金、前掲書、一六二～一六五、一六七頁。
259——小倉、前掲書、二四九～二五三頁。
260——同右、二五三頁。
261——宇治、前掲書、三一八頁。
262——若宮啓文『戦後70年 保守のアジア観』朝日選書、二〇一四年、二四八～二四九頁。
263——金、前掲書、一六九～一七〇頁。
264——小倉、前掲書、二五五～二五七頁。
265——須之部量三・小此木政夫「最近の日韓関係を考える(対談)」『国際問題』一九八三年八月号、五～六頁(須之部前事務次官の発言)。
266——瀬島龍三「元大本営参謀と戦後外交」(聞き手・北岡伸一)『国際問題』二〇〇二年七月号、九一～九二頁。

第Ⅱ部

「西側の一員」外交の展開

――一九八三～八四年〈中曽根康弘政権・前期〉

第三章 自由主義陣営諸国との連帯強化

1 官邸主導の外交を求めて
――外政志向型宰相・中曽根の登場

一九八二年一一月二七日、中曽根康弘政権が発足した。外相に安倍晋太郎、蔵相に竹下登という次代のリーダーと目される人物を重要閣僚に据えると同時に、女房役の官房長官には最大派閥田中派の幹部であり、警察官僚出身の後藤田正晴が、その官僚統制能力を見込んで、他派閥ながら抜擢されていた。

早くから首相の座を目指してきた中曽根には、内政・外交両面において明確な目標があった。すなわち、内政では行財政改革を掲げる一方、外交では「最悪となった日米関係および日韓関係の思い切った修復と改善、日本の外交方向を確立」することを目指した[1]。それゆえ中曽根は、首相就任直後から、対米・対韓関係の打開に向けて布石を打ち、一九八三年一月にはソウル、ワシントンを立て続けに訪問するのである。

しかしながら、福田赳夫や大平正芳、三木武夫ら歴代首相には外相経験があり、外務省内にそれぞれ支持者がいたのに対して、中曽根は外相に就いたことがなかった。そのため新政権に対する外務省の反応は総じて冷淡かつ無関心であり、一部の幹部に至っては「中曽根内閣は半年でダメになる」と観測する者さえいた。また、安倍外相が「ポスト中曽根」の有力候補であったためか、同省幹部のなかには安倍に忠誠心を持つ者もいた。

ところが中曽根は、毎週一回は外務事務次官からのレクチャーを受け、それとは別に必要と時期に応じて外務省の担当局長たちを呼び、自分が従来明るくなかった分野の知識を吸収するなど、外務官僚たちと積極的に関わってい く(ちなみに、前任者である鈴木首相時代、外務省のレクチャーは、一月に一回も実施されなかったという)[2]。中曽根が積極的に外交に取り組むことで、外務省は活気づいた[3]。

一方、佐藤政権時代の一九七〇～七一年、中曽根が長官を務めた防衛庁の官僚たちは、鈴木から中曽根への首相交代を概して肯定的に受け止めていたようだ。防衛官僚からすると、防衛・安全保障政策に理解を欠いていた鈴木首相より、長官経験者で発言が明快な中曽根の方が仕事をしやすかった。しかし、中曽根に対する不安もあった。それは、「(防衛庁長官時代)いろいろなことをぶち上げては、ぽしゃったり」したためであった[4]。

中曽根は長官時代、一九五七年に策定された「国防の基本方針」を、日米安全保障体制を補充的なものに位置付ける方向へ改定しようとするとともに、「第四次防衛力整備計画」を「新防衛力整備計画」と改め、その策定を指示した。しかし、防衛庁の事務当局のなかには中曽根の積極的な行動に反感を抱き、その構想に反対する者がいた。また中曽根への野党の反発は強く、結局、「国防の基本方針」の改定、「新防衛力整備計画」の決定はともに先送りとなった。こうした経験から、中曽根は官僚との調整や、現実の状況を見据えた政策立案の必要性を強く認識するようになっていた[5]。

とはいえ、中曽根には官僚機構のお膳立てに乗って、外交政策を無難に進めていく意向は毛頭なかった。むしろ「外交は、官邸すなわち総理大臣の仕事であり、外務省は補佐役で官邸に使われる立場だということを明確に」との抱負に基づき、首脳同士の関係を基軸とする官邸主導外交の推進を目指した[6]。

右の抱負に基づき、中曽根は外務省出身の長谷川和年首相秘書官を通じて、自身の意向を同省事務当局に貫徹させようとした。また、長谷川を含めた各省から派遣されてきた首相秘書官たちに対し、出身官庁ではなく、国政全般を担う首相たる自分自身に忠誠を尽くすように命じた。従来の内閣では、各省庁の主要部局の課長クラスから首相秘書官を任命していたが、新内閣では第二臨調(第二次臨時行政調査会)の答申にあった内閣機能の強化を念頭に、局長就任寸前で将来の次官候補を自らの秘書官に充てた[7]。

中曽根は首相に就任すると、直後から、韓国、中国をはじめアジア近隣諸国の首脳たちに電話を入れ、自身が「近隣友好外交」を積極的に推進していくことを米国にアピールして、米国に対する日本の立場の強化を図った[8]。なお、レーガン大統領からは、内閣発足当日の一一月二七日に首相就任を祝う電話が入っている[9]。これから展開される首脳外交の布石は、早々に打たれたのである。

2 訪韓への準備——瀬島工作

前章で見たように、対韓経済協力問題は、中曽根政権成立以前に、両国の外交当局間の交渉で実質的に解決していた[10]。経済協力の総額は四〇億ドルですでに合意ができていた。残る問題点は、円借款の具体的な額(日本側が一五億ドル、韓国側が二三億ドルをそれぞれ主張)と日本側が商品借款に代わる内資分を融資できるか否かに絞られていた。必要なのは政治家の決断であった。陣頭指揮型リーダーの中曽根が、その持ち味を発揮する舞台は整っていた。

中曽根の動きは迅速であった。首相就任から四日目の一一月三〇日、中曽根は全斗煥大統領に電話を入れ、就任の挨拶をした際に訪韓の意思を明確に伝える。また同日の初閣議後、中曽根は安倍外相、竹下蔵相、後藤田官房長官を閣議室に残し、あらかじめ呼んでおいた須之部外務事務次官に日韓関係の改善を急ぐ方針を伝えると同時に、自ら早期に訪韓したいとの意向を表明した。あわせて全大統領に信頼の厚い伊藤忠商事の瀬島龍三相談役を根回し役に起用したいとも述べた。

鈴木政権で中曽根は行政管理庁長官に就任し、その下に設置された第二臨調の委員に任命されたのが瀬島であった。中曽根は行革論議を通じて、瀬島の力量や行動力を見抜くと同時に、彼の対韓人脈の広さについても調べ上げていた[11]。戦時中に大本営参謀であった瀬島は陸軍士官学校の関係で韓国の軍部に知己が多く、時々韓国に招待されて日本の政情や国際情勢について話をしていることや、鈴木政権時代に全大統領との親しい関係を見込まれて、裁判で死刑判決を受けた金大中の助命を要請するべく、秘密裡に訪韓していたことなどから、中曽根は、韓国への密使として最適任と考えたのである[12]。

一一月三〇日夜、中曽根は瀬島を自宅に呼び、対韓関係打開への協力を要請し、大筋で両国間の合意ができれば、年末あるいは年明けに訪韓する意思を伝えた。瀬島は日韓関係打開に伴う政治的リスクを引き受ける覚悟の有無と経済協力に関して弾力的に対処する意思の存否を質し、中曽根は是と答えた。

また、瀬島は中曽根に、首相から個人的な協力要請を受けるのではなく、内閣としての「大きな方針」に基づき、外相から協力を要請される形で、対韓工作を進める意向を示した。これにより、翌日、安倍が電話で「事前の交渉と調整」を瀬島に依頼した後、木内アジア局長が詳細な経緯を説明する段取りがとられた。

以後、瀬島による日韓関係の調整は政府の極秘事項とされ、関係者は後藤田官房長官の他、外務省では安倍外相、須之部事務次官、木内局長、大蔵省では竹下蔵相、松下康雄事務次官、大場智満国際金融局長だけに限られた。折々、瀬島は自分の事務所で木内・大場の両局長との検討を重ねた[13]。瀬島の対韓工作は、首相官邸と外務・大蔵両省との緊密な連携の下で行われたのである。

まず、一二月八日、瀬島は韓国与党(民主正義党)の事務総長で、親友の権翊鉉と釜山で会談した。ここでは、経済協力問題の弾力的対処による早期解決が、両国首脳の考えである点が確認された。この時点で、韓国側は円借款の期間を五年と希望していたが、それでは財政上単年度負担が大きくなるため、期間七年の線は日本側として譲れなかった。また、韓国側が商品借款を希望している点については、日本の経済協力の制度上、韓国のような中進国には応じられなかった。もっとも、日本側としては円借款の額を従来案の一五億から一七億に増やすことについては譲歩可能であった。

一二月一三日、瀬島は、今度は大阪で権との二回目の会談に臨んだ。この席で、円借款の期間を七年とすることと、商品借款の不供与について権は了解した。また、円借款の額に関する韓国側の要望はこれまでは二三億ドルであったが、ここでは二〇億ドルに減額され、日本側主張の一七億ドルとの差額は縮まった。そして、瀬島と権の協議の結果、中間をとって一八・五億ドルで落ち着いた。ついに、「総額四〇億ドル、うち円借款一八・五億ドル、輸銀融資二一・五億ドル、期間七年、金利六%台」という経済協力全体の骨格について大筋で合意がなされた。

さらに、この大阪会談では、瀬島が首相特使として親書を持って全大統領を訪問すること、可能ならば首相自身が明年一月一〇日前後に訪韓することについても話し合った。なお、瀬島は自身の訪韓日程を秘密保持の見地から、年末休暇に入った一二月二九、三〇両日に設定する。

一二月二九日、瀬島は外務・大蔵両省の担当課長と同行して(機密保持上、別の飛行機で出立)ソウルに入り、李範錫外務部長官と会談した。この席で、李長官から、日本の制度上、商品借款ができないのは理解できるが、年間一億ドル、七年間で合計七億ドルのバンクローンをぜひ考慮してほしいとの強い要望があった。瀬島は韓国側の要望額の二分の一にあたる三億五〇〇〇万ドルの線で努力すると答える。この約束について大蔵省事務当局には抵抗もあったが、竹下蔵相自らが省内を取りまとめ、年明けの一月二日、政府として承認することとなった。

翌三〇日、瀬島は青瓦台に全大統領を訪ね、首相の親書を手渡した。これに対して全は、日韓両国ひいては東アジアのためにも、両国の関係正常化を確立したいとの強い決意を示した。また、経済協力の内容についても、「韓国側としては結構だ」と述べ、中曽根の新年早々の訪韓に深く謝意を表明した。その後、瀬島と李長官の詰めの協議の結果、訪問の日取りは明年一月一〇～一一日と決め、その公式発表は同月五日に行うこととなった[14]。

なお、訪韓準備が進む一二月一二日、金大中に「病気療養」のための渡米が許可され、二三日に出国した。一九八〇年五月の光州事件を機に一度は死刑判決を受けた金は、一九八一年一月に無期懲役、翌八二年三月には懲役二〇年に減刑されていた。金の渡米により中曽根訪韓の道が開かれることになる[15]。金の収監中に中曽根が全政権の国賓となれば、日韓両国で激烈な反対に直面する恐れがある一方、金の公然たる釈放は、韓国内の反対勢力の勢いを強めるというジレンマがあった。このジレンマの唯一の解決法が、海外亡命であった。金の処遇については、日本側（特に瀬島）から何らかの働きかけがあった可能性がある[16]。

いずれにせよ、政権発足から短期間で自身の訪韓実現に持ち込んだ中曽根の政治的力量は評価に値しよう。また、中曽根の指導力に加えて、首相を支える主要閣僚であった後藤田官房長官－安倍外相－竹下蔵相の協力とチームワークの良さが作用した点も指摘できよう[17]。

3 「日韓新時代」を開いた電撃訪韓

一九八三年一月一一～一二日、中曽根は安倍と竹下を伴い訪韓し、ソウル滞在中に二回にわたり全大統領と首脳会談を行った。首相訪韓の日程が直前の五日に発表されたこともあって、「電撃訪韓」と呼ばれたが、日本の首相が首脳会談を目的として韓国を公式訪問したのは、これが初めてのことであった。

しかしながら、ソウルの金浦空港から日本代表団が車列を組んで市中に向かう途中、沿道には多くの国民が厳しい寒気のなか立ち並び、全くの無表情、無感情でこれを見送った。笑顔や拍手などは一切なかったという。当時の韓国人の対日感情の忠実な反映であった[18]。

中曽根自身、「日本は韓国に対して三十五年間の朝鮮統治という業を背負っている」との認識を持ち、韓国人の複雑な対日感情を理解していた[19]。一月一一日に開かれた大統領主催の晩餐会で中曽根は、日本の植民地支配を、「遺憾ながら過去において不幸な歴史があった」と厳粛に受け止め、「日本と韓国とが共通の文化的伝統を分かち合う者として、お互いが頼りがいのある隣人となることを切に希望する」と挨拶した。これに対して、全も、不幸な過去については「おたがいに謙虚に反省しあい、心機一転の姿勢と決意をもって新たなレベルでの関係が築かれるよう強く願う」と応じた[20]。

もっとも、このように「過去」の問題が比較的淡々とした形で言及されるに止まったのは、後述のとおり両首脳が日韓の戦略的関係の強化を重視する見地から両国民間の感情的わだかまりは抑制すべきと考えていたためである。四〇億ドルによる経済協力交渉の真の狙いが、日韓の戦略的関係や北朝鮮やソ連の圧力に対する抑制にあるとすれば、「過去」の問題が前面に出て、四〇億ドルがあたかも謝罪の印のように受け取られる事態は避けなければならなかった[21]。

中曽根はこの晩餐会でのスピーチの導入部および終了部分を、自ら韓国語で読んだ[22]。「韓国の政治家には日本語ができる人はいくらでもいるのに、日本の政治家が韓国語ができないというのは失礼な話」という考えによるものであった[23]。中曽根のスピーチは、晩餐会の出席者に感動的反応を巻き起こした。日本の首相が韓国語でスピーチを続けたことは、韓国側にとって一大事だったのである。

さらに晩餐会の後、日韓両国の首脳は韓国語でのカラオケ合戦に興じた。全は、「ナカソネさん、オレ、アンタニホレタヨ」と日本語で語ったという[24]。このとき意気投合したことを契機に、全と中曽根の家族ぐるみの付き合いが始まり、二人は常時、電話で連絡し合う関係に発展する。以後展開されるレーガン大統領、胡耀邦総書記など各国首脳との個人的な信頼を軸にした首脳外交の嚆矢となったのは、全との関係であった[25]。

一方、首脳会談の具体的内容は、安全保障を中心とする戦略的な色彩の強いものとなった。一一日夕方に行われた一回目の会談で中曽根は、懸案解決を果たして訪韓できたことへの喜びを示しつつ、一七日からの訪米と五月のASEAN歴訪といった今後の日本の外交日程に言及し、「アジアの自由世界の一員として米国とともに結束したい」と発言した[26]。

また、翌一二日午前の二回目の首脳会談で、「日本と韓国は共に自由世界の一員である」と切り出した中曽根は、韓国の民生安定と国防努力が「アジアの平和と安定の要」と評価したうえで、次のように踏み込んだ。

日本の立場は、韓国と強い友好的な紐帯を持ち、ASEANとの紐帯を持つということである。北朝鮮と我が国は外交関係もなく、また、朝鮮動乱の経緯をみても何れが先に攻撃を仕掛けたかは明らかであり、北を牽制するために韓国がはらっている懸命の努力に敬意を表する。[27]

一連の中曽根発言は、自国を取り巻く国際環境に不安感を抱く全には極めて心強いものであったろう。一一日の一回目の首脳会談において、全は、①韓国の軍備が北朝鮮との比較で二対一の劣勢にあるが、この劣勢を挽回するためには、一五一億ドルの国防費が必要となる、②今の韓国の経済力、財政力ではこの劣勢を挽回するには一〇年以上を要する、③一九八〇年代の半ばまでには軍備面で北朝鮮の七〇%までにもっていく必要がある、と危機意識をあらわにした。

翌日の二回目の首脳会談でも、全は極東ソ連軍の増強ぶりを延々と説明し、「中国とソ連はそれぞれ北(朝鮮)と軍事同盟を結んでいるということは厳然たる事実である」と論じた。東アジア地域における「米韓日」の「自由世界」が戦略的に劣勢にある状況下で、「米国との安保体制はあるが、この地域については日本が中心になって大陸に対するパワーバランスを作る必要がある」と、東アジアでの安全保障への、日本の一層の貢献に期待を示していた[28]。

全の期待を受けて、中曽根も「日本の防衛力の増大は米軍の機動力を増やし、日本にとってのみならず、広くアジアの平和と安定に寄与することになる」と語った。さらに、占領期以来の日本における軍事アレルギーや「日本の左翼勢力、ジャーナリズムの一部」の憲法改正をタブー視する傾向を突き崩すべく努力していると述べて、韓国や米国など自由世界の国々との連帯なくして、「日本の前途はないものと確信している」との認識を示した[29]。

さらに全は、前年来表面化してきた中ソ和解の兆候について触れ、中ソ和解は成り立たないという分析を「安易な見方」と排し、「共産党独裁政権」の中ソ両国は必要とあらば「野合」するので、「願わくば、中ソが和合しないよう日本に離間策をとってもらいたい」と要望した。これに対し、中曽根も全の意見に同調して、「日本の安全には中ソが対立していることが重要なファクターの一つ」であり、「然し共産圏の諸国はいつ変るかわからず、日米、日韓が提携を緊密にして行くことが最も重要である」と発言した。そして、自分が佐藤栄作政権で防衛庁長官であった際、中ソ両国は佐藤首相と自分を「日本軍国主義者の頭目」呼ばわりしたと回想しながら、「彼らは常に戦略的に物を考えている国なので、都合が良ければ利用し、悪くなれば捨てるという態度であると考える」との意見を示した[30]。

　他方、朝鮮半島問題について、全は、南北分断は「ソ連・中国・米国の政策により分断されたものである」と論じ、「日・米・ソ・中の四カ《ママ》国」が平和統一問題を話し合う国際環境を作る必要があると主張した。そして、「日本のトップリーダー」が中国と話し合うことは、平和統一に向けた環境作りの基礎になると述べて、日本の積極的な働き掛けを求めた。だが、これには中曽根は直接回答せず、「オリンピックのソウルへの招請や南北首脳会談の提唱等、全大統領の積極外交を高く評価している」と述べるに止めた[31]。

　これまで見てきた中曽根の発言内容からは、北朝鮮やソ連に対抗する韓国の立場を、日本として可能な範囲で最大限支援しようとする印象が強い。しかし、韓国側が北朝鮮の脅威を認めるよう強く主張したにもかかわらず、一月一二日に発表された日韓共同声明の朝鮮半島情勢に関する表記は、総じて抑制的なものに止まった。

　実際、共同声明上の文言は、一九七〇年代のデタント時代に規準となっていたものと同じ表現、すなわち「朝鮮半島における平和と安定の維持が日本を含む東アジアの平和と安定に緊要である」となったのである。韓国側が要望するところの、一九六九年の日米共同声明で使用された「韓国の安全は日本の安全にとって緊要である」という表現も、北朝鮮の脅威を直接的に示す文言も明記されることはなかった[32]。共同声明で北朝鮮の脅威を必要以上に強調することは極力避けるというのが、日本外交の基本的スタンスであった[33]。

　また、経済協力に関する条項でも、焦点となったのは第五次経済社会発展五ヵ年計画を中心とする韓国の経済社会発展の展望であり、安全保障問題と関連付けるような表記はなかった。そこには韓国の民生安定を目的として、具体的プロジェクトごとに協力を進めるとした日本の経済協力方針が明確に表れていた[34]。

　こうした文言からは、共同声明作成過程で日本側が、いわゆる「安保経済協力」の印象を極力弱める表現を主張したことが推測される。事実、中曽根も首脳会談では、国際認識の大枠について全の見解に同調しながらも、経済協力問題には直接言及しなかった。経済協力の位置付けについて両国の意見が相違している点に鑑み、本件に関する日本側の立場を開陳して、その相違が顕わになることを避けたかったものと見られる。結局、経済協力問題は、一二日の両国政府の担当者を交えた外相会談で、安倍が共同声明の内容を具体的かつ詳細に説明して、最終的に決着した[35]。

首脳会談そのものでは言及されなかったものの、中曽根首相訪韓に伴い、草の根型文化交流を促進する基金として日韓文化交流基金の設立が発表された。文化交流が謳われたのも、全政権が「軍事政権」であるだけに、首脳会談が安全保障一色との印象を与えることを回避するための政治的「お化粧」であったという。

さらに、過去の植民地支配や安保経済協力といった問題と並んで微妙な案件であったのは竹島問題であった。日本側としては、首相・外相がともに訪韓しているにもかかわらずこれに言及しなければ、日本国内での批判が生じかねない一方、提起すれば、会談の雰囲気を著しく害することは明白であった。

この問題は、一月一二日、「新聞記者会見についての打ち合わせ」との名目で持たれた非公式の外相会談において取り上げられた。ここでは、両国の外相により、日韓関係全体を進展させる大きな目標を追求すべく、竹島問題に関する双方の立場を相互に了解しつつ、それをあえて政治的な争点としないという高度の政治判断が示された[36]。

中曽根首相の訪韓は、一九七〇年代以来、金大中事件や文世光事件、教科書問題と難問が続いてきた日韓関係の基調をより前向きなものへと変える、いわば「日韓新時代」の幕開けを画す外遊となった。この首相訪韓の収穫は、経済協力問題の解決もさることながら、両国の最高首脳の間の強い信頼関係を築く端緒となったことである。首相一行が帰国した直後の一月一三日付の『朝鮮日報』は、「一行を迎える韓国の態度はきわめて丁重であり、国民も異例な好感をもって一行の動向を見守った」と報じた。空港から街中の至るところに大量の日の丸の旗が掲げられたのは、戦後初めてのことであった[37]。

特に目を引くのは、中曽根が帰国する際、「沿道を埋め尽くした人々の中には手を振る者もいて、両国民間の心を引き離していた氷が一気に融けた感じ」(中曽根)だったことである[38]。ソウル到着時の冷淡な反応とは対照的な光景であった。これは大統領主催の晩餐会で、中曽根が韓国語で挨拶した模様がテレビ放映されたことが影響したようだ。日本の最高指導者による韓国語の使用は、戦前の軍国主義者の負の遺産との断絶を象徴する最も効果的なシンボルであった。中曽根は自らがナショナリストであるだけに、韓国の民族的な誇りや熱情にも理解があったのである[39]。

4 訪米への布石――防衛費・武器技術・市場開放

中曽根にとって緊張の続く日韓関係を打開し「日韓新時代」を開くことは、「アジア・近隣諸国との関係を良好にして訪米することで、相乗効果も大きいし、アメリカも高く評価する」(中曽根)という意味で、直後に控えた訪米への布石でもあった[40]。首相訪韓の報は外務省を通じ、事前に米国務省に伝達された。日韓関係の行方を心配していた米国は、首相が米国より先に韓国を訪問することをむしろ高く評価した[41]。首相訪米に備えた米国務省のブリーフィング資料も、中曽根の韓国に対する一連のイニシアティブが、「日韓二国間関係の雰囲気を劇的に改善した」と積極的に評価して、以下のように続けた。

北東アジアでの米国の同盟国たる日韓両国の良好な関係は、我々にとって極めて大きな利益となる。米国は日韓両国の政府に対してこのことを明確に伝えてきた。それと同時に、我が国が日韓二国間の利害対立を周旋する立場にないことも強調してきた。[42]

右の記述から、米国が過去約二年間に及ぶ日韓交渉の過程で、直接それに介入することは避けつつも、関係改善の必要性を双方に示唆してきたこと、そして、中曽根訪韓に至った顛末に安堵していたことが窺われる。

対韓関係改善に続く訪米の手土産は、防衛費増額と対米武器技術供与であった。まず、前者については、首相就任翌日、一九八二年一一月二七日の記者会見で、中曽根は防衛費を「対GNP比一%以内」に抑えるという三木政権の閣議決定を尊重する考えを示しながらも、五六中業(一九八三~八七年度)を遂行する過程でのGNPの伸びによってどうなるか分からないとして、枠を維持するかどうか態度を保留した。米欧の対日防衛費増額要求についても、自由世界との結束のため、「それ相応の協力関係を考えなければ利己主義といわれる」と自主的な防衛努力の必要性を強調した[43]。

一二月一四日の衆院予算委員会では、一九八四年度予算で対GNP比一％枠の撤廃がありえることを示唆するとともに、次年度防衛費の対前年度比七・三五％増の概算要求について、「対米関係から見ると、守ってあげたい線だ」と発言している[44]。大蔵省原案では五・一％増に抑えられ、同省があくまでも伸び率を五％台に止めようとする一方、防衛庁は六％以上の伸び率を主張しており、決着は首相の判断に委ねられた[45]。

一二月二九日、中曽根は、防衛費増額を拒む大蔵省の山口光秀主計局長に、「国家予算というのは総理大臣が対外関係や防衛戦略を考慮して決めるものであって、大蔵省の国内的数字の操作で決めるものではない」と六・五％の伸び率確保を厳命した[46]。同席していた後藤田官房長官から「出直してこい！」との一喝もあり、同省は徹夜で予算を組み替え、翌日に六・五％増が実現する[47]。

もっとも、その直後、ワインバーガー国防長官は声明の形で、六・五％増という政府決定に不満を表明した。鈴木政権下の前年度予算での七・七五％増を「重要な第一歩」と評価した経緯からすれば、実のところ、六・五％増は「第二歩としては不足」であった。しかし声明は、中曽根が日本の防衛力増強の必要性を認識していること、福祉や教育など他の分野の予算に比して防衛費を重点に置いたことは評価していた[48]。

当時の国務省の内部文書にも、①防衛庁職員の人件費増を抜いて考えると、前年度よりも七・三％増になる、②対GNP比は前年度〇・九三三％から〇・九七八％に上昇し一％枠に近づいてきた、③主要装備の拡充によって中業の達成につながる、④思いやり予算（在日米軍駐留経費負担）の増額、などを挙げたうえで、「教育や福祉関連の予算が削減され、経済悪化のなかで公共事業が現状維持とされているのに対して、防衛予算は非常に顕著な増額になっている」などと評価のポイントが並ぶ[49]。数字のうえでは依然として不足ではあるが、中曽根の積極姿勢に免じ、あえて好意的な評価を下したものであろう。

懸案の対米武器技術供与についても、一二月三日、中曽根は安倍、後藤田、山中貞則通産相、谷川和穂防衛庁長官に対し、早急に結論を得るよう指示した[50]。一九五四年締結のMDA協定に基づき、これまで米国から一〇〇〇件を超える武器技術供与を受けていながら、日本が武器そのものではない技術まで供与しないとなれば対外関係の基本である相互主義にも反するし、汎用技術と武器技術の区別が困難になっている現状では、武器禁輸政策を過剰に厳格化してしまうと、日本は一切の技術供与ができなくなるというのが、中曽根の基本認識であった。あくまでも同協定の枠内での政治判断という認識に基づき、各省庁間の調整に着手した[51]。

政府内調整の中心を担った後藤田はまず、山中通産相への説得に動いた。本件が懸案事項であり、また日米安保体制の枠内にとどまる技術供与であるとの後藤田の説得に、山中は簡単に賛成した。通産省は、日本は武器輸出を原則禁止しているため、技術内容を完全開示しなければならないことを懸念していたが、武器技術供与の禁止はあくまで政策であって、変更不可能なものではないということは理解していた。一方、前政権の通産相時代に対米武器技術供与に反対していた安倍も、部下の外務官僚が賛成である以上、反対とは言わなかった。

法律の解釈論を盾に、政府内で対米供与に最も強く抵抗したのは内閣法制局であった。後藤田は同局長官の角田禮次郎に、「これは政策の変更である。法律解釈の問題ではないよ」と説得した。これに対して角田長官は、国会答弁を後藤田に委ねることを条件に了承する。なお、角田は後藤田の自治省勤務時代の後輩にあたる人物であり、通産相に中曽根派の山中が就いたことも含めて、状況は人事上の組み合わせにも恵まれていた。政府内調整は一二月中に完了し、明けて一九八三年一月一四日に対米軍事技術供与が閣議決定される[52]。

防衛費増額や武器技術移転以外にも、訪米に向けたお土産が用意された。チョコレートやタバコなど七八品目の関税の三五%から二〇%への引き下げ決定(一九八二年一二月二四日)、次いで農産物六品目の輸入枠拡大のほか、非関税分野である基準・認証制度および輸入検査手続きの改善を含む五項目の新しい市場開放策の決定(一九八三年一月一三日)などが矢継ぎ早になされた[53]。チョコレートなどの関税引き下げのような通産省所管の案件についても、中曽根は自ら関係業界の説得にあたった[54]。

中曽根が輸入関税引き下げの陣頭指揮をとったのには、自身の訪米を控えて日米間の経済摩擦が再び顕在化するのを予防する意図があった。政権発足直後の一九八二年一一月二九日、官邸に中曽根を訪ねたマンスフィールド駐日大使は、米議会で保護主義的な感情が高まる兆しがあると警告していた。また、タバコや牛肉、オレンジなどの米産品について、日本が輸入を厳しく制限していることに生産者が怒っていると指摘した。実際に、議会には日本からの輸入品に米国製部品を使わせる「ローカル・コンテント」法案が提出されていた[55]。

中曽根の積極的な一連の対応を受け、一九八三年一月七日、官邸を訪れた大使は、「自分は就任後まだ六週間の間に総理が挙げられた一連の業績、特に市場開放、防衛の分野でのご努力を非常に多としている」と中曽根を労った。また、「来週の訪韓は、単に劇的であるのみならず、極東地域の安定を強化する上で非常に有意義なこと」と評価した。これに対して、中曽根は、「大使の温かい言葉を多とする」としたうえで、「(大使が)日本に対して非常に好意的に、日本の弁護人であるかの如く種々アドヴァイスしていただいていることを多としている」と答えた[56]。これとほぼ同時期、シュルツ国務長官も、レーガン大統領に、「中曽根が鈴木よりもはるかに力強い指導者であることは期待できる」と語るとともに、今後の米国の対応次第で日米関係は漂流の時代から抜け出せると期待を寄せた[57]。

もっとも、通商・防衛両面での米国側の対日不満が解消されたわけではなかった。一月一四日のNSC(国家安全保障会議)では、中曽根訪米の際の米国側の方針が固められ、通商問題について、①日本が米国市場で享受しているのと同等な形で米国の製品・サービス・投資も日本市場により多くアクセスできるようになることの重要性を強調する、②米国内で発生している日本を標的にした保護主義的な意見により、我々が政治的に非常な困難に直面していることを首相に印象づける、③未解決問題に決意をもって対応するための具体的なプロセスとタイムテーブルに関する約束を中曽根首相から取りつけるべき、といった方針が決められていた[58]。

防衛問題については、一月一三日、シュルツ長官が大統領に宛てたメモランダムで、「中曽根の主張では、今年度の防衛予算は大蔵省原案の数字よりも大幅に多いとしているが、現在の防衛費のレベルは、必要条件を全く満たしていない」と指摘し、米国政府が日本の防衛努力加速化を重視している点を、中曽根に理解させるべきと主張した[59]。

しかし米国側は、中曽根が国内政治においてさまざまな制約要因を抱えていたことも理解していた。一月初旬に作成された「中曽根政権:展望と問題」という国務省の内部文書では、「(同政権の)防衛・通商両面での対米協力的政策は容易ではない」とされ、中曽根が防衛費増額を強く主張していたにもかかわらず、最終的に伸び率が六・五%増に止まったのは、国内世論と予算上の制約によるものと指摘された。また、通商問題での対米譲歩についても、自民党の支持基盤である業界や農家からの強い抵抗により、「一層難しい」と見られていた。

他方、米国側には中曽根のナショナリスト的な体質に対する警戒感もあったようだ。右文書には、中曽根が西側同盟への日本の貢献を増大させようとしているのは、日本に不利益な政策に対してより強く反対する権利を獲得するためであるとの観察がある。さらに、中曽根が自主防衛を標榜し、対米従属路線を批判していた前歴についても言及があった[60]。

また、日米首脳会談の直前に、アジア太平洋担当のウォルフォビッツ国務次官補（Paul Dundes Wolfowitz）がシュルツ長官にあてたメモランダムでも、中曽根を「従来の指導者よりもはるかに強力になる潜在力があり、日本をより密接な対米協力の方向に導く傾向がある」と評価しつつ、「もし、中曽根が、我々が彼の努力を評価せず、日本の利益に対して無神経であると結論づけた場合、より対米自主的な立場をとるようになるかもしれない」と警告していた[61]。

中曽根がとった諸措置は満額回答ではなかったものの、前任者・鈴木よりも米国に協力的な姿勢を見せる中曽根を支えることで、自国の目標を達成していくというのが米国の戦略であった。それは、「我々は、防衛費増額について批判されている中曽根が、この問題で政治的なダメージを受けないよう気をつけたい」（シュルツ国務長官）という言葉に象徴されるように[62]、中曽根政権に対してあからさまな圧力をかけるのを控えるということであった。

ちなみに、中曽根はレーガン政権の与党である共和党と少なからぬ人脈を有していたが、とりわけ、ジョージワシントン大学の教授で、レーガン政権でホワイト・ハウスの補佐官を務めるシグール（Gaston J. Sigur, Jr.）とは非常に近しい関係にあった[63]。訪米にあたり中曽根は、米国に知己を持ち、同国事情に精通する自民党の椎名素夫代議士を事前に米国に派遣し、シグール補佐官と非公式に接触させて、自分が、日米同盟に軍事的な意味合いがないと発言した鈴木の路線を継承する意思がない旨を伝達した。椎名は自身の意見を明確に語る中曽根に大統領が好意を持つと読んで、首脳二人だけの会談の場を用意するよう求めた[64]。

訪米に向けた準備は、中曽根の陣頭指揮の下、官邸主導で行われた。首相としての初訪米成功に向けた中曽根の意欲は、並々ならぬものがあった。

5　首相としての初訪米──「ロン・ヤス関係」の成立

一九八三年一月一七日、中曽根は安倍を伴い米国を訪問した。このときの訪問は「公式訪問」ではなく、仕事中心の「実務的訪問」（ワーキングビジット）であり、歓迎式などの儀式を省いた簡素な形となった。

　しかし、米国側の中曽根に対する接遇は温かなものであった。現地時間の一七日、ワシントンに到着したばかりの中曽根の宿舎に、シュルツ国務長官が表敬訪問した。長官は、レーガン大統領から預かった挨拶メモを見ながら、「総理が防衛面、通商面でとられた措置を認識している。大統領としては、ともに手をとりあって働くリーダーが登場したと考えており、この機会に、個人的コミュニケーションもしっかりと築きたい」と伝えた[65]。これに対し、中曽根は長官の挨拶に謝意を示したうえで、「色々な問題はあっても、日本は、米国を尊敬し、一緒にやって行こうと思っている」、「自分は元来、借金を負って生きるのはきらいな性分であり、精神的債務を返さなければいけないと思って努力している」と発言した[66]。米国の同盟国として、払うべきコスト分担をしていく決意を示したのである。

　翌一月一八日の首脳会談の冒頭は、首脳同士の少人数会談で始まった。まず、レーガン大統領が、「日米同盟関係は、世界のはんえい《繁栄》にとり極めて重要であり、両国間の協力関係を更に増進させていきたい」と述べ、中曽根も「全く同感である」と応じた。中曽根はまた、「貴大統領が就任された時の米国の状況と、自分が政権に就いた時の日本の状況とはよく似ている」と指摘し、「即ち、何れの場合も、その前の政権の時には物事の基ばん《盤》が不安定で、かつ、多くの面でちん《沈》滞(stagnation)が見られたが、貴大統領は就任以来、かかるかべ《壁》を打破され、断固たる決意で強い指導力を発揮しておられる」と大統領を持ち上げた。そのうえで、「自分も政治的なタブーを打ち破り、政治を正しい方向にもっていくとの決意をもつ」と表明したのである[67]。

　少人数会談後の全体会議でも、安全保障・通商両面での日米同盟関係の重要性を強調するレーガンに対して、中曽根は、①日米両国は太平洋を挟む運命共同体である、②一昨年の鈴木・レーガン会談時に出された日米共同声明を守っていく所存、③防衛・通商両問題については、今後とも十分に協議しつつ解決をしていきたいと発言した。さらに、「現内閣が防衛、貿易両面で種々の積極的施策をとってきたのは、米国よりの圧力に（より）するものということではなく、日本自身の国益のためである」と述べた[68]。「太平洋を挟む日米運命共同体」をアピールするかのように、会談では東西関係を中心に国際情勢に関して活発な討議が行われた。おりから、中曽根訪米の直前の一月一一日には、アンドロポフ書記長がSS20の極東移転を表明していた。INF交渉の打開策として浮上した極東移転は、欧州部で削減した七〇基のSS20をウラル以東に移転させ、アジア部SS20の総数を一七〇基に増加させるものであった[69]。これが実現すれば、日本にとって大変な脅威となる。

　今回の首脳会談においても、シュルツ長官は、右のアンドロポフ提案について、「仮にSS-20を欧州より、撤去しても、きょうい《脅威》は太平洋方面の国々に向けられるし、また、完全に破かいしない限り、これらのSS-20は、また、いつでも容易に欧州方面に再配備できることになる」として、「実体のない提案で」と切り捨てた。一方、中曽根は、①日本は、レーガン大統領の提案されたゼロ・オプション提案（欧州・極東両方でのINF全廃）を支持する、②実際にソ連の核戦力に対抗しうるのは、米国の核戦力のみであり、他の国は米国の国防努力の足を引っ張るべきでない、③大統領が進めてきた断固たる外交が、成功してきていると述べたうえで、「ソ連は何れ米側提案に反応を示すと思う」と付言した[70]。

　これに対し、レーガンは、「ゼロ・オプション提案に対する日本の支持を多とする」と評価するとともに、「今後とも同提案を維持していく」と述べた。そのうえで、「ソ連は一方で交渉しながら、他方でNATOの要請にかかるパーシングⅡミサイルの欧州配備が実現しないよう狙っている」と批判して、「米国としては、当初の予定通り、パーシングⅡの配備を行い、その上で、双方が合意したところで、ともに破かい《壊》しようとの考えである」と説明した。これを受けて、中曽根は、「ソ連のような力の信ぽう《奉》者に対しては、力でバランスをとらねばならない」と応じつつ、「貴大統領の対ソ政策は、長期的視野に立った戦略にもとづいたものである」と評価した[71]。素朴な平和主義的心情を有する前任者・鈴木とは対照的に、中曽根の思考は国際平和が力によって確保されるという原理に基づいていた。

　中国情勢や中ソ関係については、シュルツ長官の要請により、日本側が主として説明した。まず、安倍外相は、「中国は、トウ・ショウヘイ路線が定着し、五カ年計画による近代化路線という現実的政策が根づいてきている印象を得た」と述べた。また、「ソ連におけるアンドロポフ政権の成立以来、中国側は、中ソ外相級、次官級会談をよびかけたり、文化・人物交流等に積極的であり、いわゆる『ゆきどけ』現象がみられつつあるとの情報もある」と説明した。

その一方で、安倍は、ソ連側が、中国の要求する「三つの障害」に「応じないと思われる」ので、「中ソ関係がかつてのような『一まいイワ《枚岩》』的な関係にもどることは考えられない」と発言するとともに、前出のアンドロポフ提案に沿って、「SS-20が欧州から撤去されても、それらが極東に配備されるのであれば、中ソ関係はますます緊張するだろうし、日本としても大きな関心を有さずにはおれない」と指摘した。さらに、中曽根は、「日本の安全保障政策の基本は、第一に日米安保体制をけん《堅》持すること、第二に、中ソ対立の状態を維持しておくことである」と率直に語っている[72]。

他方、日米二国間の個別の問題については、大統領や米国側閣僚たちから注文が相次いだ。ワインバーガー国防長官は、武器技術移転や防衛費増額に関する日本の対応を評価しながらも、「日本がその本土、しゅうへん《周辺》地域、1000カイリのシーレーンを防衛する」ことを「遂行するためには、かかる規模の予算では、まだ十分ではない」と一層の努力を求めた。

これに対し、中曽根は、一三年前の防衛庁長官時代以来、日本の防衛に必要な措置として、①四海峡に対するコントロールを完全なものとして、有事の際にソ連の潜水艦を日本海に閉じ込めること、②ソ連のバックファイアー戦闘機の日本列島浸透を許さないこと、③シーレーンの確保の三点を主張してきたと述べた。さらに、「財政的には困難はあるが、その中で日本としてできる限りの(防衛)努力をしたいと考える」と発言した[73]。

また、レーガンは冒頭の少人数会談で、①通商問題については、議会、特に下院で保護主義が強まっている、②これを放置すれば際限なく保護主義の方向へ向かっていってしまう、③より自由で公正な市場アクセスが確保されない場合、かかる保護主義の動きを抑えきれるか自信がない、として、日本市場へのアクセス改善の必要性を強く訴えた。中曽根は、大統領の懸念に理解を示し、「日本としても出来る限りの協力をしたい」と表明する一方、「日米それぞれの国情もあり、具体的政策・措置の実施の面では米国とは異なることもあり得ることは理解願いたい」と返答した[74]。

さらに、ブロック通商代表は、「米国の対日あか《赤》字は過去6カ年で3倍となったが、工業の分野ではこれがただちに雇用情勢に影響を及ぼしている」と述べ、「即ちこのインバランスの結果として100万人もの雇用が失われている」と主張した。また、「日本側が過去数年にとってきた種々の措置」は、実質的に効果がない印象があると指摘しつつ、「貿易問題につきいかなる追加的措置が上述のようなパーセプションを改め、あわせて実質上のバランス改善をもたらしうるかの点をふくめ更に話し合いたい」と述べた。これに対し、中曽根は、貿易や輸入手続や安全基準といった問題についてその進展の度合を点検に努めていると発言した[75]。

懸案となっていた牛肉とオレンジについては、ブロック農務長官(John Rusling Block)は、「これらはいまや米農民の関心の対象としてシンボル化している」として、「米側は何らかの実質的進展が望めるのであれば(some possibility of substantial progress)」、できる限り早急に本件に関する「日本側との交渉を再開したい」と述べた。中曽根は、「今次訪米に際して、ぎゅうにく《牛肉》・オレンジで国内関係者の頭越しに譲歩するのではないかと警かい《戒》した農民が10000人デモをやったり、900万人を超える署名運動をやったりした」と説明したうえで、本件につき暫時冷却期間を置いて、「まず専門家同士の話し合いにゆだねるのが現実的ではないか」と提案した[76]。

ブロック長官はなおも、「最近の日本の世論調査の結果では、多くの日本人が2対1の割合いで、ぎゅうにく《牛肉》・オレンジの輸入自由化を支持している由であり、この点も考慮されつつ何らかの解決策が見出されることを期待する」と述べた[77]。これに対して、安倍は自分も農相経験者(三木政権)であると前置きして、「日本は米国農産物の最大の顧客であり、年間二千万トンにも上る輸入をして」いる、「ぎゅうにく《牛肉》については6割、オレンジについて4割の米国よりの総輸出量に占める割合を日本が輸入している」と強調した。そのうえで、牛肉・オレンジの自由化は「日本農民の生活を危うくする恐れもある」一方、「たとえこれら両品目を自由化してもせいぜい数億ドルの金額にすぎない」と指摘しつつ、両国が冷静に話し合って「来年三月以降の割当量の決定を図る方が現実的」と主張した[78]。

当時の米国における対日批判・圧力の背景には、失業者一二〇〇万人に象徴される米国経済の低迷があり、このまま推移した場合、米国内の保護主義の動きが抑制しがたい水準にまで高まり、その国際的な波及が世界経済のさらなる縮小を招くことが憂慮されていた。

しかしながら、訪米直前に打ち出した一連の市場開放策が、対日強硬派も含めて米国で評価されたこともあって、首脳会談での通商に関する議論の雰囲気は対決的なものとはならなかった。日米両首脳が協力して、世界経済の再活性化と保護主義の防圧、自由貿易体制の維持強化を強力に推進していくことで見解が一致した意義は大きかった[79]。

翌日の一月一九日の第二回目の首脳会談は、レーガン大統領夫妻の朝食会に招かれる形で行われた。この席でレーガンは、「これからは自分を『ロン』と呼んでくれ。そして、あなたを『ヤス』と呼んでいいか」と中曽根に提案した。これを契機に、当時有名になった「ロン・ヤス」関係が生まれている。日米両首脳間の個人的信頼関係を象徴する出来事であった。日米間の諸懸案を果断に処置し訪米した中曽根に強い印象を受けたことが、レーガンの言葉の背景であった[80]。

このロン・ヤス関係は、お互いを「ロン」、「ヤス」と呼び合うだけに止まらなかった。両首脳は頻繁に電話と書簡でやり取りしたほか、レーガンは米ソ間の主要な協議の際には必ず米国側高官を日本に派遣して、その内容を中曽根に報告した。また、経済面では、米国側の閣議で経済閣僚が日本に対する厳しい要求案を出すと、レーガン自身が、「この問題に関してはヤスが努力中だ。そのようなことをすべきでない」と言って、これを却下したともいわれる[81]。

首脳レベルの個人的信頼関係に加え、両国間の外相同士にも同様の関係が形成された。一九日の日米外相会談で安倍外相とシュルツ国務長官は意気投合し、一年に最低四回会談する約束が交わされた。その後、約三年半の安倍の外相在任の間に、両者は優に二〇回を超える会談を行うことになる[82]。ロン・ヤス関係に、外相同士の関係も加わり、「日米関係が非常にスムーズであった」(中島敏次郎元外務審議官)という[83]。

6 「不沈空母」発言と日米安保の実質化

この訪米で最も注目を集めたのは、一九八三年一月一九日付の米国の有力紙である『ワシントン・ポスト』に掲載された中曽根の「不沈空母」発言であった。これは、前日に行われた同紙のグラハム社主(Katharine Graham)主催の朝食会における中曽根の一連の発言が、記事として掲載されたものであった。朝食会の席で中曽根は、日本の防衛力整備の目標として、①日本列島を不沈空母のようにし、ソ連のバックファイアー爆撃機の侵入に対する巨大な防壁を築くこと、②日本列島の三つの海峡を完全に支配し、ソ連の潜水艦を通過させず、他の艦船の活動を阻止する、③シーレーンを確保、維持する、と発言したと伝えられた[84]。

右の記事は、米国の核戦略に対抗するため、米本土に向けて配備された原子力潜水艦やバックファイアーを日米共通の脅威と見なし、日本が能動的に「分業」を受け入れたものと受け取れた[85]。

それゆえ、日本の新聞各紙は、首脳会談における「運命共同体」発言とともに、この「不沈空母」発言に対する野党の反応を借りる形で、「集団自衛へ踏み出す」(『読売新聞』一月二〇日付朝刊)などと騒ぎ立てた。東京の反応が厳しくなっていくなか、一九日午前の記者会見で、中曽根は、「不沈空母」発言について、「そうした表現は使っていない」と否定したうえで、「海峡防衛を含め、専守防衛の範囲内で日本の防衛を真剣に考えていることを示したものだ」と釈明した[86]。

実際、中曽根は、日本列島の周辺に側壁を設けてソ連の爆撃機からの攻撃がないように防御すると発言し、これを同時通訳にあたったサイマル出版会の村松増美が「unsinkable aircraft carrier」と意訳したのである。したがって、中曽根は「不沈空母」という言葉それ自体を発していない[87]。

もっとも、「不沈空母」という訳自体は、中曽根の発言の趣旨を十分にとらえた適訳であったといえる[88]。中曽根自身、「unsinkable aircraft carrier」という訳を聞き、正確ではないと気付きながらも、通訳者の意訳に異を立てず、そのままにした。二年前の日米首脳会談時に、鈴木が日米同盟関係について「軍事的意味合いは持っていない」と発言したことにより、米国側に「無用な日本不信の空気」を生んでいたので、あえて「不沈空母」という刺激的な言葉でその空気の払拭を狙ったという[89]。

そこで、中曽根は、二一日の東京に向かう機中で同行記者団に対し、「『ワシントン・ポスト』紙との会見で『不沈空母』と言ったのは事実だ。ミスリードをお詫びする」と再釈明した。中曽根の日記によれば、当初、自身は「不沈空母」発言を隠すつもりはなかったが、国会や新聞からの反響を慮った外務省の助言に従い、一九日の会見でいったんは否定したものの、釈然としない心情から、再釈明に至ったのである[90]。

なお、中曽根は再釈明時、大平首相が米国での「安保ただ乗り」論を意識して、一九七九年の日米首脳会談で『日本は不沈空母のようなものである』と言って」いたと指摘し、自分も大平同様、ソ連の爆撃機の侵入を阻止する意味で使ったと語っている[91]。事実、大平の発言は、カーター大統領に対する「(対ソ戦略上)日本列島を防波堤として自由にお使いください」とのメッセージであり、中曽根発言と共通性があった[92]。中曽根は、「不沈空母」発言は前例があると示すことで、国内での波紋を抑えようとした。

一方、東京で記者からの質問攻めにあった後藤田は、「不沈空母」というのは単なる形容詞であまり意味がないとして、「ソ連が軍備増強をすゝめているのは事実なので、自衛力を整備する必要があるということだ」と釈明するなど、火消しに努めた[93]。とはいえ、中曽根特有の「派手な」言葉使いと海軍好きによる「海軍用語」が、当時、根強くあった平和主義的な国内世論にとって強い違和感を惹起したことは確かであった[94]。訪米後の内閣支持率は低下傾向を示し、自民党内からでさえ、中曽根の「タカ派」的路線によって、来る統一地方選挙にマイナスの影響が及ぶことを懸念する見方も出た[95]。

しかしながら、中曽根は内閣支持率の一定の低下を覚悟して、あえて確信犯的に「不沈空母」発言など一連の勇ましい発言を行ったと見られる。そこには、「日本のいっそうの防衛努力が米国を中心とした西側陣営の戦略と密接に絡んでいる」ことを常に認識しながら政府の方針を内外に明示すべきとの考えがあった。冷戦構造下、世界の安全保障は「抑止と均衡」で成り立っているという国際政治の力の論理を国民の前にはっきり示し、これまで曖昧なままに過ごしてきた防衛論議を、より現実的なレベルに近づけようとしたのである[96]。

こうした首相の発言は、米国側に一定の評価を受けたようだ。問題となった一月一九日付けの『ワシントン・ポスト』紙の記事を書いたオーバードーファー記者(Donald Oberdorfer)は、二三日付の同紙の解説記事において、「今次訪米自体は分岐点そのものではないが、分岐点につながりうるものである」と評したうえで、「総理の大胆、直截かつ率直な発言により、米国内のフラストレーションは一時的に緩和され」たと指摘した。もっとも同時に、米国の対日期待が高まった分、これが満たされない場合の失望は極めて重大なものになるとクギを刺すことも忘れなかった[97]。

帰国した中曽根は、日米同盟関係がより実質を伴ったものにするべく、歴代内閣が具体的な形で論議を避けてきた「有事の際の日米共同対処」問題について、これまで以上に踏み込んだ見解を示す。

国際法上保有するが、憲法上その行使が認められないという集団的自衛権の解釈が定着したのは、国際緊張が弛緩した一九七〇年代であった。ところが、一九七〇年代後半以降の新冷戦の下で、自衛隊と米軍の共同行動が本格化するに伴い、ともに行動する米軍が自衛隊を守るのに、集団的自衛権行使の制約から自衛隊が近傍に所在する米軍を守れないとすれば、同盟国として不都合ではないかとの指摘がなされるようになった。当時、シーレーン防衛が注目を集めていたこともあり、海上自衛隊による米軍艦船の護衛が、論議のリーディングケースとなった[98]。

当時、外務省と防衛庁は、米艦に対する攻撃を排除することに前向きで、中曽根も同様の立場であった。これに対して、角田内閣法制局長官は集団的自衛権の行使につながり、憲法に抵触するとして強く反対した。政府部内に見解の相違が存在することで、国会答弁がまとまらない事態が生じる。

そこで、中曽根は角田長官の説得に乗り出す。すなわち、米艦艇護衛を合憲とすることで海上自衛隊がハワイ近海でソ連艦隊を排除する事態が起きるのを懸念する長官に、「今の海上自衛隊にハワイまで行く航空母艦があるのか」と一蹴したうえで、集団的自衛権は個別的自衛権と同様に、「国家が持っている固有の権利」で行使可能との認識を明言したのである[99]。

もっとも、当時の日本の国内状況では、集団的自衛権を真正面から解禁するのはあまりにも政治的リスクが高かった。したがって中曽根は、個別的自衛権を拡大解釈することにより、自衛隊の米艦護衛への道を開くべく、二月四日の衆議院予算委員会で、日本有事の際に日本防衛の目的を持って救援に駆け付けた米軍を、自衛隊が個別的自衛権に基づき救援することが可能との認識を表明する。護衛艦の個別的自衛権の発動に基づく行為が、「結果的に米艦艇をも守る」ことに繋がるとの論理で事実上米艦護衛を肯定してきた従来の立場からの転換を画す首相答弁であった[100]。

次いで、シーレーン防衛を全うし、有事においても日本および日本国民の生存に必須な物資を海外から供給し続けるには、敵国との共同対処にあたっている米軍艦艇の防衛に止まらず、それら物資を運搬する外国籍の民間商船の護衛も必要となる[101]。そこで、三月一五日の参議院予算委員会で、谷川防衛庁長官が、日本有事の外国船護衛は、「わが国を防衛するために必要最小限度である以上、個別的な自衛権の範囲に含まれると考える」という趣旨の政府見解を発表する。第三国船舶の防衛を可能とするための個別的自衛権の拡大解釈であった[102]。

また、日本が直接武力攻撃を受けていない時に、米国が単独で宗谷、津軽、対馬の三海峡を封鎖するための同意を求めてきた場合についての政府の統一見解が三月七日にまとめられた。その内容は、米軍の単独封鎖を「原則的には拒否する」としながらも、日本の船舶が国籍不明の艦船によって甚大な被害を受けた場合などは、「(米軍の単独封鎖も)当然だ」と容認する考えを明確にした。また、翌八日には、武器そのものの対米禁輸を踏襲する意向を示しながらも、「中曽根内閣としては」との限定も付け、将来の政府判断で対米武器輸出を解禁する可能性も示唆する政府見解をまとめる。

右の一連の国会答弁での日米共同防衛対処に関する積極発言を受け、政府は三月一二日から日米防衛協力小委員会を開き、シーレーン防衛のあり方に関する日米共同研究をスタートさせた。これにより、日米の防衛協力はさらに一歩進むことになる[103]。

中曽根の徹底した対米協調の背後には、①国際場裏での日本の発言権を強めるには、強固な日米関係が基礎にならなければならない、②米国を支えることが、日本を含めた西側全体の利益につながるとの判断があった。経済面で巨大な存在となった日本が、米国の相対的な力の低下によって生じた国際秩序の混乱を抑え、現実に即した新しい秩序の形成に貢献する路線である[104]。「西側の一員」として日本が米国を側面から支えるという方向性自体は、すでに一九七〇年代末に大平が打ち出していたものだが、吉田茂首相が敷いた経済中心の路線から脱却し、防衛・経済両面での貢献を通じて国際政治の舞台で日本の存在感を明示すべきとする政治主義的な立場にある中曽根によって、より具体的な形で推進されたのである[105]。

7 東南アジア歴訪——中曽根の抑制的姿勢

米国の要請に沿って着々と防衛力の強化を進める日本政府の様子に、ASEANを含むアジア諸国の一部からは懸念が表明されるようになった。特に、シーレーン防衛論議の高まりとともに、日本のシーレーン上にあるフィリピンとインドネシアでは、日本の軍事的プレゼンスへの不安が表面化していた[106]。

中曽根政権が成立する約二ヵ月前の一九八二年九月半ばに米国を公式訪問したフィリピンのマルコス大統領(Ferdinand Marcos)は、シュルツ国務長官に対して、米国が日本に自衛力強化を促している点を理解するとしつつも、「日本はその気になれば、その経済力を政治的な支配力や強力な軍事力に転換できる」ことが「長期的に気がかり」と表明して、日本のシーレーン防衛への警戒感を示した[107]。また、一〇月一九〜二二日に訪日したインドネシアのスハルト大統領(Suharto)も、すでに退陣を表明していた鈴木首相に「米国が日本に自衛力増強以上のものを求めているのではないかという心配がASEAN諸国にはある」と指摘していた[108]。

一〇月四〜七日に香港で開催された東アジア大洋州地域大使会議では、①フィリピンにおいて第二次大戦の記憶はいまだ払拭されていない。教科書問題が引き金となって日本の防衛問題が議論され、マルコス大統領が訪米中に「日本は脅威である、信用できない」と語るなど、日本に対する潜在的懸念というのは依然存在している、②インドネシアでは、有識者の間にソ連の脅威の前に日本が合理的範囲で防衛力を増強することは当然という考えがあるが、一般民衆には日本が中国と手を組んで次第に軍国主義化していくのではないかとの素朴な懸念がある、③シンガポールでは一九四二年の日本軍による市民の大量虐殺という事実が存在し、潜在的に複雑な対日感情がある、といった報告がなされていた[109]。

それゆえ同会議では、日本の防衛政策について「明確かつ具体的に説明」する必要性に加えて、「アジア諸国には軍事大国にならない、米国に対してはできるだけ防衛努力を行うといい続けるならば、ダブル・トークの印象を与えかねないことに留意する必要がある」との指摘もなされたのである[110]。

中曽根政権成立後の一九八三年一月二一日には、「東方政策」(日本や韓国の労働倫理、経済哲学や日本の成功経験などを学ぶことによって、自国の社会経済の発展を目指す構想。「ルック・イースト政策」とも呼ばれ、一九八二年以降、マレーシア政府は多くの留学生や研修生を日本に派遣する)を掲げ、これまで目立った対日批判を行っていなかったマレーシアのマハティール首相(Mahathir bin Mohamad)が、来日中の会見で、①自国を防衛する能力がある一定の線を越えれば、攻撃能力となる、②日本が十分な攻撃能力を持てば、マレーシアは歓迎しない、③日本がマラッカ海峡や南シナ海を防衛することには反対である、と批判の声を上げた[111]。

一九八一年の後半から、世界的な長期不況のために東南アジアからの輸出が停滞し始め、各国に経済不振の影が広まるなか、各国指導者の間に先進諸国への不満やいら立ちが高まっていた。ASEANと最も大きな経済関係を持つ日本に対しても、輸入拡大、援助増要求といった要請が強まっていた[112]。

右の東アジア大洋州地域大使会議が出した提言でも、日本の市場開放措置は、「東アジア・大洋州諸国」の利益に「均てん《霑》する度合い」が低いとしたうえで、「今後なお一層本地域諸国の利益均てん《霑》のため関税引下げ、非関税障へき《壁》等かん《緩》和をはじめ各国産品の買付増大のため努力する必要がある」と提言した。特に、米国の関心品目である骨付き鶏肉の関税だけが下げられ、タイの骨なし鶏肉の関税がそのままなのは、「対日批判ふん《噴》出への引金として利用されるおそれも」あるので、至急是正が必要と訴えている[113]。

日本－ASEAN関係が微妙な雰囲気にあるなかで、中曽根は韓国、米国に次ぐ三番目の外遊先として、ASEAN各国を選択する。その理由は、①サミット前にASEAN諸国の意見を聞き、同諸国との連帯感を示す、②日本の安全保障政策について、同諸国から理解を得る、③各国首脳と個人的な信頼関係を造る、ということであった[114]。また、中曽根は、一九七四年の田中角栄首相の東南アジア歴訪中インドネシアで反日デモが起きたことを念頭に、外務省に対し、日本が東南アジアを重視している旨を訪問相手国に説明するよう指示した[115]。

かくして中曽根は、四月三〇日から一一日間にわたるASEAN歴訪に赴いた。ASEAN各国首脳との会談においての大きな焦点は、日本の防衛政策となった。五月一日のスハルト大統領との会談で、中曽根は、「平和憲法、専守防衛、非核三原則、軍事大国にならない」といった点で、自らの防衛政策は歴代内閣のそれを踏襲するものと表明した。次いで、「ソ連の東アジアにおける軍備増強については米国が神経質になっており、日本にいろいろ要請してきている」として、経済摩擦をはらむ日米関係を良好な状態に維持するためにも、日本の防衛力を漸増していく必要性に言及した。そして、以下の如く、極東ソ連軍の増強という現実に触れつつ、シーレーン防衛に関する説明を展開した。

> なお、ソ連は我が国固有の領土たる北方領土に一個師団とミグ21を駐留させており、ウラジオストックにはミンスク空母を配し、東アジア方面に一三五隻の潜水艦（そのうち六五隻は原潜）が展開している。これに対し、我が国は一四隻の潜水艦を保有するにすぎず、現在の計画が完了しても一五隻になるにすぎない。また長距離爆撃機や空母を保有する計画もない。
>
> 海上防衛については、周辺数百海里を防衛するとと

もに日本有事の際は千海里程度の航路帯を設けてこれを米軍と共同して防衛する積りである。南東航路帯は小笠原諸島に沿った東京からグァムまでの距離の三分の二程度であり、南西航路帯は沖縄諸島に沿ってバシー海峡の手前位までであり、いずれも日本領土防衛に関連して設けるものである。従って千海里、シーレーン防衛はASEAN諸国に到底到達するものではない。こういう考えに基づいて日本の防衛政策を進めているので御了承いただきたい。[116]

中曽根の説明にスハルトは、日本の自衛のための軍備増強について「自分としては異存はない」と表明したうえで、「日本がASEANの防衛力増強に協力することはできないのであろうか」と提案した。中曽根は「我が国は安保関係にある米国との間以外には軍事協力を行わない方針なのでASEANに対しても軍事協力は致しかねる」としながらも、「ASEANに対する産業協力や技術協力は今後も行っていきたい」と述べた。産業協力や技術協力を通じた間接的な軍事力強化ということで、大統領も納得したと見られる[117]。

五月七日のフィリピン・マルコス大統領との会談では、「過去三〇年間の歴史及び広島・長崎の原爆体験等により、我が国民は、再び過去の誤まち《ママ》を繰り返さないと強く決心した」と表明した。そのうえで、朝鮮戦争勃発に伴う自衛隊創設の経緯に触れつつ、「当初から自衛隊の役割は、我が国の防衛に限定されていた」と述べ、専守防衛の基本政策は現憲法が存続する限り存続するとともに、この基本方針は自分も含めて「我が国国民の国民感情に深く根着いている」と説明した。また、自身がかつて日本国の独立確認と自衛隊認知の見地から、憲法改正を唱えてきたことすらも、国民の反発を受けたと述べ、日本での平和主義の定着ぶりを強調した[118]。

マルコスは、中曽根の説明に「全くの同感」と明確に理解を示し、「自分は諸般の事情からこの見解を公にすることができない」としながら、以下のように述べた。

日本の軍国主義への警告うんぬんの源泉はまさに西側のプレスである、従って、自分はこのような報道には深い疑いをいだいている。自分は、日本における軍国主義うんぬんの議論は信じておらず、他のASEAN諸国首脳も同様である。私は日本は、この地域の安全保障を維持するためにより大きな役割を果たすべき

であると考える。この点については他のＡＳＥＡＮ諸国の首脳も同感であると思われる。〔119〕

さらに、マルコスは非公式な場で、ＡＳＥＡＮ各国の首脳たちは、国民向けに日本の防衛政策や軍国主義化に懸念を表明しているが、実際は日本の本意は理解していると話したという〔120〕。実際、三日に会談したタイのプレム首相は、アジアにおける米国の撤退傾向とソ連や中国の影響力増大に言及しながら、「（憲法の枠内での）日本の防衛力強化はこの地域の平和・安定に貢献する」と評価したし、九日のマハティール首相との会談でも批判は出てこなかった。四日に会談したシンガポールのリー・クアン・ユー首相（Lee Kuan Yew）は、「現実に、日本帝国主義が復活するとはだれも考えていない」と中曽根を励ました〔121〕。以上の一連の会談を通じ、中曽根は、ＡＳＥＡＮ各国首脳が、表面上はともかく、内実は日米が安保で緊密に連携することを歓迎しているとの感触を得た〔122〕。

一方、ウィリアムズバーグ・サミットに向けて、ＡＳＥＡＮ各国の首脳たちからは様々な要望が表明された。タイのプレム首相は、①先進国間の保護主義の高まりは、発展途上国の輸出及び開発にも悪影響を与える、②一次産品の価格安定のためには、先進国側で措置をとることが必要である、と述べ、中曽根は、サミットで右の意見を反映させたいと応じるとともに、過去三年で日本の市場開放策が進捗した事を強調しつつ、関税引き下げについて今後も努力する約束をした〔123〕。

マルコスは、①現在大口融資国の意向により支配されている世銀・ＩＭＦの憲章を改正し、これら機関が世界の声を反映するようにしなければならない、②特に、現在、世銀・ＩＭＦは融資の際に厳しい条件を付しており、債権の取り立てを目的としているが如きである、と強く主張したが、中曽根は、本件に関しては漸進的、現実的な対応が必要であると返答するに止めた〔124〕。

他方、政治面については、マハティールとの首脳会談で同席していたマレーシアのガザリ外相（Muhammad Ghazali Shafie）から、サミットでの日米首脳会談で、米国が対ソデタントを推進することが緊要との「我々の気持ちを伝達して欲しい」と要請があった。一九七〇年代後半に米ソのデタントが崩れたのは、第三世界での行動基準に関する米ソ両国の合意がなかったためであり、「全欧安保会議のように、関係国が集まり」、その種の行動基準を造るべきだというのである。中曽根もこの意見に同意し、米ソ間の軍備管理・兵器削減交渉、さらには首脳会談が行われることを希望すると返答した[125]。

今次のASEAN歴訪では、各国首脳と個人的信頼関係を構築することも重要な目的の一つであった。なかでも、中曽根は、開業医から政治家に転身し、英帝国主義に立ち向かったマハティール首相を非常に尊敬していた[126]。さらに、マハティールが標榜する「東方政策」には「深い感銘」を受け、首脳会談でもその協力推進にあたっては、事務方に委ねず、自ら政治主導で行っていく意思を表明した[127]。国家や民族の誇りを重んじる中曽根にとって、欧米に対するアジアの矜持を掲げるマハティールの理念には大いに共鳴するところがあった[128]。

五月九日、そのマハティールとの首脳会談を終えた中曽根は、歴訪の締めくくりとしての政策演説を行った。ここでは、専守防衛を基本とし軍事大国にならないと改めて表明するとともに、「ASEANの繁栄なくして日本の繁栄なし」との信念に則り、日本が同諸国を経済協力・援助の最重点地域とするとの方針を再確認した。そのうえで、産業技術移転、科学技術協力、人的交流拡大の三つを柱とする「幅広い交流」の推進を提唱した[129]。

「ASEANの繁栄なくして日本の繁栄なし」を裏付けるべく、中曽根は外遊中、インドネシアに六七五億円、タイに六七三・六億円、フィリピンに六五〇・五億円の円借款供与を約束した[130]。マレーシアには、一月のマハティール来日時、すでに六一〇億円の円借款の他、輸銀バンクローン一〇〇億円の供与が約されている。輸入拡大についてのASEAN側の要望を十分に応えられなかった分、経済援助については積極姿勢を示したのである[131]。

また、日本‐ASEAN間の「幅広い交流」の三本柱の一つの産業技術移転と並んで既存プラントの再活性化（プラント・リノベーション）のための協力に努力していくとした。第二の柱の科学技術協力については、日本‐ASEAN諸国間における関係閣僚会議の開催を含む科学技術面での協力が掲げられた。第三の柱の人的交流拡大に関しては、ASEAN諸国から今後五年間で毎年七五〇名の青少年、教員などを日本に約一ヵ月招待する計画を推進すると約束した[132]。

右の演説文の起案の過程で配慮したことは、「アジアの国にはそれぞれに独自の歴史があり、民族意識があるので、こちらが大国意識を出してはいけない」という点にあった[133]。第二次大戦後に英仏など西欧諸国が、アジアの諸民族の独立運動戦争に敗れ、当該地域で影響力を失った経緯が念頭にあったのである。

また、中曽根の記憶には、一九七七年八月に福田ドクトリンが発表された直後の九月に東南アジア諸国を回った際、フィリピンのロムロ外相（Carlos P. Romulo）から、「ドクトリンという言葉は大国のトップが使うような言葉だ。むしろプレッジという表現に改めるべきだ」という指摘を受けたことが、常に残っていた。それゆえ、日本が東南アジアに対して優越感を持っていると受け止められないよう、演説を「ドクトリン」と称することもしなかった[134]。

事実、歴訪中の中曽根の言動は謙虚で慎重であった。マルコス大統領主催の夕食会では、「我が国が過去の戦争で、貴国と貴国の国民に対して多大な迷惑をかけたことはきわめて遺憾と思い、深く反省している」と発言した。また、ASEAN五ヵ国全てで日本への留学経験者との懇談会を開き、特にタイでは、約五〇名の学生代表を日本大使公邸に招いて対話集会を催している[135]。

このような抑制的な姿勢は、インドシナ問題への対応にも反映された。タイのプレム首相との会談で、中曽根は次のように日本の立場を明確に語った。

> インドシナ問題についてはASEANの対ヴェトナム、対カンボディア姿勢を強力に支持する。またタイが前線国家として多くの犠牲を払っていることに対し深く同情し我が方としてもカンボディア難民・タイ被災民に対し誠意を尽くして援助する。カンボディア問題は国連憲章の精神に沿って包括的平和解決を図る必要がある。我が方は越軍が撤退しカンボディアに民族自決に基いて政府が出来るまで対越援助を凍結する。更にインドシナ諸国と周辺諸国が平和共存出来るよう国際会議等を通じ貴国と連絡をとり協力していきたい。[136]

インドシナ問題に対するASEAN、特に前線国家のタイの立場を強力に支持する一方、ベトナム軍がカンボジアから撤退しない限り、対越援助を再開しないという点で、中曽根の発言は鈴木政権の基本線をそのまま継承するものであった。そこには、「福田ドクトリンのように、日本がこの地域に対して政治的姿勢を打ち出すと、かえってASEANの感情を刺激することになる」との読みがあった[137]。

実際、マハティールは中曽根に、「対越援助の開始は正当化し得ない。越の立場を強めることになる」として、対越援助再開に向けて動いている豪州にも再開しないよう強く働き掛けていることを明らかにした。また、スハルトは、「ASEAN諸国はヴェトナムのカンボディア干渉を東南アジア地域における脅威と見なしている」と直栽に述べたし、プレムも、ソ連がベトナムやカンボジアの基地を利用して、侵略を行うことへの懸念を表明した[138]。福田ドクトリンに則って問題解決に積極的に乗り出すには、時期尚早であった。

もちろん、日本政府がカンボジア問題について無為無策だったわけではない。首相のASEAN歴訪に随行した安倍外相は、五月三日のタイのシティ外相との会談で、「ラオスとカンボジアは同じようにベトナムやソ連の影響下にあるといっても、両者を同一視するのは誤りではないか」と指摘したうえ、包括的政治解決に有用な形で、ラオスへの無償援助の拡大や新規円借款供与を検討する意向を示した。シティ外相は、タイと言葉・文化が近いラオスと良好な関係を希望し、そうした関係に中国も賛意を表していると述べ、六月にバンコクで開くASEAN拡大外相会議で日本のラオス援助強化を提案してほしいと要請した[139]。

もともと、ラオスへの援助強化という構想は、前年一一月にベトナム・ラオス両国に出張した外務省アジア局の藤井宏昭審議官が、その帰国報告のなかで、「ラオスは政治・軍事両面でベトナムの影響下にあるが、(そこからの)自立を望んでおり、日本は経済援助を通じて(同国の自立に)貢献できよう」と述べて、「年間六億円の援助を一〇億円に増額するべき」と提案していた経緯があった[140]。

藤井審議官の提案を積極的に取り上げたのが安倍であった。安倍は、派閥を福田赳夫元首相から引き継いだこともあってか、「福田ドクトリン」の実現に殊の外執着があり、カンボジア和平やベトナムとの関係正常化問題に強い関心を示した。カンボジア内戦が膠着状態の下、相対的に穏健路線をとるラオスに援助を強化することで、周辺のベトナムやカンボジア(ヘン・サムリン政権)に平和のメリットを知らしめる、いわば「ショーウィンドウ効果」を狙ったのである[141]。

しかし、このような控えめかつ迂回的なアプローチに対してさえ、ASEAN諸国は神経質であった。六月二七~二八日のASEAN拡大外相会議では、ASEAN側を代表する形で、インドネシアのモフタル外相(Mochtar Kusumaatmadja)が、「日本の対ラオス援助の継続には反対しないが、額は従来のものを超えるべきではなく、これがベトナムのカンボジア占領を強化するものであってはならない」と牽制した。

安倍は域内・域外国全体の合同記者会見において、①わが国の対ラオス援助は、日・ラオス間の相互依存、人道的見地から続けており、ベトナムを力づけるものではない、②したがって、日本は援助を継続するし、多少の増加はありえるが、ドラスティックな増加は考えていないと述べた[142]。それでも、日本政府は製薬センター建設のための無償資金協力を決定し、その一件に七億円が供与されることとなったため、対ラオス援助は一挙に一〇億円にまで増額された[143]。

対ラオス援助強化策は、首相官邸主導ではなく、外務省主導でなされたものであった[144]。つまり、中曽根が米国や中韓両国、ASEAN諸国といったアジアの主要国との外交を執り行う一方、それ以外のアジア諸国一般については安倍に任せるという「棲み分け」ができていたと見られる。特に、ラオス、カンボジア、ベトナムの三国については、事務当局にも増して安倍自身が主導的に動いていたとの指摘もある[145]。

中曽根首相のASEAN歴訪は、一九七七年の福田首相歴訪のように日本の対東南アジア外交にとっての画期と言えるほどのものではなく、中曽根の首脳外交としては比較的地味な部類に入る。先述した訪韓や訪米に比べると、このASEAN歴訪では首相自身の主張や考え方が前面に出てきた印象がなかったようだ。中曽根政権時代は日本－ASEAN関係が、「福田ドクトリンのような一般的政策的対応ではなくて、(留学生招致のプロジェクトなど)具体化を進めていく時代であった」(中島元外務審議官)ことも、歴訪が地味に見えた背景にあるのだろう[146]。

とはいえ、ASEAN各国から日本の防衛政策に関する理解を得るなど、歴訪を通じて所期の目的が達せられ、近く先進国サミットに臨む中曽根としては、非常に意を強くしたものと見られる[147]。

一方、ASEAN側でも、前出のモフタル外相は、中曽根を「頭の良い(機転の利く)男」で、従来の日本の指導者にないタイプの人物として一目置くとともに、ASEAN－日本間の外交関係の発展のみならず、科学技術交流や人的交流の拡大が打ち出されたとして、歴訪は成功したと見なしていた。そして、その成功の鍵は中曽根が新奇な提案を持ち出さなかった点にあるとした[148]。モフタルが指摘したとおり、中曽根が低姿勢を保ちつつ、歴訪の目的を防衛政策に関する了解確保と各国首脳との関係構築に絞る一方、カンボジア問題で従来の政策ラインを維持するに止めたのは、ＡＳＥＡＮ諸国との関係維持に鑑みて妥当な策であった。

8 ウィリアムズバーグ・サミット
——国際政治への積極的参画

米国でのウィリアムズバーグ・サミット開催を控えた五月二四日、外務省の村田良平経済局長は、サミットに臨む基本戦略をまとめたペーパーを首相に提出した。そこには、来るべきサミットの性格や出席者たちの考え方と立場、国益につながる首相の振る舞い方などが記されていた[149]。村田は、「今次サミットで西側の結束が誇示されればそれのみでも、成功と評価しうる」と指摘し、「サミットが対立、分裂に終らず、協調の雰囲気で終了するようにもっていくことを最大の眼目」とするよう進言しており[150]、中曽根も同ペーパーを大いに参考にして、サミットに臨んだ[151]。

外交以外の諸々の公務の合間を縫って、サミットに向けた勉強会を重ね、関係資料を読み込んだ中曽根は、五月二六日の出発直前、サミットでの抱負を尋ねられ、東西間の軍備問題について西側の一致団結を図ったうえで、「レーガンさんがアンドロポフ書記長といずれ近いうちに首脳会談をやり、核兵器の削減交渉を成功させる素地をつくりたい」、「ＡＳＥＡＮ訪問で首脳たちに南北問題をよろしく頼むと言われたので、サミットでは努力したい」と語った[152]。

かくして、サミット出席のため訪米した中曽根は、到着した翌日の二七日にワシントンで日米首脳会談を行った。この会談で中曽根は、自身を「キャッチャー」、レーガン大統領を「ピッチャー」になぞらえ、サミットでの協力を約束した[153]。また、ソ連が米国との首脳会談に応じるか否かいまだ不明としながらも、「貴大統領がソ連との間で平和のための交渉をされるのであれば、われわれ西側同盟国は、今次サミットの機会に、貴大統領の足場をきづく《ママ》ための協力をすることが重要であり、西側として集団的な対ソ平和攻勢をかけることに意味があると思う」と表明した[154]。特に、米ソ間の中距離核戦力（ＩＮＦ）問題については、米国のＩＮＦの西欧配備が一九八三年末に実施されなければ、ソ連が真剣な交渉に応じてこないとの考え方を示した[155]。

さらに中曽根は、自らのＡＳＥＡＮ歴訪を説明し、同諸国の発展ぶりや将来性に感銘を受けたと賞賛した。中曽根はＡＳＥＡＮ各国が最も懸念していたのは、①（ベトナムの)ダナンやカムラン湾などでのソ連の軍事的プレゼンス、②特に、フィリピンやインドネシアについては、中国の毛沢東主義に基づく内乱幇助の二点であると指摘した。また、フィリピンのマルコス大統領が、日本が憲法の枠内で自衛力増強を図ることに「十分な理解と支持」を示すと同時に、「日米両国が協力し合って、いざという時にＡＳＥＡＮを助けてくれることを期待していた」と伝えた。対するレーガンも、ＡＳＥＡＮの重要性に言及し、「引続き同地域の関心とプレゼンスを維持するつもりである」と応じた[156]。

五月二八日、ウィリアムズバーグに入った中曽根は、西独・英・仏三ヵ国の首脳たちとの会談を行い、安全保障問題に関する議論を重ねた。そのなかで、コール西独首相(Helmut J. M. Kohl)は、「グローバルな削減、撤廃が必要だという西ドイツの立場は維持していくので、日本は安心してほしい」と発言し、また、サッチャー英首相(Margaret H. Thatcher)からも、「ＳＳ20を西から東に移しても問題の解決にはならない。全世界的な解決を、という日本の考えを理解する」という発言を得た。さらに、ミッテラン仏大統領(François Mitterrand)も、「実際に西側が(核を)配備して、初めてソ連を真剣に討議に参加させることができる」と語った[157]。

一連の議論を通じて中曽根は、日本が米新型ＩＮＦの欧州配備を予定通り断行することを支持するのと引き換えに、西欧側からＳＳ20極東移転への反対とＩＮＦのグローバル・ゼロを理解するとの言質を引き出したのである。特に、ミッテランとの会談において、中曽根が旧制高校時代に学んだフランス語で挨拶したことが、大統領の中曽根に対する第一印象を大きく変え、サミットの中で中曽根が行った様々な発言を受け入れる素地を作った[158]。

東西冷戦下で自主外交を志向するフランスは、米国との協調関係にしばしば齟齬《そご》を来すことが多かったし、レーガン自身、フランス人特有の気位の高さを感じさせるミッテランとはウマが合わなかったようだ[159]。それだけに、レーガンと盟友関係にありながら、ミッテランとも話が通じる中曽根の存在は、サミットにおいて重要性を帯びることになる。

五月二八日のサミット開幕に伴う歓迎式典の後、各国首脳陣の写真撮影が行われ、その際に中曽根はあえてレーガンの傍を動かず、写真中央に収まった。歴代首相はサミットの写真撮影では隅に立つことが多かったが、後に中曽根は、米国に次ぐ国連分担金の拠出をする日本の首相が「隅に立つのでは納税者に申し訳ない」という「愛国心」から中央に立ったと述べている[160]。ただ、レーガン自身が中曽根の手を引いて撮影場所まで連れていったとの証言もあり、レーガンが中曽根を盟友として頼りにしていたことが窺える[161]。

同日夜には首脳会議が開催された。議題はＩＮＦ問題であった。まず、サッチャーとコールの両者が、ＩＮＦ配備を予定通り行うべきとの主張を強力に訴えるとともに、イタリアのファンファーニ首相(Amintore Fanfani)も英独両首脳の主張に同調した。とりわけ、国内で選挙を抱えたサッチャーは、ソ連に対する抑止力と均衡の必要性を熱心に主張した。一方、カナダのトルドー首相は、ＩＮＦ配備それ自体には同感を示しながらも、ソ連を刺激しないようにアプローチの面で慎重にするべきと述べてサッチャーと激論を展開した[162]。

こうした議論の流れのなかで、議長役のレーガンは中曽根に総括的な基調発言を求めた[163]。これを受けた中曽根は、以下のような世界戦略上の五原則を明示した。

(一) 世界に平和と経済回復を示し、意思表示すべし。軍縮と景気のサミット。
(二) 抑止と均衡に基づき、ＩＮＦはグローバルでゼロ・オプションを基調。アジアを犠牲にした解決は認めない。
(三) ソ連を(交渉の)テーブルに引き出すため、もしソ連が応じなければ、既定の諸計画は実行すべし。グラグラしたらソ連に軽んじられる。
(四) 米ソ首脳会談を期し、足場造りに結束しよう。
(五) 対ソ交渉は粘り強くかつ相手に余地を与える。追い詰めぬこと。[164]

これに対し、ミッテランは、「パーシングⅡの配備には賛成だが、フランスは独自の核を持っているし独自の国防政策によりＮＡＴＯには入らない」と自らの外交路線を強調し、ＩＮＦ問題についてもサミットの政治声明を出すことに反対した[165]。ミッテランの反対の要点は、政治声明に西側の安全保障問題が「全体的であり、且つ不可分である」と記述される部分にあった。西側安全の不可分論は、ミッテランに「アメリカの風下に立つことに成りかねず、アメリカの枠に嵌め込まれる恐れがある」という懸念を抱かせたのである[166]。

議場の雰囲気が白け、絶望的な空気が流れるなか、中曽根は「仏の立場は理解出来る」とミッテランを立てたうえで、「然し実質的に讃《ママ》成なのだから、一項目立て、仏の立場を明にしつつ、讃《ママ》成を明にしたらよい」と発言して、以下のように続けた。

> 日本もNATOに入らず、独自の憲法、非核三原則を持ち、然も世界的政治戦略から讃《ママ》成している。これは西方の結束示して㋞を交渉に引出し、妥当な結果を生むためである。この際西側の分裂や乱れをみせることは避けねばならぬ。今、世界戦略上最も大切な時だ。[167]

中曽根によるミッテランへの説得は、日本がNATO加盟国でないにもかかわらず、「西側の一員」としての立場からNATOの二重決定を支持し、パーシングIIの西欧配備に理解を示すことを意味していた。また、NATOの立場を支持するのと引き換えに、中曽根は米欧諸国に対してSS20の極東移転を含む削減案でソ連と妥協しないよう求めたのである[168]。

中曽根の援護射撃を受けたレーガンは「米国は欧州にはいない」が、「自由と民主主義を守るために、犠牲に耐えねばならない。そして対ソ結束を示せねばならない」と熱情を込めて訴えた。サッチャーも同調した。ところが、コールが、西欧の意思統一の必要性や国内事情を理由に「仏反対ならば独も讃成できない」とミッテランへの同調姿勢を示し、重ねてトルドーもINFに関する声明発表への慎重論を主張した[169]。

会議の決裂を回避するべく各国首脳は仏大統領の説得に当たったが、不首尾なまま、最後に中曽根が言葉を継いだ。

> 日本には憲法九条があり、憲法上は国内的にも外国と同盟的提携を結ぶことはできないことになっている。にもかかわらず、私は国内的抵抗があることを承知の上でやるんだ。だから、ミッテラン大統領、日本の憲法のことはよくご存知だろうと思うが、私もそう考えて協力するのだから、貴方も（西側の安全が）全体的であり、不可分であるという、その言葉について同調してくれ。[170]

フランスへの配慮を滲ませつつ、それでいて日本国内の政治的リスクも厭わず説得にかかる中曽根を前に、ミッテランをはじめとする各国首脳全員が沈黙した。その時、間髪を入れず、レーガンが「とにかく（政治声明の）案をつくってみる」と提案した[171]。この提案にサッチャーとコール、ファンファーニ、中曽根が賛成する一方、ミッテランとトルドーが沈黙したままであった。しかし、これによって次の日までに各国の外相レベルで案を作ることが決まった。中曽根は「(案の中に)グローバルベースとゼロ・オプションを入れよ」と念を押し、レーガンも「留意する」と答えた[172]。

レーガンの指示を受け、各国外相らによって、欧州から中距離核の全廃を目的とする交渉を継続しつつ、新型ミサイルを配備するという二重決定を再確認する声明案が準備された。ところが翌二九日の朝になって、ミッテランとトルドーは同声明案を支持できないと述べ、事実上レーガンたちを、新型ミサイルを配備したがる戦争挑発者だと呼んだ。前日の合意を破棄しようとする両首脳の言動によって、同日の全体会議は、仏加と、合意を支持する米英日独伊との間で白熱した議論が続いた。激論の結果、レーガンらは合意の精神を阻害しない形で仏加が納得するよう、さらなる声明案の修正作業を外相たちに依頼する[173]。

ようやく三〇日にまとまった政治声明では、第五項で、米ソ間のINF合意が実現しない場合、一九八三年末までの米INFの西欧配備が明記されると同時に、第六項は次のように日本側の意向が反映された文言となった。

サミット参加国は、軍備削減に向けての努力において結束しており、引続き徹底した緊密な協議を続けるであろう。われわれサミット参加国の安全は不可分であり、グローバルな観点から取り組まなければならない。[174]

サミット前に外務省事務当局が、「安全の不可分性」、「グローバル」、そしてサミットのメンバーの協力を意味する「共同性」の三つの要素を盛り込むよう、外相に強く進言していたことに鑑みれば[175]、「共同性」という文言こそ入らなかったが、日本の立場は概ね反映されたということになろう。

首脳会議後、シュルツ国務長官が中曽根の宿舎を訪れ、大統領が会議での協力に感謝していると伝えてきた[176]。中曽根は帰国直後の日記に、「NATO、仏、日本、異なる特色を持つ三つが、最大公約数で大局的連携プレーをやった。むしろレーガンを助けてプレーを作った」、「レーガン、サッチャー、中曽根の連が出来た」と書いた[177]。実際、サミットから約二ヵ月あまりを経た八月、ソ連は、アンドロポフ書記長名で、欧州から削減したSS20は破棄するとして、その極東移転構想を撤回する。サミットでの西側の結束の誇示が、ソ連の決定に影響を与えたのであろう。

ただ、当時ソ連は、ウラル以東にSS20だけでも一一〇基をすでに配備していた。欧州から追加再配備しなくとも、SS20の極東配備それ自体は増大していたのである[178]。ところが、外務省はアジア部に配備済みのSS20の削減と欧州で削減されたSS20の極東移転阻止を分けて考えていた。後年、中曽根自身も、当時配備済みのミサイル撤去は考慮の外であったと認め、配備済みのSS20撤去は「よほどの政治力がないとできない」と率直に語る。INF交渉の遅滞を好まない西欧諸国に配慮すれば、ミサイルの極東移転に目標を絞るほかなかった[179]。

初参加ながらサミットでの中曽根の存在感は安全保障分野に止まらなかった。五月二九日の全体会議で、中曽根はASEAN歴訪を踏まえ、同諸国が将来の世界経済の成長発展に大きな役割を果たすようになるとの印象を持ったと発言した。そのうえで、六月初旬にユーゴスラビアでの開催が決まっているUNCTAD(国連貿易開発会議)の総会に向けて、先進国として何らかの前向きなメッセージを打ち出すべきであると主張した[180]。南北問題についてはカナダやフランスが関心を持ち、会議では中曽根以外の首脳たちからも積極的な発言がなされた。最終的にUNCTAD総会で途上国側と建設的対話を行うことで合意ができた[181]。

そして中曽根は、前年サミットにおけるミッテランの提案でできた科学技術一八項目を推進する一環として、そのなかの癌対策や遺伝子工学による生命操作といった問題に関して各国の協力を促した。すると各国首脳から、日本の首相から生命倫理に関わる話題が提起されたのはサミット史上初めてであるとして賛意が示された。政治問題に続き、科学技術の問題でも西側協力をリードした中曽根の言動は、従前の「エコノミック・アニマル」という日本の指導者像を修正するものであったといえる[182]。

しかしながら、帰国した中曽根を待ち構えていたのは国内からの批判の声であった。社会・共産両党は、①今回のサミットの政治声明によってNATOと日米安保が結合し、日本が集団安保体制に組み込まれ、違憲の集団的自衛権に踏み込むのは必至、②米核ミサイルの欧州配備断行の主張は、非核三原則を踏みにじると論難した。自民党内でも、ハト派の河本・鈴木両派から、同様な観点で首相の勇み足を懸念する意見が出された[183]。

野党や自民党内のハト派には、このサミットの政治声明作成に日本が積極的に参加したことの意味が十分に理解できていなかった。サミットの閉幕直後の五月三〇日の記者会見で中曽根は、「日本は平和憲法、非核三原則といった独自の立場をとりつつ世界政治に参画している。軍事的参画はあり得ないが、このような政治的参画は十分あり得る」と発言していた[184]。サミットでの中曽根の言動は、従来ややもすれば経済の領域にとどまり、しかも受動的であった日本の活動を、国際政治における自由世界との連帯の上に立った、より広範な分野まで拡大するなど、日本外交の転機を世界に印象付けたのである[185]。

このような中曽根の国際戦略眼を、日本国民がどの程度把握していたか不明だが、時事通信社・中央調査社の調査では、サミット直後の六月の内閣支持率が前月よりも三・一%上昇する一方、不支持率が三・一%下落した[186]。マス・メディアや野党各党の批判にもかかわらず、サミットの舞台で日本の首相として異例の存在感を示した中曽根に民族的な自尊心をくすぐられ、好感を持った国民も少なくなかったのだろう。

一方、中曽根がサミットで国内からの批判を覚悟のうえ、安全保障問題であえて米欧との共通認識を表明したことに西欧諸国が抱いた好感は、日欧関係の改善・発展に役立つものと見られた[187]。米国だけでなく、西欧諸国も日本を西側同盟の一員だと公式に認知するようになり、日本と西欧諸国が実務レベルで、情報や意見を密接に交換していく傾向が強まった[188]。さらに、日本政府はこのサミットを契機に、軍事組織であるＮＡＴＯとの間に非公式ながら接触できるようになったという（公然とＮＡＴＯと接触できるようになるのは冷戦終結後）[189]。

もとより、中曽根はサミット以前の段階から西欧諸国との政治対話を進めていた。政権発足から間もない一九八三年一月二～九日、中曽根は、英、仏、西独、伊、ベルギーの五ヵ国とＥＣ委員会本部、並びにＯＥＣＤ（経済開発協力機構）本部に安倍外相を歴訪させている。外相の西欧歴訪は、中曽根政権発足後に決まったものだという[190]。

訪欧した安倍は、英国のピム外相（Francis Pym）、西独のゲンシャー外相（Hans-Dietrich Genscher）との会談で核軍縮・軍備管理問題を討議し、ソ連が提案してきたＳＳ20の極東移転に基づく暫定的解決案に西欧諸国が乗せられないようにするため、これらの国々との間でグローバルな解決の確認に努めた。とりわけ、ピムがＩＮＦ問題のグローバルなアプローチを不可欠とし、米欧の努力に対する日本の支持を期待したことは、後に中曽根がサミットで西側の安全不可分を主張し、国際安全保障論議への積極的参画姿勢を示すことへの追い風となった[191]。これらＩＮＦ問題の他にも、東西関係の動向や前年来の中ソ接近の動き、ソ連のアンドロポフ新政権の評価などが話し合われたが、この外相歴訪で日欧間の政治対話の推進が図られたことが指摘できる[192]。「西側の一員」としての日本の立場は、大きく実態性を帯びるようになった。

9 強まる絆──大韓航空機撃墜事件とレーガン大統領来日

一九八三年一月の日米首脳会談と五月のウィリアムズバーグ・サミットを通じて形成された「ロン・ヤス」の絆を背景に、日米関係は外交・安保の領域を中心に安定化していく。

八月二二日、ワシントンで開かれた日米防衛首脳協議で、谷川防衛庁長官は、極東ソ連軍の増強が一段と進行していることを指摘すると同時に、日米間の離間を狙うソ連の動きに日本は影響されないと発言した。ワインバーガー国防長官も、ソ連の脅威の増大を警告しつつ、民主主義・自由主義の強い力の前にソ連の日米離間策が阻まれると述べた。そして、ソ連の先制能力に「対処する準備」を早期に進める必要性を力説した[193]。

軍備管理問題についても谷川長官は、力の均衡を基礎にして対ソ交渉を進めるとの米国の基本方針に賛意を示したうえで、グローバルな「ゼロ・オプション」による解決を求めた。一方のワインバーガー長官も「ＳＳ20問題を局地的に処理することは、日本にとって危険であり認められない」として、米国としてもグローバルな見地に立って、パーシングⅡや巡航ミサイルによってＳＳ20に対抗していく考えを表明した[194]。さらにＦ16の三沢配備に伴う負担軽減を求めるワインバーガーに、谷川は在日米軍駐留経費負担(思いやり予算)を「対前年度比二五％増」とし、「その中で三沢のＦ16配備関連経費については最大のプライオリティーを置きたい」と述べた。ワインバーガーは、谷川の発言を高く評価する[195]。

このように、国際情勢や軍備管理、米軍展開などについては十分認識を共有していた日米両国であったが、各論に入ると依然として立場の隔たりは大きかった。

ワインバーガーは、次年度防衛費の概算要求が前年比六・九％増となった点について、日本の政治姿勢を評価する一方、米議会には日本の経済成長の顕著さとの対比で防衛努力が依然不足しているとの意見があると述べた。ソ連軍増強のスピードを強調することで、自国とシーレーンの防衛を可能とする自衛力の早期達成を要請したのである。谷川は、日本の国内事情を踏まえ、現行の防衛計画の目標達成に努力すると答えるに止まった[196]。また、騒音問題によって制限的な夜間離着陸訓練（NLP）しかできない厚木基地（神奈川県）の代替施設を要請するワインバーガーに、谷川は、国土狭小で人口稠密、敏感な住民感情といった国内の事情を挙げ、問題解決への具体案はまだ提示できないとして、今後の努力を約束することに終始した[197]。

それでも、外交・防衛政策における「西側の一員」としての日本の立場が明確になったことで、防衛問題をめぐる米国側の苛立ちは確実に低下していた。協議直後の会見で協議の感想を求められた谷川は、「米側が日本側を糾弾するという感じはなく、我が国が種々の制約の中でいろいろ努力しているという印象を受けた」と語った。今後の防衛努力を期待しつつ見守るというのが、米国の基本的立場となった[198]。

そして、前代未聞のソ連の蛮行が、日米間の絆を一層強めることになる。右の日米防衛首脳協議から約一週間後の九月一日未明（午前三時二九分ごろ）、日本人二八名を含む二六九名の乗員乗客を乗せた、ニューヨーク発ソウル行きの大韓航空（KAL）ジャンボジェット機007便が、カムチャッカ半島上空などソ連の領空を侵犯して飛行したため、北海道の北、サハリン沖でソ連戦闘機に撃墜される事件が発生した。

この事件は、①通常のハイジャックやテロと異なり、二八名の日本人を乗せた第三国機に対する私人ではない国家（軍用機）の行為により発生した、②当該機には多くの韓国人乗客に加え、下院議員を含む六一名の米国人が搭乗しており、また墜落現場が、米ソが直接軍事的に対峙している日本海北部のソ連領近くであったこともあり、問題処理の対処如何によっては米ソの全面対立を招く恐れがあった、③全世界の注目を集める状況下、日本が単なる被害者ということだけではなく、事件の鍵を握り、解決に中心的な役割を果たすべき立場に置かれた、という三点において特異な性格を有していた。一挙手一投足が世界から注視されるなか、日本政府としては米ソの動きを見極めつつ、不測の事態を招来しないよう慎重に対応する必要があった[199]。

事件発生当初は、当該航空機が「ソ連領に強制着陸」させられた、などの情報が乱れ飛んだが、中曽根や後藤田はすでに九月一日午前の段階で、「撃墜された」との報告を受けていた。情報源は自衛隊の陸上幕僚監部調査部第二課別室、通称「調別」が得たソ連機の交信傍受記録であった[200]。しかし、米国側機関による撃墜情報の確認を待ち、またその間に内閣として今後の対処方針を慎重に検討するため、一日の夜に米韓両国が「撃墜は確実」と公表するまで、政府は一般の外部に対し撃墜に関する情報を控えたのである[201]。

翌二日午前、緊急閣僚会議が開かれた。政府の基本的な考えは、①撃墜の事実をソ連に認めさせる、②米韓両国と緊密に連携をとりながら、国連などの場でソ連に圧力を加えて態度を変えさせる、③しかし、日本とソ連の基本的な関係まで損なうことは避けるというものであった[202]。その後、後藤田は、ソ連の不法行為を非難し、その速やかかつ誠意ある対応を要求する旨の会見を行った。一方同日、全大統領は、ソ連を非難し、真相の究明と謝罪を求める特別談話を発表した。さらに、米韓日三国は国連緊急安全保障理事会の開催を要請した[203]。

日本政府への最初のソ連の説明は、九月二日にパブロフ駐日大使(Vladimir Yakovlevich Pavlov)から行われた。しかし、パブロフ大使は大韓機のソ連領空侵犯と「事故」で墜落した可能性こそ認めたものの、撃墜の事実には一切触れなかった。また同日夜、国営タス通信は声明で、ソ連戦闘機が大韓機に「警告弾を発射した」ことを認めたが、なおも撃墜の事実は認めなかった。それどころか、「大韓機＝米軍のスパイ飛行」説をほのめかし始めた。

翌三日には、安倍外相がパブロフ大使を呼び、事件を引き起こしたソ連側の責任を指摘して厳重抗議するとともに、真相究明と捜索活動への協力を重ねて要求したが、ソ連側は撃墜の事実を認めず、非協力的な対応に終始した[204]。同日、米韓日三国にカナダ、豪州を加えた五ヵ国の要請に基づき、真相究明のための国連緊急安全保障理事会が開かれた。米韓日など一一ヵ国が発言して、ソ連を一斉に非難した。特に、黒田瑞夫《すみお》国連大使は、安保理の討議を踏まえて、この種の事件が再発しないように、ＩＣＡＯ(国際民間航空機関)などが事実調査を行うことを求めた。各国の発言に対し、ソ連側は、非は大韓機が領空侵犯したことにあると反論して、大韓機は日本方面に飛び去り、消えていったので、どうなったかは分からないと、やはり撃墜の責任を認めなかった[205]。

真実を語らないソ連に業を煮やし、日本政府は米国と緊密に連絡を取り合いながら、自衛隊が入手したソ連機と地上基地との交信傍受記録を日米両国が同時に公表し、「動かぬ証拠」を突き付けることを決断する[206]。当初、傍受した交信記録を公表することに対しては、日本の通信傍受能力を他国に知られてしまうとの懸念から、防衛庁と警察の内部には相当な反対があった。最終的に彼らの反対を抑えたのは、警察官僚出身の後藤田であった[207]。

むろん、後藤田の動きの背後には中曽根の意向があった。中曽根には、国際社会に事件の真実を知らしめ、人道を無視するソ連のあり方を改めさせると同時に、国家防衛力の秘匿上のリスクを冒してまで「正義の公表と実行」に踏み切ることにより、「世界は日本を見直すだろう」という読みがあった[208]。また、「ソ連に対する日本の立場を鮮明にする好機であり、対米友好協力関係を強化する意味」からも、交信記録の提供に「損はない」との計算が働いた[209]。以上の中曽根の決断は、先のサミットでのＩＮＦ論議と同様、グローバルな安全保障への、非戦闘面での貢献という積極性の現れであった[210]。

九月六日の午前八時半、後藤田は緊急記者会見において、交信記録の一部――ソ連戦闘機パイロットが撃墜の瞬間に交わした生々しいやり取り――を公表し、ソ連に事実を認めて本件に誠実に対処するよう強く要求した。この会見の三〇分後、レーガン大統領も全米向けテレビで演説し、交信記録を日本側と同じ部分だけ公表して、ソ連による「虐殺」を強く非難した[211]。翌七日の国連緊急安保理で、米国のカークパトリック国連大使(Jeane Jordan Kirkpatrick)は、日本側から提供されたソ連機のパイロットの交信記録を公表した。これに対して、ソ連側は当初、人命損失に遺憾の意は表明しながらも撃墜の事実は認めなかったが、同日の会合最後には責任は米国にあるとしつつ、ついに撃墜を間接的に認める姿勢に転じた[212]。

その直後、ソ連は政府声明を発表し、初めて撃墜の事実を認めたうえで、「(大韓機の)侵犯飛行は米特殊機関によって仕組まれた行動」であり、「米側に全ての責任がある」と強弁した[213]。そして、二日後の九日、オガルコフ・ソ連軍参謀総長(Nikolai V. Ogarkov)が記者会見を行い、「大韓機はスパイ機」との立場から、「スホイ15戦闘機がミサイル二発で撃墜した」などと経過を説明した。また、撃墜行為はソ連国境法に基づくと正当化し、領空侵犯への軍の厳しい姿勢を示した[214]。

それでも、軍事機密である交信記録が公表されたことで、ソ連もついに撃墜を認めざるをえなくなり、国際社会から厳しい非難を受けることとなった。本件は、仮に交信テープの公表が行われなければ、真相不明の航空機事故として終わった可能性が高い[215]。その意味でも、大韓航空機撃墜事件は、日米両国が協調してソ連に対応し、見事な成果を挙げた好例となった[216]。

九月一四日、マンスフィールド駐日大使が中曽根を首相官邸に訪ね、事件の真相究明などへの日本政府の対応を「きわめて高く評価する」とした大統領のメッセージを伝えた。また、米上院本会議は二二日に、日本への感謝決議を全会一致で採択する[217]。

当時のソ連は、アフガニスタン侵攻やポーランド問題、深刻な経済不振、指導者交代など諸々の理由で、国際社会で守勢に立っていた。そうした状況下、INF問題などを中心に今後の対米関係をいかに自国に有利な形で再構築するかという課題に取り組んでいたアンドロポフ政権にとって、大韓航空機撃墜事件をめぐって起きた燎原《りょうげん》の火のごとき国際的対ソ非難は、大きな衝撃であった。国際社会に対するこれまでの「ソ連の平和攻勢」の売り込みを一発で吹き飛ばしかねない影響力を、この事件は持っていた。ソ連の守勢はいよいよ覆いがたいものとなった。同時に本件は、社会全体が自己保身で汲々とし、国家全体の利益が省みられないソ連体制の欠陥を露呈させた[218]。

そして、「ロン・ヤス」の紐帯強化の総仕上げとなったのが、一九八三年一一月九～一二日のレーガン大統領の来日であった。ちなみに、レーガン来日に先立つ一〇月三一日には西独のコール首相が、レーガンが帰国した後の一一月一八日にカナダのトルドー首相、二三日には中国の胡耀邦総書記が相次いで来日するなど、一〇月から一一月にかけては各国首脳の訪日ラッシュの時期であった。

一方、国内政局では、一〇月一二日に東京地裁がロッキード事件の被告である田中角栄元首相に懲役四年の有罪判決を下すや、臨時国会において野党が田中元首相の議員辞職勧告決議案で共同歩調をとり、攻勢をかけて一気に解散‐総選挙になだれ込む作戦をとった。有罪判決に対する世論・マスコミの反応が厳しい状況下、中曽根は自らの政権の後ろ盾である田中派の意向に押し切られる形で、一一月一二日に年内の解散‐総選挙の実施を余儀なくされる[219]。政治的に苦しい局面にあった中曽根にとって、各国首脳の訪問ラッシュ、とりわけ盟友・レーガンの来日は、得意の外交でポイントを稼ぎ、ロッキード問題に集中しがちな世論の風向きを変える重要な機会であった。

他方、米国側も当時の中曽根の窮状を理解していた。日本到着の一一月九日に、シュルツ国務長官は大統領に宛てたメモランダムで、「貴方の訪問は、日本の国民と政府にとって計り知れない関心事で、……日本国内における中曽根のイメージと評判の改善への助けとなろう」と指摘していた。そのうえで、以下のような中曽根と日米関係の現状への積極的評価を表明する。

貴方の訪日は、日米関係の新時代の始まりとなる。わが国と日本との政治的関係は、多くは貴方と中曽根との関係のおかげで、素晴らしいものとなっている。中曽根首相の指導力の下、日本は国際問題で自己主張を一層増し、自らの役割を確立してきている。……

マンスフィールド駐日大使が、「日米関係は世界で最も重要な二国間関係である。しかも例外なしに」と何度も言っているが、私も同感である。[220]

一九八三年当時、米国の対アジア戦略における日本の重要性は従前以上に際立ったものとなっていた。三月五日、シュルツはサンフランシスコでアジア政策に関する演説を行うなかで、日本の経済力の発展を惜しみなく賞賛したうえで、「アジアと世界の未来に貢献する分別ある正しい政策は、民主主義国家のほうがうまくできるとわれわれは考えます」と言明していた。その一方で、米中両国間の摩擦は避けられないと主張するとともに、その摩擦は台湾問題に由来するものではなく、「われわれの社会制度のちがい」によるものと述べた[221]。米国の力がソ連との対比で回復し、日本やその他のアジア諸国との協力関係が進展したことで、一九七〇年代に比べると、米国のアジア戦略における中国の比重は相対的に小さくなっていた[222]。

事実、一一月九日の東京における第一回目の首脳会談では、中曽根が「日米のGNPを合わせれば、世界の総生産の三五パーセントにも上る」として、「日米両国の協力は、世界の平和と繁栄のために非常に重要である」と述べると、レーガンも「北東アジア、アセアン地域等の太平洋諸国」こそが「新しいフロンティア」と指摘し、当該地域の一層の発展に「日米両国は良い影響を及ぼし得る」と語った[223]。右のシュルツ演説におけるアジア戦略を象徴するやり取りと言えるだろう。

その一方、首脳会談に先立つ八月二一日、反体制指導者としてアメリカに追放されていたフィリピンの元上院議員アキノ(Benigno S. Aquino, Jr.)が帰国直後のマニラ空港で暗殺された後、九月一日の大韓航空撃墜事件を経て、一〇月九日にはビルマの首都ラングーンのアウンサン廟で、北朝鮮工作員が韓国閣僚四名を含む二一名を爆殺する事件(ラングーン事件)が発生するなど、アジアでは血なまぐさい出来事が相次いでいた。そのため、一〇日の二回目の首脳会談では、緊迫するアジア情勢をめぐって討議が行われた。

まず、中曽根がフィリピン情勢について、「政治面、経済面ともに重大な関心をもっている」として、特に、①マルコス大統領の健康問題、②政治へのフィリピン国民の感情(反マルコス感情と類推できる)に注目していく必要があると述べた。そして、フィリピンにおいて同大統領ほどの「傑出した指導者」はいないと発言した。シュルツ国務長官も中曽根の対マルコス評価に同意したうえで、アキノ暗殺事件の真相究明と来年五月の総選挙の公正な実施を前提に、「マルコス政権の継続をエンカレッジしていくことが重要」と語った。また、同国経済の安定にとり、「日本の援助努力が継続すること」の重要性を指摘した[224]。

またレーガンが、ラングーンのテロ事件の際、日本が北朝鮮に対してとった措置を評価すると述べたのに対し、中曽根は、①日本政府が出した声明では、韓国へ同情と北朝鮮に対して厳しい態度で臨む旨明らかにした、②韓国に対して自制を求めることも重要、③韓国外交の基盤拡大に向けた努力を助ける、と表明した。特に、③に関し、「その観点から、パキスタン、エジプトの大統領が来日した際に、これらの国々が韓国と外交関係を持つように要請した次第である」と付言した。これにはシュルツも、「大統領訪韓の際、中曽根総理の右コメントを全斗煥大統領に伝えれば非常に有益であろう」と応じた(この訪日直後、レーガンは韓国を訪問している)[225]。

さらに、日米両国と中国との関係も討議の対象となった。中曽根が日中関係の順調な進展について説明し、同月下旬に予定されていた胡耀邦総書記来日への抱負を語ると、一方のレーガンは、「中国は台湾問題をいつも口に出す」としながらも、「米中関係にも進展がある、以前に存在した貿易上の制限のあるものを解禁した」として、「趙紫陽首相は来年一月に訪米予定だが、自分は来春多分四月に訪中予定である」と述べた。これに対して中曽根は「(自分も)出来るだけ早く訪中したい」、「日米の首脳が訪中することは、中国と自由世界との関係に大きな貢献をなす」と指摘した[226]。

グローバルな軍備管理の問題は、九日の第一回首脳会談で話し合われた。この席でレーガンは、ＩＮＦ交渉の場でアジアの安全保障に不利になるような行動はとらないと固く約束したうえで、中曽根の要請に応じ、一〇月末の日独首脳会談で発表された「東京声明」(サミット参加国の安全は不可分であり、グローバルな観点から取り組まなければならない)を支持することを表明した。なお、同月一八日に来日したカナダのトルドー首相も中曽根との会談で、同声明への支持を表明している。実に、西独へのパーシングII配備が刻々と迫る時期に、日米独加間で西側の結束を再確認し、ソ連の西側離間策に毅然と対抗していく姿勢を打ち出せたことは、日本にとって有利な環境が醸成されたことを意味した[227]。

しかし、米国の関心は国際情勢のような大所高所の問題に止まらず、通商や防衛など具体的な懸案事項にも及んでいた。実際、シュルツは前出のメモランダムで、「訪問の目的は、日本の防衛力増強のペースを速め、未解決の貿易上の諸問題の解決に向けて政治的に弾みを付けることであり、そして、貿易・投資両面で日本市場を広く開放することを通じた日米間の長期的な経済関係の基礎強化に中曽根をして取り組ませること」と言いきっている[228]。

レーガンが訪日した時点で、米国経済の急速な回復と諸外国の景気回復の遅れから、米国の輸入が急増した半面、輸出が伸び悩んだ結果、同年の米国の貿易赤字は六〇〇～七〇〇億ドルにも達すると見込まれる状況にあった。さらに、日米間の貿易不均衡の幅については、史上最高の二〇〇〇億ドルを超える米国側の赤字になるものと見られ、米国内の各方面で問題視されはじめていた[229]。

このような米国内の空気を受けて首脳会談(第一回目)では、レーガンは「我々は、米国には見られない市場へのアクセスの制限が日本にあると信じており、米議会における保護主義の高まる波に直面している」と述べ、貿易不均衡の是正に向けた対策を求めるとともに、「円ドル問題でも解決策を見い出《ママ》したいと考えている」と発言した[230]。

とりわけ、円・ドル問題はレーガン訪日の直前からにわかに関心の対象となり、実際に首脳会談においても相当の時間をかけて話し合われた[231]。当時、米国では、自国の製品が第三国で日本製品に太刀打ちできなくなってきているという輸出産業からの不満が政府に向けられていたことや、日本における資本取引の制約が妥当な円・ドルレートに落ち着くのを阻害しているという認識があったことが、レーガン政権による円の国際化や日本の資本市場の開放の問題提起につながった。

それだけに、同じ九日の会談で、中曽根は円安・ドル高問題が米国の高金利に由来することを、グラフを示しながら主張するとともに、保護主義の防圧を米国側が約束してくれないと困ると強調した[232]。同席していたシュルツは、「日本の世界経済に占める地位は、大きくなってきている」としたうえで、「日米の財務当局者の間では、円が正当に評価されるべきであるとの点で一致している」と述べ、日本の資本市場開放の必要性を主張した[233]。

また、東京で行われた二度の首脳会談および外相会談では、自由貿易体制の維持・強化に向けての決意が改めて確認され、米国における保護主義の台頭への日本側の懸念に対し、大統領自身が保護主義と闘う旨を確約した[234]。さらに、中曽根がこれまでの東京ラウンド（GATTによる多角的貿易交渉）で合意が成立しなかった農業やサービスの分野について、新（次期）ラウンドでルールを確立する必要があると提唱し、両国がその方向で協力することも合意された[235]。

以上の一連の合意は、来年五月予定のロンドン・サミットに向けて先進諸国が協調して世界経済発展を図っていくうえで意味があった[236]。

米国内では大統領訪日の機会に、深刻化する対日貿易不均衡の是正のため、大統領は強い姿勢で会談に臨むべきだとの議論が強かった。しかしレーガンは、対米協調路線を進める日本政府を困らせる事態になることを戒め、行政各部の政府高官の厳しい対日批判の声を抑える努力を続けた。その背景には、「ロン・ヤス」間の信頼関係があった。それゆえに、レーガンは訪日においても、自由貿易維持・保護主義反対という大所高所の立場から、具体的・個別的問題で日本側に詰め寄る姿勢をとらなかった[237]。

逆にいえば、この日米首脳会談では大所高所の合意の形に止めざるをえなかった側面もある。なぜならば、日本では一二月に衆議院の総選挙が迫っており、米国でも来秋に大統領選挙が控えるという「政治の季節」を迎えていたからである。両国間の懸案事項を全て解決して、レーガンを東京に迎えることは、ほぼ不可能であった[238]。

確かに大統領来日前に、翌年の対米自動車輸出を一八五万台とすることや、対米武器技術包括取り決めなどが決定されたが、円・ドルレートや金融・資本市場の自由化および日米間の投資関係拡大については、各々委員会を設けて検討・対応することとなったし[239]、牛肉・オレンジの輸入枠の交渉も次の年に行うことが決まった。つまり、レーガン訪日に際しては、あくまで日米協調を謳い、両首脳の政治的立場を守るため、多くの問題は先送りされたのである[240]。

レーガンの来日は、首脳会談の内容云々以上に、会談をどのように見せるかという点に力点が置かれていた。外務省の事務当局は、今回の大統領来日の最大のテーマを「世界の平和と繁栄のための日米協力」であるとして、その「プレイアップ」に努めた。「日米軍事同盟的色彩でみられがちな」日米関係に「平和」というテーマを持ち込み、他方で「日本がグローバルな国際責任を当然に果たすべきことを訴える」というものであった。

こうした問題意識に米国側も同調し、レーガンは出発時の会見で、自らの訪日を「平和のための使節」と位置付けた。一一月一一日の国会演説では「平和の追求」という姿勢を前面に打ち出し、「日米が協力すればなにもできないことはない」と表明したのもその一環であった[241]。このイメージ戦略が功を奏したのか、首脳会談に伴う新聞論調でも、日米軍事同盟に対する批判が大きくなることはなかった。

そして、「見せる」首脳会談の象徴ともいうべきシーンが、一一月一二日の東京・奥多摩の日の出山荘における首脳会談であった。日の出山荘は、中曽根が無役であった池田政権時代、村の廃屋を購入し、ここに「天心亭」という名の小屋を建てて、休暇の折に英気を養う場としていた[242]。ここで両首脳夫妻は昼食をともにし、囲炉裏を囲んで家族ぐるみの会談を行った。質素ながら心のこもったもてなしに大統領夫妻は、大変感激したという[243]。日米首脳がこれほど親しく振舞う光景は戦前・戦後を通じてなかったことであり、テレビ放映された映像は両国民に極めて大きなインパクトを与えた[244]。

むろん、日の出会談は単なる見せ物ではなかった。八月の日米防衛首脳協議で議題となっていた厚木基地の飛行場使用問題（夜間離着陸訓練）について、中曽根は、「日米間の一番大きな問題で、市民が大変困っている。是非これを硫黄島に移したい」と提案した。人口が少なく、自衛隊の基地もあった硫黄島は、滑走路の設置や米軍軍人と家族向けの住宅、PXなどの商店や映画館の建設も比較的容易であり、費用もそれほどかからないという利点があった。これに対して、レーガンは都内で外相主催の昼食会に出ているシュルツと急遽電話で協議をした後、了承の意を表明した。もっとも、山荘という場所柄、それ以上問題の細部については詰められなかった[245]。

10 日米関係の相対的安定期——くすぶる経済摩擦

レーガン来日を中心とする華々しい首脳外交も、田中元首相の有罪判決という逆風を跳ね返すには至らなかった。一九八三年一二月一八日に行われた衆議院議員総選挙で、自民党の議席は前回選挙の二八四から、衆議院の過半数二五六をも下回る二五〇へと一気に減ってしまった。それでも、選挙敗北の責任を問う党内非主流派の批判を抑え込み、少数保守の新自由クラブと連立を組むことで、衆議院での実質的な「安定多数」を確保した中曽根は、二六日、第二次内閣の発足にこぎつけた[246]。

米国の国務省は、発足した第二次内閣について、「少なくとも現時点では、未解決の内政・外交上の課題に有効に対処していくだけの安定性はある」と分析した[247]。年が明けた一九八四年一月中旬には、レーガンから中曽根に書簡が届いた。その内容は、前年のサミットで見せた中曽根のリーダーシップを称賛したうえで、本年も日米同盟強化の実現に向けて互いに精勤しようと呼び掛けるものであった[248]。

中曽根もそうした米国側の期待に可能な限り応えようとした。一九八四年度(昭和五九年度)予算での防衛費の扱いについて、一月二四日、竹下蔵相と自民党四役による折衝は大詰めを迎えていた。竹下が、大蔵原案五・一%増の上積みについて六・二%増が限度だとしたのに対し、自民党側は六・五%増以上を求めて譲らず、折衝は膠着状態に陥った。そこで中曽根は六・五五%増と裁断し、決着させた。

二五日、米国務省は、右の首相裁断を評価する見解を発表する[249]。本音では六・五五%増でも物足りない数字であったろう。それでも、米国側から批判めいたコメントが出なかったのは、対日圧力と受け取られるような行動は控えるべきと考える、大統領自身の意向が作用していた[250]。

一九八四年六月末にハワイで行われた第一五回日米安保事務レベル協議も、米国側が日本側に執拗に要求を突き付け、日本側が弁明に終始する鈴木政権時代の同協議の光景から大きく様変わりする。

六月二六日の会合では、防衛庁の矢崎新二防衛局長が、一九八五年度(昭和六〇年度)概算要求や「五九中期業務見積り」(一九八六年度から九〇年度までの防衛力整備五ヵ年計画)策定にあたっての栗原祐幸防衛庁長官の指示について説明を行った。その内容は、「五九中業」をもって大綱水準を達成したいとの「強い決意」と、有事において有効な防衛力を発揮するべく、「正面と後方のバランスに極力配慮し、継戦能力等の向上に努めること」であった。さらに、矢崎局長は、共同訓練や共同研究など「日米間の防衛協力の進展がいちじるしい」と現状を評価しつつ、今後も協力の一層の推進を図りたいとの抱負を述べた[251]。

これに対して、アーミテージ国防次官補は、日本の防衛政策の国内的制約に理解を示し、と同時に、右の栗原長官指示にある継戦能力向上によって防衛力の一層強化につながると賛意を表明した。なお、この会議で、ケリー国防次官補代理（James A. Kelly）から、有事の共同作戦を有効に遂行していくために、日米間のインターオペラビリティ（相互運用性）の必要性が提起されている。

この会議全体を通じて、日本側の主張が目立ち、米国側の反論、あるいは具体的な注文といったものもほとんどなかった[252]。逆に、国家安全保障会議（NSC）の上級スタッフであるシグールが、レーガンが、「日本がもしも米国の同盟国でなかったら、いったい世界はどういうことになるのかね」と感慨深く話していたエピソードを紹介する場面すらあった。

七月一六日、外務省北米課は今回の安保事務レベル協議の概要を文書にまとめ、このように良好な雰囲気のなかで協議ができるようになった理由として、以下の五点を挙げている。

① 近年、防衛問題につき、首脳、閣僚レベルをはじめ、日米間で間断なき対話を通じ、相互理解が大きく進展。

② 我が方として、近年、累次の防衛予算、武器技術供与等できるだけのことをしてきているとの実績があり、米国としても、困難な状況の中での我が方の努力を理解、評価。

③ より広く、グローバルな問題について外交的に積極的に対処しようとする我が方の姿勢も正しく評価されている。

④ 米側が、最近の対アジア・太平洋政策（日・中・アセアン・韓国等）の成果につき、それなりの自信を持つに至っている。

⑤ 中曽根総理、安倍大臣、栗原長官の安保・防衛問題に関する積極的な姿勢に対する評価と大きな期待がある。

そして、この北米課の文書は、今後、日本が取り組むべき課題として、「五九中業」における大綱水準の達成や継戦能力の向上などを列挙したうえで、「米側の真の評価と信頼を得るため」に、「自身の立場から、同盟国たる米国との協調を進め、自らの自衛力整備を進めるべき」と結論付けた[253]。

前政権時代に吹き荒れた日米間の防衛摩擦は、この時期までには相当程度解消されていたといえる。「ロン・ヤス」や安倍－シュルツなど政治指導者間で構築された信頼関係を背景に、両国の実務レベルでもエールの交換をしながら、日米同盟強化のための具体策の議論を進めていく次元に入ったのである。

しかし、防衛が後景に退いた分、皮肉にも経済摩擦が従来以上に浮き彫りとなる結果となった。一九八三年の対日貿易赤字が二〇〇億ドルを超える情勢のなかで、米国側は国内政治上、八三年一〇月の大統領訪日の成功を具体的に裏付けるべく、訪日の際、先送りした二国間の懸案事項の解決に向けて動きだす。レーガンはブッシュ副大統領を対日関係の総括責任者に指名し、副大統領は行政各省を統括しつつ、日本側との交渉の指揮をとることになった。一方、日本側では河本敏夫経済企画庁長官が国内調整を、安倍晋太郎外相が対米折衝を担当する体制となった[254]。そして、一九八四年一月下旬という安倍の訪米の日程が固まっていく。

一月一〇日、外務省の安倍を訪れたマンスフィールド大使は、①米日関係全体へのダメージを回避するべく、二国間の懸案事項の解決に向けた具体的なステップを踏む必要がある、②目下、訪日中の米議会の議員団は、対日経済関係が大統領選挙での争点にならないよう、早急に目に見える形での問題解決を必要としていることなどを伝えた。安倍も、大統領選挙までの懸案事項の解決の重要性について十分に認識しているとしたうえで、二〇～二一日の東京における事務レベルでの農産物交渉の結果を踏まえて、自身の訪米時に交渉する意向を示した[255]。

一方、一月二四日にウォルフォビッツ国務次官補がシュルツ長官に宛てた覚書では、来る安倍訪米に向け、経済面における米国側の目的が次のように列挙されている。

① 一九八五年度までに米国が特別に関心を有する分野の品目につき、大幅な関税の一括引き下げを達成させる（付加価値のある農産品・林産品、紙、農業機械、アルコール飲料、ワイン）。
② 三月三一日までに、牛肉と柑橘類の輸入割当の大幅増を認めさせる。
③ 日本が未来に向けた産業を保護しようとしているとの見方が米国内で広がった場合、日米関係が深刻

なダメージを受けるという危険性を安倍に対して印象付ける(未来産業とは、例えば、衛星、付加価値通信網[VAN]、コンピューター・ソフトウェア)。日本のハイテク分野に関する政策の一部が、同国の市場開放の約束に対して疑念を抱かせているという点を、安倍に対して明確に示さなければならない。

④日本が、資本市場の開放と円の国際化、投資に対する障害の除去に速やかに取り組むことを米国が重要視していることを強調する。[256]

このように、レーガン政権は、経済問題での懸案事項で日本から最大限の譲歩を獲得すべく、安倍外相の訪米を極めて重視していた。総括責任者・ブッシュ副大統領に宛ての国務省文書では、安倍について「(日米間の懸案事項の)フォーロー・アップ期間、そしてそれ以後も、カギとなる要人であり、重要な協力者となろう」と評価していた[257]。

一月二六日、ワシントン入りした安倍は、荷物を解く間もなく、ブロック通商代表と会談したのを皮切りに、翌二七日にはレーガン大統領をはじめ米政府首脳と夜遅くまで会談を重ねた。米国の安倍に対する接遇は首相並みであったが、交渉での姿勢は大変厳しいものであった。二六日に会談したブロック通商代表は牛肉・オレンジ問題に関しては、米国が一方的に譲歩しているだけ、と強い口調で日本政府の姿勢を批判した[258]。

翌二七日、レーガンは表敬に訪れた安倍に対し、議会で保護主義が強くなっていると言及しつつ、「先般の訪日の際のフォローアップとして、残っている懸案を解決しなければならないと思う」と述べた[259]。自身の訪日時になされた通商・防衛両面での合意事項に沿った行動をしなければ、米議会が保護貿易主義的な措置を講じるのを、政府として抑えられなくなるというメッセージであった[260]。

さらに、同日に安倍と会談したブッシュ副大統領は、牛肉問題について、①本件により重要な日米関係が損なわれてはならず、いまや劇的な進展が必要である、②通商代表部とホワイト・ハウスとの間に立場の相違はなく、米国側としては譲歩できない状況にあると主張した。安倍は、両国の歩み寄りと米国側が大局的視点に立つことの必要性を説き、次いで、自身が官房長官を務めた福田政権時の農産物交渉決着の経緯(中川一郎農水相とストラウス通商代表[Robert E. Strauss]による)に言及したうえで、今回も農水相と通商代表との間で最終的決着をつけるべきと主張した[261]。

しかしブッシュは、大統領選挙で野党・民主党の大統領候補が日本に対して強硬姿勢を見せていることを逆手に取り、「（今回の日米交渉で）進展があれば（レーガン）大統領の立場は優位になるし、進展がなければ我々のクレディビリティは失墜する」と日本側に譲歩を迫った。安倍は、①牛肉問題については米国を完璧に満足させることができないが、日本は防衛力整備や経済援助の分野で努力を行っている、②牛肉問題がＧＡＴＴ提訴となれば、他の分野でも進展が見られなくなる、と防戦したが、ブッシュは、①防衛予算に関する日本の事情は米国民の多くは知らないし、民主党には日本に一層の防衛費増額を要求する雰囲気が強い、②牛肉について歩み寄りが見られれば、防衛についての米国の理解が深まると反論し譲らなかった。

ブッシュが、「なぜ牛肉問題がかほど大変なのか」と問い質すと、安倍は「消費者としては、輸入枠増額支持であろうが、畜産業者にとっては死活的問題」と断じ、畜産業界が自民党の権力基盤を支えていることを指摘しつつ、業界に衝撃を与えぬよう漸進的な輸入拡大が望ましいと主張した。また、同席した大河原良雄駐米大使は、①米国側の譲歩がない限りは、山村新治郎農水相の訪米は不可能である、②米国側は自分たちが譲歩してきたというが、日本側も譲歩をしてきた、と主張した。すると、ボルドリッジ商務長官が、「秋の大統領選挙へ近づくと本件解決はますます困難になる。今の時期が解決の為の最後の時期である」と述べたことから、安倍も、「難しいが、三月までには是非とも妥結させたい」と応じた[262]。

同日のシュルツ国務長官との外相会談でも、安倍は、日米間の諸懸案について、「三月ないし四月まで」の解決を目指すべきと提案した。そして、牛肉問題の交渉決裂は日米関係全体を不幸にするとして、「ブッシュ・グループにおいてじゅう《柔》軟性を発《揮》きすべく十分の努力をお願いする」と訴えた[263]。

以上の安倍の訴えが奏功したのか、対日経済問題の総括責任者であるブッシュも、懸案の早期解決のための日米双方の政治的決断の必要性を示唆するようになり、会談の空気は好転し始めた。一月三〇日の最強硬派のブロック代表との再会談において、安倍が農産物問題の解決に向けた相互努力を呼び掛けると、ブロックは一転、「この問題で両国関係を悪化させてはならない」と発言した。この後に行われたシュルツ長官との会談で、諸懸案解決の努力で合意が成立し、一連の協議が終わった。安倍の訪米を通じて、日米双方が政治的レベルで問題決着を図っていく道筋が作られたのである。

右の米国側の軟化の背景には、シュルツ長官の米政府内への根回しがあったと見られる[264]。二七日の外相会談でも、シュルツは安倍に対して、「自分と貴大臣は、政府全体の意見をふまえつつ実質的な意見を引き出していくことが必要な立場にあり、同時に日米関係全体を強固なものとして維持する責任がある」と語りかけている[265]。シュルツの大局観は、牛肉問題の交渉決裂は日米関係全体を不幸にするとした前出の安倍の言葉と軌を一にする。期せずして両国の外交当局トップの大局観が、交渉を決裂回避へと導いた。

一九七九年末にまとまったGATT東京ラウンドでの牛肉・オレンジの合意は、一九八四年三月三一日に終了することとなっていたが、新たな合意を作るべく山村農水相が訪米したのは、既にその期限が切れた四月三日であった[266]。山村には、羽田孜ら自民党の有力な農水族議員が随行して、交渉に目を光らせることになった[267]。

山村農水相とブロック通商代表との土壇場の交渉は四月四日、米通商代表部(USTR)で始まったが、高級牛肉の輸入拡大幅をめぐり、日本側が「年度平均増加幅七〇〇〇トン未満、協定期間五年」を主張する一方、米国側は「七〇〇〇トン台前半、四年」を要求して譲らず難航をきわめた[268]。交渉三日目の六日になっても合意ができず、山村は交渉の一時中断に言及する[269]。

しかし、ここで中断となれば、再交渉しても妥結する見込みはなかった。土壇場の危機感が、米国側の再考を促しつつも、思い切った枠の拡大に応じる方が日米関係の維持と農産物貿易の発展を考えるうえで望ましいという判断を、農水族議員も含む日本側に生み出した。そこで、山村の意を受けた大河原駐米大使がブロック代表と折衝を続行した[270]。

その結果、四月七日、問題の高級牛肉については、増加幅で米国側が、協定期限で日本側がそれぞれ譲った「六九〇〇トン、四年」という数字での決着が図られた。もともと、牛肉・オレンジの日米農産物問題での米国側の基本的要求は完全自由化であったが、この決着によって当分休戦状態に入った[271]。これまで日本市場の閉鎖性の象徴としてあらゆる機会に言及されてきた牛肉・オレンジ問題の解決をもって、日本側は市場開放策の一つの障害を乗り切ったと考えた[272]。

VAN(付加価値通信網)やソフトウェア、通信衛星といった他の未解決問題についても、二月以降、日米間の事務レベルで交渉がなされた。特にＶＡＮに絡む交渉では、外務省が舞台裏で郵政省や関係議員に精力的な働き掛けを行った結果、その成果は四月二七日に発表された政府の対外経済対策の中の「先端技術分野の市場開放」の項目として具現化される。これを受け、来日したブッシュ副大統領も五月九日、「多くの問題は解決したと思う」と「休戦」を宣言した[273]。

さらに五月三〇日には、前年の大統領訪日の際に設置が合意された日米円・ドル・レート特別会合の作業がまとまり、「円・ドル委員会報告書」という形で発表された。同報告書は、①ユーロ円市場の拡充、②金融・資本市場の自由化、③外国金融機関の日本市場への参入が骨子となっていた。米国側は同報告書に満足した。リーガン財務長官(Donald Thomas Regan)は、同日の記者会見で、①円の国際化により、最終的には円相場が上昇するのを望んでいる、②日本が世界第二の貿易国なら、円も世界第二の通貨となるべき、③日本の金融機関が米国で可能であるように、外国の金融機関が日本において同一条件で競争できるようにすると語った[274]。

右報告書を作成に至るまで、日米間で開かれた作業グループの会合はかなりの回数にのぼった。一九八四年三月下旬の日米蔵相会談を挟みつつ、二月から五月に本会合だけでも六回開かれている。この一連の会合の過程で、日米間の溝が最後まで埋まらなかったテーマは、円安是正と金融自由化との関係性であった。日本側は米国の財政赤字が高金利を招き、高金利につられて米国に資本が流入することでドル高になっていると主張した。一方、米国側は、金利と為替相場は無関係という立場を崩さず、円安の原因として日本の金融・資本市場の閉鎖性や円の国際化の遅れを指摘した。

日本側は円安と金融自由化は無関係と反論したが、金融自由化や円の国際化の方向性は再確認した[275]。これらの改革自体は、日本経済の効率化にとり望ましく、あるいは世界第二の経済大国として不可避という認識があったためである。右報告書と同時に大蔵省が発表した「金融自由化の『現状と展望』」は、「金融の自由化は前向き、主体的かつ漸進的に進める」と謳っていた[276]。

さらに、金融自由化をレーガンに約束した中曽根が、自ら旗振り役となり大蔵省事務当局に自由化の実施計画の策定を命じたことにより、首相と同じ立場で対米折衝にあたっていた大場智満財務官が、自由化に慎重な同省国内部局からの抵抗を抑える大きな助けとなった。同時に、竹下蔵相による自民党内への説得も、自由化への支援となった[277]。なお、報告書が発表された際、レーガンは中曽根に国際電話をかけ、日本側の努力への評価と謝意を述べ、中曽根は、今後とも金融自由化に努力すると答えている[278]。金融自由化交渉の妥結で、「ロン・ヤス」関係は一層強固なものとなったのである。

　以上のように、日米経済関係の調整を進めたことで、レーガン政権も、前年の大統領訪日の意義についての国内の批判、疑問を抑えることが可能となり、対日批判の言動をすることなく、一一月の大統領選挙を乗り切れるようになった。一方、民主党ではいち早く大統領選出馬を表明したモンデール候補(カーター政権の副大統領・Walter Mondale)は当初保護主義的な主張を行い、対日貿易不均衡を非難する発言を繰り返していたが、特殊利益団体の代弁者として受け取られるのを恐れてか、通商問題に言及しなくなる。結局、選挙終了まで通商は焦点にならなかった[279]。

　一九八四年四月に行われた米国の世論調査で、「日本を信頼できる友邦とみる」との回答が前年より一三%増える一方、「信頼できる友邦ではない」との回答は九%減り、「現在の日米関係が良好」とする回答も一二%増えるなど、日米関係改善の趨勢は、数字によっても裏付けられた[280]。日米関係はつかの間の安定期を迎えた。

註

1――中曽根、前掲『自省録』、一五三~一五四頁。

2――長谷川、前掲『首相秘書官が語る中曽根外交の舞台裏』、一一四~一一五、一二三~一二四頁。

3――『松永信雄オーラル・ヒストリー(元外務事務次官・元駐米大使)下巻』(C・O・E オーラル・政策研究プロジェクト)政策研究大学院大学、二〇〇五年、三一頁。なお、松永は、一九八三年一月、経済担当の外務審議官から須之部の後任の事務次官に就任した。

4――前掲『夏目晴雄オーラルヒストリー(元防衛事務次官)』、三四九頁。夏目は中曽根政権発足時、防衛局長の任にあり、その後、防衛事務次官に昇任する。

5――中島、前掲「中曾根康弘」『人物で読む現代日本外交史』、二七五~二七六頁。

6――中曽根、前掲『中曽根康弘が語る戦後日本外交』、四九一~四九二頁。

7――長谷川、前掲書、一一三、一一五頁。

8――中曽根、前掲『中曽根康弘が語る戦後日本外交』、二九九~

三〇〇頁。
9——中曽根、前掲『天地有情』、三八七～三八八頁。
10——長谷川、前掲書、一二六～一二七頁。
11——世界平和研究所編『中曽根内閣史 日々の挑戦』、一九九六年、一五六～一五七頁。
12——中曽根、前掲『天地有情』、四四五～四四六頁。
13——瀬島、前掲『幾山河』、五五七～五六〇、五六二頁。
14——同右、五六〇～五六六頁。
15——小此木、前掲「新冷戦下の日米韓関係」、二〇四頁。
16——小此木、前掲論文、二〇四頁。李、前掲『戦後日韓関係史』、一八一頁。
17——瀬島、前掲「元大本営参謀と戦後外交」、九八頁。
18——長谷川和年「中曽根外交」世界平和研究所編『中曽根内閣史 政策と理念』一九九五年、一七八頁。
19——後藤田正晴『内閣官房長官』講談社、一九八九年、九〇頁。
20——前掲『中曽根内閣史 日々の挑戦』、一六〇頁。
21——小倉、前掲『秘録・日韓一兆円資金』、二八三～二八五頁。
22——長谷川、前掲論文、一七九頁。
23——中曽根、前掲『天地有情』、四四七頁。
24——長谷川、前掲書、一二九頁。
25——中曽根、前掲『天地有情』、四四七～四四八頁。
26——アジア局北東アジア課「中曽根総理大臣韓国訪問（会談記録）」（昭和五八年一月）、二頁（開示請求番号二〇〇九－〇〇〇二一）。
27——同右、七頁。
28——同右、四、九～一〇頁。
29——同右、一六～一七頁。
30——同右、一二～一三、一七頁。
31——同右、八、一三頁。
32——李、前掲『戦後日韓関係史』、一八四～一八五頁。
33——中曽根、前掲『中曽根康弘が語る戦後日本外交』、三一二頁。
34——外務省『わが外交の近況』（昭和五八年度）（「中曽根内閣総理大臣の韓国公式訪問に際しての日韓共同声明」・一九八三年一月一二日・外務省ウェブサイトより）。
35——小倉、前掲書、二八六～二九〇頁。
36——同右、二八五～二八六頁。
37——谷野、前掲『アジアの昇龍』、二四六～二四七頁。谷野は一九八四年五月に韓国公使に着任し、八七年一月にはアジア局審議官の任に就き、中曽根政権中盤以降の対韓外交に関与する。
38——中曽根、前掲『天地有情』、四四六頁。
39——前掲『中曽根内閣史 日々の挑戦』、一六一頁。
40——中曽根、前掲『中曽根康弘が語る戦後日本外交』、三〇九頁。
41——長谷川、前掲書、一二八頁。
42——Department of State Briefing Paper, "Japan-Korea Relations" (January 17, 1983), JUII01074, p.1.
43——前掲『中曽根内閣史 日々の挑戦』、一四二～一四三頁。
44——「第九十七回国会衆議院予算委員会議録第二号」（昭和五七年一二月一四日）、二六～二七頁（国会議事録検索システム）。
45——『朝日新聞』一九八二年一二月二七日。
46——中曽根、前掲『天地有情』、四四三頁。
47——長谷川、前掲書、一三〇～一三一頁。中曽根、前掲『天地有情』、四四三頁。
48——『朝日新聞』一九八二年一二月三一日。

49——Department of State Background Paper, "The Japanese Defense Budget" (1983), JUII01056, p.1.

50——櫻川、前掲「日本の武器禁輸政策」、九六頁。

51——後藤田正晴『政治とは何か』講談社、一九八八年、一四四〜一四五頁。

52——後藤田、前掲『内閣官房長官』、三二〜三五頁。

53——前掲『中曽根内閣史 日々の挑戦』、一六一〜一六二頁。

54——長谷川、前掲書、一三一〜一三二頁。

55——ドン・オーバードーファー(菱木一美・長賀一哉訳)『マイク・マンスフィールド(下)』共同通信社、二〇〇五年、二九八〜二九九頁。

56——外務大臣発在米大使あて電信「中曽根総理とマンスフィールド大使の会談」(昭和五八年一月七日)、二、七頁(外交史料館所蔵の中曽根総理米国訪問ファイル・分類番号二〇一六‐一一九七)。

57——George P. Shultz, *Turmoil and Triumph: My Years as Secretary of State* (Charles Scribner's Sons, New York, 1993), p.179.

58——National Security Decision Directive, "Visit to the United States of Prime Minister Nakasone" (January 17, 1983), JUII01084, p.1.

59——Memorandum from George P. Shultz to The President, "Your Meeting with Prime Minister Nakasone of Japan, January 18, 1983" (January 13, 1983), JUII01064, pp.1-2.

60——Bureau of Intelligence and Research: Issues Paper, "The Nakasone Government: Prospects and Problems" (January 6, 1983), JUII01059, pp.2-3.

61——Memorandum from Paul Wolfowitz to The Secretary, "Your Briefing of the President in Preparation for His Meeting with Japanese Prime Minister Nakasone, 11:00 a.m." (January 12, 1983), p.1.

62——"Your Meeting with Prime Minister Nakasone of Japan, January 18, 1983", op.cit., pp.1-2.

63——大河原、前掲『日米外交』、三四六〜三四八頁。

64——読売新聞盛岡支局編『不羈不奔 椎名素夫回顧録』東信堂、二〇〇六年、三〜七頁。

65——北米局北米第一課「シュルツ国務長官の総理表敬(メモ・一月一七日)」(昭和五八年一月一八日)、一〜二頁(外交史料館所蔵の中曽根総理米国訪問ファイル・分類番号二〇一六‐一一九七)。

66——同右、三〜四頁。

67——大河原大使発外務大臣宛て電信「総理訪米(首のう会談:テタテート)」(昭和五八年一月一九日)、一〜三頁(外交史料館所蔵の中曽根総理米国訪問ファイル・分類番号二〇一六‐一一九八)。

68——大河原大使発外務大臣宛て電信「総理訪米(首のう会談:第七二六号)」(昭和五八年一月一九日)、一〜三頁(外交史料館所蔵の中曽根総理米国訪問ファイル・分類番号二〇一六‐一一九八)。

69——瀬川高央「冷戦末期の日米同盟協力と核軍縮——INF削減交渉に見る『ロン・ヤス』関係の帰結点」日本国際政治学会編『国際政治』第一三六号(二〇一一年一月)、八二頁。

70——大河原大使発外務大臣宛て電信「総理訪米(首のう会談:第七三三号)」(昭和五八年一月一九日)、一〜二頁(外交史料館所蔵の中曽根総理米国訪問ファイル・分類番号二〇一六‐一一九八)。

71——同右、二頁。

72——大河原大使発外務大臣宛て電信「総理訪米(首のう会談:第七三二号)」(昭和五八年一月一九日)、一〜二頁(外交史料館所蔵の中曽根総理米国訪問ファイル・分類番号二〇一六‐一一九八)。

73――大河原大使発外務大臣宛て電信「総理訪米（首のう会談：第七二九号）」（昭和五八年一月一九日）、一～二頁（外交史料館所蔵の中曽根総理米国訪問ファイル・分類番号二〇一六‐一一九八）。

74――前掲「総理訪米（首のう会談：テタテート）」、二～三頁。

75――大河原大使発外務大臣宛て電信「総理訪米（首のう会談：第七二八号）」（昭和五八年一月一九日）、二～三頁（外交史料館所蔵の中曽根総理米国訪問ファイル・分類番号二〇一六‐一一九八）。

76――大河原大使発外務大臣宛て電信「総理訪米（首のう会談：第七二七号）」（昭和五八年一月一九日）、一～三頁（外交史料館所蔵の中曽根総理米国訪問ファイル・分類番号二〇一六‐一一九八）。

77――前掲「総理訪米・首のう会談：第七二八号」、一頁。

78――同右、一～二頁。

79――苅田吉夫「日米同盟新時代――中曽根総理の訪米」『経済と外交』一九八三年二月号、五～六頁。苅田は、今回の中曽根首相訪米まで外務省北米第一課長を務め、その直後、同省情報文化局参事官に転任した。

80――長谷川、前掲論文、一八二～一八三頁。このように日米両首脳がファーストネームで呼び合うことに至ったのは、米国の日本大使館駐在の國廣道彦公使と長谷川総理秘書官、シグール大統領補佐官の事前の働き掛けによるものであった。なお、その詳細な経緯については、長谷川和年「『ロン・ヤス関係』誕生の記」『文藝春秋』二〇〇四年八月号、八三～八四頁を参照のこと。

81――長谷川、前掲「『ロン・ヤス関係』誕生の記」、八四頁。

82――外交研究会『安倍外交の軌跡――二一世紀に向けての創造的外交』廣済堂出版、一九八六年、五四～五七頁。

83――中島敏次郎（井上正也・中島琢磨・服部龍二編）『外交証言録 日米安保・沖縄返還・天安門事件』岩波書店、二〇一二年、一八四頁。当時、中島は政治担当の外務審議官。

84――長谷川、前掲「中曽根外交」、一八一頁。

85――外岡・本田・三浦、前掲『日米同盟半世紀』、三八〇頁。

86――前掲『中曽根内閣史 日々の挑戦』、一六六頁。

87――長谷川、前掲書、一三三頁。

88――長谷川、前掲「中曽根外交」、一八一～一八二頁。

89――中曽根、前掲『中曽根康弘が語る戦後日本外交』、三一九～三二〇頁。

90――前掲『中曽根内閣史 日々の挑戦』、一六六頁。

91――北米課「ワシントン――アンカレッジ間機中における総理記者会見」（昭和五八年一月二一日）一～二頁（開示請求番号二〇〇九‐〇〇〇二三）。

92――宇治敏彦『実写1955年体制』第一法規、二〇一三年、一二七頁。宇治は、大平の「不沈空母」発言が出たのは一九八〇年の日米首脳会談としているが、正確には前年五月の首脳会談である。

93――北米課「後藤田官房長官記者会見概要」（昭和五八年一月二一日）、一～四頁（開示請求番号二〇〇九‐〇〇〇二三）。

94――後藤田正晴『情と理 後藤田正晴回顧録 下』講談社、一九九八年、六六頁。

95――牧太郎『中曽根政権・一八〇六日 上』行政問題研究所、一九八八年、九三頁。

96――前掲『中曽根内閣史 日々の挑戦』、一八八頁。

97――大河原大使発外務大臣宛て電信「総理訪米（解説記事）」（昭和五八年一月二四日）、二～三頁（開示請求番号二〇〇九‐〇〇〇二三）。

98――西川吉光「集団的自衛権解釈の再考と日本国憲法」『国際地域

学研究』二〇〇八年三月（第一一号）、五八～五九頁。

99 ――長谷川、前掲書、一三七～一三八頁。

100 ――西川、前掲論文、五九頁。なお、三月二四日には、防衛庁の夏目晴雄防衛局長が、「日本有事にグアムから日本周辺に来た米空母機動部隊が、日本から沿海州に向かう場合、間接援護を要請された時はどうするか」という質問に対し、「米艦が日本防衛のために行動しており、その護衛が日米共同対処行動として行われるなら個別的自衛の範囲内」と答弁した。さらに、四月一八日の国会答弁で、谷川防衛庁長官は、「日本有事の際、日本防衛のために行動している米艦艇を公海上で守るのは個別的自衛権の中に入る」と発言した。外岡・本田・三浦、前掲書、三八四頁。

101 ――西川、前掲論文、六〇頁。

102 ――同右、六〇～六一頁。

103 ――前掲『中曽根内閣史　日々の挑戦』、一八七～一八八頁。

104 ――友田、前掲『入門・現代日本外交』、一三〇～一三一頁。

105 ――中曽根、前掲『中曽根康弘が語る戦後日本外交』、二八三～二八四、三二一～三二二頁。

106 ――今川瑛一「中曽根首相の東南アジア訪問」『東亜』一九八三年七月号、一三頁。

107 ――Telegram from U. S. Department of State to American Embassy Manila, "Secretary's September 16 Meeting with President Marcos" (September 19, 1982), JUI01017, pp.1-2.

108 ――Telegram from American Embassy Jakarta to U. S. Department of State, "Soeharto Visit to Tokyo: Japanese Embassy Readout" (October 28, 1982), JUI01037, p.2.

109 ――山田総領事発外務大臣宛て電信「東アジア・大洋州大使会議（アジア情勢――その二）」（昭和五七年一〇月七日）、二～三頁（開示請求番号二〇〇七‐〇〇七二二）。

110 ――山田総領事発外務大臣宛て電信「東アジア・大洋州大使会議（提言・要望事項）」（昭和五七年一〇月七日）、一～二頁（開示請求番号二〇〇七‐〇〇七二二）。

111 ――今川、前掲論文、一五頁。

112 ――同右、一三頁。

113 ――前掲「東アジア・大洋州大使会議（提言・要望事項）」、二～三頁。

114 ――中曽根、前掲『天地有情』、四四九頁。

115 ――中曽根、前掲『中曽根康弘が語る戦後日本外交』、三三三頁。

116 ――ア地政「中曾根総理ＡＳＥＡＮ諸国及びブルネイ訪問時の首脳会談録」、五～六頁（開示請求番号二〇〇九‐〇〇〇二四～二六）。

117 ――同右、八頁。

118 ――同右、三四～三五頁。

119 ――同右、三一頁。

120 ――中曽根、前掲『天地有情』、四五二頁。

121 ――前掲「中曾根総理ＡＳＥＡＮ諸国及びブルネイ訪問時の首脳会談録」、一四、二五、四八頁。

122 ――中曽根、前掲『天地有情』、四五五頁。

123 ――前掲「中曾根総理ＡＳＥＡＮ諸国及びブルネイ訪問時の首脳会談録」、一四～一五、一七頁。

124 ――同右、三四頁。

125 ――同右、五二～五三頁。

126 ――長谷川、前掲書、一四四頁。

127 ――前掲「中曾根総理ＡＳＥＡＮ諸国及びブルネイ訪問時の首脳会談録」、四四頁。

128——中曽根、前掲『天地有情』、四五三頁。

129——『中曽根内閣総理大臣演説集——新しい世紀へ向かって』中曽根康弘事務所、一九八八年、一七二〜一七九頁。

130——恩田宗「中曽根総理のＡＳＥＡＮおよびブルネイ訪問」『経済と外交』一九八三年六月号、二三〜二四頁。当時、恩田は外務省アジア局審議官。

131——今川、前掲論文、二〇頁。

132——恩田、前掲論文、二三頁。

133——長谷川、前掲書、一四五頁。なお、この演説の起案者は、一九七〇年代に南東アジア第二課長を務めた経験のある長谷川総理秘書官である。

134——中曽根、前掲『中曽根康弘が語る戦後日本外交』、三三三〜三三六頁。

135——牧、前掲『中曽根政権・一八〇六日 上』、一〇八〜一〇九頁。

136——前掲「中曾根総理ＡＳＥＡＮ諸国及びブルネイ訪問時の首脳会談録」、九〜一〇頁。

137——中曽根、前掲『中曽根康弘が語る戦後日本外交』、三三六頁。

138——前掲「中曾根総理ＡＳＥＡＮ諸国及びブルネイ訪問時の首脳会談録」、一、一四、四八頁。

139——『朝日新聞』一九八三年五月四日。

140——Pressello, Japan's Southeast Asia Policy And The Cambodian Conflict,1979-1993, p.204.

141——河野雅治『和平工作 対カンボジア外交の証言』岩波書店、一九九九年、一九九〜二〇〇頁。河野は外務官僚であり、安倍外相秘書官を務めた人物であった。後に、南東アジア第一課長としてカンボジア和平工作で活躍する。

142——山口寿男「ＡＳＥＡＮ拡大外相会議」『経済と外交』一九八三年八月号、三四頁。

143——河野、前掲書、二六五頁。

144——中曽根、前掲『中曽根康弘が語る戦後日本外交』、三三七頁。

145——長谷川、前掲書、一四三頁。

146——中島、前掲書、一九八頁。

147——中曽根、前掲『天地有情』、四五〇頁。

148——Telegram from American Embassy Jakarta to U.S.Department of State, "Foreign Minister Mochtar on Nakasone Visit to Indonesia" (May 13, 1983), JUII01155, pp.1-2.

149——村田、前掲『村田良平回想録 上巻』、三二五頁。

150——長谷川、前掲書、一四九頁。

151——村田、前掲書、三二五頁。

152——世界平和研究所編『中曽根内閣史 首相の一八〇六日 上』一九九六年、一四八・一五四頁。

153——世界平和研究所編『中曽根内閣史 資料篇』一九九五年、六二六頁。中曽根、前掲『中曽根康弘が語る戦後日本外交』、三三九頁。

154——大河原大使発外務大臣宛て電信「総理訪米（日米首のう会談・テタテート）」（昭和五八年五月二八日）、二〜三頁（開示請求番号二〇〇七-〇〇三四八）。

155——瀬川、前掲『米ソ核軍縮交渉と日本外交』、九一頁。

156——前掲「総理訪米（日米首のう会談・テタテート）」三〜五頁。

157——友田、前掲書、二〇〜二一頁。

158——瀬川、前掲書、九四〜九五頁。

159——中曽根、前掲『中曽根康弘が語る戦後日本外交』、三四〇頁。

160——中曽根、前掲『天地有情』、四三五頁。

161——長谷川、前掲書、一五五頁。
162——前掲『中曽根内閣史 資料篇』、六二八頁。
163——中曽根、前掲『自省録』、一一七頁。
164——前掲『中曽根内閣史 資料篇』、六二八頁。
165——中曽根、前掲『天地有情』、四二九頁。
166——瀬川、前掲書、九六頁。
167——前掲『中曽根内閣史 資料篇』、六二八〜六二九頁。
168——瀬川、前掲書、九六頁。
169——前掲『中曽根内閣史 資料篇』、六二九頁。
170——中曽根、前掲『中曽根康弘が語る戦後日本外交』、三三八頁。
171——中曽根、前掲『天地有情』、四三〇頁。
172——前掲『中曽根内閣史 資料篇』、六二九頁。
173——瀬川、前掲書、九七〜九八頁。
174——遠藤實「ウィリアムズバーグ・サミット後の世界経済情勢」『経済と外交』一九八三年六月号、一六頁(資料Ⅰ・ウィリアムズバーグにおけるステートメント)。遠藤は当時の外務省大臣官房審議官。
175——友田、前掲書、二八、三〇頁。
176——中曽根、前掲『自省録』、一二二頁。
177——前掲『中曽根内閣史 資料篇』、六三二頁。
178——桃井眞「国際安全保障への積極的参加」前掲『中曽根内閣史 理念と政策』、二四五頁。桃井は当時の防衛庁防衛研修所研究部長であった。
179——中曽根、前掲『中曽根康弘が語る戦後日本外交』、三四〇〜三四一頁。
180——本野盛幸「ウィリアムズバーグ・サミットの成果と日本」『世界経済評論』一九八三年七月号、二八〜二九頁。ちなみに、本野は、当時の外務審議官(経済担当)としてサミットの事前準備にあたった。
181——遠藤、前掲論文、一一頁。
182——瀬川、前掲書、九八頁。
183——牧、前掲『中曽根政権・一八〇六日 上』、一二六〜一二七頁。
184——友田、前掲書、三六頁。
185——長谷川、前掲「中曾根外交」、二〇三頁。
186——前掲『中曽根内閣史 資料篇』、六六三頁。
187——本野、前掲論文、三〇頁。
188——事実、外務次官級の協議が、フランスとの間では一九八二年、西独とは八三年、英国とも同じ八三年に外務審議官級の協議がそれぞれ始まっている。また、外務省の局長レベルでは、英国との間で一九八三年から、フランス、イタリアとの間で八四年から、西独との間では八六年から、政治協議が定期的に行われるようになる。これらの実務協議の多くが、一九八三年以降に始まっている点に着目すると、ウィリアムズバーグ・サミットの効果が垣間見れる。友田、前掲書、三七、一一七頁。
189——大河原、前掲書、三五四〜三五五頁。
190——中曽根、前掲『中曽根康弘が語る戦後日本外交』、三三三頁。
191——瀬川、前掲書、六一頁。
192——鈴木庸一「安倍外務大臣の訪欧」『経済と外交』一九八三年二月号、二六〜二七頁。鈴木は、当時外務省欧亜局西欧第一課のスタッフ。
193——大河原大使発外務大臣宛て電信「ワインバーガー国防長官との会談(ヤザキ防衛局長のブリーフィング)」(昭和五八年八月二三日)、三〜六頁(開示請求番号二〇〇七-〇〇三四六)。

194——同右、一四〜一六頁。
195——同右、一一〜一三頁。
196——同右、六〜九頁。
197——同右、一〇〜一一頁。
198——大河原大使発外務大臣宛て電信「防衛庁長官の訪米（大臣記者会見）」（昭和五八年八月二三日）、四〜六頁（開示請求番号二〇〇七－〇〇三四六）。
199——丹波、前掲『日露外交秘話』、一三四〜一三五頁。
200——同右、二三七頁。
201——中曽根、前掲『天地有情』、四五七頁。
202——前掲『中曽根内閣史 日々の挑戦』、二二七頁。
203——中曽根、前掲『天地有情』、四五八頁。
204——前掲『中曽根内閣史 日々の挑戦』、二二二、二二八頁。
205——明石康・高原幸雄・野村彰男・大芝亮・秋山信将編著『オーラルヒストリー 日本と国連の50年』ミネルヴァ書房、二〇〇八年、一六〇頁（黒田瑞夫元国連大使の証言の箇所）。
206——前掲『中曽根内閣史 日々の挑戦』、二二八頁。
207——長谷川、前掲書、一五九〜一六〇頁。
208——中曽根、前掲『天地有情』、四六一頁。
209——中曽根、前掲『中曽根康弘が語る戦後日本外交』、三四三〜三四四頁。
210——桃井、前掲論文、二五〇頁。
211——前掲『中曽根内閣史 日々の挑戦』、二二八〜二二九頁。
212——国連局政治課「国連安保理における大韓航空機撃墜事件」（昭和五八年九月九日）、一頁（外交史料館所蔵の国連安保理緊急特別会合／大韓航空機サハリン沖撃墜事件ファイル・分類番号二〇一六－一一九九）。
213——中曽根、前掲『天地有情』、四五九頁。
214——前掲『中曽根内閣史 日々の挑戦』、二三〇頁。
215——丹波、前掲『日露外交秘話』、一三五頁。
216——長谷川、前掲書、一六〇頁。
217——前掲『中曽根内閣史 日々の挑戦』、二三九頁。
218——丹波、前掲『日露外交秘話』、一四〇、一四四〜一四五頁。外務省の丹波ソ連課長は、当時、以下のようなメモを作成している。「今回の事件を逆に考えると、カムチャッカ半島とサハリンの上空を二度も長時間にわたり侵犯した外国機を、たとえそれが民間機であったにせよ強制着陸させられずに見逃したとなれば、軍の地方関係幹部は場合によっては処刑されたであろうことである。したがって、軍の地方関係幹部にしてみれば、問題はソ連の長期的な国家的利益とか国際社会の反発などではなく、今日明日の生死の問題であったということである。そしてこのような事件が一度起きれば、すでに述べたようにソ連全体としても正当化せざるを得ないという、ソ連全体の体制の問題が二重に関わりを持ってくることになる」。
219——松田喬和「自民党と中曽根政権」前掲『中曽根内閣史 理念と政策』、九四〜一〇〇頁。
220——Memorandum from Gerge P. Shultz to The President, "Your Visit to Japan" (November 9, 1983), JU01186, p.1.
221——ジェームス・マン（鈴木主税訳）『米中奔流』共同通信社、一九九九年、一九九頁。
222——Harry Harding, *A Fragile Relationship: The United States and China since 1972*, (Washington, D.C.: Brookings, 1992), p.136.
223——外務大臣発在米大使宛て電信「レーガン大統領の来日（第一回

首脳会談)」(昭和五八年一一月九日)、三～四頁(開示請求番号二〇一五-〇〇八〇三)。

224——外務大臣発在米大使宛て電信「レーガン大統領の来日(第二回首脳会談・別電四)」(昭和五八年一一月一〇日)、二～四頁(開示請求番号二〇一五-〇〇八〇三)。

225——外務大臣発在米大使宛て電信「レーガン大統領の来日(第二回首脳会談・別電一)」(昭和五八年一一月一〇日)、二～三頁(開示請求番号二〇一五-〇〇八〇三)。

226——外務大臣発在米大使宛て電信「レーガン大統領の来日(第二回首脳会談・別電二)」(昭和五八年一一月一〇日)、二～四頁(開示請求番号二〇一五-〇〇八〇三)。

227——瀬川、前掲書、一一二～一一六頁。

228——"Your Visit to Japan", op.cit., p.1.

229——天野万利「日米経済関係における成果と今後の展望(レーガン大統領の訪日——2)」『経済と外交』一九八三年一二月号、七頁。当時、天野は外務省北米局北米第二課のスタッフ。

230——外務大臣発在米大使宛て電信「レーガン大統領の来日(第一回首脳会談・別電)」(昭和五八年一一月九日)、五～六頁(開示請求番号二〇一五-〇〇八〇三)。

231——天野、前掲論文、八頁。

232——中島敏次郎「レーガン米大統領来日の意義と成果」『世界経済評論』一九八四年一月号、二三～二四頁。

233——滝田洋一『日米通貨交渉 二〇年目の真実』日本経済新聞社、二〇〇六年、四三頁。

234——天野、前掲論文、九頁。

235——中島、前掲論文、二三頁。

236——天野、前掲論文、九頁。

237——大河原、前掲『孤立化を避けるために』、四四～四五頁。

238——中島、前掲論文、二二頁。

239——天野、前掲論文、九頁。

240——村田、前掲書、三三六頁。

241——北米局北米第一課「レーガン大統領の訪日(評価)」(昭和五八年一一月一二日)、一頁(開示請求番号二〇一五-〇八〇三)。

242——中曽根、前掲『中曽根康弘が語る戦後日本外交』、一四八頁。

243——長谷川、前掲「中曽根外交」、一八五頁。

244——前掲『中曽根内閣史 日々の挑戦』、二二五頁。

245——長谷川、前掲書、一七三～一七五頁。

246——前掲『中曽根内閣史 日々の挑戦』、二七九～二九七頁。

247——Bureau of Intelligence and Research, "Japan's Lower House Election: Results and Implications for U. S. Policy" (December 30, 1983), JUII01191, p.1.

248——Telegram from U. S. Department of State to American Embassy Tokyo, "Letter to Prime Minister Nakasone from President Reagan" (January 13, 1984), JUII01193, pp.2-3.

249——前掲『中曽根内閣史 日々の挑戦』、三三五～三三六頁。

250——"Letter to Prime Minister Nakasone from President Reagan", op.cit., p.3.

251——中村総領事発外務大臣宛て電信「第一五回日米安保事務レベル協議(記者ブリーフ・二日目)」(昭和五九年六月二七日)、二～六頁(開示請求番号二〇〇九-〇〇一六一)。

252——同右、六～八頁。

253——北米課「第一五回日米安保事務レベル協議の概要」(昭和五九

年七月一六日)、二～四、九～一〇頁(開示請求番号二〇〇九－〇〇一六一)。

254 ――大河原、前掲『孤立化を避けるために』、四五頁。

255 ――Telegram from American Embassy Tokyo to U. S. Department of State, "Ambassador's Jan. 10 Meeting with Foreign Minister Abe" (January 11, 1984), JUII01192, p.1.

256 ――Memorandum from Paul Wolfowitz to The Secretary, "Visit of Foreign Minister Abe of Japan" (January 24, 1984), JUII01197, p.3.

257 ――Memorandum from Paul Wolfowitz to The Secretary, "Memo to the Vice President for His Meeting with Japanese Foreign Minister Abe" (January 24, 1984), JUII01198, p.3.

258 ――外交研究会、前掲書、六三～六五頁。

259 ――結城雅秀「日米協力と懸案解決のための協力――安倍外務大臣の訪米」『経済と外交』一九八四年二月号、八頁。

260 ――Regan, The Reagan Diaries, op.cit., p.313.

261 ――北米第一課「ブッシュ副大統領との会談並びにブッシュ副大統領主催関係閣僚ランチ」(昭和五九年一月二八日)、二頁(開示請求番号二〇〇七－〇〇三四六)。

262 ――同右、二～五頁。

263 ――大河原大使発外務大臣宛て電信「安倍大臣訪米(シュルツ長官とのテタテート会談)」(昭和五九年一月二八日)、二～三頁(開示請求番号二〇〇七－〇〇三四六)。

264 ――外交研究会、前掲書、六七～七〇頁。

265 ――前掲「安倍大臣訪米(シュルツ長官とのテタテート会談)」、三頁。

266 ――村田、前掲書、三三七頁。

267 ――大河原、前掲『日米外交』、三三一頁。

268 ――前掲『中曽根内閣史 日々の挑戦』、三六一～三六二頁。

269 ――大河原、前掲『孤立化を避けるために』、三九頁。

270 ――同右、三九～四〇頁。

271 ――前掲『中曽根内閣史 日々の挑戦』、三六〇、三六二頁。なお、一方のオレンジについては、①生鮮オレンジは毎年一万一〇〇〇トンずつ増やす、②オレンジジュースは毎年六〇〇〇トンずつ増やす、③グレープフルーツは一九八五年度まで輸入割当を実施した後、八六年度から自由化する、との線で合意した。

272 ――大河原、前掲『孤立化を避けるために』、四〇頁。

273 ――『朝日新聞』一九八四年五月九日(夕刊)。

274 ――滝田、前掲書、一二二～一二四頁。

275 ――同右、一一五頁。

276 ――同右、一四五頁。

277 ――同右、一〇七～一一〇頁。なお、大場財務官は、日本の金融国際化を推進した理由について、「(円に対する規制緩和により)日本の銀行や証券会社がビジネスを増やし、利益を増大させていくだろう。そんな認識があった」と回想している。

278 ――同右、一一六～一一七頁。

279 ――大河原、前掲『孤立化を避けるために』、四六～四七頁。

280 ――三宅和助・韮澤嘉雄「好転してきた海外の対日世論」『世界経済評論』一九八四年六月号、一九～二〇、二四頁。なお、三宅は当時の外務省情報文化局長。

第四章 日中・日韓関係の進展とソ連との関係調整

1 強気の対ソ姿勢――緊張感を増す日ソ関係

一九八二年三月のブレジネフ共産党書記長によるタシケント演説を機に、中ソ関係改善の動きが表面化する。この年の一〇月に北京で、一九八三年三月にはモスクワで中ソ次官級協議が開かれ、中ソ間の貿易や人的交流といった実務レベルの協力も増え始めた。日本をはじめとする西側諸国では、中ソ同盟復活の可能性や、米中・日中両関係に及ぼす影響について様々な観測が行われた[1]。

日本政府内には、中国が台湾に関する対米交渉で自国の立場を有利にするべく、対ソ対話を利用しているとの見解があった。また、中ソ対立の緩和によって生じた余剰軍事力をソ連が日本に向けてくる懸念もあった。とはいえ、政府内では、中ソ関係の改善は限定的なものにとどまり、再び同盟関係に戻ることは考えられないという一致した見方があった[2]。

中曽根首相は、中ソ関係の安定化によって中ソ両国からの安全保障上の圧力が日本に向けられる可能性に一抹の懸念を抱いていたようだ。しかし中ソ間に山積している問題ゆえに、両国の「雪解け」が早期に到来するとは想定していなかった[3]。

それだけに、首相に就任した中曽根は、まず一九八三年一月に韓国、次いで米国を訪問した後、五月にASEAN諸国、そしてサミット出席のため再び米国に赴いた。一方、中国訪問は一九八四年三月であり、ソ連訪問はさらにその一年後の八五年三月、それもチェルネンコ書記長(Konstantin Chernenko)の葬儀参列という形で実行されている。中曽根外交はまず、米国をはじめとする自由主義陣営との紐帯強化を最優先し、ソ連・中国という社会主義大国には、暫時、静観政策をとったのである[4]。

当初、中曽根政権の対ソ姿勢には冷淡かつ強硬な感があった。一九八三年一月二四日、国会での施政方針演説で中曽根は、直前に行った訪米・訪韓の成果を強調し、ASEAN諸国、中国、インドシナ（難民問題）、西欧諸国に言及したが、対ソ関係については領土問題解決による平和条約締結という原則論を述べるに止めた[5]。同日の国会での安倍外相の外交演説でも、国際情勢の緊迫化と日ソ関係悪化の責任をソ連に帰し、ソ連側が関係改善に向けて真剣に動かない限り、日本の方から働き掛けることはないと示唆した[6]。

すでに、鈴木政権下での防衛費増額やF16の三沢基地配備決定によって、ソ連の「日本軍国主義批判」は強まっていた。そこに登場した中曽根が米韓両国を訪問し、特に米国で「不沈空母」発言をしたことに、ソ連は中曽根を名指しで批判するだけでなく、核による報復さえ示唆した。さらに、一九八三年の年頭、ソ連は欧州に配備されている中距離核ミサイル・SS20のシベリア移転を公言するようになる[7]。

中曽根政権は、両国間の実務交流の抑制状態も継続した。一九八三年二月一六日、漁業交渉のために来日したカメンツェフ漁業相（Vladimir M. Kamentsev）とは、漁業問題以外の話し合いには応じないとして、金子岩三農水相の他は安倍外相が表敬訪問を受けるに止めたのである。アフガン侵攻に対する制裁の一環であった閣僚レベルの交流は実務上必要のあるものに限定するという方針を遵守するためであった[8]。

二月二二〜二六日、日本商工会議所会頭の永野重雄を団長とする貿易経済代表団がモスクワを訪問し、ソ連当局との一連の会議を行った。その結団式が行われた二月一六日、外務省の加藤吉弥欧亜局長は、ソ連が経済的に力を付けるのは望ましくないとの見地から、「訪ソ団も商談には慎重であるべきだ」と指摘して、訪ソ団の行動を規制しようとした。また政府は、訪ソ団への外務省高官の随行を拒んだうえ、永野団長自身が要望した首相親書の携行すら許さなかった[9]。さらに政府は、訪ソ団がシベリア開発プロジェクトなどで輸銀などの政府資金を必要とする商談を進めた場合、その使用を認めないという方針を表明した。領土問題は解決済みとするソ連の姿勢に変化がない以上、経済関係だけを先行させることはできなかった[10]。

案の定、モスクワ入りした永野率いる訪ソ団を前に、パトリチェフ貿易相（Nikolai Semyonovich Patolichev）は、日本の政経不分離策を批判した[11]。しかし、訪ソ団は、シベリア開発プロジェクトの前向きな再検討は難しいと述べた。公的資金供与は対ソ制裁で困難であったし、世界的な不況で生産物の引き取り手も当てがなかった。「財界のドン」と呼ばれた永野の訪ソ団をもってしても、日ソ経済関係の進展につながる成果は生まれなかった[12]。

四月二日、グロムイコ外相は、レーガン大統領がＩＮＦ全廃条約交渉の行き詰まりを打開すべく、三月二九日に発表した暫定合意案(従来の「ゼロ・オプション」提案よりも柔軟な内容)を拒否する意思を表明した。その理由として「日本および日本周辺海域に核兵器が展開されている」、「沖縄と南朝鮮には巨大な核基地がある」ことを挙げ、「ソ連はこうしたミサイルに対抗する権利を持っている」と主張した[13]。

二日後の四日、高島益郎駐ソ大使はチーホノフ首相との初の正式会見の場で、ソ連側がレーガンの新提案を拒んだことに失望の念を表すとともに、グロムイコが欧州配備の中距離核ミサイルの対アジア移転や日本本土とその周辺、沖縄における核の存在に言及した発言は、受容不可能と述べた。これに対してチーホノフは、米暫定合意案が英仏両国のミサイルや米軍の爆撃機の削減の問題には触れていないこと、西側が従前、数多く行われたソ連の軍備管理提案に応じてこなかったことなどを批判した。

また、高島が「極東ソ連軍の増強に対する日本国民の懸念が、日本の防衛力整備の新たな理由付けとなっている」と強調すると、チーホノフは「ソ連が軍備増強を進めているとする日本の主張の根拠が理解できない」と述べ、さらに、首相の「不沈空母」発言に言及して「ソ連の指導者には、日本に対してそのような軍国主義的な発言をする者はいない」と皮肉りながら、「ソ連指導部は日本への軍事的な意図はない」と反論を加えた。領土問題の存在についてもソ連側の立場を素っ気なく繰り返し、会談に具体的成果はなかった[14]。

四月一二～一三日に東京で日ソ事務レベル協議が開かれることを睨み、在モスクワの米国大使館は、日ソ関係についての現状分析を行い、対日関係におけるソ連の主要目標は、「米国との密接な防衛協力と防衛費増額という現行の政策を日本政府が改めるよう説得すること」と位置付けた。したがって、ソ連は、平和主義的な日本の国民感情に付け込みつつ、ソ連脅威論の虚構性を訴える一方、核を含む自国の圧倒的な軍事力を背景に日本側をして防衛努力の無駄を認識させようとする「アメとムチ」戦略に依拠すると指摘した。また、来る事務レベル協議は、あくまで「関係悪化の程度を限定させ、対話の道を開く場」となるにとどまり、関係改善までに至らないと予測した[15]。

四月一一日、外務省の松永信雄事務次官は、来日したソ連のカピッツア外務次官（Miknail Kapitsa）と意見交換を行い、その席上、日本の防衛政策を説明する松永に対してカピッツアは、ソ連として日本が非核三原則を保証することを条件に、核不使用協定を結ぶ用意があると言及していた[16]。

翌一二日に開かれた一回目の事務レベル協議では、日本側代表の中島敏次郎外務審議官が、前日の核不使用協定締結のソ連提案を念頭に、次のように強く反論した。

> 我が国は従来より非核三原則を堅持するとともに核兵器不拡散条約に加盟しているところであるが、そもそも核・非核を問わず武力の不行使は国連憲章の定める基本原則である。昨日松永次官が述べたように相手国に何らかの条件をつけて、武力の不行使を遵守するというような筋合のものではない。更に核兵器不使用の約束については核兵器の削減というような具体的措置による裏付けがない限り実効性はない。[17]

ソ連が日本に核不使用協定の締結を求めた背景には、一九八一年の「ライシャワー発言」で表面化した米艦船による核兵器の日本持ち込みに対する懸念があり、日本政府に非核三原則を遵守させる意図があった。と同時に、ソ連が核不使用協定を平和条約に代わる「代替条約」と見ていた点も指摘しなければならない[18]。SS20に対する日本国民の恐怖を逆手に取り、非核三原則を盾に核不使用協定――かたちを変えた善隣協力条約――の締結を狙うソ連側の姿勢は、日本政府にとって許容できるものではなかった[19]。

次いで、中島審議官はソ連側の「日本軍国主義論」に論駁した。①米国政府の国防努力は抑止力の確保のために行っている、②日米安保体制は防衛的体制である、③日本は必要最小限の自衛力の整備を行っている、④現行の防衛計画の大綱が達成されても、航空母艦や長距離爆撃機などの攻撃的兵器を持つことはない、⑤日本の防衛費は、対GNP比・絶対額両面から見ても控えめなものにすぎないとして、日本の政策の正当性を強調したのである[20]。しかしカピッツアは、ソ連が東南アジア諸国に向けて「日本軍国主義論」を吹聴していると批判されたことに絡めて、インドネシアやフィリピンでは「日本の軍国化を憂慮する声が多い」と反論した[21]。

インドシナ問題でも両国は真っ向から対立した。中島は、紛争の平和的解決と民族自決の確保という原則を掲げつつ、「国際社会が越による『カ』の既成事実化を容認していないことは」明白であり、ソ連のベトナムへの支持と同国での軍事的プレゼンスの増強が、「アジア地域に一層の緊張要因を持ち込んでいる」と批判した[22]。

ソ連側の立場は、既成事実としてヘン・サムリン政権の受容を迫り、カンボジアからのベトナム軍撤退に反対するというもので、日本側が折り合うことは不可能であった。カピッツアはポル・ポト派が行った大量虐殺を批判してベトナムのカンボジア侵攻を擁護するとともに、「民主カンボジア連合政府」(三派連合政府)に身を置くシアヌーク大統領(Norodom Sihanouk)を無力な存在だと決めつけた。彼を支援する日本やASEAN諸国の行動に疑問を呈し、さらには、米軍に基地提供する日本がソ連の対越軍事協力を批判する資格はないと反論を加えた[23]。

他方、朝鮮半島問題について、「日本は北朝鮮と貿易・文化・スポーツ等の分野の交流があり、また議員レベルでの交流もある」と切り出した中島は、「他方、ソ連についても昨年タス通信関係者が訪韓したが、かかる動きは我が国としても歓迎する」と評価した[24]。この発言は、日米両国が北朝鮮を、中ソ両国が韓国を、それぞれ国家承認する、いわゆる「クロス承認」に水を向けたものである。しかしカピッツアは、前年のソ連要人の韓国入りは国際会議出席目的で、韓国承認につながるものではないとにべもなかった[25]。

また中島は、近年、順調な発展をみせる日中関係について説明したが[26]、ソ連側は、日中関係の発展には異存がないと述べるなど、日中平和友好条約の締結に神経を尖らせていた一九七七~七八年ごろとは様変わりの対応を示した[27]。さらに「(三月の中ソ)次官会談においては、中国との間に会談継続が約された由であるが、今後の会談に臨む貴国の立場はどうであるか」との質問にも[28]、カピッツアは「曲折はあったが、現在は(中ソ関係は)悪くない。いずれ北京で三回目のソ中会談があるだろう」との見通しを明らかにした[29]。

翌一三日の二回目の協議では、日ソ二国間の問題が話し合われた。この席でも日本側が日ソ関係改善にとって領土問題解決が最大の懸案だと迫ったのに対し、ソ連側は、領土問題は存在しないとの態度を変えず、双方の主張はすれ違いに終わった[30]。全体としては穏やかな雰囲気で協議を進めたい様子に見えたカピッツアであったが、こと領土問題と日米関係、日本の防衛問題が議題になると、興奮した表情で強硬な意見を表明したという。

逆に、右の三つの問題以外については、より柔軟な姿勢を示すことで、日本側をソ連のペースに巻き込もうとするブレジネフ政権以来の戦法を踏襲しているようであった[31]。案の定、カピッツアは、日ソ両国が協力可能な分野として経済を挙げ、①日ソ間には、南ヤクーチャの炭田やサハリン開発、木材に関する協定など、多くの協定や取り決めが結ばれている、②一年半後にバム鉄道が完成した後、日ソ両国間に新しい協力の可能性が生まれるだろうと述べると、続けて「(日ソ)両国の貿易額はかつてソ連の西側諸国との貿易の中では第二位であったが今ではドイツ、フィンランド、伊などに次いで四位から五位となっている」と述べて日本側から協力を引き出そうとした。

しかし中島は、相互信頼関係を成立させることが両国間の経済関係発展の前提となる、とクギを刺す[32]。領土問題を放擲《ほうてき》する形の対ソ経済協力は論外だったのである。結局のところ、協議は前進や関係打開の手掛かりを全く見出せないまま、各々の立場をぶつけ合うだけに終わった[33]。

事務レベル協議の終了後、カピッツアの表敬訪問を受けた安倍は、あらためて領土問題の存在確認を促すかたわら、日ソ間の政治対話の必要性を強調して、グロムイコ外相の来日による外相会談開催を呼び掛けた。しかし次官は、「いまの日ソ間の雰囲気はその実現に適当でない」と否定的な反応であった。また、INF削減交渉でソ連が前向きな対応をとるよう求める安倍に、次官はソ連の核戦力は防衛目的であるとの主張を繰り返し、「米国は優秀な同盟国を持ったものだ」と皮肉った[34]。

事務レベル協議における頑なソ連側の対日姿勢を踏まえ、四月二三日、中曽根は帰国中の高島駐ソ大使に、①対話のチャンネルを維持するべき、②全体として、北方領土問題を最優先にすること、③ソ連側が二国間関係の改善に向けてイニシアティブを発揮するべき、という三点を念頭に、堅実な対ソ交渉を進めるよう指示した[35]。

中曽根は、ソ連に毅然たる態度を示そうとした。先に高島大使とチーホノフ首相との会談が実現したこともあり、カピッツア次官は当初、訪日中に中曽根首相との会見を望んでいた[36]。しかし、結局それは実現せず、安倍外相との会見に止まった。自分よりも格下の人物とは基本的に会わないという中曽根の意向によるものであった[37]。また、一九八三年の一年間に、三名の閣僚を北方四島の近接地である根室へ派遣し、北方領土の視察をさせた(一月に丹羽兵助総理府総務長官、五月に谷川和穂防衛庁長官、八月に安倍外相)[38]。

六月二一日、中曽根はKGB(ソ連国家保安委員会)のエージェント活動に従事していた嫌疑で、駐日ソ連大使館一等書記官のビノグラードフ(Arkady Vinogradov)に国外退去を命じた。日本から共産圏諸国にハイテクや汎用技術関連のデータ・情報が流出しているとの米国からの批判に応え、西側陣営の一員として対ソ政策での協調を示そうとしたのである。日ソ関係のさらなる冷え込みも織り込み済みであった[39]。前年末以来、米国に亡命したKGBの一員であったレフチェンコ(Stanislav A. Levchenko)によって、日本におけるソ連の諜報活動が明るみに出ていたことも、日本政府の厳しい対応につながったものと思われる。レフチェンコ証言で所属の国会議員がソ連のエージェントと名指しされた社会党も、対ソ関係改善の主張を憚らざるをえない状況となっていた[40]。

じつのところ、恫喝を交えたソ連の高圧的な対日姿勢が日本国民を憤慨させ、ひいては中曽根の強気のアプローチを支えていたのである[41]。日本では、日米安保条約への反対論も対ソ関係修復論も、もはや盛り上がることはなかった。一九八三年一二月三〇日の日記で、中曽根は政権一年目の外交を振り返りつつ、自らの対ソ戦略を次のように簡潔明瞭に記している。

> 日米-基軸。この成果によりアセアン、欧、中を固め、ソに対す。
> ソ連との冷却は覚悟、あまりに日本をナメているので強硬を維持する。然し、対話路線は常に明示す。[42]

2 政権初期の対中外交

安倍外相は、ソ連を厳しく批判した前出の外交演説(一九八三年一月二四日)のなかで、一方の日中関係について、さらなる関係発展に向けた努力を行うと述べていた。また、中国が「わが国を初め西側諸国との協力関係を促進していく」ことを前提に、その近代化に向けた努力に協力すると表明していた[43]。

右の演説からは、日中関係の現状と展望について楽観的な認識とともに、中国政策に関しては従来の方向性を継続していけば良いとの判断も窺われる。実際、発足当初の中曽根政権にとって、中国との外交はさほどプライオリティが高いテーマではなかった。当時の外交上の懸案処理という観点から見れば、米韓両国との関係がより重要であったため、特段の懸案事項がない中国は意識されなかったのである[44]。

ただし、そのことは対中関係の軽視を意味しなかった。中曽根は、首相退陣の四年後にあたる一九九一年の回想で、首相時代の外交方針について、米韓両国との関係を固めたうえで「中国と友好親善関係を確立する」という順で進める意向であったと述べている[45]。

中曽根の中国との関わりは古い。一九四七年の政界入り間もなく日中の友好に積極的であった松村謙三に私淑するようになり、改進党の少壮代議士であった一九五四年には同党所属の園田直《すなお》(のち福田、大平、鈴木内閣で外相)や社会党の松前重義、労農党の黒田寿男らとともに中国とソ連を訪問した経験を持つ。また、松村の影響から一九六〇年代には「米中の『架け橋』」論を繰り返し唱えた。同論は、「同じアジア人種で、同じ文字を使用する」日本は「中国人の心理や特異性をよく理解して」おり、かつ米国とも率直に話し合える立場にあると主張するものであった[46]。

ただし中曽根は、松村のように国交がない時代の困難な日中外交に直接関与することはなかった。むしろ一九五〇年代から日本の「自主防衛」推進を主張してきた中曽根は、一九七〇年に佐藤政権の防衛庁長官に就任すると、日米安全保障体制を補完的なものに位置づける方向に改定するべく、「第四次防衛力整備計画」を「新防衛力整備計画」と改め、その策定を指示するなど、防衛問題に強く関わっていた[47]。この新たな防衛計画は予算規模が大きい印象を世間に与えて国内世論の反発を受ける一方、中国も「日本軍国主義」の復活であるという宣伝に利用した[48]。

それでも、一九七一年七月のキッシンジャー大統領補佐官(Henry A. Kissinger)極秘訪中によって米中の接近が明るみに出ると、国連における中国代表権問題が焦点となるなか、党総務会長の任にあった中曽根は、佐藤栄作首相に日本の台湾擁護政策を転換するよう提言するなど、北京寄りの姿勢を明確にする。そして一九七二年の自民党総裁選では、日中国交正常化を大義名分に田中角栄を支持し、田中政権の樹立に貢献した[49]。

田中政権の通産相となった中曽根は、一九七三年一月に訪中し、周恩来首相と両国の提携と世界的な安全保障を中心に長時間議論した。この席で中曽根は、地図を示しつつ、

「日本の防衛体系はこの地図にあるように、対北方にある。……中国、西方に脅威があると思わない」と発言した。ソ連覇権主義に足並みを揃えて対抗しようとの中曽根の呼びかけは、当時ソ連と鋭く対立していた中国にとって渡りに船であった。周首相も、「ソ連が核を持っている状況からして、日本には米国の核の傘が必要だろう」と述べ、日米安保条約への事実上の支持を表明した[50]。

七年後の一九八〇年四月、すなわち首相に就任する約二年前、当時無役であった中曽根は再び中国を訪れた。このとき中曽根は、最高実力者となった鄧小平から胡耀邦と趙紫陽を紹介されている。鄧は会談で、終始「反ソ、反覇権」の話をしたという[51]。この訪中の折には、中国人民解放軍副参謀長であった伍修権《ごしゅうけん》が、日米安保条約の重要性に言及しつつ、「日本は防衛費を国民総生産（GNP）の二％程度とすることが望ましい」と踏み込んだ発言をしていた[52]。

中国から帰国後、中曽根は「中国覚書」という表題の報告書をまとめる。そこには、発展途上国であり大陸国家である中国に対し、先進民主主義国であり海洋国家である日本は、友好関係を結びつつも一定の距離をとるべきとの主張が記されていた。報告書は、あくまでも日米関係基軸の枠内で、かつソ連の軍事的脅威に対抗する視点から、中国との関係を進める必要があると説いていた[53]。

以上のように、日米安保を拠り所に米中日三国が緩やかに提携してソ連に対抗していくべきだと考えていた中曽根にとって、台湾問題をめぐって軋轢《あつれき》が絶えない米中関係の行方は気にかかるところであった。実際、一九八三年一月三一日に訪中の途上、東京に立ち寄ったシュルツ国務長官に、中曽根は「日中関係は非常に良好な状態にあり、良好な米中関係は、アジアの平和と安定のために非常に重要である」と述べ、軋みがちな米中関係について修復の努力を求めていた[54]。中曽根を含めた日本の政府関係者は、米中両国が良好な関係を維持すると同時に、中国がソ連と再び緊密な関係を持たないようにすることが、自国の利益にとって不可欠と考えていたと思われる[55]。

一方、中国のメディアは、政権発足当初の中曽根外交に批判的な見解を掲載していた。一九八三年一月一五日、中国外務省スポークスマンはその直前になされた中曽根首相の訪韓と日韓共同声明について、「朝鮮半島の安定と平和統一のためにならない」と批判する談話を発表した[56]。また、二一日付の『人民日報』は、その直前の首相訪米での「日米運命共同体」や「不沈空母」といった一連の発言が、日本国内の野党や言論界からの強い反対を受けていると伝えていた[57]。

一九八三年に入ると、『国際問題研究』や『紅旗』に掲載される論文に、経済力の増大にともなって日本の政治大国化が進み、軍国主義に至るのは困る、という中国の認識が、より明確に表れるようになっていた。当然、前年の教科書問題が作用していよう[58]。おりしも、中国が反覇権主義に基づく外交路線を止め、「日本軍国主義」批判を復活させるなか、中曽根が標榜する「戦後政治の総決算」が日本の政治大国化の「前兆」を示すものと受け取られ、その派手な言動と相まって中国側の懸念を助長した側面もあろう[59]。

自らの発言が中国側に懸念を持たせたことを意識した中曽根は、その懸念を解消し、日本の真意を知らしめるため、自民党の二階堂進幹事長を首相特使として中国に派遣する[60]。二階堂幹事長は最大派閥・田中派の番頭格であり、一九七二年の日中正常化交渉では官房長官として田中首相訪中に随行、鈴木政権時代には党総務会長として、プラント契約破棄問題の収拾にあたるべく北京に赴くなど、親中国派の政治家であった。

二月一八日に訪中した二階堂特使は、胡耀邦総書記や趙紫陽首相、呉学謙外交部長ら中国要人たちと相次いで会談した。これらの席で、二階堂が表明したのは、①中曽根内閣の外交・防衛政策は、日米安保条約を軸として平和憲法の下で専守防衛、非核三原則の遵守、軍事大国にならないとの枠内で必要最小限度の防衛努力を進める、という歴代自民党内閣のそれと変わらない、②中国重視は歴代首相に「勝るとも劣らぬ」ものであり、鈴木前首相が昨秋の訪中で中国側に述べたすべてを継承する、③中国側が要請している一二プロジェクト、総額六〇億ドル相当の第二次円借款について前向きに検討する、の三点であった[61]。

一方の胡耀邦総書記は、二月二〇日の武漢での二階堂との会談において、中国が一〇年来の中日友好協力関係の発展に満足していることを表明し、両国関係では未来志向を主張することを強調した[62]。ただ中国側は日本の防衛力に、「近隣諸国に脅威とならない、防衛的、適度なものでなければならない」と注文をつけた。一九八〇年ごろまで見られた、対ソ戦略上の意図から日本の防衛力強化を支持するスタンスはなくなっていた[63]。翌日、帰国した二階堂は中曽根に、「(外交・防衛に関して)誤解を招くようなことは注意された方がいい」という中国首脳の言葉を伝えた[64]。

さらに、二階堂が訪中した一八日、中曽根は衆議院予算委員会での答弁のなかで、首相として初めて過去の日中戦争は侵略行為であると認めた。歴代の首相は同戦争について「のちの歴史家が判断すること」と答弁するに止まっていた。中曽根の認識では、「対華二一カ条要求が中国に対する精神的な侵略の始まりで、日中戦争に限って言えば、これは完全に侵略戦争だ」ということになるが、この答弁は前例重視の外務省から反発を受けた[65]。

日中戦争を「侵略戦争」と認める中曽根答弁に、二月二一日の『人民日報』は「日本と中国及びアジア・太平洋地域の友好発展に積極的意義をもつもの」と歓迎の意を表した[66]。こうしたメッセージを発しつつ、政権発足後の早い段階に政府特使を派遣して中国重視の姿勢を出したことは、中国側から高い評価を受けたと見られる[67]。

なお、中曽根は二階堂を通じて胡耀邦総書記に来日を要請した。首相の趙紫陽は前年に来日していたし、共産党一党支配の中国の現状に鑑み、党のトップである胡とも良好な関係を築こうとしたのである[68]。しかし胡は「訪日は生涯の願望」としながらも、内政の多忙を理由に「年内は無理」と返答する[69]。中国側は、首相の外遊日程に中国がまだ入っておらず、また二階堂訪中団のメンバーに中曽根派議員がいなかったことから、中曽根政権の対中姿勢に疑念を持っていたようだ。

そこで中曽根は四月下旬、自派の代貸であり、前外相でもある櫻内義雄を「私的特使」として派遣した。五月のASEAN歴訪とウィリアムズバーグ・サミット出席を前に、櫻内を通じて中国側の要望を吸い上げることで、自分が中国を軽視していないことを強調する目論見であった。中国の最高実力者である鄧小平党中央顧問委員主任と櫻内の会見は、四月二八日、北京の人民大会堂で実現した。鄧小平が、国家元首ではない一政治家と会うのは異例のことであった。中曽根が櫻内に託した鄧宛ての親書にも、胡耀邦の年内来日要請がしたためられており、かくして胡訪日への道が開かれた[70]。

ひとたび中曽根政権への懸念が払拭されると、両国間に特段の問題が不在だったこともあり、日中関係は順調に推移していく。六月八日、第一次円借款の最終年度にあたる一九八三年度の円借款について、前年度比四〇億円増の六九〇億円とすることで合意が成立する。

九月四〜六日には、第三回日中閣僚会議が北京で開催され、日中租税協定が署名された。これにより、中国に進出した日本企業への二重課税が防止されることになり、日本側は投資環境整備が一歩前進したと評価した。また、翌一九八四年度から始まる第二次円借款についても、第一次分（三〇〇〇億円）を上回る額を要求する中国側に、厳しい財政事情に触れながらも、速やかな実施を約束した[71]。

他方、国際情勢をめぐっては、多くの事項で両国の認識は一致した。ソ連に関して中国側は、ソ連がアジアで南下政策を継続しており、これが地域の不安定要因になっているとの認識を示すとともに、対ソ関係の改善については、いわゆる「三つの障害」を除去することに誠意を見せていないと批判した。また、SS20の問題では、①欧州での交渉の結果削減される核兵器はすべて破棄されるべき、②すでにアジアに配備されている核兵器も大幅に削減されるべきである、との考えを示した。会議直前に発生した大韓航空機撃墜事件に関して日本側が問題提起すると、中国側も強い驚きと遺憾の意を表明した。

米中関係については、中国側から、米国が先端技術移転に関する新たな決定を行ったことで米中関係に一定の改善の兆しがあるとの発言があり、合わせてワインバーガー国防長官の訪中（九月末）および呉学謙外交部長の訪米（一〇月）が米中関係改善に貢献することを希望する旨が伝えられた[72]。事実、これに先立つ五月のボルドリッジ商務長官の訪中時、米国は高度技術移転にあたって中国を、友好的な非同盟国と見なされている欧州やアジア、アフリカの他の諸国と同じ扱いとする決定を行っていた。そして、九月の国防長官訪中を機に、米中の防衛協力関係は一段と緊密化していくことになる[73]。

九月二九日に国連で行われた日中外相会談では、呉学謙外交部長から安倍外相に、「三つの障害」に加え、新たに極東SS20削減を四番目の条件とする意向が伝えられた。また、両外相は日本が米国から得た極東SS20の情報を中国に提供することで合意し、ここに、日米中がソ連のミサイルの脅威に足並みを揃えて「対抗」するかたちが整った[74]。日中両国の対ソ姿勢の乖離は、解消されたかに見えた。

しかし、前出の大韓航空機撃墜事件にあたり、九月一二日、日米両国をはじめ一七ヵ年国の共同提案の形でソ連を非難する決議案が国連緊急安全保障理事会に上程され、ソ連の拒否権により否決されたが、中国は棄権に回っている。同日、北京の中国外交部に赴いた鹿取泰衛駐中国大使は、劉述卿副部長に対し、「（棄権という中国の）決定に対して、総理、外務大臣はもとより、日本国民もまた深く失望することは明らかである」と述べた。さらに、鹿取大使は、中国政府が大韓機撃墜を遺憾とし、国際民間航空の安全確保に強い関心を有するにもかかわらず、票決で棄権する「態度は全く理解にくるしむものである」と批判した。

日本政府は事前に中国側に対し同決議案に賛成するように働き掛けていたわけだが、裏切られた格好となったのである。鹿取は、全人代委員長の彭真《ほうしん》を長とする代表団を北朝鮮建国三五周年祝典に派遣し、米国の帝国主義的政策を非難する演説を行わせているところから、「本件決議案には賛成投票した場合の北鮮との関係に与える影響についてはしん重考慮せざるを得ない立場」にあったと分析した[75]。

一方で、外務省ソ連課長の丹波實は、中国が本件についてレトリックでは一応の対ソ批判を行いながらも、安保理決議に棄権したことは、「現在の中ソ関係と関連があり、中国から見れば『アメリカペースの決議案にそのまま乗りたくない』との対米考慮もあったと考えられるが」、前年の教科書問題での対日批判にも鑑みて、「我々として中国と決して心を許してはつき合うべきではないとの教訓を垂れていると考えた」とメモに記したという[76]。

3 胡耀邦総書記の来日
——日中関係の長期的安定を求めて

一九八三年一一月二三日、胡耀邦総書記は東京に到着した。八日間にわたる公式訪問の始まりであった。中国共産党最高指導者として初めての来日であり、先進国への初訪問でもあった。胡耀邦は到着直後の談話のなかで、「わたしは十億中国人民の日本人民によせる友好の気持ちをたずさえて、皆さまのうるわしいお国を訪問に参りました」と述べたうえで、「日本民族は偉大な民族です」、「日本人民は非常に勤勉で、高い文化と教養をもち、進取の精神に富んでいます」と賞賛した[77]。

翌二四日午前、迎賓館において、中曽根と胡耀邦、両国の外相と通訳のみという、少人数での首脳会談が開かれた。まず中曽根は、日本の「軍国主義復活」、「軍事大国化」に対する中国の懸念に触れ、日本は過去の反省の上に立って日中共同声明と日中平和友好条約を遵守していくと明言した。そのうえでソ連の脅威を指摘し、日米安保体制を基軸に「我が国が平和憲法の下で節度ある防衛力整備」をすることに理解を求めた。

次に「日中友好のあり方について政府に提案を行う民間

の機関」として、「日中友好二一世紀委員会」の設立を提案した。さらに、日本側から見た中国への懸念材料として、①日中平和友好関係は永続的なものか、②中国の対外開放政策は長期に不変か、③対中経済協力・投資は安全か、という三点を挙げた。そして、北方領土問題での中国のこれまでの支持に感謝すると同時に、今後一層の支援を求めたのであった[78]。

中曽根の言葉を受け、胡耀邦は、「(日本の)一部に軍国主義復活を望む者がいる」ことに懸念を表明しながらも、中曽根をはじめとする日本の指導者が「日中の永遠の平和友好関係を希求していると信じる」と述べた。次いで「日本が適当に自衛力を増強させることにつき中国は反対しない。……自分としては、今世紀末から二一世紀初めにかけては、いかに日本が自衛力を拡大しようと、中国と戦うことにはならないと信じる」と言い切った。

また、「いかなる場合も中国は、日本と(米国を含む)第三国との関係を損なうことはしない」と表明する一方、北方領土問題での日本の立場を支持することも明らかにした。中曽根が示した中国への三つの懸念についても、大局的には「全く問題ないと明確に断言できる」と語り、中曽根が提案した「日中友好二一世紀委員会」の設立についても賛意を示した[79]。

胡が、日本の指導者が「日中の永遠の平和友好関係を希求していると信じる」と述べ、適正な自衛力の増強を容認したことに、中曽根も安堵したに違いない。しかし胡は、際限のない自衛力の増強については「アジア全体が注目し、不安を持っている」とクギを刺すとともに、日米同盟関係で日本が米国の尖兵と化せば、「日本にとって不利であり、被害を受けるのではないか」と警告することを忘れなかった[80]。

中曽根が、従来の「平和友好、平等互恵、長期安定」の三原則に「相互信頼」を加えて、日中関係の四原則としたいと提案すると、胡は中国では四という数字は「縁起が良いので賛成である」と応じた[81]。また中曽根は、中国側からの訪中要請について、「政局の動向を見ながら、できる限り早く訪中したい」と語るとともに、事務レベルで検討中の第二次円借款についても、自身の訪中までに最終的な形態を決定することを明らかにした[82]。

その後、日本側から後藤田正晴官房長官や外務省幹部、中国側から王兆国第一書記らが加わって全体会議が行われた。先の少人数による会談で出た中国の対外開放政策の持続性や対中経済協力や投資に関する安全性について中曽根から示された懸念に、より詳しく応えるべく、胡は「国内の政治面での情況については、安全・団結の局面が引き続き強化されている」と述べた。加えて、おりから展開されていた「精神汚染除去」の問題は、「国内における思想建設の問題であり、対外開放政策を妨げることは全くなく、対外開放政策をより健康に、より順調に実施するために行っているもの」と説明した。そして、中国経済の現状は予想以上に良好で、来年も順調なものになるとの見通しを語った[83]。

国際情勢に関する討議では、中曽根が「我々の得ている情報ではアジアのSS20は近く一三五弾頭になる」と注意を喚起したうえで、日中両国が情報・意見交換を行い、かつ対策を考案し合うことを提案し、「ソ連がINF交渉を中断したことは遺憾であり、ソ連が話し合いを継続することを期待する」と発言した。

一方、胡耀邦はソ連の軍備増強やSS20配備といった問題に直接言及することはなく、もっぱら中ソ関係の現状説明に時間を費やした。まず、中ソ間の不正常な関係は両国のみならず、「アジア・太平洋及び世界の平和と安定にとっても不利である」として、中ソ関係改善の動きを肯定的に評価して見せた[84]。ところが、対ソ協議の具体的説明になると、実質的な進展がなく、短期に大きな成果を収めることは困難であり、今後ともソ連には「三つの障害の解消」を求め続ける意向を示すにとどまった。そして「ひとりの友人を捨てて、もうひとりの友人を作ることはとてもできない」と語ることで、対日関係を犠牲にしない形でソ連との和解を進める方向性を示唆した[85]。

対米関係について、胡耀邦は「双方の努力によって、一時期に冷えていた中米関係は好転し始めている」との認識を示す一方、①レーガン大統領が、台湾という古い友人を捨てないと発言するとともに、台湾を「中華民国」と呼称した、②米議会の上院外交委員会での「台湾の将来」についての決議案採択、を問題として挙げた。特に、②の決議案は「台湾関係法よりも悪質である」と非難した[86]。一九八二年八月の米中コミュニケで台湾問題に一応の決着が図られたとはいえ、米議会では台湾擁護の主張が根強く、中国側もこれに不快感を隠さなかった。

他方、朝鮮半島問題について中曽根は、「中国は北朝鮮と関係が良く、我が国は韓国と友好関係を有しているので、朝鮮半島の永続的平和のために両国で協力してやっていきたい」と述べた。そして、「韓国より、中国との友好関係を求めたいとの意向を伝えてほしい旨の依頼があるので、これをお伝えしたい」と語った。

これに対し、胡は「中国は、朝鮮半島の長期的安定を誠心誠意望んでいる」としながらも、「金日成は二回も、北朝鮮の南進はあり得ないし、またそれだけの力を持っていないとの考え方を示した」(一九八二年九月の金日成主席の訪中時)と、北朝鮮の立場を述べるにとどまり、中曽根が全斗煥から預かった韓国からの伝言にも返答しなかった[87]。外相会談でも、呉学謙部長は「北朝鮮の意見を尊重する」として、中国が韓国と外交関係を結ぶこと、そしてクロス承認についても現時点では不可能と述べている[88]。

朝鮮半島をめぐる日中両国の立場には明らかに乖離があった。また、中国は依然として対ソ不信・警戒感を持ちつつも、対ソ戦略の見地から日米両国との提携を求める性向を希薄化させていた。むしろ日本のほうが対ソ連関係を睨んで、中国と外交的提携を求める感があった。結局、一連の会談では、日中両国が国際問題について具体的に協力する次元には至らず、相互の認識を確認し合うに止まったといえるだろう[89]。

それでも胡耀邦は、そうした両国の認識の相違を踏まえたうえで、「日中両国は、アジア及び太平洋の平和と安定を図ろうという点では一致している」と語った。そして、日中善隣友好関係を発展させる方策として、まず、「我々は、小異を残して大同を求め、胸襟を開き、平等互恵で積極的に協力する方針」を掲げるとともに、両国間の経済協力発展のため、「日中は長い目で協力し、平等互恵を重視」すべきと主張した[90]。

この首脳会談の最大の成果は、中曽根‐胡の個人的信頼関係の形成であった。会談の最後、中曽根が「閣下は確かにまことに率直だ。私の兄貴分になれる」と持ち上げると、胡は「我々はよい友達だ。……九〇年代にかけて、更には生きている最後の一日まで友人でいたい」と返答する。こうして両首脳は、末永い日中友好を約束し合った[91]。日米関係における「ロン・ヤス」の手法が日中関係においても援用されたのである。

しかしながら、日本との関係を重視する胡の姿勢は、中曽根との個人的友情の形成に止まらなかった。八日間におよぶ日本滞在中、胡は東京で首脳会談のほか、昭和天皇との引見・宮中午餐への出席、国会における演説、青年の集いでの日本の青年たちとの対話、経済団体との懇談といった日程をこなすのみならず、日本各地にも広く足を伸ばし、各地の状況を精力的かつ熱心に視察した。胡の動静はマスコミに連日報道され、多くの日本人が胡に好印象を持った[92]。
なかでも一一月二五日に行われた、中国首脳による史上初の国会演説は、大きな注目を集めた。胡は、中国の基本的国策として、「長期にわたり工業、農業、国防、科学技術の現代化政策に力を入れる」かたわら、「社会主義の物質文明と精神文明の建設に力を入れる」と表明した。そして、最後に「中華民族と日本民族は、ともに偉大な民族です」と語りかけ、「中日善隣友好関係の長期にわたる安定した発展」は、「アジア・太平洋地域と全世界の平和のために、二十一世紀の世界の文明と人類の進歩のために、いっそう輝かしい貢献をするに違いありません」と結んだ[93]。なお、自民党の親台湾派は、胡が共産党の総書記であって政府の最高責任者ではないという理由から国会演説に反対していたが、福田派のプリンス的存在であった安倍外相が根回しを行い、実施の運びとなった[94]。

翌二六日、東京代々木のＮＨＫホールで開かれた「日本各界青年の集い」に出席した胡は、多くの聴衆に対し、「善隣友好関係の長期にわたる安定した発展をはかるに当って、とりわけ若い世代に希望をよせています」と語りかけるとともに、「中日両国の青年の相互理解を深め、友情を強めるために」、来年秋に「貴国から三千人の青年のみなさんをわが国に一週間お招きしたい」と表明した[95]。これは、二日前の首脳会談における「今後、中国からの青年招聘計画等を相当程度拡大したい」という中曽根の発言に呼応したものであった[96]。

また同日、胡は東京都内のホテルで、稲山嘉寛経団連会長ら財界六団体の代表と懇談する。胡はここでも、一九八〇年以降の中国の経済調整政策を境に、やや冷めつつある日本財界の中国熱を再び燃え上がらせるべく、「対外開放政策は長期不変だ」と熱弁を振るった[97]。

全国を精力的にまわった胡は、一一月三〇日に離日した。その二日後の一二月二日、中国外交部の楊振亞アジア副司長は、北京の日本大使館のスタッフに対して、「今次訪問は日本政府、国民の最大級のかん《[歓]》迎を受け、コ《[胡]》総書記も所期の目的を十二分に達成出来たと大変満足している」と伝えた。

また、今回の胡総書記訪日の意義は、「21世紀にわたる日中友好関係への道を招きレールをしいた」ことにあると指摘した。すなわち、「世々代々にわたる友好」という目標は従前スローガン止まりであったが、今回の訪日で、「(日中)四原則の確立、日中友好21世き《[紀]》委員会の設立、せい《[青]》年交流の拡大等が合意されたことにより」、「具体的施策にうら付けされた」という意義であった。さらに、楊は、「今次訪日に当り、政治問題はほとんど全てコ〔胡〕総書記自ら準備に当った」と述べた。日本側にとり、総書記自身が「今回の訪日を如何に重視したかがうかがわれた」[98]。

一方、日本の外務省も、胡総書記訪日の成果として、①長期にわたる平和友好関係の確認、②中国の対外開放政策の長期的堅持の確認、の二点を挙げた。同省は①に関して、「日中関係を考える上で各々が相手方に対して抱いている不安――我が方は、日中関係の永続性、中国の対外開放政策、対中経協・投資の安全性等に対する不安、他方、中国側は、日本国内の軍国主義復活、軍事大国化、日本が米国に利用されないか等の不安――を首脳レベルで率直にぶつけ合い、論じ合った」ことを高く評価した。そうした両国首脳同士の率直な話し合いの結果、「日中両国が体制の相違を乗り越えて21世紀に向かって平和友好関係を維持発展させることを確認」できたと結論付けた[99]。

胡耀邦の来日にあたり、外務省中国課長として準備にあたった浅井基文は、その意義を「どういう方向に日中関係を持っていくのか。それについて初めて、首脳が正面から話し合った」点にあったと指摘する。大平首相の急逝後、日中関係の方向性がいま一つ定まらない時期が続いたが、日中関係に自分なりの考えを持つ中曽根首相の登場、そして、実行力のある「中曽根－安倍」という外交チームができたことは、管轄課長を務める浅井にとって「非常にラッキー」であったという[100]。確かに、日中関係に一定の方向性と推進力が備わってきた感はあった。

4　中曽根首相の訪中――日中「蜜月」と戦略的意図

胡耀邦来日後の一九八三年一二月に行われた衆議院議員総選挙で、自民党は大敗し、議席数は与野党伯仲となった。もっとも、自民党と新自由クラブの連立が成立したことから政権の基盤は安定し、選挙の敗北は第二次中曽根内閣の外交に特段の影響を与えなかった[101]。その第二次内閣成立後、最初の首相外遊先は中国となった。先に紹介した中曽根日記に書き付けられた「日米－基軸。この成果によりアセアン、欧、中を固め、ソに対す。ソとの冷却は覚悟」という外交戦略に即した選択であった。

首相訪中にあたっての目玉は、やはり第二次円借款であった。一九八四年三月の首相訪中を控え、第二次円借款の「規模」をめぐって外務省、大蔵省、通産省、経企庁の四省庁の局長クラス間の調整が始まった。ちなみに一九八一年、政府は八一～八五年度の日本の援助支出総額を、七六～八〇年度までの総額の二倍にするという政府目標を設定していたので、対中円借款の増額は当然視されていた[102]。

それでも、円借款の総額拡大をめぐっては大蔵省と外務省が対立した。すなわち、大蔵省は、第二次円借款の内定案の作成過程で上限とされた四〇〇〇億以上の資金運用は、行財政改革の枠の中で緊縮財政を実行している立場として受容できないと反発する一方、援助拡大を今後の外交展開の中核的手段と位置付ける外務省が、①中国が日韓経済協力を上回る供与を求めている、②首相訪中の目玉として手土産になる、③中国の近代化政策について日本の協力の姿勢を明確に示す必要がある、という三点から説得するという構図であった[103]。

中国側からの追加要請を受け、最終的に第二次円借款は七つの案件向けに、七年間で総額四七〇〇億円と、内定案の上限をかなり上回る内容になった。そこには中曽根自身の指示が働いていた。中曽根としては「日中友好」の意思を示すためにも、大平時代の第一次円借款より増額したかったし、「中国を自由主義陣営の仲間に入れて、ソ連に対する対抗勢力にする」という戦略もあった。つまり、関係改善のペースが緩慢な中ソの現状を維持するための「道具立て」として、円借款を考えていたのである[104]。

その一方、前出の浅井元中国課長によれば、一九八四年の時点では「中国はソ連とよりを戻すような可能性はなかった」ので、円借款の総額決定の過程で中ソ関係は考慮の外にあり、円借款の目的は日中二国間関係を盤石にすることにあったという[105]。このように政府内部にも、対中円借款供与にあたってソ連要因の存否に関する認識の相違はあった。しかし、援助を増額して日中関係の一層の発展を図るという意味では同じベクトルであり、その相違は問題とならなかった。

また、自民党内の親台湾派も援助増額の阻害要因とはならなかった。当時の党内の派閥力学が、日本の中国政策の安定を担保していたためである。最大派閥であり、親中国派が多かった田中派を事実上継承する竹下登は蔵相として、親台湾派の多い福田派を継承する安倍晋太郎は外相として、それぞれ内閣を支えており、かつ、両者は盟友関係にあった。また、台湾当局の実質上のカウンターパートである日華関係議員懇談会の金丸信（田中派）と藤尾正行（福田派）はそれぞれ総務会長、政調会長として党運営の中枢にあった。田中・福田両派が政権を支える体制は、かつての自民党で見られた中国政策の政治問題化を防いだのである[106]。

　三月二三日、北京入りした中曽根は、趙紫陽首相と首脳会談を行った。この席で中曽根は、①歴代首相が中国と約束してきたことを尊重し、守っていく、②共同声明、平和友好条約、日中関係四原則に基づき、友好提携を強めたい、③日中両国は、協力すべき条件はたくさんあり、対立する条件はない、④日中善隣友好関係は、アジアと世界の平和にも貢献する、と述べた。

　趙首相も、①日中関係は全般的に言えば順調で、大きく発展している、②中曽根首相の提案により日中関係三原則に「相互信頼」を加え四原則としたことは実に良いことであり、これにより長期にわたり安定的な関係発展が可能となる、③中日関係の長期安定的発展は重要な国策である、④歴代政権の対中政策を継承するとの首相の言葉を高く評価する、と発言した[107]。

　次いで両首脳は、前年来日した胡耀邦に中曽根が提案した日中友好二一世紀委員会の設置について合意した。趙は同委員会の設置を「積極的意義を持つ」と賞賛した。また、胡が来日時に発表した日本の青年三〇〇〇人を中国に招待するという計画に関して、中曽根が「ゆう《[雄]》大なこの計画に対し、厚くおれい《[礼]》を申し上げる」と述べ、趙も意義ある交流事業を成功させたいと返答した[108]。

　さらに、中曽根は、防衛庁長官時代に中国から非難された経緯に言及しつつ、自分は軍国主義者ではないと断言した。同席の安倍も、中曽根首相の防衛政策が「あくまでも専守防衛に徹し、空ぼ《[母]》、戦艦、爆撃機等の攻撃的武器は持たない」、「軍縮問題に積極的に臨んでいる」と強調した。これにも趙は、中曽根政権の防衛政策は「軍国主義政策とは考えて」いないと、理解を示した[109]。

　経済協力について中曽根は、財政難のなかで最善の努力をしたと述べ、第二次円借款に関して説明した。また無償資金協力については、一九八四年度分として、二事業を対象に約六〇億円を供与すると約束した。さらに、両国の民間レベルでの経済協力の重要性に言及し、「日本との合弁が推進されることが望ましい」と発言した。もっとも「日本側には中国における原価計算の処理、利じゅん《[潤]》の処理、送金等につき不安」があると指摘して、投資保護協定の早期締結をはじめ、問題解決のための協議を進めていくべきと主張した[110]。

　趙も、円借款や無償資金協力に謝意を示しつつ、「日本の対中投資は、外国の対中投資全体の五パーセントでしかない」と不満を述べて、日本の対中投資促進のため、投資保護協定の早期締結の必要性に触れ、合弁企業法や特許法の制定など中国側の努力を説明するかたわら、合弁事業促進に向けた日本側の努力を求めた[111]。

また、国際情勢について、趙は、①中国は今でも中国の安全に対する主たる脅威はソ連から来るものと考えているので、対ソ協議においても「三大障害」の解消を求める立場を堅持してきた、②この「三大障害」のなかには、アジアにおけるソ連の中距離ミサイル配備に対する反対も含まれている、③アジア地域においては、米ソ両超大国が率先して大幅に核兵器を削減するべきであり、中国はこの問題に関する交渉に応じる意思はない、と発言した[112]。

中国がいまだ対ソ脅威認識を持っていると表明すると、同席の安倍は、大型空母の配備や北方四島での基地建設、SS20の増強など極東ソ連軍の増強ぶりを詳細に説明した。特に、SS20については相互の情報交換とその削減への努力を呼び掛けた。この呼び掛けに、趙も賛意を示した[113]。カンボジア問題についても、三派連合政府支持とベトナム軍撤退の要求で日中両国は足並みを揃えた[114]。

一方、朝鮮半島について、中曽根は、「中国と韓国との間の人的、経済的交流を望ましいと考えている。また韓国も交流の拡大を望んでいる」と述べ、一九八六年のアジア競技大会（ソウルで開催予定）、八八年のソウル・オリンピックへの中国参加を促しつつ、中韓両国間の交流拡大を進言した。そして、南北朝鮮の直接会談を基礎にしつつ、米中を入れた四者会談、さらには日ソも加えた六者会談の開催を提案した[115]。

一方、趙は和平に向けたプロセスについて、「南北朝鮮は直接の当事者であり、米国も南朝鮮に軍隊を置いており、南朝鮮に対し軍事統すい〔帥〕権を持っている」ことを根拠に、北朝鮮が提案するところの南北朝鮮と米国との三者会談を主張し、日本との立場の隔たりを見せた[116]。

また、趙は、「南朝鮮」との関係樹立は「南北平和統一問題に展望があるとき」まで慎重な姿勢をとらざるをえないと述べた。ただ、「既にいくつかの実質的調整を行っている」として、①国際組織の依頼で、中国で行われている国際会議、スポーツ大会に南朝鮮の参加を許可している、②一九八六年のアジア競技大会についても、状況に新たな障害がなければ、積極的に参加を考慮したい、と表明した。さらに、中国在留韓国人の里帰りについても、柔軟に対応する旨を述べた[117]。

翌三月二四日の昼、中曽根は中南海にある胡耀邦総書記の私邸に招待され、胡の家族とともに食事をとり、家族ぐるみの親交を深めた。日中という政治体制の異なる国の首脳同士が、通常は外部の人間が一切立ち入れない中南海という場所で、このような親交を結ぶことは異例であった[118]。

昼食会の終了後、あらためて中曽根と胡耀邦との会談が持たれた。胡は日中関係について、①昨秋の訪日からの帰国後、共産党中央の会議において、日本の大多数の方々が中日友好協力関係の発展を希望しているとの認識で一致した、②中央の諸同志を代表し、中国の朝野も日本との間に平和友好協力関係を発展させたいと考えていることを改めて申し上げたい、③中央としては中日関係四原則を遵守し、世々代々の友好のためにはまず二一世紀までの友好を進めるとのスローガンを底辺まで徹底・浸透させる所存である、と語った。さらに、前年の訪日後「同志」たちに、今後中曽根首相との「友人関係」を深めたいと話した経緯にも言及した[119]。

中曽根も「閣下と共に」日中友好協力関係の発展に「生命ある限り努力」する決意を表明し、両国政府が関係発展に努力する限り、両国間に矛盾や対立は生じず、「日中平和友好関係は国際関係、国際経済関係の中にすでにビルト・インされている」と言い切った。そして、自分の家族が胡の家族の歓待を受けたことは、両国国民にとって二一世紀まで続く友好関係の象徴にとなろう、と付け加えた[120]。

続いて話題は第二次円借款に及んだ。中曽根は自らの指示で、財政難のなか第一次円借款の時よりも大幅に増額したことを強調した。そのうえで、両国が政治体制の相違を超えて「相互関係を発展させていることは」世界史上にも珍しく、今後その一層の発展を図りたいと述べた[121]。胡も、中国の近代化への日本の経済・技術支援について「非常に感謝する」と述べ、次のように続けた。

> 貴国が朝野を挙げてわが国に示されている友好的態度に対しわれわれは心から感謝している。中国はあなた方の厚い友情を決してわすれることはないであろう。……現在われわれは中日両国の友好関係を発展させると表明するしか友情に報いられないが、経済が発展すれば貴国の友情に報いることが出来ると思う。[122]

中国首脳の異例ともいえる心のこもった謝意表明を受けて、中曽根も、「かえって恐縮しており、対中協力は戦争により大きなめいわく［迷惑］をかけた反省の表れであり、当然のことである」と謙虚に語った[123]。円借款は中国の賠償請求権と公的には無関係なだけに、「反省の表れ」というのは大胆であった[124]。また、設置が決まった日中二一世紀委員会に、政府に対して日中青年交流センターを北京に建設することを勧告してもらうのは如何かと提案した中曽根に、胡も「大いに賛成である」と応じた[125]。

また、胡は中国の掲げる「独立自主の外交方針」の本質は「非同盟」であるとして、ソ連側に「誠意」がない「現状から見て、（中ソ関係が）かなり大きく改善する可能性はない」と発言した。そして、仮に中ソ関係が改善しても「中国は対日友好協力関係を放棄しない」し、中ソ関係に重大な変化があれば日本に通報する、と約束した。

中曽根は「非同盟」という中国の方針に理解を示すとともに、中ソ交渉に関する通報の約束に謝意を表した。次いで「中国側には中ソ関係改善の障害についての三原則があり、日本には北方領土問題があり、日中両国にはにかよった立場がある」と述べつつ、領土問題のため日本には対ソ警戒心があると説明した[126]。このやり取りからも、ソ連に対し日中両国で歩調を合わせようとする中曽根の意図が見える。

他方、朝鮮半島情勢に関して、胡は中国として北朝鮮と意思疎通を図る「義務」を尽くす意向を語り、五月に訪朝する予定があるので、日本側に何かメッセージがあれば北朝鮮首脳に伝える用意があると述べた[127]。この申し出に中曽根は、前年一〇月のラングーン事件以来「南側は北側に対し不信とぞう《憎》悪を強めている」とし、南北対話を促進するような国際環境の形成が先決と主張した。そして、①かかる環境作りのため、北朝鮮が米国と接近し、韓国が中国と接近する必要があり、②日本は韓国と特殊な関係にあるので、このような環境ができない限り、北朝鮮と接近することは難しい、③以上のことから、中国が朝鮮半島情勢のカギを握っている、と指摘した[128]。

朝鮮半島和平に向けた中国の影響力を期待する中曽根に、胡は「日本側がおそらく北鮮に対する中国の影響力を過大評価しているものと思う」と返答している[129]。自主意識の強い北朝鮮を思うように誘導できないという実情を明かしたのである。

胡との会談を終えた中曽根は、北京大学で講演を行う。ここで、日中不再戦の誓いを再確認したうえで、①日本が軍国主義の復活を許すことは絶対にない、②日中友好関係を擁護する自分の信念は微動だにしない、③中国の近代化に対し、日本は可能な限りの協力をすると表明した。次いで、中国の対外開放政策が長期的に継続されるのか、あるいは中国が将来日本やアジアの安全保障を脅かす存在にならないのかといった疑念は、中国首脳たちとの会談で解消されたと述べた。そして、「日中両国関係の健全な発展」は、両国の「青年・学生諸君の双肩にかかっている」と呼び掛け、「日中平和友好万歳！」と喝采して演説を締め括った[130]。

演説後の学生たちとの質疑応答で、「祖国のために如何に尽くすかについて」質された中曽根は、「良心、理想に殉ずるのが正しい」と答えつつ、「中国では（一九三〇年代に共産党員が）長征で大変な苦労され、生涯をささげられた人々がおり、思想はちがうが、これらの人々の生き方を尊敬する」と表明した[131]。中曽根は、他国でありかつ共産党体制下のナショナリズムをも尊重する姿勢を示したのである。

翌二五日、中曽根は最高実力者・鄧小平主任との会談に臨んだ。中曽根が、前月発足したソ連のチェルネンコ政権を念頭に、同政権の政策の方向性について質した。鄧小平は「アンドロポフは知っていたが、チェルネンコは知らない。政策は変わることはないと思う」と答え、また、三月一二日からモスクワで行われている第四回中ソ協議（二六日まで）での「ソ連側の言い方」も変わっていないと述べた[132]。

次いで、中曽根は、「アジアにおけるソ連の軍事力増強には、日本も強い関心を持っており、特にＳＳ20の極東展開には反対である」として、グローバルな形での軍縮がなされるべきと主張した。これに対し、鄧も、「アジア全域におけるソ連の海・空軍力が増強されていることについて、中・日両国は共通の関心を寄せている」としたうえで、今回の中ソ協議でも「この問題が終始議論の核心であった」と明かした[133]。

しかし、鄧の関心はソ連の脅威以上に、日本からの経済協力に向けられていた。鄧は、「日中関係の発展がいまだ不十分」と不満を表明した。すなわち、二〇世紀末までに中国の国民総生産を四倍増とする目標を実現することを考えると、「中国は資金不足に直面しており、……日本政府から貴重な経済協力をいただいているが、中国の必要からみれば余りにも少ない」というものであった。要は、日本からの投資の要請であった。そこで、鄧は、中国の経済発展が日本の需要を満たすと述べつつ、「日本の企業家の中には中国は信用を守らないと思っている人もいるようだが、中国はもっとも信用を大切にする国」と主張した。次いで、中国の法制度もいずれ改善されると強調したうえで、長期的視野から積極的に投資するよう促すことを要請した[134]。これに対して、中曽根も、民間の経済協力の重要性に鑑み、「日本政府としては、今後、さらに努力するし、民間の方にも話もする」と約束した。もっとも、その種の協力を進めていく前提として、「外国人の工業所有権、特許権等が保護」されるよう念を押した[135]。

鄧との会談後、武漢に入った中曽根は熱烈な歓迎を受けた[136]。帰国した中曽根は日記に、武漢での歓迎行事や中国首脳との「心の通ずる交流」、朝鮮半島の緊張緩和に向けた瀬踏みの開始などを挙げて、「中国訪問は成功裏に終わる」と結論付けた[137]。

5 「史上最高」の日中関係

中曽根が北京に赴いた一ヵ月後の一九八四年四月二六日、レーガン大統領が訪中した。これに先立って同年一月には、趙紫陽首相が訪米していた。史上初の両首脳の相互訪問は、米中の和解を固めることになった。両国は、台湾や技術移転といった、これまで対立を引き起こしてきた問題を焦点から外し、協力関係の促進・拡大を追求する方向に動いたのである。米中間の経済・文化・軍事上のつながりは急成長し、両国関係はかつてないほどの広がりを持つようになった。米国にとっては対ソ戦略上、中国との緩やかな提携関係を有することは依然として好ましかったし、中国も、一九八二年に「自主独立の外交政策」に転じていたものの、ソ連が「三つの障害」について妥協しなかったため、対米関係の再活性化に利益を見出したのである[138]。

レーガン訪中をめぐる米中関係の動向について、中曽根は後年「中国が同盟国とまでは言わんがソ連に対応する大事な提携国であり、米中関係が提携関係に収まるのは望ましいことだと認識していた」と説明する。米中関係が安定する一方で、中ソ関係が捗々《はかばか》しい形で前進しない状況は、日本の対アジア外交の展開にとって好ましいととらえていたようだ[139]。

もっとも、このとき人民大会堂で行われたレーガン演説のうち、ソ連を激しく非難した部分と民主主義と自由企業の価値を説いた部分は、中国政府当局の指示によりテレビ放送からは削除されていた。顕著な進展はないとはいえ、中ソ間の関係改善のプロセス自体は始まっており、米中が一緒になってソ連を非難する時代は終わっていた[140]。事実、中ソ二国間の貿易額は一九八二年～八四年の間、年ごとに倍増し、文化交流も拡大した。関係正常化交渉のための両国の外務次官の相互往来も定例化されていたのである[141]。

レーガンが訪中して安定化した米中関係であったが、ソ連に対する戦略的パートナーというより、国益が一致する個別の問題についての便宜的パートナーと呼んだ方が、実態に即していた。レーガンは、中曽根と結んだような緊密な関係を中国の指導者たちと結んだわけではなかった[142]。

中曽根が「ロン・ヤス」関係を結ぶ一方、胡耀邦とも個人的な信頼関係を築いたことは、東アジアにおいて米中日とソ連が対立する構図が徐々に変質するなか、日本が米中日関係のなかで相対的に有利な立場を得ていたことが分かる。前出の浅井元課長は首相訪中の準備段階で、日中関係があまりに良好になると、米国が嫉妬じみた気持ちを起こして「ちょっかいをかけてくる」のではないかと考えるほど、当時の日中関係は突出して良好であったと証言する[143]。

中曽根訪中から約三ヵ月半経過した七月九日、中国の張《ちょう》愛萍《あいへい》国防部長が訪米の帰途、東京に立ち寄り、栗原祐幸防衛庁長官らと会談した。中国の国防部長の来日は初めてであり、日中両国間の防衛首脳会談も初めてのことであった[144]。もともと日本側は、軍事協力を行わないことを対中国政策の柱の一つにしており、防衛交流にも慎重であったが、中国に強い関心を持つ栗原長官が、中国国防部トップと交流を深めたいと強く希望したことで、会談が実現した[145]。ソ連との軍事的緊張関係が依然存在するなか、中国の「軍の近代化をするには西側と多少距離を縮めないといけないという考え方」(夏目晴雄元防衛事務次官)が、国防部長来日の背景にはあった[146]。

この席で張国防部長は、自身の訪米に絡んで「いかなる国も自分の国を守る権利がある。そのためには強力な防衛力が必要」と述べ、日米共同防衛について「中国は政策として賛成している」と表明した。また、「中日友好は中国の一貫した政策だ。両国の不愉快な歴史は永遠に消えた」としたうえ、「日中間の活発な往来は、極東にとどまらず世界の平和にとって重要」と意義づけた。これには栗原長官も賛意を示している。張が防衛庁の内局、制服組幹部との交流強化を提案したことに、栗原も前向きな対応を約束した[147]。

中国との軍事面での接触を急速に進めることについては、ソ連を刺激し、あるいはASEANや日本国内の反発を引き起こすという点から、日本側はなお慎重であったようだ[148]。それでも、これ以降、一九八五年に防衛事務次官が、八七年には防衛庁長官が訪中することになる。

一方で、首相訪中のフォローアップも進んだ。中曽根が趙首相との会談で合意した「日中友好二一世紀委員会」は、九月一〇日から三日間の日程で、東京や箱根で会議が開かれ、日中双方の委員が、「今後両国間で起こりうる新たな問題を早急に発見し、処理する仕組みを考えなければならない」との共通認識を示した。また、検討テーマに合わせて、①日中関係長期展望、②経済・科学技術交流、③青年・文化交流、の三つの専門委員会を設けて議論することになった。さらに、北京に日中青年交流センターを建設すべきだとの考えで一致し、以上の結論を首相に提言した[149]。

この「日中友好二一世紀委員会」の日本側で重要な役割を演じたのが、中曽根のブレーンであった香山《こうやま》健一学習院大学教授であった[150]。学生運動の指導者をしていた香山教授は、国際学生連合(IUS)の事務局があったチェコのプラハに滞在した際、後に胡耀邦の側近となる胡啓立《こけいりつ》と親交を結んだ人物であった。この時以来の香山-胡啓立の人的つながりが、中曽根-胡耀邦両首脳間の個人的信頼関係を取り結んだものと見られる[151]。

他方、委員会立ち上げの準備段階にある六月一〇日、胡耀邦は中国側委員たちを前にして、「(日中間の)対立を過去のものとし、次の世紀でより友好的な関係を築くことがわれわれの大きな課題である」と発言し、「とりわけ青少年に友好についての教育をしなければならない」と強調した[152]。

外務省事務当局、特に中国課には、香山をはじめとする首相のブレーンらが同委員会を通じて対中外交に容喙《ようかい》するのを好まない雰囲気があったようだ。さりながら、このときは第二次円借款以外に日中関係に資する目玉がなかったこともあり、事務当局としては委員会の設置を不承不承追認したものと見られる[153]。そのため委員会の事務局を担った外務省アジア局の動きが鈍く、官邸サイドは事務当局の対応に苛立ったようである[154]。

その二一世紀委員会の期間中、東京では三〇〇〇名の日本青年の訪中壮行会が開かれた。そこで講演を行った中曽根は、胡耀邦による三〇〇〇名の青年招待の決断を、「さすがの中国！　何という太っ腹！」、「日本国民に対する情熱と友情」と称賛するとともに、日中両国が、日中関係四原則を「堅持さえすれば、二一世紀及びその後の永遠の友好の実現ができ、世界の平和と繁栄にも益することになります」と語った。そして、「二十一世紀の日中友好の懸け橋として、日本国民を代表する三千名の皆さんが平和友好大使になり、一二〇点の訪問成果をあげてください」と激励した[155]。

一九八四年九月二四日から一〇月八日まで、日中の青年友好大交流活動が中国の北京、上海、南京、杭州、西安、武漢の六都市で、それぞれ実施された。一〇月一日には、三〇〇〇名の日本青年が、北京で中華人民共和国建国三五周年の祝賀パレードに参加し、大衆のパレードや閲兵式を参観したほか、夜には首都の青少年とともに花火大会に参加した[156]。当時の駐中国大使であった中江要介は、この交流を「中曽根・胡耀邦時代の象徴的イベント」であったと振り返る。また、当時、日中関係が最良の状態にあったのは、対日関係を非常に重視する胡耀邦が中国の指導者であったことに負っていたと指摘する[157]。

事実、当時の北京駐在の日本大使は、一週間に数回、胡に会うことができたし、日本大使館の一等書記官が中国外交部の課長やその上の参事官クラスにも会えて、率直な意見交換ができたという。相次いで訪中する日本の政財界人にも、胡は積極的に会見に応じた。手狭になった大使公邸内にあった日本人学校も、胡の「ツルの一声」で別の敷地に新たに建設された。まず、何より、日本人青年三〇〇〇人を中国に招待するというのも、胡の独断であった[158]。やはり、この時期の良好な両国関係は、胡耀邦の存在抜きには語れない。

むろん、この時期に西側諸国の中で、日本がずば抜けた形で友好国としての扱いを受けたのは、胡が単に親日的であったという理由のみに帰すべきではない。当時、改革開放政策の実施から数年が経過していた中国経済にとって日本の存在は、援助はもちろん、投資、貿易、いずれの領域においても欧米諸国をはるかに引き離し、他国に比べて圧倒的なものとなっていた[159]。それゆえ中国側にも、日本を優遇せざるをえない事情はあったといえる。

胡の親日政策と中国の改革開放路線、さらに米中関係の安定化と中ソ関係改善の歩留まりという国際情勢にも支えられ、中曽根政権は、日中関係を大きく進展させることに成功した。一九八四年一二月に作成された「日中関係：蜜月は続く」という題の米国務省の文書では、「東京の当局者たち」が、日中間の政治・経済両面での密接なつながりが、「中国を西側に結び付けるとともに、鄧小平の現実的な路線に正統性を付与し、地域の安定をもたらすと信じている」と指摘したうえで、以下のように、楽観的なトーンで今後の日中関係を展望していた。

一九八四年の日中関係は、経済・戦略両面での両国の利益がますます一致することにより、呉外相が表現するところの「史上最高」の状態に達している。両国間の貿易額は過去最高記録となり、日本は、中国が経済の近代化のために必要とする、資本や技術の多くを中国に提供することに一層前向きになっている。さらに、アジアでのソ連の軍事的プレゼンスが増大することに対する互いの懸念が、日中両国をして、安全保障問題についての慎重かつ控え目な協議に向かわせた。あらゆるレベルでの制度的な対話に支えられて、両国政府は、日中二国間関係が国内政治・国際政治の変動からの影響を受けないようにしようと決意している。(日中関係について)現時点では、地平線から暗雲が立ち現れることはほぼなさそうである。[160]

6 「南北の架け橋」を目指して
――パキスタン・インド歴訪

一九八四年三月の訪中で日中友好の足許を固め、四月に農産物、金融をめぐる日米摩擦に一応のケリをつけた中曽根は、同年の首脳外交第二弾として四月三〇日から五月六日までインド、パキスタンを訪問した[161]。この両国への日本の首相訪問は、一九六一年の池田勇人以来、実に二三年ぶりのことであった。中国や東南アジア諸国に比重が置かれがちであった対アジア外交の裾野を拡大するのが、今回の歴訪の目的であった[162]。中曽根は、日米・日中両関係を固めたことで、以後、非同盟諸国や発展途上国とも関係強化を図るべきと判断していた。六月のロンドン・サミットに向け、アジア外交を重視することで自らの発言権を高める意図もあった[163]。

もとより、中曽根は非同盟諸国の主要国を非常に大切に考えていた。中曽根の若手代議士時代、非同盟諸国においては、エジプトのナセル大統領(Gamal Abdul Nasser)やインドネシアのスカルノ大統領(Achmed Sukarno)、インドのネルー首相(Jawaharlal Nehru)は傑出した存在であった[164]。一九五七年五月、中曽根はインドを訪問してネルーと会談した後、翌六月にはエジプトに赴きナセルと会談して、岸信介首相の親書を手渡している。さらに、一九六五年四月にはインドネシアで開催されたアジア・アフリカ会議(バンドン会議)一〇周年記念式典に出席した後、スカルノとも会談している(その僅か五ヵ月後、スカルノは九・三〇事件で失脚)[165]。アジアのナショナリズムに、中曽根は畏敬の念を持っていたようだ。

さらに言えば、「西側の一員」たる日本にとって、対パキスタン外交は対ソ戦略の一つの布石という側面もあった。前年七月に日本を公式訪問した同国のハク大統領との会談で、中曽根は、①貴国については、アフガニスタンに侵入したソ連との関係において、我々と近い自由世界に属する国であると考えている、②世界戦略の面からパキスタンを大事にすることは西側の大切な仕事であり、我々は軍事的に協力できないが、貴国の民生安定、福祉の向上などの面において協力したいと発言していた。これに対し、ハク大統領は、南西アジア地域への考慮と日本の経済援助に謝意を表明している[166]。

そして、一九八四年四月三〇日、中曽根はパキスタンの首都・イスラムバードに到着し、まもなく首脳会談に臨んだ。両首脳はアフガン問題について、次のように意見を交わした。

(ハク大統領)

ソ連が一三万五千の兵力をもって他国に侵攻し、これによって政権を維持していることは絶対許容されるべきではなく、ソ連はいまや「パ」にとって大きな脅威であり、湾岸諸国にとっても同様である。率直に言って、ソ連が急に撤兵することは考えられぬが、ソ連は一定の条件が消されれば撤兵の用意ありと言っているので国連を通じ間接交渉を行っている。

(中曽根首相)

ソ連の撤兵が第一条件であり、その後ソ連の何らかの影響が残るかもしれぬが、アフガンの将来のあり方はアフガン国民が決めるべきものであり、ソ連経済の現状よりして、ソ連にとりアフガン問題は大きな負担になっていることも考えられ、したがって、いかにしてソ連が面子を失わぬ形で撤兵できる状況を作っていくかというのが今後の問題である。[167]

さらに同席しているカーン外相(Yakub Khan)は、撤兵後、ソ連がアフガンに影響力を持ち、かつ同国が「敵対陣営」に入らないことが保証されれば、ソ連が「カルマル(大統領)を更迭することは可能になろう」と述べながらも、同大統領以外に「アフガン国民全体の支持を受ける人物がいないのが現状」と指摘した。ハク大統領も、「アフガン問題は、自由の戦士が抵抗しなければソ連軍撤兵への圧力にならず、他方この抵抗があるが故にソ連も撤兵できない」という矛盾の中にあると指摘した[168]。

また中曽根は、パキスタンがアフガン難民受け入れで多大の犠牲を払っている点に言及しつつ、「財政的に苦しくとも、我が国としても何かお役に立ちたいという気持ちで一ぱい」と述べた。この考えに沿って、翌五月一日の首脳会談で、「UNHCR（国連難民高等弁務官）に約六〇〇万ドルの追加拠出を、又WFP（世界食糧計画）に小麦援助として八九〇万ドル拠出方検討中である」と告げた。

他方、アフガン問題以外について、中曽根は、政府の経済ミッションの派遣や民間の経済合同委員会、投資保護協定の早期締結を通じて、「両国の貿易、投資の緊密化を希望する」と述べた。また、円借款に関し、パキスタンの開発計画の優先度に沿って、可能な限りの協力の意向を表明した。さらに、青年交流計画の拡大やモヘンジョダロ遺跡修復などの文化無償協力も約束した。以上の申し出を受けたハクは、感謝の言葉を繰り返した[169]。

中曽根は六月に控えたロンドン・サミットを念頭に置き、①保護主義の台頭を抑えるべく、ニューラウンド（新多角的貿易交渉）の推進を取り上げる、②米ソ間の緊張緩和、ソ連の核軍縮会議への復帰に向けて全力を挙げ、軍縮によって余力を途上国の発展に振り向けたい、③サミットに際し、パキスタン側で意見があれば伺いたい、と持ち掛けた。これに対し、ハクは中曽根の主張全てに賛意を示すとともに、「日本の外交政策の目的、実施振り」が、「途上国の利益をも勘案している」と賞賛した[170]。

五月二日、アフガニスタン国境近くのペシャワール郊外にある難民キャンプを視察した中曽根は、難民を前に演説し、ソ連軍の介入を「世界の平和と安全の維持に重大な脅威をもたらしている」と激しく非難した。これに呼応して、ハクも、「神を信じる者は最後の勝利をかち取る」とアフガンの反政府ゲリラ活動を鼓舞した[171]。そして、同日の記者会見で、中曽根は、日本として「非同盟中立かつイスラム圏」のパキスタンに教えを乞いつつ、南北問題などで相互協力していく考えを表明した[172]。

五月三日、中曽根はインドに入るが、その直前ハクから、「パキスタンは真剣にインドとの良好な関係を望んでおり、印パの良好な関係は、印パ両国にとって利益である」との伝言を託されていた[173]。そこで、翌四日のガンジー首相との会談で、中曽根はハクからのメッセージを伝えた。ガンジーは、「メッセージをお伝えいただき感謝する。印としても近隣諸国との友好を熱望している」と答えるとともに、国家建設で費やすべき資金を戦争のために使うべきでないとの見解を示した[174]。

次いで両国首脳は、相互に自国の外交政策について説明した。そのなかでガンジーは、日米両国をはじめとする西側諸国には、「印がソ連の影響下にある」との誤解があると指摘した。すなわち、かつてインドが製鉄所建設や石油開発に着手しようとした際、米国や西欧諸国よりもソ連の方が協力的であったことに触れ、「印は独立国であり、いかなる時においても他国に依存せず、自分のことは自分で決めている」と強調した[175]。西側諸国の非協力こそが、インドに対ソ協力を余儀なくさせているというのであった。

その一方で、ガンジーは、①もっとも現在では製鉄所については、西独、米国、日本も協力してくれている、②現在、米国は最大の援助国であり、同国との関係については友好的でありたい、③レーガン大統領にはカンクンでも、ワシントンでも親切にしてもらった、と述べて、西側諸国、特に米国との良好な関係を強調した[176]。事実、ガンジーは一九八二年、訪ソする前にまず米国を訪問して、ソ連との間に一定の距離があることを内外に示した。インドの工業化に必要な最先端技術を導入するためには、西側との関係を深めるしかないとの判断からであった[177]。

翌五日に開かれた日印外相定期協議で、ラオ外相(Narasimha Rao)も、①インドは非同盟、ソ連は超大国であり、両国の見解が一致しているわけでない、②ソ連とは友好条約を締結しているが、軍事条約は存在しない、と敢えてソ連との距離感を示した[178]。これまで、インドが中国の敵であるソ連との関係を強化してきたことに鑑み、「(今回の)インド訪問には、ソ連がどれほどインドに食い込んでいるのか視察する目的」があったとする中曽根にとって[179]、インドの首相・外相の相次ぐ発言の意味は、決して小さくなかった。それでも、対ソ関係での日印の立場の相違を意識した中曽根は、会談を通してソ連の軍事的脅威への言及を抑制し、むしろソ連との対話の重要性に多く触れた[180]。

さらに、中曽根は、国際政治において日印両国が協力できる接点を意識的に探ろうとすべく、「日本はサミット国の中でもユニークな立場にあり、開発途上国から繁栄した経済へ進んだ国であるから、途上国の問題に強い関心を有する」として、「開発途上国、非同盟のリーダーとしての貴首相との間で」、今後必要に応じて随時話し合いを持ちたいと提案した。ガンジーもこれに同意する[181]。また、同日の晩餐会のスピーチで、ガンジーは、日本に南と北、非同盟諸国と先進諸国との架け橋になってほしいとのメッセージを送った[182]。アジアの代表としてロンドン・サミットに乗り込む中曽根にとって、非同盟の雄たるインド首脳から右の一言を得たのは、心強かったに違いない。

また、中曽根は首脳会談で、日本の軍事大国化を否定したうえで、広島・長崎の被爆体験を持つ日本は、核軍縮を世界に訴えていると説明するとともに、核兵器の究極的全廃に言及した。一方、ガンジーも、「インドも包括的軍縮、核兵器凍結、全廃を主張してきた」としつつ、「自分は広島、長崎を一九五七年に訪れ、その悲惨な状況に怒りを覚えた」と語った[183]。

他方、日印二国間の経済協力について、ガンジーは、同国での私企業の役割の重要性に触れつつ、「印はオイル・ショックで大打撃を受け、また旱魃《かんばつ》等もあり、苦しい時代を経てきたので、今この時期において外からの大きな援助を必要としている」と述べた。中曽根は、「次期円借款については、前年を下らない額を供与する」として、無償資金協力と併せて事務レベルでの検討を進めることを約束した[184]。

そして、首脳会談と同日、中曽根は、インド議会で演説を行い、ネルー首相(ガンジー首相の父)が主導した一九五五年のアジア・アフリカ会議で打ち出された精神や原則を「対決や抗争を避け、共存を求めるアジア人古来の知恵と哲学がみなぎっている」として、これらの「国際関係を律する原則、諸国民の連帯の灯台としての価値」を称揚した[185]。首脳会談でも、仏教とヒンズー教がともに多神教であると指摘したうえで、「日本外交は調和と合意を尊重する点でインドの非同盟と共通している面がある」と述べ、対印協力の余地を探る。

なお、中曽根はガンジーに対し、来年のインド総選挙後に国賓として招待すると表明し、ガンジーも笑みを浮かべつつ快諾した。中曽根としては、この訪問を「(日印間の)政治的、経済的、文化的関係を深めていくための一里塚」としたかったのである[186]。ところが、五ヵ月後の一〇月三一日、ガンジー首相は暗殺され、彼女の日本訪問はついに実現しなかった。

ともあれ、中曽根は、一九八四年六月七~九日のロンドン・サミットで「南北の架け橋」となるべく動く。インドやパキスタンのみならず途上国を中心に世界五〇ヵ国以上の国々からの様々な要望を背景に、中曽根は会議の席で、途上国が抱える累積債務問題への取り組みを主張するとともに、アフリカに対して日本が一九八四年度で一億ドル以上の食糧援助をすることを決定したと説明した。貿易については、保護主義を抑えることに努力するという点、より具体的には新ラウンドそれ自体の必要性、重要性に関しては各国首脳間で合意ができた[187]。中曽根の主張もあって、サミットの政治宣言にも、「真正な非同盟は尊重すべきである」、また「紛争解決の手段としての武力の行使を拒否する」といった基本的な姿勢が盛り込まれた[188]。

このサミットでは、イラン・イラク戦争も議論の対象となった。一九八四年春以降、イラク軍が、イラン経済を支える同国の石油輸出を抑えるため、カーグ島に入港するタンカーを攻撃するなど、ペルシャ湾情勢は急速に悪化していた。そこで、日本は先進七ヵ国のなかで唯一、イラン・イラク両国と友好関係にあるという立場を利用して、この問題に関するサミットの議論でもイニシアティブをとった。サミット最後の全体会議でも、中曽根と安倍の強い主張によって、イランに対し厳しい内容であった議長声明原案を、最終的によりバランスのとれた成案にすることができたという[189]。

すでに、前年の一九八三年八月に安倍がイラン・イラク両国を訪問した後、中島外務審議官や波多野敬雄《よしお》中近東アフリカ局長が両国に派遣される一方、翌八四年四月に、イランのベラヤチ外相(Ali-Akbar Velayati)、五月にイラクのアジス外相(Tariq Aziz)がそれぞれ来日した際、中曽根と安倍は、両国の外相に紛争の拡大防止を要請するなど、両国への働き掛けを重ねていた[190]。前出の首相のパキスタン訪問時においても、同国はイランの東隣に位置することから、両国外相のレベルで、イラン・イラク戦争に関して突っ込んだ協議がなされ、日・パ両国が協力して戦争の停止・終結に向け努力することで合意している[191]。

とりわけ、安倍はこの問題解決に熱心であった[192]。むろん、安倍も、イ・イ両国から日本が地理的に遠く離れていることや、両国間の長い歴史的背景の下で戦争が発生していることに鑑みて、日本が直接和平調停を行えるほどの影響力を有していないことは承知していた。しかし、日本は両国と深い関係にあるだけに、紛争拡大防止や和平への環境醸成で役割を果たすべきとの認識の下、関与を続けた[193]。南西アジアから中東まで含めた日本の対アジア外交の積み重ねは、その経済力の重みと相まって、対先進国との関係でも日本の存在感の増大につながりつつあった。

7 平坦ならざる「日韓新時代」——対北朝鮮関係をめぐって

約五年に及ぶ中曽根政権の前半の対アジア外交の締めくくりとでも言うべきイベントとなったのが、一九八四年九月六〜八日の全斗煥韓国大統領の来日であった。韓国元首の正式な訪日は、史上初めてのことである。一九八三年一月の中曽根訪韓以来、すでに日韓関係は大きく好転していた。しかし、一九八四年に韓国公使となった谷野作太郎は、そうした明るい雰囲気にもかかわらず、①日韓間の貿易不均衡、②在日韓国人の法的地位の問題、③日朝関係に対する韓国の猜疑心という三点の懸案は、なかなか解決しなかったと指摘する[194]。

事実、首相訪韓から約七ヵ月後の一九八三年八月二九〜三〇日に東京で開催された第一二回日韓閣僚会議に伴う日韓外相会談でも、右の三つの課題は顕在化していた。李範錫外務部長官が、「日韓間には慢性的国際収支不均衡という問題があり、かかる不均衡を是正する一つの方策として産業技術協力問題について日本側に対し誠意ある協力を要望したい」と要求してきたのである。

これに対して安倍は、①貿易不均衡の問題は一挙に解決するのは困難で、改善のためにはお互い努力する必要がある、②地方の商工会議所における物産展や百貨店の韓国展など可能なことは協力するし、また、韓国から輸出ミッションを派遣するのであれば日本としても前向きに対処したい、③拡大均衡のなかでの改善を目指したい、と答えた[195]。日本側の基本的な立場は、貿易不均衡は二国間ではなくグローバルベースで考えるべきであり、韓国の輸出構造の高度化と日本の製品輸入努力が合わさって徐々に解決に向かうというものであった[196]。

在日韓国人の法的地位についても、李は「日韓新時代」を内実化するべく、指紋押捺や身分証携帯について「日本側で研究して欲しい」と要請した。しかし安倍は、「日本政府としてとり得る措置はとり尽くした感がある」とし、特に「指紋の問題については北朝鮮系の動きが活発化しており不法入国を防止するためにも必要な面がある」と反論するなど、慎重姿勢を崩さなかった[197]。

一方、朝鮮半島情勢について、安倍は「緊張事態があることは認識しており、韓国の防衛努力を評価している」としながらも、①韓国の積極的な南北対話への努力を支持し、南北対話の再開を望む、②北朝鮮では金正日の後継体制が完成段階にあり、中国も同体制を認知したと考える、と発言した。これに対し、韓国側は「現在この後継体制がうまく行かず戦争をしかけるようなことがないか心配している」と憂慮を示し、韓国が直面している現下の厳しい国際情勢において日本が朝鮮半島のバランスを崩すような行為に走ることのないようクギを刺したのである[198]。

両国間の対北朝鮮認識には、相変わらず明らかな隔たりがあった。中曽根政権は日韓関係重視を標榜する一方で北との対話維持に努めた。一九八三年五月一〇日、日本政府は一六日から東京で開かれるアジア・アフリカ法律諮問委員会（A・A法律委）に参加を希望する北朝鮮代表団の入国を認める方針を固めた。入国の承認は、零細漁民のため前年に期限が切れた日朝民間漁業暫定協定の復活を意図したものであった[199]。

五月一七日、A・A法律委代表団のための外相主催レセプションが開かれ、安倍は日本の外相として初めて北朝鮮代表と接触した。この場で安倍は、日朝間には国交はないが経済・人的交流があるとしたうえで、南北対話による平和裏の朝鮮半島統一が望ましいと語ったが、北朝鮮代表は、韓国の軍事政権反対、米中ソ日による南北クロス承認と南北国連同時加盟の反対という、従前の公式見解を繰り返すのみであった[200]。

また、六月二八日から七月四日まで、日朝漁業協定の復活問題を話し合うため、日朝友好議員連盟（久野忠治会長）の代表団が平壌を訪問した。久野会長らは、日朝間の記者交換や貿易連絡事務所の相互設置を提案し、北朝鮮側も「原則的に理解する」と弾力的な姿勢を見せたが、漁業協定の復活には難色を示した[201]。外務省は、日朝漁業協定を復活させるべく、日朝議連の活動に水を差さないようにしていた[202]。

七月一四日、韓国の崔慶禄駐日大使が外務省に安倍を訪ね、日朝議連が推進している日朝間の記者交換や貿易連絡事務所の設置の動きについて、韓国政府の憂慮の念を伝えた。安倍は漁業協定復活の必要性を訴え、「日朝間の民間の動きは静かに見守っていきたい」と答える。さらに、同日、日本政府は八月に日本で開催される原水禁世界大会への出席目的での北朝鮮代表団の入国も許可した。同大会参加目的の北朝鮮入国許可は、一九六〇年代以来久しく絶えていたが、この決定も漁業協定復活に向けた動きの一環と見られる[203]。

当時の外務省事務当局では、北朝鮮との関係正常化を長期的には達成するべき目標として考えていた。一九八三年から八五年までの約二年間、外務省事務次官を務めた松永信雄は退官後、一九六五年に韓国との国交正常化が実現した後、北朝鮮との関係回復を常に意識していたと証言する。北朝鮮の政治体制の問題はあくまで内政事項だと割り切っていた[204]。全大統領と個人的信頼関係を築いた中曽根も、韓国との関係を優先しながら「北との関係も、敵視し合うのではなく、韓国と北朝鮮がお互いに共存し合うことは認めていました」と振り返る[205]。

中曽根政権が朝鮮半島政策で見せた絶妙なバランス感覚は、一九八三年一〇月に起こったラングーン事件への対応でも見られた。同事件は一〇月九日、全大統領が訪問中のビルマの首都ラングーンにある国立墓地アウンサン廟で爆弾テロが発生し、李範錫外務部長官ら韓国閣僚四名を含む一七名が死亡するという惨事であった（大統領は到着が遅れて、危うく難を免れた）。一一月四日、韓国政府は、同事件は北朝鮮工作員による犯行と発表し、ビルマは北朝鮮との間の外交関係断絶を決定する[206]。

一一月七日、日本政府も官房長官談話を発表し、北朝鮮のテロ行為を厳しく非難した。しかし、その一方で談話中には、「なお、この事件を通じて朝鮮半島の緊張が激化することは避けなければならず、朝鮮半島の永続的平和と安定をめざす我が国としては、この地域に深い関わりを有する関係国との対話を促進するよう引き続き努力していく所存である」とするくだりもあった[207]。そこには、韓国と中国との交流など朝鮮半島をめぐる国際情勢の緊張緩和を促進する狙いがあったはずである[208]。実際に、政府がとった制裁措置の柱は、日朝両国の当局者の往来や第三国での接触を厳しく制限するというものであったが、これらの措置には「当分の間」あるいは「原則として」という文言が付されており、中長期的に日朝間の民間交流が阻害されないよう工夫がなされていた[209]。

しかしながら、このラングーン事件とその前月に発生した大韓航空機撃墜事件という大惨事が、対北朝鮮認識ですれ違いがちな日韓両国の心理的紐帯を強める効果を持ったことは疑い得ない。

大韓機事件の発生から半月後の九月一五日からカナダのＩＣＡＯ（国際民間航空機関）本部で始まった同事件に関する特別理事会では、日米韓三ヵ国の代表が激しくソ連を非難した。とりわけ日本代表は、ソ連に対して事件の真相解明と捜査活動に関する報告を求めるとともに、遺族の撃墜現場訪問への協力や犠牲者の遺体、遺品の早期返還、補償などに早急に応じるよう強く要求した。また、人工衛星を利用した民間機の航行援助システムの開発による再発防止策などを提案した[210]。

ラングーン事件への対応では、発生から三日後の一〇月一二日、安倍外相がソウルに飛び韓国国民葬に参列したのみならず、全大統領との会談では、日本として外交・政治両面で韓国への支援・協力を惜しまないと表明した。また同地で会談したビルマの外相にも、真相が早急に究明されるよう働き掛けた。同外相とは、その後、東京でも非公式会談を行った[211]。

両事件への日本の協力に「韓国の人たちも心から感謝した」(後藤利雄駐韓公使)という[212]。一九八四年二月に韓国で行われた世論調査によれば、「最も嫌いな国はどの国か」という質問への答えは、一位が北朝鮮で五七・七%、二位がソ連で二〇・四%、そして三位が日本で一三・一%となっていた。一九八二年八月の同じ調査の結果が、日本三六・五%(一位)、北朝鮮三四・一%(二位)、ソ連一二・八%(三位)であったことを考えれば、韓国の反日感情が緩和されたことは明らかであった[213]。

一方、凄惨なテロ行為を敢行した北朝鮮は、一九八四年一月一〇日、朝鮮半島の統一を目指した「三者会談」を韓国と米国に提案する。内容は、①米朝間で平和協定を締結して在韓米軍を韓国から撤退させ、②南北朝鮮間に不可侵宣言を採択する、といった二点を通じて、朝鮮統一の前提が整った後に南北朝鮮間の統一のための話し合いを行うというものであった[214]。

ちなみに、右の「三者会談」提案は、ラングーン事件の直前の前年一〇月三日に水面下で中国に伝えられ、一一日には中国から米国に伝達されていた。中ソ両国は同提案を支持し、米国も必ずしもこれを排除しなかった。他方、韓国は南北直接会談を優先する立場で、提案の真意に疑念を持っていた[215]。

日本の外務省は、南北直接対話を優先する韓国の立場を支持した。そのうえで、北朝鮮提案の狙いを、「ビルマ事件で悪化した同国の国際的イメージの修復にある」と見ながらも、「『話し合いの動き』に対してはこれを殺すことなく、ポジティヴに対応することがイメージ上も必要」として、「北朝鮮の穏健・現実的な対応を引き出す観点からも中国の実質的関与の確保は重要」と分析した[216]。

一九八四年三月二日、ソウルで日韓高級事務レベル協議が初めて開かれた。同協議設置の意義について、日本側を代表して韓国入りした中島外務審議官は、二国間のみならずグローバルな問題での意見交換を通じた相互理解の促進と説明した。同月下旬の首相訪中、翌月のレーガン大統領訪中という政治日程のなかで、時宜を得た協議であった[217]。

協議において、韓国側は、①朝鮮半島の平和に対する北朝鮮の危険性は、金正日への世代交代、南北の経済格差に鑑み、一九七〇年代より八〇年代の方が増大している、②北朝鮮の政情不安、韓国の安定という現状では、北朝鮮が話し合いのテーブルに戻る可能性は低い、③韓国の国際的地位の高まりを阻止するため、一九八六年のアジア競技大会と八八年のソウル・オリンピックの妨害に出る可能性がある、と依然として厳しい対北認識を示した。一月の「三者会談」提案についても、「北朝鮮提案は『平和攻勢』であることは明白。北朝鮮は、韓国の破壊、赤化統一との政策に変更なし」とにべもなかった[218]。

それでも、韓国側は、南北対話の優先、将来での関係各国を含む拡大会議の開催による問題解決に対する日本の理解・支持を求めた。日本側も韓国の立場への支持を表明したうえで、「日本としては、朝鮮半島の緊張かん《〔緩〕》和及び南北対話のかん《〔環〕》境作りに引き続き努力してゆきたい」と表明した[219]。

また、韓国側は、国際会議やスポーツを通じた中韓間の人的交流は、中国の対韓政策の基本的な変化につながらないとの認識を示した。それでも、中国が北朝鮮を説得することで、緊張緩和に向けて「建設的な役割」を果たすことへの期待を表明した。これに対し、日本側も、「中国は韓国の国際的地位を認識し、非政治的分野で対韓関係をしん《〔慎〕》重かつじょじょ《〔徐々〕》に改善してゆこうという意図を有していると思える」と韓中交流を後押しする発言を行う。これを受け、韓国側も、「中国との関係改善は時間とにんたい《〔忍耐〕》を要するであろうが、引き続き日・米と密接に相談してゆきたい」と発言した[220]。

そして、すでに述べたように、この日韓協議後に訪中した中曽根は、南北直接会談をベースとしつつ、米中を入れた四者会談、さらには日ソも加えた六者会談の開催を提案するとともに、中韓間の交流拡大を促す発言を行っている。ソウルでの事務協議を通じて得た韓国側の考えを踏まえた発言といえよう。

8 全斗煥大統領の来日
——過去の清算と埋めきれぬ溝

一九八四年二月初め、韓国側は全大統領訪日を、外交ルートを通じて打診してきた。中曽根は同年一一月に自民党総裁としての一期目の任期(当時は一期二年)が切れることになっており、再選の可否はまだ不透明であった。このタイミングでの打診は、全大統領が、親密な関係にある中曽根首相の任期中の訪日実現を望んでいることを物語っていた。中曽根は全を「ウマの合う親友」と見ていたし、全も前年末の総選挙での自民党の大幅議席減に胸を痛めたという[221]。

そして、七月六〜九日に安倍が訪韓した際、九月上旬の大統領訪日が事実上確認された[222]。全大統領は安倍に対し、「過去に執着することなく、未来の日韓関係の協力のあり方について、韓国国民は真摯な願いを持っている」と表明した。とはいえ、安倍訪韓時、韓国マスコミは、昭和天皇と大統領の出会いについて、「謝過と容赦の意味を持つ」と報じた。つまり、天皇が過去を謝罪(謝過)し、大統領がそれを赦すというとらえ方であり、韓国側の「(天皇)お言葉」に対する関心の強さを示すものであった[223]。

韓国ないし韓国民から見た場合には、今回の大統領訪日は、日本側が想像するよりもはるかに複雑な事情があった。日本の植民地統治をはじめとする日韓関係の不幸な過去に対する韓国民のわだかまりは理屈では超えることのできないものであり、そうした感情が、一九六五年の日韓国交正常化から二〇年近くを経た八四年の時点でも清算されずに残っていた[224]。韓国国内では、根強い訪日反対論や時期尚早論があり、日本大使館や日本企業のオフィスに、学生たちが激しい投石を行った。一部与党筋からも訪日反対とまではいかなくとも、「行くからには懸案問題を解決してこい」と厳しい注文が出るほどであった。

このような状況下で、大統領自身にとっても訪日は大きな危険を伴う政治的決断であっただけに、日本側も韓国側の事情を理解し、大統領の決意に応えて訪日を成功に導くべく積極的に対応した[225]。もっとも、貿易不均衡是正や高度技術の移転、在日韓国人の待遇改善など韓国が要望している諸問題は、いずれも一挙に解決できる性質のものではなかった。それゆえに、かつての植民地支配に関しての天皇の「お言葉」が、最大の成果として位置付けられた[226]。

しかし、憲法上、天皇が政治に関与することには制約があった。そこで天皇がこれまでに米国や中国の首脳に述べた「お言葉」の内容を踏まえつつ、「憲法上、天皇陛下の立場で言い得るぎりぎりの表現」(宮内庁)をすることになった。宮内庁が最初の案文を作ってから調整に一ヵ月かかり、最終案が固まったのは大統領訪日直前の九月一日であった[227]。お言葉の案は、宮内庁から外務省を経て、首相のもとに上げられるとともに、その過程で瀬島龍三や駐韓大使を経験した須之部量三前外務事務次官が官邸から相談を受けていたようだ[228]。

この間、「お言葉」作成には中曽根自身が深く関与している。八月の夏休み、軽井沢で静養をとっていた中曽根は、外務省の松永信雄事務次官を呼んで、次官自ら書くように命じた。ところが松永次官が作成した案は、官僚らしい無難な表現に止まっていた。そこで中曽根は、松永の案を別荘に持ち帰って徹底的に修正した[229]。

八月二七日の中曽根の日記には、「宮内庁、外務省は一貫して対韓遺憾の意表明に消却《ママ》。右翼の反発恐ると」、「Ford及び鄧小平には遺憾を用いている」、「天皇の反応は、訪日につき反対を押して来る全政権の命運に関す。それは日本の命運、日韓の将来に重大な影響をもつ」といった記述がある[230]。一九七四年に来日した米国のフォード大統領(Gerald Ford)、そして七八年に来日した鄧小平副首相に、昭和天皇が過去の歴史を「遺憾」とした前例があるにもかかわらず、右翼からの反発を恐れてお言葉への「遺憾」盛り込みに消極的な事務方への苛立ちが垣間見える。中曽根は、国内の反対を抑えて訪日する全に報い、日韓関係を前進させうる内容のお言葉にしたかったのである。

中曽根は後年、「不幸な過去が存したことは誠に遺憾であり」という表現は自身が入れたと証言する。また、お言葉の文案を「過去の清算と未来の協力を一挙に盛り込んだ形に持って行きたい」という認識をもとに、天皇の尊厳を傷つけないようにする一方、「全斗煥の顔も立て、日韓の紐帯を強め」る文言にするべく、「ずいぶん案を練った」と回想している[231]。

かくして九月六日、全大統領は日本の地に赴いた。羽田空港に到着した大統領は、韓日関係を「近くて遠い」関係から、「近くてさらに近い」関係にするため、訪日したとの声明を発表した[232]。

同日夜の皇居で開かれた晩餐会において、昭和天皇は「お言葉」を述べたが、今回の訪問を「両国の関係史上画期的なこと」と称賛し、「永い歴史にわたり、両国は深い隣人関係にあった」と述べ、以下のように続けた。

> このような間柄にもかかわらず、今世紀の一時期において両国の間に不幸な過去が存したことは誠に遺憾であり、再び繰り返されてはならないと思います。[233]

この「お言葉」に、全大統領は「わが国民とともに厳粛な気持で拝聴しました」と、その後の答辞で応えた。そして日韓両国共通の「雨降って地固まる」のことわざを引きながら、過去の「不幸な歴史」は「より明るく、より親しい韓日間の未来」を拓く礎にならなくてはいけないと挨拶した[234]。スピーチが終わって、天皇と大統領が酒杯を交わした模様は、日韓両国のテレビで詳細に報じられたが、多くの人々の耳目を集めるシンボリックな儀式であった[235]。

翌七日の歓迎昼食会において、中曽根は、前日の「お言葉」を補完する形で、次のように語った。

わが国が貴国に負うところの大きかった日韓交流史のなかで、遺憾ながら今世紀の一時期、わが国が貴国および貴国民に対し多大の苦難をもたらしたという事実を否定できない。私は政府およびわが国民がこのあやまちに対し、深い遺憾の念を覚えるとともに、将来を固く戒めようと決意していることを表明したい。[236]

この中曽根の挨拶は、前日の「お言葉」とセットで、外務省が用意したものであった。「多大な苦難」を与えた主体が「わが国」だと明示され、「あやまち」を明言したことなどが特徴であった[237]。外務省が用意したものとはいえ、この挨拶にも首相自身の推敲が相当入っていよう。これに対し、全も、日韓間の不幸な歴史を「厳然たる事実」としたうえで、今後は両国が「真の善隣同伴時代」に向けて努力するよう強調した[238]。

右の天皇のお言葉のなかにあった（翌日の首相挨拶にもある）「遺憾」という言葉は本来「残念」という意味であり、抗議の時にも使われる都合のいい言葉であることは、韓国語でも同じであった。天皇の発言について、韓国内では歴史的な感慨とともに「あいまいだ」という批判や不満の声が聞かれたことも事実であった[239]。

それでも、韓国メディアは総じて天皇のお言葉を前向きに受け取った。例えば、九月九日付の『朝鮮日報』は、「天皇が初めて『公式遺憾』を表明したことは、韓日両国が不幸であった歴史を清算するものであった。……何よりも天皇が『このようなことが再び繰り返されてはならないと思う』と明らかにしたことは、将来の実践意思を明白にしたものと受け止める」と論評した。日本の各新聞もお言葉について肯定的な評価をした[240]。中曽根は、全の離日直後の日記に、大統領訪日は「植民地時代以来のわだかまりに一つの清算の時期を画した」と記した[241]。

日韓首脳会談は、九月六日の午後と七日の午前の二回行われた。まず、六日の会談の冒頭、訪日直前の九月一日にソウル近郊で起こった大規模水害（死者約二〇〇人）について中曽根がお見舞いの言葉を述べた。全は日本からの早急な見舞い電報や巨額のお見舞い金に謝意を示し、雨があと二日続いたら訪日不可となっていたとして、「今日訪日できたのは、神の恵みである」と答えた。

次いで中曽根は、大統領が国内の反対意見を押し切って訪日したことに謝意と敬意を表明し、「我が方としてもそれにお応えしたい」と述べた。全もまた、「日韓関係が大変難しいということは隠せない現実である」としたうえで、①現在の困難は我々の世代が解決しなければならない、②首相と自分は将来をみる時局観が同じであると思うので、その解決のために訪日を決断したと語った。次いで、両首脳は、日韓間の「千年」にわたる確固たる関係構築を約束し合い、会談は終始和やかに進められた[242]。

しかし、大統領は朝鮮半島情勢について、「南北間の軍事力の面で南が劣勢にある」、「北は世襲体制を強化するとともに、GNPの二四％を軍事費に向け、一〇万に達する特殊部隊を作り韓国を挑発し暴力による赤化統一を図ろうとしており、韓半島の緊張は日毎に高まっている」と述べ、相変わらず厳しい認識を示した。また、同半島で戦争が勃発すれば、米ソ両国を巻き込む大規模戦争に発展しかねないので、「全ての国が北の戦争抑止に格別の関心」を持つよう主張した。

そして、全は、平壌の誤った判断を招かないように、日本から中ソ両国に北への影響力行使を働き掛けるよう求めると同時に、日本が対北朝鮮外交を性急に変更しないよう強く要請した[243]。一方、中曽根は、「北の意図は甚だ不明確であり、口と実際が違いすぎる」、「貴国はGNPの六％を防衛費に充て非常な努力をして抑止力を持ち均衡を保っている」と韓国側の認識に同調して、日本としては情勢に大きな変化がない限り、朝鮮半島政策を変更しないと述べた。

もっとも中曽根は、「ただし漁業問題、民間の経済問題等あり、民間の要望もある」として、北との民間レベルの交流は従来通り継続することを表明した[244]。とりわけ、翌七日の外相会談で、平壌との民間交流を維持する日本の立場について、安倍は次のように繰り返し説明したという。

韓国側は、米国と北朝鮮の関係あるいは韓国と中国の関係は非常に薄いから、それがもう少し厚くなるまでは、日本はこれ以上北朝鮮との関係を厚くしないでほしいとよくいうけれども、米朝関係および韓中関係と日本・北朝鮮の関係は、歴史的にも、またその他のいろいろな理由から違うのだということを、韓国側は十分認識してほしい。

その外相会談後の記者懇談において、安倍は、右の説明に関して、「（韓国側が）納得したとか、納得しないとかいうことではなくて、国にはそれぞれの政策、行き方があるわけで、その政策を説明したのだ」と語った。外務省事務当局としても、韓国との信頼関係を最優先することを前提に北朝鮮との民間交流を維持するという日本側の立場について、大臣の口を通じ、伝えておきたかったのである[245]。

他方、朝鮮半島和平に向けたプロセスに関して、中曽根は、まず南北朝鮮が直に話し合うべき問題としたうえで、「北に対し（韓国が）経済的に断然有利な立場に立ち、国際的基盤を広げ、北がまじめに韓国と直接話をせざるを得なくなるような環境醸成に努める」とする韓国側の戦略を支持し、協力すると表明した。それと同時に、「我が国としては中国、ソ連等周囲の国々との関係において平和と安定のための環境醸成」のための努力を行うと約束した。また、自身の三月の訪中での中国首脳たちとの会談をもとに、「中国は近代化を進めていくため平和を欲しており、北が乱を起こすことを好まず北を自制させたいと考えている」と伝えた[246]。

七日の二回目の首脳会談でも、朝鮮半島を中心とした国際情勢が議題の中心となった。全は、「同地域の平和と安定の要となるのは、日韓関係である」と述べ、「日本はＫＡＬ事件（大韓航空機撃墜事件）のとき真先にソ連を糾弾し、ラングーン事件のときには北朝鮮を制裁してくれた」と日本の対応に謝意を表明した。そして「統一の原則は、（イ）平和的に、（ロ）民族自決に基づき行う」として、まず手始めに南北離散家族の交流を提案しているが、「北は応じてこない」と現状説明した[247]。

中曽根は、北朝鮮を国際社会で完全に孤立させず、「安心できるような存在」にしていくことが必要と指摘し、大統領が北に対して最高首脳会談、スポーツなどの提案をしている点を評価した。また、日本は中国を通じて、「北が暴発しないよう抑止するようにしている」と述べた。極東で著しい軍事力増強を行い、北朝鮮を「鼓舞」する可能性があるとして、大統領が警戒視するソ連との関係についても、中曽根は、領土問題はあるが、「対話には努めていく」と語った。そして、「アジア競技大会やオリンピック開催は、韓国の国際的地位を象徴するもので、是非成功してもらいたい」、「右成功は、南北の格差を更に圧倒的なものとしよう」と励ました[248]。

結局、二回の首脳会談とも、ほぼ朝鮮半島情勢に関する意見交換で費やされ、貿易不均衡などの二国間の懸案については議論の対象にならなかった[249]。歓迎昼食会での中曽根の挨拶では、今後の日韓関係のよるべき指針として、「世界的視野に立った日韓関係」が打ち出された。そこには、従来、日韓両国は、金大中事件や教科書、安保経済協力、貿易不均衡といった狭い二国間の懸案問題に注意を向けすぎていたという反省があったようだ。東京滞在中の全斗煥が、日韓両国がアジア地域の平和と安定、繁栄に向けて協働していくパートナーシップを築いていく意向を表明したのも、右の首相挨拶と軌を一にするものであった[250]。

また、一年前の首相訪韓時と同様、中曽根-全斗煥の個人的信頼関係は健在であった。大統領が帰国する八日には、中曽根は首相公邸に大統領夫妻を招き、首相の夫人や子息たちを交えた家族ぐるみの昼食会で催すなど、打ち解けた雰囲気のもてなしが続いた[251]。

もっとも、事務レベルによる共同声明作成過程では、双方の対立が見られた。韓国側は貿易不均衡是正のため具体的措置をとるよう要求したが、日本側は韓国官民の自助努力を求める立場であった。産業技術の移転についても、日本側は「民間の自主的判断によって行われるべき」との観点から慎重な姿勢を堅持した。そのため最終的な共同声明の文言は貿易の拡大と産業技術の移転拡大を抽象的に唱える形となった[252]。

指紋押捺義務に関して共同声明にどのように盛り込むかも問題となった。指紋押捺の根拠である外国人登録制度を前提に、すべての外国人を同等に扱うべきとする日本政府の基本方針に対し、韓国側は、在留経緯の特殊な在日韓国人は、他の外国人と区別して指紋押捺義務など免除するべきだと要望したのである。しかし、中曽根と安倍、住《すみ》栄作法相の決裁により、日本側が①在日韓国人の特殊な歴史的背景、②法的地位および待遇の問題が両国民間の友好関係の増進に深く関わる、の二点に留意しつつ、「今後とも引き続き努力をする」という線にまとまった[253]。

また当初、日本側は共同声明において、文化交流合同委員会の設置を謳おうとしたが、韓国側が消極的であった。日本文化は韓国に多くを負っていると自負する韓国人にとって、日本人がその理解もないまま、ただ日本の映画や歌謡曲を持ち込むような「安易な交流」には、警戒心や複雑な感情を持っていたからである[254]。結局、共同声明には、両国間の文化交流を「漸次拡大していくことを再確認」すると表記されるに止まった[255]。

一方、朝鮮半島情勢認識については、前年の首相訪韓時の共同声明の文案がほぼ踏襲され、唯一の違いは、南北朝鮮の国連同時加盟支持が加わったくらいであった。また、大韓航空機事件とラングーン事件に関連して、国際テロ防止のための努力が謳われたが、北朝鮮を糾弾するような表現はなかった[256]。

外務省事務当局が作成した大統領訪日を総括した文書では、「日韓が協力して北と対決するとの印象を与えざるよう」、共同声明で、「韓国の対話努力に対する我が国の支持、南北の国連加盟、ソウル・オリンピックの意義に関する共通の認識等、緊張緩和に資するトーンを出すことが出来た」と評価した。また、今後、「軍事境界線をへだてて北と軍事的に対立している韓国と我が国とが半島情勢、特に、北朝鮮に対する認識とアプローチにおいて完全に一致することはあり得ず」としたうえで、「かかる立場の差をもって、日韓間の摩擦の種にしないことが重要である」と結論付けた。そして、「一九六五年以来の正常化のプロセスを完成」したとしつつ、今後、先送りとなった二国間の懸案解決に向けた努力が必要と指摘した[257]。

前年来の首脳間の個人的友情を軸にした日韓協力関係は、両国間の過去の問題を全て清算するところまではいかなかったが、実態的な交流面で良い影響を及ぼしつつあった。すでに、大統領の訪日の前から、『読売新聞』のような全国紙が韓国文化や日韓間の文化関係についての記事を一面に大きなスペースを割いて連載していた。また、韓国に関するテレビ報道はより頻繁になり、かつてのようなセンセーショナルなものではなくなり、NHKは韓国語の教育番組を開始した。また、韓国で研究する日本人の数も増え始めていた[258]。

9　北朝鮮からの秋波と制裁解除決定

全大統領訪日の前後、北朝鮮からは日本に向け関係改善を呼び掛けるシグナルが発せられた。一九八四年五月三一日、訪日したカンボジアのシアヌーク大統領は中曽根に対して、以下のような趣旨の金日成主席からのメッセージを伝えたという。

まず日本が韓国との関係を重視しているのは、北朝鮮としては理解できる。北朝鮮としては文化などの面で日本との関係を徐々に進めていきたい。また北朝鮮は決して南進しないことを保証する。北朝鮮が望んでいるのは、米国との間で平和条約を締結して、南と連邦国家を樹立することである。

当時、金日成はシアヌークと関係が非常に良好であったので、自らの伝言を託したのである。日本側にとって、金のメッセージの内容は、「なかなか温和でリーズナブル」(長谷川和年首相秘書官)に感じられたようだ[259]。

その後、七月二八日、石川県のイカ釣り漁船「第三六八千代丸」が、北朝鮮が一方的に設定した軍事境界線を侵犯したとして、銃撃を受けて船長が死亡、漁船が拿捕《だほ》される事件が発生する。しかし、八月二日、安倍は内外情勢調査会での講演において、右の銃撃事件をもって北朝鮮の政策が変化したと見なさない立場を示した。また、全大統領訪日の成功によって「朝鮮半島の将来に何らかの明るさが出るかもしれない」と語ると同時に、「日本の外交は米国についていくことではなく、日本はいうべきことはいい、日本しかできない役割を果たしていく時代になった」と強調した。大統領訪日後、より独自の立場から北朝鮮にアプローチする意思を滲ませた[260]。

そして、全が帰国する九月八日、安倍はＮＨＫテレビ「政治討論会」の録画撮りで、中断状態の日朝民間漁業暫定協定の延長交渉の再開に向けた努力することを明言した。そして北朝鮮漁業代表団の日本入国について、代表団が日本で政治活動をしないとの条件が満たされれば、高いレベルの人物の入国も考慮しうるという柔軟な姿勢を示した。さらに、ラングーン事件を契機とする北朝鮮への制裁措置についても、情勢の変化による解除の可能性を示唆した[261]。

九月一一日、安倍外相は国会内で、一七日から訪朝する予定になっていた石橋政嗣社会党委員長と密かに会談した。この会談で石橋委員長が、日朝民間漁業暫定協定の再締結問題で北朝鮮側の歩み寄りを引き出すべく、政府として朝鮮労働党要人の入国を認めるよう決断を迫ったのに対し、安倍は、韓国大統領来日直後でもあり「北朝鮮との人事交流制限措置を緩める考えはない」と拒みながらも、石橋の訪朝を通じ「北朝鮮側が新たにどういう意向を示すか注目している」と発言した[262]。なお、石橋は中曽根にも電話をかけ、北朝鮮に対する人事交流制限措置を緩和するよう求めるとともに、政府の意見を聞いている。

一八日に平壌入りした石橋は、二二日までの五日間に、金日成主席と一〇時間を超える会談を重ねた。石橋は一八日夜の金日成主催の歓迎レセプション中の挨拶で、漁業協定交渉の再開問題について、訪朝前に中曽根、安倍に北朝鮮に対する制裁措置を解除し、交渉責任者の入国を認めるよう要請したことを述べ、日本の零細漁業関係者のために北朝鮮側の格別の配慮を求めた。

これに対して、金日成は翌一九日の会談で、「日本政府は、漁業問題解決のためのわが国代表団の日本人入国を拒否した。だからわが方に責任はない」と指摘した[263]。一九八四年七月下旬から八月上旬に東京で漁業協定締結交渉を再開する段取りとなっていたところ、外務省が、北朝鮮代表団の責任者と目される玄峻極の入国を拒否したため(八一年訪日の際の日本政府批判発言が理由)、北朝鮮側が反発して代表団派遣を断った経緯を念頭に置いた金日成の発言であった[264]。

ところが、右の発言に続けて、金日成は、「社会党の意見を強く斟酌《しんしゃく》し、勤労漁民の利益を守るために解決策を考えよう」としたうえで、「日本の代表がわが国にくればいい」と述べ、平壌での漁業交渉再開に応じると表明した。七月末に発生した第三六八千代丸事件についても、再発防止を約束し、死亡者が出たことに遺憾の意を表した。こうした北朝鮮側の姿勢を受けて、一〇月に入ってから日朝友好議員連盟の代表代行である谷洋一参院議員(中曽根派)が訪朝し、漁業協定は一五日に調印され、一一月一日に再発効する。ちなみに、安倍は、北朝鮮から帰国した石橋をはじめとする訪朝代表団を外務省飯倉公館に招いて、「政府のやれないことをやっていただいてありがとうございました」と謝意を示し、労をねぎらった[265]。

また、金日成は石橋に「いまの日本政府は『南』一辺倒であり、わが国に対して非友好的」と批判しながらも、「これは過渡的な現象であり、かならずよい時期がくることを確信している」と述べた。そして、「日本国民の九九・九九パーセントは戦争を望んでいない」がゆえに、日本が軍事大国化することに疑問を持っていると述べると同時に、「日米韓の実質的な軍事同盟についても、対象は共和国ではなくソ連だ」という趣旨の発言をした。中曽根を「軍国主義者」と名指しで批判する場面は一度もなかった[266]。

九月二八日、平壌から帰京した石橋は首相官邸に中曽根を訪れ、帰国報告を行っている。中曽根は、石橋の報告によって「北朝鮮が日本に秋波を送っていることは実感できました」と振り返る。会談後、中曽根は安倍に、対北朝鮮関係の打開について、「韓国との相談の上に、少し積極的に出ていこうじゃないか」と話したという[267]。

一〇月三一日、日本政府は藤波孝生《たかお》官房長官談話という形式で、ラングーン事件に伴う北朝鮮制裁措置を「当初の目的が達成された」ものとし、一九八五年一月一日付けで解除すると発表した。これによって、外交官の接触や公務員の渡航の禁止など四項目の制裁措置が一年二ヵ月ぶりに解かれることになった[268]。この談話においては、「今後も北朝鮮と外交関係がないとの実態を踏まえて対応する方針に変化はない」と確認されると同時に、解除の実施を発表より約二ヵ月遅らせるなど、韓国に対する配慮を見せていた[269]。

それでも、解除決定という日本の措置について、韓国側は、「北朝鮮をして朝鮮半島周辺の情勢に対する誤った判断を招かせる可能性があると考える」(外務部スポークスマン)などと不満を表明した[270]。一一月二日には、その直前に訪韓した田英夫社民連代表を通じて安倍に、「私の訪韓直後に解除を決定するのはタイミングとしていかがなものか」という全大統領自身の不満が伝えられている[271]。日朝関係が南北関係に先行する僅かな兆候にも、韓国側は神経質であった。他方、全政権誕生で、一九七〇年代までの日韓間の人的なパイプも弱くなり、制裁解除決定にあたっては自民党内の親韓国派が影響力を及ぼす場面もなかった。

日本政府が、制裁解除に踏み切った直接的要因として、北朝鮮が日朝民間漁業協定の再締結に応じたことが挙げられよう[272]。一方、同協定の再締結やシアヌーク大統領や石橋委員長を通じた金日成の関係改善の呼び掛けに見られる北朝鮮の対日政策の柔軟化は、国内の経済建設政策と関連していた。九月八日、北朝鮮は、「合弁法」を制定し外資の制限的導入を試みたが、これには日本の投資が期待されていたのである[273]。

さらに、八月末にソウルとその周辺地域で発生した大水害に際し、北朝鮮側が救援物資を提供したことを契機に、一一月一五日に板門店で南北経済会談が開催され、南北間の物資の交換、合弁事業の推進、鉄道の連結、経済委員会の設置などが話し合われた。また、同月二〇日には南北赤十字会談も七年ぶりに再開され、翌一九八五年九月の南北間の離散家族の故郷訪問へとつながっていく[274]。対北制裁解除の決定は、北朝鮮の内外政策の柔軟化と南北関係改善の動きを踏まえてのことだった。

南北朝鮮の緊張緩和に向けた動きに合わせて、日朝関係にも改善の兆候が見え始めたことは、中国にとっても好ましいことであった。一一月一三日に東京で行われた「日中外交実務者定期協議」で、中国側は「日本政府も北朝鮮との関係を改善してほしい」と要請した。一九八八年にオリンピックを控えた韓国、緊張緩和を国際的に印象づけようとしている北朝鮮、さらにその背後にあって近代化推進のために朝鮮半島の平和を切実に望んでいる中国――これら三国の思惑が緊張緩和ムードを現出させていた。このような状況下で、日本外交にも、相当の役割を果たすことが期待されたのである[275]。

制裁解除後も、日本側は北朝鮮に対して、関係改善のシグナルを送り続けた。一九八五年四月、社会党が招請していた『労働新聞』主筆で労働党中央委員の金己男《キムギナム》の入国を、日本政府は許可した。また、八月から九月に神戸で開催されるユニバーシアード大会には北朝鮮選手団が、朝鮮民航機で直接日本に乗り入れることも認めた[276]。

同年前半には、前出の谷議員が国交正常化前の日中間のように、日朝双方に貿易事務所を開設する提案を中曽根にしていた。北朝鮮に警戒感を持っていた中曽根は当初、谷の提案に懐疑的であった。しかし、韓国政府から、中韓・日朝それぞれの相互貿易事務所設置の提案がなされ、中曽根も前向きに検討するようになったようだ。ただ、この貿易事務所設置の話は、日朝間の信頼関係の欠如もあり、立ち消えとなった[277]。

10 対ソ対話の拡大に着手

首相就任以来、精力的な外交を展開してきた中曽根にとって、米国をはじめとする西側諸国との紐帯強化はそれ自体が最終目的ではなく、歴史に残る外交業績を達成するための重要な手段であった。長谷川和年首相秘書官は、「ソ連に関しては、中曽根総理ご自身大変関心を持っていた」と回想したうえで、自分が所属していた日本民主党の総裁であった鳩山一郎首相が日ソ国交回復を果たしながらも、平和条約交渉までこぎ着けられなかったのを念頭に、「ソ連との関係を前進させて、可能ならば平和条約まで持っていきたいというお考えがあった」と証言する[278]。

しかし首相となった中曽根は、対ソ外交で具体的に動く前に、まず対米関係を固めにかかった。平和憲法を持つ日本のような国は「信条を同じくする強い味方（＝米国）」を持たなければ国際政治に対応できないとの考えからであった[279]。

政権初期の中曽根の対ソ姿勢は、戦術的な揺さぶりすら伴っていた。前章で見たように一九八三年五月のウィリアムズバーグ・サミットでは、中曽根は議長役のレーガン大統領を徹底的にサポートして、西欧における核ミサイル配備に関する合意形成に大きく貢献していた。この決定は、ソ連を戦略的により劣勢に追い込んだ。

事実、同サミット直後の五月三一日、ソ連共産党政治局の会議でアンドロポフ書記長は、西側の一員として対米支援を徹底させる中曽根の態度に不安感を覚え、「われわれは日本との関係について妥協的行動をとるべきかもしれない」と、北方四島の共同開発案を提示した。加えて、グロムイコ外相も二島返還論を提起し、ウスチノフ国防相(Dmitri Fyodorovich Ustinov)が同調するなど[280]、中曽根の揺さぶりが功を奏した格好となった。

対ソ関係の打開を心中に秘める中曽根に対し、外務省事務当局は消極的であった。米ソ関係が改善しない状況下では、日ソ関係もまた前進しないという認識が強かったのである[281]。中曽根は、この問題に関する外務省の慎重姿勢に、少なからず違和感を持っていたようだ[282]。対ソ政策について、基本的には外務省と必ず相談していた中曽根だったが、同省出身の長谷川秘書官が把握していないルートでもソ連側と連絡をとっていた[283]。

さらに、外相の安倍も、対ソ関係に前向きであった。ソ連が隣国である現実に鑑み、日ソ関係の発展は、「日本の平和と繁栄にとって大きな重要性を持っている」との認識に基づき、「情勢が厳しければ厳しいほど、相互理解と共通の利益への認識を高めるためますます対話の途をとざさず、これを拡大・強化していくという構えが必要」と考えていた[284]。自らが総理総裁になった暁には、日ソ平和条約締結の実現が視野にあったに違いない。慎重な姿勢の外交当局に対して、中曽根・安倍の両政治家は、それぞれの立場から、対ソ関係打開に向けて協力・競合する。

ソ連へのアプローチでは、まず安倍が中曽根よりも前面に出た。一九八三年八月一三日、東欧二ヵ国(ルーマニア・ブルガリア)・中東三ヵ国(イラン・イラク・トルコ)歴訪の帰途、安倍はモスクワ空港に立ち寄った際、カピッツア次官と会談し、九月の国連総会において、日ソ外相の会談を行うことで一致した。この席で、カピッツアは、ソ連外相の訪日について従前よりも訪日に前向きな姿勢を示した[285]。

また、八月二一日、北方領土視察のため根室を訪れた安倍は、一三日のカピッツアとの会談を念頭に置き、「ソ連の対日姿勢に微妙な変化が見られる」として、ソ連との対話促進に意欲を見せた。その具体策は、①一九八一年以来中断している日ソ貿易年次協議をとりあえず今年だけ再開する、②ソ連報道界の指導者数人を今年中に日本に招待する、③一九七八年以来中断されている日ソ映画祭を来年中にソ連の二都市で開く、④日ソ文化交流なども これまでの政府間だけでなく民間にも対象分野を拡大する、というものであった[286]。北方領土視察という強硬策と抱き合わせで、右の対話提案を行ったのである[287]。

ところが、九月一日の大韓機事件の発生によって、国連総会を利用した日ソ外相会談がキャンセルとなり、ソ連との対話を目指す安倍の試みは水を差された。国連総会開始後、安倍が、ソ連の行為を「人道および国際法上許しがたい非道」と非難し、ソ連が航空機撃墜の責任を認めて賠償に応じるよう迫ったのに対して、トロヤノフスキー国連大使(Oleg Troianovski)は、日本が「最近とみに再軍備過程を加速しつつある」と批判した[288]。

その一方で、同事件に伴う対ソ制裁措置については、中曽根政権は早い段階から「象徴的かつ一時的」なものにする方針を固めるとともに、欧米諸国の具体的な動きを見極めるまで、具体策をあえて決めなかった。対ソ制裁で日本だけが突出することは好ましくないとの判断からであった。そして、欧米諸国が相次いで制裁に踏み切ったことを受け、九月九日にようやく官房長官談話の形で制裁措置を発表した。その内容は、①国家公務員の海外渡航の際はソ連航空機を使用しない。地方公務員や政府関係職員にも同調を求める、②ソ連航空機のチャーター便、臨時便の申請および増便、機材変更を認めないというものであった。中曽根自身、閣議において、「日ソ間の基幹部分の方針は変更しない」と強調していた[289]。

当時の外務省ソ連課長の丹波實は、「いくら日米安保があるといっても、残念ながら我が国には日ソ関係をとことん悪いところへ追い込んでもよいだけの軍事力はない」との見地から、感情的な国内世論に乗って、強硬な対ソ制裁を発動する愚を戒めた[290]。早くも、九月二九日には本件に関する対ソ制裁は解除される。

そして、年が明けて一九八四年になると、日ソ間対話の動きが出始める。一月二三日、パブロフ駐日大使は、外相に再任された安倍を表敬訪問する形で会談した。会談自体はソ連側の申し出によるものであったが、安倍もこれを進んで受け入れたようだ。この席で、安倍は次の四点を提起した。

① 両国外相の相互訪問を含めた政治対話は、二国間関係が良好な時のみならず、悪い時にこそ行われるべきである。

② 政治対話はそれ自体が重要であり、それを行うのに前提条件を設けるべきではない。

③ 両国が国際社会の平和と安定に責任を有していることに鑑み、この政治対話を、二国間問題を率直に話し合うだけではなく、国際的な問題についても広く意見を交換する場とすることが重要である。

④ 今度は、グロムイコ外相が日本を訪問する番である。彼自身このことを認めている。前向きな返答を期待している。

また、安倍は軍備管理問題を取り上げ、ソ連側にINFや第二次戦略兵器削減条約（START）の交渉のテーブルに戻るよう強く促すとともに、欧州・アジア両面でのSS20の全面的撤去を要請した。これに対し、パブロフ大使は安倍が対話に関心を持っていることは本国に伝えるとしながらも、軍縮問題についてはソ連の従来の立場を繰り返すのみであった。グロムイコ訪日の可能性に関しても、それが実現するには「しっかりした準備」が必要と主張した。

このパブロフ大使の表敬訪問にあたって、安倍と外務省欧亜局とが、グロムイコが訪日を拒み続ける場合、安倍がモスクワや第三国でグロムイコと会うべきか否か話し合った。その結果、安倍は年一回の国連での外相会談以外、基本的にグロムイコと会談しない立場をとりつつ、安倍がロンドン・サミットやOECD閣僚会議に出向く際、ソ連側がモスクワ空港での立ち寄り会談を提案した場合、これを検討することとしたようである[291]。

他方、同じ一月、中曽根は、来日したソ連KGB対外政策問題担当書記長補佐官のアゲントフ（Aleksandrov-Agentov, Andrei）とも会談している。「対話を拡げていこうという基調」で話し合ったというが、中曽根が格下のソ連要人とわざわざ会った背景には、「日ソ関係の仕切り直しの意図があったし、世界にも、日本の自主外交を示す」意図があったようだ。また、この時期までに、「ソ連を除く主要国との紐帯固めが概ね終わり、対ソ対話に積極的に乗り出していく時期が到来したとの認識もあった[292]。

この時期、中曽根のもとには、末次一郎を通じてソ連側の情報が頻繁に入り、「こちらと話をしたい」という先方の態度が伝わってきていた。末次は新樹会代表の肩書きを持つ「在野の国士」である。戦後のシベリア抑留者の引き揚げ活動や、北方四島返還運動に携わる過程で、ソ連政府関係者たちと強い信頼関係を築き上げた人物であり、中曽根にとっても仲の良い友人であった。中曽根は、クレムリンに通じる末次ルートを、「ソ連側へ私の意図を伝えるコレスポンデントとして、あるいは外交交渉をやる前に、相手をほぐしておく準備」に活用していたようだ[293]。

二月九日、アンドロポフ書記長が死去し、チェルネンコが新書記長に就任する。これを受けて、一一日、政府は故・アンドロポフ書記長の葬儀に安倍を政府特使として派遣することを正式に決めた。一九八二年一一月のブレジネフ書記長の葬儀には、当時の鈴木首相が参列しているが、今回の首相派遣は見送られた。前回参列した鈴木が、新書記長と会談できなかったことが背景にあろう。

翌一二日、モスクワ入りした安倍は、当初チーホノフ首相との会談を望んだが、ソ連側からの返事がなく、次いでグロムイコ外相との会談を申し出たが、ソ連側は様々な理由を付けてなかなか応じようとしなかった[294]。それでも一五日になってようやく、一年三ヵ月ぶりに日ソ外相会談がクレムリンで行われることとなった。一九七六年一月にグロムイコ外相が来日した際、三木武夫政権の農相として会談した安倍にとっては二度目の顔合わせであった。

安倍はまず亡くなったアンドロポフ書記長に弔意を示し、ソ連の新指導部が東西の緊張緩和と軍縮の推進に取り組むよう求めた。グロムイコは、自分たちは緊張緩和と平和を望み、かつ努力していると述べながらも、ソ連との対話・交渉にあたって「米側の姿勢は真面目ではない」と批判した[295]。

次いで安倍は、前年両国関係が冷却化したことを残念だとして、グロムイコに訪日を要請した。しかしグロムイコは、訪日の条件が成立していないとして、「将来のことをみて考えたい」と述べるに止めた。また、関係冷却化の責任を日本に帰し、特に中曽根政権が関係を急激に悪化させたと批判した。

安倍は、現政権が日ソ友好関係の発展を望んでいると反論しつつ、「残念ながら両国の間にはこの問題（領土問題）についての意見の対立がある」と指摘した。そのうえで、「対立があっても対話が必要である」として、「両国の外相がときどき会って国際情勢及び二国間問題についてそつ直に話し合うことが両国関係発展ならびに世界の平和と安定に寄与する」と持論を展開した。それでもグロムイコは、ソ連は領土問題に関する従前の立場を今後とも堅持すると述べるなど、にべもなかった[296]。結局、両外相の会談は、対話の維持、発展が重要であることを確認するだけで終わった[297]。

一六日に帰京した安倍の報告を受けた中曽根は、「新政権の動向はもう少し見ないと分からない」として、チェルネンコ新体制の評価に慎重な姿勢を見せた。それでも、同日の衆院予算委員会の答弁では、今回の新政権の誕生がソ連の政策変化の「一つの端緒」と位置付け、善隣友好関係を力強く前進させたいと述べた[298]。

三月一二〜一三日、モスクワで第四回日ソ事務レベル協議が開かれた。このときの協議でも、領土やＳＳ20といった基本的問題に進展はなかったが、終了後、以下の追加的な二国間協議・交流を行うことが発表された。

① 八月に東京で、国連問題に関する局長級協議を開く。
② 本年後半、中東問題についての局長級協議を開催する。
③ 一〇月に東京において、事務レベル（大使館の参事官‐副局長）で貿易・経済問題を討議する。
④ 四月にモスクワでサケ漁獲割り当てに関する閣僚級協議を行う。
⑤ 二国間の租税条約交渉を再開する。
⑥ 九月にレニングラードとナホトカで日本映画祭を開く。

また、四月一六日に札幌を訪れた安倍は、同月末に外務省の西山健彦欧亜局長をモスクワに派遣して、右の①〜⑥の行事の日程上の詰めを行うと表明した。そして、関係打開の必要性を強調すると同時に、同年秋の国連総会でグロムイコ外相と会談する意向を語った。さらに、中曽根は翌一七日の会見で、安倍の発言を補足するかのように、「日ソ両国が忍耐強くかつ広い視点から相互に理解し合えるようになるには、二国間関係における諸問題を打開することが重要である」と述べた[299]。

日本の指導者の対ソ姿勢の軟化は、米国側も感知していた。四月二〇日に駐日米国大使館が国務省に送った電信においても、二月のアンドロポフの葬儀後、「大韓機事件後の事実上の凍結状態が終わり、政府・民間両レベルで二国間関係が再活性化している」との指摘があった。また、日本の外務官僚たちが、中曽根や安倍といった政治家が、日ソ関係改善の雰囲気を作り出そうとしているのは自身の人気取りにすぎず、それ自体は実体的な意味はないと冷ややかにとらえていると本国に報告していた[300]。

六月一三日、安倍はロンドン・サミットの帰途にモスクワ空港に立ち寄り、カピッツア外務次官と会談を持った。この席では、「対ソ対話への熱意あふれたサミットだった」と説明する安倍にカピッツア次官は、①西側諸国による対ソ共同行動のイニシアティブをとったのは日本だと聞いている、②日本はソ連に対する領土要求を東西関係のイシューにしたいと働き掛けたとの情報もある、と対日批判を繰り広げた[301]。これに対し、安倍は、「領土問題を東西関係のイシューにすべく働きかけたとの話は全く事実に反して」おり、日本はあくまで北方領土を二国間問題として考えていると強く反論した[302]。

その一方で、次官は安倍の日ソ間の対話拡大の呼び掛けに「基本的に賛成です」と表明し、早速、中東問題や国連に関する局長クラスの協議を行うことになった。さらに、「グロムイコ外相は今秋の国連総会出席の際、安倍外相とお会いしたい希望をもっている」と発言した[303]。

安倍‐カピッツア会談での合意に基づき、八月には二回にわたって局長級の日ソ協議が行われる。まず、一六日にモスクワで行われた中東問題に関する局長級協議では、概ね、日本側が発言し、ソ連側が聞き役の形で、イスラエル・パレスチナ問題やイラン・イラク戦争の和平問題について議論がなされた[304]。

さらに、二一日には東京で国連・軍縮問題に関する局長級協議が持たれた。この席で、ソ連側は、米国が軍事的優位を追求することで国際社会を危険な状態に陥れていると非難するとともに、日本もそうした米国を支持し、これと共謀していると批判した。これに対して、日本側は、ソ連にINFやSTART交渉へ復帰するよう求めるかたわら、ソ連が東アジアの力の均衡を崩そうとするので、日米両国としても防衛上の対抗措置をとらざるをえないと反論した。協議は、自国の立場を言い合った形で終わった[305]。二つの協議で具体的な合意は得られなかったが、日ソ対話の拡大それ自体を目標とする日本にとって問題とはならなかった。

11　東西緊張緩和の兆しのなかで

国連総会出席のためニューヨーク入りした安倍外相は、九月二五日、グロムイコ外相と会談した。

まず、安倍は、日ソ事務レベル協議や中東・国連・軍縮に関する日ソ協議など例を上げ、「日ソ双方が対話と相互理解のために努力し、今日まで具体的な動きのあったことをよろこばしいこと」と表明した。次いで、両国間の経済交流を進展させるべく、一九八二年一月にポーランド情勢悪化に絡む制裁措置の一環として凍結されていた日ソ貿易年次協議の再開を提案した[306]。これにはグロムイコも、「政府間非政府間を問わずいろいろなレベルでの接触が行われている」ことがソ日関係前進に資するのは事実と指摘し、貿易年次協議再開にも前向きな姿勢を見せた[307]。

安倍は、「貴大臣は、訪日の成果が必要であると言っておられるが」と切り出し、「貴大臣の訪日の成果としてどのようなものが出せるか双方の事務当局に真けん〔剣〕に検討させてみようではないか」と説き、重ねて来日を促した。安倍の懸命の説得に、グロムイコは微笑みを交え、「こう〔肯〕定的に対応している」と述べながらも、「（訪問実現に）適当な状況というものが必要であろう」と従来通りの返答を繰り返した[308]。

また、安倍は、①日ソ漁業関係を安定的に発展させるためにも、双方が出来るだけ早く長期の漁業協定を結ぶことで合意することを期待する、②北方領土への墓参について遺族が従来行ってきた慣例（身分証明書による渡航）により早期実現できるよう期待している、と表明した。①について、グロムイコは、交渉の早期妥結への意欲を示す一方、②に関しては、あくまで入国査証発給による渡航を主張し、とりつく島もない有様であった[309]。領土問題でのソ連の姿勢も不変であった。それでも会談の最後に、グロムイコが率直な議論ができたことに謝意を示すなど、会談は落ち着いた雰囲気で終始した[310]。

同じ九月二五日、安倍はシュルツ国務長官とも会談し、日ソ外相会談について説明した。これに対し、シュルツ長官は、「米国はソ連と建設的対話を進める用意がある」と述べ、米ソ関係改善への決意を強調した。グロムイコ外相が二七日にレーガン大統領と、二九日に自身とそれぞれ初の会談を行うことを念頭に置いた発言であった。また、同日の日中外相会談で、安倍は呉学謙外交部長から、国連を舞台に二〇年ぶりに行われた中ソ外相会談について、「相互理解は進んだが、実質的進展はなかった」との説明を受けた。ただし、早くも翌一〇月には中ソ次官級協議が開かれることも告げられた[311]。

同日、中曽根は東京での講演で、ソ連のグロムイコ外相とレーガン米大統領の会談や日ソ外相会談、石橋政嗣社会党委員長の北朝鮮訪問を傍証に挙げて、「共産圏で若干の風向きの変化がありやしないか」と指摘し、「こちらの基本的立場が理解されたのであれば、話し合いに喜んで応じる」と発言した[312]。国際情勢の潮目の変化を看取した発言であった。

一一月一〇日に米国の駐日大使館の分析では、「首相就任から一〜二年間、米国や西側諸国との紐帯強化に尽力してきた中曽根」が、「西側の一員」としての信任を獲得したことで、ソ連との活発な対話を進めやすくなったと指摘していた。また、「米ソ関係がまもなく改善すると確信」する中曽根が、東西の緊張緩和において米欧に後れをとらぬよう、また日ソ関係を前進させて、「日本の歴史に自分の軌跡を残すために」、領土問題で柔軟姿勢をとる可能性があり、領土問題で原則論に立つ「外務省のソ連専門家」が、中曽根の行動を抑制しようとするだろうとの見通しを立てた[313]。

しかし、外務省事務当局の慎重姿勢をよそに、日ソ対話の拡大は続いた。国連での安倍-グロムイコ会談直前の九月一六日、山村新治郎農水相がソ連側の招待で漁業協定交渉のため訪ソした。閣僚の訪ソは弔問外交を除いて五年ぶりのことであった。また、非政府間交流でも、一〇月一〇日から三日間、モスクワで第四回日ソ円卓会議が開かれ、日本から各界の一九〇名が出席して意見交換した。一〇月二五日には日本側の招待でソ連最高会議議員団が来日し、ソ連のアフガン侵攻以来途絶えていた議員交流が六年ぶりに復活した。ソ連議員団の団長はクナエフ共産党政治局員(Dinmukhamed A. Kunaev)で、政治局員を団長とするハイレベルの代表団の来日は二〇年ぶりであった[314]。

そして、自民党総裁としての再選を果たし、一一月一日に内閣改造人事を行った中曽根は三〜五日まで、外相に留任した安倍を伴い、前月三一日に暗殺されたガンジー首相の国葬に参列するためにインドを訪問した。その訪問中、活発な弔問外交が展開されるなか、一一月四日にソ連のチーホノフ首相との会談が実現する。日ソ両国の首相が会談するのは、一九七三年一〇月の田中首相の訪ソ以来、一一年ぶりであった。

会談冒頭、中曽根が一九六八年に佐藤政権の運輸相として訪ソした際、八〇年に死去したコスイギン首相(Aleksei Kosygin)と会ったことに触れると、チーホノフも前任者を偲んだ。また、両者は、ガンジー首相の非業の死によって実現した今回の会談の意味を確認し合った[315]。

次いで中曽根は、前月の日ソ円卓会議とクナエフ政治局員を団長とするソ連最高会議議員団の訪日が、「両国の友好関係の発展に資するよう期待している」と表明した。そのうえで、領土問題の存在を示唆する一方、「将来双方が拡大発展させて行くべき問題」もあるとして、「両国間のあらゆるレベルの接触交流を促進」することで、相互理解と親善を強化するよう呼び掛けた。ところが、チーホノフは、ソ連が「両国関係進展」の目的で提案している善隣協力条約の締結について、日本が受け入れていないと批判した[316]。要するに、日ソ関係改善を望むのであれば、領土問題棚上げを前提とする善隣協力条約を締結せよということであった。

しかし、善隣協力条約締結の提案について、中曽根は、「双方の専門家に検討させるようにすることは有益」と述べ、あからさまに拒まなかった。さらに、いま一度、「日ソ間には、未解決の問題のみならず、将来双方が発展させるべき問題もある」として、これら問題を解決するための対話・交流の重要性を指摘した[317]。目下進展しつつある日ソ対話に水を差さないよう、対ソアプローチを明らかに軟化させたのである。

そこに同席の安倍が、外務省のトップとして、両国間対話の拡大・強化の必要性に言及しつつ、領土問題解決による平和条約締結のための交渉を開始すべきという原則論に言及した[318]。チーホノフは、両国関係進展のもう一つの手段として経済協力を挙げて、日本の政府や企業が対ソ経済協力に消極的であると批判した。また、領土問題が、経済・文化両面での関係を「凍結」させていると論じた[319]。さらに、「(経済協力などに)意欲がないのであれば」、交渉を始めても大きな困難が生じると述べて、なおも領土問題の提起を牽制した。

しかし、中曽根は、ソ連側を交渉のテーブルに呼び込むべく、「経済面文化面での交流も積極的に取り組むことが可能になるかも知れない。その為にもグロムイコ外相が訪日されることが大切である」となおも食い下がる[320]。これにもチーホノフは、「ソ連に対して多くの悪いことが言われ、またソ連と日本を引きはなす為の行動もとられている状況」を理由に、外相訪日を拒んだ[321]。日本国内の反ソ感情や日米同盟強化を念頭に置いた発言であろう。

さらに、チーホノフは、現在の日本の企業がシベリア・極東の大規模プロジェクトへの参画に消極的な点を挙げて、こうした雰囲気も、グロムイコ外相来日を妨げていると主張した。中曽根は、石油・石炭など天然資源の価格下落と日本の国内需要低下によって、日本企業がソ連との経済協力に消極的になっていると説明した[322]。確かに、この時期、政治対話の拡大に比して、日ソ両国間の経済関係は低調であった[323]。

そして、中曽根は、再びグロムイコ外相の訪日を求め、安倍も、「相互主義に基づき来日するようお伝え願いたい」と申し入れた。しかし、チーホノフは、外相訪日を確答しなかった。結局、両国首脳は、今後の日ソ協力をお互いに進めるとの一般的な約束を交わして、会談を終えた[324]。

他方、中曽根－チーホノフ会談直後の一一月一四～一五日、日米両政府のソ連担当官がワシントンでソ連に関する意見交換を行った。この席で外務省の野村一成ソ連課長は、米ソ首脳会談が実現した場合の首相訪ソの可能性に言及しながらも、現下の日ソ間の対話拡大が、実質的な関係改善につながると期待していないと評した。つまり、日本として、ソ連との不必要な対立を回避するべく、対話のアプローチをとっているにすぎないと説明したのである。また、野村課長は、ソ連が領土問題を棚上げするべく、外務省以外のルートを使って、対日関係を前に動かそうとしていること、また中曽根が、同問題進展の見込みがないのにかかわらず、対ソ関係改善に積極的になっていることに憂慮を示している[325]。

日本の外務省が従来の対ソ路線を固守していることに安心しているのか、米国側は、仮に領土やその他の問題である程度の日ソ関係打開が実現したとしても、これによって堅固な日米同盟が影響を受けることはなく、外交政策に関する日本の基本的見解も、従来と変わらないであろうと分析していた[326]。領土問題という大きな阻害要因の存在とそれに伴う日本国内の反ソ感情、さらには、一九八〇年代に入ってからの政治・軍事両面での日米関係強化が確実に進行している事実が、日ソ関係についての米国の鷹揚な構えを支えていた。

それでも、弔問外交とはいえ一一年ぶりの日ソ首相会談が実現するとともに、外相・事務両レベルの協議が定例化し、ソ連共産党の有力者が来日するなど、日ソ両国間の政治関係は、デタント後期の一九七〇年代後半の水準にまで回復したのである。

12 カンボジア問題への関与を求めて
——三項目提案と日越外相会談

具体的な成果の有無を脇に置いて、ともかく対話を進めるという、中曽根政権のアプローチは、ソ連だけでなくベトナムにも適用されている。前節で述べたように、一九八三年にラオスに対する経済援助拡大に着手した日本政府は、ベトナムとのハイレベルな政治協議の復活に動いた。すなわち、一九八三年三月にハ・バン・ラウ外務次官（Ha Van Lau）を東京に招く一方、一一月には外務省の橋本恕アジア局長をハノイに派遣する[327]。

一九八四年四月一七日には、東京で開かれた国連アジア太平洋経済社会委員会（ESCAP）総会の歓迎レセプションにおいて、安倍とラウ外務次官が会談した。この席で、安倍が、グエン・コ・タック外相との対話の機会を望むと発言したところ、ラウ次官は、「タック外相はいつでも貴大臣と対話を行う用意がある」と述べた。翌一八日の国会答弁でも、安倍は、ベトナム外相との会談開催の意向を語った[328]。また、日本は一九八二年に引き続き、八四年六月にも同じくベトナム側の要請に基づき約二七〇〇万円相当の医療機材をチョーライ病院に供与した。経済協力の凍結を継続しつつも、人道援助を通じてパイプの維持を図ったのである[329]。

このように、日本政府は、ベトナムとの対話拡大を進める一方、二年前の一九八二年に結成されたカンボジアの「民主カンボジア連合政府」（三派連合政府）の一角を占めるシアヌーク大統領への接近を図る。シアヌークは実体的な軍事力こそ欠いていたが、国際的に高い名声を持ち、カンボジア人民の支持もあったので、ポル・ポト派の役割を徐々に低減させていくうえでは、支持すべき指導者であった。その意味で、日本によるシアヌーク招請は、彼の地位を強め、彼との関係を形成するのに資するものであった。また、対ASEAN重視を旨とする日本の東南アジア政策上も、必要であった。ベトナム外相の訪日が検討されるなかで、これにバランスをとるべく、シアヌーク訪日が先になる方が望ましかった[330]。

五月三〇日、非公式ながらそのシアヌークの日本訪問が実現した。来日したシアヌークに、安倍は「ベトナム軍がカンボジアから撤退するまで、日本は対越援助を再開しない」と安心させるとともに、タイ国境に留まるカンボジア難民への支援を継続すると何度も約束した。

一方、シアヌークは「自分の目標は、ソ連、ベトナム、日本、ASEAN諸国が参加する（カンボジア問題についての）国際会議の開催である」と表明した。中国と米国があえて言及されていない点は興味深いが、会議の構想段階ですでに日本が参加国として挙げられているのは、不断の外交努力と最低限の対越関係を維持している点を見込まれてのことであった。

安倍はシアヌークの国際会議開催の提案を歓迎しつつ、「ベトナムはカンボジアから簡単には撤退しない」との認識に立ち、同国撤退のために三派連合政府の統一性・組織化増進の重要性を説いた。そのうえで「殿下の日本招請は、三派連合政府に対する国際世論の支持強化に貢献しよう」と強調した。三派のなかで、シアヌークの立場は、ベトナムやプノンペン政府に対し最も柔軟であった。将来、カンボジアで何らかの政治制度に関する合意を目指すにあたって、あるいはハノイやプノンペンとの交渉に際して、シアヌークが一定の役割を果たすことを、日本側は窺い知ることができたのである[331]。

とはいえ大勢を見る限り、カンボジア情勢は相変わらず膠着状態のままであった。確かにASEAN側は前年九月にASEAN五ヵ国外相共同アピールを発表し、タイ・カンボジア国境地帯からのベトナム軍の部分撤退などを提案し、ベトナム側も一九八四年になると一時話し合いに入る構えを見せた。しかしベトナムは、その後もカンボジアにおける反越勢力に軍事攻勢をかけ続け、対話に向けた雰囲気は霧散していた[332]。

一九八四年七月一二～一三日、インドネシアのジャカルタで開かれたASEAN拡大外相会議に出席した安倍は、前年九月のASEAN五ヵ国外相共同アピールを補強するべく、次のようなカンボジア問題に関する「三項目提案」を発表した。

① ASEANの提案している、カンボジア西部のタイ・カンボジア国境地帯からのベトナム軍の部分撤退および同地域における安全地域の設置、並びに同安全地域の尊重・確保のための平和維持部隊の導入が、すべての関係当事国の合意をもって実現する場合には、わが国は、かかる平和維持活動のための何らかの国際的取決めに従って必要となる経費負担に関する協力、および安全地域に居住するカンボジア住民に対する人道援助を行う用意がある。

② 在カンボジアベトナム軍が完全撤退し、カンボジア全土で国際監視下の自由選挙が実施される場合には、わが国は選挙監視要員の派遣および選挙に必要な輸送手段等の非軍事機材の提供等の協力を行う用意がある。

③ カンボジアに真の平和が訪れた暁には、わが国はインドシナの復興のためにできるだけの経済・技術協力を行う用意がある。[333]

右の三提案について安倍は、「ASEANとヴィエトナムの間の対話のベースをわが国が鋭意探った結果のもの」と説明した。この提案には、単に従前のASEANのカンボジア政策を支持する路線から脱して日本独自の国際的役割を果たし、究極的には「ASEANとインドシナ半島の共存共栄の体制をつくろう」とする意味で、「福田ドクトリン」を継承する意図が込められていた[334]。安倍の提案に、議長を務めたインドネシアのモフタル外相やシュルツ国務長官、その他の参加諸国から評価・歓迎の意が表明された[335]。

しかし同提案は、まず和平の実現を前提としていたため、ASEANにしてみると「遠い将来の約束手形をもらったような感じ」（事務局筋）がぬぐえず、やや間延びした印象を与えたことも事実であった[336]。ASEAN諸国の対越姿勢は依然厳しく、福田ドクトリンが前提とする状況とは大きな乖離があった。モフタル外相は、ベトナムが国際社会で孤立し、カンボジア占領によって経済的に疲弊しつつあるとの認識に立ち、「（ベトナムとの話し合いについて）現時点では特段のアクションをとる考えはない。越の術中におちいらないことが大切である」と総括するとともに[337]、越軍撤退まで日本の対越援助の再開がない点を確認してきた。これに対して安倍は、ASEANの外交努力という大きな枠組みを超えない範囲で、日本がベトナムとの対話の努力を行う意思を重ねて表明する[338]。将来的な、外交上のフリーハンドの確保を意図した発言であった。

他方、七月二三日付のベトナム共産党機関紙『ニャンザン』は安倍提案について、ASEANの提案を支持するのみでインドシナ諸国の立場を考慮していないと批判した[339]。ヘン・サムリン政権のフン・セン外相（Hun Sen）も、同提案を「カンボジアの現実を無視した荒唐無稽で身勝手な提案」と切り捨てた[340]。対立する両陣営を架橋する試みは、当然ながら困難を伴うものであった。

ベトナム外相の来日も、そこに至る過程は容易ではなかった。六月二九日、ファン・ゾアン・ナム外相補佐官（Phan Doan Nam）は、本件を詰めるべく赴いた堤功一駐ベトナム大使に対し、日本が対越援助再開に条件を付す姿勢を転換しない限り、日越外相会談は不可能と発言した。また仮に、現状のまま会談をしても、タック外相の国内での立場が困難になると指摘した。さらに、七月一〇日、ナム補佐官は堤大使に、日本が対越援助供与に条件を付し、中国やASEANに追随している印象が、タック外相訪日の障害となっていると批判した。

ところが補佐官は同日の会談で、「日越間の対話においては、相互の立場を深めるのが肝要であり、その立場の変更を求めるものではない」としたうえで、「都合の良い時に会談のために東京に寄られてはどうか、との安倍大臣のメッセージを外交チャネルを通じていただければ」、越外相訪日が可能と表明する[341]。これまで、日本政府の明確な「招待」という形式に固執していたのが、ここにきて最大限折れてきたのである。ASEAN諸国との関係で、正式な「招待」という形式がとれない日本側にとって渡りに船であった。

そこで、七月一八日、堤大使はナム補佐官に対して、外相が国連総会の帰途に日本に立ち寄るのであれば、「これをworking visitとして受け入れる用意がある」と伝えた。六日後の二四日、ベトナム側からこれを「原則的に受諾する」旨の回答が届き、その後の協議により、訪日日程は、一〇月一～四日となった[342]。

今回の外相訪日に動いたベトナム側の意図について、外務省事務当局は、長期的観点で対日関係を維持することが重要との認識の他、日本とASEAN・中国とを離間する狙いに加え、『カ』問題の風化をはかっていく上で日本との関係も改善されつつあるという印象を国際社会に与えることに意義を見出しているとみられる」と分析した[343]。

一〇月三日、外務省において、安倍とタック外相との会談が開かれた。ベトナムがカンボジアに侵攻する直前の一九七八年一二月以来、約六年ぶりの日越外相会談であった。

席上、タック外相は、「越軍の『カ』駐留の原因は、第一に、中国の支援を受けたポル・ポット一味が越に対する侵略戦争を始めたことに対する自衛権行使、第二に、『ポ』一味により同胞三〇〇万人を殺された『カ』人民が駐留を要請したことにある」と自国の軍事行動を正当化した。そのうえで、ベトナム軍の撤退実現のためには、「(ベトナムを含めた)インドシナ三国の安全保障と(カンボジアの)自決権の確保」という二つの問題の解決が前提条件となると主張した。すなわち、ポル・ポト派の排除と同派によるタイ領内の聖域利用停止であった。そして、「越を一方的に撤退させ、『ポ』を復帰させんとする試みは、『カ』人の支持を得られず必ず失敗する」と発言して、中国・ASEANを批判した[344]。

これに対して安倍は、ベトナムの事情にも一定の理解を示しながらも、『カ』からの貴国軍隊の撤退と『カ』人の民族自決を柱とする包括的政治解決が必要との立場」に基づき、ＡＳＥＡＮ諸国の外交努力を支援する姿勢を明らかにした。また、問題解決にあたり、「貴国の安全保障上の利害をも考慮に入れるべき」とする一方で、「ＡＳＥＡＮ側は、貴国が在『カ』越軍の全面撤退に応じる姿勢を示さず、逆に、『カ』において乾季攻勢を継続する等、『カ』の既成事実化を追求する貴国の姿勢に変化がないことに失望している」と発言した。そして、ＡＳＥＡＮ側も実のある対話が開始されるよう、「貴国のより柔軟な対応を強く期待している」と伝えた[345]。

次いで、安倍は、「貴国とＡＳＥＡＮ側との間での考え方の基本的相違は安全保障地域設置、ポル・ポット派の処遇の二点」であると指摘する。まず、前者の問題について、ポル・ポト派がタイ領内の聖域を利用するのを強く懸念するベトナムが、「タイ側を含む国境地帯の両側への安全地帯の設置」を主張していることを念頭に置き、「（前年九月のＡＳＥＡＮ五ヵ国外相の共同アピールは、）越軍の部分撤退後の『カ』西部に設置する安全地帯の尊重のための平和維持部隊の導入等、貴国が懸念しているクメール・ルージュ勢力等の活動を規制する内容を含み、貴国の立場にも配慮したもの」と説いた。そのうえで、「タイ側への安全地域設置要求」は問題解決を不可能にすると斥けた。

さらに、安倍は後者のポル・ポト派の処遇について、ベトナムが軍撤退の前提条件として、同派排除を主張することは、民族自決の原則上不適切で、具体的交渉で協議すべき問題だと説いた[346]。しかしタックは、ベトナムの安全保障およびカンボジアの自決権確保のためには、タイ領内の安全地帯設置と同派の排除が不可欠との立場を崩さなかった[347]。

それどころか、「貴国は、在『カ』越軍の乾季攻勢を否定的動きと捉えているが」と切り出し、日本が中国とともに「『ポ』一味」に軍事援助をしていると非難した。これには、安倍も日本は一切の軍事援助をしておらず、国際機関を通じた難民への人道援助のみ行っていると反論したが、タックは、ゲリラ軍にとって「食糧援助は兵器供与よりも重要」と皮肉った[348]。

また、タックはカンボジア問題に関する国際会議構想に絡めて、日本がＡＳＥＡＮや中国に与しているとの理由から、会議への日本参加に難色を示した。つまり、「ＡＳＥＡＮ六カ国とインドシナ三国だけでは国数から言ってアンバランス」なうえに、「（域外からの会議参加国として想定される）米、英、仏、ソ、中、印の六大国のうち、越を支持するのはソ連のみであり、これにASEANを支持する日本が加わればアンバランスが拡大する」と主張した。また、日本の提案は、ASEAN、インドシナのいずれかに反対されるので、参加は無意味と発言した[349]。

それでも安倍は、「自分は、ASEANとインドシナ間の共通基盤を見い《ママ》出す必要があると思う」と食い下がり、この観点に立って前年九月のASEAN五ヵ国外相共同アピールをもとに、三項目提案を行ったと説明した。次いで、「越の安全保障をも前提にした解決策の必要性を認めている」と述べつつ、「一歩一歩ASEANとの対話を通じ解決に近づいて頂きたい」と促した。これに対し、タックは、「貴国のASEAN支持には反対」としながらも、「(ASEANとインドシナ間の)共通基盤の必要性については全く同感する」と応答した[350]。外務省事務当局はこの発言を、「我が国をASEAN、中国一辺倒とする越側見方を若干なりとも修正したもの」と評価した[351]。

さらに、福田ドクトリンを「日本外交の基本の一つ」と説明する安倍に、タックは「平和的な日本は我々にとっての利益」としながらも、「越が恐れるのは『不沈空母』発言のように日本が軍事大国化すること」と指摘した。次いで、日本政府はカンボジア侵攻を理由にベトナムに対する経済援助を凍結する一方、「越を攻撃している中国に対し経済支援を行っている」として、「中国との関係においては政経分離であり、これは明白な差別政策である」と批判した[352]。

安倍は、「貴国の『力』侵入」の他、「ソ連の対越協力、在越ソ連軍基地の存在」を日本の懸念として挙げて援助凍結を正当化するとともに、「貴国の将来を考えると、米、中との関係も然るべく考慮さるべしと考える」と進言した[353]。しかしタックは、①米国がベトナムを侵略した時、日本は日米安保条約を破棄しなかった、②中越紛争、米国のグレナダ侵攻の時(一九八三年)にも日本は、中国や米国に対して何らの措置もとらなかった、③最近、タイがラオスの三つの村を占領した際にも(一九八四年五月)、日本は対タイ取り決めの実施を止めていない、と反論して納得しなかった[354]。詰まるところ、日本はベトナムだけに不当に厳しい態度をとっている、という批判であった。

一方、二国間関係については、安倍が、①カンボジア問題解決の環境作りのための意見交換、②意思疎通の円滑化のための人的交流、③相互理解増進のための文化・学術面における交流の三点を引き続き実施することを提案した。これに対し、タックは、「もし日本が対越敵対政策を続けるならば、如何なる交流も困難」とクギを刺しつつ、安倍の提案を歓迎した[355]。

同日夕方、安倍主催の夕食会の席で、タックが提示した「今次来日を機に来年以降も国連総会出席の際、日本に立ち寄り、日越外相会談を行いたい」との案には安倍も同意した。このときタックは、安倍が夫人同伴で訪越するよう希望を表明している[356]。さらに両国の政府・与党の首脳や高級官僚の往来を増やすことも合意された[357]。また、安倍が、シアヌークは「内心越との話し合いを望んでいるのではないか」と述べたところ、タックは「『シ』が『ポ』(ポル・ポト派)と縁を切ればその可能性もある、貴大臣が『シ』に会う機会があればその旨伝えて欲しい」と応じたのであった[358]。

日越外相会談が行われた後の一〇月二九〜三一日、タイのバンコクで東アジア大洋州地域大使が開かれた。この席で、堤駐ベトナム大使は、右外相会談で顕著な成果はなかったとしながらも、①日越関係の雰囲気が良くなった、②日本がベトナムとの政治対話を続けながら、カンボジア紛争解決に向けて貢献していくことへの理解は得られた、と会談を評価した。

また、堤大使は今後のカンボジア情勢について膠着状態が続くとの展望を示す一方、将来的に、プノンペンのヘン・サムリン政権ないしは同政権主導の政府が、その支配を定着させた場合、これとの非公式な接触を持つよう提案した[359]。続いて、小高文直駐ラオス大使も、ヘン・サムリン政権の既成事実化に鑑み、従来の日本の姿勢に何らかの修正を加える必要性があるとの見解を示した[360]。

一方、橋正忠駐タイ大使は、『カ』はさておき越、中国、タイという各当事者」は、カンボジア紛争の解決を急ぐとは見られないので、当面「日本が出来ることはかなり限られている」との認識を示した。また、『ヘ』政権とのコンタクト」については慎重論を主張した[361]。

さらに、「福田ドクトリン」の策定にアジア局長として関わった中江駐中国大使は、『カ』問題の根っ子にはソ連のインドシナに対する覇権主義があり、……最終目標は越をソ連から奪い返すことであり、これは我々のこの地域に対する政策の原点である」と指摘した。そして、「越との対話継続は良い」としながらも、「これが「カ」三派連合及びASEANの結束に対する越からの分裂策に乗じられるところまでは行くべきでない」と主張し、ポル・ポト派の処遇についても「『カ』民族自決の原則」に則り、干渉すべきでないと論じた[362]。

そして、司会役の後藤利雄アジア局長が、複雑なカンボジア問題での日本外交の裁量の幅が狭いことから、「表面的には従来通りASEAN支持を継続せざるを得ず」、またポル・ポト派排除も明確化することなく、民族自決による問題解決を表向き唱えざるをえないと議論をまとめた。併せて、「越とは立場の相違を認め合った上での対話又は人的交流を今後とも行っていく」と付言した[363]。結局、日本の対インドシナ政策は大枠で現状維持となった。

13 実質的な「全方位外交」の追求

発足以来の中曽根政権の外交を鳥瞰的に見ていくと、一年目の一九八三年は米国や西欧諸国、韓国、ASEAN諸国と東西対立の中での「西側」に位置する国々との関係強化に力を傾注した。次の一九八四年には、全大統領の訪日という「西側の一員」同士の日韓両国の絆を固める一大イベントがあったものの、中国やソ連、インド、北朝鮮、ベトナム、といった政治社会体制の異なる、社会主義や非同盟主義の国々との関係改善に重点を移した。

中曽根自身の言葉を借りれば、「日本外交の基礎として、対米関係を強化しながらも、東西冷戦の枠を越えて各国と良好な関係を務めて築こう」とする戦略を実行したといえよう[364]。つまり、「西側の一員」という旗印の下で、一九七〇年代後半に福田首相が標榜した「全方位外交」の目標が実質的に追求されていたのである。ソ連や北朝鮮、ベトナムとの対話を前線で担ったのが、福田派の後継者である安倍であったことは、示唆に富む事実である。

一九八四年一二月三一日の中曽根の日記には、「外交では、日本の地位を揺るぎなきものの様に、セメントで固めた」と自賛の文字が並ぶ。さらに、来る年の抱負として「東西関係に新体系、新水準を作る基礎工事を行い、半島の長期安定のため、(南北両朝鮮の)国連同時加入を長期目標に、中、米、北、南の四者会談をまず馴致したい」と続け、緊張緩和の予兆を見せ始めた国際情勢に積極果敢にあたるべく意気軒昂であった[365]。

註

1――岡部達味「中国側からみた中ソ関係」『国際問題』一九八三年四月号、一五～一六頁。
2――Briefing Paper in Department of State, "Japan-China Relations" (January 29, 1983), JUII01111, p.1.
3――中曽根、前掲『中曽根康弘が語る戦後日本外交』、三〇四～三〇五頁。
4――同右、三二六頁。
5――前掲『中曽根内閣史 資料篇』、八五頁。
6――同右、九五頁。
7――Directorate of Intelligence in CIA, "USSR Monthly Review", (April,1983), p.29.
8――『朝日新聞』一九八三年二月一七日。
9――池田政巳「経済的パイプをつなぐ――永野ミッション訪ソの意義」『世界週報』一九八三年三月二二日号、三七頁。
10――キム、前掲『クレムリンの対日戦略』、二〇六頁。
11――鈴木、前掲『財界対ソ攻防史』、一九一頁。
12――キム、前掲書、二〇三～二〇四頁。
13――佐野真「対日揺さぶりへ始動するグロムイコ外交」『アジア時報』一九八三年五月号、四三頁。
14――Telegram from American Embassy Moscow to U. S. Department of State, "Japanese Ambassador Calls on Tikhonov: SS-20's, Northern Territories" (April 5, 1983), JUII01148, pp.1-2.
15――Telegram from American Embassy Moscow to U. S. Department of State, "Soviet-Japanese Relations on the Eve of Kapitsa's Visit" (April 9, 1983), JUII01150, pp.1, 3-4.
16――『朝日新聞』一九八三年四月一二日。
17――ソヴィエト連邦課「第三回日ソ事務レベル協議議事録」(昭和五八年四月)、三六頁(開示請求番号二〇〇九-〇〇〇二八)。
18――木村汎『遠い隣国 日本とロシア』世界思想社、二〇〇二年、三六七～三六八頁。
19――丹波、前掲『二〇〇%の安全保障を求める国』、九四頁。
20――前掲「第三回日ソ事務レベル協議議事録」、三二、三五～三六頁。
21――同右、一六～一七、二六～二七頁。
22――同右、一九～二一頁。
23――同右、二〇、二六頁。
24――同右、一三頁。
25――『朝日新聞』一九八三年四月一三日。
26――前掲「第三回日ソ事務レベル協議議事録」、八、一〇頁。
27――『朝日新聞』一九八三年四月一三日。
28――前掲「第三回日ソ事務レベル協議議事録」、一二頁。
29――『朝日新聞』一九八三年四月一三日。
30――同右、一九八三年四月一四日。
31――丹波、前掲『二〇〇%の安全保障を求める国』、九二頁。
32――前掲「第三回日ソ事務レベル協議議事録」、四九～五〇、五五頁。
33――中島(敏)、前掲『日米安保・沖縄返還・天安門事件』、一九一～一九二頁。
34――『朝日新聞』一九八三年四月一四日。
35――Telegram from American Embassy Tokyo to U. S. Department of

State, "GOJ Consensus on Relations with the USSR: Now Is the Time to Wait, Not Act" (April 27, 1983), JUII01152, p.1.

36——Telegram from American Embassy Moscow to U. S. Department of State, American Embassy Tokyo, "Soviet-Japanese Relations on the Eve of Kapitsa's Visit" (April 9, 1983), JUII01150, p.4.

37——長谷川、前掲『首相秘書官が語る中曽根外交の舞台裏』、二七三頁。

38——木村、前掲書、三四八頁。

39——同右、三四四～三四六頁。

40——Directorate of Intelligence in CIA, "Japan: Marking Time in Economic Relations with the USSR" (June,1983), p.2.

41——Special Analysis, "USSR-Japan: Increased Acrimony" (March, 1983), JUII01139, p.2.

42——前掲『中曽根内閣史 資料篇』、六三七頁。

43——同右、九四頁。

44——長谷川、前掲書、一二六頁。

45——横山宏章『日中の障壁 紛争と友好の代償』サイマル出版会、一九九四年、六九頁。

46——神田、前掲「１９８０年代の冷戦と日本外交における二つの秩序観」、五九頁。

47——中島(琢)、前掲「中曽根康弘」、二七五頁。

48——田中明彦『安全保障——戦後五〇年の模索』読売新聞社、一九九七年、二三六頁。

49——中曽根、前掲『自省録』、九〇、九九頁。

50——中曽根、前掲『天地有情』、二七九～二八一頁。

51——同右、二八〇頁。

52——『毎日新聞』一九八〇年四月三〇日。

53——中曽根、前掲『天地有情』、三二九～三三〇頁。

54——鹿取大使発外務大臣宛て電信「シュルツ米国務長官訪日(報道)」(昭和五八年二月二日)(開示請求番号二〇一四－〇八二九)。

55——"Japan-China Relations", op.cit., p.1.

56——『朝日新聞』一九八三年一月一六日。

57——同右、一九八三年一月二一日(夕刊)。

58——田中明彦『日中関係１９４５‐１９９０』東京大学出版会、一九九一年、一二七～一二九頁。

59——呉学文「岐路に立つ日本——中国から見た『大国日本』の選択」同編著『岐路に立つ日本』サイマル出版会、一九八九年、三一頁。

60——中曽根、前掲『中曽根康弘が語る戦後日本外交』、三二五頁。

61——徐、前掲『日本の経済外交と中国』、一三一頁。

62——殷志強・王新生「胡耀邦と中日関係」歩平(編集代表)・高原明生(翻訳)『中国関係史 １９７８～２００８』東京大学出版会、二〇〇八年、八七頁。

63——小島朋之「対ソ絡みで日米をためす中国」『東亜』一九八三年四月号、四七頁。

64——『朝日新聞』一九八三年二月一三日。

65——長谷川、前掲書、一三五～一三六頁。

66——『朝日新聞』一九八三年一月二一日(夕刊)。

67——長谷川、前掲書、一三五頁。

68——同右、一七九頁。

69——『朝日新聞』一九八三年二月二一日。

70——高浜賛『中曽根外政論』ＰＨＰ研究所、一九八四年、一四五～

一四八頁。
71——高木誠一郎「中国の対外関係——『独立自主』外交の展開」『国際年報 一九八三～一九八四』日本国際問題研究所、一九九〇年(第二三巻)、一二六～一二七頁。
72——隅丸優次「第三回日中閣僚会議」『経済と外交』一九八三年一〇月号、四七頁。隅丸は当時外務省アジア局中国課のスタッフ。
73——マン、前掲書、二一三～二一四頁。
74——瀬川高央「中曽根政権の核軍縮外交：極東の中距離核戦力(SS-20)問題をめぐる秘密交渉」『經濟學研究』(二〇〇八年一二月)、一七八頁。
75——鹿取大使発外務大臣宛て電信「安保理(大韓航空機撃つい事件)」(昭和五八年九月一二日)、一～三頁(外交史料館所蔵の国連安保理緊急特別会合／大韓航空機サハリン沖撃墜事件ファイル・分類番号二〇一六-一二〇〇)。
76——丹波、前掲『日露外交秘話』、一四六頁。
77——「日本を訪れた胡耀邦総書記の東京到着のさい空港でのステートメント」(一九八三年一一月二三日)(外交史料館所蔵の胡耀邦中国共産党中央委員会総書記訪日ファイル・分類番号二〇一六-二一三六)。
78——中国課「日中首脳会談記録(その一 テタ・テート会談)」(昭和五八年一一月二四日)、一～三頁(開示請求番号二〇〇六-〇一一三一)。
79——同右、四～五頁。
80——同右。
81——同右、六頁。
82——同右、六～七頁。
83——中国課「日中首脳会談記録(その二 全体会議)」(昭和五八年一一月二四日)、五～七頁(開示請求番号二〇〇六-〇一一三一)。なお、一九八三年秋、北京など都市部で、精神汚染一掃と呼ばれる大衆運動が起こった。この運動は、ブルジョア的な思想、文化、風俗などを取り締まり、社会主義の精神文明を確立することを謳う保守派主導の反自由化運動であったが、同年末には収束した。その背景には、同運動の拡大が改革開放政策に悪影響を及ぼすとの胡や趙紫陽首相、鄧小平の判断があった。伊藤正『鄧小平秘録 下』産経新聞社、二〇〇八年、一七八～一八二頁。
84——前掲「日中首脳会談記録(その二 全体会議)」、三、七頁。
85——同右、七～八頁。翌二五日の外相会談でも中ソ関係は議題となった。ここで、呉学謙は、「三大障害」除去の一条件の「中ソ国境のソ連軍撤退」の対象には、モンゴル駐留のソ連軍八個師団やSS20の大幅な削減・撤退も含まれると説明した。そして、中ソ関係改善の「道のりはかなり遠い」との認識を示した。「日中外相会談記録(二五日、一〇：〇〇～一一：四五)」(昭和五八年一一月二五日)、九～一〇頁(開示請求番号二〇〇六-〇一一三一)。
86——前掲「日中首脳会談記録(その二 全体会議)」、八～九頁。
87——同右、四、一二頁。
88——前掲「日中外相会談記録」、三頁。
89——浅井基文元中国課長へのインタビュー(二〇一三年二月六日)。浅井は当時の外務省中国課長。
90——前掲「日中首脳会談記録(その二 全体会議)」、一四～一六頁。
91——同右、一七頁。
92——隅丸優次「胡耀邦総書記の訪日」『経済と外交』一九八三年一二月号、一二頁。

93――「日本の国会における胡耀邦総書記の演説」(一九八三年一一月二五日)、一、八頁(外交史料館所蔵の胡耀邦中国共産党中央委員会総書記訪日ファイル・分類番号二〇一六‐二一三六)。

94――浅井元中国課長へのインタビュー(二〇一三年二月六日)。

95――「日本各界青年の集いにおける胡耀邦総書記の演説」(一九八三年一一月二六日)、三~四頁(外交史料館所蔵の胡耀邦中国共産党中央委員会総書記訪日ファイル・分類番号二〇一六‐二一三六)。

96――前掲「日中首脳会談記録(その一 テタ・テート会談)」、六頁。

97――『朝日新聞』一九八三年一一月二六日(夕刊)。同、一九八三年一一月二七日。

98――渡辺臨時代理大使発外務大臣宛て電信「コ・ヨウ邦総書記の訪日(中国側評価)」(昭和五八年一二月二日)、一~三頁(外交史料館所蔵の胡耀邦中国共産党中央委員会総書記訪日ファイル・分類番号二〇一六‐二一三六)。

99――中国課「胡耀邦総書記訪日の成果」(昭和五八年一二月一日)、一~三頁(外交史料館所蔵の胡耀邦中国共産党中央委員会総書記訪日ファイル・分類番号二〇一六‐二一三六)。

100――浅井元中国課長へのインタビュー(二〇一三年二月六日)。

101――長谷川、前掲書、一八七頁。

102――同右、一九二頁。

103――徐、前掲『日本の経済外交と中国』、一三四~一三五頁。

104――中曽根、前掲『中曽根康弘が語る戦後日本外交』、三五六~三五七頁。

105――浅井元中国課長へのインタビュー(二〇一三年四月四日)。

106――松田(康)、前掲「日台関係の安定と変化への胎動」、一三六~一三七頁。

107――鹿取大使発外務大臣宛て電信「首のう会談(二国間問題)」(昭和五九年三月二四日)、一~三頁(開示請求番号二〇〇六‐〇一一三二)。

108――同右、三頁。

109――同右、四頁。

110――鹿取大使発外務大臣宛て電信「首のう会談(経済協力、経済交流)」(昭和五九年三月二四日)、一~二頁(開示請求番号二〇〇六‐〇一一三二)。前掲『中曽根内閣史 日々の挑戦』、三五六頁。

111――前掲「首のう会談(経済協力、経済交流)」、二~五頁。

112――鹿取大使発外務大臣宛て電信「総理訪中(首のう会談・国際情勢)」(昭和五九年三月二四日)、一~二頁(開示請求番号二〇〇六‐〇一一三二)。

113――同右、三~四頁。

114――同右。

115――鹿取大使発外務大臣宛て電信「総理訪中(首のう会談・朝鮮半島問題)」(昭和五九年三月二四日)、一頁(開示請求番号二〇〇六‐〇一一三二)。

116――同右、二頁。

117――同右、二~三頁。なお、中国在留韓国人の問題は、日本の統治時代や終戦直後の混乱で中国に渡り、戦後、中国と韓国の国交が絶たれたために起きた悲劇であった。そのため、安倍は、「日本にも責任があり、人道上の見地から放置できない」として、韓国側から中国との橋渡し要請を受けていたこともあり、この問題に積極的に取り組んできた。『朝日新聞』一九八四年三月二四日。

118――長谷川、前掲書、一七九頁。中曽根、前掲『天地有情』、四六三~四六四頁。前掲『中曽根内閣史 日々の挑戦』、三五八頁。

119——鹿取大使発外務大臣宛て電信「総理訪中（コヨウホウ総書記との会談）」（昭和五九年三月二五日）、一、四頁（開示請求番号二〇〇六－〇一一三二）。

120——同右、四頁。

121——同右、五頁。

122——同右、三～四頁。

123——同右、四頁。

124——服部、前掲『中曽根康弘』、二三三頁。

125——前掲「総理訪中（コヨウホウ総書記との会談）」、五頁。

126——同右、二、六頁。

127——同右、二～三頁。

128——同右、六～七頁。

129——鹿取大使発外務大臣宛て電信「総理訪中（コヨウホウ総書記との会談）」（昭和五九年三月二七日）（前脚注の電信への追加・開示請求番号二〇〇六－〇一一三二）。

130——前掲『中曽根内閣総理大臣演説集』、一九二～二〇三頁。

131——鹿取大使発外務大臣宛て電信「総理訪中（北京大学学生とのこん談会）」（昭和五九年三月二五日）、三頁（外交史料館所蔵の中曽根総理中国訪問ファイル・分類番号二〇一五－二二九九）。

132——鹿取大使発外務大臣宛て電信「トウ小平主任との会談（別電一）」（昭和五九年三月二五日）、一～二頁（開示請求番号二〇〇六－〇一一三二）。

133——同右、二頁。

134——鹿取大使発外務大臣宛て電信「トウ小平主任との会談」（昭和五九年三月二五日）、二～四頁（開示請求番号二〇〇六－〇一一三二）。

135——同右。

136——牧、前掲『中曽根内閣一八〇六日 上』、二八一～二八二頁。

137——中曽根、前掲『天地有情』、四九三～四九四頁。

138——Harding, *A Fragile Relationship*, pp.139,162-165.

139——中曽根、前掲『中曽根康弘が語る戦後日本外交』、三五九～三六〇頁。

140——マン、前掲『米中奔流』、二二一～二二二頁。

141——Chi Su, "The Triangle and China's Soviet Policy", in Robert S. Ross (ed.), *China, The United States and The Soviet Union: Tripolarity and Policy Making in the Cold War,* (New York and London: M.E.Sharpe,1993), pp.51-52.

142——ヘンリー・A・キッシンジャー（塚越敏彦・松下文男・横山司・岩瀬彰・中川潔訳）『キッシンジャー回想録 中国（下）』岩波書店、二〇一二年、四三一頁。

143——浅井元中国課長へのインタビュー（二〇一三年四月四日）。

144——一九七八年の日中平和友好条約締結以降、中国からは、人民解放軍の副総参謀長や国防部副部長が来日する一方、日本からは、防衛庁防衛審議官が訪中していたが、実質的な交流は非常に少なかった。江新鳳「中日防衛交流」、歩・高原、前掲『中日関係史』、三三五頁。

145——浅井元中国課長へのインタビュー（二〇一三年四月四日）。

146——前掲『夏目晴雄オーラルヒストリー』、三九三頁。

147——『朝日新聞』一九八四年七月九日（夕刊）。

148——Bereau of Intelligence and Research: Issues Paper, "Sino-Japanese Relations: The Honeymoon Continues" (December 1984), JUII01247, pp.2-3.

149——前掲『中曽根内閣史 日々の挑戦』、三五九～三六〇頁。

150——浅井元中国課長へのインタビュー（二〇一三年四月四日）。
151——長谷川、前掲書、一八一〜一八三頁。
152——劉徳有（王雅丹訳）『時は流れて——日中関係秘密五十年 下』藤原書店、五八三〜五八四頁。
153——浅井元中国課長へのインタビュー（二〇一三年四月四日）。
154——長谷川、前掲書、一八五〜一八六頁。
155——劉、前掲書、六三〇頁。
156——「青少年交流」歩・高原、前掲書、一〇五八頁。
157——中江要介（若月秀和・神田豊隆・楠綾子・中島琢磨・昇亜美子・服部龍二編）『アジア外交動と静 元中国大使中江要介オーラルヒストリー』蒼天社出版、二〇一〇年、二三二頁。
158——杉本信行『大地の咆哮 元上海総領事が見た中国』ＰＨＰ研究所、二〇〇六年、九〇〜九三頁。当時、杉本は在北京大使館の一等書記官の任にあった。
159——同右、八九頁。
160——"Sino-Japanese Relations: The Honeymoon Continues", op.cit., pp.1-2.
161——前掲『中曽根内閣史 日々の挑戦』、三六八頁。
162——長谷川、前掲「中曽根外交」、二一三頁。
163——松田喬和「中曽根首相、猛署の中のインド、パキスタン歴訪——期待される経済大国」『アジア時報』一九八四年六月号、三二頁。
164——長谷川、前掲書、二〇四頁。
165——中曽根、前掲『中曽根康弘が語る戦後日本外交』、六三六、六四一頁（年表箇所）。
166——南西アジア課「ハック・パキスタン大統領訪日首脳会談議事要録」（昭和五八年八月一日）、一六〜一七頁（開示請求番号二〇〇九-〇〇〇三四）。
167——南西アジア課「中曾根総理のパキスタン訪問（会談録）」（昭和五九年五月）、一二〜一四頁（開示請求番号二〇〇九-〇〇〇三四）。
168——同右、一三〜一四頁。
169——同右、三〜七頁。
170——同右、九〜一〇頁。
171——五十嵐ふみひこ「『新時代』を迎えた日本の南西アジア外交 中曽根首相の印パ訪問に同行して」『世界週報』一九八四年五月二二日号、一四頁。
172——前掲『中曽根内閣史 日々の挑戦』、三六九頁。
173——前掲「中曾根総理のパキスタン訪問（会談録）」、一九頁。
174——南西アジア課「中曽根総理のインド訪問（会談録）」、二頁（開示請求番号二〇〇九-〇〇〇三四）。
175——同右、三頁。
176——同右、三〜四頁。
177——松田（喬）、前掲論文、三四頁。
178——前掲「中曽根総理のインド訪問（会談録）」、二三頁。
179——中曽根、前掲『中曽根康弘が語る戦後日本外交』、三六二頁。
180——前掲「中曽根総理のインド訪問（会談録）」、六〜七頁。
181——同右、五頁。
182——長嶺安政「中曽根総理のパキスタン・インド訪問」『経済と外交』一九八四年五月号、三〇頁。当時、長嶺は外務省アジア局南西アジア課のスタッフ。
183——前掲「中曽根総理のインド訪問（会談録）」、五〜六頁。
184——同右、七頁。

185――前掲『中曽根内閣総理大臣演説集』、二〇五～二〇六、二一一頁。
186――前掲「中曽根総理のインド訪問（会談録）」、六、八、三〇頁。
187――村田良平「ロンドン・サミットから帰って」『世界経済評論』一九八四年八月号、一五～一八頁。もっとも、中曽根や安倍が新ラウンドについて、「一九八五年に準備を開始して、八六年に交渉を始めるのが望ましい」との合意をサミットとして打ち出すのが望ましいと主張したが、明年一九八五年から準備を始めるという姿勢を打ち出すことについては慎重な首脳もいたことから、サミットの宣言には具体的な時期は盛り込まれなかった。
188――同右、一五、二〇頁。
189――安倍晋太郎『創造的外交をめざして』行政問題研究所、一九八四年、五六、六〇～六一頁。
190――前掲『中曽根内閣史 日々の挑戦』、三七七～三七八頁。
191――前掲「中曾根総理のパキスタン訪問（会談録）」、三〇～三五頁。
192――中島、前掲『日米安保・沖縄返還・天安門事件』、一九〇頁。
193――安倍、前掲『創造的外交をめざして』、六一頁。
194――谷野、前掲『アジア外交』、一三〇～一三一頁。
195――「日韓外相会談（第二回会談）」、二頁（開示請求番号二〇〇九－〇〇〇三一）。
196――北東アジア課「日韓閣僚会議」（昭和五八年八月二七日）、三四頁（発言要領・開示請求番号二〇〇九－〇〇〇三一）。
197――前掲「日韓外相会談（第二回会談）」、九頁。なお、一九八二年の法改正で、在日外国人の国公立大学の教員任用や国民年金への加入が認められていた。後藤利雄「全斗煥大統領訪日の成果と日韓関係」『世界経済評論』一九八四年一一月号、一八頁。なお、後藤は一九八四～八六年に外務省アジア局長を務めた。
198――「日韓外相会談（第一回会談）」、六頁（開示請求番号二〇〇九－〇〇〇三一）。
199――山本剛士「記録 日朝不正常関係史」『世界』増刊号（一九九二年四月）、一七四頁。
200――『朝日新聞』一九八三年五月一八日。
201――同右、一九八三年七月九日。
202――同右、一九八三年七月一〇日。
203――同右、一九八三年七月一五日。しかし、北朝鮮代表の入国を認める前提として、同国要人が代表団に参加するのは困る、政治活動をしない誓約書を提出するとの条件が付けられたため、北朝鮮は代表団派遣を断っている。山本、前掲論文、一七四頁。
204――前掲『松永信雄 オーラル・ヒストリー 下巻』、五七頁。
205――中曽根、前掲『中曽根康弘が語る戦後日本外交』、三二六～三二七頁。
206――安倍晋太郎『日本外交の指針』黄斉堂出版、一九八四年、一五四～一五七頁。
207――外務省『わが外交の近況』（昭和五九年度版）、四二八～四二九頁（ラングーン事件に関する内閣官房長官談話・一九八三年一一月七日）。
208――安倍、前掲『日本外交の指針』、一五八～一五九頁。
209――前掲『わが外交の近況』（昭和五九年度版）、四二八～四二九頁。
210――前掲『中曽根内閣史 日々の挑戦』、二三三頁。
211――安倍、前掲『日本外交の指針』、一五六～五八頁。
212――後藤、前掲論文、一三頁。
213――安倍、前掲『創造的外交をめざして』、一二五頁。
214――同右、四三頁。

215——北東アジア課「第一回日韓高級事務レベル協議（昭和五九年三月二日 於ソウル・資料）」（昭和五九年二月）、四一、四五～四六頁（開示請求番号二〇〇九‐〇〇〇三一）。
216——同右、四三頁。
217——前田大使発外務大臣宛て電信「日韓高級事務レベル協議」（昭和五九年三月二日）、二頁（開示請求番号二〇〇九‐〇〇〇三一）。
218——北東アジア課「日韓高級事務レベル協議（韓国の主張の概要）」（昭和五九年三月七日）、二頁（開示請求番号二〇〇九‐〇〇〇三一）。前田大使発外務大臣宛て電信「北鮮・三者会談」（昭和五九年三月五日）、一～二頁（開示請求番号二〇〇九‐〇〇〇三一）。
219——前掲「日韓高級事務レベル協議」、一～二頁。
220——前田大使発外務大臣宛て電信「日韓高級事務レベル協議（韓国の対中・対ソ関係）」（昭和五九年三月五日）、一～二頁（開示請求番号二〇〇九‐〇〇〇三一）。
221——山本剛士『戦後外交史VI　南北問題と日本』三省堂、一九八四年、二二四頁。
222——後藤、前掲論文、一二頁。
223——岸田郁弘「『新時代』開く全斗煥大統領来日」『世界週報』一九八四年九月四日号、二三～二四頁。
224——後藤、前掲論文、一二頁。
225——谷野、前掲『アジアの昇龍』、二四八～二四九頁。
226——山本（剛）、前掲書、二二四～二二五頁。
227——前掲『中曽根内閣史 日々の挑戦』、三八三頁。
228——瀬島、前掲「元大本営参謀と戦後外交」、一〇一頁。
229——長谷川、前掲書、二一二～二一四頁。
230——前掲『中曽根内閣史 資料篇』、六三八頁。
231——中曽根、前掲『中曽根康弘が語る戦後日本外交』、三七三～三七四頁。
232——前掲『中曽根内閣史 日々の挑戦』、三八一～三八二頁。
233——同右、三八三～三八四頁。
234——同右、三八四頁。後藤、前掲論文、一四頁。
235——谷野、前掲『アジアの昇龍』、二五一頁。
236——前掲『中曽根内閣史 日々の挑戦』、三八五頁。
237——若宮、前掲『戦後保守のアジア観』、二一一頁。
238——『朝日新聞』一九八四年九月七日（夕刊）。
239——若宮、前掲書、二一〇～二一一頁。
240——谷野、前掲『アジアの昇龍』、二五三頁。
241——前掲『中曽根内閣史 資料篇』、六三九頁。
242——北東アジア課「日韓首脳会談（九月六日及び七日）」（昭和五九年九月一〇日）、一～三頁（開示請求番号二〇〇九‐〇〇〇二二）。
243——同右、三～四頁。
244——同右、五～六頁。
245——後藤、前掲論文、一六～一七頁。
246——前掲「日韓首脳会談（九月六日及び七日）」、五～六頁。
247——同右、一一～一二頁。
248——同右、一三～一四頁。
249——後藤、前掲論文、一五頁。
250——谷野、前掲『アジアの昇龍』、二五四～二五七頁。
251——牧、前掲書、三五〇～三五一頁。
252——後藤、前掲論文、一七～一八頁。
253——同右、一八～一九頁。
254——同右、一九～二〇頁。

255――「中曽根康弘日本国総理大臣と全斗煥大韓民国大統領との間の共同声明」(一九八四年九月八日 東京)、五～六頁(開示請求番号二〇〇九‐〇〇〇二二)。
256――同右、三～四頁。
257――北東アジア課「全大統領訪日の評価(対外説明のポイント)」(昭和五九年九月一〇日)、一、四頁(開示請求番号二〇〇九‐〇〇〇二二)。
258――李、前掲『戦後日韓関係史』、二三〇頁。
259――長谷川、前掲書、二一五頁。
260――岸田、前掲論文、二二頁。
261――伊豆見元「南北朝鮮と周辺諸国」前掲『国際年報 一九八三～一九八四』、一五八頁。
262――『朝日新聞』一九八四年九月一二日。
263――石橋政嗣『石橋が叩く 政界四十年、社会党への最後の叱咤』ネスコ、一九九一年、二四六～二四七頁。
264――山本剛士「日朝関係と今後の選択」山本進・安原和雄・山村喜晴・山本剛士・石丸和人・松本博一『戦後日本外交史Ⅶ 日本外交の進路』三省堂、一九八四年、二〇二～二〇三頁。
265――石橋、前掲書、二四七～二四八頁。
266――同右、二五〇頁。
267――中曽根、前掲『中曽根康弘が語る戦後日本外交』、三六六～三六七頁。
268――前掲『中曽根内閣史 日々の挑戦』、三九〇頁。
269――『朝日新聞』一九八四年一〇月三一日、同日(夕刊)。
270――前掲『中曽根内閣史 日々の挑戦』、三九〇頁。
271――『朝日新聞』一九八四年一一月三日。
272――長谷川、前掲書、二四七頁。
273――金、前掲書、一八二頁。
274――谷野、前掲『アジアの昇龍』、一三四頁。
275――藤本敏和「全斗煥大統領訪日の意義と日韓関係の展望」『国際問題』一九八四年一二月号、二五～二六頁。
276――山本、前掲「記録 日朝不正常関係史」、一八〇頁。
277――中曽根、前掲『中曽根康弘が語る戦後日本外交』、四〇三～四〇五頁。
278――長谷川、前掲書、二一六頁。
279――高浜、前掲書、一四二～一四三頁。
280――和田春樹『北方領土問題――歴史と未来』朝日選書、一九九九年、二八一～二八三頁。
281――長谷川、前掲書、二一六～二一七頁。
282――中曽根、前掲『中曽根康弘が語る戦後日本外交』、三八八頁。
283――長谷川、前掲書、二一八～二一九頁。
284――安倍、前掲『日本外交の指針』、一〇二～一〇三頁。
285――『朝日新聞』一九八三年八月一五日。
286――同右、一九八三年八月二二日。
287――外交研究会、前掲書、一四三～一四四頁。
288――木村、前掲書、三七三～三七四頁。
289――前掲『中曽根内閣史 日々の挑戦』、二三二頁。
290――丹波、前掲『日露外交秘話』、一四八～一四九頁。
291――Telegram from American Embassy Tokyo to U. S. Department of State, "Soviet Ambassador's Call on Foreign Minister Abe—Abe Again Calls for Gromyko to Come to Japan" (January 25, 1984), JUII01200, pp.1-2.

292——中曽根、前掲『中曽根康弘が語る戦後日本外交』、三八五〜三八六頁。
293——同右、三八六〜三八八頁。
294——中島（敏）、前掲書、一九四頁。
295——高島大使発外務大臣宛て電信「アンドロポフのそうぎ（安倍・グロムイコ会談）」（昭和五九年二月一五日）、一〜三頁（開示請求番号二〇〇九‐〇〇〇三〇）。
296——同右、二〜五頁。
297——外交研究会、前掲書、一四〇頁。
298——「第百一回国会衆議院予算委員会議録第五号」（昭和五九年二月一六日）、一三頁（国会議事録検索システム）。
299——Telegram from American Embassy Tokyo to U.S.Department of State, "Recent Movement in Japanese-Soviet Relations" (April 20, 1984), JUII01216, pp.1-3.
300——Ibid., pp.1, 3-6.
301——外交研究会、前掲書、一四五頁。
302——安倍、前掲『日本外交の指針』、一〇六頁。
303——安倍、前掲『創造的外交をめざして』、一五三頁。
304——Telegram from American Embassy Tokyo to U. S. Department of State, "Japan-USSR Consultations on the Mid-East" (August 24, 1984), JUII01235, p.1.
305——Telegram from American Embassy Tokyo to U. S. Department of State, "Japanese-Soviet Discussions on Arms Control" (August 27, 1984), JUII01236, p.1.
306——黒田大使発外務大臣宛て電信「国連における日ソ外相会談（会談録）」（昭和五九年九月二五日）、一〜二頁（開示請求番号二〇〇九‐〇〇〇八五）。
307——同右、二〜四頁。
308——同右、二〜五頁。
309——黒田大使発外務大臣宛て電信「国連における日ソ外相会談（会談録・分割電報）」（昭和五九年九月二五日）、一〜二頁（開示請求番号二〇〇九‐〇〇〇八五）。
310——同右、五〜六頁。
311——『朝日新聞』一九八四年九月二六日（夕刊）。
312——同右、一九八四年九月二六日。
313——Telegram from American Embassy Tokyo to U. S. Department of State, "Japanese Policy toward the USSR" (November 10, 1984), JUII01245, pp.1-2.
314——前掲『中曽根内閣史　日々の挑戦』、三八〇頁。
315——穂さき大使発外務大臣宛て電信「ナカソネ・チーホノフ会談」（昭和五九年一一月四日）、一頁（開示請求番号二〇〇九‐〇〇〇八六）。
316——同右、二頁。
317——同右、二〜三頁。
318——同右、三頁。
319——同右、三〜四頁。
320——穂さき大使発外務大臣宛て電信「ナカソネ・チーホノフ会談（会談録・分割電報）」（昭和五九年一一月四日）、一頁（開示請求番号二〇〇九‐〇〇〇八六）。
321——同右、二頁。
322——同右、三頁。
323——一九八二年には輸出入合わせて五五億八一〇〇万ドルを数

えた日ソ貿易も、八三年に四二億七七〇〇万ドル、八四年には三九億一二〇〇万ドルと落ち込みを続けていた。永野、前掲『日本外交のすべて』、一一七頁。

324——前掲「ナカソネ・チーホノフ会談（会談録・分割電報）」、三〜四頁。

325——Telegram from U. S. Department of State to American Embassy Tokyo, "U. S. -Japan Soviet Experts Talks" (December 5, 1984), JUII01251, pp.1-2.

326——"Japanese Policy toward the USSR", op.cit., p.1.

327——デニス・T・ヤストモ（渡邉昭夫監訳）『戦略援助と日本外交』同文舘出版、一九八九年、一九三〜一九四頁。

328——南東アジア第一課「ヴェトナム社会主義共和国グェン・コー・タック外務大臣の訪日（記録）」（昭和五九年一〇月）、八〜九頁（開示請求番号二〇〇九－〇〇一〇三）。

329——「一九八四年七月のASEAN拡大外相会議の参考資料」一四頁（開示請求番号二〇〇九－〇〇〇九八）。

330——Pressello, Japan's Southeast Asia Policy and The Cambodian Conflict, pp.211-212.

331——ibid., pp.219-221.

332——安倍、前掲『日本外交の指針』、一四八〜一四九頁。

333——山口寿男「ASEAN拡大外相会議」『経済と外交』一九八四年八月号、一〇、一二〜一三頁。山口は当時の外務省アジア局地域政策課のスタッフ。

334——安倍、前掲『日本外交の指針』、一五一〜一五二頁。

335——山口、前掲論文、一〇〜一一頁。

336——妻形克和「カンボジア三項目提案で評価得る　変質示した日本の対ASEAN外交」『世界週報』一九八四年七月三一日号、一四〜一五頁。

337——山崎大使発外務大臣宛て電信「ASEAN拡大外相会議（「カ」問題・三項目提案以外）」（昭和五九年七月一二日）、三〜五頁（開示請求番号二〇〇九－〇〇〇九八）。

338——山崎大使発外務大臣宛て電信　ASEAN拡大外相会議（「6＋1・政治問題）」（昭和五九年七月一四日）、二〜三頁（開示請求番号二〇〇九－〇〇〇九八）。

339——安倍、前掲『日本外交の指針』、一五二頁。

340——名越健郎「安倍和平提案を拒否する理由　フン・セン・カンボジア外相インタビュー」『世界週報』一九八四年九月一八日号、二八頁。

341——前掲「ヴェトナム社会主義共和国グェン・コー・タック外務大臣の訪日（記録）」、一〇〜一一頁。

342——同右、一一〜一二頁。

343——同右、三五頁。

344——同右、一四〜一五頁。

345——同右、一六〜一八頁。

346——同右、一八頁。

347——同右、三五頁。

348——同右、一九〜二〇頁。

349——同右、二〇頁。

350——同右、二一頁。

351——同右、三六頁。

352——同右、二二〜二三頁。

353——同右、二三〜二四頁。

354——同右、二四頁。
355——同右、二五頁。
356——同右、二六頁。もっとも、一九八五年以降、国連総会後におけるタック外相の訪日は行われず、また安倍外相の訪越も実現しなかった。
357——同右、二八頁。
358——同右、二八頁。
359——ア地政「昭和五九年度東アジア・大洋州地域大使会議議事要録（その一）」（昭和六〇年三月）、四七～四九頁（開示請求番号二〇〇九－〇〇〇九七）。
360——同右、五〇～五一頁。
361——同右、五六～五八頁。
362——同右、五三～五四頁。
363——同右、六一頁。
364——中曽根、前掲『中曽根康弘が語る戦後日本外交』、三七七頁。
365——前掲『中曽根内閣史 資料篇』、六四〇頁。

第Ⅲ部

新冷戦から新デタントへの移行と中曽根外交

——一九八五〜八七年〈中曽根康弘政権・後期〉

第五章

三つの課題を求めて——日米摩擦・対ソ関係・戦後政治の総決算

1　一九八五年一月の日米首脳会談

一九八四年一一月六日、米大統領選でレーガンが再選されると、米政府高官から遠慮のない対日批判発言が飛び出すなど、日米の経済摩擦は再び顕在化する。同年の米国の貿易収支は史上最高の大幅赤字となり、なかでも対日赤字は記録的なものになるという見通しが秋ごろから伝わり始めていた[1]。事実、一九八二年に一七〇億ドルであった米国の対日貿易赤字額は、八三年は二一一億ドル、八四年は三七〇億ドルと、増加の一途であった[2]。経済摩擦の激化を防ぐべく、日米間の調整が必要だと認識した中曽根は一九八五年の元旦早々米国に飛び、レーガン大統領との首脳会談に臨むことを決めた[3]。

米国側でも来る首脳会談に向けた基本方針が固められた。一二月三一日にまとめられた日米通商政策に関する国家安全保障決定指令は、「この問題（対日貿易不均衡問題）を緩和するための鍵は、製品輸入増大につながるような日本の政策転換」としたうえで、「そうした戦略（日本の政策転換を引き起こす戦略）を有効に遂行するため」に、以下のようなアプローチが列挙されていた。

> 会談で、いくつかの製造業セクターにおける日本市場の開放に関する集中的な交渉を始めることにつき、中曽根首相の同意を求める。過去におけるいかなる通商交渉よりも、包括的かつ徹底的で高位の交渉を進める。
>
> これらのセクターの交渉を開始するべく、最初は四つの特定のセクターに焦点を絞るという点につき中曽根首相の同意を求める。すなわち、電気通信、エレク

トロニクス、木材製品、医薬品・医療機器の四つの分野である。同時に、米国側としては、事後的に右の四つの分野以外に対象を拡大するのを期待していることを明確にする。[4]

四つの分野に絞った「市場重視・特定分野別交渉」(MOSS＝Market Oriented Sector Selective アプローチ)はリーガン財務長官の発案によるものであった。一九八四年の円ドル協議の際、円ドル委員会で、金融という特定分野について二国間の話し合いをして非常に成果が上がったことから、通商問題でも同様の仕組みを作ると良いのではないか、との着想が大統領に支持され、具体化したものである。漠然と市場開放を要求するより、米国が関心を持つ特定の分野に絞って二国間交渉する方が、効率が良いということであった[5]。

さらに、この国家安全保障決定指令には、首脳会談におけるもう一つのアプローチとして、次のような項目もあった。

(会談での)議論中、私(大統領)は中曽根首相に対して、短期間のうちに日本側で(問題解決に向けた動きが)十分に進展を見なければ、米政府にいる我々としても、日本に対して差別的な措置をとるように求める、厳しい国内の政治圧力――我々が抗しがたい圧力――に直面する可能性が高いと警告する。

以上の戦略は、来る一九八五年の対日通商政策を規定するものとして意図されていた[6]。それは国内の対日強硬論を梃子に、首脳会談において中曽根から最大限の協力姿勢を引き出そうとする戦略に他ならない。

年が明けて一九八五年の一月二日午前、ロサンゼルスで日米首脳会談が開かれた。厳しい環境のなかではあったが、「ロン・ヤス関係」と称される首脳同士の信頼関係もあって、全体の雰囲気には温かいものが流れていたという[7]。

貿易不均衡問題以外の主要なテーマとしては、軍備管理を中心とする東西問題が挙げられていた。中曽根は①今後とも、西側の結束に基づいて米国側の努力を支持していきたい、②一月七〜八日にジュネーブで開催予定のシュルツ―グロムイコ会談の成功を期待していると述べ、対ソ交渉に臨む米国側を励ましている。また、大統領ができる限り早くチェルネンコ書記長と会談できるよう期待しているとしながらも、日本はソ連に幻想を抱いてはいないと付言した。

　これに対してレーガンは、「核兵器の廃絶を究極的目標として交渉の地ならしを進めており、ソ連との交渉はその方法論である」と発言した[8]。なお、七日から米ソ外相会談に臨む予定のシュルツ国務長官からは、①米国側は今後の軍備管理交渉に積極的かつ建設的な立場で臨む、②ソ連の指導部は目下移行期にあるので、対ソ交渉に幻想を抱くことなく、息の長いものとして考えている、③当該会談で今後の交渉の枠組みや主題を設定したいとの説明があった[9]。中曽根は日本が単独でソ連の軍事力には対抗できない現実を踏まえ、米国の対ソ政策を支持していくことを基本路線としたのである[10]。

　次いでレーガンが、現行の相互確証破壊（MAD）による核抑止体制は「新しい兵器が出来るとこれを上回る兵器を作るということになる」問題点を抱えていると指摘し、SDI（戦略防衛構想）は核兵器を「陳腐化」させてしまうという意味で「究極的には核兵器の廃絶を目指すもの」と主張した。中曽根は、SDIが「非核であること、INF、START（交渉）等の推進に役立つ」との観点から、SDI研究に理解を示し、「研究の節目毎に情報提供と協議」がなされれば、日本として研究参加を検討すると述べた。

　情報提供と協議に関する中曽根からの要望に、レーガンは「承知する」と答え、「SDIは人間をさっしょう《（殺傷）》するものではなく、いわば兵器に対する兵器であるという考え方で当たっていきたく、また、もしSDIが実用段階に達しそうな時には、このシステムの『国際化』ということを考えている」と語った。SDIの国際化については中曽根も「核兵器の廃絶につながる」と賛意を表明した[11]。

　さらに防衛問題について、中曽根は①今年度予算編成において、前年度比で防衛費は六・九％増、ODA費は一〇・〇％増を確保し、厳しい財政困難のなかで最大限可能な努力を行った、②前年一二月末、自衛隊の統幕議長と在日米軍司令官との間で日米共同作戦計画につき合意書が署名されたので、今後は同計画に則って必要な防衛力の整備を進める、③防衛費のGNP比一％枠については、これまでも自分としては撤廃を考えていたが、本年春から夏にかけ「五九中期業務見積り」（一九八六～九〇年度）を策定する際、防衛計画の大綱の見直しもおそらく行われることになろう、という三点を説明した。続いて中曽根は、一月からの通常国会を防衛政策について国民を啓蒙する機会としたいと語った[12]。

　レーガンは中曽根の説明に謝意を示しつつ、「NLP（夜問離着陸訓練）につき進展を期待している」と発言した[13]。騒音が問題となっていた神奈川県厚木基地に替わるＮＬＰ基地の確保は、一九八二年以来、日米間の懸案事項となっていたが、八三年一二月に東京都の三宅村村議会が代替飛行場誘致を決議したのを機に、三宅島への代替施設の設置が争点となっていた。すなわち、決議に対して地元住民らの反対運動が活発化し、首脳会談の二ヵ月前にあたる一九八四年一一月の村長選挙で反対派の候補が当選するなど、事態は複雑化の様相を見せていたのである[14]。

中曽根は「ＮＬＰについては、……推進派のちょう《町》長が落選した事等もあり、種々難しい点がある」としたうえで、「ＮＬＰサイトの住民は必ずしも反対をしていないが、他の地域の住民の反対の声が強い」と述べ、「時間をかけて住民の説得を行っていきたい」と説明した[15]。しかしながら、このＮＬＰ問題はその後、長期化していく。

すでに、大統領や国防長官から防衛力増強に関する注文は出なくなり、日米防衛関係は実務・現場のレベルで協力強化の実が粛々と上がっていく段階に入っていた。むしろ、首脳会談の焦点は防衛から経済に移行していた。米国側の不満が相当溜まってきていると見た日本側は、自ら貿易・経済の問題を持ち出すことによって「先制攻撃」（浅尾新一郎外務審議官）をかける作戦をとった[16]。

まず中曽根は「対外経済問題の解決のため先般関係閣僚会議を設置し」、「一二月一四日には、関税（引き下げの）二年前倒しを決定した」と発言して、日米経済摩擦の解消に真摯に取り組んでいることをアピールした[17]。また今後の経済摩擦対策の協議は、両国の外相を窓口にして進めていくことを提案した。

さらに、諮問委員会を設置して「外国人三名を特別参考人に指名したが、この中には在日米国商工会議所会頭が含まれており、経済問題でクレームがある場合には、この会議を通じて自分（総理）に言ってもらえれば、自分がチェックして直すべき点は直す」と約束した。電気通信に関しても「（一九八五年四月の）電電公社の民営化にいよいよ着手することになったし、また、基準認証については、細心の注意をもって望む所存であり、内外無差別、開放市場の原則で対処したい」と述べた。また、右分野以外についても、自身の陣頭指揮で対応していくことを表明した[18]。

レーガンは、「キー・ワードは市場アクセスである」と言及したうえで、自身が保護主義に信を置かず、あくまで自由貿易を信奉していると述べた。しかし、野党の民主党が多数の議会下院を中心に「保護主義をもって行政府をきょう《脅》迫している」と国内事情の困難さを強調した[19]。

さらに、レーガンは、「米側としてはまだ改善する余地がある分野として、(イ)電気通信(ロ)エレクトロニクス(ハ)木材及び同製品(ニ)いりょう《医療》機器、いやく《医薬》品の四分野」を挙げた[20]。保護主義に染まる議会を抑えられないと強調して問題解決を迫ることも、「市場重視・特定分野別交渉」(MOSS協議)の提案も、いずれも事前の筋書き通りであった。

ワーキングランチでも、中曽根は右のMOSS協議の四分野の市場開放について、「各分野についてなまけ者には自分自らムチをふるう所存である」と問題解決への積極姿勢を改めてアピールした。その一方、米国は国内市場が巨大なので、自国製品の海外市場での販売努力が不足していると指摘した。シュルツ国務長官は「アベ・シュルツのチャネルで日本市場の障害を発見・除去しうれば米国商人にとって一層のはげみにもなろう」としつつ、「市場アクセスが確保されているのであれば総理のおっしゃる通りあとは米側の努力の問題であろう」と発言した[21]。

さらに中曽根は、日本の官僚制度が「国民の健康上の安全確保」を理由に、過度な規制を行っている例として、医療機器の輸入規制の話を持ち出した。特にポータブル透析機の対日輸出の現状に関する中曽根の詳細な説明に、シュルツ長官は問題解決への期待感を表明した[22]。

最後に、リーガン長官から日本経済の見通しを尋ねられた中曽根は、①一九八五年度の日本経済は内需を中心に実質四・六%成長を見込んでいる、②外需のシェアは着実に低下しつつある、③外需に替わって内需、特に住宅建設、設備投資、個人消費の伸びが期待されるとして、この傾向を後押ししたいと述べた[23]。

首相が首脳会談で格段の市場開放努力を強調したのは、経済問題がこじれ、日米関係自体にヒビが入ることを危惧したからであった。かつて米国側の心理を読み切れず対米戦争に突入した過ちを想起しつつ、今回の局面では対米関係を基軸とする日本の国益にとって「たとえ大幅に日本が譲っても、決して不合理ではない」とさえ考えたようだ。戦後たえず世界一の金持ち国・米国の保護を受けてきた日本が、米国の地位にとって代わろうかという勢いのなかで、中曽根は、もはや米国への甘えは許されないと判断したのである[24]。

2　MOSS協議からアクション・プログラムの策定へ

米国から帰国した中曽根は早速、一月八日の閣議で、レーガン大統領から電気通信などMOSS協議四分野について市場開放を求められたことを説明し、関係閣僚に「内外無差別に透明性を維持していく努力が必要だ」と協力を要請した。そして、通産、郵政、農水など関係省庁ごとに事務次官を責任者として対策委員会を設け、開放策を検討するよう指示した[25]。

米国側は首脳会談から一〇日も経たずに、次官レベルの代表団を東京に派遣し、四分野の交渉開始を申し入れてきた。米国側の性急さに戸惑いつつも、日本側は一月二八日の東京での協議開催に応じた。米国からはウォリス国務次官（経済担当・Allen W. Wallis）を団長に、スミス通商代表部次席代表（Michael B. Smith）など、各省の次官級が乗り込む一方、日本側も農水・厚生・郵政三省から事務次官が出てくるかたちの協議となった。しかし、日本側の対応は従来同様、極めて消極的な姿勢に終始したため、米国代表団は強い不満を抱いて帰国した。わけても米国側は、四月一日に電電公社が民営化される前に、自国の競争力が最も優れていると自負する「電気通信」分野について是が非でも解決を図りたかったのである[26]。

この間、中曽根は関係省の次官を定期的に総理室に呼び込み、それぞれの分野に関する米国側との協議の進行状況につき報告を聞いた。あわせて、市場アクセスに対する障害の除去・改善に関する、中曽根が名付けた「工程管理表」を提出させて、これを検討し、積極的な意見を述べるなど、問題解決に向けて陣頭指揮をとった[27]。焦点の電気通信分野をめぐっては、機器輸入の際の基準認証、付加価値通信網（VAN）の市場参入に関する規制緩和要求を念頭に、二月に訪米し交渉にあたった小山森也郵政事務次官に再訪米を指示した。また、木材分野を担当する角道謙一農水事務次官に対しては合板の関税引き下げとともに、林業振興のための国内対策を考案するよう指示した。

当初、中曽根は三月末までの包括的な市場開放策の取りまとめを追求したが、その期限が困難と見るや、三月八日の閣議で、四月一一日からOECD（経済協力開発機構）閣僚会議、五月二日からボン・サミットが開かれるのを踏まえ、これら一連の国際会議までに開放策をまとめるよう改めて指示を下した。これを受けた同日の関係省庁の局長会議では、四月九日を目途に対策をまとめる方針が決まった。中曽根は各省の事務次官に「譲れるものは譲れ」と督励を続けた[28]。

しかし、それでも日本の対応の遅れに対する米国側、とりわけ議会の苛立ちは高まるばかりであった。三月二八日、上院本会議で日本の不公正な貿易慣行に、一九七四年の通商法第三〇一条に基づき、輸入制限を含む対抗措置をとるよう大統領に要請する「日米貿易に関する共同決議」(対日報復決議案あるいはダンフォース決議案)が全会一致で採択された(賛成九二、反対〇)。決議案提出からわずか二日という異例の速さで可決されたこと、日本向けの単なる非難ではなく大統領に報復措置を求めていること、などの点で深刻さが浮き彫りとなっていた。さらに、個々の議員からは右決議に法的拘束力を持たせるべく、相次いで対日報復法案が議会に提出された[29]。

三月三一日、この日は日曜日であるにもかかわらず、中曽根は大統領から特使として派遣されたシグール大統領特別補佐官、オルマー商務次官(Lionel H. Olmer)との会談に臨んだ。席上、シグール補佐官は対日報復法案が可決されるかもしれない米議会の状況を伝え、市場開放を促す内容の大統領親書を手渡し、「保護主義を抑えるために日本政府の協力を得たい」との「大統領の真意」を説明した。特に補佐官は、電気通信分野について①日本が輸入する際の基準作成の透明性を確保し、内外の企業を平等に扱う、②通信端末機器の技術基準を緩和する、という二点を要請した。三日前の二八日のワシントンでの日米次官級協議(MOSS協議)で両国が基本的合意に達したのを受けて、米国側がダメ押ししてきた格好であった[30]。

中曽根はシグールらに、通信端末機器の技術基準の透明性を確保することを強調したうえで、四月九日に包括的な開放方針を決め、特別声明を出して国民にも協力を求める考えを表明した。その一方、米国側にも日本市場への参入努力を要請した。中曽根の指示を受けた小山郵政事務次官は、四月一日付でオルマー商務次官あてに書簡を送り、通信端末機器の技術基準について「項目数をさらに削減すべく、基準要件を速やかに検討することを約束する」としたうえで、基準削減は日米間の公正確保の目的で、消費者に選択を委ねる原則で行うと表明した。また、可能な限り早く交渉を再開する用意があることも合わせて伝えられた[31]。

米国側は四月一日にホワイトハウスで国家安全保障会議(NSC)を開き、対応を協議した。その席でシグールたちが中曽根らと会談した結果を踏まえ、電気通信分野について日本側が「新たな約束をした」と報告した。レーガンはこれを「歓迎する」と述べ、日本側の姿勢を閣僚や議会、関係業界などに伝えるよう指示した。

これにより、米議会の空気にもようやく変化の兆しが表れる。上院財政委員会は四月二日、対日報復法案を一二対四の圧倒的多数で可決したものの、上院本会議は翌三日、同法案の本会議提出を当面見合わせ、九日に予定された日本の市場開放策決定を見届けることにした[32]。詰まるところ対日報復決議は、実際の報復措置に出るよりは、議会が保護主義に暴走するのを引き止める、早期警戒警報の側面もあった。しかし、議会内の自由貿易推進派の力が弱まり、上下両院とも対日批判一色になっていることは事実で、楽観はできなかった[33]。

また、MOSS協議におけるもう一つの焦点であった木材製品について、中曽根は三月二五日の政府・与党首脳会議で採りあげた。「三年間をメドに林業や製材業者などに国際競争力をつける手当てを考えて調整を進めてほしい」と年限を明示し、合板の関税引き下げに自民党側の協力を求めたのである。その結果、関税引き下げと引き換えに、関係業界に財政的手当てをする方向で意思統一が図られた。これを受けて中曽根は、四月四日、佐藤守良農水相に対して早急に国内対策案を作るよう指示した。自民党農林部会も次第に引き下げ容認に向かった。

四月八日には、河本敏夫特命相、竹下蔵相、佐藤農水相、金子一平経企庁長官がギリギリの調整を行った。首相の意向に沿って、おおむね三年目から合板関税の引き下げに取り組む方針を固め、あわせて林業の活性化のため、財政・金融など必要な措置を五年間にわたって講じる総合的対策の実施を決めた[34]。

こうして政府は、翌九日、第七次対外経済対策を発表した。その内容は「I 対外経済問題諮問委員会(座長・大来佐武郎元外相)への対応」と「II 当面の措置と政策プログラム」の二部構成となっていた。Iでは、同委員会の報告を踏まえ、向こう三年間を対象とする市場アクセス改善のための「アクション・プログラム」を同年七月中に作成することを打ち出した。

IIの当面のとるべき措置と政策については、①市場アクセスの改善および輸入の促進(関税率引き下げ、基準・認証、輸入検査手続きなどの改善、製品輸入の促進)、②先端技術分野の市場アクセス改善(電気通信、エレクトロニクス)、③金融・資本市場の自由化および円の国際化、④節度ある輸出の確保、⑤経済協力の拡充、⑥投資交流の促進、⑦外国弁護士の国内活動、の七点を挙げている[35]。

また同じ四月九日、右の対外経済対策に関する首相談話も発表された。そのなかで、自由貿易体制の強化と世界経済の発展のため、日本は「世界経済の一割国家」に相応しい役割を果たすと宣言し、ＭＯＳＳ協議四分野に関する交渉の進展状況が説明された。

まず、電気通信については、端末機器の技術基準の大幅な簡素化と基準作成過程の透明性の確保を約束した。また、半導体関税が三月一日から日米間で相互に撤廃されたのに続き、今後、エレクトロニクス分野でもこの種の関税の相互撤廃を拡大していく方向で、「米国を始めとする先進各国と協議」することが明示された。

医薬品・医療機器に関しては、「人種差に関係のない医療機器や体外診断薬の承認審査に際し、外国臨床試験データを受け入れることを決定」し、今後、承認・許可手続などの一層の簡素化・迅速化を進めるとした。最後に、林産物について、今後五ヵ年にわたる林業・木材産業の振興策を講じる一方、「おおむね三年目から針葉樹及び広葉樹を通ずる合板等の関税の引下げを行う」など、前向きに取り組むとした。

そして、右の四分野でのアクセス拡大を踏まえつつ、同首相談話では、日本の市場開放策の基本方針が以下のように打ち出された。

> 特に、市場アクセスの改善については、「原則自由、例外制限」の基本的視点に立ち、「例外」の内容も必要最小限のものに限定するとの提言を受け入れ、政府の介入をできるだけ少なくし、「消費者の選択と責任にゆだねる」という方針の下に、できる限り早期にそのためのアクション・プログラムを策定し、遅滞なく実施してまいります。[36]

右の抜粋部分は、経済企画庁の作成した原案では「市場開放は原則自由。しかし、制限はある」という曖昧な表現であった。そこで、首相談話発表の前日、外務省の柳谷謙介事務次官が「原則自由」を明確にするべきと首相に進言した結果、「原則自由、例外制限」という表記になった。柳谷次官は同時に、①アジアなどの開発途上国への配慮も明言しなければならない、②国民に、はっきりと「輸入の意義」を訴えるべき、との二点も提言している[37]。その結果、談話には「(市場開放策をすすめるにあたり)我が国と密接な関係を有するアジア諸国等の開発途上国に対して十分に配慮を払ってまいります」、「輸入を促進し、選択の幅を拡大することも、また国民経済を豊かにする手段であります」との文言が挿入された。

首相談話は、政府として内需中心の経済成長と日本市場へのアクセス改善によって「貿易の拡大均衡を目指す」一方、行政手続をはじめとする国内の諸制度を、「簡素、透明、内外無差別、市場開放の観点から」常に見直すことで、日本が「自由で開放的な国際経済システムの中で主導的役割を」果たすとの意向を表明した[38]。

そして、同日夕方、中曽根は自らテレビを通じて、政府が規制緩和を進める決意であることを表明する一方、国民の側でも意識改革を進め、自らの責任と選択に基づいて行動するよう促した。それと同時にパネルを使って輸入促進の必要性を訴えて、国民一人あたり一〇〇ドルの外国製品を購入し、黒字減らしに協力するよう呼び掛けを行った。こうした広報活動と並行して、特定外国製品輸入促進計画事業の拡充を行うとともに、税制上、金融上の特別措置を講ずるなど、輸入拡大のための環境作りに努めた[39]。

以上の日本政府の取り組み表明を受け、米政府は四月九日に声明を発した。「全面的に支持する」というものだった。翌一〇日には、レーガン大統領から首相宛てに同趣旨の電報も届いた[40]。最も強硬であった商務省の内部文書でさえ、「日本国民の利益と輸入拡大とを関連付けるという、中曽根首相による前例なきテレビでの訴えは、日本の政府と民衆両方の態度を転換させるための我々の努力に対する助けとなるはずだ」として、今回の対策を過去の対策に比べて「はるかに強力で説得力がある」と評価した。特に、中曽根が日本市場を「原則自由、例外制限」と位置付けた点が好感された[41]。

そうした反応に比べると、米議会の反応は政府より冷ややか、かつ厳しいものであった。上院共和党のパックウッド財政委員長(Robert W. PackWood)やダンフォース貿易小委員長(John C. Danforth)らは、問題は「具体的行動であり、成果」として、七月発表の行動計画(アクション・プログラム)が実効性のある内容か否か分からない現段階では、「引き続き疑いの念を持たざるをえない」と突き放した[42]。

しかしながら、前年末ごろから米国の貿易赤字と高金利、欧州諸国の高失業、日本をはじめとする貿易黒字国との貿易不均衡などが課題になるなかで、一回の経済対策や首相談話で、国際社会での日本への風当たりが解消することは、そもそもありえなかった。

四月一一日のOECD閣僚会議は、安倍外相にとって、

「過去三回(の同会議)に比べて最も厳しい」会合となった。日本側は、会議のコミュニケ原案のなかにあった「日本の黒字は……国際緊張を強めている」という表現をもっと一般的なものに修正するよう提案したのに対し、ブロック米通商代表やローソン英蔵相(Nigel Lawson)などが露骨に反対し、日本は孤立状態となった。そのような状況下、安倍が五回も発言して縷々説明し、バンゲマン西独経済相(Martin Bangemann)のとりなしがあって、ようやく問題の文言は削除された[43]。その後ワシントン入りした安倍は、自由貿易主義者の政治家たちの間に、自由貿易体制を守るため「日本をスケープゴートにし、報復措置を立法し、ガス抜きするしかない」という空気が強いことを実感する[44]。

三月一二日には、ECのドロール委員長(Jacques R. Delors)が、ドイツ・ストラスブルグで、「(日本の貿易黒字蓄積の問題について)アメリカと手を握って日本をもっとたたこうではないか」という趣旨を公然と演説で述べる状況であった。五月に控えたボン・サミットで、米欧から集中的に非難を浴びることを日本側は懸念した。

それでも実際のサミットの席では、日本への非難ないし注文はほとんど聞かれなかった。四月九日の対外経済対策と中曽根自らテレビを通じて直接国民に輸入拡大を訴えたことは、やはり効力があったということであろう[45]。サミットでは、GATTの東京ラウンドに替わる新ラウンド開始の時期をめぐる対立が焦点となったことから、貿易不均衡問題が目立たなくなるという幸運にも恵まれた[46]。

米欧からの対日批判を水際で食い止めつつ、日本政府は右の対外経済対策に則って、向こう三年間を対象とする市場アクセス改善のための「アクション・プログラム」の策定作業に入った。この種の総合経済対策は通常、経済面での調整官庁たる経済企画庁が策定するが、本件についてはその重要性に鑑みて内閣官房の所管とされ、藤森昭一官房副長官が、中曽根の直接指導の下、その策定にあたった[47]。

さらに、「対外経済政策決定の全過程に、外務省の発言が確保されるよう、制度的に保障される」べく、対外経済政策の「総覧」役に安倍が指名された。従来通り各省の縦割りで策定をすると、国内対策に偏するあまり例外事項が増え、抜本的な対策にならない。そのため、首相の陣頭指揮の下で外務省が発言権を確保する仕組みが作られた[48]。日米経済摩擦をめぐっては、外務省と通産省・農水省の対抗関係があり、その中で、「国際国家・日本」を標榜する中曽根が外務省と協力して、市場開放政策を推進するという基本的構図があった。

一九八五年に北米第二課長となり、日米経済交渉の実務面の最前線に立った田中均は、国内産業の保護を最優先しがちな通産・農水両省に対し、外務省には「米国の力をテコにして日本国内を変え、市場を開放して日本経済を強くする」と同時に、「逆に市場開放で当然の責務を果たすことによって、米国に対してより対等な関係を主張する」という発想があったと証言する。

田中は、日本が市場開放に努めなければ、「極めて保護主義的で、かつ閉鎖的な国」というイメージが米国で定着してしまい、「日本は守るに値するか」という議論に発展することを恐れた。経済摩擦が両国の安全保障関係を阻害しかねないと危惧したという。また、安保関係と異なり、経済面では日米間の力関係はより水平的であったので、外務省は対米経済交渉に積極的に打って出たのである[49]。

かくして、アクション・プログラムは、七月三〇日、対外経済対策推進本部の会合でその骨格が決定された。同プログラムは、(A)「原則自由、例外制限」の視点に立ち、政府介入を少なくし、消費者の選択と責任にゆだねる、(B)新ラウンド主唱国にふさわしい積極性を持つ、(C)開発途上国に役立つよう特に配慮する、との三原則に基づき、①関税、②輸入制限、③基準認証、④政府調達、⑤金融・資本市場、⑥サービス・輸入促進などの六分野にわたって改善策を列挙している[50]。

なかでも、①の関税については、(a)一九八六年のできるだけ早い時期に、税目数で一八五〇品目程度について、関税の撤廃または原則一律二〇%引き下げを行う、(b)工業品の関税を先進各国とともにゼロまで引き下げる旨を明らかにし、新ラウンドでは積極的に関税交渉を推進する、(c)鉱工業品について、八七年四月実施を目指して特恵関税制度の抜本的改善を行う、(d)農水産品について、新ラウンドの交渉に合わせて特恵対象商品の拡大、特恵税率の引き下げなどの改善に努める、(e)針葉樹、広葉樹の合板などの関税引き下げは八七年四月から実施する、の以上五点が決まった[51]。

なお、ASEAN諸国も日本に対して自国産品の関税引き下げなど、市場アクセスの改善を求めてきており、特に前年来、同諸国側は自国が重視するいくつかの品目(タイの骨なし鶏肉、インドネシアの広葉樹合板、マレーシアのパーム油、フィリピンのバナナなど)について強く日本の配慮を求めてきた。しかし、四月の対外経済対策で、これらASEAN関心品目には具体的な措置が決定されず、同諸国から失望を招いていた[52]。

日本側としてもＡＳＥＡＮ諸国との関係に鑑み、最大限の努力を行った結果、相当数のＡＳＥＡＮ関心品目について関税の撤廃および大幅な引き下げの決定に踏み切った。これにより、いわゆる政治的象徴品目である骨なし鶏肉(一八↓一四%)、バナナ(季節三五↓二五%、非季節一七・五↓一二・五%)、パーム油(三↓〇%)についても然るべき手当てがなされた[53]。

また、インドネシアとの間で問題となっていた広葉樹合板については、もともと、事務方から、「(昭和)六二年(一九八七年)四月から、引き下げを前向きに検討する」という文書が上がっていたが、三〇日の政治レベルの推進本部会議において、「前向きに検討する」の部分が削除されて、前出の骨格の文言のごとく、「関税引き下げは八七年四月から実施する」と明確な形となった[54]。一方、米欧が強く求めていたチョコレートやチーズなどについても、中曽根は早急に関税引き下げの展望を示すよう指示したが、七月末の骨格決定までに調整がつかず、盛り込むことができなかった。

他方、「基準認証」(前出の「骨格」③)については、日本農林規格(ＪＡＳ)や日本工業規格(ＪＩＳ)の対象商品削減など三〇法令、八八件の改善をうたった。また、医療器具・消毒用医薬品、炭酸飲料瓶詰、電子レンジなどに政府が基準を示しメーカーが自ら製品を検査する自己認証制度を導入するとともに、電気製品の自己認証品目を二倍に増やすこととした。さらに、基準作りの透明性確保のため、審議会などに外国関係者の参加が認められた。

当初、「基準認証」の改善措置は九件に過ぎなかったが、中曽根の強い意向により八八件と大幅に拡大された[55]。自己認証制度導入の対象数も上積みが図られた。同制度の改善には、官僚および関係業界の強い抵抗があった。中曽根は「原則自由、例外制限」、そして「消費者の選択に任す」との理念で関係者を説得し、これら改善策のとりまとめに決定的な役割を果たした[56]。アクション・プログラム発表にあたり、一八五三品目について関税の撤廃または原則一律二〇%の引き下げを決め、同時に八八項目の基準認証の改善と自己認証制度の大幅導入に持ち込んだことは成功といえた。その一方で、輸入制限やサービス問題では成果を上げられなかった。特に大規模店舗法には指一本触れられなかった。政府が衛星を購入するかどうかの問題も、持ち越しとなった。米国側が同プログラムへの盛り込みを強く要求したチョコレート、グレープフルーツ、アルミの関税引き下げにも、日本側は応じなかった[57]。

このアクション・プログラムに対して、米国政府は七月三〇日、ベーカー財務長官（James A. Baker）が、「効果が具体化するまで評価は留保する」という声明を発出した。米議会には、日本をにらんで二〇〇本以上もの保護主義法案が次々と提出され、一九八五年秋から本格的な審議が始まることになるなど、待ったなしの状況となる[58]。

3 北方に目を注ぐ中曽根
――ゴルバチョフ新書記長との会談

一九八五年に入ると日米経済摩擦への対応に忙殺された感のある中曽根首相であったが、首脳外交については引き続き積極的であった。まず、一月一三～二〇日、大洋州四ヵ国（豪州、ニュージーランド、フィジー、パプアニューギニア）を歴訪した。日本の首相による大洋州歴訪は、一九八〇年の大平以来、五年ぶりであった。

大平が唱えた環太平洋連帯構想は、一九八〇年に大平が急逝すると、日本政府として構想実現に向けて積極的に動く気運は低下していた。中曽根自身は同構想に関心を持っていたが、外務省が後ろ向きであった。詰まるところ、中曽根政権の対アジア外交は、中国、韓国など北東アジアが中心で、これにＡＳＥＡＮが続き、大洋州の優先度はそれほど高くなかった[59]。

一月一六日、豪州のホーク首相（Robert J. L. Hawke）との会談で、中曽根は太平洋地域の日本の役割について、①日中友好関係の長期にわたる安定の維持、②朝鮮半島の平和の維持、③ＡＳＥＡＮ諸国との友好関係継続の三点を挙げた。また、太平洋地域協力の進め方に関しては、「デリケートな要素があり、注意深く行われなければならない」として、①経済・文化・技術協力が中心、②民間主導、③排他的にしない、④ＡＳＥＡＮ主導で進めるとの「四原則」を提示した[60]。もっとも、右四原則に目新しさはなく、従来の基本姿勢の再確認に止まったといえる。日本や米国などの大国が、太平洋協力の前面に出ることを、ＡＳＥＡＮ諸国などが望んでいないことが作用していよう[61]。

それでも、中曽根は、歴史の主眼は平和と軍縮であり、北西太平洋の日本と南太平洋の豪州は民主主義国としてアジア・太平洋を支えるべきであるとの考え方を力説したが、当のホーク労働党政権は、二国間貿易問題で頭が一杯であった。すなわち、豪州の関心は、石炭、牛肉などに関し、日本が豪州を犠牲にして貿易問題を処理しようとしているとの警戒心から、日本市場における豪州のシェアを減らさないことについて中曽根の確約を得ることに向けられていた。これに対して、中曽根は、「できるだけ努力したい」と返答したが、ナショナル・プレスクラブでの講演では、「豪州が日本市場において現在のようなシェアを維持するためには、価格・品質面での競争力と安定供給を確保するよう努力してほしい」と注文したのである[62]。

確かに、豪州側にとって、大平政権以来の地域構想は、日本など東アジア諸国と自国をはじめ大洋州諸国との連帯強化により安全保障を担保する意味で、それ自体は大いに歓迎するところであった。しかし、具体的な市場開放策を伴わないまま、ただ抽象的に地域構想推進を主張したところで、豪州側からは「スローガン倒れ」と見なされるばかりであった[63]。当時はまだ、日本がアジア太平洋の地域協力に本格的に乗り出すには時期尚早であったのかもしれない。

むしろ、中曽根の視線は、太平洋の南の彼方よりも、北のソ連に注がれていた。はからずも対ソ外交を動かす機会が到来したからである。

一九八五年三月一一日、ソ連のチェルネンコ共産党書記長が死去した。同日夜、中曽根は同書記長に哀悼の意を表したが、すでに心はモスクワでの弔問外交にあった[64]。故・チェルネンコ書記長の後任に、五四歳のゴルバチョフ政治局員兼書記（Mikhail S. Gorbachyov）が選出されたとの情報が伝わるなか、中曽根は弔問の機会に、本格的な長期政権が予想される若い新書記長と会い、対ソ関係打開の糸口を探ろうと考えたのである[65]。

ところが、書記長死去の報が流れた一一日、国内では参院の予算審議が始まったばかりであった。慣例に従えば、外相訪ソが国会の認めうる限界と見られた。しかし、中曽根は一一日深夜に金丸信自民党幹事長に電話し、「是非葬儀に出席したい。野党側との調整をお願いしたい」と指示した。これに対して、野党側も柔軟な態度を見せた[66]。

このときの首相訪ソにとって最大の障害は外務省であった。一九八二年のブレジネフ書記長死去の際、葬儀に参列した鈴木首相が後任のアンドロポフ書記長と会談できなかった苦い経験があったためである。今回も現地での交渉で、先方は新書記長との会談実現を確答しなかった。それゆえ、前年のアンドロポフ書記長の葬儀時同様、外相の単独参列が無難というのが外務省の立場であった[67]。

現職総理とその後釜を狙う実力者という関係性から、中曽根－安倍関係は常にデリケートであり、今回の弔問にもいずれかが参列するかで水面下の葛藤があった。そのあたりの葛藤も念頭に置いてか、柳谷事務次官は、一一日のブリーフィングで、書記長交代が即、ソ連の対日政策転換を意味しないとして、首相訪ソに慎重な意見を述べた。ところが中曽根は「『会えないかも知れない』と言って、行かないんじゃなくて、『行って、会ってみせる』という姿勢で臨みたい」と主張し、自身の葬儀参列を押し通した[68]。

三月一二日夜、モスクワ入りした中曽根は、ゴルバチョフについて「これまでのソ連共産党の書記長のなかで、ゴルバチョフ氏ほど希望と祝福のなかでその地位についた人はいない」などとコメントし、エールを送った。一方、駐ソ日本大使館に対しては「一度(新書記長と)私との会談を要請したら、以後は深追いして叩頭するな。後は自然体にせよ」と指示していた。翌一三日は午前から、弔問に訪れている各国首脳との会談を精力的に重ねた[69]。

特に、同日夕方、ブッシュ副大統領からソ連新政権の見通しを尋ねられた中曽根は、①ゴルバチョフ新書記長の印象は現実的、理性的政権担当者であるとの感じをもったが、この国は組織で動く国であるから判らない、②しかし、長期的には現実的な政策が出てくる可能性がある、との見解を示した。ブッシュ副大統領もこれに同意し、「米国としては新指導部に建設的なアプローチをとっていきたい」と応じた。

次いで、副大統領は、「レーガン大統領も今後米ソ関係の改善を期待している旨のメッセージを(今夜)『ゴ』書記長と会談する際伝えるつもりである」と付言した。中曽根は、「ジュネーブ(軍縮)交渉の成功を世界中が望んでいる」と述べたうえで、今後の米ソ間交渉を成功させるためにも、「西側の連帯」を重視する必要性を論じた[70]。

一三日の前書記長葬儀に参列した中曽根は、参列後のレセプションでゴルバチョフの手を一分半も握りしめながら話をした[71]。両者の初対面であった。中曽根が「今後は友好親善を進めましょう」と切り出すと、新書記長は「あなたには会いたかった。きょうは時間が十分ないので、またお会いしましょう」と返した。中曽根は「それなら、なるべく早く会いましょう」と述べて別れた[72]。

ところが、同日、ソ連外務省は会談相手に、ゴルバチョフではなく、老齢でもはや実力もなくなっていたチーホノフ首相を提案してきた。中曽根一行は日本大使館で対応を協議した。丹波實駐ソ公使はこの席で、ソ連が日本を過小評価している点が最大の問題であると指摘し、「この際チーホノフ首相などとは会談せず、日程を早めて帰国しては如何」と建言した。中曽根は丹波の主張に賛同し、野村一成ソ連課長に「ソ連外務省に電話をして日程を早めて帰国することを通報するように」指示した[73]。中曽根にとり、前年のガンジー印首相の葬儀で会ったチーホノフとの再会談は無意味であった[74]。

中曽根の意向をソ連外務省に通報してから約一時間後、ソ連外務省から「ゴルバチョフ書記長が一四日夕方に会談する」との連絡が入った。これはソ連側が日本大使館の壁に仕掛けた盗聴器を通じて、日本側の協議内容や中曽根の意図をつかんだことによるものであった[75]。中曽根も盗聴器の存在を前提に「もしゴルバチョフに会えないのであれば、今晩日本に帰る」と壁に向かい大声で話していたのである[76]。

三月一四日午後六時から、中曽根は安倍を伴い、クレムリンでゴルバチョフとの会談に臨んだ。日ソ首脳会談は戦後三回目であり、一九七三年一〇月の田中-ブレジネフ会談以来、実に一二年ぶりであった。

まずゴルバチョフは、中曽根に対し改めて歓迎の意を表明しつつ、ソ連の対日政策は日本との間で良好で互恵協力と相互信頼に基づく関係を作ることで一貫していると述べた。そのうえで、「ソ日関係発展のためのイニシアティブ」としてソ連側がこれまでに提示した、①極東における信頼醸成措置、②経済協力の基本的原則を定める協定および経済協力長期プログラムの作成、③文化交流協定、の三点について、日本側の見解を質した[77]。

中曽根は、日本は世界唯一の被爆国であり、世界平和と核軍縮を熱望していると切り出し、さる一月の米ソ外相会談で合意された両国間の核軍縮交渉の開始を歓迎すると表明した。また、日本の防衛政策についても、専守防衛に徹し、「非核三原則もある」と、その限定的性格を強調した。日米安保条約に関しては、「国連憲章の規定に則ったものであり、かつ防衛的な性格を有する」と説明した。そして、日ソ両国は隣国同士で、平和・友好関係を発展させなければならない運命にあると指摘した。

次いで、日ソ二国間関係について、「われわれの基本的立場は、北方領土問題を解決して平和条約を早期に締結し、両国関係を長期的、安定的な基礎の上に置きたいという点にある」と述べて、まず日本の原則的な立場を確認した中曽根は、その一方で、以下のように柔軟な対ソ姿勢を見せる。

［租］貴書記長が言われたように、文化交流、経済協力、そ税条約、科学技術協力等種々の面において大いに協

力していきたい。最近両国間において人的交流・協議等が活発化しているが、わが方としては、これを大いに歓迎している。先に挙げた諸問題については、これを包括的に考え、一歩ずつ解決のための努力をしてはどうかと考える。

そして、日ソ両国の外交当局の高位者が会合して、「経済協力、文化協力における基本原則を定めて」関係安定を図ろうと呼び掛けた[78]。以上の発言からは、「北方領土問題の解決→平和条約の締結」という従来の基本線を踏まえつつも、それだけに固執せず、文化や経済など他の分野でも両国間の協力を推進しながら、懸案の領土問題の解決につなげていこうという意図が窺われる。

また、中曽根は、茨城県で近く開催される「つくば科学万博」にソ連が参加していることに言及し、ソ連高官の来日を歓迎すると表明した。さらに「(グロムイコ外相が)訪日されれば、われわれは誠意をこめてかん《歓》迎する」と呼び掛けた[79]。

この誘いにゴルバチョフが、「日本側は極東信頼じょう《醸》成措置、経済協力協定、文化協定締結の諸提案に対し用意があるのか」といま一度質したのに対し[80]、中曽根は、「まず文化協定については協議を再開する用意がある」と明確に答え、租税条約の締結についても前向きな姿勢を示した。ただし経済協力については、両国の責任者が適宜話し合いで問題解決すべきと述べ、「協定そのものを締結する考えはない」と返答した。また、「信頼じょう《醸》成措置については、具体的な交流を促進することによって然るべきかん《環》境をつくっていけばよいと考える」と語るにとどめた[81]。日米安保条約に抵触しかねないソ日間の信頼醸成措置には慎重にならざるをえなかったものと思われる。

さらに、ゴルバチョフは領土問題に触れ、「これに加えて新たに述べることは何もない」と素っ気なく答えた[82]。それまで威厳をもって、メモなしで話をしていた新書記長が、この時だけはグロムイコが用意したメモを読み上げるのみであったという[83]。書記長就任直後のゴルバチョフは、本件について自己の見解を持っていなかったようだ。

その一方で、ゴルバチョフは、中曽根が米ソ核軍縮交渉に関心と期待を寄せていることに触れ、「それはソ連の意図にも合致している」と応じた。そして「もし米国が同様に建設的なアプローチをもって臨めば、核兵器の一そう《掃》、宇宙における兵器の禁止に期待が持てるであろう」と指摘するとともに、ソ連は真摯に責任をもって交渉に臨んでいると表明した[84]。

しかしながら、この会談の時点では、未だ東西対立構造は厳然としており、安全保障面での日ソ間の認識の隔たりは大きかった。ゴルバチョフは日本の外交・安全保障政策につき、①NATO諸国の軍事行動に賛意・連帯を表明している、②日本の軍備は防衛的なものという主張は説得性がない、③核兵器を搭載した米艦船が頻繁に日本に寄港し、沖縄をはじめ在日米軍基地には核兵器があることは「非核三原則」に矛盾する、と批判した。この批判に中曽根は、①日本はNATO諸国との間に軍事面においていかなるコミットメントも協力もない、②日本に核兵器は一切なく、日本に核兵器があると考えるのは全くの誤解である、と簡潔に反論した[85]。

それでもゴルバチョフは、ソ連外相の訪日について「同訪日は実現するであろう」と答え、「そのために、いつ(訪日)にするか、またどう(訪日を)よりよくするか相談していこうではないか」と述べた。中曽根も書記長発言を大いに評価したうえで、「本件訪日が成功り《〔裏〕》に終わるようにいろいろと相談していきたい」と表明した。そして、①会談での意見交換は両国関係の発展にとり有益であった、②相互対話で両国関係にダイナミズムを付与するべきで、双方から人工的な障害を作り出す必要はないと語り、「両国関係活発化のプロセスを開始しようではないか」との言葉で会談を締め括った[86]。

中曽根はこの会談を通じて、ゴルバチョフは概して融和的で、「(日ソ)友好関係を回復したいというような意図を感じた」のに比して、同席のグロムイコは「昔のソ連流で」日本に冷淡な印象があり、両者の違いを感知した。後に、この時の会談でゴルバチョフと「互いに友情を感じた気がしましたね」とも述べている[87]。二人の交流は両者がともに国家指導者の地位を去った後も続くことになる。

当初、首相の訪ソに慎重であった柳谷次官も後年、「このような早い時期に、両首脳が面識になり、お互いの立場を直接はっきり述べ合ったこと」は大きな意義があったと振り返る。中曽根に先んじてゴルバチョフと会った西側の首脳は、ミッテラン大統領とサッチャー首相の二名のみであった。また柳谷は、中曽根がこの会談以降、「ソ連問題に非常に関心を深めたことは事実です」と証言する[88]。対ソ関係打開は、中曽根外交後半の大きな目標として浮上するのである。

4　西側諸国の結束維持に努める――ボン・サミット

弔問外交を通じて対ソ関係打開に向けて最初の一歩を画した中曽根は、サミット出席とこれに先立つ西ドイツ公式訪問のため、一九八五年四月二九日夜、羽田を出発して翌日ボンに入った。

ボン・サミットにおける政治面での焦点は、SDI研究への参加問題であった。米国政府は構想への欧州・日本の支持を得るため、これら諸国に研究開発参加への機会を提供した。三月二九日には、ワインバーガー国防長官が同盟諸国に書簡を送り、六〇日以内に参加の可否を明らかにするよう要請した。SDI研究への支持取り付けを通じて、ジュネーブ軍備管理交渉における米国の立場を強め、ソ連が米国と西側同盟諸国の間に楔を打ち込むのを阻止しようとした。一方、同盟諸国の側には、SDIに対抗してソ連が宇宙開発を進め、攻撃核戦力を増強するなど、軍拡競争の循環的拡大が起こるのではないかと危惧する意見もあった。

ともあれ、サッチャー、コール、中曽根、クラクシ(Bettino Craxi)の英独日伊四ヵ国の首相は、一九八五年初めの時点で、SDIの研究への支持あるいは理解を表明していた。これに対し、フランスはSDIに公然と批判的な立場をとり、カナダも警戒感を示した。特にフランスは、米国の独占的な技術獲得を阻止するべく、高度技術で欧州の協力を目指す独自の構想「ユーレカ」を発足させる[89]。

四月三〇日、ボンに乗り込んだ中曽根は、議長役のコール首相との会談に臨んだ。この席で中曽根は、SDIが防御目的で究極的には核廃絶を目指すというレーガン大統領の説明を「私は理解を示した」と述べた。続けて、①ソ連に対する一方的優位の否定、②西側全体の抑止力維持、③ABM(弾道弾迎撃ミサイル)制限条約の枠内、④配備についてソ連と事前協議といった条件を付けつつ、「SDIによりジュネーブ交渉の再開が促されたのは事実である」と肯定的に評価した。一方、コール首相は中曽根の見解に「完全に同意する」と応じた[90]。まずは、SDIに関する見解で、議長国と足並みを揃える形を整えたのである。

次いで、中曽根は「SDIは、軍事技術問題であると同時に政治的問題」であり、政治交渉上の「バーゲニング・チップ」なので、「(西側の)みなで大切に使う」べきと主張した。ただ、構想の内容自体は依然不明確なので、米国から随時情報提供を受け、かつ協議しつつ研究するのが良いとの立場を示した[91]。中曽根は、全米や全同盟国をもカバーする防御システムとしてSDIを過大評価していなかったが、それが有するところの政治心理的価値を認めていた。それゆえ、レーガンがSDI推進にあたり、日本のハイテク・コスト両面での協力を強く期待している点に着目して、対米協力の一環として研究計画参加に動いていくことになる[92]。

中曽根の見解に、コールも強く同調したうえで、「利益が一方的であってはならない。米国のみが利益を得るのは不可」と指摘して、同盟国側が技術と資金を負担するだけで、何も利益を受けない事態を招かないようにする重要性を説いた。これには中曽根も、「自分もその点は注意している。ギブ・アンド・テイクでなければならない」と応じた[93]。

続いて、コールは、欧州独自で高度技術開発を進めるフランスの「ユーレカ」構想を負担が過重で成果も出ないと評し、膨大な投資を必要とする高度技術の開発は多国間の分業体制でないと不可能と論じた。それゆえに、フランスがSDIに部分的参加することを希望するとともに、その説得を行うのが「自分の仕事」と語った。

さらに、ソ連はINF配備の時と同様に、SDI問題で「就中《なかんずく》ドイツに圧力をかけて来る」と指摘し、米国が「SDIの道義的正当性を強調する余り」、西ドイツ国内において安全保障上必要不可欠な核抑止力が「非道義的なもの」と位置付けられ、「この点が『平和運動』に利用されているのが実情である」と語った。コールは、この種のソ連の策動を抑えるため、SDI研究に欧州の他の数ヵ国が加わることの重要性を強調した[94]。

SDIと国内世論の関係に話が及ぶと、中曽根も「日本は本件について極めてデリケートである」と応答し、「研究には理解を示したが、SDIを支持するとまでは言っていない」、「米国の説明を良く聞いた上でのしん[慎]重な留保を付している」と述べた。西独や仏、伊に日本を加えた形でのSDIに関する共同研究を志向するコールに、中曽根は、日本の憲法九条や集団的自衛権行使不可といった諸制約を挙げながら、米国が中心になり関係国に研究計画の全観を知らせ、研究項目の割り当てを行ったうえで、各国がそれに独自に取り組むという研究方式が望ましいと主張した[95]。

むろん首脳会談の議題はSDIに止まらず、ゴルバチョフ新政権やジュネーブの軍縮交渉の行方にも及ぶ。コールは、①ゴルバチョフの路線は、一〜二年経過しなければ、その方向性は分からない、②彼は、十分な権力基盤が得られるまで、新しいイニシアティブをとることを待つだろう、③彼が権力基盤を固めた暁には、変化に向けた動きが見られると思われるし、ジュネーブでの軍縮交渉にも良い影響がもたらされるであろう、との展望を示した[96]。

一方、中曽根はジュネーブでの軍縮交渉成功のために、米ソ首脳会談が可能となる環境形成への抱負を語り、「レーガン大統領も（一九八六年秋に）中間選挙をひかえ熱心であるはずだし、ゴルバチョフも今までの指導者と異なる近代性をみせる機会として積極的な政策をとることに関心がある」として、当年中の首脳会談開催の可能性に言及した[97]。会談は日独両首脳が冗談を交えるうちに終了した[98]。中曽根は、巨躯から実直さと骨太さを醸しだすコールに好感を持つと同時に、敗戦国の宰相同士としての連帯感も抱いていた[99]。

また、五月二日のサミット開催直前、中曽根は、レーガン大統領とミッテラン大統領とそれぞれ個別の首脳会談を行っている。

日米首脳会談では、レーガンがSDI研究参加につき科学技術水準の高揚などのメリットを強調し、「SDIはあくまで防御的兵器としての開発であり、合理的抑止力となるべきもので、これは、将来可能になれば生産・配備については西側同盟諸国と相談していくものであり、ソ連との協議を考えている」と説明した。

それを受けて中曽根は、コールとの首脳会談で表明したSDI研究参加に際しての条件をより整理した「SDI五原則」を提示する。

① ソ連への一方的優位は認めない。
② あくまで西側全体の総合的抑止力の一環とする。
③ 攻撃核の大幅削減が先決である。
④ ABM制限条約の枠のなかで行う。
⑤ 配備については、同盟国との協議、ソ連との交渉が先行すべきである。

そして、日本の研究参加については、「今後の展開の方向をよく見て検討していきたい」と態度を保留した。以上の中曽根の説明や主張を、レーガンも、同席のシュルツ国務長官も了承した[100]。

一方、GATTの新ラウンドについて、日米両首脳は「八六年の早い時期に開始するべきだ」との認識で一致した。この問題では、早期開始を唱える日米に対して、西欧各国首脳は慎重姿勢であった。先に触れた日独首脳会談で、SDIについては中曽根と意見が一致したコールも、新ラウンドに消極的なECの立場に配慮し、「サミット討議の場で理性的妥協を得るべく努力しよう」と述べるに止まっていた[101]。

日米会談と同日に持たれた日仏首脳会談でも、中曽根は新ラウンドへの同調を求めたが、国内で農業保護政策をとるミッテラン大統領はついに理解を示さなかった。ただ、そこは国内に「米価」問題を抱える中曽根としても、フランスの立場は理解できたのか、この問題での深追いは避けた。ちなみに中曽根は会談の席で、ミッテランから自身の七月訪仏の快諾を得ている[102]。さらに中曽根は「SDI五原則」にはあえて言及せずに、SDI研究参加についてフランスを含めた先進七ヵ国で合意したいと歩み寄りを求めたが、ミッテランは中曽根の説得にははっきりと応じなかった。

そして、ボン・サミットは五月二日夜、首脳夕食会で幕を開けた。SDI研究への参加を要請するレーガンに、サッチャー、コール、クラクシの三名から参加を希望する意志が示された。中曽根は、SDI研究に理解は示すが、参加については慎重な検討を重ねると告げた。他方、ミッテランは「戦略的な選択なしには独立も自由もない」としてSDIを研究すること自体に異議を唱えた。また、カナダのマルニーニ首相(Brian Mulroney)も、SDIが米国の一方的な対ソ優位をもたらす危険性を懸念し、研究自体に慎重な立場を表明した。

このようにSDI研究への参加をめぐってG7の政治討議が紛糾するなか、コールは「SDI五原則」を拠り所に仏加首脳を説得しつつ、議長総括で米国によるSDIの説明に触れることを提案し、全員がこれに賛同した。これによって表面上ではあったがG7の足並みを揃えることができた。四日に発表された議長総括では、東西関係の政治討議でSDIが議題となったことが明らかにされた(サミットの政治宣言ではSDI参加についての直接的言及は見送られた)[103]。

中曽根は、ソ連に対する西側の結束を示すべく、「日本がアメリカをある程度支持しながら、フランスも賛成する方向に会議を向けて」いく手法をとった。独自の核抑止力が殺がれることを危惧するフランスを説得するための手段が、「SDI五原則」であった[104]。専門家の間でこの五原則は、米国の戦略に制約とダメ押しを加えながら、レーガンの立場を立てる高等戦術と受け取られた[105]。

なお、ボン・サミットでは「第二次大戦終戦四〇周年に際しての政治宣言」が発表されている。一九八三年一一月に西独が米国の中距離核ミサイルの導入に踏み切って以来、ソ連は西独の「報復主義」を強調し、この終戦四〇周年記念の機会に対独戦勝記念日を大々的に宣伝して西側の旧戦勝国と旧敗戦国との間に楔を打ち込もうとしていた。これに対して、サミット七ヵ国は、戦争の反省に立ちながらも自由と民主主義によって強く結ばれていると世界に示したのが、この時の宣言であった[106]。

しかし、サミットでの議論の最大の焦点は、SDIではなく新ラウンドとなった。レーガンは新ラウンドを一九八六年早期に開幕するよう会議で決定を下し、宣言で明らかにするよう強く主張した。これを、中曽根、コール、サッチャーの三首相は揃って支持したが、ミッテランはEC決定の立場に固執して開始期日を明確には示さなかった。クラクシはミッテランにある程度の支持を与え、ドロールEC委員長も、当然ながらECの路線を踏まえて発言した。この問題が議論の焦点となったため、日本が貿易問題で集中砲火を浴びることを免れたのは既に触れたとおりである[107]。

この時のフランスのかたくなな態度の背景には、議長のコールが事前に、一九八六年早期の新ラウンド開始で米独が合意したことを漏らしてしまったため、自国が「完全包囲」されたと受け取ったミッテランが態度を硬化させたという事情があるようだ[108]。サミット直前の日仏首脳会談でも、ミッテランは中曽根に「已に（フランス以外の）六カ国で固まりすべては決まっているのだ」と不満を表明していた[109]。ミッテランは「こんなサミットはいらない。自分はもう出る気がしない」とまで言い出して、コールを困惑させた[110]。

ミッテランの批判・抵抗は、単に国内の農業保護という次元を超え、サミットはそもそも各国首脳が親しく意見を交換する場であって、物事を決定してそれを反対する国々に強制する場ではないという考え方に基づいていた[111]。フランスは米ソ両超大国に対して、自国を中心に欧州が独自に第三の政治勢力を作ることを外交政策の基本とする。それゆえ、米英両国の主導で物事が決定しがちなことへの不満も相まって、SDIや新ラウンドの問題ではフランスの自己主張が突出したといえよう[112]。

かたくなな姿勢をとり続けるミッテランに、中曽根は、農業問題では日本の主張も元来保護主義に近かったにもかかわらず、仏と米英の落とし所を探るべく、次のように発言した[113]。

米国中心に保護主義の危険が増大しつつあり、ここで全員の名で自由貿易を守るために結束し、保護主義反対を鮮明にすることは、米国議会に影響すること大である。もし米国議会が課徴金法案を成立させれば、全世界に影響する。日本の輸出超過が全世界に迷惑をかけることになり、日本の首相として忍びない。ここで、全世界に自由貿易死守を明らかにすべきである。[114]

この中曽根の力説には「一同シーンとなって、ミッテランも沈黙した」という[115]。全体会議の合間にはシュルツ国務長官がわざわざ日本側の席に足を運び、大統領の謝意を伝えた[116]。二年前のウィリアムズバーグ・サミットでの中距離核戦力配備をめぐる議論の時と同様、中曽根はボンでも米仏対立の調整役を果たした。

もっとも、サミット後に発表された「経済宣言」では、「我々は、ガットの新ラウンドはできる限り早期に開始されるべきであるとのOECD閣僚会議（四月開催）で達成された合意を強く支持する」とした後に、「我々のほとんどは、右は一九八六年中であるべきと考える」との文言が加えられる形となった。これはフランスだけが同調していないことと同義であった。サミットの宣言で、多数決原理の決定を示す表記は異例であった。

それでも、四月のOECD閣僚会議時より同宣言の方が、新ラウンド早期開始への国際的支持がより高まったことを示していた（四月OECDの共同声明では、「いくつかの国は八六年の早期にこれを始めるべきだと考えている」という文言に止まっている）。これは米国の議会を中心とする保護主義の高進に、各国が懸念を強めていたことの裏返しでもあった[117]。

サミット終了の翌五月五日、中曽根は東ドイツの中の孤島・ベルリン市に入り、旧帝国議会議事堂のバルコニーから、「ベルリンの壁」と壁の向こうの東ベルリン市街を視察する[118]。六日前の日独首脳会談において、中曽根はコールから、「共産側は、八四年に四万人の東独出国を認めたが、これは、（一九六一年の）ベルリンのかべ《壁》建設以来最大の数である」という情報を聞いていた[119]。東西対立構造の綻びを示す兆候を看取した中曽根であったが、僅か約四年半後にベルリンの壁が崩壊するとはよもや想像しなかったであろう。

5 欧州四ヵ国歴訪――ソ連をにらんだ「文化の旅」

サミット出席のための訪独から僅か二ヵ月後、中曽根は再び欧州の地を踏んでいた。一九八五年七月一二日から九日間の日程でフランス、イタリア、バチカン、ベルギーの四ヵ国を歴訪する旅であった。今回の欧州訪問は「文化の旅」として計画、実施された。政権の基盤は安定しており、「文化の旅」と称しても批判は起こらなかった[120]。

前年(ロンドン)、当年(ボン)のサミットで既に英独両国を訪問していた中曽根は、この歴訪で仏伊両国とEC委員会に赴けば、サミット参加国(参加機構)のうち、カナダ以外すべてを回ったことになる。ともあれ、旅の目玉は、ECの中核的存在で対日協力に強い関心を持つ反面、日本の対外経済政策にしばしば批判的な立場をとるフランスであった[121]。

七月一三日にパリに到着した中曽根は同日、ミッテラン大統領との首脳会談に臨んだ。この席でミッテランは、来年の東京サミットへの参加を明言するとともに、首脳同士の意見交換を活発化するよう求めた。サミットの議長役として、ミッテランから参加・協力の言質を取り付けた意味は大きかった[122]。

次いで、中曽根は、ボン・サミットで最大の焦点となった新ラウンドについて、①日本としては農業を突出させるようなことは考えていない、②LDC(低開発国)に対する配慮をしなければならない、③できるだけ早く、ハイレベルの専門家会合を開き、交渉そのものも開始したいと考えていると述べ、大統領の考えを質した[123]。農業を突出させず、かつLDCへの配慮を示すことでフランスから新ラウンドへの協力を引き出そうとしたのである。それでもミッテランは、先のサミットにおける一九八六年一月一日交渉開始という米国の提案について、仏以外の六ヵ国合意という「FAIT ACCOMPLI(既成事実)を押しつけられては合意できない」と依然、厳しい姿勢を見せた。

その一方で、「しかし基本的にわれわれは新ラウンド開始に賛成である」とも述べ、フランスが交渉開始に賛成する条件として、①あらかじめ議題を明確に定めること、②主要なLDCの合意を取り付けること、の二点を挙げた。ミッテランは②について、「七カ国で他の国の政策まで決定するわけにはいかない」とあくまで筋論を通した。

一方の①は、新ラウンドの協議対象が農業問題に絞られることを回避したいフランスの事情も絡んでいた。ミッテランは、「農業問題は米の関心事項」であり、かつ「ガットは特定の品目を過大に扱う傾向がある」であることを考え合わせると、米国の主張に沿って特定の農産品が俎上《そじょう》に上がると、EC内で被害を受けるのは（農業国である）自国だけなので、「他の加盟国は仏を見すてて仏をこ[孤]立化させるかもしれない」とあからさまに懸念を表明した。また、「工業製品、サーヴィス、基準といった問題をもっと取り上げるべきである」とも主張した[124]。翌年に控えた仏国民議会選挙での与党・社会党の敗北を回避するためにも、期日を決めた形で新ラウンドの早期開始に賛成するわけにはいかなかったのである[125]。

SDIについても、「米の戦略形成の決定そのものに対する参加招請であれば仏としても検討し得るが実施面のみ参加しろと言うのでは、もはやそれだけで拒否する理由ありとせざるを得ない」とミッテランは語った[126]。米国が決定権を独占し、自国が影響力を行使できない取り決めには、参加不可能ということであった。さらに、「SDIは将来、現在の戦略にとってかわる時期が来るかも知れないが、それは例えば三〇年、四〇年先の二一世き[紀]の話であり、自分は一九八五年の仏の安全を保障する責任がある」と主張した。そして、自国の核戦力を「超大国のそれと比べれば少ないが仏の抑止力としては十分な数」と評価したうえで、「仏はSDIには参加しない」と断じた。

中曽根は「SDIについての日本の立場は研究に理解を示すというものである」と述べ、SDIが「Political Bargaining Chip」として機能し、ソ連をしてジュネーブの軍縮交渉のテーブルに着かせる一因となったことを指摘した。日本としても研究参加の是非を決める前に「米からもっと情報を得たいとして要請している」経緯を伝えた中曽根は、SDIはABM条約の枠内で扱うべきとする持論を語った[127]。SDI構想を、遠い未来のものにすぎず、現実の安全保障にプラスにならないと切り捨てるミッテランと、軍事上の実用性はともかく、西側の対ソ戦略への政治的な効用を認める中曽根との間には、認識の隔たりがあった。

そして、この日仏首脳会談のもう一つの大きなテーマは、ゴルバチョフ政権の性格と仏ソ関係であった。

ミッテランは、「一〇月にゴルバチョフ書記長が来仏する」ことを告げるとともに、自身が『ゴ』とは二度会っている」と述べた（一度目は一九八四年六月の訪ソ、二度目は一九八五年三月の故チェルネンコ書記長の葬儀）。前年の訪ソで、当時、党内第二位の地位にあったゴルバチョフと数時間にわたって対話した経験から、ミッテランは「彼の立場は、ソ連の全般的戦略のわく内にとどまるもの」でありながらも、「種々の意見を自由かつ《［闊］》達に述べ」るなど、「その個性、対応振りは他の指導者と異なっている」と評価した。また、革命を知らない世代だけに、革命に対し冷静な見方を有していると指摘した。

次いで、大統領は、ゴルバチョフの指導者としての強みを、以下の四点にまとめて列挙した。

① 若く、長く政権を握っていられること。
② 他の指導者が老齢化しており、早晩交替が予想されること。
③ ソ連の戦略の原則に忠実なこと。
④ 外国への対応につき全く新しい手法を持っていること。

そして、ゴルバチョフが米ソ首脳会談に先立ってフランスを訪問する理由を、「仏とロシアは、対オーストリア・ハンガリー帝国、対プロシア帝国、対大英帝国との関係で同盟せざるを得ない歴史的状況下に置かれてきた」と分析した。また、米国の中距離核戦力たるパーシングⅡの西ドイツ配備への支持や、「四七名のソ連外交官をスパイ容疑で追放」したことなど、自らが「政権についた後三年間対ソ強硬政策をとってきた」ことも、ゴルバチョフの早期訪仏の理由として挙げた。その強硬路線は、「対ソ敵対的な立場」ではなく、ソ連の尊敬を受けるためのものだというのである。

さらに、①ソ連にとって、イギリスは米国と近すぎて訪問してもあまり意味がない、②西ドイツも防衛政策が自主的なものではなく、最終決定を自分で行いえないため、訪問先としては適当ではなかったと分析したうえで、米国の忠実な同盟国ではあるが、核を基礎とした独自の国防政策を有し、米国と大きく立場が異なる部分もあるフランスが、第一の訪問先として選択されたと説明した。

ミッテランは、ソ連の対外政策が米ソ二極関係の枠組みから脱し、欧州との関係を重視するなど多様化を図ろうとしていると分析した。また、「ソ連は宇宙兵器にきょうい《［脅威］》を感じており、この分野で仏が消極的なことも知っている」とも付言した［128］。仏ソ間の歴史的絆やソ連が自主外交路線の自国を一目置いている点を強調し、今後の東西関係の動向にフランスが重要な鍵を握っていることをアピールしたといえよう。

中曽根も、「『ゴ』は若いのが一つの強味」と応じ、今後四半世紀の政権担当の間、外交・内政両面で崩れはじめている共産主義の「再生あるいは再活性化」を図るため、「平和と時間を必要としている」と分析した。合わせて、来年二月の党大会で自らの権力を強化した後、対外的には柔軟策に出てくるのではないかと予想した[129]。

結局、ミッテランとの首脳会談は、当初予定の四五分間を大幅に超過して、一時間三〇分にわたり行われた[130]。超過した首脳会談の後、両首脳は食事をとりながら、さらに約二時間、一神教と多神教との違いなど文化談義に花を咲かせた。サミットの場では異なる立場をとることも多かった中曽根とミッテランであったが、両者の間には「不思議な友情」(中曽根)が育っていた[131]。

ミッテランとの食事会を終えた中曽根は、ソルボンヌ大学で、「日本とヨーロッパ――より高次の普遍的文明の創出に向けて」と題する記念講演を行った。このなかで、フランス語と日本語、パントマイム劇と能を事例に挙げて、日仏両国の精神文化が前者が「静」、後者が「動」と分析した。そのうえで、「一見相反するように見えるこの二つの精神文化の特質がより深いところで結び付いたとき、二十一世紀が我々に向けて行いつつある挑戦に対して、より有効に、より大きな自信をもって立ち向かうことができる」と論じた[132]。この演説の最初と最後、いちばんの決め手となる箇所は、中曽根が自らフランス語で語りかけ、そのシーンはフランスのテレビで放映された。パリにおける首相の一連の言動は、従来「エコノミック・アニマル」のイメージに止まっていた日本人への心証を覆し、日本への理解をフランスで深化させる意味があった[133]。

次いで、一九八五年七月一六日、イタリアを公式訪問した中曽根は、同日クラクシ首相と会談し、翌一七日には、バチカン宮殿にローマ法王ヨハネ・パウロ二世(Pope John Paul II)を訪ねて会談した。この席で、中曽根は「日本は世界の平和と軍縮のために努力している」と強調しつつ、「米ソ核軍縮をなんとしても成功させたい」と述べた。法王も、「私も大賛成だ。広島・長崎を訪れた際、日本国民のその気持ちを感じて大感激した」と応じ、核軍縮への期待感を表明した[134]。この謁見には、国際的な権威を持つ法王から「日本の行動を賞賛してもらえば、日本外交のプラスになる」という政治的意図が秘められていた[135]。なお、日本の首相が法王の謁見を受けるのは、池田首相以来二三年ぶりのことであった。

七月一八日の夕方、ベルギーのブリュッセルに入った中曽根は、翌一九日午前にEC本部でドロール委員長と会談した。その後、一九九五年まで欧州委員長の地位にとどまり、EU(欧州連合)成立に尽力して欧州統合の歴史に大きな足跡を残すことになるドロールは、「ヨーロッパの総理」として、欧州が民主主義を基礎にして生存できるか否かは、この先の二〜三年が「決定的で死活的な重要性を持つ」と論じた。さらに、ウィリアムズバーグ以来のサミットは概ね失敗であったと指摘しつつ、次回のホスト役の中曽根に「(サミット成功に向けて)ひとつその手腕を拝見したい」と語った[136]。

訪欧全体を通して貿易不均衡問題は突出した話題とはならなかったが、このときドロールは一言、「一〇月末に日本とECで閣僚レベルの会議を開いて、今回(日本の経済対策で)とられた措置の結果として、どれだけ前進があったかチェックしたい」と発言している。中曽根も「一生懸命やった後だから、ひとつボディチェックをして頂きましょう」と応じたが、日欧間の経済摩擦は依然くすぶり続けていた[137]。

同じ七月一九日夕方、ベルギーのマルテンス首相(Wilfried Martens)との会談を終えた中曽根は記者会見を開き、「各国首脳との率直な意見交換を通じて、日本が単なる経済追求の国ではなく、文化と伝統を貴ぶ国であるとのイメージを、欧州各国民が持ってくれたと思う」と総括した[138]。この外遊は、まさに「文化の旅」であった。一方、前出の日仏首脳会談の議論から、中曽根が歴訪中、今後の米ソ軍縮交渉を中心とする東西関係の行方や日ソ関係の打開に思いを巡らせていたことも間違いない。

中曽根が訪欧に出発する一〇日前の七月二日、ゴルバチョフがグロムイコ外相を罷免して世界を驚かせた。グロムイコは、二八年間もの長きにわたって外相を務めた「ソ連外交の生き字引」であっただけでなく、ゴルバチョフを党書記長に推挙した人物であった。しかるに、ゴルバチョフはそのグロムイコをソ連最高会議議長という儀礼的ポストに一挙に祭り上げたのである。なお後任の外相は、共産党政治局員に昇格してまもなく、これまで外交経験を持っていないグルジア出身のシェワルナゼ(Eduard A. Shevardnadze)であった[139]。

外相交代劇の詳細と、交代によるその後のソ連外交への影響について即座に把握することは困難であった。ただ、中曽根の欧州歴訪に随行していた外務省の西山健彦欧亜局長は、七月二〇日にブリュッセルで首相一行から分かれ、日ソ貿易支払協定改定交渉のためにソ連に赴いた際、カピッツア外務次官と意見交換をしてソ連外交の今後を探る機会を得た。

前出のミッテランの見解を念頭に置き、西山局長はカピッツア次官に、ソ連外交が米ソ関係を最重要視するグロムイコ時代のあり方から、欧州をより重視するとともに、さらには日本にも関心が及ぶようになるのではないかと尋ねた。これに対してカピッツアは、「正にその通りである。パリにゴルバチョフ書記長が行くことがその第一の証左である。アメリカのレーガン大統領とはジュネーブでしか会わないであろう」と答えた。西山は、カピッツアの発言が、前出の仏大統領発言と符合している点に印象を受けるとともに、ソ連の対仏アプローチを米欧分断という視覚から見るだけでは、フランスないし欧州の国際政治での役割意識を把握できないこと、また、ソ連と欧州との関係の「系」として、日ソ関係も今後そのあり方が相当変化するとの認識を持つに至った。

ソ連から帰国して間もない七月三一日、西山は都内で行った講演で、今後のソ連外交の変化に的確に対応すれば、「日ソ関係はいまよりももっとダイナミックに展開し得る余地もある」との感触を持ったと述べた[140]。ちなみに西山は外務省の仏語研修組で、対ソ強硬論に傾きがちな露語研修組ではない。そして一九七七年の「福田ドクトリン」ではアジア局の地域政策課長として、その策定の中心を担った経歴の持ち主であった。

政治指導者である中曽根や安倍が、日ソ関係の打開にひとかたならぬ意欲を持つ状況下で、外務省事務当局は総じてソ連に懐疑的とはいえ、対ソ政策遂行の要たる欧亜局長がゴルバチョフ政権に前向きな展望を持ったことの意味は、決して小さくはなかった。事実、一九八五年後半以降、米ソ関係の緊張緩和の流れと相まって、日ソ関係の改善に向けた動きは次第に活発化する。

5 防衛費対GNP比一%撤廃を目指して――戦後政治の総決算1

一九八五年二月二七日、田中角栄元首相は脳梗塞で倒れ、政治の表舞台から退場した。これにより中曽根は、安倍晋太郎・竹下登・宮澤喜一という三人のニューリーダーの力量不足にも助けられて、「大御所」的な立場に立つようになる。そうしたなかで、自らが標榜してきた「戦後政治の総決算」路線を突き進めば、総裁任期が切れる翌年秋まで政権の浮揚力を確保することができ、場合によっては任期延長＝長期政権も不可能ではないと考え始めたようであった。

七月二七日、中曽根は長野県軽井沢の自民党セミナーで講演を行い、防衛問題についてそれまで防衛庁の内部資料であった「中期業務見積り」を政府計画に格上げすべきとの考えを示すとともに、防衛費の国民総生産（GNP）比一％枠撤廃に意欲を見せた。また、靖国神社公式参拝問題についても、政教分離原則に抵触しない形での公式参拝実現を示唆した。一％枠撤廃と靖国公式参拝の二つの懸案に区切りをつけるのが、「戦後政治の総決算だ」と強調した。

中曽根は、経済大国となった日本が、その経済力に相応しい政治大国として世界に伍していく必要性を強く感じていた。そのためにも国際社会での甘えは許されず、新しいナショナリズムの下で国民意識の再統合を図り、戦後政治の欠陥を是正して再出発しなければならないと考えたのである[141]。

防衛費対GNP比一％枠の問題は、一九七〇年代後半以来、国会やマスコミを舞台に激しい論争を呼んだ重要議題であった。一％枠自体は、三木政権末期の一九七六年一一月の閣議決定により設定された。一％枠を設定する議論が出てきた当時、中曽根は自民党幹事長であった。中曽根自身は防衛力を数字で限定することは良くないと考えていたが、三木首相が枠設定に熱心であったため、総裁を支える幹事長としてあえて反対を公言しなかった[142]。しかし、決定から三年後の一九七九年末、ソ連がアフガンに侵攻すると米国は対ソ強硬路線に転じ、日本への防衛費増額要求は一気に激しくなる。一％枠は早くも危殆に瀕したのである。

そのような状況下の一九八二年一一月、中曽根が首相に就任する。ちなみに、中曽根政権誕生後の防衛関係費の対GNP比は、一九八三年度が〇・九八％、八四年が〇・九九％、八五年度が〇・九九七％と、天井に届く寸前となっていた。

そもそも、中曽根は、「吉田政治からの脱却」という経綸を長年抱いてきた政治家であった。戦後の吉田茂首相以来の「経済至上主義」路線により、日本の国が、「国の防衛をアメリカに依存し、外国に依存しながら繁栄を楽しむ」という「ベニスの商人的国家」あるいは「一国平和主義」に堕していくという危機感があった。したがって、中曽根が首相就任にあたり掲げた「戦後政治の総決算」のなかには、心情として、憲法九条改正も含む安全保障の見直しもあったことは察し得るところであった。

しかし、当時はまだ、そのような憲法問題の根幹に触れる安全保障政策の見直しに国民の理解と支持が確保できる見通しは立たなかった。その点をよく認識していた中曽根自身も、首相としては行政改革と財政改革、教育改革の三つに力を注ぐに止めたのである[143]。そして本来手を付けたかった憲法改正の代わりに、「一国平和主義」の象徴的存在となっていた防衛費一％枠の撤廃に目標を絞り込んだのである。

早くも首相就任直後の一九八三年一月の訪米で、中曽根は、「不沈空母」発言が飛び出したワシントン・ポスト紙のグラハム社主との朝食会において、「(防衛)努力を行うと防衛費の対GNP比一％をこえるという現象が来年にもでてこよう」としたうえで、「一％も(憲法改正論議同様)政治的タブーでありこれを破るのは容易ではないが、日本の国際的役割を考えればやらざるをえず、国民に心の準備をしてもらう必要がある」と発言していた。ちなみに、以上の発言は、当時オフレコ扱いとされた[144]。

次いで、一九八四年一月に米国から農産物の市場開放を求めるべく首相官邸を訪れたシグール大統領補佐官に、中曽根は内々の話として、一％枠は「日本が国際社会に対して応分の負担を拒んでいる、と受け取られる恐れがあります」、「これはアメリカなどで、日本がアンフェアだという批判を助長している」と述べ、自分の在任中に一％枠撤廃を実現する考えであると表明する[145]。中曽根にとって、一％枠の撤廃は、日本が安全保障面で相応の責任を果たすことをアピールして、経済摩擦で緊張しがちな日米関係を安定化させる一つの手段でもあった。

確かに、カーター政権時代と違い、レーガン政権下の国防総省は、具体的な数字を挙げて日本に防衛力整備を迫ることはしなかった。とりわけ中曽根政権成立後、日本の防衛努力を評価する姿勢に転じていた。

無論、そのことは米国側が日本の努力に満足していたことを意味しない。むしろ、米国政府はより多くの貢献を期待していた。一九八四年六月一九日に発表された米国防総省の報告では、①八項目にわたる(同盟)各国の寄与能力と実際の負担の比較によれば、公平な負担という観点から考えて、日本は全ての面で劣っている、②装備と継戦能力の問題は一九八三年度に顕著に改善されず、八四年度予算も必要な事項を達成するには不足である、③五九中業では継戦能力、空・海交通路防衛能力を重視しており、この計画が十分に立案、実施されれば一〇〇〇海里シーレーン防衛を含む日本の目標は、八〇年代中に実を結ぶ、と指摘されている[146]。

米議会はさらに辛辣であった。一九八四年九月二七日に成立した一九八五年度国防省予算権限法の付帯条項では、日本が一〇〇〇海里防衛の誓約を果たすために行っている防衛力増強の進展度は、極めて失望させられるものと断じ、「日本は防衛力を改善する最大の潜在力を有する加盟国」と描写されていた[147]。

当然、米国側が望むようなシーレーン防衛の達成、装備あるいは継戦能力の向上を実現するのは、相当な額の防衛予算の確保が必要不可欠であった。一九八〇年から八五年まで駐米大使を務めた大河原良雄は、次のように回想している。

毎年、年末の予算編成にあたり、GNPの一%の大枠との関係で、防衛費の予算額の如何は、たえず米国関係当局の強い関心事であり続けた。他方、レーガン政権下で米国がGNP六%にも上る国防費の支出を続けているにもかかわらず、米国の同盟国として西側の防衛努力の一翼を担うべき日本の防衛支出が、なぜGNPの一%未満に止まらなければいかないのか、という基本的な疑問は絶えず提起され続けていた。

さらに、大河原は、「厳しい国際情勢の下にあって、もっと期間を短縮した形で早急に目標の達成を図るべき」、あるいは「防衛努力は国際情勢に即応したものであるべきであり、情勢の推移に関わりなく固定的な観念の下での対応は妥当なものでない」というのが米国側の基本的な考え方であったと証言する[148]。

こうした米国側の空気を察知していた中曽根は、防衛費一%枠の撤廃に向けて精力的に動きだす。まず、一九八三年八月五日、中曽根は私的諮問機関として「平和問題研究会」を発足させた。座長の高坂正堯京都大学教授を筆頭に、瀬島龍三臨時行政改革推進審議会委員ら一一名のメンバーは、首相好みの顔ぶれであった。特に高坂座長は安全保障・防衛政策の専門家であるうえ、防衛庁とも古くから気心の知れた関係にあった[149]。防衛庁幹部と高坂は頻繁に打ち合わせをするなど、平和問題研究会と防衛庁は水面下で連携していた。

なお、世論からの反発を警戒する中曽根は防衛庁に、一%枠撤廃について表立って動かないよう指示を出していたと見られる[150]。防衛庁ではなく、首相の諮問機関が一%枠について物申す形の方が、国民への説得上より好ましいとの読みが首相周辺や防衛庁幹部にあったことは確実である[151]。

さらにいえば、同研究会での討議に必要な資料やデータを用意する事務局の機能を担ったのも防衛庁であった。したがって、同庁にとって研究会の結論を一定の方向へ誘導することは難しくなかった。首相の私的諮問機関という性格から考えても、首相や防衛庁の意に反した報告書は出ようはずはなかった[152]。ちなみに、一九八三年八月の初会合以来、研究会は一年半近くの時間をかけて、実に二五回もの意見交換と審議を重ねていく。この間、中曽根はほぼ全ての会合に出席し、意見の要点を自身でメモしていた[153]。

ところが、報告書のとりまとめが大詰め段階となる一九八四年一一月に入った時点でも、一%枠の取り扱いについては「撤廃」と「維持」の両論が委員から出され、いずれも簡単には引き下がらない情勢となっていた。状況が切迫するなか、「撤廃」の方向で一本化するという首相の意向を、中核の委員に伝える水面下の動きが始まる。中曽根は高坂が作った叩き台となる原案に目を通し、これに自ら筆を入れ、また書き改められた案が届くと、さらに修正を施すという熱の入れようであった[154]。

かくして、一九八四年一二月一八日、研究会の審議結果がまとめられ、報告書として首相に提出された。その内容は、端的に言えば、一%枠の撤廃と「防衛計画の大綱」の見直しを求めるものであった。まず、報告書は、一九七〇年代後半以降のソ連軍の軍備増強(特に極東における)と中東地域への米国の戦力移駐、日本の国力増大により、日本の防衛力強化の必要性が高まっているとして、現在の日本を取り巻く国際環境が、大綱が策定された一九七六年当時の状況から大きく変化したことを指摘した。しかし、それにもかかわらず、現状は大綱の定める「必要最小限の防衛力」すら、未だ保有できていないとして、「この間の防衛努力は不十分であった」と断じる。

また、大綱の中核概念である「基盤的防衛力」の考え方には、「平和時における防衛の整備の構想であり」、緊張が激化した事態や有事が予想される事態への対応について明確にしていない問題性があることを指摘しつつ、「今後作られるべき防衛体制は、より柔軟な対応を許容しうるものであると同時に、より効率的で総合的な防衛の体系と自制の原則を明示したもので」あるべきとして大綱の見直しを主張した。

そして報告書は、一%枠について「当時推定された強めの経済成長率から考えて、『大綱』に定められた防衛力整備が当分の間一%以内で十分行いうると判断されたために設定されたもの」と位置付け、当時は「歯止めとしての役割を果たしていた」としながらも、以下のように結論づけた。

このような事情は変化した。経済成長率が予想を下回ったため、「当面」という言葉で常識的に理解しうる期間内に「大綱」の定めるレベルは達成されなかった。こうして一%というめどは、今日通用しがたいものとなった。[155]

報告書のなかには、一九八〇年代中に新冷戦的な状況は変化するとの見通しをもとに、日本が西側諸国と協調しつつソ連および東欧圏との交流を続け、協調的な東西関係の構築に向けて努力すべきとの主張もあり、全体が一概に冷戦的思考にとらわれていたわけではない[156]。しかし、同研究会の委員であった瀬島は、報告書が一九八〇年代前半の新冷戦状況に大きく規定されていたと証言する[157]。

平和問題研究会の報告書が提出されて僅か三日後の一二月二一日、自民党政調会のなかに設けられた安全保障調査会防衛力整備小委員会（委員長は大村襄治元防衛庁長官）が、防衛計画の大綱の見直しと一%枠の見直しを内容とする「防衛力整備に関する提言」を行った。すなわち、一九七〇年代の米ソのバランスを前提にした大綱の再検討を主張しつつ、GNPの伸びが鈍化した現状にあっては、一%枠を堅持したままでは「もはや『大綱』達成へ向かっての努力はおろか、防衛力の現態勢の維持すらも困難」として、その枠を見直すべきとの結論を出したのである[158]。

自民党の提言は、大綱と一%枠の見直しという結論と、それに至る論拠において前出の平和研の報告書と軌を一にするものであった。そして、この提言は自民党政調の国防三部会（安全保障調査会・国防部会・基地対策特別委員会）の合同会議で審議され、その後、党の総務会で党議決定される手筈になっていた。その裏には、中曽根の強力な後押しがあった[159]。

かくして提言は、一二月二一日の総務会に持ち込まれた。しかし、河本敏夫国務相をはじめ、河本派の大西正男、坂本三十次の両総務が、「専守防衛の原則を崩す」と反対し、鈴木派会長代行の宮澤喜一総務会長も「提言」の党議決定に消極的であった。翌日の総務会でも、河本派の総務たちが反対し、鈴木派が慎重論を唱える構図は変わらなかった。結局、「一%枠は政府の決定したもの、撤廃も政府が決めるべきもので、自民党の党議とするのはその後でよい」という宮澤総務会長の一言で棚上げとなった[160]。「ハト派」の河本・鈴木両派が、一%枠撤廃の障壁となったのである。

特に宮澤は、憲法改正を党の綱領に掲げる自民党にあって、一九六〇年代から「日本国憲法は国民に定着した」と言い切り、自主憲法制定の動きを「前世紀の遺物」と見なす「ニューライト」の立場を鮮明にしてきた。こうした宮澤の政治的信念は、吉田以来の保守本流が推進した経済重視、日米安保による日本の防衛という路線が、日本の繁栄をもたらしたと見る強い自負心に裏付けられていた。

しかし一九八〇年代に入り、米国の強い防衛分担要求の下で、この保守本流の路線は次第に守勢に立つようになる。首相に就任した中曽根が「戦後政治の総決算」を唱え、防衛問題をはじめ保守本流の政策そのものに挑戦する姿勢を打ち出すと[161]、実に防衛費一%枠の撤廃は、中曽根が繰り出す「戦後のタブー打破」の象徴となった。宮澤は保守本流路線を守るべく、総務会長として枠の撤廃に抵抗したものと見られる。

また、鈴木善幸から政権を引き継いだ中曽根は、政権発足時、日米・日韓両関係が手詰まり状態であったことにしばしば言及していた。これが暗に鈴木政権の失政を指摘することとなって、鈴木当人のみならず、官房長官として事実上同政権の外交を司った宮澤の心証を害したに違いない[162]。しかも、中曽根は政権誕生時と第二次内閣発足時の二度にわたり、宮澤を党幹事長に推す鈴木の要請を拒み、同じ宏池会のライバルの田中六助を一本釣りの形で、政調会長、次いで幹事長に据えた[163]。結局、中曽根再選後の一九八四年一〇月に宮澤は総務会長に就任するが、このような中曽根との心理的な溝も、一%撤廃をめぐる宮澤の言動に何らかの影響を与えていたことだろう。

もっとも中曽根自身は、宮澤ら党内ハト派からの抵抗を受ける前の時点でも、一気に一%枠撤廃に突き進むつもりはなかった。平和研の報告書の取りまとめが大詰めを迎えた一一月二九日、中曽根は一%枠について「今後も守るように努力していきたい」と発言している[164]。そして一二月一八日に平和研の報告書を受け取った際にも「(昭和)六〇年度予算編成で生かすこともあり、中長期的に生かすところもある」と述べるに止めた。

中曽根の慎重姿勢の背景には、一〇月の再選をめぐって「二階堂擁立工作」(鈴木前首相が中曽根の再選を阻むべく、福田元首相や公明・民社両党と提携して二階堂進副総裁の擁立工作を仕掛けるも、挫折)が発覚したことで、再選後の政局運営で「安全運転」に努める必要があったためである[165]。これまでの人事で冷遇してきた宮澤を総務会長に充てたのも、その一環であった。

ちなみに、一二月一日に通常国会が召集されて間もない同月一〇日、米原子力空母カールビンソンが、核兵器、巡航ミサイル・トマホークを搭載して横須賀港に入港した。社会党や公明党、共産党など野党各党ばかりでなく、横須賀市長や神奈川県知事も寄港反対を申し入れたが、政府は安保条約を盾に押し切った。これに先立つ一一月には、日米共同対潜訓練に、原子力空母エンタープライズとカールビンソン、空母ミッドウェーの三個空母機動部隊が参加することが明らかになっていた。防衛費を米国の要求ほどには増やせない以上、米空母の寄港や共同訓練といった面で、より積極的に米国側の求めに応じるべきというのが、中曽根の立場であった[166]。

「二階堂擁立工作」という政局上の要因もさることながら、米空母の寄港受け入れに伴って「非核三原則」抵触が指弾されかねない動きが相次ぐに及び、中曽根は野党や国民世論からの反発が強まる事態を先読みして、この通常国会ではあえて一%枠撤廃に踏み込むことを控えたと見られる。

7 一%枠撤廃の外堀を埋める
──「中期防衛力整備計画」の策定

しかしながら、これで中曽根が一%枠撤廃を諦めたわけではなかった。年末の予算編成では、防衛費を首相裁断で大蔵原案の前年度比五・一%増から六・九%増に引き上げた[167]。その結果、一九八四年一二月二九日に閣議決定された一九八五年度(昭和六〇年度)予算では、防衛費が三兆一三七一億円で同年度のGNP見通し三一四兆六〇〇〇億円の〇・九九七%となり、一%枠の天井まで僅か〇・〇〇三%、金額にして八九億円に迫った。例年秋に行われる国家公務員である自衛隊員の給与引き上げの額によっては、枠突破の可能性も出てきた[168]。

年が明け、一九八五年一月三一日の衆議院予算委員会で、社会党の田辺誠書記長が内閣として一%枠を守るのか否かを質した。中曽根は「当初予算は一%以内にとどめるよう全力を尽くし、その通りに実行した」としながらも、人事院勧告の数値や経済成長率の低下に触れつつ、「(一%枠のなかでは)大綱水準の達成が困難になってきた」と述べ、大綱水準達成のためには枠突破もやむなしとの立場を滲ませた。一方、田辺書記長はこの答弁を歯止めなき軍拡へ向けた「野望」の証拠だとして、撤回を求めて詰め寄り、質問を打ち切った。このため予算委員会は、四日間にわたって審議が中断した。結局、この通常国会では防衛問題絡みで一〇回も審議が中断する[169]。

他方、米国側からは日本の防衛努力に対する不満の声が噴出する。六月一二日、米議会上院は、日本の防衛努力を求める提案を可決した。その内容は、①防衛計画大綱の見直し、②「五九中期業務見積り」でのシーレーン防衛の達成、③在日米軍駐留経費負担を大幅増額、の以上三点を要求していた。しかも同決議は、加藤紘一防衛庁長官が日米防衛首脳協議のためワシントンに滞在中というタイミングを狙ったものであった[170]。

確かに六月一〇日に行われた防衛首脳協議で、ワインバーガー国防長官は声高な防衛力の増強要請は一切しなかったが、米国政府が対日関係に配慮し婉曲な表現で期待している本音を、米議会が決議によって直截に代弁したものといえた。自由世界第二の経済力に相応した役割分担を防衛面でも行うべきとする米議会の要請は、貿易赤字増大という経済関係での不協和音の高まりに伴って、一段と激しさを増した[171]。

七月二六日に国務省で作成された文書は、中曽根が今夏での一%枠撤廃を望んできた半面、米国からの圧力で撤廃したと国内から見なされるのは回避するだろうと分析していた。しかし、その一方で「もし、彼がとったアクション・プログラムや他の貿易上の措置に対する米国の反応が、より無反応な状態であれば」、「米国へのさらなる誠意の印として、GNPに絡む障壁の撤廃に突き進む選択をするかもしれない」と予測した[172]。

既述の通り、七月末に中曽根が発表したアクション・プログラムに対する米国政府の反応は、日本側の努力を見守るという、いささか微妙なものであった。日米経済摩擦が顕在化し、これが防衛問題と絡んでくるに及び、中曽根は日米関係の「基礎構造」たる安全保障関係を固めるべく、一%枠撤廃の意向を鮮明にする[173]。国務省文書の予測は当たったのである。

中曽根は、前出の七月二七日の軽井沢セミナー演説で、これまで防衛庁の内部資料であった「中期業務見積り」をシビリアン・コントロール(文民統制)の観点から、政府計画に格上げする意向を表明した後、野党が一%枠問題を「政争の具」に使っていることを批判しつつ、自らが「素直に国家の現状や、防衛の現状等を国民の前に披歴して、国民の皆さんの判断を仰ぎつつ、堂々と王道を踏」んでいく決意を語った[174]。それは一%枠撤廃に向けて動くという狼煙となる発言であった。

次いで中曽根は、八月七日に行われた国防会議の席上、新五九中業(一九八六~九〇年度)を政府計画に格上げし、新しい防衛力整備五ヵ年計画、すなわち「中期防衛力整備計画」(同期間)として策定するよう矢継ぎ早に指示を出す。中期防決定と一%枠突破を同時に決着させるのが首相の狙いであった。また、大蔵・防衛両省庁に一%枠を外した後、中期防での総額明示方式を新たな防衛費の歯止めとするよう調整を指示した[175]。

総額明示方式による新たな歯止めという考え方は、大蔵省と防衛庁双方による利害一致の産物であった。大蔵省は、一%枠の撤廃が不可避であるならば、自分たちの手が届く政府計画に格上げさせることで予算査定権だけは確保したいと考えた。一方の防衛庁は、世論からの反発を考慮し、シビリアンコントロールの充実を図る立場から大蔵省に中業の格上げを提唱してもらい、一%枠撤廃に向けて軟着陸させようと考えたのである[176]。

他方、外務省事務当局は、日本のGNP自体が巨大化している現状に鑑み、防衛費抑制の象徴としての一%枠は意味が乏しいうえ、対米関係においては日本の責任分担の消極性を象徴している点でむしろ有害であり、その撤廃は好ましいという考えであった[177]。さりながら、省内には米国に過度の期待を持たせず、かつ近隣諸国に不安を与えないためにも、何らかの歯止めが必要との見解も有力で、件の総額明示方式を推す意見が出されている[178]。

八月二七日、竹下蔵相、安倍外相、加藤防衛庁長官、藤波孝生官房長官の四者協議が開かれ、四閣僚は一%枠を外す場合の新たな歯止めには、総額明示方式が最有力案であることを確認する[179]。さらに、九月三日、同じ四閣僚は、首相指示通り中期防決定と一%枠突破の同時決着を目指すことを確認した[180]。

ところが三木武夫、福田赳夫、鈴木善幸の歴代の総理経験者たちが揃って一%枠撤廃に異を唱えた。一%枠設定時の首相で自民党最左派の三木や、保守本流の「ハト派」である鈴木はともかく、岸信介元首相の直系で「タカ派」と目される福田までが撤廃反対論に与したのは注目される。もっとも福田は首相退任後、世界各国の首相・大統領経験者を集めて「OBサミット」を立ち上げ、米ソ首脳会談の早期開催や軍事費削減を訴えるようになっていた。また、若き大蔵官僚時代に、軍部の軍事費増額要求に対し抵抗した高橋是清蔵相が二・二六事件の凶弾に倒れ、その後日本が急速に軍国化していくのを実体験したことが、枠撤廃反対の言動につながっていた[181]。

中曽根政治との路線上の違いを鮮明にしていた宮澤総務会長の存在も、枠撤廃の障壁であった。八月二五日、中曽根は静養先の軽井沢で宮澤と会談し、枠の見直しに協力を求めた。ところが「五九中業で一％枠突破の可能性があるというが、この五年間のＧＮＰがどうなるのか、その計算はできていないはず。かつて経済企画庁の中長期計画から　ＧＮＰの中長期見通しの数字を削らせたのは、首相自身だった」というのが宮澤の返答であった[182]。ＧＮＰの数字が大きい場合には防衛費が一％の枠内に収まってしまい、枠突破の既成事実作りができなくなることを懸念した中曽根が、事前に経企庁に命じて一％の基になるＧＮＰの数字を発表しないように指示したことを逆手にとったのだ。ＧＮＰの数字がない以上、五九中業の政府計画格上げは一％枠とは無関係、という理屈で中曽根に待ったをかけたのである[183]。

さらに、中曽根と会談した二日後の八月二七日、宮澤はともにニューリーダーと呼ばれた竹下、安倍の三人で、神奈川県箱根で会談し、ＧＮＰの見通しが判明しない段階では一％枠撤廃の必要はないと持ち掛けた。安倍はすぐさま同調し、その場では意思を明確にしなかった竹下も、まもなく周囲に撤廃見送りをほのめかすようになる[184]。四閣僚協議では首相の意に沿った動きをしていた安倍、竹下も、世論の猛反発を受けかねない一％枠撤廃問題で中曽根に殉じるつもりはなかった。特に、安倍は翌年秋に迫る中曽根の総裁任期切れを睨み、政治的な自由裁量を確保すべく、外相辞任の希望を水面下で漏らすようになっていた[185]。

九月二日、中曽根は自民党内の調整を本格化するべく、金丸信幹事長に協力を要請した。「米議会では対日防衛力増強決議が通る一方、貿易の保護主義法案もひしめいており、一％枠を撤廃しないと、これら法案の議会通過の際、大統領が拒否権を発動できなくなると訴えたのである。もし枠撤廃が一〇月の自身の訪米後となれば、それは「米国の命令」によるものと見なされてしまう。中曽根はそれ以前の決着を望んだ。

金丸幹事長は、自民党内の慎重論や野党の反発、国会運営の観点から、首相にブレーキをかけようとしたが、中曽根は、金丸が竹下の後見人であることを念頭に、「私の次に政権を担当する人のためにも、ドロをかぶってもやりたいと考えています」と主張し、「窮鼠猫を噛む」の諺を引きつつ、解散権行使の可能性も示唆して枠撤廃への決意を示した。ところが翌日、金丸は右の「窮鼠」発言を自民党内の会議で漏らしてしまう。これが広まったことから、党の長老をはじめとする反対派はさらに態度を硬化させてしまった[186]。国会運営の責任者である金丸は、無理のない政局運営の見地から、首相の意に反して一％枠撤廃見送りの流れを作った[187]。

九月五日、二階堂副総裁や金丸らによる自民党五役会議が開かれ、中期防決定と一％枠撤廃問題は切り離して処理するとの方針で臨むこととなった。次いで、六日に行われた首相と金丸との会談で、①防衛費ＧＮＰ一％枠はできるだけ尊重していく、②防衛庁の内部資料である五九中業を国防会議と閣議で政府計画に格上げして決定することで合意した[188]。

当面一％枠撤廃ができなくなった状況の下、中曽根や防衛庁にできることは、五九中業から格上げされた、新しい防衛力整備五ヵ年計画が必要とする防衛費の総額をできるだけ上積みすることであった。防衛庁は、一九兆三〇〇〇億円に極力近い額を確保することに全力を上げた。大蔵省も計画期間内のＧＮＰ見通しから、既にＧＮＰ比一％ラインは一七兆七二〇〇億円になると試算していた。両省庁の目標の差額は約一兆六〇〇〇億円となるなかで、どこで折り合いを付けるかにあたって、再び一％枠が絡んできたのである[189]。

九月一七日夜に始まった竹下、安倍、加藤、藤波の四閣僚と藤尾正行政調会長による政府・自民党の最終調整は、翌朝八時まで延々一〇時間に及ぶマラソン協議となった。首相から調整役を任された藤尾政調会長は、総額一八兆五〇〇〇～六〇〇〇億円（中曽根自身の意向は、この数字以上の確保）とする案を提示したが、大蔵省側は「財政負担が大きすぎる」と猛反発したのに対し、防衛庁側は一層の増額を求めるなど、なかなか決着が付かなかった。最終的に、ここから一〇〇〇～二〇〇〇億円を削り込むことで話がまとまり、首相も了承した[190]。

最終決定額の一八兆四〇〇〇億円は、経企庁のＧＮＰ算定基準に従って計算すると、一九八六～九〇年度という計画期間中のＧＮＰ見込みの一・〇三八％に相当していた（その後一〇月の算定基準の改定によってＧＮＰが膨らむ見通しとなり、割合は一・〇一六％に目減りした）[191]。ただ、最終的な一九八六年度予算の防衛費は一％枠までの隙間が僅か八九億円しかなく、当初、人事院勧告に基づく自衛隊員の給与改定が行われれば枠突破は確実と見られていたものの、結果的に給与改定があっても一％以内に収まることになった（対ＧＮＰ比〇・九九三％）[192]。

それでも、一九八六年度以降の五年間のうちに、単年度予算において一％枠突破は必至と思われる数字であった[193]。つまり、一％枠撤廃を、表向き断念した格好にはなっていたが、将来の予算編成での撤廃に道筋をつけたと解釈できよう[194]。一九日の日記に中曽根は、「(防衛費)一%越す。一・〇三八%。総決算の一つを果たす」と記した[195]。

そして、政府は九月一八日午後、国防会議と閣議を相次いで開き、中期防衛力整備計画を正式決定した。計画内容はシーレーン防衛、洋上・水際撃破の能力向上を目指し、首相の唱える「海空重視」論を色濃く反映しつつ、ほとんどの正面装備について大綱水準の達成を図る整備量が盛り込まれていた。ワインバーガー国防長官は、翌日の記者会見で、同計画が完全実施されれば、日本のシーレーン防衛能力の達成につながると高い評価を下した[196]。

8 靖国神社公式参拝に向けて
――戦後政治の総決算2

第二次中曽根内閣の約二年間(一九八三年一二月〜八五年一二月)、官房長官を務め、首相の靖国神社公式参拝に関わった藤波孝生は後年、「戦後政治の総決算」に触れ、「その一つが一%問題だ。また一つは靖国神社の問題だ」と証言する[197]。先に触れた一九八五年七月の自民党軽井沢セミナーの演説で、中曽根は国家に命を捧げた人に国民が感謝を捧げることは、国際的に見て当然なことと指摘した。そして極東国際軍事裁判(東京裁判)の正当性に疑義を表明しつつ、同裁判に伴って日本で「自虐的な思潮」すなわち、「戦前、戦後の日本の悪いところを書いていい気分になって、それが文化人であり、進歩派だと考えるような風潮」があった点を批判した。さらに日本国家の主体性の確立を訴え、日本は「契約国家」ではなく「自然的共同体」と定義したうえで、「勝っても国家であり、負けても国家」、「栄光と恥辱を一緒に浴びるのが国民」であるので、「汚辱を捨て、栄光を求めて進んでいくのが国家であり国民の姿でなければならない」と主張した。中曽根が求める国家・国民のアイデンティティなるものは、かつての偏狭な超国家主義でもない、あるいは戦後の自虐的な東京裁判史観でもない、「世界のどこの国の人が見ても、それが合理的であると思われるような考え方」に立脚するものであった[198]。そうしたアイデンティティ確立に向けた第一歩が、靖国神社公式参拝だったのである。

靖国神社への中曽根の関心は、古く根深いものであった。一九六〇年代末から、中曽根は靖国神社を宗教法人から特殊法人に衣替えして国家管理すべきと主張していた。しかし、中曽根をはじめ自民党の構想(靖国神社の国家管理)は、一九六九年から七四年にかけて「靖国法案」として国会に繰り返し提出されるも、野党や神社本庁を除くほとんどの宗教団体の強い反対で法案化を阻止された。その結果、一九七〇年代半ば以降、自民党を支持する日本遺族会は、首相の公式参拝実現に戦術を転換した。こうして公人の靖国参拝が政治的イシューとして浮上する[199]。

終戦記念日に首相が靖国神社に参拝したのは、一九七五年の三木が最初であった。日本遺族会など右派の強い希望を受け入れた行動であったが、憲法上の政教分離を守るため、「私人」としての参拝とされた[200]。続いて一九七八年の八月一五日に福田首相も「私人」として参拝を行ったが、公職者を随行させ、「内閣総理大臣」と記帳するなど、公的性格がより色濃い形の参拝となった[201]。さらに、一九八〇年の終戦記念日には、鈴木首相が、一七名の閣僚を引き連れて集団参拝を試みた。

なお、鈴木政権の奥野誠亮《おくのせいすけ》法相が改憲発言を繰り返し、「憲法は公式参拝を禁じていない」と発言して野党の攻撃を受けたことから、同年一一月、政府は首相・閣僚の靖国神社参拝問題について統一見解を出した。その内容は、①憲法二〇条三項の政教分離原則との関係で問題がある、②違憲ではないかとの疑いを否定できない、③そこで、国務大臣としての参拝は差し控える、というものであった。ところが鈴木は、一九八一年と八二年の終戦記念日に、公私の別を曖昧にしたまま靖国神社を参拝した[202]。

さらに、これに先立つ一九七八年一〇月、東条英機元首相以下一四名のA級戦犯処刑者が、靖国神社に合祀された。A級戦犯の合祀によって抵抗は大きくなったはずだが、鈴木は終戦記念日の参拝を続けた。ところが日本遺族会や自民党右派はこれだけではおさまらず、毎年のように首相の公式参拝を強く要求していた。戦後四〇年を期して、その要望を受け入れたのが中曽根であった[203]。

ただ、先の軽井沢セミナーでの発言からも分かるように、遺族会などの突き上げ以前に、戦死者の公的追悼に対する中曽根の思い入れは強く、公私を曖昧にして参拝する前任者たちの手法の踏襲を望まなかった。天皇あるいは首相が国家を代表して、戦死した英霊を慰霊するべきとの思いがあった[204]。

公式参拝実現のため、中曽根は用意周到に手を打っていく。まず、一九八三年四月の靖国神社の春季例大祭を皮切りに、この年の終戦記念日、明けて一九八四年一月、そして同年の終戦記念日と、公私の別を明示することは避けつつも、「内閣総理大臣たる中曽根康弘」として靖国神社参拝を繰り返していく[205]。靖国参拝を恒例化することで、遺族会や右派の要望に応えると同時に、参拝に対する国民世論のアレルギーを少しずつ払拭しようとしたのであろう。

その一方、一九八三年七月三〇日、中曽根は地元群馬県庁での会見で、公式参拝を憲法違反とした従来の内閣法制局見解、すなわち一九八〇年一一月の政府統一見解の見直しに着手する意向を初めて明らかにする。その後、中曽根が自民党に法制局見解の見直しを指示した結果、一九八四年四月、同党の靖国神社小委員会（奥野誠亮・小委員長）は公式参拝を合憲とする見解を採用した。さらに同年八月三日、藤波官房長官の私的諮問機関として閣僚の靖国神社参拝に関する懇談会（座長・林敬三日本赤十字社社長）を発足させた[206]。

閣僚の靖国神社参拝に関する懇談会（靖国懇）は、翌年八月の報告書取りまとめまで、実に二一回もの会合を重ねた。この間、いくつかの論点で委員たちの間に相当な意見の対立が見られ、最終段階まで全員の意見を統一させることができなかったようだ。靖国神社の来歴やA級戦犯問題、憲法論に絡めて、首相や閣僚の同神社参拝に反対論が出される一方、靖国神社参拝イコール軍国主義の復活という議論は不当であり、東京裁判の合法性にも疑問があるとして公式参拝に賛成する意見も表明された[207]。

議論が沸騰するなか、靖国懇の委員のメンバーである哲学者の梅原猛は、一九八五年六月二五日の一五回目の会合で、問題を①法律論、②「常民」の常識、③政治論に区分して論じた。まず、①については、公式参拝を違憲とする一九八〇年の政府見解に賛意を示したうえで、②についても、柳田国男の「常民の常識」という概念を用いて、靖国神社信仰は明治から敗戦時までの「一時の傾向」にすぎず、同信仰がなくなることが、日本人の信仰の要である祖先崇拝の衰微につながるものではないと指摘した。さらに③に関し、明治政府が採用した国家主義とその象徴となった靖国について、日本が生存していく点で役割を果たしたと評価しつつ、以下のように論じた。

> 今後はそれだけにとどまらず、新しい国家のシンボルが必要な時期に来ており、そのような時に古い国家主義時代のシンボルを復活させることは疑問であろう。また、金鵄勲章復活論に対する中国の反対から窺えるように、現在日本の進路は諸外国を考慮に入れずには決められない時代となっており、そのことも政治の問題として配慮する必要があろう。

そして「結論としては、（閣僚の公式参拝は）第一点の法律論上の違憲の疑いを覆すに足るだけの常民の常識や政治の必要性に乏しい」ので「政府は遺族の心情を汲み取る他の方策を考えるべきである」と主張している[208]。梅原は後年、靖国公式参拝について回想し、中韓両国から批判を受けて参拝を止めた場合、「国の権威が傷つけられる」ので、それを控えるべきと主張したと証言する。しかし、梅原の意見は少数意見として斥けられた[209]。

他方、一九八五年二月二六日の七回目の会合では「靖国神社及び千鳥ヶ淵戦没者墓苑とは別に、過去とは無関係な記念廟を建設し、いかなる特定の宗教とも無関係に、国と社会と同胞のために様々な分野、形で命を捨てた人々を記録し、その人々に感謝する催しを行う場所とすべき」といった提案もなされている[210]。この提案は、後年、幾度も登場することになる、靖国神社に代わる国立の追悼施設建設構想の先がけであった。しかし、代替施設が設置されても靖国神社の存在意義に置き換えられない、あるいは代替施設設置云々は、当会合に直接関係する問題ではないといった理由で、具体的に検討されることはなかった[211]。

かくして、八月九日に藤波長官に提出された報告書は、公式参拝にゴー・サインを出す内容となった。同報告書はまず、憲法二〇条三項の政教分離原則について、一九七七年の津地鎮祭事件最高裁判決を検討し、「最高裁判決に言う目的及び効果の面で種々配慮することにより、政教分離原則に抵触しない何らかの方式による公式参拝の道があり得る」と結論づける。そのうえで、政府は「大方の国民感情や遺族の心情をくみ、政教分離原則に関する憲法の規定に反することなく」、首相や閣僚の靖国公式参拝実施の方途を検討するべきと提言した[212]。首相の政治意思を明確に反映した内容であった。ここに至るまで、首相官邸は懇談会委員への説得工作を進めつつ、報告書のとりまとめが八月一五日に間に合うよう働きかけた[213]。

靖国懇からお墨付きを得た中曽根は、参拝形式に関する最終的な詰めを行った。その結果、宗教色を薄めるために神道儀礼の二礼二拍手一礼をやめ、本殿に昇殿しても柏手は打たず一礼するに止めることとした。また、玉串料ではなく、供花料の名目で実費を公費から出すことに決まる[214]。八月一四日、藤波は官房長官談話の形で、翌日に首相が靖国神社を公式に参拝すると発表し、右の方式をとるならば、「公式参拝を行っても、社会通念上、憲法が禁止する宗教的活動に該当しないと判断した」と表明した。

公式参拝を違憲の疑いありとした一九八〇年の政府見解は変更された[215]。

9 外交問題化する靖国

敗戦から四〇年を迎えた一九八五年八月一五日、中曽根は東京・九段の日本国技館で開催された「全国戦没者追悼式」に出席した後、藤波官房長官、増岡博之厚相を伴って靖国神社に公式参拝した。外国に出張中の二閣僚を除き、他の一六名の閣僚もほぼまとまった形での公式参拝であった[216]。当日の中曽根の日記には「沿道の遺族の激励と感謝に涙する。念願を果たして感極まった様子が見て取れる。本殿直前廊下上にて黙禱、深拝す」とあり[217]、念願を果たして感極まった様子が見て取れる。

参拝を終えた中曽根は神社境内で記者会見し、政教分離原則に抵触しない形での参拝であることを改めて主張する一方、「軍国主義や超国家主義の復活、戦前の国家神道に戻ることは絶対にない」と強調し、「外国のみなさんにも趣旨を理解してもらうよう、外交手段を使って努力していく」と語った[218]。首相発言の後段は明らかに、国外からの批判に対する予防線である。後年の回想でも「アジア各国、特に中国、韓国の反応は強いのではないかと、ある程度、反発は予想していました」と語っている[219]。

実際、参拝前日の時点で、中国外交部のスポークスマンは「中曽根総理ら日本の閣僚が、もし靖国神社に参拝するなら、世界各国人民、とくに軍国主義の大きな被害を受けた中日両国人民を含むアジア各国人民の感情を傷つけることになろう。同神社には東条英機ら戦犯も祭られているからである」と表明していた[220]。

外務省本省では、公式参拝が近隣諸国との関係を阻害することへの警戒感がより強かったようだ。一九八三〜八五年にかけて中国課長を務めた浅井基文によると、八四年時点で中国課は、首相秘書官を通じ中曽根に、公式参拝をすれば大変なことになると自重を促していたという。A級戦犯が祀られている神社への首相の公式参拝は、中国側に到底理解されないとの理由からであった。一九八二年の教科書問題発生時での北京駐在経験もあって、浅井は、中国側が歴史問題に神経質であることを強く認識していた[221]。

また、公式参拝を一週間後に控えた八月八日、柳谷事務次官は、アジア局の議論を踏まえ、首相に対し、①被害国である中国の人々が、特に戦争終結四〇周年という節目の年で、国民的なキャンペーンを展開している状況もあり、中国側の気持ちには大変厳しいものがある、②神社参拝は、韓国人にとっては創氏改名とともに、日本統治の苦い思い出の象徴になっている、として、従来の私的・非公式な参拝から公式参拝への移行に慎重な意見を示した[222]。

なおも公式参拝断行に固執する中曽根に、柳谷次官は首相の「政治的決断」を尊重し、中韓両国への説明に努力を尽くすと述べる一方、両国の反発によって「腰砕けになるようであれば、却って長期的な日中・日韓(関係)に良くありません」と首相の覚悟を問うかのように繰り返し念を押した[223]。次官の意見は、前出の梅原の主張と重なるものである。当時の中曽根は、首相として官僚が軽々に意見具申できないほどの威厳を持っていたという[224]。その点に鑑みれば、事務当局の側に相当の問題意識があったことが読み取れる。

中曽根の意思が固いことを確認した柳谷は、八月一四日、離任の挨拶にきた宋之《そうし》光《こう》駐日大使に「日本人は過去を反省しており、二度と過ちを犯さぬという決意は不動である。……外国から繰り返し過去のことを言われることは、好まない」と発言したうえで、翌日の首相の靖国公式参拝についての説明を行った。これに対して宋大使は、「(靖国神社に祀られている)二四〇万人の中には、中国を侵略した人も含まれているので、参拝は中国人民の気持ちを傷付ける」と中国の公式見解通りの返答をしてきた。同様な説明は、北京でも外交ルートで行われた[225]。

一方、外務省事務当局の慎重論を斥けた中曽根とて、日中関係が悪化するのを望んでいなかった。実際、七月には自派の衆議院議員で日中協会理事長も務める野田毅を北京に送り込み、了解を得ようとした。北京に入った野田は、中日友好協会会長の孫平化に「二百数十万人の英霊のうち、A級戦犯はわずかに十四人ではないか。……参拝できなければ、国民からの反発は避けられない」と中国側が反対を抑えるよう説得を試みる。ところが孫は「たしかに靖国に祀られるA級戦犯は一握りにすぎないが、公式参拝したら中国人民が収まりがつかない」とすかさず反論した。とりわけ、東条元首相の合祀を問題視する孫に、野田は「反対のトーンを少しでも抑えてくれないか」と再度要請し、面会を終えた[226]。

また同じ七月、中曽根は自派の木部佳昭建設相を中国に派遣して、野田と同様の説明をさせた。これら自派議員の訪中を通じて、中曽根は中国が公式参拝に強く反対をしていないと受け止めた。外相である安倍からの報告も「(中国の意向は公式参拝を)避けてほしい」という程度であることから、公式参拝を求める国内世論の強さに鑑み、断行を決意した、と中曽根は回想する[227]。

中曽根や安倍をはじめ当時の日本の政策決定者たちは、日中関係の先行きを過度に楽観視していたのかもしれない。一九八五年当時の日中関係は前年来の友好ムードの盛り上がりが続いていた半面、両国間の貿易不均衡、すなわち中国の入超の問題が深刻になっており、中国側はその是正や対中投資・技術移転の拡大を要請してきていた[228]。もっとも、これら経済問題も日中関係それ自体を阻害するほどまで深刻ではなかった。それゆえに、前出の浅井元中国課長は、基本的に順風にあった日中関係を背景に、「(首相が)俺と胡耀邦との個人関係があれば、たいていのことは、中国は呑み込むと思い込んじゃった」ことが、公式参拝決行につながったと解説する[229]。

公式参拝決行に対する中国側の反応は素早かった。八月一五日の公式参拝直後、劉述卿外交部副部長から中江要介大使、楊振亞外交部アジア司長から股野景親公使へとそれぞれ抗議の申し入れがなされた。このとき中江は、戦没者の慰霊は「どこの国だってやっていること」と主張して「(中国の)反対論を東京に報告するわけにはいきません」と返答している[230]。股野公使も参拝はあくまでも戦没者の慰霊であるとして、日本は両国間の共同声明や平和友好条約、四原則を遵守する旨を何度も説明した[231]。

ただ、八月下旬から九月下旬にかけての胡耀邦や鄧小平をはじめ中国首脳陣の発言や『人民日報』の記事からは、中国政府内で靖国公式参拝を外交問題としてクローズアップしないという暗黙の合意があったことが読み取れる[232]。また、八月一五日から九月までに六名の閣僚が訪中するなど、両国間の往来が靖国問題によって阻害されることもなかった。

一方の韓国政府は、一九八五年当時、靖国神社公式参拝をそれほど問題としなかった[233]。八月二九〜三〇日にソウルで開催された第一三回日韓閣僚会議では、北朝鮮への対応や貿易不均衡といった問題で両国の立場は一致しなかったが、会議は平穏理に終了した。韓国側としても、植民地解放四〇周年、国交正常化二〇周年に当たる今回の閣僚会議の失敗は避けたかったようだ[234]。

しかし、日中関係はそのまま平穏無事には済まなかった。満州事変の発端となった柳条湖事件五四周年に当たる九月一八日、「中曽根内閣打倒」「日本軍国主義打倒」を叫ぶ大学生が北京の天安門広場をデモ行進した。また北京大学などでは靖国公式参拝を糾弾する壁新聞が貼り出され、学生たちの反日運動は日本でも大きく報道された[235]。同日の反日デモを受け、外交部スポークスマンは、「我々は、日本政府の指導者が、日本は再び軍国主義の道を歩まないとの公約を厳格に履行し、中日友好を強固にし、かつ、発展させせアジア及び世界の平和を守るため、自ら貢献することを希望する」との談話を発表した[236]。

中国での思わぬ展開に中曽根は困惑し、かつ憤った。この時期、外務省幹部に対して①日本側は日中友好ムードを作り上げようとして努力しているし、鄧小平もしきりに「投資を増やしてくれ」と言っているのに、このようなことが起きると、非常にやりにくくなる、②「帝国主義・軍国主義の復活反対！」と言うならまだしも、「中曽根打倒！」などと言われたら困る、③ぜひ、現地大使館から中国側に、日本側の考え方や懸念を強く伝えてほしい、と語っていた。

ところが中国側はついに靖国問題を要人往来に絡めてくる。すなわち、「日中友好二一世紀委員会は開催できない。その打ち合わせのために日本に行く予定の、王兆国（中国側首席代表）の訪日を見合わせる」と通告してきたのである[237]。ちなみに王兆国の来日は一〇月三日に予定されていた。

この時点では、一〇月一八日の靖国神社の秋の例大祭に首相が参拝するか否かが焦点となっていた。外務省は当初、公式参拝はともかく、中国の反対で参拝しないとなれば、先方の対日圧力行使の悪しき前例になるとして、従来通りの私的参拝が好ましいとの立場にあった。しかし、参拝見送りの首相の意向を受け、一〇月二日、外務省は「中国の趣旨は十分考慮する。しかし、二一世紀委員会は予定通り開きたい」と中国側に回答し、例大祭参拝見合わせのサインを送る[238]。これで中国側は了としたのであろう。その結果、王兆国首席代表は予定から一日遅れの一〇月四日に日本に赴き、七日には中曽根とも会談した。次いで同月一五日に第二回目の二一世紀委員会が北京で開催された[239]。

中曽根は、日中外相定期協議に出席するため一〇月一〇日に訪中することになっていた安倍に「靖国問題については中国側と政治決着」するよう指示する。中曽根としては、「中国の感情を配慮して、靖国の例大祭には行かないが、年一回の慰霊祭にはクレームを付けないというラインで、この際、紳士協定を中国側と作りたい」意向であった[240]。中曽根はまだ首相の靖国参拝の定例化を諦めていなかった。

訪中した安倍は、一〇日の外相協議で呉学謙外交部長と、一二日には鄧小平とそれぞれ会談した。しかし、靖国参拝について理解を求める安倍に、鄧や呉は批判的態度を示した[241]。特に鄧は、日本が教科書問題や靖国問題といった難題をもたらしたと指摘し、「このような問題が起こると、人民はすぐに歴史と結び付ける」ので、両国の指導者がこれら政治問題の発生の回避に努めるよう説いた。歴史認識問題がコントロール不能な民衆運動を呼び覚ます懸念と、この問題に対する危機意識が低い日本政府への苛立ちを含んだ発言であった[242]。

中曽根が望む「年一回の慰霊祭にはクレームを付けない」などという紳士協定は望むべくもない状態であった。安倍の帰国を経た一〇月一九日、藤波長官は国会日程などを理由に秋の例大祭への首相参拝を見送ることを正式に発表した。中国に関する言及はなかった[243]。

後年、中曽根は靖国公式参拝後の九月から一〇月にかけて、共産党内部で盟友・胡耀邦の立場が危なくなっているとの情報を受け、「今後の日中関係を支える胡耀邦との関係を大事に思い」、例大祭への参拝を止めたと証言している[244]。一〇月三日の柳谷次官の首相へのブリーフィングのなかでも、学生デモ発生を境に、靖国問題に関する中国政府の姿勢が硬化した背景には、中国の内政問題、すなわち「趙紫陽・胡耀邦体制に対する保守派の批判が」あるとの指摘があった[245]。一九八五年の靖国問題によって、日中歴史認識問題は中国国内の政治問題へと変質した。つまり、歴史に関する論争が、中国民衆が反政府行動を行う口実となり、共産党内部の保守勢力が開放政策に揺さぶりをかける手段となったのである[246]。

かねて陳雲をはじめとする中国共産党の保守派は、胡耀邦が容認した自由主義的な思潮を「精神汚染」と嫌悪し、経済特区の設置を「外国租界の復活」と反発を強め、反撃の機会を窺っていた。そこに現れた胡の親日的姿勢は絶好の攻撃の的であり、その最大の機会は「抗日戦争四〇周年」の一九八五年であった。実際、南京の「大虐殺殉難同胞記念館」やハルビンの「七三一細菌部隊罪証陳列館」をはじめ、中国各地に点在する抗日戦争の記念碑や犠牲者の追悼碑は、この年に建設されたものが多く、同年に抗日戦争の記念活動が空前の規模で展開されたことを物語っている。抗日戦争四〇周年を期して保守派が仕掛けた胡への反撃は、図らずも中曽根の靖国参拝という「援護射撃」を受ける格好となった[247]。

北京で開催された日中友好二一世紀委員会が終了した一〇月一八日、胡耀邦は両国委員との会見の席で、次のような「中日友好関係についての四つの意見」を表明した。

① 日中両国が友好関係の発展を基本的国策とするのは正しい。

② 友好関係のためには両国の厳しい対抗の歴史に正しく対処する必要がある。

③ その対抗を引き起こした張本人に同情を寄せてもならず、一部の軍国主義復活の企てを放任してはならない。

④ 日中友好の諸原則をきちんと守り、相手の提案、要望を汲み取り、相手の感情を傷付けないよう、できるだけ努力する。

三点目の「中日対抗を引き起こした張本人に同情を寄せてもならず」と語った時、胡は右腕で涙を拭く真似をして、語気を強めて「同情を寄せてもならず」と繰り返した。これは明らかに、中曽根や閣僚たちが靖国神社を参拝したことを指していた。そのうえで、胡はこの四つの意見は自分個人の考えではなく、中国共産党と中国政府の共通の意見であると述べた[248]。自らの政治的地位が脅かされつつあった胡であったが、なお日本との友好関係を追求する姿勢を堅持するメッセージを発した。

四つの意見という胡のメッセージを、中曽根も重く受け止めた。一〇月一九日から二六日まで、国連四〇周年記念式典などに出席するため訪米した中曽根は、二三日にニューヨークで趙紫陽首相と会談を持った。この席で中曽根は「日中共同声明、日中平和友好条約、四原則の下に不動の精しん[神]をもって日中協力を促進していくというのが私の確固たる立場である」と強調した。これに趙首相が、「友情に満ちたお言ば[葉]をいただき有難い。国連でお会いでき感激している」と述べ、現在の日中関係の発展は「貴総理のご努力と切り離すことはできない」と応じた。この席で、中曽根が貿易不均衡の是正を約束したが、靖国問題は話し合われなかった[249]。

次いで、一一月五日には、靖国神社公式参拝に関する秦豊参院議員の質問書に対する答弁書が閣議決定された。その内容は、「わが国は過去にアジアの国々を中心に多大な苦痛と損害を与えたことを深く自覚し、反省と二度と繰り返さないとの決意に立って平和国家の道を歩んでいる」と述べ、「この反省と決意にいささかの変化もない。中国の見解は十分に承知している」というものであった。

この政府答弁書に対して、一一月七日の『人民日報』は、

「中曽根の参拝は戦犯の名誉回復を意図したものではない」という見出しを掲げて好意的に報道した。続けて「日本政府は、靖国神社参拝にたいする中国の批判に十分な注意を払った。中曽根内閣は首相が靖国神社へ公式参拝することを制度化したものではない」と強調した。ここに靖国公式参拝をめぐる政治的摩擦は、一応の解決に向かった[250]。

なお、事態が収拾されつつあった一〇月二八日付けで、首相のブレーンであり、かつ日中友好二一世紀委員会の委員である香山《こうやま》健一学習院大学教授が作成したと見られる「日中関係の情勢判断に関するメモ」がある。まず同文書は、靖国公式参拝が「胡耀邦主流派」に「格好の攻撃材料」を与えてしまったことは認めながらも、「胡耀邦主流派の対日姿勢、中曽根内閣に対する信頼の姿勢が微動だにしなかった点」を「十二分に留意して」おくべきと論じる。

さらに香山は、「この反日キャンペーンの顕著な特徴のひとつは攻撃の主目標が『中曽根内閣』にかなり明確に絞られていた」と指摘したうえで、「現在の日中関係において、特に過去両三年間の経緯に照らして見れば、『反中曽根』が中国国内で意味するものが『反胡耀邦』であったことは疑問の余地がない」と分析した。そして「この間の、中国政権党内部の非主流派と我が国の諸野党、日中友好団体、自民党内部の非主流派、マスコミ内部の人脈との複雑なパイプが、反中曽根・反胡耀邦で連動した面があった」という見方を示している。実際問題として、野党議員や自民党の親中国派議員が訪中した際、中国側の要人からより強硬な対日発言を引き出し、事態を一層悪化させた面があることは否定できない[251]。

香山は、首相ブレーンとして政権を守る立場から、靖国問題に関する「当面の対応策」として「中曽根・胡耀邦主流ラインの強化」、「胡耀邦の『四点意見』を重視」を挙げた。そして今後の戦没者の慰霊に関しては、「我が国神道の本流からも逸脱した『国家神道』の象徴であった靖国神社を公式参拝の場とし続けることは不適切と判断されるので、今回公式参拝をして決着を付けた以上、いずれ別の場所に世界各国の元首等が公式参拝できるような戦没者追悼の平和記念の象徴的施設を建設する」ことを提言していた。日本の侵略を受けた国々の戦争犠牲者への鎮魂がなされない限り、「反日感情の土壌がなくならないことを深く考慮して」、「国際的視野」に立った戦争犠牲者追悼と平和の祈願のあり方を十分に検討するよう求めるものであった[252]。

香山提言が、靖国を追悼の場として「不適切」であるとし、その代替施設建設を提案するとともに、国際的視野に立った追悼・平和祈願の希求している点に注目すべきだろう。何より「今回公式参拝をして決着を付けた以上……」というくだりには、公式参拝を敢行した首相の体面を傷付けることなく、撤退の道筋を付けようとする香山の思いが滲み出ている。

中曽根が香山提言をどの程度読み込み、実際の自らの行動に反映させたかは不明である。ただ、秋の例大祭参拝を見送るなど、夏の軽井沢セミナーの際に見せた高揚感は醒めていたようだ。とはいえ、中曽根はこれ以降も、A級戦犯分祀の実現など、対中関係を阻害しない形での靖国参拝の道を模索する。しかし、国際的視野に立った追悼・平和祈願という香山の提案が陽の目を見ることはなかった。国内の右派から強い反対を惹起しかねない提案に着手することは、困難であったのだろう。

10 「政治大国日本」の演出——国連創設四〇周年記念総会

「戦後政治の総決算」を掲げ、防衛費一％枠の撤廃と靖国公式参拝に突き進んだ中曽根であったが、前者については撤廃に向け外堀を埋めた一方、後者については中国からの強い反発を浴びて例大祭参拝の断念を余儀なくされた。さりながら、中曽根は「政治大国日本」の演出に向けてなお意気軒高であった。その演出の格好の舞台が、国連創設四〇周年記念総会であった。同総会の眼目は、演説とレーガン大統領が呼び掛けた先進国首脳会合への出席であった。中曽根は臨時国会の合間をぬうようにして、一九八五年一〇月一九日から二六日まで、ニューヨークに赴いた。

二三日、中曽根は国連本会議場の演壇に立った。なお、日本の首相が国連総会で演説するのは、一九七〇年の国連創設二五周年記念総会での佐藤栄作首相、八二年の第二回国連軍縮特別総会での鈴木善幸首相に次いで三人目であった[253]。

演説の内容は、①世界の平和維持と軍縮の推進、特に核兵器の地球上からの追放への努力、②自由貿易の推進と開発途上国への協力、③世界の諸国民の文化、あるいは文明の発達に協力するという三つの柱から構成されていた。

特に①の核軍縮については、被爆国・日本の立場を強調しつつ、米ソの指導者は自国が保有する「核兵器を、適正な均衡を維持しつつ思い切って大幅にレベルダウンし、ついに廃絶せしむべき進路を、地球上の全人類に明示すべき」責任を持つと主張して、両国がジュネーブでの軍縮交渉、また一一月に予定されている首脳会談で「真剣かつ粘り強く努力する」よう要望する。合わせて、核不拡散体制の強化や通常兵器の無統制な国際移転の抑止の必要性も強調した。

さらに「軍縮・軍備管理の停滞は、基本的には東西間の不信に起因してきたもの」と指摘し、「チャーチル英国元首相が『鉄のカーテン』と呼んだ不信の障壁はすでに四〇年も経過しており、もはや完全に取り払うべきときが来ているのではないでしょうか」と訴えた[254]。ソ連に新進気鋭のゴルバチョフが登場する一方、二期目のレーガン政権が対ソ交渉に前向きになっている現状を踏まえ、「東西の不信の障壁」を取り払う好機が到来したと認識していたのだろう。

そして、核軍縮と平和の問題にも増して、中曽根が今回の演説の文案作成で力を入れたのは、③の世界の文化・文明に対する日本の貢献についてであった。日本独自の哲学があることを国際社会に向けてアピールする絶好の機会と中曽根はとらえたのである[255]。

すなわち、中曽根は演説後半で、儒教や仏教に影響されつつ形成されてきた日本の基本的哲学が、「生きとし生けるものと共存しつつ生きる」考え方であると指摘しながら、「文化・文明の多元性の確認による相互評価と相互尊厳の謙虚な態度の人類的な確立こそ、平和の出発点」と論じた。そして、ハレー彗星が翌一九八六年に地球に最接近すると言及しつつ、二一世紀半ばの次の再接近の時、「核兵器の廃絶と全面軍縮を実現した我々の子孫たちが」、同彗星に「地球は一つであり、全人類は、緑の地球の上で、全生物の至福のために働き、かつ共存している」と告げることができるよう、ともに努力すべきであると呼び掛けた[256]。

演説の翌二四日の先進国首脳会合には、サミット構成七ヵ国のうちフランスを除く六ヵ国の首脳が参加し、一一月一九、二〇日にジュネーブで開催が予定されていた米ソ首脳会談に向けて西側諸国としての対応を話し合った[257]。米ソ首脳会談の開催は、一九七九年以来、六年ぶりのことであった。

まずレーガン大統領が、ゴルバチョフ書記長が東西関係改善を進めるべく、新たな姿勢で首脳会談に臨む可能性があると指摘して、各国の見解を求めた。

これに対し、西独のコール首相は、国際世論の期待を過度に高めることなく、あくまで現実的かつ長期的な姿勢で首脳会談に臨むべきと主張した。そして、ゴルバチョフにとって今回の首脳会談は、軍に対する指導力を確立する良い機会となるとするミッテラン仏大統領の見解を伝えた[258]。

サッチャー英首相は、米ソ首脳会談によって「ソ連がねらっている欧米間の分断は起こりえない」と述べた。そして、ＳＤＩ研究での対ソ妥協を論外としながらも、「核・通常・化学兵器の削減交渉をソ連の安全をおびやかすことなく行うことが重要」と指摘した。また、首脳会談では、軍縮交渉や東西間の自由往来に関して「新しい理解を求める姿勢で臨んではどうか」と提案した[259]。

そして中曽根は、ソ連を米ソ首脳会談の場に引き出すに至ったことは、レーガン大統領のＳＤＩによるイニシアティブもあるが、やはり基本的にはウィリアムズバーグ・サミット以来の西側の結束によるものと考えられると述べ、この会議でも六ヵ国の首脳がレーガン大統領の平和に向けての努力を決然と支持することが重要であると主張した。次いで、ソ連は内政上の行き詰まりから首脳会談に応じたと指摘して、「相手に妥協できない点は明確に」しつつも、「害のない範囲で経済交流の拡大を提案するのも一案」と提言した[260]。

各国の首脳がいずれも、対米支持の立場から米ソ首脳会談に前向きな姿勢を示したことを受け、レーガンは「全員の見解が一致していることに感謝し、心強く思う」と語った。また、「重要なことは、『ゴ』に対しては大はば《〔幅〕》な検証可能なかつ均こう《〔衡〕》のとれた軍備の削減を実現しなければ、双方共に軍拡競争に走る他ないことを理解させたい」と述べて、地域対立や米ソ二国間の問題よりも、軍備管理問題を最優先に取り上げる意向を表明する。

レーガンは、米国がソ連に比して経済・技術両面ではるか優位に立っているとして、「『ゴ』はソ連国内の経済困難を良く承知している」と述べ、ソ連が軍縮に応じてくる可能性を示唆した。さらにはＳＤＩ研究についても、「ＡＢＭ条約のわく《〔枠〕》内で行う。また、仮に開発に成功した場合には核兵器の全廃と引き換えにＳＤＩを世界に提供する考えである」との持論を主張した。他方、「人権問題について『ゴ』を公開の場で攻撃しては、『ゴ』のクレムリンの中での立場をかえって弱めてしまう」ので「しずかな外交が有益」との認識を示した[261]。

首脳会合の後に開催されたレーガン大統領主催の晩餐会でも、米ソ首脳会談の成功のため西側の結束維持の重要性が確認された。

この席で、中曽根は①ゴルバチョフ書記長は、マルクス・レーニン社会主義のモダンボーイである、②ソ連は内外の困難な局面に直面しており、ゴ書記長としては古い共産主義を一大改革せねばならないと認識している、③ソ連は経済を再建するため西側の技術及び経済力に依存する必要があり、中国の開放政策には圧力を感じている、④ゴ書記長は国内配慮もあり、実体上は別として、建前上は大きな譲歩はなしえないであろう、との認識を示した。そして、米ソ首脳会談に臨む際には、ソ連に検討させるための材料を提供し、また西側が真剣に平和を希求していることを印象づける必要性を主張した[262]。

首脳会合や晩餐会で中曽根が行った一連の提案には、日本として東西関係の緊張緩和に一定の役割を果たしたいと考えたことに加え、日ソ関係改善をにらんで経済関係をめぐって東西間の話し合いの環境ができることは有意義、との思いもあった[263]。

11 日ソ定期外相協議の再開——米ソ関係をにらんで

一九八五年一〇月二五日、国連演説と先進国首脳会合出席の日程を終えた中曽根は、ニューヨーク市内で内外記者と会見した。そのなかで首相は、一一月に予定されていた米ソ首脳会談について、核軍縮の進展に期待を示すとともに、今後の日ソ関係に関しても、来年一月のシェワルナゼ外相の来日と外相定期協議の開催などの結果を踏まえつつ、「安倍外相や私の訪ソも含めて検討、研究していきたい」と述べ、関係改善に強い意欲を表明した。なお、九月二四日の同じくニューヨークでの日ソ外相会談で、シェワルナゼは自身の「本年末か来年一月初め」の訪日を明言した。ここに、一九七八年を最後に中断していた日ソ外相定期協議の再開となった[264]。

しかし、中曽根自ら訪ソする用意があるとの発言は、外務省を困惑させた。日ソ間の首脳訪問は、一九七三年の田中首相訪ソ以来途絶えていた経緯から、今度はソ連の最高責任者が訪日するのが順序であり、日本の首相が先にソ連に行く理由はないというのが外務省の考えであった。それゆえ、首相が米国から帰国した直後、首相の訪ソ発言を非難する同省の内部文書が明るみに出たものと思われる。

もとより、外務省にはソ連嫌いの体質が根強いうえ、外交は全て自分たちが担うという自負があったので、中曽根の官邸主導外交には複雑な感情があった。と同時に、すでに約三年にわたって外相職にある安倍の力が省内に徐々に浸透しており、対ソ関係の打開は、将来、安倍首相の下でという心情を抱く外務官僚も少なくなかったという[265]。

外務省の懸念を裏付けるかのように、中曽根は自らの手で対ソ関係打開を進めてゆく。九月一三日、日ソ間の文化交流促進協議のため来日したデミチェフ文化相（Petr Demichev）から、中曽根はゴルバチョフ書記長の親書を手交された。その内容は「ソ連指導部は最終的にはソ連と日本は共通の言葉を見つけなければならないと確信している」として、ソ連が提唱する「全アジア安全保障構想」に「注意を払う」よう求めるものであった。また、良好なソ日関係の発展は「長期展望に立った路線だ」とあった。

これを受けて一〇月一二日、中曽根がゴルバチョフに返した親書のなかで、一九七三年の日ソ首脳会談の結果を踏まえ、平和条約締結交渉の再開を提案した。そして、関係の進展にとって最も重要なのは、「日ソ双方がさまざまなレベルで対話を進め、相互理解を深め、一歩ずつ諸懸案の解決に近づく努力をすることだ」と訴えた。さらに来る米ソ首脳会談で成果が上がるよう、ソ連側の努力を要請した[266]。書記長の親書にある「全アジア安全保障構想」は外国軍基地の撤廃など日米安保条約の根幹に抵触するもので、日本側に考慮の余地はなかったが、その種のブレジネフ時代以来の古い提案は受け流しつつ、ソ連側の微妙な変化をとらえて関係改善を求める返書を送ったのである[267]。

一一月一九、二〇日の両日、予定通りジュネーブでレーガン大統領とゴルバチョフ書記長による首脳会談が行われ、①核兵器を含む包括的軍縮の推進、②近い将来の両首脳の相互訪問実現、③文化、教育、科学技術の相互交流の拡大等で合意し、世界は緊張緩和の方向へと動き出した[268]。なお、その翌日の二一日付で、レーガン大統領から中曽根に親書が送られている。今回の会談で「東西関係のよりよき基礎構築のための努力において重要な一歩を踏み出すことができ」たとの報告に加え、これまでの日本の支援への謝意と今後の支援・理解を求める内容であった[269]。

一一月二八日、中曽根は日本記者クラブで講演し、対ソ政策について「米ソの情勢変化に合うように動かすのが合理的で、日ソ関係打開のチャンスも来つつあるとの認識と意欲をもっている」と語った。「政経一体の原則はあるが、硬直して考えずに相手の出方をみて包括的に考えたい」というのである[270]。米ソ関係の進展に合わせて日ソ関係も前進させるべく、モスクワにサインを送る発言であった[271]。

外務省事務当局は中曽根よりも、ゴルバチョフ政権について懐疑的であった。一二月二五日に外務省欧亜局が作成した「ゴルバチョフ政権と我が国の対応」という文書は、ソ連の外交目標が、自国の安全保障確保の見地から、「資源配分と利用につき軍部を納得させ、かつ体制を変えずに経済効率を高めるための西側資本、技術の導入を可能とする程度の緊張緩和は意図」すると指摘し、「よってイメージ転換による平和攻勢を一層巧みに行い、西側分断への努力を増大」すると分析していた。

したがって、従前のグロムイコ外交路線から脱却し、(イ)対米対話の再開、(ロ)多極化(西欧重視及び西欧各国とのきめ細かい対応・対日関係もその一環)、(ハ)アジア・太平洋地域の重視(特に、オホーツク海の重要性と対中国・対北朝鮮関係を視野に入れた戦略的考慮)、(ニ)東欧圏の締めつけ強化と規制された対西側交流、の以上四点が、今後のソ連外交の方向性であると指摘した。

さらに、これに対する日本の対応としては、①西側連帯の強化(SDIを含む)、対中、対韓関係の強化、東欧との協力促進、②反核キャンペーン(全アジア安保会議構想)に対し、日米安保体制の確保、③政治関係正常化(領土問題解決、平和条約締結)の先行、④科学技術と経済協力は慎重対応、の四点を提案しているのである[272]。また、ソ連外相来日を翌日に控えた一九八六年一月一四日、柳谷次官はプレス懇談において、平和条約交渉に関しては、一九七三年の田中－ブレジネフ会談の共同声明の線(領土問題を「未解決の諸問題」と位置付けたと目される線)まで戻らない限り、同問題について声明に何も書くことはないと述べた[273]。

一月一五日、シェワルナゼ外相が来日し、安倍との外相定期協議を四回にわたって行った。同日夕方の一回目の協議冒頭、安倍は「久々の外相間定期協議であるので、互いに静かな、そして友好的な雰囲気の下に、真剣かつ率直な意見交換を行いたい」と呼び掛けた。シェワルナゼも、両国最高首脳間で親書が交わされるのをはじめ、社会や文化、経済面でも交流が活発化しているとして、日ソ関係のさらなる発展の潜在性可能性に言及した[274]。

こうしてエールの交換から始まった協議であったが、同日と翌一六日の二回目の協議を通じ、国際情勢に関する両国間の認識の乖離はなおも埋めがたいものであった。

安倍が、日本は専守防衛であり、ソ連への脅威にならないことを強調しながら、極東ソ連軍の削減を要請すると、シェワルナゼは、米軍とその同盟国の軍備増強を暗に批判して、「ソ連は外国に軍事基地を一つも持っていない。同盟国の領土にも持っていない」と反論した。また、米国による「ソ連の中心部を攻撃できる配備は重大な懸念」があるので、ソ連も抑止力確保に努めなければならないと主張した[275]。

次いで安倍は、米国が「より安定的な抑止の可能性を追求」するべく、SDI研究を開始したことに理解を示す一方、「貴国が攻撃核能力の一貫した増強を進めるとともに、ABMシステムの近代化を行いこの種《ママ》研究を既に進めていること」への米国の懸念が、SDI研究開始の要因となっていると指摘した。研究参加についても、その可否は「SDI五原則」に基づき判断すると述べた安倍に対し[276]、シェワルナゼは直截な言い方は避けつつも、日本が参加しないよう牽制した[277]。

さらにシェワルナゼは「ヘルシンキのプロセスは欧州の緊張緩和の雰囲気を作る上で大きな意義が」あると言及し、アジアでも二国間あるいは多国間の協議により「同様のもしくは効果的な協力がどうして出来ないことがあろうか」と件《くだん》の「全アジア安全保障構想」を提起してきた。安倍は、日本の安全保障政策は日米安保条約を基軸とするとして、型通りにこれを拒んだ[278]。

一月一六日午後の三回目の外相協議では二国間問題が議題とされたが、最大の焦点は領土問題となった。

ここで安倍は「戦後四〇年を既に経過した今日、日ソ両国間に平和条約が結ばれていないということは、正常な国家関係とは言い難い」と切り出した[279]。そして一八五五年の日露和親条約(日露通好条約)から説き起こし、一九七三年の田中-ブレジネフ会談で発された共同声明中の「未解決の諸問題」には領土問題が含まれるという口頭での確認、さらには最近の情勢までの経緯を詳述して、日本の主張の正当性を論じた[280]。

シェワルナゼは、安倍の長い演説を辛抱強く聞いた後、両国間の国境は歴史的、法律的な規律によって定められたのであり、ソ連には、安倍の説明とは異なり、クリル諸島(千島列島)がロシア人によって発見されたとする文献も存在すると述べた。また、現在の国境は、第二次世界大戦の結果として定められたもので、この国境を変更する必要はないと従来の主張を繰り返した[281]。結局、三回目の協議でも領土問題に関する決着は付かず、日本側には共同声明は出せないのではないかという悲観論も出始めた。しかし、安倍は諦めず、急遽翌一七日にもう一度協議が行われることになった。

翌日夕方、四回目の協議で、安倍が「日ソ平和条約交渉を進めるためには領土問題についての話し合いが必要だ」と主張すると、シェワルナゼは「平和条約交渉に前提条件をつけるべきではない」と反論した。安倍は「前提条件をつけるなというが、あなた方こそ、領土問題を交渉の対象にしないという前提条件をつけているではないか」とやり返した。

会談が堂々巡りに陥るなかで、同席していたカピッツア外務次官が共同声明発表の断念を進言したところ、シェワルナゼは次官を押し止め、「日ソ両国の見解は異なってはいるが、日本側がこの問題を提起することを禁止する権利はソ連にない」と発言した[282]。この言葉が一つの落とし所となり、一月一九日、両国は共同声明の発表にこぎつける。同声明の平和条約関連部分は「両大臣は、一九七三年一〇月一〇日付けの日ソ共同声明において確定した合意に基づいて、日ソ平和条約の内容となり得べき諸問題を含め、同条約締結に関する交渉を行った」と文書化され、合わせてこの問題を継続協議する旨が約束された[283]。外務省は、一九七三年の田中－ブレジネフ会談の線まで前提が戻ったものと一応評価した[284]。

一方、領土で激論を交わした安倍は、領土を含め広範な問題で話し合う用意があると発言する。また、一九八六年内の自身の訪ソ、翌八七年のシェワルナゼ訪日により、「この定期協議の枠組みを定着化させたい」と提案した。これにはシェワルナゼも「ソ連指導部の名において」、「貴大臣をソ連に招待します」と応じた[285]。事実、この協議から半年も経たない五月末に安倍はモスクワに赴く。

さらに安倍は、ゴルバチョフ書記長が西側サミット七ヵ国のうち、すでに英仏伊加四ヵ国を訪問し、本年中に米国をも訪問する予定であることに言及しつつ、「西側三極の一極を担う日本」への早期訪日を求めた。しかし、シェワルナゼは直接回答をしなかった[286]。

経済問題について安倍は、領土問題解決－平和条約締結によって両国間に「安定した政治環境、相互信頼に基づいた両国関係の存在」が形成されない限り、長期経済協力協定を締結して、日ソ経済関係を長期的かつ本格的に発展させることまではできないとの原則的立場を示した。

それでも、貿易年次会議の次官級協議を「三月一一日、一二日の両日モスクワで開くこと」を提案した。さらに、一九七九年以降日本側の意向で開催されていない科学技術協力委員会を再開する用意があると発言した。シェワルナゼは、前者の貿易年次会議の三月開催を快諾し、後者の科学技術協力委員会再開提案についても評価するとともに、協力分野として環境保全や太陽エネルギー利用などを挙げた[287]。

また、一九七六年以来中断されていた北方領土への元島民の墓参問題も議論となった。安倍は、北方四島の旧島民が「既に高齢化している」と切り出し、「(一九六四年から七五年までの)身分証明書方式に戻って墓参を認めて頂きたい」と訴え、これが実現すれば日本政府と国民は「ソ連側の日ソ関係改善に向けての誠意の現れ」として高く評価すると述べた。シェワルナゼも「この問題の検討を改めて進めて、貴大臣が訪問される際にモスクワで意見交換を行いたい」と応じた[288]。旅券と査証の持参を条件に墓参を許可するとした、高圧的なグロムイコ外相の強面外交からの変化が窺われる場面であった[289]。

外相協議で領土問題に関する話し合いが大詰めを迎えた一月一七日、中曽根は翌一八日のソ連外相との会談に備えて柳谷次官と打ち合わせを行った。この席で、中曽根は、「ゴルバチョフの来日と、中曽根訪ソの順序をどうすべきか」と次官の意見を求めた。これに対し柳谷は、「総理が先に行かれれば足元を見透かされる恐れがある」として、書記長訪日先行が筋と答えた。

また中曽根は、「もし、先方が二島返還論を持ち出したら、直ちに拒絶しないで、一応テイク・ノートした上で、四島返還を持ち出すというやり方でいいだろうか」と尋ねたが、この質問に柳谷は、「相手に『二島返還で、将来まとまる』というような誤ったシグナルを与えることは、絶対に避けていただきたい」と釘を刺した。以上のやり取りから柳谷は、「これは別なルートで、総理へのいろんなアプローチがあるな」と気づくとともに、首相の「日ソ関係で『何かしたい』という気持ち」の強さを認識した[290]。

ソ連側も、日ソ友好議員連盟の会長に、かつて鳩山一郎首相の側近として日ソ国交回復を進めた河野一郎の流れを汲む中曽根派の議員を希望し、最終的に同派会長の櫻内義雄が議連会長に決まっている。これもソ連側が、中曽根との直接的なパイプを期待した傍証となろう[291]。なお、一八日晩にソ連大使館で開かれたレセプションで、柳谷はカピッツア次官から「中曽根総理は、いつまで続くのか」と尋ねられている[292]。この年(一九八六年)の一一月に中曽根の総裁任期は二期四年で満了となるが、ソ連側はその後の中曽根政権の存続の可否を非常に気にしていた。

中曽根は、水面下の日ソ間のパイプとして末次一郎を使っていた。末次は、当時、ソ連の世界経済国際関係研究所(IMEMO)の所長であり、ゴルバチョフのブレーンの一人として知られていたプリマコフ(Evgenii Primakov)と親交を持っていた[293]。そのプリマコフは、シェワルナゼが来日する直前の一九八五年一二月に日本を訪れ、中曽根、安倍と会見して、一九五六年の共同宣言に書かれた二島返還を基礎に領土問題を解決する方法を示唆したといわれている[294]。

プリマコフはこの来日時、西山欧亜局長ら外務省幹部たちに対しても二島返還論の可能性を示唆する発言をしている。四島返還論の立場に立つ外務省は二島返還論を警戒して、プリマコフとの会談内容を新聞にリークしている。一方の末次は、一九八五年秋に続き、一九八六年三月にも訪ソし、三月二六〜二八日まで三日間連続でプリマコフと会っている[295]。中曽根が、シェワルナゼと会談する直前の柳谷次官との話し合いで、ソ連側が二島返還論を持ち出す可能性に言及したのも、末次ルートで同論に関する情報を早い時期から把握していた証左であると推測できる。

一九八六年一月一八日午前、中曽根はシェワルナゼと会談を持った。会談冒頭、シェワルナゼは、中曽根のソ連公式訪問を求める内容のゴルバチョフの親書を伝えた。中曽根は招待に礼を述べながらも、日本の首相は四回訪ソしているとして、書記長がまず訪日するよう促した。ただ、「日本国民が喜ぶような意味のあるものならソ連に行くにやぶさかではない」と付言した。また、中曽根は極東ソ連軍の削減を求める一方、一九七三年の日ソ共同声明を基礎に平和条約交渉を進めていくべきとの立場を示し、領土問題への直接的言及を避けた。そして、経済、文化を含めた二国間関係の前進に期待を表明しつつ、「両国関係を進めるには、お互いに心配りが必要だ。わが国もドアを開けておく」と語った[296]。

領土問題だけを強調すれば交渉が滞るので、ソ連が関心を持つ「経済、文化、学術の交流といった包括的な日ソ関係の打開の中に領土問題を含ませた」というのが、この時の中曽根の認識であった[297]。この発想は、領土問題の解決を他の分野での協力と並行的に進めていくという意味で、一九八〇年代末以降、日本政府が対ソ政策の基本ラインとして明確に打ち出す「拡大均衡路線」を先取りするものであった。

これに対して、外務省事務当局の見方はよりシビアであった。シェワルナゼの帰国直後の一月二一日付で、外務省欧亜局のソ連課が作成した「シェワルナゼ・ソ連外相の訪日の全般的評価」と題する文書では、日ソ関係の雰囲気はともかく、「実質が大きく進展」しておらず、特に領土問題については「一歩も前進」していないと断じた。それゆえ経済などの分野での対ソ協力は「引き続き抑制が必要である」と引き締めるとともに、ソ連側が、四島一括返還方針を揺さぶるべく、北海道の漁民と野党（社会党と共産党）をターゲットに「分断攪乱工作」を仕掛けてくることに万全の備えをする必要を説いた。

もっとも、その事務当局も、ソ連外相訪日全般に関しては、「近年の極めて悪かった日ソ関係の中にあって、日ソ双方が現実的かつ実際的考慮から各種問題につき、互いに相手の立場を理解した上でギリギリの妥協点を見出すべく真剣に努力し」たと意義付けた[298]。一方の当事者であるシェワルナゼは、後年の回想録において、この時の日本訪問を「領土問題、二国間関係を含めて両国間に存在するすべての懸案を話し合うことで安倍晋太郎外相と了解に達した」と記すと同時に、北方領土への墓参再開への動きなど「精神的、政治的に大きな成果」を上げたと評価している。その後、ソ連外相として二回訪日することになるシェワルナゼにとって、この時の訪日は「上々のスタート」であったという[299]。

ただし、ソ連にはこの時点で、対日関係打開のために領土問題の解決に乗り出す用意はなかった。シェワルナゼは当初、この来日で一九五六年の共同宣言の有効性を確認する意図――二島返還論を提起する意図――を持っていたが、共産党中央委員会の意向により日本滞在中そのことを明言できなかったと見られる[300]。また、当時、東京のソ連大使館に在勤していたパノフ（Aleksandr Panov・後の駐日大使）によれば、帰国したシェワルナゼは、ソ連の最高指導部に対日関係改善の必要性や領土問題に注意を向けるよう働き掛けたが、指導部の支持を得ることはできなかったという。当時のソ連外交は、対米関係やアフガンからの軍撤退問題などに忙殺され、日本との領土問題に取り組む余力がなかったのである[301]。

12　くすぶる首相訪ソ説と安倍外相の訪ソ

東京で日ソ外相が領土問題で真っ向から火花を散らしつつも、関係改善に向けた一定の筋道を付けていたころ、ハワイでは一月一五日から三日間にわたって第一六回日米安保事務レベル協議が開かれた。

一五日の一回目の会合では、外務省の梁井新一外務審議官は、シェワルナゼ訪日に絡み、対ソ交渉では領土問題の解決を前提とする原則論を確認した[302]。また、防衛庁の矢崎新二事務次官は同じ会合で、米ソ首脳会談後も、米国が太平洋でのソ連の軍事的脅威が増大しているとの認識に基づき、従来の国防政策を堅持していることは「心強く思った」ものの、「日本を含む西側諸国にデタント・ブームが広がったことは注意を要する」と指摘し、アーミテージ国防次官補も「全く同感である」と応じた[303]。

三日間の事務レベル協議が終了した一七日、アーミテージは協議参加者一同を前に講演を行った。このなかでアーミテージは、極東ソ連軍の増強を詳細に説明し、「日本はクマの檻の格子のような立場に立ち、ソビエトが太平洋に自由に接近するのを阻止している」と述べた。日米間の共同歩調が、日本に安定した自衛力を提供し、「太平洋全域を各国にとって有利なように自由貿易を実施する、恵み深い地域ならしめるための潜在力を持っている」との認識であった[304]。東西両陣営が緊張緩和に向かいつつあるなか、日米両国の安保・外交当局者たちは、新冷戦時代そのままの認識を維持していた。

ただ、一七日の協議ではケリー国防次官補代理が、日本が専守防衛の立場から役割を果たすことは、日米安保と「本質的に合致する」と述べ、現行の防衛計画の大綱を評価した。さらに、日本単独で全ての脅威に対応する大きな防衛力を持つのは「米・アジア諸国の望むところではなく」、大綱の大幅な変更は日米安保の基本的枠組みに変更を与えるので望ましくないと示唆した[305]。大綱それ自体への評価を公言し、その枠を超えた防衛力増強を望まないとするケリー発言は、大綱水準の防衛力では不十分として、執拗に増強を求めた数年前の米国の姿勢からは想像もできない変化を示すものであった。

一月のシェワルナゼ外相の訪日後も、日ソ間では水面下で様々な動きがあったようである。当時の首相秘書官であった長谷川和年は、「外務省の頭越しにクレムリンと首相官邸が独自に接触したことはなかった」と証言する[306]。ただ、中曽根は、「両国関係打開のための包括的方法の一つとして捉える方が、領土問題は入り易い」との認識を持っていたので、四島一括返還に拘る外務省事務当局とは対ソ外交について一定の距離感があった。それゆえ中曽根自身が、「ソ連に対して外務省以外に、個人的に特使や使者を派遣してやりとりもしていました」と回想している[307]。

前述したように、前年一〇月二五日のニューヨークにおける記者会見で中曽根は、安倍の訪ソと並んで自身の訪ソの可能性に言及していた。この点に目を付けたソ連側は、安倍や外交当局を外して、対ソ関係打開に積極的な中曽根に直接訪ソするように求めた。このようなソ連側の意向は、前出の末次一郎のルートを通じて伝えられた可能性が高い。

当然、外務省事務当局は、首相訪ソを警戒した。三月二〇日、柳谷事務次官は中曽根へのブリーフィングのなかで、ソ連が首相訪ソを通じ、領土問題に関する自国の立場を変えぬまま、ソ連のアジア・太平洋外交への日本の拒絶反応を弱めつつ、日本から資本や技術を獲得して実利を得る懸念を指摘して、外相を押しのける形で中曽根が訪ソすることのデメリットを説いた[308]。結局、ソ連からの誘いに中曽根は踏み止まった。ソ連は領土問題について、中曽根が腰を上げるだけの譲歩を示さなかったのだろう。

一方、中曽根後継を狙う安倍も、事務当局のシナリオ通りに動いていては、対ソ関係を打開できないと考えるようになったと見られる。二月三日の衆議院予算委員会で、安倍は領土問題の解決方法として、歯舞・色丹両島の対日引き渡しを規定する一九五六年の日ソ共同宣言を出発点として考えることも可能であると発言した。これに対して、二島返還論を警戒する事務当局は、日本政府の正式方針は「四島一括返還」であると声明し、中曽根も国会答弁でこの旨を確認した[309]。かくして、二島返還論は抑えられたが、ここでも対ソ関係打開に前向きな政治家を、官僚たちが押し止める構図が繰り返された。

ともかく、首相訪ソの芽が消えた後、五月末に安倍がモスクワに赴くことになった。外相訪ソの目的は、北方領土への墓参再開と、東京とモスクワで交互に行う平和条約交渉の定着であった[310]。なお、中曽根は安倍に、ゴルバチョフ書記長宛ての首相親書を持参させた。一月のソ連外相来日の意義を評価する一方、領土問題について日本側の原則論を確認する内容であった[311]。

五月三〇日午前、ソ連外務省で外相定期協議が開催された。前回の東京での協議から僅か四ヵ月半しか経っていなかった。協議ではまず、外相訪ソの眼目であった北方領土墓参の再開が決まった。その後、七月初め、旅券及び査証を必要としない身分証明書方式による墓参という線で日ソ間の合意が成立し、八月には一一年ぶりとなる北方領土墓参が実現する。五月三一日発表の共同声明では、翌一九八七年にシェワルナゼ外相が日本を公式訪問することが明記されるなど、平和条約交渉の定例化を印象付けた。共同声明発表と同じ三一日には、日ソ間の文化交流の拡大を目指す日ソ文化協定の調印式も行われた[312]。

同じ五月三〇日の午後、安倍はゴルバチョフ書記長との会談に臨んだ。ゴルバチョフは、ソ連政府が「日本と他国との関係に関わりなく、全ての方向での対日関係の発展および改善のためにあらゆる可能性を活用するという原則的な政治的決定を採択した」と述べた。書記長は右の発言を通じて、日米安保条約を日ソ関係の阻害要因と見なす従前の対日アプローチの見直しを示唆した。安倍は、中曽根による書記長の日本招待を再確認した。もっとも、訪問可能な時期について具体的な議論はなされなかった[313]。

しかしながら、領土問題をめぐってソ連の姿勢は相変わらず硬かった。同問題について進展が見られないと不満を表明する安倍に、ゴルバチョフは「あなたは、提起してはならない問題を提起している」と切り出し、第二次世界大戦の結果により正当化された国境の不可侵性を根拠にして「日本がこのような理不尽な要求をしてくる限り、この問題に関する解決は不可能である」と主張した。厳しくかつ苛立ちを伴ったゴルバチョフの発言は、安倍に大きなショックを与えたようだ[314]。翌三一日の二回目の外相定期協議においても、シェワルナゼは領土問題について「ソ連指導部の政策に変化はない。この点は、昨日『ゴ』書記長よりも同じことを述べた」、「ソ連では、書記長が述べたことと違ったことを外務大臣が述べるということは予想されない」と笑いながら茶化した[315]。

北方四島の返還となれば、中国との国境、ポーランドをはじめ欧州各国との国境、ひいてはコーカサス南部や中央アジアに接するイスラム諸国との間など、ことごとく国境の画定を見直さなければならなくなる。ソ連側にとって日本側が期待するような対応は、そもそも不可能であった[316]。

ゴルバチョフ政権誕生以降、シェワルナゼならびに安倍の両外相の相互訪問によって、租税条約をはじめとする五つの条約や協定が締結され、日ソ関係は総じて円滑に進展しているかのように見えた。しかし、北方領土を返すことなく、対日関係改善を図ろうとするソ連側の手法は、日本側にとり受容できなかった。それゆえ、ゴルバチョフ政権誕生で生まれた関係改善に向けたモメンタムが、いつまで持続するのか疑問視する見方もあった[317]。

13 切り札とならなかったプラザ合意

日ソ関係の打開を政権後半の一大目標に据えて積極的に動いた中曽根であったが、慢性化する日米経済摩擦問題に忙殺される日々が続く。一九八五年七月末の「アクション・プログラム」発表後、米議会では日本を睨んだ保護主義法案が次々に提出され、その数は二〇〇本以上に達した。秋から本格的な審議が始まっており、一〇月一一日には下院本会議で、繊維・繊維製品について日本など輸出国を対象に輸入割当制度を導入して、輸入削減を狙う繊維貿易法案が可決された[318]。

レーガン政権が九月二三日に発表した新通商政策は、「通商法三〇一条を積極的に活用し、貿易相手国の不公正な措置に対して断固とした姿勢で対抗する」と宣言していた。三〇一条は一九七四年に通商法に追加された条項で、一方的に相手国の措置を不公正と決め付けて対抗措置をとることから、制定当時からGATT違反ではないかとの批判を浴びていた。それまで米国政府はその発動については慎重であった。しかし、レーガン政権は同条項の積極的活用を宣言し、それまで判断を保留してきた日本の皮革と革製履物の輸入数量制限について、一二月までに満足できる結論を得たいとの意向を示したのである。また、新たに三〇一条手続きを開始する対象として、日本での外国製たばこの販売制限を取り上げた[319]。

九月一九日、中曽根は、日本商工会議所の会員総会挨拶で、摩擦解消のためには日本の市場開放努力だけではなく、内需拡大とともに輸出を抑えるため、通貨を円高・ドル安の方向に誘導せざるをえないとの立場を示した[320]。そして、この首相発言から三日後の二二日、先進五ヵ国の蔵相がドル高是正で一致するという歴史的な「プラザ合意」がなされ、その翌日に前出の米国政府による新通商政策が発表される。

中曽根は、金融や通貨の面では、元大蔵省財務官で、当時は海外経済協力基金総裁を務めていた細見卓と、元日銀理事で、当時の野村総合研究所社長だった中川幸次から、多くの助言を受けていた。中曽根の首相就任直後から、細見と中川は経済摩擦解消のため「円高ドル安」に誘導することを進言していた。円高になれば、輸出産業の競争力が抑えられる一方、輸入品の価格が下がって、輸入が促進されるという、為替レートによって貿易不均衡を調整しようとする妙手であった。

円高誘導の目的は、貿易不均衡の是正に止まらず、さらに日本経済の構造調整をも視野に入れたものであった。確かに、円高によって輸出関連産業での企業の輸出競争を激化させ、かたや国内市場も輸入品に脅かされるという痛みは伴う。しかし、生産性の低い産業をある程度整理する一方、生産性の高い産業を積極的に伸ばすことにより、国全体を発展させようというのが、細見と中川の立場であった[321]。

おりしも米国では、「レーガノミクス」と呼ばれた従前の経済政策が修正を迫られていた。第一期目のレーガン政権が、国際金融・通貨市場を積極的に自由化するという、極端に市場任せの政策を推進したため、異常なドル高の進行で米国企業の輸出競争力が低下し、米国の貿易経常赤字は膨張していた。さらに先進国間の資本取引が自由化されるにつれて、高金利に引き寄せられた日本や欧州のマネーが米国に流入するようになった。結果的に、米国の貿易・経常赤字が膨張してもドル安方向に為替調整が働かないどころか、かえってドル高が進行するという奇妙な現象が発生してしまった[322]。

かくして、一九八五年二月、それまで異常なドル高を国威発揚のシンボルとして自賛していたリーガンから、ベーカーへと財務長官が交代したことが伏線となり、ドル高是正への水面下の動きが始まった[323]。こうして米国は、対日貿易不均衡改善の切り札として円高政策をとるに至るのである[324]。

これにより中曽根は、かねてからブレーンの進言であった円高誘導策を実行に移す。一九八五年六月二一日、東京でG10(一〇ヵ国蔵相会議)が開催される機会をとらえ、日米で通貨調整を協議する手掛かりをつかもうとした。G10の直前、中曽根は大蔵省の大場智満財務官に対し、「貿易黒字削減については、個別的対策は限界に来ている」として、秋に向けて為替に関する「包括的政策」を打ち出すための検討を指示した[325]。

指示を受けた大蔵省は、ドル高是正の手段として為替市場介入を重視していた。同省は財政再建を急ぐべく緊縮財政を続けており、大規模な財源を必要とする財政政策を回避したかったし、なにより米国が日本に輸入拡大のための財政出動を求めてくることを恐れていた。為替市場介入の資金は、一般会計とは別の外国為替特別会計から支出されるため、赤字国債の発行につながらないという点で望ましかった[326]。

東京でのG10の翌日にあたる六月二二日、日米蔵相会談が大蔵省で開かれた。この席で竹下蔵相が、「日本としては、アメリカの協力が得られるのであれば協調介入を実施する用意はある」と表明したのに対し、ベーカー財務長官は「円・ドル相場の改善のためにはマクロ政策の変更がともなわねばならない」、「円・ドル相場の改善は両国の共通利益になる」と述べている。九月のプラザ合意へと至る「シナリオ」を描く米国側は、協調介入を示唆しつつ、その見返りにマクロ政策で相手国からできるだけ内需拡大策を引き出そうとしていた[327]。

七月一九日、ベーカーは来訪した内海孚《まこと》駐米公使に「マクロ経済政策の調整の必要性」を強調した。具体的には減税と公定歩合の引き下げであった。ベーカーの見立てでは、貿易不均衡の背景には日本の貯蓄過剰の問題が存在するとして、「貯蓄を消費に向けることが貿易バランスを早期に改善するために必要だ」と主張した。

七月二三日のパリにおける非公式の日米協議では、ベーカーの右腕的存在であったマルフォード財務副長官(David Mulford)が、ドル高是正を積極的に進めようとしていた日本側に政策協調を求め、財政政策、特に減税を打ち出すことを要求してきた。しかもそれは、単なる減税ではなく、日本の税制改革それ自体を要求するものであった。日本側としては、米国が日本の税制に注文を付けたと分かるような国際公約に踏み込むことはできない。また、赤字国債脱却と財政再建を最優先の財政当局の立場から、財政支出による景気刺激策の公約も困難であった。しかし、金融自由化と市場開放の一層の推進の提案だけでは、米国側は満足しなかった。

八月二一日、ハワイでの日米協議でも引き続き、減税に強い難色を示した日本側であったが、それでも①金融の自由化、②民間活力を使っての内需拡大、③金融政策の弾力的運用(日銀の公定歩合引き下げ、銀行の貸し借りの金利引き下げ)の三点を約束するとともに、米国側が固執する減税については、先進五ヵ国間の合意声明には盛り込まないものの、別途、特別声明を出すことに同意した。政策協調と為替市場介入を二本柱とするプラザ合意の基本的枠組みは、これで完成する[328]。

九月二二日、ドル高の修正を目的に五ヵ国蔵相・中央銀行総裁会議(G5)が、ニューヨークのプラザホテルで開かれ、各国の協調介入でドルを一〇～一二%安くすることを目指す「プラザ合意」が発表された。さらに合意は、先進五ヵ国がインフレなき、よりバランスのとれた経済成長を持続・加速するため、各国が個別に、あるいは協調して経済政策を継続・追加する意図を表明した[329]。

各国別の政策意図の説明に依れば、米国がGNPに対する政府支出を削減する努力を継続し、一九八六年度の赤字削減パッケージを十分に実施するとした一方、西独は八六年と八八年に実施予定になっている減税が、連邦政府が中期的枠組において進めている税制改革と減税の一部であると述べた。日本の役割としては、金融政策の弾力的運営や金融・資本市場の自由化、「アクション・プログラム」の着実な実施による国内市場の一層の開放が挙げられたが、焦点は内需拡大策であった。「強力な規制緩和措置の実施による民間活力の十分な活用」、「民間消費及び投資の増大に焦点を会わせる」という公約に加え、日本は次のような政策を表明する。

財政政策は、引き続き、国の財政赤字の削減と、民間活力を発揮させるような環境づくりという二つの目標に焦点を合わせてゆく。その枠組みの中で、地方団体が個々の地域の実情を勘案して一九八五年度中に追加投資を行おうとする場合には、所要の許可が適切に与えられよう。[330]

後段に「地方団体が……追加投資を行おうとする場合には、所要の許可が適切に与えられよう」という一文が入ったのは、財政出動による内需拡大を求める米国側の強い意向によるものである。当初、「プラザでのG5会議に当たっては、財政拡大措置は不要」と考えていた大場財務官であったが、右の案文の挿入には応じざるをえなかった。

それまでの予備折衝で米国が最も固執していた税制改革については、竹下が「九月二〇日、総理から、税制調査会に対し税制改革についての諮問がなされ、同調査会は税制全般についての抜本的な見直しに入ったところであります。同調査会の総理に対する答申は、来年秋以降に提出されることになりましょう」と一方的声明を発した。言うなれば「日本は税制改革をします」という内容だが、ドル高是正の共同声明に衆目が集まったため、新聞もほとんど同声明を取り上げることはなかった[331]。

プラザ合意には、「ロン・ヤス関係」を背景にした政治面での蜜月関係の下、世界最大の債権国にのし上がった日本が、強すぎるドルで経済的に疲弊した米国に、積極的に協力するという面があった。竹下は、敗戦後の復興・経済成長の過程で米国に多くの援助を受けたので、今度は苦境の米国を日本が助けるという心情で、ドル高是正に応じたと合意に至った過程を振り返っている[332]。

一方のレーガン政権にとってプラザ合意は、翌九月二三日に発表される新通商政策と一対のものであった。しかも、概して言えば、新通商政策が「主」であり、むしろプラザ合意は「従」という位置付けであった。そこには、新通商政策に間に合うようプラザ合意を設定することにより、貿易面で先手をとれることに加え、ドルが下がるようにすれば、米議会での保護主義圧力を鎮めるのに効果があるだろうとの計算があったと見られる。

しかしながら、プラザ合意による決断は、日米両国の政策決定者たちの当初の予想をはるかに超える影響力を、その後の国際社会に及ぼすことになる。すなわち円高は、価格面で有利となったアジアNIES（新興工業経済地域）諸国やASEAN諸国の経済を、日本に代わり対米輸出によって大きく発展させる一方、東南アジアへの日本企業の進出にも大きく貢献する。さらに、改革開放政策下の中国経済の発展を決定的にすることにもつながっていく[333]。当時、総務会長の任にあり、翌年七月に竹下の後任蔵相となる宮澤喜一は後年、日本企業の海外進出を通じてアジアの経済発展を加速させる一方、日本の経済構造を激変させた意味で、「プラザ合意は日本にとって、二十世紀で最大級の経済的出来事だった」と振り返る[334]。

しかしながら短期的に見れば、プラザ合意がもたらしたのは、急激な円高による日本国内の不況であった。プラザ合意直前の九月二〇日の時点では、一ドル二三八・一〇円であったものが、一〇月四日には二一三・一〇円へと、この間に対ドルで一一・九%も切り上がった。「一〇～一二%のドル下方修正」という当初目標を、プラザ合意から僅か二週間足らずで達成してしまったのである。

さらに、年が明けた一九八六年一月一七日には、一ドルは二〇二・二〇円となるに至る。その直後の一月二一日、ロンドンG5出席の後、ワシントンに立ち寄った竹下が『ワシントン・ポスト』紙のインタビューで、「円が対ドル二〇〇ないし一九〇円になってもそれがマーケット・フォースによって実現されるのであれば結構である」と語ったと報じられたのを契機に二〇〇円割れとなる[335]。一月三一日にはついに一九二円となり、竹下発言から約一週間で八円も上昇する。

この事態は、政府に大きな衝撃を与え、中曽根もその対策に追われた。二月二二日の日記には「一九七円（正しくは一七九円）まで来た。明に早期切り《込》《ママ》み過ぎである。弗《ドル》高も円高も、急変は不可」と懸念を表明している。この日、中曽根は、経済ブレーンの中川幸次と連絡を取りつつ、日銀に対策を指示している。中曽根は予想外の事態に、円高阻止を模索し始めた。

事実、急激な円高は「円高不況」を生みつつあった。景気それ自体は、前年の一九八五年六月から緩やかに下降していたが、急激な円高がそれに拍車をかけることになったのである。円高不況は零細な地場産業から始まった後、鉄鋼や造船など、重厚長大といわれた産業に広がった。そして、一ドル二〇〇円を割ったころから、電機や自動車など輸出の主力産業にも影響が及ぶようになった。なかでも深刻な影響を受けたのが、輸出関連産業の中小企業であった。マスコミは連日のように、政策的にもたらされた円高に苦しむ業界の様子を報道した[336]。

円高不況が広がるにつれ、国内産業界ばかりでなく日本との貿易不均衡を抱える米国からも、景気刺激を求める意見が強まった。特に日本では、米国の保護主義を防ぐには、積極財政に転換して内需拡大を図るべきだとする主張が台頭した。財政出動を伴う景気刺激策を要求する圧力が内外で高まる状況下、財政再建論を維持しようとする大蔵省は、不況対策にあたっても、あくまで財政出動ではなく金融緩和で対処しようとした[337]。

このような政府の基本方針に基づき、日本銀行は、一月三〇日、三月一〇日、四月二一日と三回にわたって断続的に公定歩合の引き下げに踏み切った。円高防止のカードとして、また米国の求める内需拡大に応える異例の措置であった。その結果、公定歩合は僅か三ヵ月間で五％から一・五％も下がり、三・五％という戦後最低の水準に達した[338]。

しかし、四月二三日に一六七円台となった円相場は、東京サミットが終わる五月五日には一六五円台、九日には一六二台と着実に進行し、円高の趨勢は止まらなかった。日本経済にとって、異例の公定歩合引き下げ策は、その後、五年にわたる超金融緩和時代の幕開けを画すことになる。それは後に、都市部の地価高騰、銀行への過剰融資、証券会社の損失補填といった諸問題を生み出す、いわゆる「バブル経済」の出発点を意味していた[339]。

しかも、為替調整が対外収支不均衡の是正に「主要な役割を果たす」というプラザ合意の期待は、ほどなく裏切られることが判明する。なぜならば、輸出が減る以上に速いピッチで円高・ドル安が進み、ドル建てでは日本の輸出額がかえって増えてしまう「Jカーブ効果」が発生したからである。実際、一九八六年の日本の輸出額は円建てでは三五兆三〇〇〇億円と前年比一六％減であったにもかかわらず、ドルベースでは二〇九二億ドルと一九％増加している。円高・ドル安が進んでも米国の経常赤字が減らないことに業を煮やして、ベーカー財務長官らは一九八六年春ごろから、ドル安誘導の口先介入を繰り返すとともに、日本や欧州に内需拡大を一層強く要求するようになる[340]。

確かに、プラザ合意は一九八七年以降徐々に効果を発揮し、日米貿易不均衡の是正をもたらした。しかし、そこに至るまでの「Jカーブ効果」は、米国の保護主義と米国民えよう[341]。

の反日感情を一層強め、結果的に日米関係を損なったとい

14　東京サミット成功へ向けた布石

一九八六年の中曽根首相の目標は、五月に予定される東京サミットを成功させ、その余勢を駆って衆参同日選に持ち込み、衆参に自民党の安定勢力を取り戻すことであった。サミットを成功に導くには、参加各国を事前に訪問し、首脳らと親交を深めておく必要があったが、中曽根は先進七ヵ国のうち、唯一カナダにまだ赴いたことがなかった。そこで、一九八六年の外交的仕事初めはカナダ訪問(一月一二〜一六日)と決まった[342]。

一月一二、一三日の両日、二度にわたり、中曽根はマルルーニ首相と会談を行い、首脳同士の信頼関係構築を約束しあった[343]。また一三日には、カナダ連邦議会の下院本会議場で演説を行った。そのなかで、自らを「ミドル・パワー」と規定しつつ、国際間の仲介者として、あるいは「縁の下の力持ち」として「積極的に平和創造の実を上げてきている」とカナダの外交路線を賞賛したうえで、日加両国が軍縮や南北問題で真摯に協議・連携していく旨を提起した[344]。

サミットの成功に向けた次なる課題は、日米経済摩擦を可能な限り緩和させ、サミットを目前に控えた四月の訪米で盟友・レーガン大統領との絆を一層強めることであった。まず、前年一月の日米首脳会談において開始が合意されたMOSS協議については、エレクトロニクス、電気通信、医薬品・医療機器、林産物の四分野を対象に関係省庁の次官級協議が重ねられた結果、八六年一月一〇日、訪米した安倍外相とシュルツ国務長官との間で「分野別協議に関する日米共同報告」がまとめられた。同報告では、協議の結果、日本の市場アクセスについて多くの積極的な変化がもたらされ、米国、その他の外国企業にとって新たな市場機会が生み出されたと評価された[345]。

すでに触れたとおり、一九八五年九月の新通商政策において、通商法三〇一条の積極的活用を宣言したレーガン政権は、日本の皮革と革製履物の輸入数量制限と日本における外国製たばこの販売制限を取り上げていた。そして、同年末まで精力的に行われた交渉によって、皮革と革製履物については一九八六年四月からの自由化が決まった。他方、外国製たばこについては、長い交渉の末、一九八六年一〇月、関税を撤廃し、流通における差別的取扱いをすること

で合意する[346]。

前年一〇月ごろから、すでにサミットを意識し、準備に着手していた中曽根は、先のアクション・プログラムが、米国内での反日感情の爆発に対する「シェルター」となった点に鑑み、東京サミットに向けても同様の「シェルター」が必要であろうと考えていた[347]。アクション・プログラムに代わる新たな「シェルター」となったのは、翌年の一九八六年四月に「国際協調のための経済構造調整研究会」（座長は前日銀総裁の前川春雄）が中曽根に提出することになる「前川レポート」であった。これまで市場開放策を打ち出し、円高是正に踏み切り、公定歩合の引き下げによる内需振興を図ってきたにもかかわらず、貿易不均衡が解消しない現状に鑑み、中曽根は日本の産業構造を外需依存型から内需志向型に転換させることが必須の課題と認識するに至ったのである[348]。

国際協調のための経済構造調整研究会は、中曽根の発意により一九八五年一〇月三一日に発足した。中曽根は側近の秘書官や二、三の友人などから意見を聞きながら、最終的には自分の判断で同研究会の人選を行った。特に前川春雄の座長就任は、前日銀総裁としての国際的視野と知名度、公正かつ剛直な人柄を評価したことによるものだった[349]。研究会のスタートに際して、中曽根は各省庁のOBである委員たちに対し、「各省庁に血を流させるようなドラスティックなものにしてほしい」と伝え、各省庁の抵抗を抑え込むよう要請した[350]。

審議が開始されてから報告書が提出されるまでの約五ヵ月間、研究会は一九回、また報告書の起草委員会は一三回開催された。中曽根は一九回の研究会のうち二回のみ、国会の関係で欠席したものの、残る一七回には全て出席し、黙々と、そして熱心に会議の討論を聴取していた[351]。

委員間では激しい論争が行われた。最もきわどい議論となったのは、報告書を具体的な提言にするため数量的目標を盛り込むか否かという問題であった。具体的には、貿易黒字の削減目標、労働時間短縮、農産物の自由化時期、円高や原油値上がり差益の還元額などである。特に、貿易黒字の削減目標については最後まで論争が続き、一部有力委員が貿易黒字の対GNP比率を現状の三・六%からできるだけ早い時期に三%以下にすると目標を明示するよう主張した。このため、事務局が経企庁に検討を要請したところ、同庁は目標数値が国際公約とされ、実現できなかった場合のリアクションを恐れて強く抵抗した。最終的には、前川座長も明示を断念せざるを得ず[352]、その他の数値目標も、報告書に盛り込まれることはなかった。

一方、産業構造の転換については石炭鉱業を取り上げることで議論がまとまった。その生産水準の大幅削減が海外炭の輸入促進に繋がることもあって、賛成が大勢を占めたのである。閉山に伴う雇用問題や地域経済に与える影響などの観点から反対論もあったが、輸入炭に比較してあまりにも高価な国内炭の生産は早晩縮小に向かうことは明らかであり、この際、国際協調を主眼とする産業構造転換の目玉とすることに決まった。

農業政策については、もっと明確に輸入自由化あるいは規制緩和を打ち出すべしという意見が強かったが、これに反対する強力な意見もあり、起草委員会においても文書にまとめにくい問題となった。農政は政治的案件の色彩が濃く、国内の論調も割れていた。したがって「国際化時代」に合わせた農業の構造改善を強調する半面、輸入拡大について「基幹的な農産物を除いて」とする留保が付いたのである。

郵便貯金の非課税貯蓄制度(マル優)の廃止問題についても、委員の間で真っ向から意見が対立した。概していえば、同制度廃止の意見の方が多数ではあったが、最終的には「郵蓄優遇税制については、非課税貯蓄制度の廃止を含め、これを抜本的に見直す必要がある」という表現で意見の集約が図られた[353]。

報告書の作成にあたっては、各省からそれぞれの管轄部分の「テニヲハ」にまで目を配る細かい注文が出された。とりわけ機動的な財政運営のくだりでは、財政再建路線を旨とする大蔵省が句読点の打ち方にも激しく抵抗するなど、各省の陳情攻勢によって、文案のとりまとめに膨大なエネルギーが消費された[354]。

こうしてとりまとめられた報告書は、一九八六年四月七日、「前川レポート」として陽の目を見た。同レポートは「従来の経済政策や国民生活の在り方を歴史的に転換させるべき時期」という現状認識を示し、「経常収支不均衡を国際的に調和のとれるよう着実に縮小させることを中期的な国民的政策目標として設定すべき」と指摘した。

そして変革のための具体的提言として、「内需拡大」については住宅政策、都市再開発事業の推進、所得減税、有給休暇の中長期的活用と週休二日制の早期完全実施、地方債の活用による地方単独事業の拡大などを列挙した。「国際的に調和のとれた産業構造の転換」については石炭産業の大幅縮減、海外直接投資の推進、基幹的な農産物を除く内外価格差の著しい品目の輸入拡大を指摘している。

レポートはさらに「市場アクセスのいっそうの改善と製品輸入の促進」、「国際通貨価値の安定化と金融の自由化・国際化」について改善を提言し、「国際協力の推進と世界経済への貢献」としては開発途上国からの輸入拡大、累積債務国問題解決への努力、経済・技術協力の推進、科学・技術協力の推進、新ラウンドの積極的推進なども打ち出した。他方、「財政・金融政策の進め方」については、赤字国債依存体質からの早期脱却という基本路線を維持しつつ、財源の効率的・重点的配分などの機動的対応、非課税貯蓄制度(マル優)廃止などを含む税制の抜本改革などを挙げている[355]。

前川レポートが提出された翌八日には、経済対策閣僚会議が持たれ、「総合経済対策」を決定した。その内容は、①金融政策の機動的運営、②公共事業などの施行促進、③円高および原油価格低下に伴う差益還元、④規制緩和による市街地再開発の促進、⑤住宅建設、民間設備投資などの促進、⑥中小企業対策の推進、⑦国際社会への貢献、であった。この総合経済対策の中心は、円高差益をひねり出して消費者に還元しようという点にあり、特に電気・ガス料金については「総額一兆円程度を還元し、六月から引き下げる」とされた。また、公共事業はその前倒しが盛り込まれたが、総額自体には増額のない、財政出動の伴わないものとなった[356]。

ともあれ、中曽根は、当面の円高・デフレ対策としての「総合経済対策」と、中長期対策としての「前川レポート」を二本柱に、間近に控えた日米首脳会談、そして東京サミットに臨むことになる[357]。

四月一二日、中曽根は日米首脳会談に臨むべく、レーガン大統領が週末時に静養するメリーランド州のキャンプ・デービットに向け、羽田を出発した。ロン・ヤス関係の親密度を誇示するように、中曽根は大統領が差し向けたヘリコプターに乗って大統領専用の山荘に到着し、待っていた大統領と抱き合い、何度も肩をたたき合った[358]。レーガン政権になって以降、大統領山荘に招待された外国首脳は、一九八一年のメキシコのポルティーヨ大統領、八四年のサッチャー首相の二人しかいなかった[359]。

しかし、一三日午前の首脳会談の焦点は、やはり経済問題であった。前川レポートの内容の実行に期待を表明するレーガンに対し、中曽根は「貿易問題のための(に)自由世界の団結が害されることがあってはならない」と述べたうえで、MOSS協議の成功に触れつつ、輸送関連品目に関する新たなMOSS協議を同様なプロセスで進める意向を表明した[360]。次いで、レーガンは、「自分は保護主義反対のし《〔姿〕》勢を和らげることはしないが、五〇〇億ドルの対日あ《〔赤〕》か字の中で、上下両院においてますます保護主義的な傾向が強まり、またそうした傾向への世論の支持が高まりつつある」と警告して、問題解決に向けて日本が新たなイニシアティブをとるよう求めた[361]。

対する中曽根は、「自分は自民党に対し、五〇〇億ドルの黒字が続くようでは、日本は生き延びることは出来ないと言っている」として、日本が自主的に改革を行う意思を表明した。そのうえで「前川レポートでは、国民的政策目標として、インバランスの是正を打ち出し、アクセスの改善、製品輸入増加を目標としている」と述べた。次いで、円・ドルレートの変更以来、ドル安で製品輸入、特に米国からの機械輸入が増加していると指摘したうえで、当面は石油価格の下落とJカーブ効果で黒字が増えるが、「量でみると明らかに輸出減、輸入増の傾向がみられる」と主張した。また、四月八日の内需振興策により、日本のGNP四％成長の目標達成は可能との見通しを語った[362]。

以上の首相発言を受け、今度は同席のシュルツ国務長官が、議会の保護主義への対抗上、「MOSS継続及び構造対話更に日本が内需主導の成長を成し遂げ、製品輸入を増加するとの意図を明朝発表するステートメントに入れて欲しい」と求めた。しかし中曽根は構造調整問題について、「米国の要望によってなされたように受け止められることは、国内的に好ましくない」ことから、「対外発表においては、自分の方から説明し、それに対し米側が評価したとか、かん《〔歓〕》迎」する形が望ましいと提案した[363]。事実、翌日の新聞発表では、中曽根による日本経済の構造調整に向けた決意表明を受けて、レーガンが賞賛する形がとられた[364]。

この時点で、中曽根にとっての深刻な頭痛の種は広がりつつある円高不況であった。そのため会談でも「現在の円ドル水準を長期的に持属させることが重要」などと訴えた。しかし、シュルツは、「円ドル・レートの適正化という点には、議論の余地があり、われわれの立場は要するに市場にまかせることである」と答えるに止まった[365]。三月一七日に円が変動相場制移行後の最高値を更新して以降、日本が行った円売り介入でさえ、レーガン政権は快く思っていなかった。為替問題をめぐる日米間の溝は明らかであった[366]。

国際情勢については、二月の政変によってマルコス独裁政権が倒され、アキノ新政権(Corazón Aquino)が誕生したフィリピンに関して、シュルツ長官が「日米は世界中で協力関係にありフィリピンでも協力している」と述べると、中曽根も「臨時の緊急資金を供与したい」と応じ、「日本としてはある程度の体制が出来たところで（比が経済再建計画を作成したところで）、商品借かん《款》を含む円借かん《款》等を考慮していきたい」と表明した[367]。左翼勢力の進出を防止すべく、アキノ政権への経済援助供与は急がれるところであったが、確固とした計画がないまま援助を供与するのは、被援助国にとっても悪い先例になるとの考えからの発言であった[368]。

次いで朝鮮半島情勢も討議対象となった。当時、韓国では一九八八年の大統領直接選挙制度導入のための憲法改正の動きがあり、与野党間に対立が生じていた。しかし、中曽根は、①与野党間の妥協を期待しているし、それは可能であろう、②経済状態が良く、全大統領の統治が安定しているので、フィリピンのような混乱は多分起きない、③韓国の安定について、日米間で協力していくことが必要である、と表明する。また、「全大統領から、八八年に民主的手続きに従って退じん《陣》するとの貴大統領あての伝言を託されたのでお伝えする」と述べた。シュルツ長官も、政治・軍事・経済面での安定性を見せる全政権とマルコス政権の違いを強調したうえで、日米両国が韓国の民主化の動きを支援していくべきと表明した。また、日米両国が南北対話を「ゆう《勇》気づけ」つつ、急激な変化を求めないよう動くのが肝要と付言した[369]。

米ソ関係について中曽根は、「第二回目の米ソ首のう《脳》会談が行われていないということは何か変調をきたしているとみられる」として、二回目の首脳会談ができる環境作りに協力したいと述べた。これを受けて、シュルツは、「二回目の首のう《脳》会談の日程は決まっていないが、プロセスは順調に進んでいる」としたうえで、首脳会談成功のためにも、「東京サミットその他において西側同盟国の支持がある程ベターである」と述べた[370]。

米ソ関係についての論議は、首脳会談後のアスペン・ロッジでの大統領夫妻との昼食会でも続けられた。この席でレーガンは、「『ゴ』は、ソ連首のう《脳》の中ではじめて実存するソ連兵器の削減を提起してきている」と評価する一方、「ただし、『ゴ』のＩＮＦ提案は、アジアにＩＮＦを残存させるものであるところ、これに対しては、（イ）アジアにも米国の友人同盟国が存在すること、（ロ）ＩＮＦには移動性があり数時間で欧州向けに再配備することが可能であることから、米国としては、全廃を要求する旨伝えてある」ことを明らかにした。中曽根は「アジアにＩＮＦが残されればその撤廃交渉においてＦＢＳ（前方配備システム・戦力）を取引材料とすべきであるとの議論がゆう《誘》発され、結果的に日米安保体制の信頼性を大きくさまたげることにもなりかねない」と懸念を表明して、全廃のスタンスを貫くよう念を押した[371]。

このランチの席で中曽根は、「（一月の）シュバルナゼ（シェワルナゼ）外相の訪日の際には、共同コミュニケに事実上領土問題の交渉が行われた旨記すことができた」とソ連外相訪日の成果を強調し、安倍外相が五月末に訪ソする旨も伝えた。一方、大統領は、「領土問題については、米国は日本の立場を支持し、また、中国も日本を支持している」と述べた[372]。

翌日の四月一四日午前にも、約三〇分という短時間ながら二回目の首脳会談が持たれた。ここでも中曽根は、前川レポートの実行こそが「わが国として世界に生き残る道」であり、「官僚とか特に党からの圧力が予想されるが」、「大きな決心をもってこれを実行していく」と改めて決意を表明した[373]。このように、日本の経済構造調整の実行への決意を示したことで、「五月の東京サミットでは、マスコミが予想した『日本たたき』という場面はほとんどなかった」（後藤田官房長官）という[374]。米国では、金融界や産業界を含め同レポートへの評価は非常に高かった[375]。

しかしながら、経済界を別にすると、前川レポートへの日本国内での風当たりは強かった。日米首脳会談直後の四月一五日の自民党政調審議会では「経構研報告の具体化については、党はまだ何の相談を受けていない」と不満が続出するとともに、中曽根派以外からは、党の機関での議論を経ない形で、首相の私的諮問機関の報告にすぎない報告書が、政府の経済・産業政策を拘束することへの反発が表面化した[376]。それでも、後藤田官房長官が「一国の総理が一国の大統領と約束してきたことは尊重してもらわないと困る」と開き直って、不満を募らせる党側を最終的に収めた。こうして、五月一日の経済対策閣僚会議で経済構造調整推進要綱が決定され、レポートは政府の政策となった[377]。

とはいえ、日本の産業構造の改革に取り組み、内需中心型経済に向けて具体的な施策を展開することは容易ではなかった。農業や流通といった日本経済の一番弱く、かつ保守陣営の選挙基盤である業界が「痛み」を受けることになると、自民党内でまず反発が起きる。与党自民党が改革に乗ってこなければ物事は前に進まない[378]。経済構造調整研究会の委員であった前駐米大使の大河原良雄は、前川レポートが当初各国から高い評価を受けながら、時間の経過とともに国内の抵抗を受け、政府がその実施に消極的になっているとの疑念が生じた結果、「日本に思い知らせるには、具体的な対日報復という手段しかないのではないか、との空気が（各国に）生まれてきた」と指摘する[379]。

15　東京サミット——からみあう国内政局

東京サミットに臨む中曽根にとって、最大の心配の種は依然として為替問題であった。ワシントンにおける四月八日のG5から五月四〜六日の東京サミットまでの間、円高は止まらず、円レートは高値をつけていく。日本国内では輸出産業全般に深刻な影響が出ていた。稲山嘉寛経団連会長が中曽根のもとを訪れ、「巷には、怨嗟の声が満ちている」と伝えてきた[380]。

政府の無策を追求する声は政界にも広がった。その急先鋒は宮澤喜一総務会長であった。宮澤が中曽根に激しく迫ったのは「ドルはもっと下がるべき」とのレーガン大統領の発言があった直後の四月二二日に開かれた経済対策閣僚会議の場であった。この席で、先の首脳会談で大統領が「（為替の乱高下は困るとの）日本の意見は留意する」と言っていたと防戦する中曽根に、宮澤は「テイク・ノートすると言いながら、さらに円高が急に進むというのはどういうことか。協調介入はどうなっているのか」と詰め寄ったのである[381]。

最大派閥・田中派の相続をめぐって竹下登蔵相と対立していた二階堂進副総裁のグループも宮澤と同様、円高無策を厳しく批判していた。経済状態が当時深刻なものに見えたことは確かであったが、円高問題に、ポスト中曽根をめぐる自民党内の権力闘争が絡んでいたことは否定できない[382]。宮澤や二階堂副総裁、二人の背後にいる鈴木善幸前首相や福田赳夫元首相らの長老グループは、政権のこれ以上の長期化を阻止すべく、円高問題を盾に、中曽根が衆参同日選挙に打って出ないよう牽制しようとしたのである。

自民党の党内情勢は、レーガン政権側も感知していた。東京サミット直前の五月一日、シュルツ国務長官からレーガン大統領に提出されたメモランダムは「中曽根はサミットと選挙の成功によって、自らの任期延長が可能になるのを望んでいる」と指摘するとともに、経済成長の減速と円高による中小企業への打撃が「選挙での自民党敗北の潜在的可能性や中曽根の政敵たちに力を与えている」と分析した。

そして、サミットに向けた中曽根の目的として、①世界経済の運営と東西関係などの問題に日本が関与しているとの印象を一層強化する、②貿易問題に関する対日批判に議論が集中するのを回避し、市場開放や円高是正といった彼の政策が、日本の利益を犠牲にしているとの批判を逸らすことで、選挙上のリスクを低減させる、③任期延長の展望を強化するべく、内政・外交両面での成功の場とする、の三点を挙げた。

一方の米国の立場は、「日本経済の構造改革に向けた中曽根の努力を引き続き支援していくこと」とされていた[383]。米国側も中曽根政権を支持しているとの自負があったのだろう。中曽根と竹下は、円の一層の上昇を防止するために、協力を求める書簡をそれぞれレーガンとベーカー財務長官に送った。

ところが、レーガンらは日本側の要請を丁重に断るとともに、議会内の保護貿易主義があまりにも強いため、対外収支における顕著な改善がない限り、米政府は再び為替レート政策を変えることはできないと伝えてきた。もともと米国は、プラザ合意を準備する段階で、協調介入より政策協調に重点を置いていた。米国は為替安定と引き換えに、日本に具体的な内需拡大策を求めていたのである。目に見える効果が出ない限り、円高を止めることはできないという米国側に日本側が陳情を繰り返す格好であった[384]。

そして、サミット開幕の前日にあたる五月三日、中曽根はサミット出席のために来日したレーガンと会談した。中曽根はこの席でも、経済界への打撃に言及しつつ、円高是正への協調を求めた。しかし大統領は、大局的には為替の変動が貿易不均衡の是正に役立つと述べて、円高容認の姿勢を変えなかった。このような米国の態度を見て、中曽根は通貨問題では米国との提携はあてにできず、日本独自の判断で対応していく必要性を痛感したという[385]。欧州諸国にしても、やはりマルク高に苦しむ西ドイツを除いてむしろ円高を歓迎する姿勢であった。増え続ける日本の経常収支の黒字を減らすためにも、円高は有益という考えだったのである。

結局、サミットで発表された「東京経済宣言」に円高是正の具体策は盛り込まれることはなかった。議長である中曽根が、欧米諸国の意向に真っ向から反対する格好で円高是正という個別利益に固執すれば、逆に膨大な経常収支黒字を理由に手痛い「日本たたき」を引き起こすと懸念したためであった。しかし、円高是正が謳われなかったことについて、経済界からは落胆の声が上がり、野党やマスコミはおろか自民党内からも批判が出た[386]。とりわけ野党や自民党非主流派は、サミットが失敗であったと強調することで、衆参同日選を何とか阻止しようとした。

それでも、円が一ドル＝一六〇円を突破した五月一二日の翌一三日、ベーカー財務長官は「ドルは円に対して十分調整されたのでこれ以上の切り下げは不要」と発言し、さしもの円高も一服した。ただし、このベーカー発言は米政府の方針転換を意味するものではなく、七月の衆参同日選挙までの政治休戦とでもいうべきものであった。同日選挙で自民党が圧勝するや、今度は一〇月の米中間選挙をにらみ、円高に再び拍車がかかる。「貸しを返してもらう」というベーカー流の交渉術は、このころには外為市場に完全に織り込まれていた。日本にとって、円高防止は引き続き至上命題となる[387]。

「東京経済宣言」のなかには、①経済政策についての国際協調のための監視機構として、従来の先進五ヵ国蔵相会議（G5）に加え、新たにイタリア、カナダを会合に含めた七ヵ国蔵相会議（G7）を創設する、②G7はGNP（国民総生産）成長率、インフレ率、財政赤字比率、経済収支、為替レートなど一〇の指標を活用して各国の経済目標や見通しの整合性を検討し、問題のある国には共同して見直しするよう要請する、という対策が盛り込まれた。また為替安定のために「有益であれば為替市場に介入する」点も再確認された[388]。

G7の創設の背景には、前年九月のプラザ合意がなされた五ヵ国蔵相会議（G5）を機に同会議を公式なものとして位置付けられると、その五ヵ国に入っていないイタリアとカナダが反発した経緯があった。したがって、東京サミット開催の時点では、伊加両国を加えてG7とすることが既定路線となっていた。むしろ、サミットで揉めたのは、G7にECを加えるか否かの問題であった。ECのドクレルク委員（Willy Declercq）は「EC委員会を除外すると、ECの経済政策調整の使命が達成できない」として、来年のサミットへの不参加をちらつかせながら、G7への参加を要求した。これには「ECはサミット国メンバーだが、EC自体の通貨がないではないか」（ベーカー財務長官）などの反論がなされた[389]。

議長役の中曽根にしてみると「EC抜き決着」をEC側にどのようにして呑ませるかは頭の痛いところであった。ドロール委員長に至っては、ECが除外されるようなら「帰国する」と中曽根に通告していた。そこで中曽根は議長として、会合でドロールに何度も発言の機会を与えるという、いわゆる「ガス抜き作戦」をとり、その結果、最終的にはECも折れて、落着した[390]。

もう一つ、サミットでの政治論議の焦点となったのは、リビアによるテロ活動への対応であった。前年(一九八五年)一〇月のアキレ・ラウロ事件、明けて四月五日の西ベルリンのディスコ爆破事件と、米国人を対象としたテロが相次ぐなか、四月一五日には米軍機によるトリポリ、ベンガジの両基地への爆撃が行われていた。米国側は「リビアのカダフィ大佐(Muammar al-Gaddafi)の指令に基づくものであるとの確証を得た」と、自衛攻撃を主張した[391]。実のところ、リビア爆撃の二日前、キャンプ・デービットでの日米首脳会談において、中曽根はレーガンから爆撃の事前通告を受けている[392]。

もっとも、爆撃直後に発表された安倍外相談話では、「事態の推移を重大な関心をもって見守る。事態がこれ以上悪化拡大しないことを望む」と中立的な立場が表明された。また、四月一七日に米国の報道官が、日本がリビア攻撃に「理解を示した」と発言した点について中曽根は、外相談話に則って、「理解」ではなく、米国には米国なりに自衛権行使の理由があると語るのみで、日本自身の立場は示さなかった。

東京サミットの国際テロ声明をまとめるにあたり、日本としては出来ればリビアを名指しで非難することは避けたいというのが本音であった。リビアを含む中東諸国に対して、日本はイラン・イラク戦争解決の橋渡し役として努力するなど、独自の外交を進めてきた。それだけに、テロを非難する声明を出すことは当然としても、特定の国の名を出すことは避け、外交上のフリーハンドを握っておきたかったのである[393]。

ところが、サミット初日の晩餐会で、サッチャー首相が事前の各国の事務方が用意したテロに関する声明案に、もっと具体的な内容を盛り込むように主張したことから声明案をいま一度見直すこととなった。さらに翌日の会議で、レーガン大統領が「リビアを名指しで非難すべきだ」と発言すると、通常反対の論陣を張ることの多いミッテラン大統領が、特に異論を唱えなかった。欧米諸国がリビアの名指し非難で足並みを揃えるなか、中曽根も名指しを「やむを得ない」と裁断し、事務方に「せいぜい表現の上で、少しでも薄めてもらいたい」と指示するに至った。ここでも中曽根は、議長国としての自国の主張より西側の結束を優先したのである[394]。

結局、このサミットでは、円高是正について明確な対策が打ち出せなかったうえ、リビア問題に関しても米英両国の強硬論に引きずられた格好となり、これらの点について自民党の非主流派や野党、マスコミなどから批判が出た。

それでも、サミットに向けて米欧諸国への事前の根回しが功を奏し、サミットの場で日本を名指しした批判の声は聞かれなかった。五月五日の全体昼食会では、各国首脳から議長・中曽根の差配を賞賛する言葉が飛び交った[395]。国内世論も、中曽根政権に対する依然として高い支持率で評価を示した。たとえば『朝日新聞』がサミット終了直後の五月七、八両日に実施した世論調査では支持率五三％と、前回三月の調査時と同率で政権発足以来の高水準を維持した。一方、不支持率は二二％で過去最低の水準であった。内閣調査室が実施した調査でも、支持率が前回の六〇％から六二％に上がった[396]。

サミットを無事に乗り切り、かつ高い内閣支持率に意を強くした中曽根は、いよいよ衆参同日選挙に向けて動き出す。すなわち、衆議院選挙での「一票の格差」を三倍未満とする「八増七減」案を内容とする公職選挙法改正案を通常国会最終日に成立させると、六月二日に臨時国会を召集し、即日衆議院を解散した。「同日選挙勝利‐続投」という政治的意図は周知の事実であっただけに、自民党の非主流派や野党から、反対の声も上がったが、首相は押し切った。

選挙の結果は、衆議院で自民党の三〇四議席獲得という歴史的な圧勝となった（追加公認込み）。参議院でも七二議席を獲得し、非改選を合わせると過半数を遥かに超える一四〇議席に達した。これに対して、野党第一党の社会党は衆議院で三桁を割り込む八五議席に転落し、石橋政嗣委員長の引責辞任に至った。さらに、自民党の歴史的圧勝で連立相手としての存在意義を喪失した新自由クラブは解党となり、主要メンバーは自民党に復党した。こうして中曽根続投への道は開かれた[397]。

右の選挙結果を見る限り、心配された円高不況の影響はなかったし、この問題が大きな争点にもならなかった。もっとも、皮肉にも自民党の圧勝が円買い要因となって、再び円高が加速し、一ドル＝一六〇円を割り込んだ。市場は、先述の五月一二日のベーカー発言を中曽根への選挙応援ととらえ、今度は一一月の米中間選挙で中曽根が米国側に借りを返す番と読んだのである[398]。

一九八六年前半における円高不況への懸念には、政府や官僚、経済界の一種の過剰反応という側面もあった。実際、同年の終わりには、強い円が輸入品の価格低下、消費者の満足、海外投資への機会、ビジネスの合理化への強力な誘因をもたらし、日本経済にとってこれが大きな利益であることを政府部内の多くの人がようやく認識し始める。日本の多くの人々が、強い通貨の利点を認識するには一定の時間が必要であった[399]。

註

1――大河原、前掲『孤立化を避けるために』、四六～四七頁。

2――黒田眞「対米摩擦と市場開放」前掲『中曽根内閣史 理念と政策』、五八一頁。黒田は当時の通産省通商産業審議官。

3――前掲『中曽根内閣史 日々の挑戦』、四五八頁。

4――National Security Decision Directive-Number 154, "U.S.-Japan Trade Policy Relations" (December 31, 1984), JUII01263, p.2.

5――大河原、前掲『日米外交』、三七五頁。

6――"U. S.-Japan Trade Policy Relations" op.cit., p.3.

7――大河原、前掲『孤立化を避けるために』、五〇頁。

8――中村総領事発外務大臣宛て電信「日米首のう会談（拡大・第一一号・米ソ）」（昭和六〇年一月四日）、一～二頁（開示請求番号二〇〇九－〇〇一四八）。

9――浅尾新一郎「日米首脳会談の成果と今後の問題」『世界経済評論』一九八五年二月号、二〇頁。当時、浅尾は外務省の外務審議官（政務担当）。

10――長谷川、前掲『首相秘書官が語る中曽根外交の舞台裏』、二二〇～二二一頁。

11――中村総領事発外務大臣宛て電信「日米首のう会談（少人数・第二五号・米ソ）」（昭和六〇年一月五日）、一～二頁（開示請求番号二〇〇九－〇〇一四八）。

12――中村総領事発外務大臣宛て電信「日米首のう会談（拡大・第一六号・防衛問題）」（昭和六〇年一月四日）、一～二頁（開示請求番号二〇〇九－〇〇一四八）。

13――同右、二頁。

14――小山高司「三宅島における米空母艦載機着陸訓練場の代替施設設置問題の経緯」『防衛研究所紀要』第一一巻第二号（二〇〇九年一月）、四三、五〇～五九頁。なお、三宅島の他の代替候補地として硫黄島も挙っていたが、米国側が、同島と厚木が遠距離なため検討の対象として困難視したことから、三宅島の移転の可否が大きな争点として浮上したのである。

15――前掲「日米首のう会談（拡大・第一六号・防衛問題）」（昭和六〇年一月四日）、一～二頁。

16――浅尾、前掲論文、二二頁。

17――中村総領事発外務大臣宛て電信「日米首のう会談（拡大・第一五号・経済問題）」（昭和六〇年一月四日）、一頁（開示請求番号二〇〇九－〇〇一四八）。ちなみに、「一二月一四日には、関税（引き下げの）二年前倒しを決定した」というのは、一九八四年一二月一四日の第六回対外経済対策において、一九八〇年から八七年までの八年間で段階的に関税を引き下げることを東京ラウンドで約束した品目のうち、鉱工業品について二年繰り上げて実施するとともに、農林水産品についても開発途上国関連品目は二年、その他は一年繰り上げて実施すること決めた点を指す。大河原、前掲『孤立化を避けるために』、一三五～一三六頁。

18——前掲「日米首のう会談（拡大・第一五号・経済問題）」（昭和六〇年一月四日）、二頁。

19——同右、二頁。

20——同右、二～三頁。

21——中村総領事発外務大臣宛て電信「日米首のう会談（ちゅう食会）」（昭和六〇年一月四日）、一～二頁（開示請求番号二〇〇九－〇〇一四八）。

22——同右、二～三頁。

23——同右。

24——前掲『中曽根内閣史 日々の挑戦』、四六〇～四六一頁。

25——同右、四六一頁。

26——大河原、前掲『孤立化を避けるために』、五五～五七頁。

27——長谷川、前掲「中曽根外交」、一九一～一九二頁。

28——前掲『中曽根内閣史 日々の挑戦』、四六一～四六二頁。

29——同右、四六三頁。

30——同右、四六三～四六四頁。この三月二八日の次官級協議において、①付加価値通信網（VAN）事業の届け出・登録制度について外国業者に差別を与えないよう日本側が努力し、必要な緩和措置を検討する、②通信端末機器の技術基準は削減する方向で今後六〇日以内に再交渉する、③四月一日に民営化される電電公社の内部経理については、データ通信部門の収益が流れないよう具体策を作るなど明確化に努めるといった基本的合意に達していた。

31——同右、四六四～四六五頁。

32——同右、四六五～四六六頁。

33——大河原、前掲『孤立化を避けるために』、七三～七六頁。

34——前掲『中曽根内閣史 日々の挑戦』、四六六～四六八頁。

35——外務省『わが外交の近況』（昭和六〇年度）、四四八～四五二頁（対外経済対策——最近の決定と今後の政策の方向・一九八五年四月九日）。

36——同右、四四五～四四七頁（対外経済対策に関する中曽根総理大臣談話・一九八五年四月九日）。

37——『柳谷謙介 オーラル・ヒストリー（元外務事務次官）下巻』（C・O・Eオーラル・政策研究プロジェクト）政策研究大学院大学、二〇〇四年、二六～二七頁。

38——前掲『わが外交の近況』（昭和六〇年度）、四四五～四四七頁。

39——黒田、前掲論文、五九二頁。

40——前掲『中曽根内閣史 日々の挑戦』、四七一頁。

41——Memorandum from Under Secretary for International Trade to The Secratary, "New Japanese Trade Package" (April 18, 1985), JUI01272, p.1.

42——大河原、前掲『孤立化を避けるために』、七六～七七頁。

43——國廣道彦（服部龍二・白鳥潤一郎解題）『回想「経済大国」時代の日本外交 アメリカ・中国・インドネシア』吉田書店、二〇一六年、二一三～二一四頁。当時、國廣は外務省経済局長。

44——前掲『柳谷謙介 オーラル・ヒストリー 下巻』、二八頁。

45――手島冷志「ボン・サミットの成果と今後の問題」『世界経済評論』一九八五年七月号、一一～一二頁。手島は当時の外務審議官(経済担当)で、ボン・サミットのシェルパを務めた。中曽根自身、サミット直後の五月九日の日記で、「日本輸出過大に袋叩きに合う筈を、四月九日の決定等で回避し得た」と評価する。前掲『中曽根内閣史 資料篇』、六四五頁。
46――國廣道彦「ボン・サミットの成果」『経済と外交』一九八五年六月号、四～五頁。
47――長谷川、前掲論文、一九三～一九四頁。
48――前掲『柳谷謙介 オーラル・ヒストリー 下巻』、二八～二九頁。
49――田中均『外交の力』日本経済新聞出版社、二〇〇九年、三七～三九頁。
50――「対外経済開放の推進 市場開放行動計画(アクションプログラム)骨格の要旨」(一九八五年七月三〇日)『世界と日本』日本政治・国際関係データベース(東京大学東洋文化研究所 田中明彦研究室)。
51――前掲『中曽根内閣史 日々の挑戦』、四七五頁。
52――ASEAN問題研究会「注目されるASEANの最近の動き――自民党藤尾政調会長のASEAN四カ国歴訪」『経済と外交』一九八五年七月号、三五～三六頁。
53――ASEAN問題研究会「注目されるASEANの最近の動き――ASEAN拡大外相会議の歩み・第二回日・ASEAN経済閣僚会議」『経済と外交』一九八五年九月号、三三～三五頁。
54――前掲『柳谷謙介 オーラル・ヒストリー 下巻』、四四～四五頁。
55――前掲『中曽根内閣史 日々の挑戦』、四七三、四七七頁。
56――長谷川、前掲論文、一九四頁。
57――國廣、前掲書、二一八～二一九頁。
58――前掲『中曽根内閣史 日々の挑戦』、四七八頁。
59――長谷川、前掲書、二四九～二五〇頁。
60――前掲『中曽根内閣史 日々の挑戦』、四九〇頁。
61――浅尾、前掲論文、二〇～二一頁。
62――國廣、前掲書、二〇三頁。
63――前掲『柳谷謙介 オーラル・ヒストリー 中巻』、三一〇～三一一頁。中曽根首相訪豪時の一九八五年一月中旬の時点で、柳谷は駐豪大使、同月末に本省の事務次官に就任する。
64――前掲『中曽根内閣史 日々の挑戦』、四九一～四九二頁。
65――牧、前掲『中曽根政権・一八〇六日 上』、四四〇頁。
66――前掲『中曽根内閣史 日々の挑戦』、四九二頁。
67――同右、四四〇頁。
68――前掲『柳谷謙介 オーラル・ヒストリー 下巻』、二一～二三頁。
69――前掲『中曽根内閣史 日々の挑戦』、四九二～四九三頁。
70――鹿取大使発外務大臣宛て電信「チェルネンコそうぎ(ブッシュ米副大統領との会談のブリーフィング)」(昭和六〇年三月一四日)、一～二頁(開示請求番号二〇〇九‐〇〇〇七七)。
71――前掲『中曽根内閣史 日々の挑戦』、四九三頁。
72――中曽根、前掲『天地有情』、五五一～五五二頁。
73――丹波、前掲『日露外交秘話』、一七四～一七五頁。
74――中曽根、前掲『天地有情』、五五二頁。
75――丹波、前掲『日露外交秘話』、一七五頁。
76――長谷川、前掲書、二三六頁。
77――鹿取大使発外務大臣宛て電信「日ソ関係(ナカソネ総理・ゴルバチョフ書記長会談)」(昭和六〇年三月一五日)、一～二頁(開示請求番号二〇〇九‐〇〇〇七七)。

78——同右、二～五頁。
79——同右、四頁。
80——同右、四頁。
81——同右、四～五頁。
82——同右、五頁。
83——中曽根、前掲『天地有情』、五五三頁。
84——前掲「日ソ関係（ナカソネ総理・ゴルバチョフ書記長会談）」、五頁。
85——同右、五～七頁。
86——同右、六～八頁。
87——中曽根、前掲『中曽根康弘が語る戦後日本外交史』、三九三～三九四頁。
88——前掲『柳谷謙介　オーラル・ヒストリー　下巻』、二二一～二二三頁。
89——ロバート・D・パトナム／ニコラス・ベイン（山田進一訳）『サミット「先進国首脳会議」』TBSブリタニカ、一九八六年、二七五～二七六頁。
90——宮崎大使発外務大臣宛て電信「第一回日独首のう会談（その三——SDI関係）」（昭和六〇年五月一日）、一頁（開示請求番号二〇〇九-〇〇二九四）。
91——同右、一～二頁。
92——桃井、前掲「国際安全保障への積極的参加」、二四一～二四二頁。
93——前掲「第一回日独首のう会談（その三——SDI関係）」、二頁。
94——同右、三～四頁。
95——同右、四～六頁。
96——宮崎大使発外務大臣宛て電信「分割電報その一（コール首相の冒頭発言）」（昭和六〇年五月一日）、三頁（開示請求番号二〇〇九-〇〇二九四）。
97——宮崎大使発外務大臣宛て電信「その二（ナカソネ総理の発言他）」（昭和六〇年五月四日）、二頁（開示請求番号二〇〇九-〇〇二九四）。
98——前掲「宮崎大使発外務大臣宛て電信（第一回日独首のう会談・その三——SDI関係）」、六頁。
99——中曽根、前掲『自省録』、一二九頁。
100——宮崎大使発外務大臣宛て電信「ボン・サミット（日米首のう会談についての記者ブリーフィング）」（昭和六〇年五月二日）、一～三頁（開示請求番号二〇〇九-〇〇二九四）。前掲『中曽根内閣史　日々の挑戦』、四九九頁。なお、右の「SDI五原則」をまとめたのは、当時の防衛庁防衛研修所研究部長の桃井眞と推測される。桃井は、高度な戦略問題について中曽根の指南役であった。一方、同五原則作成の過程で、外務省は関与していなかったが、同省もSDIに関しては、最初から基本的に「支持」「賛成」の立場であったようだ。長谷川、前掲書、二二二～二二三頁。
101——前掲『中曽根内閣史　日々の挑戦』、四九八～四九九頁。
102——牧、前掲『中曽根政権・一八〇六日　上』、四六四頁。
103——瀬川、前掲『米ソ核軍縮交渉と日本外交』、二二七～二二八、二三〇～二三一頁。
104——中曽根、前掲『中曽根康弘が語る戦後日本外交史』、三九九～四〇〇頁。
105——桃井、前掲論文、二四二～二四三頁。
106——國廣、前掲書、二一七頁。
107——パトナム／ベイン、前掲書、二八〇頁。
108——國廣道彦「ボン・サミットの成果」『経済と外交』一九八五年

六月号、五頁。國廣は、今回のサミットに外務省の経済局長として参画した。

109——前掲『中曽根内閣史 資料篇』、六四五頁。

110——中曽根、前掲『自省録』、一二六〜一二七頁。

111——國廣、前掲「ボン・サミットの成果」、五頁。

112——西山健彦「ボン・サミットの政治的側面に関する考察と課題」『経済と外交』一九八五年六月号、一二〜一三頁。西山は当時の外務省欧亜局長。

113——中曽根、前掲『自省録』、一二七頁。

114——前掲『中曽根内閣史 日々の挑戦』、五〇一〜五〇二頁。

115——前掲『中曽根内閣史 資料篇』、六四五頁。

116——前掲『中曽根内閣史 日々の挑戦』、五〇二頁。

117——手島、前掲論文、一三〜一四頁。

118——牧、前掲『中曽根政権・一八〇六日 上』、四七三頁。

119——前掲「分割電報その一(コール首相の冒頭発言)」、五頁。

120——長谷川、前掲書、二四一〜二四二頁。

121——西山健彦「日本にとっての西欧の意味と最近のソ連をめぐって——中曽根総理に同行し、またゴルバチョフ政権下のソ連を訪れて」『世界経済評論』一九八五年一〇月号、三六頁。

122——『中曽根内閣史 日々の挑戦』、五〇二、五〇五頁。

123——本野大使発外務大臣宛て電信「総理訪仏・ミッテラン大統領とのテタ・テート会談(その三・新ラウンド)」(昭和六〇年七月一五日)、一頁(開示請求番号二〇一〇-〇〇〇三二)。

124——同右、一〜二頁。

125——西山、前掲「日本にとっての西欧の意味と最近のソ連をめぐって」、四三頁。

126——本野大使発外務大臣宛て電信「総理訪仏・ミッテラン大統領とのテタ・テート会談(その二・SDI)」(昭和六〇年七月一五日)、一頁(開示請求番号二〇一〇-〇〇〇三二)。

127——同右、一〜二頁。

128——本野大使発外務大臣宛て電信「総理訪仏・ミッテラン大統領とのテタ・テート会談(その一・対ソ関係)」(昭和六〇年七月一五日)、一〜三頁(開示請求番号二〇一〇-〇〇〇三二)。

129——同右、三〜四頁。

130——同右、一頁。

131——中曽根、前掲『自省録』、一二八〜一二九頁。

132——前掲『新しい世界に向かって』、二六二〜二六三、二六六〜二六七頁。

133——西山、前掲「日本にとっての西欧の意味と最近のソ連をめぐって」、三八〜三九頁。

134——前掲『中曽根内閣史 日々の挑戦』、五〇四頁。

135——中曽根、前掲『中曽根康弘が語る戦後日本外交史』、五一八頁。

136——西山、前掲「日本にとっての西欧の意味と最近のソ連をめぐって」、四一〜四二頁。

137——同右。

138——牧太郎『中曽根政権・一八〇六日 下』行政問題研究所、一九八八年、一一〜一二頁。

139——木村、前掲『遠い隣国』、四〇四頁。

140——西山、前掲「日本にとっての西欧の意味と最近のソ連をめぐって」、四四〜四五頁。

141——前掲『中曽根内閣史 日々の挑戦』、五一五〜五一七頁。

142——中曽根、前掲『中曽根康弘が語る戦後日本外交史』、二六〇頁。

143 ――依田智治「日米安保と防衛政策」前掲『中曽根内閣史 理念と政策』、二七一～二七二、二八一頁。依田は防衛官僚で、中曽根の下で首相秘書官を務めた。

144 ――大河原大使発外務大臣宛て電信「総理訪米（W・P・社主との朝食会）」（昭和五八年一月一八日）、九～一〇頁（外交史料館所蔵の中曽根総理訪米ファイル・分類番号二〇一六‐一一九八）。

145 ――塩田潮『官邸決断せず 日米「安保」戦争の内幕』日本経済新聞社、一九九一年、一六一～一六二頁。

146 ――「同盟諸国の防衛責任分担に関する米国防省報告（昭和六〇年度以前）」（大村襄治関係文書「欧米視察資料ファイル」・一九八五年一月一三～二三日）。

147 ――「我が国の防衛努力をめぐる米議会の動向」（大村襄治関係文書「欧米視察資料ファイル」・一九八五年一月一三～二三日）。

148 ――大河原良雄『日米大転換のとき』講談社、一九八七年、二二八～二二九頁。

149 ――上西朗夫『GNP1%枠――防衛政策の検証』角川文庫、一九八六年、一八九頁。

150 ――前掲『夏目晴雄オーラルヒストリー』、三八一～三八二頁。

151 ――上西、前掲書、一九〇頁。

152 ――同右、一八九～一九〇頁。

153 ――瀬島、前掲『幾山河』、五四二頁。

154 ――上西、前掲書、二〇四～二〇五頁。

155 ――前掲『中曽根内閣史 資料篇』、五七九～五八〇、五八六～五八九頁。

156 ――同右、五六一頁。

157 ――瀬島、前掲書、五四四頁。

158 ――「防衛力整備に関する提言」（自由民主党政務調査会・昭和五九年一二月二一日決定・政調審議会・同日了承）（大村襄治関係文書「防衛力整備小委員会・予算資料ファイル」）。

159 ――塩田、前掲書、一六四頁。

160 ――牧、前掲『中曽根政権・一八〇六日 上』、三八三頁。

161 ――五十嵐武士「宮沢喜一――保守本流 最後の指導者」渡邉昭夫編『戦後日本の宰相たち』中央公論社、一九九五年、四二五頁。

162 ――前掲『中曽根内閣史 日々の挑戦』、三九八頁。

163 ――清宮龍『宮沢喜一・全人像（改訂版）』行政問題研究所、一九九二年、二九〇～二九二頁。

164 ――牧、前掲『中曽根政権・一八〇六日 上』、三八三頁。

165 ――上西、前掲書、二〇六～二〇七頁。当時、水面下で一%枠撤廃を主導していた防衛庁の幹部は、「二階堂擁立で、首相がビビってしまった」と総括している。

166 ――牧、前掲『中曽根政権・一八〇六日 上』、三七八～三七九、三八二～三八三頁。

167 ――前掲『中曽根内閣史 日々の挑戦』、四四九～四五〇頁。

168 ――上西、前掲書、三二頁。

169 ――同右、一三～一五頁。

170 ――大河原、前掲『孤立化を避けるために』、一四九頁。

171 ――上西、前掲書、三五～三六頁。

172 ――Memorandum from C. Thomas Thorne, Jr., Acting to Ambassador Armacost, "Growing Entanglement of U. S.-Japan Trade and Defense Issues" (July 26, 1985), JU01276, p.2.

173 ――中曽根の考えは、あくまで「安全保障の面で日米関係をがっちりさせなければいけない。経済摩擦があっても、それは上部構造にすぎぬ、基礎構造は安全保障」であった。中曽根康弘「日米関係は複合摩擦の時代に（検証 戦後日米首脳会談 第一二回）」『エコノミスト』一九九一年三月二六日号、九〇頁。

174——前掲『中曽根内閣史 資料篇』、三七七～三七八頁。

175——前掲『中曽根内閣史 日々の挑戦』、五二三～五二四頁。

176——上西、前掲書、六一頁。

177——『栗山尚一・転換期の日米関係 オーラル・ヒストリー』（政策研究大学院C・O・Eオーラル・政策研究プロジェクト）、二〇〇五年、二五頁。

178——前掲『柳谷謙介 オーラル・ヒストリー 下巻』、五〇頁。

179——上西、前掲書、五一頁。

180——前掲『中曽根内閣史 日々の挑戦』、五二三～五二五頁。

181——福田赳夫『回顧九十年』岩波書店、一九九五年、三五～四二、三二八～三三六頁。

182——上西、前掲書、五九頁。

183——塩田、前掲書、一六六～一六七頁。

184——同右、一六七頁。

185——前掲『柳谷謙介 オーラル・ヒストリー 下巻』、五七頁。

186——読売新聞政治部『素顔の中曽根政権——「夜討・朝駆レポート」「権力の素顔」より』徳間書店、一九八五年、五五、九四～九五頁。

187——上西、前掲書、七〇～七一頁。

188——前掲『中曽根内閣史 日々の挑戦』、五二五頁。

189——上西、前掲書、七四～七五頁。

190——前掲『中曽根内閣史 日々の挑戦』、五二六頁。

191——上西、前掲書、七六頁。

192——前掲『中曽根内閣史 日々の挑戦』、五二六頁。

193——上西、前掲書、七六頁。

194——前掲『中曽根内閣史 日々の挑戦』、五二七頁。

195——前掲『中曽根内閣史 資料篇』、六四七頁。

196——上西、前掲書、七七頁。

197——『藤波孝生 オーラル・ヒストリー』（政策研究大学院大学C・O・Eオーラル・政策研究プロジェクト）二〇〇五年、二六三～二六四頁。

198——前掲『中曽根内閣史 資料篇』、三七九～三八〇、三八三～三八四頁。

199——田中伸尚『靖国の戦後史』岩波新書、二〇〇二年、九九～一一〇、一三九～一四三、一七〇頁。

200——若宮、前掲『戦後保守のアジア観』、一四七～一四八頁。

201——田中、前掲書、一四三～一四四、一四六頁。

202——同右、一四六～一四七頁。

203——若宮、前掲『戦後保守のアジア観』、一四八頁。

204——中曽根、前掲『中曽根康弘が語る戦後日本外交史』、四〇五～四〇六頁。

205——前掲『中曽根内閣史 日々の挑戦』、一九三頁。牧、前掲『中曽根政権・一八〇六日 上』、二三三、三三四頁。

206——前掲『中曽根内閣史 日々の挑戦』、一九三、三二〇頁。

207——議論の詳細は、「閣僚の靖国神社参拝に関する懇談会第一〇回（昭和六〇年三月二五日）・資料一 閣僚の靖国神社参拝問題に関する懇談会（第九回）・議事概要」（佐藤功旧蔵資料・憲政資料室に所蔵）を参照のこと。

208——「閣僚の靖国神社参拝に関する懇談会第一六回（昭和六〇年七

月一〇日）・資料一　閣僚の靖国神社参拝問題に関する懇談会（第一五回）・議事概要」（佐藤功旧蔵資料・憲政資料室に所蔵）。

209——中曽根康弘・梅原猛『政治と哲学——日本人の新たなる使命を求めて』PHP研究所、一九九六年、八八〜八九頁。

210——「閣僚の靖国神社参拝に関する懇談会第八回（昭和六〇年二月二六日）・資料一　閣僚の靖国神社参拝問題に関する懇談会（第七回）・議事概要」（佐藤功旧蔵資料・憲政資料室に所蔵）。

211——前掲『中曽根内閣史　資料篇』、五九七〜五九八頁（靖国懇の報告書より）。代替施設建設の提案は、委員の一人である作家の曽野綾子が主張していたようだ。読売新聞政治部、前掲書、八九〜九〇頁。

212——前掲『中曽根内閣史　日々の挑戦』、五一八〜五一九頁。

213——同右、五一九頁。

214——牧、前掲『中曽根政権・一八〇六日　下』、三一頁。

215——「内閣総理大臣その他の国務大臣による靖国神社公式参拝についての藤波内閣官房長官談話」（一九八五年八月一四日）前掲『世界と日本』。

216——前掲『中曽根内閣史　日々の挑戦』、五一七頁。

217——前掲『中曽根内閣史　資料篇』、六四六頁。

218——前掲『中曽根内閣史　日々の挑戦』、五二〇頁。

219——中曽根、前掲『中曽根康弘が語る戦後日本外交史』、四〇六頁。

220——「靖国神社参拝についての外交部スポークスマン発言」（一九八五年八月一四日）前掲『世界と日本』。

221——浅井基文元外務省中国課長へのインタビュー（二〇一三年四月四日）。

222——前掲『柳谷謙介　オーラル・ヒストリー　下巻』、五二一〜五二三頁。

223——同右。

224——長谷川、前掲書、二五二頁。

225——前掲『柳谷謙介　オーラル・ヒストリー　下巻』、五二一〜五二三頁。

226——服部龍二「中曽根・胡耀邦関係と歴史問題　一九八三〜八六年」高原・服部、前掲『日中関係史1972−2012　Ⅰ政治』、一七五頁。

227——中曽根、前掲『中曽根康弘が語る戦後日本外交史』、四〇六〜四〇七頁。

228——前掲『股野景親　オーラル・ヒストリー』、三五二頁。股野は、一九八四年一二月に在北京日本大使館に公使として赴任している。

229——浅井元外務省中国課長へのインタビュー（二〇一三年四月四日）。

230——中江、前掲『アジア外交』、二三六頁。

231——前掲『股野景親　オーラル・ヒストリー』、三五四〜三五五頁。

232——江藤、前掲『中国ナショナリズムのなかの日本』、九四〜九五頁。

233——谷野、前掲『アジア外交』、一三三頁。

234——みかなぎ大使発外務大臣宛て電信「日韓閣僚会議（第二次全体会議に関する記者ブリーフィング）」（昭和六〇年八月三〇日）、三頁（開示請求番号二〇〇九−〇〇一五〇）。

235——横山、前掲『日中の障壁』、三四〜三五頁。

236——服部、前掲『歴史認識』、六〇〜六一頁。

237——前掲『柳谷謙介　オーラル・ヒストリー　下巻』、六一頁。

238——同右、六一〜六二頁。

239——前掲『股野景親　オーラル・ヒストリー』、三五五頁。

240——前掲『柳谷謙介　オーラル・ヒストリー　下巻』、六二一〜六二三頁。

241——横山、前掲書、三八頁。
242——江藤、前掲書、九八～九九頁。
243——横山、前掲書、三八頁。
244——中曽根、前掲『中曽根康弘が語る戦後日本外交史』、四〇九頁。
245——前掲『柳谷謙介 オーラル・ヒストリー 下巻』、六一～六二頁。
246——江藤、前掲書、九八頁。
247——清水美和『中国はなぜ反日になったか』文春新書、二〇〇三年、一二〇～一二一、一二四頁。
248——劉、前掲『時は流れて』、六一九～六二五頁。
249——服部、前掲論文、三七七～三七八頁。
250——横山、前掲書、三九～四一頁。
251——「日中関係の情勢判断に関するメモ」（一九八五年一〇月二八日・長谷川和年外交ファイル）、二～三頁。例えば、社会党代表団を率いて訪中した田辺誠書記長は、八月二八日の胡耀邦との会談で、「閣僚のヤスクニ参ぱいには多数の人が反対であるとし、社会党はこの問題を近く国会できびしく取り上げる」と述べ、胡から、「中国でわれわれは国民党の戦士も含め戦ぼつ者のはかに参拝するが、オウセイエイのはかに行くことはできない」との発言を引き出した。服部、前掲論文、一七六頁。
252——前掲「日中関係の情勢判断に関するメモ」、四頁。
253——前掲『中曽根内閣史 日々の挑戦』、五六二頁。
254——前掲『中曽根内閣総理大臣演説集』、二六九～二七〇頁。
255——前掲『中曽根康弘が語る戦後日本外交史』、四二三～四二四頁。
256——前掲『中曽根内閣総理大臣演説集』、二七四～二七六頁。
257——前掲『中曽根内閣史 日々の挑戦』、五六四頁。
258——黒田大使発外務大臣宛て電信「主要国首のう会合（分割電報・三の一）」（昭和六〇年一〇月二五日）、二～三頁（開示請求番号二〇〇九‐〇〇二九三）。
259——黒田大使発外務大臣宛て電信「主要国首のう会合（分割電報・三の二）」（昭和六〇年一〇月二五日）、三、五頁（開示請求番号二〇〇九‐〇〇二九三）。
260——同右、三頁。
261——黒田大使発外務大臣宛て電信「主要国首のう会合（分割電報・三の三）」（昭和六〇年一〇月二五日）、一～三頁（開示請求番号二〇〇九‐〇〇二九三）。
262——黒田大使発外務大臣宛て電信「主要国首のう会合（レーガン大統領主催ばんさん会）」（昭和六〇年一〇月二五日）、一、二頁（開示請求番号二〇〇九‐〇〇二九三）。
263——前掲『中曽根内閣史 日々の挑戦』、五六五頁。
264——同右、五六六～五六九頁。
265——牧太郎『中曽根とは何だったのか』草思社、一九八八年、七四～七六頁。
266——前掲『中曽根内閣史 日々の挑戦』、五六七～五六八頁。
267——長谷川（毅）、前掲『北方領土問題と日露関係』、八四、八六頁。
268——前掲『中曽根内閣史 日々の挑戦』、五六九頁。
269——「米ソ首脳会談 レーガン来信」（一九八五年一一月二一日）（長谷川和年外交ファイル）。
270——前掲『中曽根内閣史 日々の挑戦』、五六九頁。
271——中曽根、前掲『中曽根康弘が語る戦後日本外交史』、四二七～四二八頁。
272——外務省欧亜局「ゴルバチョフ政権と我が国の対応」（昭和六〇年一二月二五日）、二、三頁（長谷川和年外交ファイル）。

273 ——前掲『柳谷謙介　オーラル・ヒストリー　下巻』、七六頁。
274 ——「Ⅱ外相間協議」、四～六頁（開示請求番号二〇〇九－〇〇〇八七）。
275 ——同右、一七、二三、三四～三五頁。
276 ——同右、一七～一八頁。
277 ——外務省欧亜局ソヴィエト連邦課「シェヴァルナッゼ・ソ連外相の訪日の全般的評価（付・シェヴァルナッゼ外相自身についての気づきの諸点）」、八～九頁（長谷川和年外交ファイル）。
278 ——前掲「Ⅱ外相間協議」二四～二五、三二頁。
279 ——同右、三六頁。
280 ——外交研究会、前掲『安倍外交の軌跡』、一四七頁。
281 ——長谷川（毅）、前掲書、九一頁。
282 ——外交研究会、前掲書、一四七～一五〇頁。
283 外務省『わが外交の近況』（昭和六一年版）（「日・ソ共同コミュニケ」一九八六年一月一九日・外務省ウェブサイトより）。
284 ——前掲『柳谷謙介　オーラル・ヒストリー　下巻』、七八頁。
285 ——前掲「Ⅱ外相間協議」、三九～四〇、四四頁。
286 ——同右、四〇頁。
287 ——同右、四六～四八、五三頁。
288 ——同右、五〇、五四頁。
289 ——前掲「シェヴァルナッゼ・ソ連外相の訪日の全般的評価」、八～九頁。
290 ——前掲『柳谷謙介　オーラル・ヒストリー　下巻』、七六～七七頁。
291 ——牧、前掲『中曽根とは何だったのか』、七六頁。
292 ——前掲『柳谷謙介　オーラル・ヒストリー　下巻』、七七頁。
293 ——中曽根、前掲『中曽根康弘が語る戦後日本外交史』、三八七～三八八頁。
294 ——長谷川（毅）、前掲書、八九頁。もっとも、中曽根の総理秘書官である長谷川は、プリマコフが安倍と会った可能性は否定しなかったが、中曽根と会ったことは強く否定している。長谷川（和）、前掲書、二七三頁。
295 ——名越健郎「ゴルバチョフの新アジア戦略と北方領土」『世界週報』一九八六年九月九日号、二九頁。
296 ——牧、前掲『中曽根政権・一八〇六日　下』、七三～七五頁。
297 ——中曽根、前掲『中曽根康弘が語る戦後日本外交史』、四二九～四三〇頁。
298 ——前掲「シェヴァルナッゼ・ソ連外相の訪日の全般的評価」、一～二、四、七頁。
299 ——エドアルド・シェワルナゼ（朝日新聞外報部訳）『希望』朝日新聞社、一九九一年、二三八頁。
300 ——木村、前掲『遠い隣国』、四二五頁。
301 ——アレクサンドル・パノフ（高橋実・佐藤利郎訳）『不信から信頼へ——北方領土交渉の内幕』サイマル出版会、一九九二年、二七～二八頁。
302 ——遠藤総領事発外務大臣宛て電信「第一六回ＳＳＣ（記者ブリーフ）」（昭和六一年一月一五日）、三頁（開示請求番号二〇〇九－〇〇一六二）。
303 ——遠藤総領事発外務大臣宛て電信「第一六回ＳＳＣ（第一回会合）」（昭和六一年一月一六日）、二～三頁（開示請求番号二〇〇九－〇〇一六二）。
304 ——リチャード・Ｌ・アーミテージ「日米防衛協力の意義　貿易摩擦にもかかわらず揺るぎなき同盟」『国防』一九八六年三月号、

一二〜一三頁。

305 ――遠藤総領事発外務大臣宛て電信「第一六回SSC(三日目記者ブリフィーング(1))」(昭和六一年一月一七日)、一頁(開示請求番号二〇〇九‐〇〇一六二)。

306 ――長谷川(和)、前掲書、二七三頁。

307 ――中曽根、前掲『中曽根康弘が語る戦後日本外交』、四三〇〜四三二頁。

308 ――前掲『柳谷謙介 オーラル・ヒストリー 下巻』、八八頁。

309 ――長谷川(毅)、前掲書、九四頁。

310 ――前掲『柳谷謙介 オーラル・ヒストリー 下巻』、一〇五頁。

311 ――長谷川(和)、前掲書、二六九〜二七〇頁。

312 ――『北海道新聞』一九八六年六月一日。

313 ――パノフ、前掲書、二九頁。

314 ――長谷川(毅)、前掲書、九五頁。

315 ――「四 外相間定期協議」、五六、五八、六二頁(開示請求番号二〇〇九‐〇〇〇八八)。

316 ――NHK日ソプロジェクト『NHKスペシャル これがソ連の対日外交だ――秘録・北方領土交渉』日本放送出版協会、一九九一年、二一二頁。

317 ――木村汎『北方領土――軌跡と返還への助走』時事通信社、一九八九年、一一六、一二二頁。

318 ――前掲『中曽根内閣史 日々の挑戦』、四七八頁。

319 ――黒田、前掲論文、五九八、六〇三〜六〇四頁。

320 ――前掲『中曽根内閣史 日々の挑戦』、四八五頁。

321 ――NHK取材班『NHKスペシャル 戦後五〇年その時日本は第六巻 プラザ合意/アジアが見つめた「奇跡の大国」』日本放送出版協会、一九九六年、二八〜三〇頁。

322 ――滝田、前掲『日米通貨交渉』、一五三頁。

323 ――中川幸次「総括――政策課題への取り組み姿勢」前掲『中曽根内閣史 理念と政策』、五五五頁。

324 ――行天豊雄『円の興亡――「通貨マフィア」の独白』朝日新聞出版、二〇一三年、七二〜七三頁。行天は当時の大蔵省国際金融局長。

325 ――NHK取材班、前掲書、三五〜三六頁。

326 ――同右、三七〜三八頁。

327 ――近藤健彦『小説・プラザ合意――グローバルな危機への対処法』彩流社、二〇〇九年、四四〜四六頁。なお、近藤はプラザ合意時の大蔵省副財務官。

328 ――NHK取材班、前掲書、五五〜五八頁。

329 ――近藤健彦『プラザ合意の研究』東洋経済新報社、一九九九年、二八頁。

330 ――同右、二四、二九〜三〇頁。

331 ――滝田、前掲書、二〇八〜二一〇頁。

332 ――同右、二一九頁。

333 ――近藤、前掲『プラザ合意の研究』、二八、三一〜三二、五一頁。

334 ――滝田、前掲書、二二〇頁。

335 ――近藤、前掲『プラザ合意の研究』、三二〜三三、三八、五八頁。

336 ――NHK取材班、前掲書、一〇一〜一〇三頁。

337 ――中川幸次「マクロ経済政策」前掲『中曽根内閣史 理念と政策』、六四二頁。

338 ――NHK取材班、前掲書、一〇一〜一〇二、一一五頁。

339 ――近藤、前掲『プラザ合意の研究』、三七、四二頁。

340 ――滝田、前掲書、二二六〜二二七頁。

341――栗山尚一『日米同盟 漂流からの脱却』日本経済新聞社、一九九七年、五三頁。

342――前掲『中曽根内閣史 日々の挑戦』、六〇二頁。

343――唐沢俊二郎『唐沢俊二郎オーラルヒストリー そろそろ全部話しましょう』文藝春秋企画出版部、二〇〇九年、二八九頁。唐沢は政務担当の官房副長官として当該訪問に随行した。

344――前掲『中曽根内閣総理大臣演説集』、二七九～二八三頁。

345――黒田、前掲論文、五八五～五八六頁。

346――同右、五九八頁。

347――前掲『柳谷謙介 オーラル・ヒストリー 下巻』、六七～六八頁。

348――長谷川、前掲論文、一九四頁。

349――赤沢璋一「前川リポート――国際協調のための経済構造調整研究会報告」前掲『中曽根内閣史 理念と政策』、六〇七、六一〇～六一一頁。なお、前川を支える座長代理には、慶應大学教授の加藤寛とJETRO理事長の赤沢璋一が就任した。加藤、赤沢両人とも中曽根ブレーンであった。そして、主要官庁の抵抗を抑えるべく、大蔵省OBの長岡実、経企庁OBの宮崎勇、農水省OBの森本修を委員に配置した(また、座長代理の赤沢も通産省OB)。他の主だった委員としては、国際エコノミストで元外相の大来佐武郎や前駐米大使の大河原良雄、また首相の金融政策上のブレーンであった細見卓などがいた。前川座長を除く一六名の委員の出身内訳を見ると、官庁OBが六名、財界関係が四名、学会一名、学識経験者二名、労働界一名、ジャーナリスト一名であった。

350――前掲『中曽根内閣史 日々の挑戦』、六一〇頁。

351――赤沢、前掲論文、六一一～六一六頁。

352――前掲『中曽根内閣史 日々の挑戦』、六一〇～六一一頁。

353――赤沢、前掲論文、六三三～六三四頁。

354――前掲『中曽根内閣史 日々の挑戦』、六一一～六一二頁。

355――同右、六〇八頁。

356――同右、六一二～六一三頁。

357――牧、前掲『中曽根政権一八〇六日 下』、一一〇頁。

358――前掲『中曽根内閣史 日々の挑戦』、六一四頁。

359――唐沢、前掲書、三〇四頁。

360――松永大使発外務大臣宛て電信「第一回日米首のう会談(経済関係)」(昭和六一年四月一四日)、一～二頁(開示請求番号二〇〇九-〇〇三七九)。

361――同右、二～三頁。

362――同右、三～六頁。

363――同右、六～八頁。

364――牧、前掲『中曽根政権一八〇六日 下』、一一四～一一六頁。

365――前掲「第一回日米首のう会談(経済関係)」、四、七頁。

366――滝田、前掲書、二二七頁。

367――松永大使発外務大臣宛て電信「第一回日米首のう会談(フィリピン関係)」(昭和六一年四月一四日)、一～二頁(開示請求番号二〇〇九-〇〇三七九)。

368――前掲『柳谷謙介 オーラル・ヒストリー 下巻』、八一～八三頁。

369――松永大使発外務大臣宛て電信「第一回日米首のう会談(朝鮮半島関係)」(昭和六一年四月一四日)、一～二頁(開示請求番号二〇〇九-〇〇三七九)。

370――松永大使発外務大臣宛て電信「第一回日米首のう会談(米ソ関係)」(昭和六一年四月一四日)、一～二頁(開示請求番号二〇〇九-〇〇三七九)。

371――松永大使発外務大臣宛て電信「第一回日米首のう会談(首のうランチ)」(昭和六一年四月一四日)(開示請求番号二〇〇九－〇〇三七九)。

372――同右。

373――松永大使発外務大臣宛て電信「第二回日米首のう会談(経済問題)」(昭和六一年四月一四日)、一～二頁(開示請求番号二〇〇九－〇〇三七九)。

374――後藤田、前掲『内閣官房長官』、一一九頁。

375――前掲『松永信雄 オーラル・ヒストリー 下巻』、一一九頁。

376――牧、前掲『中曽根政権一八〇六日 下』、一二二頁。

377――前掲『中曽根内閣史 日々の挑戦』、六一二頁。

378――後藤田、前掲『内閣官房長官』、九七頁。

379――もっとも、大河原は、中曽根が、高島炭鉱その他の炭鉱の閉鉱や、食管制度が始まって以来、初めて生産者米価の引き下げに踏み切ったことを挙げ、各国も日本の実際の動きを十分に把握していなかったと指摘する。大河原、前掲『日米大転換のとき』、一四〇～一四一頁。

380――前掲『柳谷謙介 オーラル・ヒストリー 下巻』、九四頁。

381――NHK取材班、前掲書、一一一～一一二頁。

382――船橋洋一『通貨烈烈』朝日新聞社、一九八八年、一三七頁。

383――Memorandum from George P. Shultz to The President, "Your Trip to Japan and Bilaterals with Allied Leaders" (May 1, 1986), JUII01304, pp.1-2.

384――NHK取材班、前掲書、一一〇～一一二頁。

385――前掲『中曽根内閣史 日々の挑戦』、六四〇～六四二頁。

386――同右、六四八～六四九頁。

387――滝田、前掲書、二二七～二二八頁。

388――前掲『中曽根内閣史 日々の挑戦』、六四三頁。

389――近藤、前掲『小説・プラザ合意』、九〇～九六頁。

390――前掲『中曽根内閣史 日々の挑戦』、六四三頁。

391――前掲『柳谷謙介 オーラル・ヒストリー 下巻』、九二頁。

392――中曽根、前掲『中曽根康弘が語る戦後日本外交史』、四三九頁。

393――前掲『中曽根内閣史 日々の挑戦』、六五五～六五六頁。

394――前掲『柳谷謙介 オーラル・ヒストリー 下巻』、九七～九九頁。当時官房副長官を務めていた唐沢俊二郎は、後年の回想で、「国際テロリズムに関する声明において、「日本は名指ししたくなかった。それは敗北と言えば敗北だけれど、向こう(米欧)に合わせたわけです」と率直に語っている(唐澤、前掲書、三〇九頁)。なお、外務省事務当局と安倍外相は、声明での対リビア非難に消極的であった。このような外務省サイドに対して、長谷川首相秘書官が、一九七八～八〇年に在イラン日本大使館の参事官、公使として勤務した経験を踏まえて、「旅人は大事にしろ」というコーランの教えに着目したうえで、イスラムの国であるリビアは「旅人」たる在留日本人に危害を加えるということは絶対にありえないとの論陣を張って、首相の裁断を後押ししたという。長谷川(和)、前掲書、二七八～二八〇頁。

395――前掲『中曽根内閣史 日々の挑戦』、六六六、六六八頁。

396――同右、六六七頁。

397――若月秀和『大国日本の政治指導 1972～1989』吉川弘文館、二〇一二年、二二三～二二六頁。

398――NHK取材班、前掲書、一一九～一二〇頁。

399――行天、前掲書、八一頁。

第六章　中曽根外交のかげり——短すぎた続投期間

1　SDI研究への参加と防衛費一％枠撤廃

衆参同日選挙で自民党に圧勝をもたらした中曽根首相は、当時、自民党の党則で一期二年、二選までとされていた総裁任期とともに、総理としても任期延長の道を開き、一九八六年七月二二日、第三次内閣を成立させた。党三役の布陣は、竹下登幹事長・安倍晋太郎総務会長・伊東正義政調会長とする一方、閣僚については、後藤田正晴官房長官を留任させたうえで、副総理に金丸信、蔵相に宮澤喜一、文相に藤尾正行をそれぞれ充てた。これまで長く閣内にあった竹下と安倍が党に移り、逆に党務を担当していた金丸と宮澤、藤尾が入閣するという体制であった。もっとも、九月一一日の自民党両院議員総会で決まった党則改正による総裁任期の延長期間は一年だけに区切られた[1]。安倍・竹下・宮澤の三人が、中曽根後継の座を窺う状況下で、党内の大勢は中曽根の本格的な続投を望まなかったのである。

ともあれ、衆議院自民三〇〇議席の威光を背景に、中曽根は内外の懸案処理に動いていく。一一月二八日、三公社民営化（電電・専売・国鉄）のなかでも、最後に残った本丸とも言うべき国鉄改革八法案が国会で成立をみた。これほどの重要法案が審議期間僅か二ヵ月で、ほぼ修正なしの形で成立したのは、同日選での自民党圧勝により、法案に反対する社会党の気勢がそがれたことが大きかった[2]。

対米防衛関係の懸案も着実に解消に向かっていた。まず九月九日の閣議でレーガン政権のSDI研究に参加することを決定し、後藤田官房長官談話として発表した。談話では参加の理由として、①レーガン大統領が非核の防御システムで核廃絶を目指すものと説明している、②日本の平和国家の立場と矛盾しない、③SDI技術の向上は西側全体の抑止力の向上であり、日米安保体制の効率的運用にプラス、④研究の成果を利用できれば日本の関連技術に大きなメリットをもたらす、⑤宇宙の平和利用をうたった国会決議にも抵触しない、の五点を挙げた。

また、参加に伴う秘密保護問題については現行法の枠内で処理することが適当とされ、新たな秘密保護法は設けないことになっていた。ちなみに、官房長官談話として発表したのは、タカ派と目される首相が前面に出ることを避けるためであった。後述する防衛費一%枠撤廃でも、中曽根は同じ手法をとる[3]。

SDI研究参加の閣議決定は、一九八五年九月から翌年四月までの間に合計三回にわたって米国に派遣された、官民合同のSDI調査団による調査結果を踏まえたものであった[4]。この調査の過程で、研究に参加した結果、得られた新技術を日本が活用でき、また新たな秘密保護法の必要がないという二点が確認できたことで、中曽根は参加決定に踏み切ったのである[5]。

官房長官談話が参加理由の五点目に挙げた宇宙の平和利用については大きな壁があった。それは一九六九年に議決された「宇宙の開発及び利用に関する国会決議」であった。この決議は、日本政府による宇宙の軍事利用を禁じるもので、国会決議の性質上、その変更にも共産党を含めた全会一致が必要であった。決議の修正が望めない以上、「解釈」で国会決議を乗り越えるしか方法はない。その解釈とは、①国会決議は他国の開発計画を対象としていない、②日本が参加するのは「米国が策定する個々の具体的プロジェクトの特定の局面への参加」にとどまる、③究極的な核廃絶を目的とするSDIへの参加は日米安保体制の維持強化に資する、というものであった。

外務省事務当局としては、国会で野党議員から何を聞かれても、「日本はSDIの開発や配備ではなく、単に研究に参加するだけ」と強調するよう身構えていた。ところが、九月一一日に始まった臨時国会の審議では、野党側からこの問題についてさしたる追及もなく[6]、ここにも同日選における自民党圧勝と野党の弱体化が作用していた。

もっとも、参加のための法的枠組み作りは、特許権、研究成果の帰属問題、日本企業による転用の可能性などをめぐって難航し、結局、協定の成立は一年後の一九八七年九月にずれ込んだ。しかし、SDI研究は、レーガンの次のブッシュ政権に引き継がれたものの、一九九一年のソ連崩壊で立ち消えとなった[7]。そもそもSDI構想自体、現実的・技術的に可能か否か不明だったのである。

それでも、ＳＤＩはソ連の軍事超大国化に対する有力な抑止として作用し、現代史に重要な画期をもたらした[8]。当時、外務省北米一課長としてＳＤＩ訪米調査団に加わった岡本行夫は、「ＳＤＩ構想はソ連の世界革命論を挫折させ、冷戦終結を加速させたわけですから、本来の目的を達した」と述べ、研究がその後の世界の汎用技術に及ぼした影響は計り知れないと指摘する[9]。ソ連を巨大な軍拡競争に巻き込み、経済的な自己崩壊に追い込んだことが、ＳＤＩの最大の意義であったと言えよう[10]。

中曽根は念願の防衛費一％枠の撤廃に向けても、着実に布石を打っていた。それは第三次内閣の布陣に如実に表れていた。すなわち、自派の倉成正を配した外相以外は、防衛庁長官に栗原祐幸、蔵相に宮澤、政調会長に伊東という具合に、枠撤廃に関わる枢要なポストをすべて宮澤派に割り振ったのである。党内の反対論を封じ込めるべく、ハト派が多いと目される宮澤派の面々に、あえて「火中の栗」を拾わせる作戦をとったと見られる[11]。

一九八〇年代前半よりトーンは下がったとはいえ、防衛問題に関する米国の要求は継続していた。一九八六年八月二六日、九月二日からの栗原防衛庁長官の訪米をにらみ、日本民主党のバード上院院内総務（Robert Carlyle Byrd）は、日本が円高差益を自衛隊装備の追加購入や在日米軍駐留経費の負担強化に充てるよう求める書簡をレーガン大統領あてに送っている。栗原長官訪米準備のためのメモランダムでも、シグール国務次官補（東アジア・太平洋担当）が「バード書簡は、日本が顕著な形での防衛能力の改善を継続するべきという、米国内の広範なコンセンサスを表している」ことを、栗原に指摘するよう進言している[12]。

前年九月のプラザ合意以来の円の高騰は、日本駐留の米軍費用や、特に艦船、航空機の補修その他に関わる日本人熟練要員の雇用費増大につながる一方、自衛隊が米国製機器を購入する費用の削減を可能としていた。そこで、九月四日、ワインバーガー国防長官は訪米した栗原に、日本が円高騰で目減りした防衛費を自発的に在日駐留米軍への援助費として提供すれば、海外費用削減を求める議会への効果的な対応となる、と発言した[13]。

また、同じ四日、栗原はブッシュ副大統領とも会談する。この席で副大統領は、政府自民党は衆院で三〇〇議席という多数を得たのだから、一％枠を超える予算額を確保して、防衛力増強に努力するのは当然との認識を示唆した[14]。議会の強硬姿勢や前出のバード書簡をちらつかせ、円高差益を装備品購入に充てるよう迫る米国側に、栗原は為替レートや景気の動向によって装備購入額が影響されるべきでないと筋論で返した[15]。

ただ、この時期、円高による在日駐留米軍の費用増大に加え、日米間には半導体など経済摩擦が次々と発生しており、外務省や現地の松永信雄駐米大使も、栗原に対して「せめて防衛関係だけは、うまくやってほしい」としきりに訴えていた。そこで栗原は、駐留米軍経費について、諸手当を中心に増額に応じるべきと判断する。そして、その判断を国内的に納得させるべく、次のような「理論構成」に基づいて具体的な援助額を決めることにした。

① 円高による米軍の実質費負担をカバーする。ただし、五カ年の時限立法とする。

② 米国側には、円高を理由に日本人労働者の首切りはさせない。いわば日本の雇用対策の一環として配慮する。

③ カバーする諸手当については、従来、日米間でグレーゾーンとして検討したものを対象にする。

また、日本の好意を米国側に明確に分からせるために、援助額はドルで表示され、一億ドルを積むこととした[16]。米軍基地で働く日本人労働者の給与は、一九八五年、米国側が四億ドルを負担していたが、急激な円高の影響で翌八六年は六億ドルが必要となっていた。そこで増えた二億ドルの負担の半分程度を日本側が負担するということで、この金額となったのである[17]。

ところが米国のために一億ドルを積むと、そちらとのバランスで、遅れている自衛隊の後方支援経費(十分な訓練を行うための燃料費や自衛隊員の官舎など)を大幅に上積みする必要が出てくる結果、防衛費の対GNP一%枠超過が不可避となる。栗原は右の一億ドル負担について、中曽根や宮澤蔵相、金丸副総理、竹下幹事長、安倍総務会長、伊東政調会長、福田元首相ら長老グループなどにも根回しを行い、了承を得ていたが、その際に必ず、「したがって六二年度(一九八七年度)予算は場合によると一%を超えることがあるかもしれない」と付け加えていた[18]。

一九八六年も年末を迎えると、八七年度予算編成はいよいよ大詰めの段階を迎えた。一二月二五日、次年度予算の大蔵原案が内示された。防衛費は前年度比約四・一%増の約三兆四八〇〇億円で、対GNP比は〇・九九四%であった。これに対して、防衛庁側の要求は、為替レートの変動も加味したうえ、新たに在日米軍の駐留経費の負担分一六五億円（一億ドル）などを盛り込んだもので、前年度比六・七六％増まで膨らんだ。三〇日の政府案決定まで、大蔵原案の四・一％増と防衛庁側の要求である六・七六％増との間で攻防戦が繰り広げられた。

この攻防戦最中の二六日、中曽根は、問題を党内調整に委ねる姿勢を示した。物事が「中曽根抜き」で進行しているという演出であった[19]。前年、自身が先頭に立って一％枠突破を試み、福田・鈴木両元首相らの猛反対を受けて挫折した経緯に鑑み、栗原が中曽根に、今回は表立った動きをしないよう助言していた経緯があったのである。一％問題は政策論というより「中曽根憎し」という感情論と結び付いていた面が少なくなかった[20]。

ところが自民党内の空気は、七月の衆参同日選挙での圧勝を境に一変していた。一昨年一二月の総務会では、首相の一％枠撤廃論に反対意見が噴き出し、議論は宮澤総務会長の預りとなって終わった。これに対し、一二月二八日の総務会は「（枠の）撤廃やむなし」の意見が慎重論を数倍上回る勢いに変わっていた[21]。福田や鈴木、二階堂といった長老組も、もはや強硬な反対論を展開しなくなっていた[22]。

実のところ、すでに同日選に先立つ一九八六年一月開会の通常国会でも、従前のような一％枠をめぐる与野党の攻防は影を潜めていた。自民党と新自由クラブの連立に触発され、公明・民社両党はおろか、社会党までが自民党との連立を模索するようになり、与野党間の政策的距離が小さくなりつつあった[23]。

その一方、年明けの一九八七年一月に再開される通常国会は、「売上税法案」が最大の焦点となって、混乱が予想されていた。それだけに、争点として鎮静化の傾向にあるとはいえ、一％問題が絡めば収拾不可能となるとの観測が、国会対策筋や首相官邸の支配的空気であった。一％問題は、昭和六二年度の途中で公務員給与改訂をやれば、自動的に一％を超えるので、あえてこの際、一％を超える必要はないという意見も強かった。並行して急激に進む円高で、燃料費の購入なども相当安価になるため、防衛費は一％以内で十分まかなえるとの議論も出ていた。

閣内では、野党と太いパイプを持つ金丸副総理が、内心では一％以内という考え方を持ち、予算折衝の最中、宮澤蔵相に電話で、暗に防衛予算で無理をしないよう伝えたとされる。また、大蔵省も売上税の問題があるので、各方面に一％以内で間に合うと精力的に宣伝していた。さらに、竹下幹事長と安倍総務会長は、一％問題に関して最後まで考え方を明確にしなかった[24]。

一二月二九日の宮澤蔵相と栗原長官による最終折衝では、一%枠堅持を訴える宮澤と、突破もやむなしと主張する栗原が対立した。次いで、宮澤、栗原の両者に党三役と後藤田官房長官を交えた折衝が持たれるも、なお、宮澤・栗原の意見は平行線をたどった。そこで後藤田が両者に割って入り、党三役とともに別室に移って協議した。この協議により、防衛庁の復活要求が受容されることで合意が成立し、次年度防衛費は前年度比で五・二%増と決まった。この瞬間、対GNP比は一%を突破し、一・〇〇四%となることが明らかになった[25]。

調整を担った後藤田は、それまで防衛費を一%枠に収めるために、正面装備優先のしわ寄せを受けていた後方支援経費を、この際増額するべきだと強く主張した。さらに、関係閣僚や党三役に対し、一%超過によって「軍事大国になるというわけでもないだろう」と論陣を張っている[26]。そもそも後藤田は、毎年の経済の伸びで変化するGNPを防衛費の基準とするのは合理性に欠けるとの考えに基づき、一%突破という結論に至ったようだ[27]。

一連の後藤田の動きの背後には、当然ながら、中曽根の意向があった。最終折衝直前の一二月二八日、中曽根は後藤田に、一%枠と売上税は直接関係がないとして、中期防衛力整備計画二年目に必要な予算額を確保するよう指示している[28]。それでも、後藤田の調整により一%枠突破が決まった三〇日、中曽根は「まあ党でいろいろ検討してもらった結果だから。……待遇改善、訓練度の向上のためには(突破は)やむを得なかった」と、突破が党内調整によって結果的に生じたものと述べ、首相自身の意図や主導性を見せない戦術に徹した[29]。

昭和六二年度の防衛費が一%枠を超えることになると、今度はその枠組みを定めた三木武夫政権の閣議決定の取り扱いが問題になる。政府は一二月三〇日に安全保障会議を開いて、次年度予算については右閣議決定を適用しない旨を取り決め、一%枠に代わる新しい歯止めについて早急に協議することを申し合わせた[30]。

この時点では、中期防の総額一八兆四〇〇〇億円をもって新たな歯止めとするのか、あるいは「一%程度」とするべきなのか、について極めて慎重な検討を要した。外務省内でもこの件については温度差があった。北米局安全保障課などの議論では、軍事力を大幅に拡張する現実的な蓋然性はないとして、「一%程度」といった「定量的な枠を決める必要はない」との意見があった。これに対し、戦争体験を持つ世代の柳谷謙介次官は、定量的歯止めが必要との立場にあり、防衛庁と同じ立場で枠の撤廃に積極姿勢を示す若い外務省員に違和感を持ったようである[31]。

一二月三〇日の安全保障会議でも、定量的歯止めの必要性を唱える議論が相次いでなされていた。なかでも、伊東政調会長は、明確に「一%程度論」を主張した。また、安倍総務会長も、中期防自体が新たな歯止めになるとの理屈は国民には分かりにくいとして伊東に同調し、一%突破の旗振り役であった栗原も、中期防の総額以外の何らかの歯止めの必要性に言及した。このような党・政府首脳の意見を黙って聞いていた中曽根は、もともと定量的歯止めは必要ないという考え方であったものの、性急に結論を出さず、暫し冷却期間を置くことを選択した[32]。

米国側は一%枠突破を肯定的に受け止めた。年が明けて一九八七年一月七~九日と三日間にわたりハワイで開催された第一七回日米安保事務レベル協議では、アーミテージ国防次官補が、①日本政府が中期防第二年度所要額を完全に計上する決定を行ったこと、②今後五年間にわたり、在日米軍従業員労務費の日本側負担分を大幅に増やす決定を行ったことを、米国政府として高く評価した。ただ、その一方で、米議会では防衛・通商の両問題を関連付け、日本など同盟国の責任分担について討議がなされる可能性を示唆し、引き続き防衛力整備に努めるよう暗に促した[33]。

さらにアーミテージは「一%程度」論について、①一%程度は、一%と大同小異である。アメリカは定量的な歯止めは軍事的合理性がないと考えている、②一%程度では、せっかく日本政府の決断を評価した議会側が、むしろ反発するのではないかと恐れると非公式な場で強調したという。矢崎新二防衛事務次官は「今の段階で一%程度の歯止めをアウトにすることは難しい」と応酬したが、米国側の反応は厳しかった[34]。

この日米協議の内容は、日本の政策決定に大きな影響を与えたと思われる。この後、中曽根ばかりでなく、後藤田や竹下幹事長、安倍総務会長までもが、中期防の総額明示方式をもって新たな歯止めとする線で固まっていったからである。「一%程度」論を頑強に主張する伊東政調会長に対しても、同じ宮澤派の栗原がハワイ協議の模様を交えて、中期防を歯止めとしても実質的には一%程度だと説得し、伊東もそれを承諾する[35]。

かくして、一月二四日の閣議決定によって、新たな歯止めの問題は最終決着となった。その決定(「今後の防衛力整備について」)の内容は、次の通りである。

① 我が国は、平和憲法の下、専守防衛に徹し、他国に脅威を与えるような軍事大国とならないとの基本理念に従い、日米安保体制を堅持するとともに、文民統制を確保し、非核三原則を守りつつ、節度ある防衛力を自主的に整備してきたところであるが、かかる我が国の方針は、今後とも引き続き堅持する。

② 「中期防衛力整備計画」(昭和六〇年九月一八日閣議決定)は、上記の基本方針の下に策定されたものであり、その期間中の各年度の防衛関係経費については、同計画に定める所要経費の枠内でこれを決定するものである。

なお、同計画を三年後に作成し直すことについてはこれを行わないものとする。

③ 「中期防衛力整備計画」終了後の昭和六六年度以降の防衛関係費の在り方については、同計画終了までに、改めて国際情勢及び経済財政事情等を勘案し、前記の平和国家としての我が国の基本方針の下で決定を行うこととする。

④ 今回の決定は、「当面の防衛力整備について」(昭和五一年一一月五日閣議決定)に代わるものとするが、同閣議決定の節度ある防衛力の整備を行うという精神は、引き続きこれを尊重するものとする。[36]

すなわち、今後とも一九七六年に三木政権が決定した防衛計画の大綱と節度ある防衛力整備の精神を踏まえ、防衛力の漸次整備を進めていくことをもって一%枠に代わる歯止めとし、枠を撤廃するということである[37]。ここに、中期防の総額という定性的な歯止め(総額明示方式)が、一%枠という定量的な歯止めにとって代わったのである。

右の四項目のうち注目すべき点は、第二項後段の「なお、同計画を三年後に作成し直すことについてはこれを行わないものとする」という箇所である。これは、一九八五年九月の中期防策定時に決められた三年後の計画見直しの取り消しであった。この見直しが決まった背景には、同計画の策定過程にあたって防衛庁が二〇兆を超える総額を要求したにもかかわらず、結果的に一八兆四〇〇〇億円となったため、当時の竹下蔵相の知恵で、予算増額の希望を持たせ、同庁や自民党国防族の不満をなだめようとしたことがあった(無論、大蔵省の本音は三年後の見直しでさらなる減額をすることであったが)。

中期防策定当時、総務庁長官であった後藤田は右の経緯に着目し、一%枠撤廃で防衛庁の要望をかなえたとの論法で、代わりに中期防の三年後の見直しの取り消しを同庁に飲ませたのである[38]。一%枠という合理性に欠けた制約は取り払う一方で、将来に向けた軍拡の芽を確実に摘み取っておくという意図に基づいた行動であった。

後藤田とともに管轄大臣として、一%枠の撤廃に精力的に動いた栗原も、一月二四日の閣議決定後、一%枠を外すことによって「心ない政治家や実働部隊を調子づけたら、ゆゆしいことだと思った」という[39]。一九九〇年代初頭、湾岸戦争を受けて自民党内で憲法改正の機運が高まった際に、長老議員として、そうした流れに待ったをかける役割を果たしたのが、一%枠撤廃の立役者であった後藤田と栗原であった事実は、大いに示唆的である。

ともあれ、前年末の防衛予算決定に引き続き、閣議決定においても後藤田がその実力を発揮して、中心的役割を果たした。後藤田と外務省との密接な連携もあり、閣議決定の内容も、同省の案文がほぼそのまま採用された[40]。一方、閣議決定に向けての調整期間にあたる一月一〇～一七日、中曽根は東欧諸国歴訪で日本不在であり、帰国後も官房長官に事態を委ねた[41]。

結局、中曽根はあえて後藤田の陰に隠れることで、宿願の一%枠の撤廃を成就した。ただ、二年前の自民党軽井沢セミナーで、一%枠撤廃を「戦後政治の総決算」の重要なテーマとして位置付けた、あの時の高揚感はすでに失われていた。国内政局の焦点は一%枠から売上税に移っていたからである。大勝した前年の同日選では、大型間接税の導入を否定していたにもかかわらず、売上税導入に突き進んだことで国内世論の強い反発を浴び、内閣支持率は急落していた。中曽根に宿願成就を喜ぶ余裕はなかった[42]。

それでも、一%枠撤廃の政府決定は、防衛力整備を単なる計数でなく、実質的必要性で判断することになったという意味で画期的なものであった。当初、野党やマス・メディアなどから、防衛関係費が際限なく伸びる恐れがあるとの批判がなされたが、それは杞憂となった。防衛関係費の対GNP比は、一九八七年の一・〇〇四%に続き、翌八八年に一・〇一三%、八九年に一・〇〇六%と三年間、一%を僅かに超える状況が続くも、九〇年以降は冷戦終結という国際環境も相まって、一%以下に落ち着くことになる[43]。こうして本件は、政治上の議題として急速に風化していった。

2 靖国神社参拝の断念

中曽根が、防衛費のGNP一%枠撤廃と並ぶ、「戦後政治の総決算」の主要テーマと位置付けたのが靖国神社公式参拝であった。戦後四〇周年を迎える一九八五年の終戦記念日、中曽根はこれを断行するも、事前の予想をはるかに超える中国側の強い反発を惹起し、一〇月の秋の例大祭では参拝を見送ることを余儀なくされた。とはいえ、靖国参拝それ自体を断念したわけではなく、中曽根は対中関係を阻害しない形での参拝の道を模索していくことになる。そのような状況下、北京から盟友・胡耀邦総書記の発した重要なシグナルが届いた。

一九八五年一二月八日、胡耀邦は、小説『大地の子』の取材のため訪中した作家・山崎豊子と中江要介駐中国大使とのランチに臨んだ。この席で胡は、一九〇〇年の義和団事件が発生から八五年を経て問題として自然消滅しているいと述べ、日中戦争はまだ四〇年しか経っておらず記憶に新しいので「靖国神社についてこれ以上お互いにあげつらうことは止めよう」と続けた。そして、再び参拝があれば、国家指導者としての自分の立場が困難になることはもちろん、「中国の人民を納得させることができない」と語った。対日関係を重視する意思表明であると同時に、彼自身が国内の反日運動を抑えられなくなっていることを示唆する発言であった[44]。

胡は当初、A級のみならずB・C級戦犯も問題視する見解を示した。しかし中江大使は、A級戦犯は極東軍事裁判で戦争責任者とされた者であるが、B・C級戦犯は捕虜虐待などの戦争法規違反が問われているものの、そのほとんどが上官の命令に従ったもので、個人の責任に帰すべきではないと主張し、胡の発言に異を唱えた。これに対して、胡は、次のように答えた。

> A・B・Cを取り除けば靖国問題はなくなると思うが、A級だけ取り除くだけでも、この問題に対する世界の考え方が大きく変わるのではないか。

ランチ会談のポイントは、この発言にあった。中国共産党総書記の口から、靖国神社からA級戦犯だけを分祀する、いわゆる「A級戦犯分祀論」が示されたのである[45]。すでに公式参拝の前から、中曽根は自派の野田毅や櫻内義雄を通じて、A級戦犯の分祀を試みていたが、中江大使から胡の意思が伝わったことで、分祀に向けた働きかけを強化したと見られる[46]。もっとも政府には、憲法による政教分離の原則があり、合祀や分祀の問題で表立って動くことはできない。あくまでも秘密裡の分祀工作という格好となった。

首相の意向を受けた長谷川和年首相秘書官は、旧軍人の遺族への説得を行った。A級戦犯として絞首刑に処せられた東条英機元首相の子息である東条輝雄(当時、三菱自動車工業社長)は、分祀を了承した。さらに長谷川は、首相ブレーンの瀬島龍三を通じて、日本遺族会の有力者であった板垣正参議院議員(A級戦犯として処刑された板垣征四郎大将の子息)にも分祀に関する打診を行った(瀬島は板垣と同じ富山県出身で、板垣の後援会長)。そして、板垣議員の説得によって遺族会からも理解を得ることができた。ここまでの流れでは、分祀は可能であった。

一方、靖国神社への説得には、当時の日経連会長で靖国神社奉賛会会長も務めていた大槻文平が動いた[47]。靖国参拝が外交問題に発展したことを憂慮した後藤田から相談を受けたことによるものであった。ところが、松平永芳宮司ら神社側が「祭神はいわば一つの座布団にお祭りしてある」として分祀を承諾しなかったため[48]、A級戦犯分祀の道は閉ざされてしまった。

さらに中国側は靖国参拝を牽制し続けた。日中外相定期会議に出席するため来日した呉学謙外交部長は、四月一二日に首相官邸に中曽根を訪れた。「この問題をうまく処理しないと双方の人民の感情を傷つける」と懸念を伝える呉に、中曽根は理解を示した[49]。結局、四月下旬の春季例大祭への首相参拝も見送られた。

そして、一九八六年の終戦記念日が近づいた。中曽根は、七月中旬に商用での訪中予定にあった稲山嘉寛前経団連会長と密かに会い、靖国参拝に対する中国首脳の本音を探ってほしいと要請する。稲山がかつて新日鉄首脳として築き上げた中国要人たちとの人脈は、中曽根にとって最も信頼すべきパイプであった[50]。

七月一〇日、中曽根は柳谷次官に、稲山を通じて「『中曽根は、現在の中国の政権は最も親日的な政権であり、これを窮地に追い詰めるようなことは避けたい』と考えているということを、中国側にもよく説明して、その上で中国側にも、何とか良い知恵はないだろうかということを話してみたい」と述べた。中曽根は最低限「私的参拝」という線で中国側の理解を得ることを望んでいたのである。しかし柳谷は、稲山でも中国側を説得するのは困難と繰り返し上申した。それでも中曽根は「何とか先方に、中曽根の苦境を救ってやるという気持ちになってもらえないだろうか」などと希望的観測に固執した[51]。

中曽根の依頼を受けて訪中した稲山は、鄧小平や胡耀邦、谷牧国務委員（元副首相）らと会談した。鄧小平は、一般兵士はともかく戦争指導者たちの靖国神社合祀は中国として同意できないという論理で「（首相の）参拝があれば中国は厳しい反応を示さざるをえない」と警告した[52]。

胡耀邦も、靖国に戦犯を祀っていることが問題であると指摘し、首相の靖国参拝は「中国人民の感情を傷つける」のみならず「日本政府の国際的なイメージを損なう」との観点から、次のように続けた。

もしここで政府閣僚が国防力の大幅な増強を求め、教科書を改竄し、そのうえ靖国参拝までやるとなるとどうなるだろう。ソ連などは手を叩いて喜び、それ見たことかと、日本軍国主義復活論をもたらすだろう。中国はそのような事態が起こることを望まない。中国の多くの青年も同じ疑いを抱いている。私どもはこれまで彼らを説得してきたが、これ以上事態が進展するともう説得はできなくなる。[53]

胡は事態打開のために、靖国神社とは「別の所」で、「靖国の式典よりもっと盛大なものをやり、戦犯を含めない（形で）戦争の犠牲者、愛国の士を追悼し、平和への祈願で行えば」、日本国内の要求が満たされ、かつ中曽根のイメージも高まるのではないかと提案した。さらに首相が参拝した場合、そのイメージが悪化するばかりでなく、中国側から「強烈な反応」が出て、「私も大変困った立場に立つことになろう」と訴えた。

稲山が、参拝の公私という方式を変えても、靖国で追悼を行えば誤解は免れないかと問うと、胡は「その通り」と返答し、「例えば、西ドイツでも、もし靖国と同じような場所があり、そこでたとえヒトラーを除いても、もし戦没者の慰霊祭をやったとしたら、全世界の抗議にあうであろう」と付言した[54]。

中曽根が最終的に参拝を断念する決定的要因となったのは、稲山が持ち返った、靖国に参拝すれば胡耀邦が政治的に危なくなるというメッセージであった。日中首脳間の特別な信頼関係を守り、胡を守るためであった[55]。稲山訪中以前は、国内事情に鑑み簡単に参拝中止はできないと考えていた後藤田も、これ以後は参拝断念に素早く判断を切り替えた[56]。倉成外相に至っては、七月二五日の時点で、閣僚も含めた一切の参拝中止を建言するほどであった[57]。

一方、首相のブレーンであり、「日中友好二一世紀委員会」の委員でもあった香山健一学習院大学教授は、七月下旬に訪中し、二七日の胡啓立常務書記との会談で、「靖国神社公式参拝問題での総理の慎重な姿勢に対する敬意と期待」という胡耀邦からのメッセージを受けとった。香山は「言葉の端々に、胡耀邦総書記及び現在の中国指導者たちの総理への期待と靖国神社問題の最終決断に対する一抹の不安——あるいは固唾を飲んで見守っているような心境——が漂っておりました」と二九日付けの文書で中曽根に伝えた[58]。

稲山報告によって、中曽根をはじめとする政府首脳の間では既に参拝断念が大勢となっていたが、香山からの報告はダメ押しとなった。さらに、これに先立つ六月、第二次歴史教科書問題が生じて、中韓両国との間で外交問題となっていたこともあり、参拝を強行して、両国との関係をこじらせてはいけないという判断も働いた（第二次教科書問題については後述）[59]。

八月一日、後藤田は、閣議で首相の靖国参拝見送りの方針を発表するとともに、各閣僚にも参拝の自粛を要請した。ところが閣議は難航する。内閣全体で参拝を自粛すると、靖国参拝を合憲とした前年の藤波孝生官房長官談話の意義が問われるし、一つの内閣が重要な政治テーマについて、外交的配慮からかくも簡単に方針を変えることへの疑問が出されたのである。その結果、閣僚の参拝自粛は強制ではないという線に落ち着き、内閣の調整はひとまず済んだ。

次の問題は党との調整であった。八月七日、後藤田は靖国関係三協議会の奥野誠亮座長と、協議会の有力メンバーである羽田孜前農水相と話し合いを持った。「外国の指弾で参拝を中止すべきでない」とする奥野・羽田に対し、後藤田は戦争の被害を受けた外国の国民感情への配慮を理由に首相参拝見送りの意向を伝える。後藤田は、一二日に改めて奥野・羽田と会談し、政府方針を最後通告した。その直後、奥野が首相官邸に出向き、首相に参拝するよう直訴するも、中曽根は外交上の国益確保の見地から参拝見送りの意思を伝えた。ここに党内調整は終了する[60]。前年、官房長官として公式参拝の道を開いた藤波も、首相が今年も参拝すれば参拝自体が制度となり、中国などが反対できなくなると提案するも、後藤田の意思は固く、受容されなかった[61]。

こうして八月一四日、以下の後藤田官房長官談話が発表された。「公式参拝の実施を願う国民や遺族の感情を尊重することは、政治を行う者の当然の責務」としながらも、靖国神社がA級戦犯を合祀していることで、過般の戦争へ反省と平和友好への決意に関する日本の意図について、近隣諸国に疑念を生じさせた、と述べ、続けて平和国家・日本として「国際関係を重視し、近隣諸国の国民感情にも適切に配慮しなければならない」と論じることで、来る終戦記念日の首相の参拝を控えることを表明したのであった[62]。

同談話は、A級戦犯合祀を最大の争点としている点で、中国への対応を最優先していた。一方、公式参拝を合憲とした前年の藤波官房長官談話を変更するものではなかった。つまり、公式参拝の合憲判断に変化はないが、アジア諸国への配慮から「その都度」判断するというものであった。しかしこの後、首相による靖国参拝は、一九九六年の橋本龍太郎まで一一年間途絶えることになる[63]。

談話発表と同日、中国は新華社電で中曽根の靖国参拝見送りを速報して評価の姿勢を明確にした。おりしも、北京では胡が香山と会見していた。胡は中曽根の決断を「賢明なもの」と評価するとともに、「日本人民も日本軍国主義者の被害者」として、日本の一般の戦死者の遺族の心情に対する理解と同情を表明した[64]。

もっとも、中曽根、後藤田、倉成外相、ハワイで静養中の金丸副総理、入院中の玉置和郎総務庁長官を除く一六閣僚は靖国参拝を行った。また、この日、「みんなで靖国神社に参拝する会」として参拝した自民党議員は、前年を三〇名も上回る一八五名に上った[65]。

しかも、参拝した閣僚の一人である藤尾文相は、参拝直後の記者会見で「私は東京裁判を正当だとは認めていないので、官房長官談話とは見解が違う」と発言した。これは内閣の意思不統一を示すものであり、後の藤尾更迭の伏線となる。さらに自民党内では、右派からなる「国家基本問題同志会」の若手が、「中国のいわれなき干渉に屈した行為は許されざるもので、大多数の国民と戦没者遺族の憤激は極みに達している」とのコメントを発表した[66]。

これらの批判に対して中曽根は、参拝断念の決断を正当化する論陣を張る。まず九月三日、共同通信加盟社編集局長会議での講演で「A級戦犯合祀は侵略された相手側の国民感情を刺激する。私はあの戦争は侵略戦争だったと思っている」と発言した[67]。次いで九月一六日の衆議院本会議での答弁では「国際関係におきましては、我が国だけの考えが通用すると思ったら間違い」と指摘したうえで、「アジア諸国等々の国民感情を考えまして、国際的に通用する常識あるいは通念によって政策というものは行うのが正しい」と述べている。そして「国益全般を考え、また日本の国際的名誉を確保するという面からも、日本には民主主義に応ずる正しい反省力もある」ことを国際的に示す必要があるとも語った。この答弁では、「日本がアジアから孤立して喜ぶ国はどこの国であるか、そういう点も外交戦略としてもまた考える必要があり」とも発言した[68]。

参拝断念直後の八月二四日のテレビ番組の録画撮りでも、中曽根は、「近隣国への配慮を忘れれば、日本はアジアで孤立し、喜ぶのは北の国、つまりソ連である。日中の提携を深め、その基礎の上でソ連と交渉すべきである」と語っている。すでに七月末の段階で、柳谷は中曽根に対し、「日中関係を良好に保つことは、対ソ外交上も大変重要である」と述べ、参拝を見送るように進言している[69]。対ソ交渉を互角にしていくには、まず中国など近隣諸国との関係を固めておくべきとする考え方が、首相官邸や外務省に共有されていたのである。

3 第二次教科書問題から藤尾発言問題へ

一九八六年夏の日本外交は、靖国神社参拝以外でも中韓両国との歴史認識問題をめぐって揺れ続けた。火種となったのは、同年「日本を守る国民会議」が編集した『新編日本史』であった。同教科書をめぐり第二次教科書問題が発生する。

日本会議の前身の一つとしても知られる「日本を守る国民会議」は自主憲法制定などを運動目標に掲げる政治団体であった。一九八二年に日中韓の間で懸案となった教科書問題(第一次)で、「外圧」に屈して「近隣諸国条項」を検定基準に加えた日本政府の「軟弱」な対応が、日本史教科書の編集に乗り出したきっかけだったという。教科用図書検定調査審議会(検定審)では、その復古調に異論も出た『新編日本史』であったが、一九八六年五月末には検定の実質的な最終段階に当たる「内閲審査本」で、一部手直しを条件に合格の判定が出た。これをスクープした『朝日新聞』(五月二四日付)は、「今なぜこんな教科書を」と論じたが、確かに日本の対外侵略を正当化する傾向や、日本側の被害を強調する記述は目立った[70]。

六月四日、中国外交部スポークスマンは、「またもや中国人民及びアジア各国人民の感情をきずつけることをした」とのコメントを発表した。七日には楊振亜外交部アジア司長が、股野景近臨時代理大使に「（当該教科書の）多くの記述が史実をゆゆしく歪曲している」として口上書を手交し、日本政府に日中共同声明と宮澤官房長官談話に即して日中友好にもたらす悪影響を取り除くよう強く要求すると申し入れた。教科書内容は最終的に確定していないと説明する日本側に対し、中国側はあくまで教科書記述の修正を求めたのである[71]。

韓国でも、五月三〇日の『朝鮮日報』の記事をきっかけに、各紙が一斉に「右翼教科書」が検定を通過したことを激しく批判し、これこそが日本の「帝国主義」復活を示すものだとして警鐘を鳴らした[72]。むろん韓国政府からも教科書内容の修正要求がなされた[73]。

このとき教科書修正の壁となったのが文部省であった。同省は、問題となった教科書は検定を合格した「内閲審査本」であって、字句などの明確な間違い以外は修正しないという立場をとった。さらに、事態が外交問題に発展していることから、外務省が教科書の検討を行うべく、その引き渡しを求めたところ、文部省は、「内閲（審査）本の段階では、他の省には出さない」と頑強に抵抗した。

それでも、六月九日、外務省は教科書を入手し、省内で独自に検討を行った。その結果、「近現代史における中国・韓国関係記述について、このままの内容では（宮澤）官房長官談話に違反している恐れがある」と判断した。すなわち、中国との関係では、一九三〇年代の満州事変や日中戦争は全て、中国側の挑発行動に対して、日本軍が反撃した結果生じたものであるとする一方、韓国との関係についても、頑迷固陋な大韓帝国の目を何とか開かせようとしたのが、日韓併合前の日本の行動であったとの記述になっており、問題が残っているとの判断を下したのである。

以上の外務省の問題意識は、首相官邸のレベルでも共有されていた。当時の外務省アジア局長であった藤田公郎によれば、中曽根も後藤田も、宮澤談話は国際公約であり、これに違反する行為をしてはならないという意見を強く持っていたので、外務省としても大変ありがたかったという[74]。まだこの時点では外務省トップであった安倍も、『新編日本史』を教科書として好ましくないものと見ていたようだ[75]。六月一三日、中曽根、安倍、後藤田、海部俊樹文相の四名が協議を行った。その結果、「この教科書の執筆者、あるいは発行者をして取り下げせしめる」という線で合意する[76]。

ところが、海部文相は文部省事務当局からの強い圧力で、一転、教科書の取り下げ反対の立場に転じてしまった[77]。外務省事務当局の働きかけで、六月二四日、安倍と後藤田が海部に検定申請の取り下げを打診するも、海部はこれを拒み、文部省事務当局からの圧力の強さを窺わせた[78]。

六月二二日、中曽根と藤森昭一官房副長官(事務担当)、高石邦男文部事務次官らの文部官僚らとの会議で、中曽根は「日本の歴史教科書の中に、右寄りのものがひとつぐらいあってもいいのではないか」と述べている。当時の教科書が左派的な立場に立つものが多いと見られるなかで、一つぐらい反対の方向性を持つ教科書があっても良いとの意味であった。文部省の強い抵抗に加え、申請取り下げとなれば、それに対する反発が大きくなる点も考慮して、中曽根は最終的に教科書内容の修正による対応を決定したようだ[79]。二四日、中曽根は、海部、安倍、後藤田らに宮澤談話の精神に十分合致する形での教科書記述の手直しを指示した。日中戦争を「侵略戦争」と認識していた中曽根は、「事実は事実として書かなくてはならない」との見地から、文部省を抑え込んだのである[80]。

その後、外務省の藤田アジア局長が自ら筆をとり、同局内の中国課と北東アジア課のスタッフたちを集め、約一週間かけて修正作業を行った。藤田によれば、中韓両国が批判してくるポイントは大体分かっていたという。中国であれば、南京事件での被害者の数が不明であることを根拠に事件それ自体の存在を否定する記述であり、韓国については、一九一〇年の日韓併合条約の合法性を強調する記述などであった。

もっとも、元来、外務省には教科書の記述を修正する権限はなく、教科書検定の最終的な責任はあくまで文部省にあったので、文部省が外務省の修正案を受容しないことが想定された。そこで、外務省は事務方トップの藤森官房副長官のもとに修正案を持ち込んで、官房副長官が首相に代わって裁定をしたという形をとったのである[81]。

藤森副長官が修正案を説明したところ、首相の厳命もあり、文部省は外務省の想像以上に修正のとりまとめに前向きに動いた[82]。事実、文部省は六月二七日、三〇項目、八〇ヵ所にわたる修正要求を行い、七月三日にも追加要求を出した。以上の要求に「日本を守る国民会議」は、これを丸呑みするという苦渋の選択をする[83]。

こうした修正作業を経て、七月七日、問題となった教科書は検定合格となった。同日、中江大使は劉述卿外交部副部長を訪れ、書面を付さず、中国が関心を表明した主要点三つほど(日華事変、南京事件、「大東亜戦争」)について、修正の結果大きな改善が見られたと説明した。劉は首相以下の関係者の努力を賞賛しつつ、「全貌については公表されたところで研究したい」と前向きに回答した[84]。一方、翌八日、韓国外務部当局者は、日本政府の是正努力を一応評価しながらも、侵略とその過程に関する記述がないなど不十分な点があると指摘するとともに、他の教科書についても官房長官談話の精神に従い是正努力の継続を促した[85]。

以上の如く、中韓両国の不満を一切解消するところまでは到底いかなかったが、日本政府の対応が迅速であったことにより、一九八二年の第一次教科書問題の時に比べて、事態は短期間で沈静化した。

しかし、アジア諸国の国民感情に配慮して、外圧を受け入れるという手法は、日本国内に不満を蓄積させる。修正作業の最前線にあった藤田アジア局長は、自民党右派の「国家基本問題同志会」の会合に呼び出され、吊し上げを受けている[86]。そして、その種の不満を内外に向けて放出して、せっかく静まったはずの中韓両国との歴史認識問題を再び浮上させるのが、七月の第三次内閣人事で、党政調会長から文相に転じた藤尾であった。藤尾は党三役の一角として内閣を支える立場にあったが、党内右派の福田(赳夫)派-安倍(晋太郎)派(清和会)のなかでも、筋金入りの「タカ派」であった。

文相就任直後の七月二五日、藤尾は記者会見で、六月に発生した第二次教科書問題について、「文句の言っているやつは世界史の中でそういうことをやっていることがないのかを、考えてごらんなさい」と発言した。続けて、東京裁判の客観性・正統性に対し明白な疑義を表明する[87]。

これには、かつて日本の植民地支配を受けた韓国が強い反応を示した。翌二六日の韓国のマスコミは「日文部相、教科書関連委、妄言」などと、前日の文相発言を大きく報道した[88]。韓国政府も文相発言に遺憾の意を表明し、日本側が誠意ある措置をとるよう要求した。

七月三〇日、藤田アジア局長が、在京の韓国公使に対し、事実関係と日本政府の立場について説明を行った。その際、①中曽根が二九日のテレビ番組「総理と語る」で、「藤尾文部大臣の発言が外国に誤解を与え、或いは不快感を与えたとすれば、はなはだ遺憾であって、かかる誤解を解くように現在官房長官或いは外務省と一生懸命努力している」と表明した、②二八日に後藤田が、二九日に倉成外相がそれぞれ、一九八二年の宮澤談話に則って、教科書検定をしていくことを確認した、③藤尾文相も、自身の発言が真意ではなく、特定国家に言及したのではない旨釈明した(二八日)と、詳説している[89]。

このように、日韓間は公的な外交チャンネルにより、事態が一応収拾された。一方、二五日の文相発言について、中国外交部新聞司も三〇日、「藤尾発言は遺憾であり、憤慨を覚える」としながらも、「日本政府がこの状況に既に注意を払っていることに鑑み、更に論評は加えない」と抑えたコメントをした[90]。

ところが、首相の靖国参拝見送りが明らかになった八月一二日、藤尾は日本記者クラブでの講演で、「日本国民の通念として、国に命を捧げた英霊に対し年に一回でも弔意をはらい、同時に世界平和を祈念するのは国民として当たり前のこと」と指摘したうえで、「中曽根さんの場合も、やりたければ内閣総理大臣と書いて参拝すればいい。……そうしなければ対外的に姿勢を分かってもらえないというのは、いかに外交が稚拙であるかを示している」と首相の対応を痛烈に批判した。

また、藤尾は、教科書問題について、「世界史は戦争史であり、侵略史なのだから、日本だけが侵略したという誤った歴史観を訂正してもらわなければならない」、「日本の歴史、民族全体を我々が卑下する必要はない」と主張した。教科書についてはともかく、靖国参拝に関しては前年の軽井沢セミナーでの中曽根の言葉と大差はなかった。それだけに、中曽根は藤尾を批判しにくい面があった[91]。

さらに八月二一日、藤尾は月刊『文藝春秋』のインタビューに応じ、そのなかで戦後「侵略」とされてきた史実に対する持論をぶち上げた[92]。このインタビューが同誌一〇月号に「『放言大臣』大いに吠える」として掲載され、内外に大きな波紋を引き起こすことになる。当時のアジア局長であった藤田は、特に以下の南京事件と日韓併合の二点の記述が、外交問題に直結する箇所として指摘する[93]。

> そもそも戦争において人を殺すこと、これは国際法から言って殺人ではないんですな。ですから、殺した数が何万人であったというようなことをことさらに強調し、その数によって侵略の厳しさを云々するのは論理的な妥当性がないんじゃないか。
>
> われわれがやったとされる南京事件と、広島、長崎の原爆と、一体どっちが規模が大きくて、どっちが意図的で、かつより確かな事実としてあるのか。現実の問題として、戦時国際法で審判されるのはどちらなん

だろうか。……
いま、韓国に対する侵略だと盛んに言われておる日韓の合邦にも、少なくともそれだけの歴史的背景があったわけでしょう。日韓の合邦というのは……形式的にも事実の上でも両国の合意の上で成立しているわけです。……韓国側にもやはり幾らかの責任なり、考えるべき点はあると思うんです。

さらに藤尾は右のインタビューで、現内閣の任期（すなわち自身の文相任期）は最短で一〇月末、最大限続いても来年一〇月であると指摘して、「私が（内閣の）問題児になったって、第三次中曽根内閣の運命がどうかなるだけ」と言い放った[94]。『文藝春秋』の発売日は九月一〇日で、臨時国会が召集される前日にあたっていた。国会開会に合わせて問題を引き起こそうとした意図すら窺うことができる。以上の問題発言の背後には、自身の政治信条に加え、本来は重要経済閣僚を望んでいたところが、文相に処遇した首相への不満も作用していたようだ[95]。

いずれにせよ、問題の記事が発売されれば中韓両国の猛反発は必至で、九月予定の首相訪韓が困難になるだけでなく、アジア競技大会（九月二〇日～一〇月五日・ソウル）参加の日本選手団に累が及びかねないと、外務省は懸念した[96]。

九月に入り、『文藝春秋』の校正刷（ゲラ）を入手した中曽根と後藤田は、速やかに善後策を探った。まず中曽根は、九月三日、共同通信加盟社の編集局会議で「靖国神社のA級戦犯合祀は、侵略された相手側の国民感情を刺激する」。「私はあの戦争を侵略戦争だと思っている」と踏み込んだ発言を行う。自分は藤尾とは全く立場が違うことを前もって韓国や中国に示したのである[97]。

さらに政府は、出版社に対する働きかけを行う。中曽根は当時『文藝春秋』の編集局長であった堤堯《つつみたかし》と非常に懇意な関係にあったが、一国の総理がそこまで直接介入するわけにはいかないので、外務省の藤田アジア局長を文藝春秋社に赴かせることになった[98]。

九月三日、藤田局長は堤編集局長のもとを訪れ、藤尾論文が公表された場合に生じる外交上の悪影響を説明した[99]。藤田は堤に、南京事件と日韓併合の二点について「（中韓両国に）これは絶対弁解できない」と削除を求めたが、堤は頑として応じない。そこで藤田が「現職の文部大臣」の表記を消せないかと求めると、堤は「もう発売する前に手は加えられない」と拒んだ[100]。さらに九日、文藝春秋社は代表取締役社長名で、中曽根と後藤田両者に宛てて、政府による記事の削除要求は「憲法二一条に保障された言論・出版の自由、検閲の禁止に違反する」との抗議文まで発した[101]。

そして九月六日朝、日本の主要各紙は本件を「藤尾文相が問題発言」、「日韓併合、韓国も責任」などと第一面で報道した。韓国でも同日朝、テレビ、ラジオがこれを報道すると、韓国政府は直ちに①仮に報道の中身が事実とすれば、国交回復後最も重大な事件であり、厳重に抗議せざるを得ない、②日本政府が迅速に必要な措置をとることを希望する、とのコメントを発した。八日には、崔侊洙《チエグアンス》外務部長官が御巫清尚《みかなぎきよひさ》駐韓大使を招致して、韓国政府の正式抗議を伝達し、問題解決のため納得のいく措置を実施するよう要請するとともに、一〇～一一日に東京で開催予定の外相定期協議の延期を申し入れた。他方、中国の反応は、六日に東京発新華社電が本件を報道した他、同日の北京放送及び八日付の『人民日報海外版』と英字紙の『チャイナデイリー』が伝えたのみであった[102]。

『文藝春秋』の記事が明るみに出る前、すでに中曽根は藤尾の文相辞任による事態の幕引きを考えていた。九月四日午後、中曽根は藤尾を首相官邸に呼び、辞任を勧めた。しかし藤尾は「私は間違ったことは言っていない。辞任するつもりはない」と拒否をする。会談は極めて短時間で終了してしまった。この後、後藤田は安倍総務会長に会い、「安倍派会長として、前外相として、藤尾を説得してほしい」と依頼している[103]。

九月七日の自派の研修会で辞任するよう説得する安倍に対し、藤尾は自らの正当性を主張して辞任を拒んだ。結局、安倍もサジを投げてしまう[104]。もっとも安倍自身、藤尾発言が閣僚を辞任するほどの問題ではないと考えていたようだ[105]。党務に移り、外交に直接責任を負わなくなった安倍は、派閥の領袖として仲間の議員を庇う言動に傾斜していたのだろう。

翌八日朝、今度は金丸副総理が藤尾の説得にあたった。金丸と藤尾は第三次内閣発足まで、幹事長‐政調会長としてともに党務を仕切る関係にあった。しかし、藤尾はこの席でも辞任を拒み続ける。二日後には、日韓定期外相協議が控えており、政府は決着を急ぐ必要があった。そこで、政府与党首脳会議の席で藤尾に発言させる段取りが用意された[106]。

政府与党首脳会議は八日正午から開かれた。藤尾はその場で、「日本の戦争犯罪を取り上げるなら、非戦闘員を大量に殺り《〔戮〕》くした広島・長崎の原爆は戦時規定に違反していないのか」、「ハーグ国際司法裁判所は、『日本の統治に根拠あり』と、韓国側の『日本の侵略』の訴えを全て却下している」と滔々と持論を展開した。そのうえで、辞任では自らの歴史観の否定になるので、罷免するよう求めた[107]。

以上の藤尾の発言を受け、中曽根は「被害を受けた側の国や国民においてはそれとは異なる歴史に対する解釈、屈辱感、また国の名誉があることを我々は知らなければならない」と指摘するとともに、「藤尾文部大臣の『文藝春秋』誌における発言内容にはその一部に妥当ではない点があり、我が国の外交関係において困難を生じせしめたことは極めて遺憾である」と表明した。さらに「（文相の）一身上の処理については政府及び与党首脳部において協議する」と述べ、会議を散会とした[108]。

中曽根は、その時点で藤尾の罷免を決断したのだろう。八日午後八時前、藤尾を首相官邸に招き入れ、最後通告を行ったが藤尾の意思は変わらず、八時半すぎ、中曽根は党三役に罷免の意思を伝えた後、持ち回り閣議で一九五五年の保守合同以来初となる首相による閣僚の罷免権発動に至る[109]。『文藝春秋』発売二日前の決着であった。

藤尾が罷免された翌九日、崔外交部長官から御巫大使に対して、日本政府の措置を評価すると同時に、今回の一件により日韓関係が一層前進する転機になるよう努力したいとの韓国政府の公式見解が伝えられた。また崔長官は、延期となっていた外相定期協議を「予定どおり開催することにしたい」と述べた[110]。

一〇日に外務省で開かれた外相協議で、倉成外相が藤尾文相罷免の措置につき説明するとともに、今回の件に関して遺憾の意を表明した。一方、崔長官は改めて日本側の措置を評価し、来る中曽根首相の訪韓（九月二〇日）に「多大の期待」を表明しただけでなく、藤尾問題についても外交的に決着したとの認識を示した。ただし、韓国の国民感情が傷つけられたとクギを刺し、教科書問題について日本側の持続的な努力を要請することも忘れなかった[111]。

翌一一日、中曽根は崔長官との会談で、藤尾発言を全面的に陳謝し、「残された傷はわれわれの責任で修復していく」と述べた。同時に中曽根は、後藤田を通じて外務、法務、自治、警察の四省庁に指紋押捺の改善策をまとめるよう指示し、改正案の合意を得ることになる。

中曽根の念入りな韓国への対応は、この騒動で「藤尾は中曽根内閣の一員であり、任命した中曽根にも責任がある」との声が韓国で強まっていたことが作用していた[112]。一〇日の日韓外相協議でも、韓国側から、藤尾問題決着の趣旨が報道された場合、韓国の国民感情を刺激し、「総理訪韓を危うくしかねないので」、「協議後の記者ブリーフで は、厳しい雰囲気の中に話し合いが行われた旨強調して欲しい」とわざわざ要請があるほど、韓国世論の対日感情は硬化していた[113]。

他方、北京では、劉述卿外交部副部長が、日本側の措置を説明する中江大使に対し、日本側の対応を評価し、日本との善隣友好関係を発展させる中国の立場は不変と答えた。藤尾問題での中国側の自制的な態度について在北京の日本大使館は、中国側が教科書、靖国といった問題での日本側がとった一連の措置を評価していたので、「本件に対しても中国側は、日本政府は断固たる措置をとると予め期待していたことによるもの」と分析した[114]。

もっとも、藤尾問題での中曽根の敏捷な対応は、「国家基本問題同志会」に属する自民党内の右派議員たちに大きな疑問を投げかけた。文相罷免の四日後の九月一二日に藤尾発言を支持する緊急集会が開かれ、中曽根の「変心」を糾弾する意見も飛び出した。さらには、中曽根続投を決める九月一一日の両院議員総会を欠席して流会させ、党則改正を不可能にさせて、中曽根を一〇月末に退陣に追い込もうとする画策すらあったという[115]。

靖国参拝の断念、教科書の書き換え指示、そして、藤尾文相罷免と、中曽根は全てのケースで、日本国内の右派の反発に抗し、近隣諸国との円滑な関係を維持する選択を行った。いずれの選択も、高度な政治戦略に基づくものであった。

中曽根は、同日選挙を経た八月三〇日、軽井沢での自民党セミナーで、自社対決を軸とする「五五年体制」から、自民党と野党が中道層に向かって支持獲得を競う「八六年体制」への移行を宣言した。そして自民党の勝利の要因は「グレーゾーン」、すなわち浮動票の六割を獲得したことにあると分析した。そのうえで「大事なことは、今度自民党を勝たせてくれたグレーゾーンは、決して右寄りではない」と喝破していた。そして、日本政治の安定のため、自民党は右側から、野党は左側から中道に向けそれぞれ支持層を伸ばし合うことの重要性を説いた[116]。この時期、中曽根は「押し付け憲法」論に基づく従来の改憲論のあり方を反省するとともに、政治家として自国を愛する同胞愛だけでなく世界愛を持たなければならないと主張するようになっていた[117]。

自民党が時代の要請に沿って、左ウイングに支持を伸ばそうとすれば、近隣諸国の反対に抗して靖国参拝を断行すべきという主張や、戦前の日本国家の行動を正当化しようとする言説を、極力抑制していかなければいけない。また、「国際国家・日本」の地位を向上させていくうえでも、右派的な動きを抑制していく必要があった。

もともと右派と目された中曽根がここにきて穏健かつ中道志向的な政治姿勢を鮮明していった背景には、香山健一ら旧大平ブレーンが、鈴木政権で発足した第二臨調(同政権で中曽根は行政管理庁長官)を経て、そのまま中曽根ブレーンに転じていったことが作用していよう。実際、首相の靖国参拝の可否が焦点となっていた一九八六年七月、香山は参拝見送りを建策したうえで、「(衆参同日選で)安定多数を確保した自民党はむしろ自由民主主義と右翼全体主義の違いを今後明確にしていくべき」と主張していたのである。さらに、当時の自民党においては、現行憲法が国民の間に定着していると考えているリベラル派の勢いが強く、党の政綱から「自主憲法の制定」を外そうとする動きすらあった状況も(右派の抵抗で実現しなかったが)、右の中曽根の一連の言動と関係していよう[118]。

4 一九八六年秋の中韓訪問——関係固め直しの旅

一九八六年の秋、中曽根は九月に韓国、次いで一一月には中国を訪問した。六月から九月にかけて、靖国参拝や教科書、藤尾発言などで軋みが生じた中韓両国との関係をいま一度固め直す意味を持った一連の外遊であった。

九月二〇日午前、中曽根は三年八ヵ月ぶりにソウルに入った。元来の目的は、第一〇回アジア競技大会開会式への出席であったが[119]、藤尾問題の直後であったため、不測の事態に備える厳戒体制の下での訪問となった[120]。

青瓦台に全大統領を表敬し、第一回目の首脳会談に臨んだ中曽根は、まず藤尾発言について陳謝した。次いで「大統領閣下、国民の気持ちにも拘わらず、特別の配慮をくださり、さきの日韓外相定期協議が行われ、私の訪問も実現しましたことに厚くお礼申し上げる」と述べた。全は「国民の自尊心が傷つけられたが、首相の早い決断で解決したことに満足している」と発言するとともに、首相の訪問を「心から歓迎する」と語った。中曽根は改めてアジア大会開催への祝意を伝えた。

二〇日夜には、全大統領主催の夕食会が青瓦台で開かれ、両首脳は友好関係を深めた。この席で中曽根が、アジア大会の開会式で「中国選手団が五星紅旗を掲げて入場行進したのに感銘を受けた」と述べると、全も「私も嬉しかった。(中国が)ソウル五輪に参加してくれることを確信する」と応じた。続いて三年前の初訪韓時と同様、日韓両国語による歌合戦となった[121]。教科書問題や藤尾発言問題が発生した後もなお、両首脳の個人的信頼関係は揺るがなかったのである[122]。

翌二一日午前、中曽根は全との二回目の首脳会談を行った。この会談では、日韓関係修復を最優先する立場から、中曽根は両国間に横たわる二国間問題に関する韓国側の要望に積極的に応じる姿勢を見せた。

まず、懸案となっていた在日韓国人の指紋押捺問題に関しては、①在日韓国人永住者については特に必要ある者を除き、一回限りとしたい、②携帯に便利なように証明書は従来の小さい手帳のようなものから、運転免許書のようなカードにしたい、と説明した。全は首相の決断を「在日同ほう《胞》が納得できるもの」と評価し、「民団に対しても、日本政府の努力を評価し、協調を促すようにしたい」と語った[123]。

中曽根はさらに、両国間の貿易不均衡問題について、韓国からの部品買い付けや輸入拡大を進めるべく、「(日本から韓国に)ミッションを派遣することとしたい」と発言した。また、「貴国企業の日本市場開たく《拓》も重要」と指摘し、「市場開たく調査団が来日すれば最大限協力したい」と表明した。さらに、日本で大規模な韓国の見本市を開催することも提案した。一方の全は、韓国の対日入超は同国世論にとって対日従属の象徴であり、「深刻な問題となっている」と指摘し、日本政府はともかく、民間が当該問題をもっと深刻に受け止め、その解決に努力するよう要請したが、「総理のお約束を信じこれ以上言わない」として話を収めた[124]。

また中曽根は、一九八八年のソウル五輪を全面的に支援する政策の一環として、「在日韓国人の寄ふ《付》につき、国際交流基金を受けざらに指定寄付方式で免税措置を講ずる用意がある」ことを表明した。また、「良好な日韓関係の維持には若い世代の交流を通じた相互理解が必要」との見地から、今後五年間に五〇〇名の韓国青年を招聘したいと提案した。以上二つの提案に、全は謝意を示した[125]。

国際情勢については、一〇月開催予定の米ソ首脳会談が成功すれば、来年一月にゴルバチョフ書記長が来日する可能性が大きいとの展望を中曽根は語った(ソ連書記長の来日については後で述べる)。その一方で、北方四島返還の目途が付くのが「全ての前提である」と述べたうえで、「ゴルバチョフが訪日することはアジア諸国に対し不利になるし、日米を分断する狙いがあることは勿論であり、その点は十分識った上で対応する」との認識を示した。

全も、「（ソ連が）日米中の離間を策し、各個撃破をはかることを目指している」との中曽根の見解に呼応した[126]。また、ソ連軍増強やソ朝両国の接近傾向に警戒感を示しつつ、今後の朝鮮半島の平和に「中国が大きな役割を担うこととなる」と指摘した。そのうえで、「今後願わくは韓中（韓国と中国）間の国交正常化を進めたい」が、今後「まず通商代表部をソウルと北京に設置することが望ましい」と述べ、韓中関係正常化がソ連の対韓姿勢の軟化につながると指摘した。そして、以上の過程での中曽根の助力を求めた[127]。

右の全の意見に、中曽根も同意を示し、①韓米両国は北朝鮮が提言している三者会談を拒否しているが、中国を入れた四者会談をどう考えているのか、②韓中間で通商代表部、貿易事務所を作る場合、日朝間にも中韓間と同様の機関（かつての日中間にあったようなLT事務所のような）を作ることについてどのように考えるか、と質した。

全は前者の問いには、①北朝鮮が三者会談を提案した底意は在韓米軍の撤退を図ることが目的であるから拒否した、②中国を含めての四者会談は現在も有効であり、日ソを加えた六者会談についても是認するのが我々の立場である、と返答した。また、後者の問いには、「第一段階として、ソウルに中国の代表部が設けられるのが最初であるべきだ」と主張し、その理由として、中国の代表部があること自体、北朝鮮によるソウルへのミサイル攻撃を抑止する点を挙げた。そして、韓中両国の相互事務所設置後、東京と平壌に相互に事務所設置をする手順が、「戦争の予防に役立つ」と主張し、「北のみを一方的に喜ばせることはいけない」と発言した。

中曽根は「南北クロス承認、国連同時加盟支持のわが国の立場は先の東京サミットでもサミット参加国とともに確認した」と述べたうえで、「大統領の御発言を頭において、第一歩として中韓間の通商代表部設置という方向で努力したい」と表明した[128]。もっとも、その後、中曽根が中国側に中韓間の通商代表部を設置するよう働きかけることはなかった。朝鮮半島和平プロセスにおいては、中国が北朝鮮を、日本が韓国を優先することは明白だった。日本が韓国の通商代表部を設置するように働きかけても、これを北朝鮮が認めない限り、中国も応じられないことを慮って、あえて働きかけなかったのである[129]。

中曽根の基本的な姿勢は、韓国の意向を最重要視するとともに、中国の反応にも配慮したうえで、日本が周辺国として可能なことを進めていくという抑制的なものであった。首脳会談後の内外記者会見でも、①「韓半島の平和統一」は当事者たる南北朝鮮の直接協議で決めるべき、②韓国が主張するクロス承認、国連同時加盟を強く支持するとの基本ラインを示し、日本は周辺国として「韓国、米国と協議するのはもち〔勿〕論、中国とも接触し、ソ連にもよくわれわれの考えを話して協力を求めていきたい」と語るに止めた。

同じ記者会見で、韓国の全国紙『京郷新聞』の記者が、韓国や中国、東南アジア諸国で日本の国際主義路線の継続に疑義が出ていると指摘しつつ、「日本は国際主義で行くのか、より民族主義で行くのか岐路にあると思われるが如何」と質したのに対しても、中曽根はそうした懸念を打ち消すべく、以下のように語った。

> 日本は貿易立国であり、国際協力なくしては、また特にアジアの国々から孤立しては生きていけない。先般の選挙で国際国家の樹立と国内改革の二つを柱として国民に訴えたところ、自民党は圧倒的支持を得た。従って国民が国際国家への道を支持していることは明らかであり、日本の将来の方向としてはそう理解してほしい。防衛力の整備も節度あるやり方で行っているところである。国民はこの方向を圧倒的に支持しており、転換点と言われたが、国際国家への方向は明らかだ。[130]

もはや、戦後政治の総決算を掲げ、憲法改正への意欲を隠さない、かつての野心的言動は影を潜めていた。中曽根はさらに、アジア大会の開会式についても触れ、韓国興隆の息吹と同国青年の溌剌ぶりを称賛しつつ、「今回アジア大会をしゅくふく〔祝福〕する」と韓国語でコメントした[131]。こうして、韓国訪問は無事に終わった。帰国直後の二一日、中曽根は記者団に向い、「ホッと一息だね」と安堵の色を見せた[132]。藤尾発言がもたらした日韓関係への悪影響は、最小限に抑えられた格好となった。

韓国との関係修復を果たした中曽根は、次いで中国との関係の底固めに動く。九月二二日、東京で開催された第三回日中友好二一世紀委員会において、日中関係四原則（平和友好・平等互恵・長期安定・相互信頼）を忠実に守るために、「時によっては、自らの犠牲においても、時には国民に対して理解を求め、説得し、飛沫を浴びることも辞さず」との覚悟を示すとともに、委員たちにも同様の努力をするよう求めた。さらに、胡耀邦総書記が、前年一〇月に明らかにした「中日友好関係発展についての四つの意見」について、評価と賛意を表明する[133]。

次いで、九月二六日、来日中の王兆国・中日友好二一世紀委員会座長が中曽根に、胡耀邦総書記からの訪中招待と北京での日中青年交流センターの定礎式への出席要請を伝えた。これが一一月の首相訪中につながる。首相として二度目となる訪中は、中国側のイニシアティブの色彩が強かったが、日本にとっても靖国参拝などで揺らいだ関係の底固めという重要な意味合いがあった[134]。

一一月八日、北京入りした中曽根は、まず、北京市内で日中青年交流センターの定礎式と鍬入れ式に臨んだ。日中青年交流センターは、二年前の訪中時に中曽根が提案したアイデアが出発点となり、建設されることになった。

定礎式での中曽根の挨拶はボルテージが高かった。「青年！　青年は人類進歩の原動力です」と呼び掛け、明治維新における日本の青年の多大なる貢献に言及し、続けて「貴国においても、列強の軛《くびき》から祖国を解放し、偉大な統合を成就した中国革命のため、一身を擲《なげう》った青年たちは数知れません」と中国人の民族的誇りに最大限理解する姿勢を示したのである。さらに、「朋友們、我也是青年！」と中国語で語り掛けた後、自身も「青年の心」をもって、日中友好関係促進と国際社会の平和維持に「全力を傾ける」決意を語った。そして、「当面今後五年間をめどに、新たに毎年百名の中国青年を我が国にお招きする『日中青年の友情計画』を発足させたい」と提案した[135]。

一方の胡耀邦の挨拶にも熱がこもっていた。すなわち、愛国主義は、他国と友好的に協力する「国際主義」の精神とも結びつかなければならないのであり、「歴史において、狭隘な愛国主義しかわきまえず、その結果誤国主義に陥ってしまったものは稀ではありません」と指摘したのである。そして、日中両国の青年が、「歴史の経験と教訓の中から知恵を汲み取り、自分自身を愛国主義の情熱と国際主義の精神にも富んでいる気高い現代人に鍛えていくよう」希望を表明した[136]。演説を通じ、日中両国で高まりつつあったナショナリズムを牽制し、日中関係の長期的な安定を確保しようとしたのである。

この定礎式の後、人民大会堂で中曽根－胡耀邦会談が行われた。胡は、日中関係発展への中曽根の貢献を称賛し、①中曽根首相と日本国民は正しく中国人民の感情を理解しているし、自分たちも日本国民の感情を正しく理解している、②相手国の感情を理解していない少数の者が両国に存在するが、大局に影響はないと語りかけた[137]。中曽根が教科書を是正し、靖国参拝を取り止めたことを多とする発言であった。

これに対して中曽根も、①両国間の基本原則を守っていけば、両国の将来には問題はないと確信する、②歴史・体制を異にする両国の協力は、アジアひいては世界の平和・安定に大きく貢献する、③両国民の感情と主権独立を尊重していけば、一時的に波風が立っても心配はない、④総書記が日本のことを色々よく考えて努力されたことに敬意を表す、⑤自分も両国関係を重視しており、さらにこれからも努力したい、⑥自分の考えている日中関係については、日本国民の大多数が支持していると語っている。また、「両国間の指導者の友情が大切だ」と述べて、胡と握手を交わした[138]。

次に、議題は両国の対外政策と国際情勢に移った。ここで胡は、「独立自主、平和の政策を堅持し、軍備競争に参加せず、如何なる大国、集団とも同盟せず、友好諸国との協力を一層強化する」と中国の対外政策の不変性を強調しつつ、①米中関係は全体として平穏で満足している、②中ソ関係は実質上進展しておらず、三大障害のうち、カンボジアとアフガンについてはソ連側の誠意が依然見られない、と発言した[139]。

中曽根は、日本が軍国主義とならず、健全な民主主義を堅持し、かつ近隣諸国との平和友好関係を強化するという基本政策を強調したうえで、①ゴルバチョフ書記長来日を控え、衆・参両院で領土問題について決議を行っており、無原則な政経分離策をとらない、②日本が研究参加を決めたSDIは、核廃絶のための防御兵器であり、今後の米ソ間の軍縮交渉でSDI問題は、真剣な討議がなされるであろう、③アフガン・カンボジア両問題とも中国と同じ意見である、ことなどを表明した。

続いて、中曽根は朝鮮半島情勢について触れ、韓国が希望している南北朝鮮に米中両国を加えた四者会談の開催に賛意を示すと、南北直接対話による問題解決が望ましいと述べた。また、「先般のアジア大会において中国選手団の入場の際に、非常に大きな拍手が起こり感銘を受けた」として、中国がソウル五輪に参加することの重要性を強調した。胡は、五輪への参加を促す言葉に賛意をもって頷きながらも、四者会談やSDIに関する中曽根の発言には、自らの見解を語らず、頷いて聞くに止めた[140]。

胡としては、米ソ両超大国間の関係にも、朝鮮半島の和平問題にも、中国としては深く立ち入らないという意思を示唆するものであった。その点は、中曽根も十分にわきまえており、この席で中韓間の通商代表部設置の話題はあえて出さなかったようだ。この会談では、藤尾問題や教科書問題、靖国参拝問題などが話題に上ることはなかった[141]。胡はけっしてこれらの問題を蒸し返さなかったのである。

翌日の一一月九日、中曽根は趙紫陽首相と会談を行った。ここでの議題はもっぱら経済問題に絞られた。まず中曽根は、日中関係は「相互補完関係」にあり、今後とも日本が中国の近代化に協力するとの基本方針を表明した。そして、日本の三兆六〇〇〇億円の内需拡大策や経済調整に言及し、日中間の貿易不均衡の是正に努力しているとしたうえで、「最近中国で投資に関する規則が制定されたことは日本としても歓迎している」と語った[142]。

趙首相は、両国の協力関係が「比較的順調な発展を示している」と述べる一方、一九八六年度の中国の対日入超は「四〇億米ドルとなろう」と指摘し、貿易不均衡が「なかなか改善されていない」と不満を表明した。一方、投資に関しても、「円高によって日本企業が他の外国に投資するのに比べ、中国へは少ないようだ。政府からも奨励・促進するようにして欲しい」と要請したのである[143]。

一方、中曽根は、貿易不均衡について、「持ち帰って勉強したい」としながらも、中国側の自助努力の必要性を指摘した。また、日本の企業進出が中国よりも、シンガポールやタイ、マレーシアの方へ多く向かっていることについて、「中国では非常に税金が高く、人を雇うと所得税のほかに法人税のようなものも」取られる現状に言及しつつ、「(この点について)研究されたらいいと思う」と注文を付けた[144]。また「第三次円借について拡充・拡大を考えながら考えてほしい」との趙からの要請にも、中曽根は「持ち帰って研究したい」と返答した[145]。

同日、中曽根は鄧小平主任との会談にも臨んでいる。この席で、中曽根から中国の政治体制改革について問われた鄧は、①党と国家の活力を保持していくこと(指導部の若返り)、②官僚主義の克服による能率の向上、③人民の意欲を引き出す、の三点を挙げた[146]。

次いで、話題は国際情勢に移る。中曽根がレイキャビクにおける米ソ首脳会談をはじめとする米ソ関係の現状について質すと、鄧は、米ソ間対話が拡充されていけば緊張が緩和されて非常に良いとの見解を示した。また、中曽根は、七月のゴルバチョフ書記長によるウラジオストク演説についての見解を質した(同演説については後でより詳しく言及する)。鄧は、「ソ連の歩みは変わっていない」、「(中ソ関係改善のための)三大障害を取り除くことについても中身が余りない」と評しながらも、「カンボディア問題についての障害が解決すれば、自分はゴルバチョフ書記長と会見する用意がある」と発言した。他方、米中関係については、「米国はそれほど遠くまで行きたがらない。中国も同じだ」と語りつつ、「中国は独立自主でやっていく」と述べている[147]。

これらの鄧発言は、米ソ間の緊張緩和の進展を前向きに評価すると同時に、ゴルバチョフとの会見の可能性にも言及するなど、中ソ関係の実質的進展を示唆している点で、注目すべきものであった。一方、米国に対しては「自主独立でやっていく」と距離をとっていく構えをより鮮明にした感すらある。日米中三国が提携してソ連と相対する、かつての構図は一層希薄になっていた。

さらに鄧は、国内政治について「中国は自主独立を主張するとともに、四つの有(理想、道徳、文化及び規律)を重視している」として、特に「理想と規律」を「大切にしたい」と述べた。そして、民主主義的な選挙の導入に関しても、「今の中国ではまだ無理だ。中国は四つの有を保ちながら、近代化のために戦っていきたい」と結んだ[148]。

中曽根はあくまで、胡耀邦との個人的信頼関係を軸に、日中関係の底固めに努めようとした。前出の日中青年交流センターの定礎式では、胡耀邦とともに記念碑に刻む書を揮毫した。その内容は、日中関係四原則の「平和友好、平等互恵、相互信頼、長期安定」の一六文字であった。この際の心境を、中曽根は、「老朋友(ラオポンユウ)掌と掌の温み　秋天下」と詠んだ。その後の胡主催の晩餐会では、日中関係を堅持するうえで、自分と胡との「強固な相互信頼に裏打ちされた揺るぎない友情」の重要性を強調した[149]。ところが、「老朋友」・胡とのパートナーシップは、まもなく脆くも崩れ去り、日中関係は後退局面に入っていく。

5　胡耀邦失脚と不安定化する日中関係

中曽根訪中からまもない一九八六年一二月、地方人民代表大会の選挙制度の是正をめぐる論争が引き金になり、中国の一〇数都市で学生デモが発生した。彼らは政治的自由の拡大を要求していた。同月末、鄧小平は党幹部らを招集し、厳格な手段を用いて鎮静化を図るよう提案したうえで、学生デモが起きた責任は全て胡耀邦にあると断じた。年が明けた一九八七年一月一六日の政治局拡大会議で胡の総書記辞任が承認された[150]。

分権化と制度化を進めて経済改革の行き詰まりを打開す

ることに努めた鄧であったが、あくまで共産党独裁の維持を重視し、それを脅かす政治的自由や三権分立制の導入などについては「ブルジョア自由化」と呼んで強硬に反対した。胡が解任されたのも「ブルジョア自由化」の抑え込みに熱心でなかったことが最大の理由とされた[151]。胡の失脚の要因としては他にも、文革評価の見直しに着手しようとしたこと、党幹部の若返りを進めようとして重鎮たちの逆鱗に触れたことと並んで、親日派で日本に肩入れしすぎた点も指摘される[152]。しかし、それらはあくまでも副次的な要因にとどまるであろう。

胡耀邦の失脚に関する情報は、首相官邸に事前に入っていなかったため、その情報がもたらされた時、中曽根は「信じられないなあ」という反応を示すとともに、親日的な彼の失脚が日本にとって打撃になると考えていたようだ[153]。中曽根自身、後年の回想で、日中の太いパイプとなってきた胡とのラインが消えたことと、保守派の台頭が相まって、「中国側の日本に対する言動が徐々に高圧的になってきた」と証言している[154]。

事実、中国の対日姿勢は目に見えて硬化しはじめた。胡の失脚が公表される直前の一月一一～一五日に訪中していた竹下幹事長に、鄧小平は、「一度（枠を）突破すると、今後、二度三度突破することが避けられなくなる。日本政府は、慎重に対処してほしい」と述べ、防衛費対GNP比一％枠の撤廃への懸念を表明した[155]。二月一一日の『人民日報』の周斌《しゅうひん》論文は、一％枠撤廃により日本の軍事大国化が進行する可能性を警告するとともに、撤廃の理由として日本の政治大国化志向と日米同盟強化を挙げた[156]。ソ連への脅威認識が緩和するなかで、中国は日本の動向をより警戒的に見るようになっていたのである。

ちなみに、胡の失脚前（一九八六年一一月）、鄧は趙紫陽に対日方針の調整を指示していた。その調整により、中国は「中日友好」を継続的に掲げながらも、歴史認識や台湾、経済といった問題で躊躇なく対日批判を展開するとともに、過剰な対日依存を避けるようになった。日中間の貿易不均衡や対中投資への消極性など経済面での日本の対応への不満の蓄積が、このような対日政策の軌道修正の背景になったとの指摘もある[157]。

そして、当時、一％枠撤廃や歴史認識、経済問題以上に、中国の反発が非常に強く、かつ日本政府の対応が困難であったのが、「光華寮問題」であった。光華寮とは、台湾の国府が日本と外交関係を有していた時期に購入した京都の中国人学生寮であるが、中華民国籍でありながら中華人民共和国を支持する留学生が居住していたため、一九六七年九月に、国府が原告となって彼らの立ち退きを求め、民事訴訟を起こした。ところが、裁判中に日華断交に至ったため、台湾当局が法的な当事者能力を有するのか、光華寮の所有者は中台のどちらなのかが争われることになった。

一九七七年、京都地裁は「中華民国」の当事者能力を認めながらも、光華寮の所有権は政府承認の切り替えによって中華人民共和国に継承されたとして、国府の訴えを棄却し、国府は敗訴した。ところが一九八二年二月に大阪高裁が国府への帰属を認める判断を下し、一審判決を京都地裁に差し戻すことになったため、国府は事実上逆転勝訴した。一九八六年二月、京都地裁は差し戻し一審で、原告の当事者適格性を認め、光華寮の所有権も認めたことで、正式に国府の勝訴となった。一九八七年二月二六日には、大阪高裁もこれに続いた[158]。

右の大阪高裁の差し戻し判決が出るや、中国政府の対日姿勢は一層強硬なものとなった。判決当日、劉述卿外交部副部長が中江大使を呼び、大阪高裁の判決を、「二つの中国」を肯定するものであり、共同声明および平和友好条約に違反し、国際法の準則を無視する違法行為であるとして、日本政府の善処を求める口上書を手渡した。『人民日報』などでも同様の批判が展開された。これに対し、三月六日、中江大使が、本件は民事案件であり、三権分立の立場から政府として対応できないとの日本側の基本的立場を説明した口上書を手交し、中国側の冷静な対応を求めた。

しかし三月二七日になると、章曙《しょうしょ》駐日大使が柳谷次官に、日本政府の口上書に反論する覚書を手渡し、「中国の主権を侵し、中国人民の感情を損なうようないかなる行為も、重大な政治的結果をもたらすだろう」と表明した。さらに五月五日、鄧小平が北京で開催された「アジアの平和日中懇談会」に出席中の日本側代表団(代表：宇都宮徳馬日中友好協会会長・参議院議員)との会見で、光華寮問題と日本の軍国主義復活の動き、米国の「台湾関係法」にに共通の政治的動機があるのではないかと指摘し、中曽根が問題解決するよう求めた[159]。

翌六日には、中国外交部スポークスマンが、光華寮裁判について日本政府が黙認の態度をとり続けるならば、中国政府は「強い対応をするであろう」と警告した。そして、その直後の八日、中国国家安全部は胡耀邦失脚の事件にかかわる取材に関連して、共同通信特派員の国外退去を命じた。

実のところ、光華寮問題を待つまでもなく、日中間では台湾問題をめぐる摩擦が生じていた。一九八六年九月には、自民党の親台湾派を中心に蔣介石の生誕一〇〇周年を記念して「蔣介石先生の遺徳を顕彰する会」が開かれ、中国側の反発を招いていた。同会はいうまでもなく、一九七〇年代前半に日中航空協定の調印に反対した親台湾勢力によって構成され、靖国や教科書をめぐって問題発言を重ねた藤尾もメンバーであった。

年が明けて胡耀邦失脚が公表された直後の一月二〇日には、乗組員一一名を乗せた北朝鮮のズ・ダン号が福井県に漂着する事件が発生し、日本政府は彼らの要求に応じて全員を台湾に移送した(その後ほどなく彼らは韓国入り)。それに外務省の高官を同行させたことも日中間の争点となった。したがって、中国側はこれら台湾問題と第二次教科書問題や藤尾問題、一%枠撤廃といった問題を全て一連の意図的な動きと認識し、警戒心を増幅させていたものと思われる。そうしたなか、二月の光華寮に関する大阪高裁判決を機に、中国側の不満が一気に表面化したのであろう。

光華寮判決に関しては、日本政府が三権分立を盾に不介入を繰り返し強調したことも、中国側にとって、胡失脚との関連において微妙な意味を持っていた。そもそも、胡の失脚は学生の政治的民主化要求に端を発しており、日本の三権分立を前に中国側が屈するとなれば、胡追放の正当性を失うことになりかねなかったからである。四月に鄧小平が香港基本法の起草委員と会見した時、中国は西側的民主の三権分立を絶対に導入しないと発言したのも、三権分立論に過敏になっていた表れであった[160]。

しかし、裁判所の判決に政府が善処せよという中国の要求は、行政権が司法権に介入せよという要求に他ならず、日本の政治制度への理解の欠如だとする不満が外務省内に生じた。かつ軍国主義批判を絡めて判決修正を要求する中国側の姿勢が、同省内の苛立ちを募らせることになった[161]。

その一方で、同省事務当局には、ある種の開き直りの感情もあった。藤田公郎アジア局長は、日中間の対立で過去の歴史に関わる問題は、日本が自国の言い分を通した場合、国際的に孤立するという「負ける喧嘩」であるのに対して、光華寮問題は「日本にとって有利な土俵」であったと指摘する。実際、本件に関する日本政府の立場には、国際・国内両面で批判が起きなかったと証言する[162]。したがって、「負けない喧嘩」である本件について、外務省は日本の制度を説明すること以上に何もする必要がなかったという[163]。

日中間の摩擦が拡大する最中の五月二九日、栗原防衛庁長官が歴代長官として初めて中国を訪問した。中国が防衛費一％枠突破を批判していたこともあり、訪中前日の会見で、栗原長官は、「わが国の防衛政策を中国側に十分理解してもらわなければならない」と抱負を語った[164]。

二九日の張愛萍国防部長との会談で、栗原は日本の防衛政策を説明するなかで、①昔は統帥権の名のもとに軍事が政治を支配したが、今は自衛隊の最高責任者は内閣総理大臣であり、彼が国民の意思を無視して行動すれば、たちまちにして国会で反撃を食い、選挙で惨敗を喫してしまう、②日本の自衛隊は、正面後方合わせて二四万人であり、これが全部外に出たら、国内は空になるので、外征軍など到底持てない、として数字的に一％枠を超えても日本が軍事大国になる余地がないとの論陣を張った。

一方、張部長は、日本側の説明に理解を示しつつも、「制度として日本は軍事大国になれないというが、恐ろしいのは日本には現実としての軍国主義があるということだ」と反論した。日本国内に右翼的な書籍や雑誌が存在し、靖国神社や教科書の問題が発生していることを根拠に、「新たな軍国主義」が発生していると主張した。栗原は、日本は自由民主主義の体制で、多様な意見の相互作用を通じて国論が収斂すると述べ、一部の右翼的な言説が国の政策の方向性を反映しているわけではないと強調した[165]。また、光華寮裁判について問題提起する張に、栗原は、首相が野党や国民世論からの反対で、四月に売上税法案の廃案を余儀なくされた事例を挙げ、首相は「万能」ではなく、特に司法権に対しては介入不可能であると論じ、理解を求めた[166]。

鄧小平が中国の軍事最高責任者(共産党の軍事委員会主席)であり、訪中する日本の要人に一％枠突破が危険であると注意を喚起していた点に着目して、栗原は鄧との会談を強く希望した。しかし、中国側は応じず、万里副首相が会談に応じると返答してきた[167]。

三〇日に行われた栗原‐万里会談では、良好な日中関係の必要性を主張する栗原に、万里は、日本における軍国主義的傾向の存在に警告を発し、鄧も同様に警戒していると付言した。そして「中国の若い世代に歴史の教訓を学ばせる」目的で、七月七日に盧溝橋事件五〇周年の記念行事を行うことも明らかにした[168]。さらに万里は、栗原が望んだ鄧との会談も、鄧の高齢を理由に断った。栗原もやむなく断念した[169]。中国側との一連の会談を終えた栗原は、三〇日夜の記者会見で、万里との会談を通じ、「わが国の防衛政策は鄧小平主任にも理解されたと考えている」と表明した[170]。

ところが、栗原が張国防部長と会談した五月二九日、鄧はシンガポールの第一副首相と会見していた。また、万副総理と会談した翌日も、鄧が外国首脳との会見や重要会議に出席したなどの報道はない。にもかかわらず、栗原との会見を受け入れなかったところに、日本の防衛政策や対中政策への不満、違和感が込められていた[171]。

果たして、栗原の帰国直前の六月四日、鄧小平は矢野絢也公明党委員長と会見した。鄧は一％枠撤廃を批判し、「戦後の日本に軍国主義復活の傾向があり、数は少ないが強いエネルギーをもっている」と指摘した。光華寮に関しても「中国人民、とくに青年の間で反響が強く、中国側としてもこれを適切に処理しなければ人民が反対する」として、日本側に適切な対応を求めた。さらに経済面での協力にも、次のように不満を露わにした。

率直にいうと、日本は世界のどの国よりも中国に対する借りが一番多い国であると思う。国交回復のとき、われわれは戦争の賠償の要求を持ち出さなかった。両国の長い利益を考えてこのような政策決定を行った。東洋人の観点からいうと、情理を重んじているのであって、日本が中国の発展を助けるために、もっと多くの貢献をすべきだと思う。この点に不満を持っている。

第二次大戦時の賠償を要求しなかったことをもって、日本の中国に対する「借り」とする論理が、中国の最高指導者により公言されたのは初めてのことであった[172]。もとより中国側には、日本の対中侵略が残酷であったにもかかわらず中国が賠償放棄したことに、日本は恩義を感ずるべきだとする心情があったが、光華寮問題での対日不満を契機に、「本音」が表面化したといえる[173]。これまでは、歴史認識などの政治的摩擦が生じても、経済関係に悪影響を及ぼさないよう配慮がなされてきたが、このとき、政治摩擦と経済摩擦はついに結合することになった[174]。

同日、柳谷次官は中曽根に、右の鄧発言に関して「中国側は、日本国内に残っている贖罪論を利用することがあり、これに日本側が引っ張られて詫びを入れるというような気持が存在する限り、我々は真の日中友好関係は難しいと思っている」と評し、鄧が賠償放棄に言及したことに注意を促した。中曽根も、「教条主義的な言い方でなくて、もっと柔軟性を持った態度で日本に接するべきだ」と、鄧の姿勢に不満を漏らした[175]。

柳谷は、年初以来の中国側の対日姿勢に違和感を抱いていた。特に「日本は中国に借りがある」という鄧の言い分は、国交正常化の経緯を知る者からすれば、ありえない発言であった。翌五日、柳谷は記者たちとのオフレコ懇談で鄧の認識不足に疑問を呈し、日中関係が経済をはじめ様々な分野で進展してきているにもかかわらず、「ところが、どうもそこのところは、最近は十分に鄧小平の耳に伝わっていないのではないかという気もする。……鄧小平は雲の上の人になってしまったのではないか」と語った。

ところが、本来外部に漏れるはずのない次官発言が、新聞各紙に掲載される事態となる。各社記者の側にも「鄧小平の発言はあまりにも酷いと感じた。日本側は、これに黙っていていいのか、何か反応しないのか」という空気が出てきた矢先の次官発言であったため、記事となってしまったと見られる[176]。

中国側からは早速厳しい反応が出た。六月六日、中国外交部は湯下博之公使を呼び、「中国の最高指導者に対する悪意のある攻撃であり」、「中国政府と人民はそれを許すことができない」と強硬に抗議し、次官発言の意図と目的につき「重大な疑惑を抱いている」と発言する[177]。翌七日には、中日友好協会会長の孫平化が、次官発言を不躾で傲慢と批判し、「中国は貧乏だから、金を借りたかったら黙っていろ、というのが外務省の認識だとしたら、昔の日本の意識と思わざるを得ない」と非難した[178]。

一方、外務省幹部も七日に対応を協議した。彼らの基本的認識は、次官発言について一々釈明する必要はないというものであった。そのうえで、①次官発言は、中国要人の厳しい発言と発展しつつある日中関係の実態とは乖離があり、多くの日本人が戸惑っているのは好ましくないという趣旨を述べたもの、②発言は鄧を誹謗するものではないが、中国側が不快感を持ったのであれば残念である、との二点を中国側に回答するとの結論に達した[179]。

以上の線に沿って、八日、藤田アジア局長は、徐敦信《じょとんしん》駐日公使に「中国で不穏な状態を起こしたとすれば、遺憾なことである」としながらも、鄧をはじめ中国首脳たちの対日批判により、「少なからぬ日本国民が奇異の感を抱き、真剣に日中関係の発展を願う人の熱意に水を差している」ことを指摘して、次官発言を擁護した[180]。外務省は「日中友好を進めるには、言うべきことを言い合う必要がある」と判断して、中国に強い姿勢で臨んだのである。

この外務省の強気な態度は、後藤田官房長官の了解を得たうえでのものであった[181]。六月一一日、後藤田は、柳谷に「中国から脅かされて、身内を庇わないとは何事か」、「謝るなんていうことは、日本国のため、決してしてはいかん」と述べていた。また、「何か非常に卑屈な態度で、中国側の顔色を窺うような者が、しばしば中国へ行っている。だから、中国側はその辺に狙いをつけて、嵩《かさ》にかかって来るのだ」と苦言を呈していた[182]。

案の定、国会議員で構成する日中友好議員連盟や野党から、次官発言について「不用意な発言」であるとの批判が相次いだ。自民党三役の一角を占める伊東正義政調会長(日中友好議連に所属)からも「全くセンスがない」との批判がなされた[183]。そもそも、柳谷は大平政権時にアジア局長として対中ODA供与に道筋を付けた人物であった。にもかかわらず、徐公使らは「柳谷を辞めさせろ」と自民党幹部たちに説いて回り、日本側にも徐の行動に同調する者が出てきた[184]。事実、六月末に日中定期閣僚会議が北京で開催されることを念頭に、大臣として訪中したいがために、「閣僚会議が無事に開かれるためには、少し中国に謝ったほうがいい」と主張する閣僚もいた。ある自民党代議士に至っては、次官辞任の伺いを先方に立てた。

近年は、中国の言い分に理解を示す主張をすると「土下座外交」と批判されることすらあるが、当時は、中国に対し日本の立場を主張する発言を「軽率だ」と非難することで、北京に向けて自分が日中友好論者であることをアピールしようとする風潮が依然強かった[185]。ゆえに日本政府が中国と非難の応酬を続けることは困難であり、結局、当事者たる事務次官が記者会見で何らかの発言をして事態を収拾することとなる。具体的には「鄧小平に関する部分に適切を欠いた表現があり、不快感を与えたとすれば遺憾である」という趣旨をさりげなく述べるという線での幕引きが図られたのである。

このときも、問題の幕引きにあたって中曽根が指導力を発揮した。記者会見予定の前日にあたる六月一四日、ベネチア・サミットから帰国した中曽根は、柳谷や藤田ら外務省幹部から不在中の状況報告を受け、「『適切を欠いた』という表現よりも、『礼を失する部分があった』というほうがいいのではないか」とコメントしている。中国人が「礼を重んじる」性向を持つ点に着目した意見であり、これに沿って記者会見での発言も「礼を失する表現があった」という文言となった[186]。

中曽根自身、中国の「事実上の元首」である鄧を、事務次官が「雲の上にいて下の者のことがわからんだろう」と評するのは「言葉の行き過ぎ」と回想する。中国が日本の国力増大に警戒していることも、事態収拾にあたって中曽根の念頭にあった[187]。その一方で、中曽根は次官の遺憾表明を中国側が了承しない場合、それ以上何も対応しないよう指示する[188]。

結局、一五日の次官の遺憾表明に、中国側も「留意する」と一応評価して事態収拾へと向かった。ちなみに、その三日後の一八日、柳谷は辞意を表明した。ただし、これは「通常の定年退職」ということであった[189]。柳谷の次官在任はすでに二年半に及んでおり、交代の時期としては自然であった。とはいえ、一連の状況的な流れゆえに、発言の責任をとる形で解任されたと受け取る向きもあった[190]。

6 対日批判の収束

「雲の上の人」発言をめぐる騒動が収拾され、六月二六～二八日まで北京において、日中定期閣僚会議が開かれた。二六日、中曽根は北京での閣僚会議に出席する倉成外相に、中国要人と会談する際、「日中国交正常化にあたり確認した日中共同声明などの諸原則は不変不動である」という首相メッセージを伝えるよう指示した[191]。この首相指示を受けて、二七日の全体会議の冒頭挨拶で倉成は、「唯一の合法政府」である中華人民共和国との友好協力関係を今後とも発展・強化していくと表明した[192]。

ところが、同じ全体会議で中国側は、「光華寮裁判の実質は司法裁判の形式を以て、『二つの中国』或いは『一つの中国、一つの台湾』を作り出していること」と指摘し、共同声明などに沿って速やかに対応するよう要請した[193]。日本側は三権分立の論理をもとに、行政府が裁判に介入できないことを説明し、本件が両国関係全般に影響を与えないよう双方が努力すべきと主張した[194]。

さらに、呉学謙外交部長は、対日貿易赤字が中国の対外貿易赤字の九〇%を占めている現状を、「平等互恵の原則に符合せず、一種の不合理な現象」と批判し、「市場を解放(開放)し、関税を引下げ、割当て枠を拡大し、不合理な制限を撤廃」するよう要請した[195]。これに対しては、田村元《はじめ》通産相が、「両国間の貿易不均衡についても、日本側統計では、一九八五年の六〇億ドルから八六年には四二億ドルへと縮小し」、八七年に入っても改善傾向にあると反論して貿易の拡大均衡に向けた相互協力の重要性を主張した[196]。

また、呉部長は、日本側が積極的に民間企業の対中投資と技術移転を奨励し、助成することを求めたが[197]、田村通産相は「我が国企業は、投資受け入れのための基本的事項等について依然として多くの不安材料があるため」、対中投資に躊躇しているのが実情だとして投資環境整備の努力を要求した[198]。

閣僚会議に出席した日本側の閣僚たちは、六月二八日に鄧小平主任と会談を行った。鄧は、中日友好の方針は「胡耀邦同志」が辞めても不変であると強調しながらも、今般の関係悪化の責任は日本にあり、これ以上難題が出てくると中国人民を統制できなくなるとして、日本が関係改善のための対応をとるべきと求めた。

そして鄧は、光華寮問題と「一中一台の問題」との関連を持ち出した。倉成に、中曽根に中国側の意向を報告して問題に真剣に取り組むよう求めるとともに、さらに経済関係についても、現状への不満を示唆しつつ、「日本から多くのものを得たいと思っているが、三〇～五〇年、あるいは一〇〇年の先を見ると、中国が日本にあげるものが多いのではないだろうか」と述べ、両国の政治家が大局的な視点から経済問題を把握するべきと論じた。結局、一連の会議・会談は双方が自国の立場をぶつけ合うことに終始し、見るべき成果は乏しかった[199]。

その後、七月七日は盧溝橋事件の五〇周年にあたるため、この前後は戦時中の中国における日本の侵略・残虐行為に対する報道が増大した。これと並んで、光華寮についての報道もまた多くなった。同日には、李先念国家主席が日中友好交流会議代表団との会見のなかで、同問題について容認できないと述べるとともに、条件付きの経済援助は不要であると表明した[200]。さらに李主席は、「日本の一部の政治家たちは日本が経済大国になったから中国が一方的に日本に頼るのだと正しくない考え方を抱いている」として、右の鄧発言と同様、日中経済関係で中国は一方的な受益者ではなく、あくまで平等互恵の関係性を強調した[201]。

一方、中曽根は総じて、中国に対する低姿勢を堅持し、関係修復を目指した。まず懸案となっていた光華寮問題では、民事訴訟法第二六二条の「調査委託」に関する条項を援用し、政府として同問題に前向きに取り組む姿勢をアピールしようとした。七月八日の臨時国会での代表質問では、伊東政調会長が「裁判所が上告理由書に基づいて民事訴訟法により政府の委託調査を行う場合には、政府として日中共同声明の原点に立って意見を述べるよう期待する」

と発言したことに、中曽根も、その場合、共同声明や平和友好条約の締結の経緯について「政府の考え方を説明することもありうる」と応じた[202]。

しかし、この首相の発言には、中国側が過度に期待するとして外務省は困惑したようだ[203]。同省の立場は、三権分立の論理で中国側の要求を斥けることに尽きており、「調査委託」条項の援用は検討の対象にもならなかった[204]。結局、中曽根は伊東に表明した見解を、まもなく撤回する[205]。

さらに、中曽根は前年に続き、近隣諸国への配慮の見地から終戦記念日の靖国参拝を見送る。八月一二日、昭和天皇への内奏で、中曽根は今後日本が国際社会のなかで思い上がった態度をとることなく、特にアジアで孤立しないようにすることの重要性を指摘するとともに、「近来、経済力の強大に伴い、右翼バネ等の一部のハネ上りあり、これを芽にてせん《〔剪〕》除し戒めるを大切と存ずる」と述べた。そして、次弟を戦争で失っていることに触れ、「実は、靖国神社を一番参拝したいのは私」であるが、「日本の在り方、国際環境を考え、孤立しないため、自制然《しか》るべしと考える」と語った[206]。民族主義と国際主義との相克のなかで、中曽根は後者を優先したのである。

そして、一九八七年秋に入ると、中国の国内政局の安定化とともに、その対日政策にも柔軟性が戻ってくる。

失脚した胡耀邦に代わって総書記代行に選ばれたのは首相の趙紫陽であった。鄧小平は、この起用により、改革開放政策に変更はないことを内外にアピールした。秋の党大会をにらみ、鄧・趙コンビは「ブルジョア自由化」反対の動きが経済領域へ拡大することを迅速に封じ込め、胡失脚の影響が改革開放政策の停滞をもたらすことを防ぐ。一〇月に開催された第一三回党大会では、趙紫陽が総書記代行から正式に総書記に就任するとともに、ブルジョア自由化を防ぎつつ改革開放政策を推し進め、経済成長路線を実現していく点が確認された[207]。

中国にとっても、改革開放政策を推進するうえで経済大国・日本の協力は必要不可欠であり、対日関係を不必要に悪化させるわけにいかなかった。九月五日、鄧は二階堂前自民党副総裁と会見した際、「日中両国間で近年よくないことが発生した」と述べたものの、光華寮問題について直接の言及を回避した。また、一一日の塚本三郎民社党委員長との会見でも、同問題について「みなさんが自分で解決してほしい。私は言い尽くした」と語るに止まった[208]。

その一方で、中国は同じ九月、懸案になっていた第三次対中円借款の具体的プロジェクトおよび金額に関する要求を提示した。プロジェクト数三一件、総額一兆一八六九億円という数字は、第二次円借款の二・五倍に上る規模であり、さらに二年間の前倒し実施を求めていた。日本政府は、光華寮問題を脇に置く形で、第三次円借款に積極的に対応していく方針を固め、九月二四日のニューヨークの国連本部での日中外相会談で、倉成がその旨を伝えた[209]。

この席でも呉外交部長は光華寮について一言も触れなかった。中国側は光華寮をめぐって日中関係がこじれると、円借款に悪影響が及ぶと考えたフシがある。この時点で、鄧は同問題の解決が容易ではないと認識し、最高裁判決が出るまで問題を棚上げする決断を下したと考えられる。

このような中国の対日姿勢の微妙な変化に呼応するかのように、日本政府は日中国交正常化一五周年を記念して、新規に一〇〇〇億円の特別円借款の供与を決定する[210]。九月二八日、正常化一五周年の祝賀パーティーで、中曽根は中国の近代化への協力が日本の基本政策であるとして右決定を表明するとともに、「日中友好は世界平和、アジアの安定の礎石であり、雨が降ろうが、風が吹こうが、変わらない」と挨拶した。

一九八七年三月に発生した東芝機械ココム違反事件（後述）を受け、通産省が五月に東芝機械に一年間の対共産圏輸出停止という行政処分を下したことで、技術や装備の対中輸出審査や禁輸制限が強化され、中国が不満を高めていた問題についても、同年秋に解決に向かう。九月一七日、中曽根はココム規制において中国を別枠扱いとし、規制面で配慮する意向を明らかにしたのである。

一〇月一九日に訪中した通産省の畠山襄貿易局長は、東芝機械が中国と調印した二五の契約のうち一件については通産省として履行の認可を準備していること、その他についても履行の延期、損失の賠償、他の企業の製品による振替などの方法で解決を図ることを説明した。一二月八日には、東芝機械が処分前に中国と契約した七件、一一億円分について審査のうえ輸出を認めることを正式に決定し、中国に伝達した。これらの措置を中国側は大いに歓迎した[211]。

このようにして、一九八七年末にかけて日中関係は安定感を取り戻していった。ただし、歴史に関連する対日批判が繰り返されることに日本から反応が上がり、双方の不満がエスカレートすることで、本来あまり具体的な内容をもたない歴史問題が徐々に実態化し、両国関係の棘として成長した。とりわけ、鄧が日本側の事情や国内体制を尊重せずに自国の立場を主張することによって、日本政府や関係者は対応に追われるとともに、失望感を抱くことになる。戦争体験者がまだ多かった一九八〇年代には、日本の中国への対応は比較的寛容であったが、八〇年代後半に入ると、一般的な日本人の、中国への親近感は下降傾向をたどってゆくことになる[212]。

7　民主化の季節の東アジア
——「反共」独裁体制の終焉

中曽根政権が歴史認識問題などをめぐって、中韓両国との関係に難渋した一九八六〜八七年、東アジアには民主化のうねりが顕在化し、フィリピン、次いで韓国、台湾の「反共」を標榜する権威主義体制が大きな変容を迫られた。

　一九六五年以来、長きにわたってフィリピンに君臨してきたマルコス独裁政権は、その治世への民衆の怨嗟が高まるなかで、八六年二月の大統領選挙での混乱を契機に、軍部に離反され、同盟国・米国にも見捨てられる形で、崩壊を余儀なくされた。同国はアキノ新大統領の下で民主主義体制へと移行していく。

　フィリピンの体制転換に際し、米国は民主主義の原則を大義名分に、マルコス退陣へ圧力をかけたのに対し、日本政府は内政不干渉の原則に基づき、より慎重な対応をとった。フィリピン情勢への対応にあたっては、「対比、米と日で異なる。第二次大戦時、米は比を助け、日本は犯した。このことを銘記して、比の民族自決をまつべきで、(日本は)米の脇役で十分」というのが、中曽根の基本的認識であった[213]。ゆえにマルコス政権にテコ入れすることも、反対にその失脚を幇助《ほうじょ》することもしなかった[214]。

　マルコス大統領が国外逃亡し、アキノ新政権の勝利が確定的になったことを見届けた日本政府は、二月二六日に新政権承認の意思を表明し、同日、凍結状態にあったフィリピンへの第一三次円借款の契約をアキノ新大統領との間で復活させることを決定する[215]。

　フィリピンの「ピープル・パワー革命」は、民主化の動きが胎動していた他の権威主義体制諸国に大きな影響を与えた。その第一は韓国であった。同国では、一九八六年後半から八七年にかけて、大統領直接選挙の実現を求める運動が各地で展開されるようになっていた。活動の中心となったのは学生であった。一九八七年一月、ソウル大学の学生が警察の拷問により死亡したことで、彼らは反政府感情を激化させた[216]。

　そうした情勢の下、四月一三日に全大統領は、翌年秋にソウル五輪という一大国家行事を間近に控えていることに鑑み、将来の政治体制をめぐる議論（憲法改正論議）は五輪終了まで暫時中止するという特別談話を発した。憲法改正論議が暫時中止となれば、一九八七年末の大統領選挙は従前の間接選挙制で実施されることになるので、野党・在野勢力はこの談話に猛反発した。ソウルなど主要都市は、連日、大統領直接選挙制を求める学生、その他の在野勢力のデモで埋まり、これに労働者や一般市民、文化知識人も加わると、六月には政情が一気に緊迫化する[217]。

これに対しレーガン大統領は、六月一九日にリリー駐韓米国大使（James Lilley）を通じて全大統領に親書を送り、軍の出動のような強硬措置をとることに強く反対する趣旨を伝えた。またシグール国務次官補が六月二三～二五日まで韓国を訪問して全や盧泰愚民正党代表委員、金泳三統一民主党総裁、金大中ら有力者と一連の会談を行い、与野党の対話による事態の収拾を希望する意向を伝えるなど、この間、米国から韓国への働きかけは活発化する[218]。国際環境が緊張緩和に向かうなか、米国の朝鮮半島政策は、対ソ戦略の前哨である韓国の戦略的価値の重視から、南北対話とクロス承認、韓国内政の自由化によって安定を促す方向に移行し始めていた[219]。

それに比べると日本政府の対応ははるかに慎重であり、韓国情勢の見通しについては、「もう少し情報を収集して……」（中曽根首相）と、政府首脳の口も一様に重かった。「朝鮮半島情勢についてはさまざまな歴史的背景もあり、軽々しく物を言うべきでない」（外務省首脳）という考慮が働いていたようである[220]。

そして、六月二九日、与党民正党の大統領候補である盧泰愚代表委員が、野党の主張を全面的に受け入れる主旨の声明を発表する。その主な内容は、①憲法を改正して大統領の直接選挙を実施する、②金大中の赦免・復権と政治犯の全員釈放、③言論の自由を保障するための言論基本法の改正であった。

当時、谷野アジア局審議官は、韓国政情の急展開を、驚きをもって受け止めたという。そして右の盧泰愚声明の背景を、盧泰愚や与党としては何よりも翌年の五輪を控えてこれ以上情勢を混迷させるわけにはいかず、むしろ大胆な妥協に踏み切ることで、時局の主導権を奪い返す意図があったと説明する。また、この体制転換の主役は、あくまでも韓国人自身であり、韓国に対する米国の働きかけの影響力については過大評価できないとも指摘している[221]。

盧泰愚による事態収拾案を、まもなく全も受け入れた。

韓国政局の混乱に終止符が打たれたことに、日本政府は安堵の色を見せた。七月一日、中曽根は記者たちに「韓国の内政のことだから、日本がとやかく言うことではない」と断りながらも、「いいね。ゆっくり民主化の方向へ進んでいる」との感想を漏らした[222]。中曽根は、七月二二日の参院予算委員会における答弁でも「合法的に成立した政権というものについては、われわれも敬意を表すべきものであると考える」と述べ、野党陣営が大統領選挙に勝った場合でも、日本の対韓基本政策は変わらないとの考えを示している[223]。

この時期アジア局長を務めた藤田は、北緯三八度線で北朝鮮と対峙している地政学的条件ゆえに、民主化の過程で急進的な勢力が進出してくる懸念を日本政府は持たなかったと証言する[224]。むしろ当時、日本国内では、自国周辺に同程度の発展水準の社会が出てくれば、貿易などで水平分業を進めることが可能になり、日本の孤立を回避できると考えられていた。そのため韓国が民主化して安定的な経済発展を遂げることを肯定的に受け止める風潮が強かった[225]。しかし、韓国社会が民主化・多元化するにつれ、植民地支配や従軍慰安婦などの歴史認識問題について韓国社会からの問題提起が噴出するようになるため、一九九〇年代以降の日韓関係のかじ取りはより困難なものとなる。

ともあれ、一九八三年一月の電撃訪韓以来、中曽根と友宜を重ねてきた全も、八七年一一月の中曽根の首相退任と合わせるかのように、翌八八年二月をもって大統領を退任することとなった。韓国史上初めての平和的な政権交代であった。

民主化の波は、長きにわたって国民党の独裁体制が続いてきた台湾にも及んだ。フィリピンの「ピープル・パワー革命」や強権政治に対する米国からの批判強化を受けて、一九八六年九月に民主化を求める民主進歩党が結成されると、蔣経国総統はこれを条件付きで容認する姿勢を示し、翌八七年七月には戒厳令を解除するなど、台湾を民主化に向かわせる決断を行っている[226]。

民主進歩党は台湾の独立を志向していたことから、中国は台湾の民主化運動を警戒していた。一九八六年には、そうした状況下で日台の経済関係が大きく前進した。同年半ばからの台湾の好景気に支えられて、日本の対台湾貿易が対中貿易を上回り、また、日本の自動車関連企業が盛んに台湾への投資を始めたのである。一九八七年に入って中国が光華寮裁判を急に問題視した背景には、同年二月の大阪高裁判決もさることながら、台湾の民主化と日台関係の前進も作用していたと考えるべきだろう[227]。

政治的な民主化が達成されない中国大陸を横目に、台湾の民主化が進展していくことで、台湾を支持すると右翼反動派の烙印を押される日本の政治状況は徐々に変化していく。それは日中・日台両関係の位相も大きく変化させていった。ただし、それが顕在化するのは一九九〇年代に入ってからのことである。

フィリピン、韓国、台湾に連鎖した民主化の流れは、胡耀邦失脚の引き金となった一九八六年末の学生の民主化デモという形で、共産党一党独裁の中国にも及ぶ。この民主化を求める動きが、最終的に一九八九年六月の天安門事件へとつながっていく。中曽根政権後半の一九八六〜八七年は、米ソ新冷戦の収束期であり、東アジアでは「反共」独裁体制の終焉の時期と重なっているという意味でも、まさに時代の転換期であった。

8　ゴルバチョフのウラジオストク演説
——書記長来日への期待

東アジアで民主化の流れが起こり始めたこの時期、北方のソ連も当該地域に向け和解のシグナルを送るようになっていた。一九八六年七月の同日選に大勝して自民党総裁任期の延長を勝ち取った中曽根は、それを看取し、残り一年という期限付きではあったが対ソ関係の打開に積極的に動いてゆく。

第三次内閣成立直後の七月二五日、中曽根は後藤田官房長官同席の下、新外相の倉成正に「先方は日本に接近したがっている様である」との現状認識を明らかにした。そして、自身の訪ソについても、①領土問題に関する前進があること、②先方の来日が先、の二条件が満たされる必要があると語り、総じて友好的に、しかし焦らずに対ソ関係にあたる方針を示した[228]。

七月二七日、極東のウラジオストクで、ゴルバチョフ書記長はアジア太平洋地域に関する包括的な外交方針を発表した。演説のなかでゴルバチョフは、対日関係について「平穏な雰囲気の下で、健全で現実主義的な基盤に基づく、協力の深化を求めている」、「首脳レベルの相互訪問が議題に上がっている」としつつ、以下のごとく日本を評した。

日本は一級の意義をもつ国になった。米国の核兵器の最初の犠牲となったこの国は、短期間の間に大躍進し、工業、貿易、教育、技術の分野で驚嘆すべき成果を示した。日本にこの結果をもたらしたのは、単に日本国民の集中性、自律性、エネルギーのみならず、日本の対外政策がその上に公的に打ち建てられている非核三原則である。

その一方、ゴルバチョフは「最近この原則(非核三原則)は、日本憲法の平和条項と同様にますます顕著に無視されているのである」と断じ、「七〇年代後半以降、米国は太平洋での軍事力増強の大規模な措置をとり、米国の圧力の下で、ワシントン・東京・ソウル軍事三国関係が形成されつつある」と述べた。さらに「中国とソ連は核兵器先制不使用義務を負っているが、米国は核兵器運搬手段及び核弾頭を危機的地域の一つたる朝鮮半島に配備し、日本の領土に核兵器運搬手段を配備した」との批判を加えている[229]。日本を「一級の意義をもつ国」と評価する反面、「米日韓三国軍事同盟」や米国の核戦力増強を強く非難するなど、旧態依然とした国際認識も色濃く残していたと言えよう。

ゴルバチョフのウラジオストク演説を受けた外務省事務当局は、ソ連が対日重視姿勢を示すようになったことは認めながらも、領土問題解決に前向きな姿勢が見られないことから、対ソ関係に踏み込むことには慎重であった[230]。当時、倉成外相の秘書官を務め、一九八八年に欧亜局ソ連課長となる東郷和彦も、領土問題棚上げを示唆する『現実主義的基盤に立ち、過去の諸問題にわずらわされない平静な雰囲気の中で徹底的に協力する』という表現は、日本側の賛同を得るにはほど遠かった」という。もっとも「『(ソ日)最高レベルでの相互訪問が議題に上がっている』という前向きな表現があることは肯定的に評価された」とも回想している[231]。

彼らのみならず外務官僚たちが一様に慎重に構える要因として、ゴルバチョフ演説での和解の焦点が、日本よりも中国にあったことが考えられる。演説全文に占める中国に関する記述は日本のそれに比べ約二・五倍であったことに加え、対中関係には改善の手段として、アフガニスタンとモンゴルからのソ連軍の撤退という具体的措置が約束されているのに対し、日本との関係に関しては如何なる具体的政策提言も見られなかったのである[232]。

それでも、この演説にソ連の対日観の変化を見出した中曽根は、「ソ連が積極的に日ソ関係の打開に乗り出してきたのは本物だろう」と判断したと証言する[233]。こうした中曽根の肯定的な対ソ認識は、同演説直前の六月に、東京在勤歴が長く、対日外交の専門家でもあるソロヴィヨフ(Nikolai Solov'ev)が駐日大使に着任したことと関係があるようだ。中曽根は新任大使の手腕を評価し、対ソ関係改善を本格化させる段階に入ったと認識したのである[234]。

八月五日、倉成外相は大臣就任後初となる在京大使の表敬訪問にソロヴィヨフ大使を迎えた。この席では、翌一九八七年の早い段階でゴルバチョフ訪日を実現させることが重要な案件として取り上げられた。マンスフィールド駐日米国大使より先にソ連大使の表敬を受けることについては若干の逡巡があったものの、翌年初めの書記長訪日という重要案件がある以上、問題なしと判断された[235]。

八月二四日、中曽根は軽井沢の別荘で、柳谷次官とゴルバチョフの来日問題で意見交換を行った。この場で柳谷は、①来年一月のゴルバチョフ来日の線で逐次努力したいと思う、②ゴルバチョフが来日した場合、日本側の主張を明確かつ詳細に伝えていただきたい、③ゴルバチョフ訪日を受けて来年中頃の総理の訪ソも可能となり、その時が領土問題解決の一大勝負になるのではないか、と進言した。

大きく頷く中曽根に柳谷は「ソ連は今でも最小限のコストで欲しいものが手に入ると、甘く見ている節がある」と注意を促すことを忘れなかった。これに対して中曽根は、「日ソの動きを一番注目しているのは中国であり、胡耀邦も『中ソ関係は進んでいない。進むときは、予め日本にお知らせする』とのメッセージを寄越している」と答えた。前述したように、中曽根は「日中の提携を深め、その基礎の上でソ連と交渉すべき」と考えており、靖国参拝を断念したのも日中提携を損なわないためであった[236]。

さらに、八月三〇日の自民党軽井沢セミナーでの講演で、中曽根は一〇月開催予定の米ソ首脳会談が少しでも良い方向に進むように側面支援したいと述べる一方、「ゴルバチョフ書記長の来日の可能性が最近、非常に強くなってきました」とも発言した。また、内憂外患のソ連で、ゴルバチョフが「ソ連共産主義の中興の祖」として内政・外交両面で改革を推進していくことに期待を表明した[237]。ゴルバチョフの手腕に期待を示し、米ソ関係改善を梃子に日ソ関係打開を期したのである。

中曽根が意欲をみなぎらせていたのには、相応の根拠があった。八月一一日、ゴルバチョフはモスクワ訪問中の不破哲三共産党書記長との会談で、自身の訪日を、「たんなる希望でなく、不可避な必然性である」と発言していたからである。また、ソ連の政府高官たちも書記長訪日の可能性を否定しなくなっていた。翌年初頭の書記長訪日はいよいよ現実味を増したかに思われた[238]。

9 消えた書記長訪日
——逆流する日ソ関係と首相の東欧歴訪

ところが、一九八六年九月頃を境に、ゴルバチョフ書記長訪日の機運は急速に影を潜め、日ソ関係はそれから約二年間にわたる長い停滞状態に入る。全世界がゴルバチョフのペレストロイカと新思考外交に注目し、ソ連の内政面にも対外関係面にも多くの変化の兆しが見え始めていた、まさにその時期、日ソ関係だけが動きを止めたのである[239]。

九月二四日、ニューヨークでの国連総会に伴って持たれた日ソ外相会談で、シェワルナゼ外相はゴルバチョフ書記長の訪日問題について触れ、「米ソ関係もあり、具体的時期については明言できない。但し年内の可能性はない」と回答するに止まった[240]。ソ連側は書記長訪日の期日を設定する前に、米ソ関係の動向を見定めようとしていたと思しい。

書記長訪日の可否にとって、一〇月一一～一二日にアイスランドのレイキャビクで開催された、約一年ぶりの米ソ首脳会談が重要な意義を有していた。しかし会談は、INF削減交渉、戦略核兵器の大幅削減、そして包括的核実験禁止交渉をめぐって一定の進展を見たものの、SDI問題が障害となって、結局は物別れに終わる[241]。一三日、中曽根は会談が不調に終わったことを受けて「はなはだ残念だ」と述べた。後藤田も「米ソ首脳会談が書記長訪日に関係あることは否定できない」と語り、書記長の一九八七年一月訪日が微妙になったとの認識を示した[242]。

一〇月一五日、アリエフ副首相（党政治局員・Heydar Aliyev）は、訪ソ中の松前重義日本対外文化協会会長に、書記長訪日は「日本国内での好ましい政治的雰囲気」のなかで行われるべきとしたうえで、「日本の指導部は軍産複合体の発展に努力している。戦略防衛構想（SDI）研究参加を決めたことも、決して好ましい雰囲気でない」と語った[243]。九月のSDI研究参加の決定が、書記長訪日実現の障害となったことを示唆する発言であった。

翌一六日、中曽根はソ連副首相の発言について「我々は既定方針に沿ってアメリカとの交渉をやることに変わりない」と述べ、SDIに関してはソ連から何を言われようと関係ないとの立場を示した[244]。そもそも、レーガンを激励しながら、中距離核戦力やSDIをめぐって西側全体の利益を明確に確保することを追求してきた中曽根としては、無論、書記長訪日実現への強い思いはあったが、対ソ関係の打開より西側陣営の結束維持を優先したのである。

それでも、首相の強い意向を反映して、書記長訪日の実現に向けた日本側の努力は続いた。一一月一〇日、柳谷次官は本国に一時帰国するソロヴィヨフ大使に「一月が駄目なら、早く具体的な日程を言ってもらいたい。そうでないと、日ソ改善のムードに大きく水を差される」と訪日日程を明示するよう催促した。同時に、領土問題を議題にできるのであれば、経済・安保などソ連の関心事についても話し合う用意があると述べた[245]。

ところが、その直後の一一月中旬にモスクワで開かれた日ソ事務レベル協議に出席した梁井新一外務審議官に対しても、ソ連側は書記長来日の期日を明確にせず、一月来日の線は困難との見方が強まった。一二月五日にはクズネツォフ臨時代理大使(Yulii Kuznetsov)が、外務省に西山健彦欧亜局長を訪ね、「ゴルバチョフ一月来日は無理」と伝え、西山局長は「一月訪日ができないなら、自由に新しい日程を作る」と返答した[246]。

米ソ関係改善の足踏みと日本のSDI参加が、訪日見送りの主要な原因となったことは間違いない。ソ連側としては、対米関係が不透明な間は米国の忠実な同盟国であり、領土問題で不動の立場を堅持する日本に積極的アプローチを試みる余裕も必要もなかったのであろう[247]。また、当初訪日が想定された一九八六年末から八七年初頭にかけて、ゴルバチョフはペレストロイカを加速させていた。改革開放政策に既得権層の抵抗は強まり、ソ連の国内政治も重要局面を迎えていた。ゴルバチョフもこのような微妙な時期にソ連を離れることはできなかったようだ[248]。

かくして一九八七年一月のソ連書記長訪日は消滅し、日程に空白が開いたため、代わりにフィンランド、東ドイツ、ユーゴスラビア、ポーランドという東欧四ヵ国への首相歴訪が急遽決まった。同四ヵ国からは過去に要人が来日していて、日本の首相訪問が強く望まれていた[249]。それまで日本の首相が当該国を訪問したことはなかったことから、歴訪には答礼という性格があった。

しかし、この訪問はそれだけに止まらない多くの意味を含んでいた。中曽根によれば、訪問の目的は、①「東西冷戦の前線」に立つこれらの国々を歴訪することで日本外交の幅を広げる、②東欧首脳との会談を通じ、核軍縮問題で暗礁に乗り上げていた米ソ首脳会談の再開を促し、西側主要国の一員として国際政治にコミットする、③東欧諸国はソ連圏に属しているものの、実際は経済的自立を望んでおり、日本がこれらの国への経済支援を行うことでソ連を牽制する、といったごく戦略的色彩の濃いものであった。特に、①と③に重点が置かれていたようである[250]。さらには、東欧首脳陣たちと会うことで、ゴルバチョフとの関係を側面からつなぐ意図もあったという[251]。中曽根の視線の先には、常にゴルバチョフがいた。

ちなみに、東欧歴訪を控えた一九八六年一二月末の時点で、中曽根のもとには、非外務省ルートで、次のようなソ連側のメッセージが寄せられていた。

総理には、ゴルバチョフの訪日を成果あるものにしようとされる用意があるようだ。しかし、日本の外務当局には、それがないようだ。ついては、総理が東ヨーロッパを訪問している間に、ポーランドのヤルゼルスキーとか、東独のホネカーとかを通じて、ゴルバチョフへの親書を密かに出していただく。そうすれば、ゴルバチョフが返事を出す。その中には、『国境線についての話し合いも拒まぬ』という内容も含まれるはずである。

ただ、中曽根がこのメッセージについて柳谷に相談したところ、柳谷は「謀略であると思う。東欧の首脳も、そんなことに手を貸すことは好むまい」、「軽率に、このような中間者に親書を出すのは適当ではない」と進言した。結果、中曽根はこのメッセージに、①東欧訪問時に、書簡を交換する意思はない、②両国の政治のレベルで指揮を執り、外交ルートで交渉しよう、③日本では政治レベルと外務省との間に意見の食い違いはない、と返事をすることになった[252]。外務省事務当局は、中曽根が外務省を迂回して対ソ交渉を進めないようタガをはめたのである。

ともあれ、東欧諸国の首脳との会談の焦点は、おのずとゴルバチョフに向けられた感があった。まず、一月一二日のフィンランドのコイビスト大統領(Mauno Koivisto Henrik)との会談では、「米ソ首脳の核軍縮をはじめとする対話の継続」の重要性を確認するとともに、ゴルバチョフを「有能な新しいタイプの指導者」と捉える見解でも一致した。また中曽根は、領土問題解決を踏まえた対ソ関係改善に努力しているとの日本の立場に言及する[253]。

二番目の訪問国・東ドイツでは、一三日にホーネッカー国家評議会議長(Erich Honecker)との会談に臨んだ。ホーネッカー議長は、先の首脳会談でのゴルバチョフの軍縮提案に「全面的な支持」を表明し、「米がSDI実現に固執したために具体的成果は生まれなかったことは残念」と米国の対応を批判した。中曽根は、「SDIは核廃絶のための非核兵器」と主張して米国の立場を擁護した[254]。

またホーネッカーが、「ＩＮＦ（中距離核戦力）の欧州での全廃、アジアでの削減」というソ連の軍縮案に全面的な支持を表明するのに対し、中曽根は欧州・アジアともにＩＮＦを「ゼロ」にすべきであると反論し、「ＩＮＦの廃絶後、短きょ《〔距〕》離ミサイルも撤廃されるべきだが。通常兵力との総括的バランスを考慮して、行われるべき」と主張した[255]。短距離ミサイルの性急な撤廃によって、通常兵力で東欧に劣る西欧が不利にならないようクギを刺したのである。東側陣営の優等生であった東ドイツのホーネッカーと、「西側の一員」の立場を鮮明に打ち出す中曽根は、軍縮問題では話がかみ合わなかった。

中曽根はここでも、前出のウラジオストク演説について触れ、「歴史的演説ゆえ誠意をもって検討している」と評価するとともに、ゴルバチョフを「今までのソ連首のうとは異なり西欧型の新鮮でわれわれと対話ができ、かつ独自の判断が出来る指導力あるリーダー」と称揚した。そのうえで、「日ソ両国には基本的懸案即ち平和条約の問題があるが、協力、親善を促進すべき面もある」、「（書記長が）訪日することになれば日本人の特有のれい《〔礼〕》節をもって歓迎したい」と秋波を送った[256]。中曽根は、まだ自らの任期中の書記長訪日を諦めていなかった。

一月一五日、三番目の訪問国ユーゴスラビアのミクリッチ首相（Branko Mikulic）との会談でも、中曽根は極東ソ連軍の増強や第二次大戦終結時のソ連軍による北方四島の占領に言及しつつ、「わが国は、今の戦略的体系は維持しつつ、ソ連と対話を行い、懸案を解決していこうとの立場をとっている」と語り、ゴルバチョフ訪日歓迎の意を表明している[257]。

また同日、中曽根はベオグラード大学で講演を行い、チトー（Josip Broz Tito）以来、ユーゴが掲げる非同盟主義を称賛した。そして前年、国連創設四〇周年の記念総会に出席した際、同国のヴライコヴィッチ連邦幹部会議長（Radovan Brajkovic）と「『鉄のカーテン』と呼んだ不信の障壁はもはや完全に取り除くべき」という見解で一致したことに言及しつつ、「人や物や金や情報が自由に往来できる国際社会を築き上げ」るよう訴えた[258]。この演説を通じて、ブレジネフ・ドクトリンのくびきから東欧諸国が独立することへの日本の関心を婉曲に示したという[259]。この僅か二年あまり後の東西対立構造の終焉を想起すると、感慨深い演説である。

一六日には、最後の訪問国・ポーランドのヤルゼルスキ国家評議会議長（元帥）と会談した。この席でも中曽根はウラジオ演説を評価し、重ねてソ連書記長の訪日を歓迎する意を表すと同時に、「日ソ両国の対話は、世界的な意義を有する」と語った[260]。ヤルゼルスキがゴルバチョフと非常に近しい関係にあることを念頭に、中曽根は日本の対ソ政策を詳述したという[261]。

ヤルゼルスキは「ソ連は、日本との良き関係を必要としている」と述べ、日ソ間の領土対立も長期的には「小さな細かい問題である」と指摘した。次いで「ポーランドと西独の間には、領土問題を含め政治的には難しい問題もあるが、それにもかかわらず、経済面では長い間ダイナミックな発展を続けてきた」、「経済関係（で）は信頼関係を深め、緊張かん《緩》和に寄与した」と説明した[262]。日本が領土問題でより柔軟なアプローチをとることで、対ソ関係を発展させるべきと促したのである。

なお、一九八一年一二月に戒厳令が施行されて以降、ポーランドは西側との関係がほぼ断絶状態にあった。僅かにイタリアとの首脳訪問が行われたのみで、国際的に孤立した存在となっていただけに[263]、ヤルゼルスキは、「ポーランドと西側諸国の関係改善のプロセスの中で、日本は前衛的な立場をとっている」として、中曽根のポーランド訪問を高く評価した。また、自らが敷いた一九八一年の戒厳令を国内あるいは欧州全体の平和維持に大きな意義があったと評しつつ、当時は「種々疑問や誤解が呈されたが、現在ではより理解が深まっている」と当時の苦渋の心情を織り交ぜつつ説明した[264]。

これに対して中曽根は、「第二次世界大戦後の国の最高責任者には祖国の独立を回復するため、超大国に対して国民の批判を浴びつつも我慢しなければならないことがある。私はそれを知っている。健闘を祈る」と述べた。この言葉に議長は深く感動したという。後年、ソ連のポーランド進駐を防いだとしてヤルゼルスキは再評価されことになるが、当時はソ連に国を売ったと批判されるなど、彼の国際的評価は低かったのである[265]。

このように対ソ外交打開の布石ともなった東欧歴訪後も、書記長訪日の実現に向けた働きかけは進められた。四月七日、外務省の長谷川欧亜局長（前年一〇月まで首相秘書官）が書記長訪日について、ソロヴィヨフ大使に①ソ連側より訪日時期が月単位ででも示されれば、その準備に入っていきたい、②日本側としては、書記長が来日した際には、その訪問が双方にとって成功となるように誠実に努力する考えである、と伝えた。ソロヴィヨフ大使は、訪日に対する書記長の強い意欲に言及しながらも、訪日した場合、「内容のある成果として何があるのかについてはよく判らない」と指摘した。

ソロヴィヨフは日本政府の政経不分離方針に触れ、繰り返し不満を表明した後、「一九七三年の共同コミュニケには政経不分離のようなことは書かれておらず、日本側はこのコミュニケに違反している」とやや興奮気味に述べている。長谷川局長は、政経不分離という日本政府の方針は変更不可能なものとして、「かかる方針は方針として、それを尊重しつつ、関係を強化していくべき」と主張した。同席の野村一成欧亜局参事官も、「一九七三年の共同コミュニケには平和条約交渉の部分と経済協力の部分の双方が謳われているのであって、全体として見るべきである」と述べている[266]。

実のところ、日本側から外交ルートで書記長訪日に関する意見交換・準備の話し合いを持ちかけても、ソ連側はあまり熱心ではなかった。ソ連とすれば、日本に行けば必ず領土問題で回答を迫られるし、政経不分離の日本側の立場を受け入れがたかったのである[267]。

さらに、一九八七年に入ると、書記長訪日の機運を殺《そ》ぐ出来事が相次いで起きる。三月下旬には、東芝機械によるココム（対共産圏輸出統制委員会）違反事件――ソ連潜水艦の推進装置の騒音を低くするハイテク技術を、同社がソ連に売却したこと――が発覚した[268]。四月三〇日、ココム規制違反で東芝機械に警視庁の強制捜査が入り、五月二七日に同社幹部二名が逮捕されたことで、日ソ関係は険悪化していく[269]。同事件が摘発された後、東芝のソ連向け輸出が一年間禁止されたことに加え、通産省の共産圏向け輸出検査が厳しくなり、ソ連への輸出納期が軒並み大幅遅れとなったことで、ソ連側は中曽根政権の自国に対する悪意ある敵対行動と受け取り、対日非難を展開した。

そして、八月二〇日、モスクワの日本大使館に勤務する駐在武官と三菱商事モスクワ事務所次長が事実上国外追放され、日本側もこれに対抗して、東京のソ連通商代表部代表代理に国外退去を求める事件が発生した。ソ連からの日本の外交官の国外追放は戦後初めてのケースであった。このようなソ連の国外退去命令は、当年に入って東京で起きたソ連絡みの三つのスパイ事件（東芝機械のココム違反事件、在日米軍横田基地スパイ事件、東京航空計器スパイ事件）に対するソ連側の報復であった。両国による追放合戦により、日ソ関係は冷却状態に逆戻りした[270]。

かくして、書記長訪日の機運は消散した。中曽根の自民党総裁としての任期は、一九八七年一一月までであり、もはや時間切れであった。四月には国会で売上税法案が廃案となり、総裁任期の再延長の可能性もなくなった。ゴルバチョフにとって、近々辞めていく日本の首相と交渉するメリットはなく、訪日というカードは後継の内閣の対応を見極めてから切られることとなった。

当時の欧亜局長の長谷川は、一九八七年の東芝機械事件など関係悪化の要因となる事件が発生しなくとも、「もともと、日ソ関係はどうやってもよくならなかったであろう」し、「ソ連との関係は、こちらがいかに対応しても限界があった」と語る。つまり、当時の米ソ冷戦対立の状況下では、「ソ連が北方領土を返す可能性は絶対になかった」うえ、ソ連外交は対米・対欧関係が優先で、日本をあまり重視していなかったので、いくら書記長来日を要請しても、応じることがなかったと指摘する[271]。

その一方で、外務官僚のなかには異なる見解を持つ者もいた。当時外相秘書官であった東郷和彦は、書記長訪日の目途が立たなくなった理由の一つとして、以下のように、日本の対ソ政策の創意工夫の欠如を挙げている。

当時の外務省が、領土問題の進捗を、ソ連側にも魅力的に映るような日ソ関係の全体的な枠組みの中に位置づけ、SDIや東芝機械事件で発生した否定的な印象を打ち消すような構想なりプロジェクトを創って、ゴルバチョフ訪日の実現を準備していたかといえば、それはなかった。そういう段階に達する前に、次々に到来する悪いニュースへの対応に追われ、これ以上冷却化の悪循環に陥らないよう努力することで精一杯だった。[272]

当時の関係停滞について、長谷川がソ連により多くの責めを負わせている一方、東郷は日本の対応にも問題があったと指摘している。詰まるところ、日ソ両国とも東西冷戦対立を前提とする発想から抜けきれずに、本格的な関係改善の機会を失してしまったと言えるだろう。

ただ日ソ双方は、両国関係の重要性に鑑み、一九八七年に入って生じた関係冷却化に歯止めをかける努力は払っていた。同年夏も、一年前から再開された北方領土への墓参は実施された。秋にはニューヨークにおける国連総会開催を利用した外相会談も例年通り開催されている[273]。

そして、中曽根の退陣が間近に迫った秋、米ソ関係が大きく前進する。九月一八日の米ソ外相会談で両国はINF

全廃の合意に至り、欧州部のみならずアジア部の中距離核兵器も全廃の対象となったからである。僅か三日後の二一日、中曽根は国連総会での演説で、この合意について「史上初めての核兵器の削減」と高く評価した。また、ＩＮＦ全廃合意により、今年秋のうちに三回目となるレーガン・ゴルバチョフ会談が開催の見込みとなったことに歓迎の意を表した。

さらに、このように米ソ間で核軍縮交渉が進展したことを踏まえ、中曽根はソ連指導部に対し、「アジア外交においても、また対日外交においても建設的な対応を行い、我が国との間の領土問題等、懸案を勇断をもって解決するなど」、真の信頼関係の構築に動くよう呼び掛けた[274]。

九月二五日のソ連国連代表部で行われた日ソ外相会談で、倉成は両国間の政治対話強化の重要性を踏まえて、①シェワルナゼ外相の訪日による次の外相定期協議の時期を設定したい、②事務レベル協議については、一一月一六・一七日に開催したい、③科学技術協力委員会についても、一一月二三日の週、あるいは一二月七日の週いずれかで開きたい、④日ソ文化協定を今後速やかに批准、発効させたい、と提案した。

シェワルナゼ外相は、先般の核軍縮交渉合意の達成は、「単にソ米関係のふん〔雰〕囲気の改善にとどまるものではなく、新しい状況を他の面でももたらしている」と指摘しつつ、中曽根をはじめ日本側が本件合意について「画期的な意味」を持つと評価している点を、「注意深くフォローした」と告げた[275]。さらに、事務レベル協議、科学技術協力委員会のいずれも、日本側の希望の開催日程を基本的に了承するとともに、文化協定の批准‐発効についても同意した。外相定期協議に関しても、来年の開催を前提に外務省レベルで検討したいと返答した[276]。

一九八七年に入ってからの日ソ関係の逆流ムードにもかかわらず、米ソ間の緊張緩和をある種の追い風にして、日ソ間の対話も正常な軌道に戻っていく。一二月には、米ソ首脳会談でＩＮＦ全廃条約が調印され、米ソの緊張緩和は不可逆的なものとなる。しかし、中曽根は一一月に任期満了で退陣し、対ソ関係打開の目標達成は道半ばで終わった。心残りがあったのか、中曽根は首相退任後、「外交の球拾い」と称して、対ソ交渉に深く関与していくことになる。

10　経済摩擦に追われる末期政権

中曽根外交五年の最後の一年は、対中韓外交、また対ソ連外交いずれにおいても多難であったが、それにも増して、慢性化した経済摩擦により「ロン・ヤス」の蜜月を誇った日米関係が最も困難な状況を迎えていた。しかも中曽根は、自らの不用意な発言で、日米関係のさらなる緊張を招く。

その発言とは、一九八六年九月二二日の静岡県で開かれた自民党研修会での講演中の次のくだりである。

> 日本はこれだけの高学歴社会になっている。相当インテリジェントなソサエティになってきている。平均点から見たらアメリカなんかよりはるかにそうです。アメリカは黒人とかプエルトリコとかメキシカンとか、そういうのが相当いて、平均的に見たらまだ非常に低い。[277]

講演の内容を詳細に見れば、右のくだりは「高度情報社会」となった日本社会の現状に相応しい機動的な政治運営を進めなければならないという文脈から出てきたものであることがわかる[278]。とはいえ、米国に住む黒人やメキシカンを引き合いに出す必然性はない。しかも首相周辺の政治家や官僚、さらにマスコミにも、これを問題発言と受け止めるセンスが欠けており、翌日の各紙紙面に「人種差別」を問題視する言及はなかった[279]。

ところが、九月二三日。米国三大ネットワークのうちABC、NBCの二局が首相発言を大々的に報道し、『ニューヨーク・タイムズ』も中曽根の人権問題に対する感受性の欠如を指摘した。ワシントンの日本大使館やロサンゼルスの日本領事館には抗議の電話が相次いだ[280]。二五日には、黒人議員連盟の会長であるリーランド下院議員(民主党・George Thomas Leland)ら七名の下院議員が米議会内で記者会見を行い、約四〇名の議員の連名で、「中曽根首相の公式謝罪を求める決議案を本会議に提出する」と発表するに至った[281]。

この失言――「知的水準発言」は、レーガン大統領との間に「ロン・ヤス」関係を確立し、米国から最も信頼された日本の首相との自負が、油断となって出てしまったのかもしれない[282]。そして、一連の事態を通じて中曽根は、日本経済の飛躍的発展、日米経済摩擦の深刻化を背景にした米国の対日世論の厳しさを改めて認識させられることになる。

結局、二七日に中曽根が米国民向けの陳謝メッセージを発することで、事態は収拾された。しかし、「知的水準発言」をめぐる紛糾を乗り切った中曽根は、退陣までの約一年間、対米経済摩擦への対応で追い立てられる。

一九八五年以降は国際政治経済構造の基本的な変革とともに、米国の通商政策にも大きな変化が生じた。同年に米国は世界最大の債権国から債務国に転落しただけでなく、翌八六年には先端技術貿易の分野でも初めて赤字を記録した。この時期を境に、米国では結果志向型の管理貿易主義とテクノ・ナショナリズムの動きが顕著になった。それを象徴するケースの一つが半導体摩擦であった。半導体のような先端技術の分野における日本の挑戦は、米国にとって単に一つの産業分野だけでなく、米国経済一般にとっての脅威と受け止められる傾向があった。とりわけ先端技術は米国の国家安全保障と極めて密接に絡む分野であったため、半導体問題の交渉を困難かつ、感情的な対立を帯びたものにした[283]。

事の発端は、一九八五年六月、米国半導体協会(SIA)が、通商法三〇一条に基づき、日本を提訴したことに遡る。その提訴の理由は、日本の閉鎖的な市場構造の下で米国系企業の生産する半導体の日本市場におけるシェアが低位に止まっていること、及び、日本の半導体産業が過大な設備投資を行って、世界中に安値輸出を行っていることであった。

このような事態を包括的に解決するため、両政府間の協議が進められ、一九八六年七月に実質的な合意に至り、同年九月二日に「日米半導体協定」が締結された。同協定は期間が五年間で、外国系半導体の日本市場へのアクセスの拡大を図るため、日米双方の官民が行うべき努力と相互の協力のあり方を定めるとともに、ダンピング輸出を防止するため、米国市場と第三国市場に輸出される半導体について、日本政府が輸出価格とコストを監視することを内容とするものであった[284]。

半導体交渉が妥結した直後の一〇月には、たばこに関する日米交渉も、関税撤廃と日本たばこ会社の製造独占の維持の抱き合わせで妥結した。それゆえ、一九八六年秋ごろには、「個別問題については、非常に難しい交渉でも、交渉すれば大体まとまるだろうという若干の楽観論が出ていました」(渡邊幸治外務省経済局長)という。一一月の中間選挙においても、貿易赤字を削減するために米国経済の競争力低下にいかに対処するかが争点となった[285]。

しかし年が改まり一九八七年二月に入ると、米国では議会を中心に「日本叩き(ジャパン・バッシング)」が台頭、激化するようになる。その理由の一つは、一二月の数値が出たことで一九八六年一年間の米国の貿易収支、経常収支が確定したことであった。それによると、一九八六年一年間の米国の貿易収支の赤字は一六九八億ドル、経常収支の赤字は一四〇六億ドルという史上最高の赤字を記録するなかで、対日貿易赤字は五八六億ドル（前年比八九億ドル増）に達していた。一年以上前からの為替レート調整にもかかわらず、大きな赤字を出し続けていることに、米議会はショックを受けたのである[286]。

また、一月末から二月初めにかけて、一連の日米貿易協議があり、半導体、スーパーコンピューター、関西空港、第二KDDなどの問題が話し合われたが、少なくとも米国側の目から見ると進展がなく、失望すべきものと映った。さらに、米国の貿易法案の審議が上下両院で一斉に行われ、そこで開かれる公聴会に米政府の官僚たちが呼ばれて、最近の対日協議に対する不満を述べるということで、議会の対日姿勢をさらに硬化させた[287]。

七〇年ぶりに債務国に転じ、貿易赤字・財政赤字の「双子の赤字」に喘ぎ、国際競争力も低下している米国と対照的に、世界最大の債権国となり、膨大な貿易黒字を貯め込み、輸出産業を中心とする国際競争力もハイテクも含め強いという日本は、米国のエリート層が不平・不満を投射する格好の対象となった。そこから、米国の市場・経済は開放的であるのに対し、日本のそれは閉鎖的で不公正であるとのイメージが定着して、「日本叩き」につながっていると見られた[288]。

以上の情勢を受けて、外務省事務当局では、①今回の日米経済摩擦は、日米関係の根幹に重大な影響を及ぼす可能性がある、②そうなれば、米欧提携による日本批判が、GATT、IMF、OECDその他の国際場裡で成立する恐れがあるとの認識の下、「日米関係をめぐる雰囲気の急速な悪化に歯止めをかける唯一の考え得る手段」として、首相訪米を行う考えに行きついた。もとより、前年末レーガン夫妻からは公式訪米の招待状が届いていたし（従前の訪米は全て実務訪問）、六月のヴェネチア・サミットの前に大統領と会談し、意見調整を図る必要性もあった。こうして、二月末から、同省では首相訪米の検討が始まる[289]。

もっとも、中曽根は当初訪米に慎重であった。二月下旬当時、売上税をめぐって国会が紛糾、空転し、中曽根自身、日米経済問題に手を付ける余裕がない状態であった。三月の世論調査では売上税反対が八割を超え、内閣支持率も二〇％台に下落する。自民党内でも福田元首相ら長老組を中心に、退陣前の首相が訪米することへの疑問が出されたようだ[290]。

ところが、中曽根が訪米に逡巡する間にも事態の悪化が進む。前年九月締結の日米半導体協定の誠実な履行を求めて、米政府は、一九八七年一月、同協定に基づく緊急協議を要請したのに対して、日本電子機械工業会も米半導体の輸入拡大に向け本格的な検討に入っていた。しかし、三月に入ると、米政府次官級のＴＰＲＧ（通商政策検討会議）が、通商法第三〇一条に基づく対日制裁を実施し、米国産業が受けた被害を代償するよう、ＥＰＣ（経済政策閣僚会議）に勧告した[291]。

一方で、米議会も動く。三月七日、上院財政委員会に日本の半導体協定違反に対する制裁措置に関する決議案が出され、一九日には上院本会議で同案が九三対〇で可決され、下院でも満場一致で成立した。さらに、二七日、これらの決議を踏まえて、ＥＰＣが対日制裁実施に関するＴＰＲＧの勧告を承認した。日米関係が刻々と悪化していく事態を受け、中曽根はついに訪米を決断する[292]。

首相訪米の方向性が固まると、外務省の渡邊幸治経済局長が中心となって、米国やその他の国々に日本の姿勢を示すために、具体的な対策作りの作業が始まった。問題の中心は、円高趨勢のなかで、米国の対日貿易赤字と経常収支赤字、日本の経常収支黒字の三つの額を、いかに減らしていくかという点であった。議論の結果、「四つの箱をつくる」という話が浮上した。その「四つの箱」とは、①内需拡大、②直接、輸入拡大に貢献する措置、③莫大な黒字で潤った資金を開発途上国に還流させること、④個別問題を全力を挙げて解決すること、であった[293]。

右の「四つの箱」を作るには、日本が蓄積した黒字を、対外的に還付するという形が必要なので、財政出動が不可避であった。そこでまず、財政出動に慎重な大蔵省を抑えるべく、首相・官房長官の全面的支援が不可欠であった[294]。中曽根や後藤田、さらには自民党幹部に働き掛けた結果、四月七日に「内需振興策の骨子」が固まり、一七日には党の「緊急経済対策要綱」が決定され、首相訪米直前の二八日の閣議で、同要綱を尊重する旨が決まる[295]。

その決定された「四つの箱」の第一点目の「内需拡大」については、一九八七年度公共事業の大幅前倒しの実施と、さらに早期に大型の補正予算を成立させ、極力リアル・マネー（いわゆる「真水」）で五兆円を上回る規模の景気刺激策を講じるというものであった。前年度の補正予算三兆六〇〇〇億円のうち「真水」は僅か数千億円に過ぎなかった点を反省したうえでの方針であった。

また第三点目の「国際社会への資金還流」に関しては、

国際金融機関へのマルチ及びバイで、三年間に二〇〇億ドルのアンタイド資金を債務国へ供与するというものであった。これに加えて、①輸銀や海外協力基金では対応できないアフリカ最貧諸国などへの無償資金供与、②現行の七年間でODAを倍増させる計画を二年間繰り上げて実施する、③アフリカなど後発発展途上国に三年間で五億ドルのノン・プロジェクトの無償援助を行う、といった内容が盛り込まれた[296]。

さらに、第二点目の「輸入拡大の直接措置」については、補正予算に一〇億ドルに上る外国製品の政府調達費を計上し、第四点目の「個別問題」に関しては、関西空港、第二KDD、コメ・チョコレートの関税といった問題で明確な線を打ち出していくものとされた[297]。

内需拡大はもはや国際公約になっていた。その背景は、止まらぬ円高にあった。一九八六年一〇月の宮澤蔵相とベーカー財務長官との会談で現水準での為替安定協調を確認して以降、一ドル＝一五〇〜一六〇円台で小康を保っていた円は、八七年初めにかけて急騰する。ドル安の契機となったのは、欧州通貨制度(EMS)内の為替相場の再調整であったが、大蔵省の相次ぐ介入にもかかわらず、一月一九日には円は一時、一ドル＝一五〇円をも突破する事態となった[298]。

一九八七年二月二一日のパリにおける先進五ヵ国蔵相会議(G5)で決まった「ルーブル合意」は、為替レートについては、「当面の水準の周辺」(一ドル＝一五〇円台)で安定させることについて各国が協力することとされた。他方、米国の赤字、日本と西独の黒字という対外収支の不均衡は依然として続いており、これを逆転させることは主要な政策課題として残っていた。

対外収支の不均衡の是正を為替レートの調整に拠らずに対応するとなれば、総需要の調整でやらざるをえない。つまり、黒字国は内需の拡大を、赤字国は内需の抑制に着手する必要があった。そこで、「ルーブル合意」で、日本は、対外黒字の縮小のため、一九八七年度予算の早期成立、公定歩合の引き下げ、及び「内需振興を図るための総合的な経済対策が、経済情勢に応じ、予算成立後準備」することを公約した[299]。

すでに前年九月の日米蔵相会談で、宮澤蔵相に対し景気刺激策を要求するなど、財政出動による内需拡大に向けた米国の対日圧力は、非常に強かった。ところが、当時の大蔵省は財政再建路線に立っていて、事務当局が組んだ当初予算案は、従来通り緊縮型であった。それゆえに、ベーカーの苛立ちは強く、一九八七年一月に入ってからは、ドル安容認の口先介入を繰り返した。これにより、円が急騰して、一月下旬、宮澤は急遽ワシントンに乗り込み、ベーカーから、「為替市場の展開は慎重な注目を要する」との一礼は取り付けた。しかし、ベーカーには無理にドル安を止める意向はなく、円高傾向に歯止めがかからぬまま、ルーブル合意に至る[300]。

そして、中曽根も、一九八六年末から八七年初めごろには、円高を止めるため財政出動を含む思い切った経済対策を打つことが必要と考えるようになった[301]。そもそも、第三次内閣の人事で、それまで円高批判の急先鋒であった宮澤を蔵相に起用して、その対策にあたらせたという事実は、中曽根が従来の緊縮経済路線を転換する必要性を認識しつつあったことを示しているのかもしれない。

宮澤は、かつて池田勇人首相の側近として所得倍増政策の推進を間近で見ているが、池田の政策は、公共投資を積極的に行い、それによって経済を活発にし、国民の所得も税収も増やすというものだった。この政策の下、奇跡の高度経済成長が実現した。そうした原体験を持つ宮澤は、政策的には積極財政論者であり、今般の円高対策のためには思い切った財政出動が必要だと主張した[302]。しかし、緊縮財政の立場にある大蔵省事務当局は、そうした宮澤の政策志向性に抵抗する。

一方、政策転換を意図する中曽根にとっての最大の問題は、「増税なき財政再建」という政治目標との整合性だった。中曽根は鈴木政権の行政管理庁長官として、一九八一年、臨時行政調査会(第二臨調)を発足させ、それ以来、行財政改革を推進してきた。それゆえに、行革と財政再建の一時棚上げにつながりかねない景気対策を実行するには、臨時行政改革推進審議会会長である大槻文平日経連会長の同意が必要であった。中曽根は自ら説得に動き、大槻の了解を得た。

問題の財源は、中曽根行革の最大の成果である三公社(国鉄・電電公社・専売公社)の民営化によって誕生したNTTの株式売却代金の大量流入によって賄うことができた。これにより、内需拡大と財政再建の両立の道を確保できる見通しが立ったのである[303]。

円高不況脱出のために財政出動を求める声は、日本でも一九八七年三月ごろから急速に高まり始めていた。公共事業族といわれる田村通産相は、大型景気対策の旗振り役となり、伊東政調会長は、宮澤の言うことを聞かない大蔵官僚に腹を立て、大蔵官僚の政調会長室への出入りを禁止した。緊縮財政論の大蔵省を取り巻く環境は、厳しさを増していった。こうしたなか、自民党は、五兆円を超える内需拡大策を盛り込んだ「緊急経済対策要綱」をまとめたのである[304]。中曽根政権は、これまで大蔵省事務当局が主導してきた緊縮財政路線を転換し、積極財政路線へと大きく舵を切った。

そして、いよいよ、首相訪米の成功のためのお膳立ての政府特使の派遣という段取りに入った。その政府特使として白羽の矢が立ったのが、前年まで約三年八ヵ月間外相を務めた安倍総務会長であった。安倍が選ばれた背景には、竹下幹事長が売上税という難題に関わり、宮澤蔵相が円高と財政問題への対応にあたっているなかで、安倍にも特使としての訪米という重任を担わせることにより、三人のニューリーダーを競わせ、あるいは自らの掌中に取り込むとする中曽根の政略もあったようである[305]。ともかく、四月一九日から二五日に訪米した安倍特使は、レーガン大統領以下政府要人と会談し、例の「四つの箱」からなる「緊急経済対策要綱」を説明した。これに対して、米国側の受け止め方も真剣で、特使派遣に関する報道も首脳訪問並の扱いであった[306]。

しかし、安倍が訪米する直前の一七日、米政府はついに戦後初めて対日制裁を発動する。すなわち、日米半導体協定での合意不履行による被害を三億ドルと算出し、日本のパソコン、小型カラーTV、電気工具の対米輸出に一〇〇%の関税を賦課した[307]。さらに、首相訪米を前にして、米議会の上下両院が包括通商法案を保護主義的との悪名高いゲップハート条項（対米貿易黒字国は毎年一〇%の黒字削減を義務付けられる）を含む形で可決しようとしていたことも、米政府がどれほど保護主義に対抗しうるのかについて不安感を与えるものであった[308]。

しかも、右の包括通商法案が下院で可決される日が、一回目の中曽根－レーガン会談の日と重なるというのは、いかにも好ましくなかった。そこで、採決の日取りをずらすよう、おりしも神奈川県で開かれている日米下田会議に出席しているフォーリー民主党下院院内総務（Thomas Stephen Foley）に、外務省の小和田恆《ひさし》官房長が打診をしたが、総務はこれを拒絶した[309]。

一方、四月四日にシグール国務次官がシュルツ国務長官に宛てた覚書には、首相訪米にあたっての米国の目標として、貿易不均衡の是正のため、内需拡大や前川レポートに則った経済構造改革、通商上の諸問題の早急な解決といった約束を日本側から取り付けると明記された。

また同覚書では、中曽根政権の弱体化に言及しながらも、「中曽根は依然として、日本で必要な変革を起こす有効な触媒となる存在であり、（米国と）共通の政治・安全保障上の目標にとっての最強の支持者となろう」と評価した。そして、次のような言葉で、覚書は締め括られている。

訪米を成果あるものとすることで、二国間問題のみならず、世界の経済や政治の運営で米国と協調して対応していく方が上手くいくということを、日本の世論や中曽根の後継者となる者たちに示す。[310]

レーガン政権は、中曽根がこれまで政治・安全保障面で米国の立場を一貫して支持すると同時に、日本の経済・社会の諸改革に取り組んできたことを多として、彼を任期満了まで基本的に支持する構えであった。そして、中曽根がとってきた内政・外交の路線が、後継内閣にも引き継がれることを望んだのである。

11 逆風のなかの訪米と最後のサミット

四月二九日、羽田を発った中曽根は、三〇日と五月一日の二回にわたり首脳会談に臨んだ[311]。今回の首脳会談の特徴は、ブッシュ副大統領、シュルツ国務長官、ベーカー財務長官、ボルドリッジ商務長官、ヤイター通商代表(Clayton Keith Yeutter)といった日米関係に関わっている閣僚たちが出てきたばかりか、ホワイトハウスの最高幹部であるベーカー首席補佐官(Howard H. Baker Jr.)、カールッチ安全保障担当特別補佐官(Frank C. Carlucci III)も同席したことであった[312]。中曽根にとって、今回は初めての公式訪問であったが、米国側は会談を相当に実務的な観点からとらえていた。

まず、レーガンが、米国として予算の均衡と競争力強化を目指す一方、日本の内需拡大策に注目していると表明した。これに対して、中曽根は、自らの関心事として、通貨の安定と半導体制裁措置の解除の二点を挙げた。まず、通貨安定に関連して、五兆円以上の財政措置を伴う内需拡大策を行い、かつ短期金利引き下げの操作に入っていると述べた[313]。そして、首脳会談後に発表されるプレスリマークスのなかで、「これ以上のドルの下落は、両国経済の力強い成長及び不均衡の削減に向けての相互の努力にとって逆効果になりうることにつき意見の一致を見た」と宣言された。少なくとも、米国は今後円高を誘導するような行為をしないとの約束であった[314]。

通貨の安定が明示された背景には、首相訪米直後の五月五〜七日まで二九〇億ドルに上る米国債の発行があった。仮に訪米が不成功になれば、さらに円高・ドル安になり、外国、特に日本の機関投資家は米国債を買わなくなるので、その事態を回避するべく、ドルの安定を確保する必要があったのである[315]。貿易・経常収支の赤字が膨らんでいた当時の米国にとって、債権大国となっていた日本からの資本の流入は命綱となっていた。

さらに、大蔵省の国際金融局はこの状況を巧みに利用する形で、日銀の短期金利低めの誘導によって、日米間の金利差を保つようにして米国への資本移動を促していく代わりに、ドル安防止へのレーガン政権の協力を取り付けようという作戦であった[316]。首脳会談での短期金利の引き下げ誘導に関する中曽根の発言は、そうした大蔵省金融当局の作戦に乗ってなされたものであるに違いない。ともあれ、日米両首脳が通貨の安定で明確に合意し、首脳会談終了後に大蔵省が投機取引自粛を業界に要請したことで、為替相場は小康を保ち、むしろ、夏場にかけてドルは持ち直し気味にすらなった[317]。

他方、半導体制裁措置の解除について、中曽根は、「きわめて迫力ある明確な態度で」要求したのに対し、米国側の経済閣僚が縷々反論した[318]。特に、五月一日の第二回目の会談では、中曽根がヤイター通商代表と激しくぶつかる一幕もあったという[319]。

したがって、以上の厳しいやり取りを、会談後のプレスリマークスでどのように表記するかが焦点となった。なお、首相のワシントン到着当日、民主党上院のバード院内総務が大統領に対して、日本側の半導体協定遵守の姿勢が明白にならない限り、制裁措置を解除してはならないとした趣旨の書簡を送っていた。米議会が大統領に鎖を付けている状況下、プレスリマークスの文言に関する日米間の事務方の折衝は、相当に難航した。最終的な文言は以下の通りとなった。

(中曽根首相)

(レーガン大統領)

ヴェネチア・サミットを控えて、半導体取極についてのわれわれの継続中のレビューが遵守されているという説得的な傾向を示し、もって制裁措置の可及的速やかな解除が可能になることを希望しています。

半導体にかかわる米側の措置は早急に撤回されるべきである旨強調しました。

つまり、米国側としては決してサミットまでに撤回することを約束したわけではないという立場をとったのであるが、日本側としては、右の「説得的な傾向」という言葉を頼りに、五月中に開始される本件に関する話し合いを通じて、米国側が制裁を早期に撤回することを期待するということであった[320]。しかし、この制裁措置は同年六月と一一月に部分的に解除されただけで、全面的な撤回は協定延長を引き換えに一九九一年八月まで待たなければならなかった[321]。

一方、五月一日の第二回目の首脳会談は、僅か三〇分の短いものであったが、国際情勢など六月のヴェネチア・サミットに向けての事前調整がテーマとなった[322]。ここで議論の一つの焦点となったのが、東西間の軍備管理問題であった。今回の日米首脳会談の約二ヵ月前の二月二六日、ゴルバチョフ書記長は政治局の会合で、三分野のパッケージ(INF・SDI・START〔戦略兵器削減交渉〕)を解除し、暫定合意に基づくINF協定を締結すると発表した。さらに、短射程中距離核(SRINF)を東欧から撤去し、短距離核(SNF)削減交渉に入ると表明した。ソ連はSDIの掣肘とINF条約締結を分離して先に米INFの脅威を除去するに加え、欧州非核化の追求により国際世論における評価を高めようとした[323]。

東西間の交渉が進展すること自体は好ましかったものの、日本にとっては、アジアにおけるSS20の残存固定化は回避しなくてはならなかった。したがって、中曽根はレーガンらに対して、中距離核ミサイルの欧州・アジア両地域での全廃と、仮にアジアに残存する場合でもあくまで暫定的なものとなるべきと主張した。米国も日本の立場に沿って対ソ交渉を行うと改めて約束した[324]。

逆風のなかでの訪米ではあったが、首脳会談、議会要人との会談、記者会見での中曽根の「目を見張るようなパフォーマンス」(渡邊経済局長)はなおも健在であった。特に、四月三〇日に上院指導者一五人と会談した際、一人一問計一五問の質問に一括して相手議員の名前を呼びながら応答していくという堂に入った態度が米国側に強い印象を与えたようである[325]。

その一方、五月一日のナショナル・プレス・クラブでの演説で、中曽根は、日米間の貿易不均衡問題を「構造的要因」に起因するものと位置付けたうえで、「昨日下院を通過した貿易法案は、立法化されれば貿易の縮小につながる」と警告し、米議会の保護主義を牽制した[326]。右演説の記者会見で、中曽根は、「大統領はじめ上下両院のリーダーとの会談で相互理解は深まった」と訪米の意義を強調した[327]。一時はレームダック化するかに見えた中曽根であったが、訪米を通じて、むしろ自信を取り戻した。

しかし、実際には首相訪米によって、日米経済関係をめぐる「悪い雰囲気が下げ止まったにすぎない」(渡邊経済局長)という受け止め方が正確なところであった。国際公約した内需拡大策、緊急輸入、資金の還流のいずれも、それを実効あるものにするための肉付けの作業が残っていた[328]。

そこで、柳谷次官の発意と倉成外相の承認により、五月一二日、首相訪米のフォローアップと六月上旬に迫ったサミットを視野に入れて、外務省内に「経済対策推進タスク・フォース」が設けられた。その目的は、政府の今後の経済・財政政策を日本の国際的責任遂行に資するものにするべく、省内関係局間の意見をまとめ、その主張を関係各省や自民党、世論指導層へ浸透させるというものであった。

そして、同タスク・フォースは、村田良平・北村汎の両外務審議官を共同議長とし、事務局長に渡邊経済局長を充てた。そこでの審議事項は、①内需拡大策、②税制改革、③輸入拡大、④資金還流計画、⑤ODA、⑥個別案件、などであった。数回にわたって会合が開かれて、関係各省や自民党に積極的に働き掛けがなされたのである[329]。

日本にとって気がかりであったことは、日本の経済対策への米国以外の西側先進諸国の反応であった。五月一二〜一三日、パリで開催されたOECD閣僚会議において、倉成は、内需拡大や輸入拡大、黒字還流に関する日本の諸施策について詳細に説明した[330]。

ところが、ECやイギリス、オランダからは、「日米経済関係以上に日・EC関係は悪化している」、「半導体取極と言った、世界のハイテクに影響するような問題を、日米だけで決めていくのは心外である」という発言がなされた[331]。特に、イギリスからは、「日本市場の開放がほとんど行われていない。悪名高い(notorious)種々の障壁について是正がなされなければならない」といった激しい日本批判が飛び出した。これに対して、日本側はただちに、「日本の工業関税は平均二・一%、ECの四・六%、米国の四・三%に比べて半分の水準である。非関税障壁については二年間弱の間に七四項目の改善」をしたなどと反論した[332]。

日本はサミット前になると前年は前川レポート、今年は内需拡大策を打ち出すも、一年経過すると成果が不明確であるとの欧米諸国の疑念を払拭するのは容易ではなかった。今回の五兆円を超える財政措置といっても、その内実と実効性に疑問が持たれていた。ＯＥＣＤ閣僚会議に出席した倉成や田村通産相は、今回の内需拡大策は中身の濃いものでなければならないとの思いを強くして帰国した[333]。

特に、田村は帰国後、大蔵省幹部に対して、「国費の公共事業費が少ない。もっとあげられないか。このままではサミットで日本がみじめなことになる」と公共事業費の上積みを強く求めた。さらに、中曽根に対しても、引責辞任の可能性をちらつかせながら、上積みを迫ったという[334]。一方、官邸サイドも渡辺秀央官房副長官を通じて、大蔵省主計局に対して内需拡大策の拡大を求めた。ただ、同省は、この時点で景気対策の規模が、公共事業費が四兆三〇〇〇億円、減税一兆円、総額五億三〇〇〇億円と十分に大きくなっていたので、これ以上の膨張に難色を示した。

ところが、五月二八日、中曽根は、公共事業費を七〇〇〇億円増額させて、公共事業費五兆円、減税一兆円の計六兆円の内需拡大策とする裁断を下す。翌日、中曽根は記者団に対して、「最後にエイ、とひとふんばり増やした。……これなら内需拡大に十分役立つし、対外的にも説明がつく」と得意満面に語った[335]。この六兆円の裁断は、サミットの失敗による政権維持能力の低下を招くのを恐れた中曽根が、「いまのところは行革や財政再建より、対外公約を果たし、サミットを乗り切ることしか考えていない」（後藤田官房長官）状態にあったことが、大きく作用した。また、宮澤が持論の積極財政への転換のチャンスととらえ、大蔵省事務当局の異論を抑えたことも無視できない[336]。この計六兆円の緊急経済対策は、五月二九日の閣議で正式発表された。

しかし、実は、この六兆円の経済対策が打ち出された時点で、円高不況は早くも峠を過ぎ、景気自体は回復傾向にあった。それゆえに、六兆円の財政出動は規模が大きすぎた。円高不況は過大評価をされていたのである。また、一九八六年一月以降、日本政府は積極的な低金利政策を推し進め、金融はすでに過剰流動性に近い状況にあった。確かに、積極的な金融・財政運営への転換は、一九八七〜九〇年度の実質経済成長率を年平均五％と異例の高度成長を実現させた。その半面、好況が行き過ぎて、地価や株価が高騰するという「バブル経済」を現出させてしまう[337]。

ともあれ、六兆円の緊急経済対策をとりまとめたことで、サミットの席上「日本叩き」が起こるような事態は回避できる見通しが立った。六月六日、中曽根は羽田を発ってヴェネチア・サミットに向かった。最後のサミット参加となる中曽根は、有終の美を飾ろうと心中に深く秘めるものがあったようである[338]。四月末の訪米で対米調整は済んでいたし、五月九日には議長役であるイタリアのファンファーニ首相が来日して、十分な事前打ち合わせを行っていた[339]。

サミット開幕に先立つ八日午前の日米首脳会談で、レーガン大統領は、半導体報復措置として電動工具など日本の三製品にかけている関税三億ドルのうち五一〇〇万ドル分、全体の一七％を部分解除すると表明した。中曽根は議会の圧力のなかでの決断に謝意を示したうえで、内需拡大策につき七月中にできるだけ予算成立に努力すること、一兆円減税は八月中を目途にすることなど説明した。また、レーガンは為替安定のために、日本の金利引き下げに期待を表明した。

中曽根は、「私はあえて大統領を尊敬し、親密な立場から重要な段階であえて申し上げたい」と述べたうえで、米国の赤字財政解消への着実な努力を求めた[340]。米国の赤字継続による世界経済全体への悪影響を懸念しての直言であった。これに対して、レーガンは一言礼を述べただけで、同席のシュルツ国務長官とベーカー財務長官はそそくさと席を立ったという。特に、ベーカーは日本の首相から経済政策に強い注文を突き付けられたことに愉快ならざる気持ちがあったようである[341]。

一九八五年九月のG5で始まった不均衡是正、為替安定のための国際的な経済政策協調は、米国の財政赤字を思い切って削減するとの約束を、米国政府から取り付けられなかったという意味で、最初から重大な問題を抱えていた。中曽根のレーガンに対する直訴は、このアキレス腱を衝くものであった。しかし、米国の財政政策は転換されぬまま、ヴェネチア・サミットから四ヵ月後の一九八七年一〇月、ニューヨーク株式市場の大暴落（ブラック・マンデー）という形で大きな混乱を招くことになる[342]。

もっとも、六月八〜一〇日のサミットの討議では、日本の六兆円の緊急経済対策と二〇〇億ドルの資金還流計画は、目玉がないとされた経済サミットにおける唯一の新規事項として、各国の注目を集めることになった[343]。日本が打ち出した諸対策は、サミット全体の雰囲気を建設的かつ前向きな方向に持っていくために有用であったし、具体的な貢献策を打ち出したことで日本の発言権が増大し、「日本叩き」の発生を防ぐこともできた[344]。

なお、日本の二〇〇億ドルの還流計画を如何に評価し、それをサミットの宣言にどう盛り込むかをめぐって、サミット最終日の首脳会議では一時間半以上が費やされた。特に、ミッテラン大統領から次のコメントがなされた。

> 開発途上国援助は各国がＧＮＰの何％を政府開発援助に割いているかが、基本的な評価基準であるべきだ。日本は〇・二九％ではないか。フランス、カナダは〇・五％以上をＯＤＡに向けている。そうしたことに触れないで、たまたま日本が新計画を考えたからといって、サミット参加国首脳全員が歓迎するのはおかしい。

この主張に同調する声は多く、イギリスのハウ外相（Geoffrey Howe）やイタリアのゴリア蔵相（Giovanni Goria）も同じ指摘をしていた。しかし中曽根は、「日本の措置を評価する」という文言が維持されるよう強く主張し、「何故ならば、これは自分と日本国民の努力の結果なのだから」と削除に反対した[345]。加えて、この資金還流計画は事実、開発途上国から大いに評価されているところであるし、日本としても思い切って打ち出した計画であるとアピールした。

こうした議論の結果、宣言は「政府開発援助に対する我々諸国のさまざまな貢献にかんがみ」という文言を付け加えることを条件に、日本の二〇〇億ドル資金還流を評価する体裁に持っていくことができた[346]。ただし、「日本の措置にならって各国がなんらかの措置をとることを慫慂《しょうよう》する」とのくだりは削除された[347]。ここに、経済大国・日本に対する、各国の複雑な感情が垣間見られる。当時、世界で三年間に二〇〇億ドルの資金を動かせる、と言い切るだけの経済力を有するのは日本だけであり、欧米諸国にも不可能であった[348]。

一方、ＩＮＦ交渉をめぐる東西関係についての討議は、六月八日夜の首脳たちだけのワーキング・ディナーの席上行われ、夜半過ぎまで続いた。従前はＩＮＦといえば中距離核戦力ということで一まとめに考えられてきたが、この時期になると、ＩＮＦが、長射程中距離核（ＬＲＩＮＦ）と、短射程中距離核（ＳＲＩＮＦ）とに分けられ、さらに後者より射程の短い短距離の核兵器（ＳＮＦ）も分類されるようになった。結果、交渉が複雑化し、米欧間でも交渉に臨む際の思惑の乖離が表面化した[349]。

おりしも、一九八七年四月、ゴルバチョフ書記長が欧州におけるSRINF全廃提案を行った。このソ連提案は、ソ連が優位にある通常兵器、SNFの不均衡には手を付けないものであり、ソ連にとっては依然として有利な提案であった。このようなソ連の攻勢を前にNATO諸国、特に英仏両核保有国は、危機感を募らせていたのである[350]。

したがって、サミットでもSNFは議論の焦点となった。具体的には、東西欧州でのSNFと通常兵器の均衡削減は可能であるとしたレーガン大統領に、欧州の非核化を望まないサッチャー首相とミッテラン大統領が反対した。また、コール首相も、SRINF全廃後に西ドイツがSNFの脅威下に残されかねないと不安を訴えた[351]。欧州非核化に反対する西欧首脳のなかで、年末までにソ連との核軍縮交渉に一定の成果を上げたいレーガンが孤立する格好になった[352]。

中曽根はこれら首脳たちの意見を一通り黙って聞き、議論を収斂させるべく、「乱れてはゴルバチョフを利するのみであって、今までの結束を崩すべきではない」と大声で切り出した。あくまで西側が結束して戦略を考え、行動するとの基本姿勢に基づき、声明を発するべきと主張したのである[353]。すなわち、①ソ連がアジア部にSS20を一〇〇発残置することに固執し、これを認めない限り欧州部削減に支障が生じるならば、レーガンの方針に基づくINFのアラスカ配備もやむをえない、②核軍縮に向け前進しつつある現在の立場で団結し、可能なものから削減すべきであり、SNFは欧州で再協議する、という二点を挙げて、中曽根は議論を総括した[354]。

中曽根の発言に一同が静まり返った頃合いを見て、議長役のファンファーニ首相が、同発言を踏まえる方向でテキストをまとめよう、と話を締め括った[355]。中曽根はG7のなかで唯一NATO加盟国ではないという日本の立場を活かして、欧州非核化論争を冷静に分析し、対ソ政策で西側結束を強く主張することでレーガンの窮地を救った。

そして、六月九日に発表された「東西関係に関する声明」では、第三項で「現存の同盟関係の枠内において、いかなる国の安全も脅かすことなく、自由を守り、侵略を抑止し、平和を維持するための強力で信頼できる防衛力を維持する決意である」と宣言した。その一方で、コールが表明した欧州非核化後の東側の戦力優位の問題については、第六項で「われわれは、兵力のより低い水準における通常戦力の安定の強化と、化学兵器の全廃の達成に向けてのわれわれの決意を強調する」という表現を盛り込むことで調整が図られた[356]。ちなみに、イタリア側が当初示した声明案は西側の団結についての表現が弱かったが、中曽根は事務当局を通じて、「もう少し西側の結束とか団結を謳えないだろうか」と働き掛けたようだ[357]。

サミット直後の六月中旬のNATO外相理事会で、欧州部INF全廃とアジア部一〇〇発の残置が確定すると、日本国内では、アラスカへの核配備を容認した中曽根に対して、野党各党が、非核三原則を国是とする日本が米国に新規の核配備を提案するのは許されないとして政府に説明を求めた。これに対して、中曽根は、核軍縮交渉の目標はINFをグローバルに全廃することであるが、ソ連がアジア部SS20残置に固執する場合には、それを削減させる手段として米国も同等の核兵器を配備して両国の均衡を維持しつつゼロにする必要があるとして、アラスカ核配備の有用性を主張した。

ところが、アラスカ核配備をめぐる日本国内の議論は、まもなく収束する。七月二二日、ゴルバチョフ書記長が全地球規模でのINFとSRINFの全廃提案を行ったため、アラスカ核配備が無用となったためであった。このゴルバチョフ提案は、アジア部残置の問題を解決し、アジア諸国に強い好印象を与えるものであった。かくして、米ソ両国は一九八七年九月の外相会談でINF全廃に合意し、一二月の首脳会談でINF全廃条約に調印する[358]。アジア部のSS20撤去は、日本にとっては望ましい結末であり、中曽根外交の勝利であった。

このような結末に至ったのは、西側の一致結束、特に日米間の首脳レベルの信頼感があったためである。本来、自国の核戦略について他国と協議しないのが米国の流儀であったが、レーガン政権はラウニー大使(Edward Rowny)を何度も日本に派遣して事前の相談を行うばかりでなく、日本側の提案にも理解を示した。その意味で、「ロン・ヤス」関係の時代は、「日米の真の戦略的な協調関係の時代」であった[359]。首脳間の信頼から始まった「ロン・ヤス」関係は、外務省が米国の対ソ交渉姿勢を自らの望む方向に引き寄せるのを可能にした意味で、両国間の核問題での実務協力に帰結したのである[360]。

12 東芝機械ココム違反事件
——複合化する日米摩擦1

四月の日米首脳会談と六月のヴェネチア・サミットを通じて、中曽根は、経済大国・日本が国際経済において果たす役割を明示して、米国や西欧諸国との経済摩擦を水際で抑える一方、西側陣営の結束を最優先に掲げて、米ソ間の軍備管理交渉においても独自の存在感を発揮した。以上のような外交舞台での活躍は、売上税導入をめぐる混乱により政治的に傷ついた中曽根の力を回復させた。

しかし、米ソ間の緊張緩和の趨勢が不可逆的になるにつれて、米国の警戒感の矛先はソ連の軍事力から、日本の経済力や技術力により向けられるようになり、特に中曽根政権末期、日米間の摩擦は、単なる経済的なマターを超えて、軍事技術を含む複合的な摩擦へと移行していく。それは例えば、東芝機械事件であり、FSX（次期支援戦闘機）の選定問題であった。当時の国際環境の変化を背景にしたこれら複合的摩擦は、「ロン・ヤス」関係をもってしても対応困難なものであった。

前者の東芝機械事件は、東芝の子会社である東芝機械がノルウェーの一社と協議の結果、対共産圏輸出統制委員会（ココム）で原則輸出が禁止されているプロペラ加工用などに用いられる工作機械を、伊藤忠商事を通じてソ連に輸出したとされるものであった[361]。その輸出は、一九八二年末から八三年にかけて行われたものと見られる。

一九八五年一二月、パリのココム本部に対して対共産圏貿易を専門とする和光貿易の元モスクワ駐在員から一通の投書が届く。その投書には、東芝機械の数値制御工作機械を伊藤忠商事が申請者となり、本当は九軸及び五軸同時制御の工作機械各四台の輸出であるのに、それを規制対象になっていない二軸以下のものと偽って輸出した旨が書かれていた。

投書の写しは日本の外務省にも送られ、外務省で関係五省庁（外務、通産、警察、法務および大蔵）の課長補佐レベルの連絡会が開かれた。会議で、本件輸出規制問題担当の通産省が、事実関係の調査を行うとの結論を得たことから、通産省は翌一九八六年一月までに、東芝機械など関係企業から合計一〇回の事情聴取を行った。しかし、東芝機械その他が輸出貿易管理令に違反したとの心証を得ることができず、三月にその旨を関係五省庁会議に報告すると、同様の趣旨の連絡が外務省からパリのココム本部へも行われて、調査は終了したかに思われた[362]。

ところが一九八七年に入ると事件が政治問題化する。同年初め、本来ならばウラジオストク沖で捕捉されているはずだったソ連のアクラ級原子力潜水艦がキューバ沖に現れたためである。それまでソ連に対し圧倒的優位に立っていると思われていた対潜戦（Anti-Submarine Warfare：ASW）の自信が揺らぎ、SOSUS（Sound Surveillance System：潜水艦追跡システム）を根本からやり直す必要が生じたため、日本の東芝機械の商業主義が米国及び日本の安全を脅かすものとして厳しい対日批判が起きる[363]。

一月二六日、パリでココムのハイレベル会合が開かれ、ここでブライアン国防次官補代理（Stefan Bryan）が、西側の高度技術を流出させたものとして日本を激しく非難した。東芝機械が対ソ輸出した九軸同時制御工作機械が、ソ連潜水艦のスクリューのプロペラ加工に使われた可能性が高く、結果として米国側のレーダーによるソ連潜水艦の追尾が難しくなったのではないか、というのであった[364]。事件は三月二〇付の『ワシントン・タイムズ』が報道したことから、日米両国で関係者以外も知るところとなった[365]。

さらに、四月一三日付で、栗原防衛庁長官のもとにワインバーガー国防長官からの書簡が届く。内容は、「（ソ連の）最先端技術のプロペラ製造が可能になったことは、それに（潜水艦の低音作戦に）重大な進展をもたらすと同時に日本の安全保障に犠牲の大きい挫折を与えました」と、日本政府に早急な対応を要請するものであった。

本来、ココムに絡む問題は、直接的には通産省の管轄であり、あるいは対米交渉の窓口としては外務省、さらに外国為替法違反容疑の捜査ということであれば警察の担当となる。しかし、書簡を受けた栗原長官は、事の重大性に鑑みて、ただちに訪米を目前に控えていた中曽根に新たな対応を強く促した。また、旧制中学の後輩にあたる通産省の福川信次事務次官、同じ宮澤派に属し、警察を統括する葉梨信行自治相兼国家公安委員長にも同様に働き掛けを行った[366]。

厳しい経済摩擦を抱えたなか、首相訪米が迫っていた日本政府の対応は、ここにきてようやくピッチが上がる。四月六日以降、ココム本部への投書を行った和光貿易の元モスクワ駐在員や東芝機械などの企業の関係者たちからも事情聴取を進めた。その結果、一四日に東芝機械が九軸同時制御の工作機械を輸出したことを認めた。通産省は警察と日程を打ち合わせたうえで、四月二八日に告発を行い、警察は翌日から強制捜査に入った[367]。

通産省の動きが加速したのは、首相官邸の強い意向が反映されていたと見て間違いない。警察官僚出身で警察に強い影響力を持つ後藤田官房長官は通産省幹部を呼び、これまでの同省の対応の遅さを叱責したという。しかし、工作機械本体の輸出に関してはすでに時効が成立していたため、まだ時効となっていないプロペラの加工に関するプログラム・マニュアルとプログラムを無許可で供与した件について捜査を行うほかなかった[368]。残された時間は少なく、後藤田は本件の捜査を、警察庁ではなく、後輩として信を置いていた鎌倉節《さだめ》警視総監が束ねる警視庁にゆだねた[369]。

かくして、中曽根が米国に出発した直後の四月三〇日、警視庁は東芝機械がココム規制に違反して九軸制御の船舶推進プロペラ表面加工機をソ連に不正輸出していたとして、外国為替法および外国貿易管理法違反の疑いで家宅捜査した。次いで、通産省は五月一五日に東芝機械に共産圏向け輸出の一年間禁止の行政処分を実施する。一方、不正輸出を仲介した伊藤忠商事には、工作機械の共産圏向け輸出を三ヵ月間しないように指示した。また、事件が発覚してすぐに、東芝機械の飯村和雄社長が引責辞任した後、五月二七日には同社の材料事業部鋳造部長と工作機械部工作機械第一技術部専任次長が逮捕される[370]。

調査の結果、違反事実が明確となり、関係者の逮捕が行われる一方、東芝機械と伊藤忠に対する然るべき行政処分がなされ、外務省も米国側への説明を行ったために、四月末の首相訪米で、本件が大きく問題とされる事態にはならなかった[371]。

ところが、六月一六日、米議会下院はハンター議員(Duncan Hunter)提出の国務省権限法修正条項を四一五対一の圧倒的大差で可決する。これは、本件の違法輸出で米国が受けた国家安全保障上の損害についての補償要求交渉を、国務長官が日本およびノルウェー両国政府と行うことを義務付けるというものであった。その僅か二日後の一八日付『毎日新聞』朝刊には、東芝機械が五軸同時制御の工作機械も輸出していたとの供述を警察がとったとする記事が掲載された[372]。九軸のみならず五軸の不正輸出があったとの記事はただちに、米国の各紙にも非常に大きく取り上げられ、結果として議会の対日反発は一層激しくなっていく。

六月三〇日、米議会上院で包括通商法案が審議されるなか、ガーン議員(Jake Garn)が提出した修正条項が、九二対五票で通過した。これは、東芝機械とノルウェーのコングスベルグ社に対する制裁措置として、両社のみならず、関連会社、親会社についても、その製品の対米輸出禁止、および米国の政府機関が一切の製品の調達を禁止するという内容であった。九二対五というのは圧倒的な数字であったが、反対票五票のうち三票は同修正条項の制裁措置では弱すぎるという理由での反対であった[373]。

すでに九軸の対ソ輸出を理由に最高の制裁を課した通産省としては、五軸に関する自白を得られたからといって追加制裁をするわけにいかなかったし、それを課すこと自体、法技術的な意義も薄かった。ところが五軸輸出が明るみとなった後、ジャクソン国防次官補代理（Karl D. Jackson）から通産省の畠山襄貿易局長に電話があり、「あの五軸の話が出てきたので、もう米国議会がもたない」と悲鳴のような声で日本側の追加的措置を要請してきた[374]。

また、六月二八日の日米防衛首脳協議のために来日したワインバーガー国防長官の随行員であるアーミテージ国防次官補とケリーＮＳＣ特別補佐官は、二七日に東京都内で首相官邸直属の内閣安全保障の室長である佐々淳行と会談する。

席上、アーミテージらは、「ホワイトハウスもペンタゴンも日本政府のＰＯＯＰＯＯ（いい加減）な態度に怒っている」と日本側の対応に不満を表明するとともに、「四十八時間のリードタイムを与えるから善処されたい」と発言した。彼らは佐々室長に対し、事件の捜査開始や関係省庁幹部の処罰から、潜水艦探知のための音響測定鑑の新造、関係大臣の謝罪まで幅広い要求を網羅した「ノンペーパー」（口上書）と同じ効力を持つ）を手交した。以上は、佐々から後藤田を通じて、すぐさま中曽根に報告された後、田村通産相をワインバーガー来日の直後に派米し、謝罪する段取りが決まった[375]。

他方、自国の国策会社がソ連に数値制御部分を供給したとされたノルウェーは、六月半ば以降、首相や駐米大使、国防相が米国の大統領、議会など各方面に向けた「陳謝攻勢」を展開し、米議会から評価されていた。日本にとり不幸なことに、ノルウェーの謝罪攻勢がたまたま、日本側の五軸報道が出た時期と重なったため、日本との対比でノルウェーの方が誠実ではないか、との感覚が米議会に広がり始めていた[376]。中曽根が「田村通産相訪米‐謝罪」という段取りを急いだのも、不作為を続ければ、日本への風当たりが一層厳しくなると警戒したゆえだろう。

東芝機械のみならず親会社の東芝までも制裁対象に含めるという前出のガーン修正条項が圧倒的多数で米議会上院を可決した翌日の七月一日、ハンター、ベントレー（Hellen Bentley）ら下院議員七名が議会裏広場で東芝製品ボイコットを訴えた。事前にマスコミに通告し、一〇数台のテレビカメラが並ぶなかで、議員らはハンマーを振り上げ、東芝製のラジカセなどの製品を粉砕した[377]。

このような品位に欠けるパフォーマンスがワシントンで行われた同日、東京では、東芝の佐波正一郎会長と渡里杉一郎社長が臨時取締役会で退任することを表明した。この時、佐波会長は、事件に東芝は無関係としながら、親会社としての責任に言及した。こうして子会社の事件に親会社の首脳までが退任を迫られるという異常事態を迎える[378]。

しかし、東芝の会長、社長が辞任しても米国内の空気は変わらなかった。東芝ボイコット運動は全米に広がり、政府機関や軍のPXから東芝製品が放逐された。日本は、僅か二〇〇〇万ドルの工作機械輸出で米国民をソ連原潜攻撃の危険に曝し、米海軍に三〇〇億ドルの損害を与えたエコノミック・アニマルという汚名を着せられた[379]。

大臣訪米を控えて、通産省は七月二日、日本工作機械工業会、日本電子機械工業会、日本貿易会、日本機械輸出組合の四団体首脳を同省内に集め、田村自ら輸出業務のチェック体制の強化と社員教育の徹底を要請した。さらに、七日には一三六の業界団体首脳を招集して、再発防止を要請するとともに「再発防止基本方針」を提出するよう求めた[380]。

一方、七月七日、アマコスト、ダーウィンスキ両国務次官(Edward Joseph Derwinski)が、松永駐米大使に対して、日本政府が東芝事件に関する追加措置をとるよう強く要求した。追加措置の具体的内容は、時効の延長やココム違反行為に対する罰則強化といったことであった[381]。

米国側の意向を受けて通産省は、大臣訪米の際に米国首脳に説明する再発防止策を検討した。目玉は、外国為替法違反への制裁強化であった。すなわち、刑事罰の懲役を現行最高三年から五年に延長し、時効も現行三年から五年に延長するとともに、行政制裁の最長期間を現行一年から二～三年に延ばす腹案であった。後藤田は、政府案として固まっていない腹案を米国に説明することに批判的であったが、畠山貿易局長が、大臣から検討中の案として説明してもらうと述べ、何とか了解を得たという[382]。

そして、七月一四から一九日まで、田村通産相が訪米し、米国政府要人や議会のメンバーと会談を持った。これらの席で、田村は米国側に本件への遺憾の意を表明するとともに、外為法の強化や輸出管理体制の拡大を中心とする再発防止策の説明を行った。と同時に、前述のガーン修正条項のような、過去に遡及して外国企業を一方的に制裁する法案への反対も表明した。一方、ボルドリッジ商務長官など米国政府側は、日本側の説明を評価しつつ、事態の解決は米国側による東芝制裁ではなく、日本側の再発防止策による方が望ましいと表明した。しかし、議会のメンバーのなかには、田村の発言を途中で遮ったり、握手のため差し出した手を払いのけたりといった無礼な態度を示した者もいた[383]。

田村通産相の帰国後、外務・通産両省は外国為替法改正の作業に入り、時効の延長と罰則強化、審査体制の強化(人員増員など)で対処する点で合意した。両省間で調整がつかなかったのは、法定協議問題であった。外務省は、「国際的な平和及び安全の維持」という見地から輸出の許可、不許可を決めるに際しては、外相も協議を受けることを法律で義務付けること(法定協議)を主張した。これに対して、通産省は、従来から両省間で円満な協力関係があり、外務省との法定協議の明文化は必要ないとの立場であった。しかし、両省の事務次官の協議により、二八日、改正外為法に新条を設け、国際的な平和と安全の維持のため必要がある場合に、通産相は外相の意見を求めることができ、外相は通産相に意見を述べることができるとの趣旨を規定することとなった[384]。

かくして、七月三一日、外為法改正案が閣議決定された。通産相帰国から僅か二週間足らずのスピートで、政府案の作成作業が完了したことになる。その内容は、懲役も時効もともに、それまでの三年から五年に延長する一方、行政制裁の最長期間も一年から三年に延ばすというもので、田村が訪米時に米国側に示した腹案とほぼ同じものであった[385]。また、改正案では、すでに述べたように、外相が、「平和・安全維持条項」に基づき通産相に意見具申ができるようになり、「西側の一員」としての戦略的色彩を明確にした。改正案は九月四日に国会で成立する[386]。

その一方、米国側は、ソ連潜水艦の粛音化に対応して、西側の探知能力を高めるための新たな投資が必要となったとして、日本側の応分の負担を要請する。その結果、一〇月二日のワシントンでの日米防衛首脳協議において、新しく二つの設備を日本の負担で作ることが決まった。一つは、AOS(Auxiliary Ocean-Surveillance Ship)という、潜水艦の音を探るための音響測定鑑を新造することであり、もう一つは、ASWセンターと呼ばれる対潜水艦戦のためのセンターを横須賀の米軍基地内に新設することであった[387]。

しかしながら、東芝機械が輸出した工作機械とソ連原潜のスクリュー音の低下との因果関係は、事件の発覚当初から大きな謎であった。事件が表面化した一九八七年四月以来、日本政府は何回も、米国側に因果関係について報告するよう求めていたようだ[388]。田村も七月の訪米直前の衆院予算委員会で、ソ連潜水艦のスクリュー音の低下と工作機械の輸出時期に「ズレがあるから、米国防総省にはっきり尋ねるつもりだ」と言明していた[389]。

ところが田村は訪米中、当該因果関係について米当局者たちから、日本側が十分納得できる説明を受けることができなかった。にもかかわらず、七月一五日、倉成外相が衆院予算委員会で、①一定の因果関係がある、②具体的証拠はない、③西側の安全保障にとって重大問題だ、とした政府の統一見解を発表する。同委員会での野党の追及に、翌一六日、中曽根は因果関係について「疑いが濃厚だ」と発言し、曖昧なまま決着させた。日本政府は関係者の処分と再発防止策には動いたものの、事件の全体像の究明や因果関係の追及といった大きな問題については及び腰であった[390]。

　他方、米国側から因果関係について公的な報告がなされない限り、疑問を呈する野党の追及や世論の圧力に直面して、中曽根や倉成外相が米国の主張（＝東芝機械の違法行為がソ連潜水艦の能力を向上させ、日米両国の安全保障に多大な損害を与えたとする）を擁護することが困難になるとの懸念が米国務省内にはあった[391]。東京の米大使館も、米国がこの事件を「日本叩き」の延長上に位置づけ、市場アクセスの制限を通じて日本の先端技術産業の成長を抑制しようとするという「陰謀説」が、日本の政財界やメディアに広がっていることを問題視していた[392]。

　そうした米政府の懸念をよそに、その後、ノルウェー警察の徹底捜査の結果、事件の真相が判明し、東芝機械のココム違反が全体から見れば、ごく一部の問題にすぎないことが明らかになってしまった。つまり、東芝機械のみならず、ノルウェーや西ドイツ、フランスなど西側の企業が一緒になって、ソ連に大量のハイテク工作機械を違法に輸出していたのが、事件の全容だったのである[393]。

　当の米国も、以前の主張を修正せざるをえなくなった。一九八八年二月、アーミテージ国防次官補が、民主党のアスピン下院軍事委員長（Les Aspin）に宛てて「東芝機械の違法輸出によって引き起こされた実際の損害は評価が困難」との趣旨の書簡を送付した。書簡送付の目的は、包括通商法のなかの東芝制裁条項が可決されれば、日米同盟関係に悪影響を及ぼすとの懸念から、議会側に再考を求めることにあった[394]。

　しかし、一九八八年八月に成立した包括通商法には、東芝制裁条項は除去されずに含まれた。これにより東芝機械から米国への輸入は三年間禁止され、東京本社からの政府調達も三年間禁止されることになった[395]。一九八七年時点で、右のような事実が表に出されていれば、東芝事件は深刻な政治問題にならなかっただろう[396]。

　東芝事件をめぐっては、日本の当局者たちの間にも釈然としない感情を残した。当時、駐米大使として本件の対応にあたった松永信雄は、日本と同じくココム違反を犯したノルウェーが非難されず、「同盟国の利益を損なったという非難が日本に集中する」ことについて、「フェアでない」と指摘する。また、日本が不当な扱いを受けた背景には、先端技術面で日本に凌駕されるかもしれないという米国側の危惧感が作用していたのではと回想する[397]。

さらに同事件は、金儲けのためなら、不正な手段さえも使って西側の安全保障をソ連に売り渡す「醜い国」あるいは「信頼に値しない国」との日本のイメージを広めることになった。当時の米国海軍省の高官によれば、この事件は米国内の対ソ強硬派と対日強硬派が手を結び、大きな政治問題に仕立て上げたものであるという[398]。

そして、この事件の発生とFSX（次期支援戦闘機）選定の重要な時期が重なったことが偶然であったと割り切ることはできない。米国政府の総意ではなかったにしても、少なくともその一部に、FSX交渉を米国に有利に導くため東芝事件を利用する意図があった蓋然性は高い。同事件によって、日本側がFSX交渉で不利な立場に立たされたことは厳然たる事実だからである[399]。

13 FSX選定問題
——複合化する日米摩擦2

日本経済の急成長と日本企業のハイテク分野における躍進ぶりに米国側が危機感と被害者意識を持ち、解決が困難になったという意味で、東芝事件と時期を同じくして顕在化したFSX問題も同根の性格を有していた。

既存のF1戦闘機が、一九九〇年代までには老朽化するという認識が広がるなか、一九八五年九月の中期防衛力整備計画で、F1の後継機について別途検討のうえ、必要な措置を講ずる旨の決定がなされた。FSXの導入方法としては、「国内開発」、「現有機の転用」および「外国機の導入」という三つの選択肢が提示され、具体的な検討作業が開始された。当初、防衛庁での内部検討の結果、エンジン以外は国産が可能であるとの結論が出され、国内の防衛産業のみならず、自民党も「国内開発」を支持する方向にあった[400]。特に、日本の技術者たちは、敗戦によって潰された日本の航空機産業の再興を夢見て、日本独自の開発で国産機を作るべきと主張した[401]。

一方、米国の兵器メーカーは米国の現存機の日本への売り込みか、ないしは日本との共同開発を求め、商務省、国

務省、国防総省へ働き掛けていた。米国側から見ると、FSXが日本の自主開発になれば、エレクトロニクスや自動車産業と同様、防衛産業の分野でも日本に市場を脅かされるようになるとの危惧があった[402]。また、対日貿易赤字が五〇〇億ドルに達するほど、米国は日本の工業製品を買っているのだから、日本は米国製の戦闘機を買っても良いではないかという心理的要因もあった。これに対し、自分たちの税金で開発するFSXに関して米国から容喙される理由はないとする素朴な反発が日本側にはあった[403]。

一九八七年に入ると、米国側からの圧力が表面化してくる。三月に作成された米国務省の内部文書では、防衛庁がFSX関連予算を一九八八年度予算に組み込むべく、FSX選定の八月までの決着を望んでいると指摘したうえで、以下のように米国の立場を明確に示す。

国防総省は、米国製の戦闘機あるいは部品が任務上の必要事項を満たすとともに、費用効果が最も高く、かつ(日米間の)相互運用性を確保し、よりリスクも少ないと主張する。

—同省は、F16とF18は最新鋭の戦闘機で、二一世紀に入っても通用すると強調する。

—ギリギリの妥協案として、同省は、米国企業が部品の共同開発には前向きであるとする。

さらに同文書は「外務省など防衛庁以外のアクターをも味方に引き込むとともに、当該問題が日米関係全体に悪影響を与えかねないという点を強調する必要がある」と続ける[404]。

四月一一日から一八日まで来日した米国防総省技術調査団は、防衛庁の内局や空幕幹部たちを前に国産戦闘機開発技術の問題点をいくつも列挙し、「すでに実証されている戦闘機を使ったらどうか」と米機導入を主張した。また、調査団代表のサリバン国防次官補代理(Gerald D. Sullivan)は、共同開発の可能性に言及しながらも、「アズ・イズ(現存の戦闘機)で十分だ」と発言した。調査団の強硬姿勢に直面した防衛庁幹部は、FSX国産開発に対する米国防総省の反発の強さを認識させられることになった[405]。

一方、航空機・防衛産業五社によって作られた「FSX民間合同研究会」は、サリバン調査団が帰国した直後の四月二〇日、記者会見を行った。この席で、FSX開発チームのリーダーで、三菱重工などで技師長を務める増田逸朗は、「日本の技術水準と経済力をもってすれば、世界に通用する国産機を作り出すことは十分可能」とアピールした。同研究会の背後には、FSXの自主開発を意気込む防衛庁の航空幕僚幹部と技術研究本部の意向が働いていた[406]。

FSXをめぐって日米のさや当てが繰り広げられている間、日米経済関係は緊張度を増した。サリバン調査団の帰国直前の四月一七日、レーガン政権は日本が前年九月に締結された日米半導体協定の不履行を理由に制裁措置に踏み切っている。直後に首相特使として訪米した安倍総務会長に、議会指導者たちは米国から新しい戦闘機を購入するよう主張した[407]。

首相訪米を一ヵ月後に控えた三月三〇日、一時帰国した松永駐米大使は倉成外相に、日米経済摩擦の深刻な状況について、もはや「政治問題としてとらえざるを得ない」と報告し、「早急な対応が必要な案件」としてスーパーコンピューターの買い入れなどとともに、FSXでの米機導入を挙げた。

かつて佐藤政権で防衛庁長官を務めた際、中曽根は自主防衛論者であり、装備面でも国内開発を推進した。ところが、FSX問題では、栗原防衛庁長官に「日米関係の維持は何物にも替えがたい」、「(自主開発は)決して得にはならない」と述べるなど[408]、中曽根自身も米国寄りの結論を望んでいた。

栗原長官は、この問題を「中曽根の手に委ねて日米摩擦回避の観点から安易に譲歩されてはかなわない」と考えた。そこで首相訪米直前の四月二四日、閣議後の中曽根との協議で、FSX問題については、①純軍事的見地から検討する、②日米のインターオペラビリティー(相互運用性)に配慮し、米国防総省の理解を得る、③内外の防衛産業の圧力を受けないという三原則(栗原三原則)を米国側に提示するに止めるべきと提案し、中曽根もこれを了解した。国内外で利害が錯綜するなか、解決策を抽出するための基準として、また選定上の日本側の足並みの乱れを当面回避する手段として栗原三原則は作られた。実際、訪米した中曽根は、ワシントンでの議会関係者らとの懇談の折、本件について「慎重に対処したい」と述べ、栗原三原則を提示するに止めたのである[409]。

ところが、東芝機械ココム違反事件の発生で米国人の間に強い反日感情が掻き立てられたことから、FSXをめぐる対米交渉で日本の立場は悪化していく[410]。すでに、FSXの選定に貿易摩擦が絡み合う状況となっていたところに、東芝事件まで出てきては、防衛庁は立ち往生しかねなかった。そこで同庁は、六月の選定正式決定を九月以降に延期することにした[411]。

六月一四日、防衛庁の西広整輝《にしひろせいき》防衛局長が訪米し、半月後の日米防衛首脳協議に備えてアーミテージ国防次官補らと予備会談を行った。FSXの日米共同開発を提案する西広局長に、アーミテージ次官補は「ペンタゴンや議会の反応を考えても受け入れは困難」と難色を示した。また、米国が最大限譲歩できて、既存の米国製戦闘機を共同で改良するとの線であり、それすら「国民の理解を得られる保証はない」とした。これに対して西広も、「日米が共同で新しい戦闘機を開発するのがギリギリの線だ」と譲る気配を見せなかった[412]。

そこでアーミテージは、FSXの新規開発が費用対効果の面で現実離れしていると指摘するとともに、米軍機導入の方が安上がりであると強調した。さらに日本が新規の戦闘機の自主開発に踏み出せば、対米関係が阻害されるのみならず、「アジア近隣諸国が拒否反応を示すはずだ」と指摘した。「新鋭機の飛行距離は、千島や朝鮮半島に及び、専守防衛の原則を超えはしまいか」とまで述べて自主開発論を牽制したのである[413]。

六月二八日、東京での日米防衛首脳協議でも、日本側が自主開発に固執すれば日米両国の安全保障関係が損なわれると指摘するアーミテージと、FSXは日本国民の税金で造るもので、「独自開発がいかんというような議論は、わが国の自主性、わが主権を侵しかねないものだ」と筋論で応酬する栗原のつばぜり合いが演じられた[414]。会議は緊迫した雰囲気に包まれた。

それでも、双方は落とし所を探った。まずワインバーガーが、「アメリカの戦闘機の機種を基本にし、それに日米の技術を混ぜ合わせていいものを造るということはどんなものか」と切り出した。一方の栗原も、米機導入と自主開発の二つの選択肢を脇に置きつつ、日米共同開発の線を主張したうえで、その一方法としてワインバーガー提案を検討する意思を表明した[415]。栗原とすれば、既存機をそのまま日本に導入させようとする米国の圧力をなんとか抑えきったことになり、ワインバーガーも日本に独自開発を断念させたということになった[416]。

六月二九日、ワインバーガーは首相官邸に中曽根を訪ねた。米議会や国内の空気が日本に厳しくなってきていること告げたワインバーガーは率直に、「アメリカの戦闘機を軸にお考えいただけないでしょうか」と語った。この要請に確答は避けたものの、中曽根の好意的な対応ぶりに、ワインバーガーは意を強くしたという[417]。

米国側にしてみれば、このときの日米防衛首脳協議の狙いは最低限、①米国提案を示す、②それがただちに容れられなくとも、日米間で今後とも緊密に相談して決めるとの保証が得られればよい、ということにあったようだ。その二点さえ明確にできれば、現在の両国間の安全保障上の力関係、そして日米間に極力波風を立たせまいとする中曽根政権の性格から、いずれ米国提案の線で落ち着くとの読みがあった。

　こうして日本側が国産開発、米国機の導入という二つの選択肢を事実上落としたことで、選択肢の大枠は日米共同開発に絞られることになった[418]。もっとも、この時点でも、米軍機を基本にした共同開発を推す米国側と、新規の共同開発を目指す日本側には、依然として立場に大きな乖離があった。

　一方、米国では七月二一日、議会が、バード、ドール(Robert Joseph "Bob" Dole)、ダンフォースといった上院議員らが提出した決議案を満場一致で採択し、日本がFSX開発のため米国製の戦闘機を購入するよう要請した。ダンフォース議員は上院の全体会議の席上、「もし日本が次期戦闘機を独自開発するというような決定をするならば、日本が日米の貿易不均衡を是正する約束を放棄したということになる」と牽制した[419]。

　この時期から、栗原の判断が少しずつ米軍機を基本にした共同開発に傾き始める。七月中旬には、栗原、宍倉宗夫防衛事務次官、西広防衛局長の三人が協議し、FSX民間合同研究会に、米国への調査団派遣を求めた。調査団の役割は、六月の防衛首脳協議でのワインバーガー提案に沿って、F15、F16、F18という各既存機ベースに共同開発した場合の、それぞれの性能を調べることであった。日本側としては、米既存機をベースにするにしても、その改造の幅を可能な限り大きく取る方向で交渉する戦術に転換したのである[420]。

　八月一八日から九月三日まで訪米した調査団の持ち帰った結論は、「F18の改造が最も良い」というものであった。企業にとって、新規開発の要素が最も多いF18をベースにした改造が、新技術の開発、技術力の継承という面から見て魅力的であったようだ。通産省も調査団と同じ結論に至っていた。ところがこれに、防衛庁や、実際に戦闘機に乗るパイロットの立場を最重要視する航空幕僚監部が強烈な反対を唱えた[421]。航空自衛隊のパイロットたちは、空母戦闘機であるF18は重量があるため、空中での運動性に問題があるとして強い難色を示したのである[422]。こうして、九月一八日までの段階で、日本側の意見はF15改造案とF16改造案の二案に絞られていった[423]。

中曽根政権の任期切れが一〇月に迫る一方、対ソ交渉を推進するレーガン政権の政策的方向性に違和感を持つようになっていたワインバーガーにも国防長官辞任問題が取り沙汰されていた(一一月に辞職)。それゆえ栗原や防衛当局者は、FSXという難問を栗原-ワインバーガーの個人的な信頼関係があるうちに解決したいと考え、ワインバーガーも、自分が手がけたFSX問題に一気に決着をつける必要があると認識していた[424]。

一〇月二日、ワシントンにおける日米防衛首脳協議で栗原は、F18、F16、F15は「どれも『帯に短したすきに長し』である」と評して、新規の共同開発を改めて主張した。一方、ワインバーガーも新規開発は時間・コストなどで問題があると押し返し、米国既存機を基本にした共同開発を主張した。

これを受けて、「それでは貴国の戦闘機で適当と思うものを選び、それをもとにして開発を進めよう」と米国側の主張に歩み寄った栗原は、①日本の新技術を思い切って導入することを認めるか、②いったん約束して、あとで難癖をつけるようなことを米国の関係会社にさせないか、という二つの条件を付けた。ワインバーガーは「絶対に保証する」と答え、交渉は妥結した[425]。

つまり「米国製既存機基本の改造(F15かF16)」という点で米国側が主張を通す代わりに、改造幅を可能な限り大きくして日本の新技術を適用できるようにするという点で日本が要求を通し、妥協が成立したということであった[426]。

会談後の会見で、栗原は日米安保関係の重要性に言及しながら、「FSXの国内開発という選択肢は放棄せざるをえない」と発言した。なお、それ以後の日米協議は、F15とF16の技術的な検討に焦点が当てられ、防衛庁としては、F15はF16よりも全体的に能力が高いとしながらも、コストの面でF16の方が好ましいという決定を下した[427]。この決定は、一〇月二三日の安全保障会議で正式に了承される。

米国機を基本とした共同開発の決定にいたる過程について、当時、通産官僚で在米日本大使館参事官として同問題に関わった今野秀洋は、「日本側は公正な選定プロセスにこだわり、米国は『日本の自主的な決定を尊重する』という建前を崩すことはありませんでした」、「そして米国側は通商問題とは切り離して国防省が対応し、日本側は日本国民の自尊心を傷つけることなく米国側との妥協点を模索しました」と回想し、両国の交渉姿勢を積極的に評価する。

一方、当時の米国防総省の日本部長であったアワー（James E. Auer）は、商務省などが日本に米国機採用を強く主張したのに対し、ワインバーガーやアーミテージが、「日本国内のナショナリズムを刺激しかねない」と反対した、と証言する[428]。

さらに、当時の駐米大使の松永は、栗原が日本国内の自主開発論を抑える一方、ワインバーガーも米国の航空機産業に日本の開発参加の必要性を説き、国内のナショナリスティックな議論を抑えたことで、基本的な合意ができたと証言する[429]。右の防衛首脳協議直後、西広防衛局長は「自主開発よりも、米国にとって欠かせない技術を日本が持つことが、日米関係で日本の立場を強くすることになる」と述べ、今回の決定の正当性を力説した[430]。一方、国産自主開発を主張してきた航空機メーカーも、米国の強硬姿勢に直面して、事実上自主開発の旗を降ろしていただけに、合意にあたっても「日本の開発技術力向上のチャンスを完全につぶされたわけではない」と安堵したようだ[431]。

しかし、当時、外務省北米局安全保障課長の任にあった岡本行夫は、「日米の合意は同床異夢という面もありました」と指摘する。すなわち、日本側は自分たちが基本設計を行い、主要部分の生産を担うが、政治的要請上米国にも関与させる考えであったのに対し、米国側はF16の部分的改良で済むとの構えであったという[432]。事実、次の竹下政権期に入ると、以上の認識の乖離が問題化し、開発・生産の日米分担比率や技術流出などをめぐり厳しい交渉が展開されることとなる[433]。

14 ペルシャ湾の安全航行に対する貢献——冷戦後に残された宿題

中曽根政権末期、東芝機械ココム違反事件とFSX問題と並び、日米の安全保障関係で大きな争点となったのが、ペルシャ湾の安全航行に対する貢献をめぐる問題であった。

一九八七年夏、イラン・イラク戦争の激化に伴い、イランがペルシャ湾に機雷を敷設したため、安全航行の確保が喫緊の課題となった。イランへの牽制と機雷の除去のため米国は多数の軍艦をペルシャ湾に送り込み、西欧主要国もこれに同調した。ペルシャ湾からの原油の積み出し先の最大手であり、かつ原油供給の大部分をこの地域に頼る日本にも、米国や欧州から「応分の役割」を果たすよう期待が集まることになった。経済摩擦の激化と東芝機械事件とで、議会を中心に米国から日本への風当たりが一段と激しくなかで、日本がペルシャ湾の安全航行に何の役割を果たさないとなると、米国の対日批判の火に油を注ぐことは必至であった[434]。

日本がペルシャ湾の安全航行への貢献を求められた深層には、冷戦構造の弛緩があった。一九八〇年代前半の新冷戦期にあっては、ソ連の潜水艦を封じ込めるために日本の海上自衛隊と航空機自衛隊の能力を強化してもらうことが米国の最大の関心事であった。つまり、日本は自国および周辺の防衛を固めさえすれば、極東ソ連軍を封じ込めることになり、米国や西側の戦略的利益にかなっていた。ところが、このような日本にとって納得のしやすい役割分担の構図は、一九八五年以降、熾烈な米ソ対立が漸次後退し、ソ連の脅威が曖昧になっていくなかで、次第に崩れつつあった。米国が日本に求める役割は、地理的にも機能的にも従来の安保条約の枠を超えたものとなったのである。

九月一六日、中曽根はシグール国務次官補やマンスフィールド駐日大使と情報交換を行い、ペルシャ湾安全航行問題ついて研究中であることを伝えた。シグール次官補は「(本件は)米政府にとって現下の最優先事項」であり、日本が可能な協力を検討していることを歓迎する旨を表明した[435]。

実際に、九月に入ると、外務省は、栗山尚一外務審議官を長とする特別作業班を設置し、ペルシャ湾安全航行への日本の支援のあり方について研究を開始した。そこでは自衛隊の掃海艇派遣は対米協力という意味での効果は大きいとされる一方、国内やアジア諸国、イランから反発を受ける可能性があることも指摘されている。なかでも、国内の反発は大きいであろう、というのが外務省の予想であった[436]。

中曽根は八月二七日の衆議院内閣委員会において、海上自衛隊の掃海艇がペルシャ湾で日本の船舶の安全確保のため、機雷を除去することは「法的に武力行使にあたらない」との見解を示す一方、「国際紛争の場所に今なっておる、そういう場所に日本の自衛隊をはるばる派遣してそこに巻き込まれるようなおそれのある場所にいくことは必ずしも適当でない」と述べて、掃海艇派遣の考えはないと表明している[437]。

とはいえ中曽根は、掃海艇派遣について内外の政治状況が許せば派遣するのが対米関係の観点からも望ましいと考えて、外務省事務当局の積極姿勢に乗る形で、派遣の検討を進めたと見て間違いない。憲法改正によって安全保障政策を抜本的に転換するのは、当時の政治状況では極めて困難であったが、将来、日本周辺有事が発生した場合に備えて、自衛隊の海外派遣について今のうちから議論をしておく意図があったようだ[438]。

しかし、当時の日本では自衛隊の海外派遣に対する抵抗感は非常に強かった。何より、防衛庁のトップであった栗原長官が派遣に反対の立場にあったし、海上自衛隊の海上幕僚監部防衛部も、隊員の補償をはじめクリアすべき法的問題が多すぎること、また当時の海上自衛隊の掃海部隊は日本から遠く離れた海域に航海する経験が極めて乏しかったことから、派遣に消極姿勢をとっていた[439]。そもそも、掃海艇自体に防御力はない。防衛庁にしてみれば、護衛艦を伴わずに掃海艇を派遣することは問題外であった。無論、当時ペルシャ湾に護衛艦まで派遣するのはインパクトが大きく、政治的リスクが高すぎた[440]。

さらに、後藤田官房長官の存在が壁となっていた。後藤田は、内閣安全保障室長の佐々淳行を連れて中曽根のもとを訪ね、「(米国の言いなりになって)戦闘が行われてる地域に自衛隊を出すことはまかりならん」と佐々を叱った。当然、掃海艇派遣に傾く中曽根を牽制する発言であるが、最高指導者に直接諫言して体面を傷つけるのを回避するべく、あえて部下の佐々を叱ってみせたのである。後藤田の間接的な諫言に中曽根は驚き、黙って聞くしかなかった[441]。当事者の防衛庁や海上自衛隊が慎重姿勢であるうえ、内閣の大番頭とも言うべき後藤田の反対を押し切ってまで、掃海艇派遣を断行する覚悟は中曽根にはなかった。結局、掃海艇の派遣構想は政治的に無理があるということで早い段階で潰れた[442]。

しかし、中曽根は次善の貢献策を引き続き追求した。九月二一日、訪米した中曽根は、首相在任中最後となるレーガン大統領との日米首脳会談に臨み、ペルシャ湾の安全航行問題は、石油供給を同地域に依存している日本にとって「死活的重要性」を有すると位置付け、「わが国の貢献につき、自衛隊の派遣はできないが、幅広い可能な限りの政府としての貢献の方法を検討している」とした。「これは現内閣において決める所存である」という中曽根の約束に、大統領もこれを評価する[443]。

外務省からは、次なる貢献策として、海上保安庁の巡視船派遣の案が出てきた。すなわち、通信機能を持った巡視船をペルシャ湾に出動させ、機雷が発見された時には情報センターとして、湾内を航行中の日本タンカーに「その航路は危ないから他へ回れ」といった連絡をするというアイデアであった[444]。

海上保安庁の巡視船は掃海艇や護衛艦のような軍艦ではないことから、「海外派兵」として国内やアジア諸国の反発を招く可能性が低い。かつ、掃海艇派遣と比べれば貢献度は低いかもしれないが、巡視船を派遣することで経済援助以上の貢献を日本がしていることをアピールできるとの見地から、外務省は巡視船派遣を前面に押し出すことになったのである[445]。海上保安庁を管括する橋本龍太郎運輸相も、外務省側の説得によって巡視船派遣案に賛成に回った[446]。中曽根も、日本の存在感を示せるとして、一時はこの巡視船派遣に乗り気になった。

ところが、外務・運輸両省で検討を進めた結果、①法的問題点、②巡視船を派遣しても掃海作業ができるわけではなく、果たすべき任務が明確でない、③現実の海上保安庁の人員、船舶の準備が整っているとはいえない、④イランから万一攻撃を受けた場合どのように対応するか、⑤補償の問題、といった問題山積であることが判明した。かかる緊急事態への日本の対応が、実際の用意や訓練は無論のこと、法的問題をも含む思考上の詰めすらなされていない白紙状態にあることが、この機会に露呈したのであった[447]。

こうした問題が検討されている最中、巡視船派遣を目指す中曽根や外務省に、後藤田がまたもや待ったをかける。その主張するところは、①巡視船といえども武装船であり、日本が軍事紛争に巻き込まれ、従来からの平和国家という国是と正面衝突する結果となる、②日本の船舶の安全航行のためといえども、ペルシャ湾まで自衛権を拡大することは不可、③巡視船を派遣すればイランが日本を敵視するようになり、中東地域における日本外交のフリーハンドが阻害される、というものであった。特に、中曽根には、辞任の意向をちらつかせながら、派遣断念を迫った[448]。

後藤田は、訪米中の宮澤蔵相を通じて、シュルツ国務長官が「日本にそこまで（巡視船派遣まで）要求するのは無理」と考えていることを把握していた。さらに、自衛隊を統括する栗原が巡視船派遣に絶対反対の立場であったことも、後藤田の反対論を後押しした。国際的な対日要請に応えなければ、日本が孤立するという外務省からの批判に対しても、後藤田は、「米国の要請に従って、日本が軍事的危険性を冒すことの重大性が分かっていない者の主張だ」と取り合わなかった[449]。日米安保条約の極東の範囲は台湾、朝鮮、フィリピンで、中東は範囲外という見地から、米国に言われるままに日米同盟の枠外である協力を憲法の根幹に触れてまで強行すべきでないというのが、後藤田の立場であった[450]。

後藤田の強硬姿勢に直面した中曽根は、一〇月一日、村田良平外務事務次官に巡視船派遣を白紙とし、別途米国の不満には財政的貢献をもって宥める方策を検討するよう指示した[451]。中曽根は後年、掃海艇や巡視船を準備がない状態で派遣して被害が出る事態の発生などを鑑みれば、後藤田の意見を受け入れたことは「賢明な判断だった」と振り返るとともに、「それに政権の末期だから無難な提案に乗ったほうがいいという意識も確かにありましたね」とも明かす[452]。

ともあれ、ペルシャ湾内の状況に適切に合致する財政的貢献は何であるか探すのは難問で、外務省事務当局も苦慮するところであった。ところが一〇月二日、ワシントンにおける日米防衛首脳協議の席上、ワインバーガーから栗原に「DECCA」と呼ばれる高精度電波航行誘導システムを日本の資金で湾内に設置できないかとの示唆があり、ようやく「湾内の安全航行」への対応と見なし得る財政的方策が見つかる[453]。

DECCAシステムは、湾内で掃海作業を行う各国海軍に掃海区域の正確な位置を知らせる電波装置であったが、設置資金は一五億円と比較的安価であった。日本側はこのワインバーガー提案に即座に乗ることにした[454]。同システムの設置は、経済援助以外の貢献を日本が示し、なおかつ掃海艇や巡視船の派遣と異なり、国内外の反発を招く心配もなく、安全確保という意味では申し分のないもので、日本政府にも十分に受け入れ可能なものであった。米国側がこのような助け舟を出してきたのは、中曽根政権下の日米政治関係が基本的に良好であったため、日本が掃海艇も巡視船も派遣できなかったにもかかわらず、決定的な亀裂に至らなかったことを示している[455]。

事実、政権末期になっても、「ロン・ヤス」関係は健在であった。前出の九月二一日のワシントンにおける日米首脳会談で、冒頭レーガンは「この五年間……日米協力及び西側団結の促進に果たした貴総理の決定的役割を多とした い」、「貴総理は、世界において日本がどのように見られているかを、歴史的な意味において変えた」と五年に及ぶ中曽根外交を称揚した。レーガンの言葉に中曽根も、「われわれ二人で協力して作った道は、自分が去っても不変、不動であり、今後とも自分も責任をもって見守っていく」と応じた[456]。会談終了後、両首脳は右のやり取りを敷衍した「ロン・ヤス憲章」に署名する。こうした首脳同士の私的文書作成は、日本外交史上、例のないことであった[457]。

一〇月七日、ペルシャ湾安全航行貢献策が政府決定された。その内容は、①湾岸のアラブ諸国と協議し、至急日本の負担でDECCAシステムを設置する、②イラン・イラク戦争で間接的に影響を受けているヨルダンへ三億ドル（円借款および輸銀融資）、オマーンへ二億ドル（輸銀のアンタイドローン）の経済協力を行う、③国連に対しすでに約束した特別支出二〇〇〇万ドル（九月の中曽根訪米の際、デクエヤル国連事務総長［Javier Perez de Cuellar］に約束したもの）のうち、一〇〇〇万ドルをイラン・イラク問題にイヤマークして、事務総長に自由に使用してもらう、④湾内の米軍活動を評価し、在日米軍駐留費の日本側負担を増大することを検討する、というものであった[458]。

しかし、このとき日本は、DECCAシステムの設置と財政援助による貢献で、直面した難題を首尾良く凌いでしまった。そのことが、将来、類似した、あるいはより深刻な事態が生じた際に、財政的貢献以外の人的貢献を行うための法的、実体的諸問題の検討を先送りする結果を招いたことは否めない。将来に備える作業が行われないまま放置されたツケが露呈するのは、一九九一年の湾岸戦争においてである。

そもそも、防衛力増強、日米防衛協力および日米技術協力という、中曽根政権期に見られた日米同盟の深化は、あくまでも日本有事における日米協力を目的としたものであった。これに対し、ペルシャ湾安全航行問題は、従来の対米協力とは質的に異なり、日米同盟が初めて実質的に地理的および機能的に拡大しようとした事例であった。

中曽根政権が本件での人的貢献を断念したのは、戦後日本の安全保障政策に関する国内規範の制約（後藤田の反対論に象徴される）もさることながら、冷戦構造が弛緩しつつも、その構造自体は依然として存在していた一九八七年当時の国際状況の下では、日米同盟をあえて拡大させるインセンティブが日本に乏しかったためであった[459]。中曽根をはじめ日本の政治アクターの認識は、いまだ新冷戦期の枠組みから脱却しきれていなかった。その意味で、中曽根政権の対応は、端境期の日本外交の姿を象徴するものであった。

ともかくも、ペルシャ湾安全航行問題を無難な形で収拾した中曽根は、一〇月二〇日、後継の自民党総裁に竹下登幹事長を指名する。国内改革の実行が対外的な日本の力の源泉であるとの見地から、そうした改革を強力に推進できるのは、最大派閥を背景に強い権力基盤を有する竹下をおいて他にないと判断したためであった[460]。国内改革を通じた日米関係の安定化と、日本の国際的地位のさらなる向上という課題を、中曽根は竹下に託したのである。

註

1——若月、前掲『大国日本の政治指導』、二二六頁。
2——同右、二二七頁。
3——前掲『中曽根内閣史 日々の挑戦』、七三八頁。
4——長谷川、前掲『首相秘書官が語る中曽根外交の舞台裏』、二二五頁。
5——後藤田、前掲『内閣官房長官』、一六一頁。
6——五百旗頭真・伊藤元重・薬師寺克行編『岡本行夫 現場主義を貫いた外交官』朝日新聞出版、二〇〇八年、一一六～一一七頁。岡本の証言に基づく。岡本は当時、外務省北米局安全保障課長としてSDI第三次調査団に加わっている。
7——前掲『中曽根内閣史 日々の挑戦』、七四〇頁。
8——長谷川、前掲「中曽根外交」、一九九頁。
9——五百旗頭・伊藤・薬師寺編、前掲書、一一七～一一八頁。
10——前掲『中曽根内閣史 日々の挑戦』、七四〇～七四一頁。
11——塩田、前掲『官邸決断せず』、一七二頁。
12——Memorandum from Gaston Sigur to The Acting Secretary, "Meeting with Japanese Minister of Defense Yuko Kurihara: September 5, 10:00 a.m." (September 3, 1986), JUI01327, p.3.
13——キャスパー・W・ワインバーガー(角間隆訳)『平和への闘い』ぎょうせい、一九九五年、二二五頁。
14——栗原祐幸『証言・本音の政治——戦後政治の舞台裏』内外出版、二〇〇七年、一三六～一三七頁。なお、副大統領との会談の模様は、当時の外交記録に基づくもの。
15——栗原祐幸『本音の政治』静岡新聞社、一九九三年、三〇七～三一〇頁。
16——同右、一五八～一五九頁。
17——塩田、前掲『官邸決断せず』、一七三頁。
18——なお、当初、外務省事務当局は、一億ドルを積むことには反対ではないが、昭和六二年度予算ではなく、六三年度予算で行うべきだと主張した。これに関わる米国との協定改正については、野党、特に社会党の抵抗が強く、性急に進めると国会が混乱するという理由であった。しかし、駐留経費問題に早急に対応しなければ、かえって米国の要求水準が上がるとの主張でもって、栗原は外務省の異論を押し切った。栗原、前掲『本音の政治』、一五九～一六一頁。
19——塩田、前掲書、一七五頁。
20——栗原、前掲『証言・本音の政治』、一四八～一五〇頁。
21——塩田、前掲書、一七六～一七七頁。
22——栗原、前掲『証言・本音の政治』、一四九頁。
23——上西、前掲『GNP1%枠』、九～一八、二三〇～二四七頁。
24——栗原、前掲『証言・本音の政治』、一五一～一五二頁。
25——塩田、前掲書、一七七～一七八頁。
26——後藤田、前掲『内閣官房長官』、一五五頁。
27——後藤田正晴『情と理——後藤田正晴回顧録 下』講談社、一九九八年、一八二～一八三頁。
28——塩田、前掲書、一七六頁。
29——世界平和研究所編『中曽根内閣史 首相の一八〇六日 下』一九九六年、一二四一～一二四三頁。
30——塩田、前掲書、一八〇～一八一頁。

31――前掲『柳谷謙介 オーラル・ヒストリー 下巻』、一五〇〜一五二頁。
32――塩田、前掲書、一八一〜一八二頁。
33――遠藤総領事発外務大臣宛て電信「第一七回SCC（第一日目）」（昭和六二年一月八日）、一〜二頁（開示請求番号二〇〇九‐〇〇一六三）。
34――栗原、前掲『本音の政治』、一七二〜一七三頁。
35――同右、一七四〜一七五頁。
36――「今後の防衛力整備について」（昭和六二年一月二四日閣議決定）（大村襄治関係文書・「防衛力整備小委員会・予算資料」ファイル）。
37――後藤田、前掲『情と理 下』、一八四頁。
38――同右、一八四〜一八五頁。
39――同右、前掲『証言・本音の政治』、一六二〜一六三頁。
40――前掲『柳谷謙介 オーラル・ヒストリー 下巻』、一六四頁。
41――前掲『中曽根内閣史 首相の一八〇六日 下』、一二五八〜一二六五頁。
42――内閣支持率は同日選挙後の一九八六年九月の四七・四%をピークに下落傾向に入り、一九八七年一月には三六・五%まで低下して、反対に不支持が四一・六%と支持を上回るようになっていた。そして、国会での売上税の審議が本格化する二月には、支持率はさらに低下すると同時に、不支持率は上昇する（時事通信社・中央調査社の共同調査による）。前掲『中曽根内閣史 資料篇』、六六五頁。
43――依田、前掲「日米安保と防衛政策」、二八〇〜二八一頁。
44――中江、前掲『アジア外交 動と静』、二三九〜二四〇頁。なお、同著における胡耀邦と中江、山崎のランチの記録については、中江が当時の外務省の公電の写しの要点をメモ書きしたものに基づいている。
45――同右、二四〇〜二四一頁。
46――服部、前掲『歴史認識』岩波新書、二〇一五年、五八〜五九、六六〜六七頁。
47――長谷川、前掲書、二五八〜二五九頁。
48――後藤田、前掲『内閣官房長官』、一五〇〜一五一頁。同、前掲『情と理 下』、九七頁。
49――前掲『中曽根内閣史 日々の挑戦』、七二五頁。
50――同右。
51――前掲『柳谷謙介 オーラル・ヒストリー 下巻』、一一六〜一一七頁。
52――長谷川、前掲書、二五六頁。
53――同右、二五六〜二五八頁。
54――「稲山・中国側要人会談メモ」（作成者・作成日未記載）、四〜五頁（長谷川和年外交ファイル）。長谷川は、稲山の秘書が作成したものであると推定している。長谷川、前掲書、二五四〜二五五頁。
55――中曽根、前掲『中曽根康弘が語る戦後日本外交』、四四二〜四四三頁。
56――前掲『柳谷謙介 オーラル・ヒストリー 下巻』、一一八、一二二頁。
57――長谷川、前掲書、三〇三頁。
58――服部、前掲「中曽根・胡耀邦関係と歴史問題」、一八一〜一八二頁。
59――中曽根は、「教科書問題と靖国参拝見送りとの間には関係性がありました」との証言も行っている。中曽根、前掲『中曽根康弘が語る戦後日本外交』、四四二頁。

60――前掲『中曽根内閣史 日々の挑戦』、七二八～七三〇頁。
61――前掲『藤波孝生 オーラルヒストリー』、二九八頁。
62――「内閣総理大臣その他の国務大臣による靖国神社公式参拝についての後藤田内閣官房長官談話」(一九八六年八月一四日)・前掲データベース『世界と日本』。
63――波多野、前掲『国家と歴史』、一二一～一二二頁。
64――前掲『中曽根内閣史 日々の挑戦』、七三〇～七三一頁。
65――牧、前掲『中曽根政権・一八〇六日 下』、二二一～二二三頁。
66――前掲『中曽根内閣史 日々の挑戦』、七三〇、七三二頁。
67――若宮、前掲『戦後保守のアジア観』、一五五頁。
68――中曽根、前掲『天地有情』、四九二～四九三頁。
69――前掲『柳谷謙介 オーラル・ヒストリー 下巻』、一二一頁。
70――波多野、前掲書、一四一頁。
71――「昭和六一年教科書問題関係資料」(昭和六一年九月一二日)、一、四～五頁(外交史料館所蔵・資料番号〇三-六四四-一)。
72――木村、前掲『日韓歴史認識問題とは何か』、一二七頁。
73――横山、前掲『日中の障壁』、四五頁。
74――藤田公郎元外務省アジア局長へのインタビュー(二〇一三年六月二七日)。
75――同右(二〇一三年五月二八日)。
76――前掲『柳谷謙介 オーラル・ヒストリー 下巻』、一一二～一一三頁。
77――藤田元外務省アジア局長へのインタビュー(二〇一三年六月二七日)。
78――同右(二〇一三年五月二八日)。
79――前掲『柳谷謙介 オーラル・ヒストリー 下巻』、一一三頁。
80――横山、前掲書、七五頁。
81――藤田元外務省アジア局長へのインタビュー(二〇一三年五月二八日)。
82――前掲『柳谷謙介 オーラル・ヒストリー 下巻』、一一三～一一四頁。
83――木村、前掲書、一二九頁。
84――服部、前掲論文、一八七頁。
85――前掲「昭和六一年教科書問題関係資料」、六二頁。
86――藤田元外務省アジア局長へのインタビュー(二〇一三年五月二八日)。
87――服部龍二「藤尾文相発言――外務省記録から」『中央大学 政策文化総合研究所年報』(第一四号・二〇一一年八月一日)、一頁。
88――牧、前掲『中曽根政権・一八〇六日 下』、二〇九頁。
89――服部、前掲「藤尾文相発言」、六八～六九頁(「(参考用)前回の藤尾文相発言」、「(参考)六一・七・三一 韓国外務当局者談話」より)。
90――前掲「昭和六一年教科書問題関係資料」、二頁。
91――牧、前掲『中曽根政権・一八〇六日 下』、二一七～二一八頁。
92――牧、前掲『中曽根とは何だったのか』、一七九、一八一頁。
93――藤田元外務省アジア局長へのインタビュー(二〇一三年五月二八日)。
94――藤尾正行「『放言大臣』大いに吠える」『文藝春秋』一九八六年一〇月号、一二二～一三三頁。
95――牧、前掲『中曽根とは何だったのか』、一八二～一八三頁。
96――前掲『柳谷謙介 オーラル・ヒストリー 下巻』、一二八頁。
97――牧、前掲『中曽根とは何だったのか』、一八四～一八五、一八七頁。

98――長谷川、前掲書、二八九～二九〇頁。
99――藤田元外務省アジア局長へのインタビュー(二〇一三年六月二七日)。
100――同右(二〇一三年五月二八日)。
101――「株式会社文藝春秋 代表取締役社長 上林吾郎による中曽根康弘内閣総理大臣と後藤田正晴官房長官宛て抗議文」と「抗議に至る背景説明」(昭和六一年九月九日・長谷川和年外交ファイル)。
102――服部、前掲「藤尾文相発言」、六二～六三頁(北東アジア課「藤尾発言(文芸春秋インタビュー)問題・概要とクロノロジー」(昭和六一年九月一七日))。
103――牧、前掲『中曽根政権・一八〇六日 下』、二三五～二三六頁。
104――牧、前掲『中曽根とは何だったのか』、一九〇頁。
105――前掲『柳谷謙介 オーラル・ヒストリー 下巻』、一二八頁。藤田元外務省アジア局長へのインタビュー(二〇一三年五月二八日)。
106――牧、前掲『中曽根とは何だったのか』、一九一頁。
107――牧、前掲『中曽根政権・一八〇六日 下』、二三八頁。
108――長谷川、前掲書、二八八～二八九頁。
109――牧、前掲『中曽根とは何だったのか』、一九二～一九三頁。
110――服部、前掲「藤尾文相発言」、七六頁。
111――同右、七七～七九頁(北東アジア課「第一回日韓外相定期協議」(昭和六一年九月一〇日))。
112――前掲『中曽根内閣史 日々の挑戦』、七六二～七六三頁。
113――服部、前掲「藤尾文相発言」、七八頁(北東アジア課「第一回日韓外相定期協議」(昭和六一年九月一〇日))。
114――同右、七六～七七頁(中江大使発外務大臣宛て電信「フジオ発言(文芸春秋インタヴュー)」(昭和六一年九月九日))。
115――牧、前掲『中曽根とは何だったのか』、一九三～一九四頁。
116――前掲『中曽根内閣史 資料篇』、四一一～四二七頁。
117――牧、前掲『中曽根とは何だったのか』、一九五～一九七頁。
118――中北浩爾『自民党政治の変容』NHKブックス、二〇一四年、一二四～一二八頁。
119――谷野、前掲『アジア外交』、一三八頁。
120――前掲『柳谷謙介 オーラル・ヒストリー 下巻』、一三七頁。
121――前掲『中曽根内閣史 日々の挑戦』、七六三～七六五頁。
122――谷野、前掲『アジア外交』、一三八頁。
123――みかなぎ大使発外務大臣宛て電信「総理訪韓(首のう会談)」(昭和六一年九月二一日)、一～二頁(開示請求番号二〇〇九－〇〇一〇〇)。
124――同右、二～三頁。
125――みかなぎ大使発外務大臣宛て電信「総理訪韓(首のう会談に対する記者ブリーフ)」(昭和六一年九月二一日)、二頁(開示請求番号二〇〇九－〇〇一〇〇)。
126――「中曽根総理・全斗煥大統領会談」(九月二一日九：三〇～一〇：五〇)、一二～一四頁(開示請求番号二〇〇九－〇〇一〇〇)。
127――長谷川、前掲書、二九六頁。
128――前掲「中曽根総理・全斗煥大統領会談」、八～一一頁。
129――長谷川、前掲書、二九七頁。
130――みかなぎ大使発外務大臣宛て電信「総理のアジア大会御出席(内外記者会見)」(昭和六一年九月二一日)、五～六頁(開示請求番号二〇〇九－〇〇一〇〇)。
131――同右、一頁。
132――前掲『中曽根内閣史 首相の一八〇六日 下』、一一二六頁。

133――劉、前掲『時は流れて 下』、六二七~六二九頁。

134――長谷川、前掲書、三〇七頁。

135――服部龍二「中曽根・胡耀邦会談記録――一九八三、八四、八六年」『総合政策研究』(中央大学)第一九号(二〇一一年三月)、二〇二頁(「中曾根総理の日中交流センター定礎式における挨拶(一九八六年一一月八日於 北京・長城ホテル)」)。

136――「中曽根内閣総理大臣の中国訪問関連文書 日中青年交流センター定礎式における胡総書記スピーチ」(一九八六年一一月八日)前掲『世界と日本』。

137――中国課「中曽根総理訪中の概要(その一・胡耀邦総書記との会談)」(昭和六一年一一月八日)、一頁(開示請求番号二〇〇六‐〇一一三四)。

138――同右、二頁。

139――同右。

140――同右、三~四頁。

141――同右、四頁。

142――外務省中国課「中曽根総理訪中の概要(その二・趙紫陽首相との会談)」(昭和六一年一一月九日)、三頁(開示請求番号二〇〇六‐〇一一三四)。

143――同右、二~三頁。

144――同右、三~四頁。

145――同右、三頁。

146――外務省中国課「中曽根総理訪中の概要(その三・鄧小平主任との会談)」(昭和六一年一一月九日)、一~二頁(開示請求番号二〇〇六‐〇一一三四)。

147――同右、二~三頁。

148――同右、四頁。

149――牧、前掲『中曽根政権・一八〇六日 下』、二六六~二六八頁。

150――趙紫陽・バオ・プー/ルネー・チアン/アディ・イグナシアス(河野純治訳)『趙紫陽 極秘回想録 天安門事件「大弾圧」の舞台裏!』光文社、二〇一〇年、二七五~二七六、二九二頁。

151――高原明生・前田宏子『開発主義の時代 1972‐2014〈シリーズ中国近現代史5〉』岩波新書、二〇一四年、八〇頁。

152――杉本、前掲『大地の咆哮』、九二~九五頁。

153――長谷川、前掲書、三一一頁。

154――中曽根、前掲『中曽根康弘が語る戦後日本外交史』、四六六頁。

155――前掲『柳谷謙介 オーラル・ヒストリー 下巻』、一六〇頁。

156――アレン・S・ホワイティング(岡部達味訳)『中国人の日本観』岩波書店、一九九三年、一九三~一九四頁。

157――江藤、前掲『中国ナショナリズムのなかの日本』、九九~一〇六頁。

158――松田、前掲「日台関係の安定化と変化への胎動――一九七九‐八七年」、一三九~一四〇頁。

159――小嶋華津子「光華寮問題 一九八七‐八八年」高原・服部、前掲『日中関係史』、一九九~二〇〇頁。

160――国分、前掲「対日政策決定のメカニズム」小島編、前掲『アジア時代の日中関係』、九七、一〇三~一〇四、一〇七~一〇八頁。

161――横山、前掲書、五〇~五一頁。

162――藤田公郎「日中関係の展望とわが国の対応――中国の対日政策の特徴と問題点」(昭和六三年一月二八日・国際情勢研究会)、二六~二七頁。なお、「国際情勢研究会」は、佐伯喜一を座長とし、マスコミ関係からは田久保忠衛、官界からは小川平四郎、石原信雄、須之部量三などをメンバーとする一〇余名の会合であり、そこでの発言は全くの部外秘とされていた。
163——藤田元外務省アジア局長へのインタビュー（二〇一三年六月二七日）。
164——平松茂雄「日中軍事交流の軌跡」『東亜』一九八八年六月号、一三頁。
165——栗原、前掲『本音の政治』、一九三～一九五頁。
166——同右、一九九～二〇〇頁。
167——同右、一七六～一七七頁。
168——小島朋之「対日強硬姿勢と内政の動向」『東亜』一九八七年七月号、三八頁。
169——栗原、前掲『本音の政治』、一七七～一七八頁。
170——平松、前掲論文、一四頁。
171——小島、前掲論文、三八～三九頁。
172——小嶋、前掲論文、二〇一～二〇二頁。
173——徐顕芬『日本の対中ODA外交 利益・パワー・価値のダイナミズム』勁草書房、二〇一一年、二二五頁。
174——兪、前掲『国際社会における日中関係』、一〇六頁。
175——前掲『柳谷謙介 オーラル・ヒストリー 下巻』、二〇四頁。
176——同右、二〇五～二〇六頁。
177——ホワイティング、前掲書、二二九～二三〇頁。
178——徐（顕芬）、前掲書、二二三頁。
179——前掲『柳谷謙介 オーラル・ヒストリー 下巻』、二〇七頁。
180——ホワイティング、前掲書、二三〇～二三一頁。
181——横山、前掲書、五三～五四頁。
182——前掲『柳谷謙介 オーラル・ヒストリー 下巻』、二一〇頁。
183——横山、前掲書、五四頁。
184——谷野、前掲『アジア外交』、一六八頁。
185——前掲『柳谷謙介 オーラル・ヒストリー 下巻』、二〇八頁。
186——同右、二〇八～二〇九頁。
187——横山、前掲書、七八頁。
188——前掲『柳谷謙介 オーラル・ヒストリー 下巻』、二〇九頁。
189——国分、前掲論文、九八頁。
190——前掲『柳谷謙介 オーラル・ヒストリー 下巻』、二一一～二一二頁。なお、後藤田は引責辞任と目されないよう、「国家の威信」の見地から、退官日を延期するよう働きかけた。しかし、柳谷は、予定通り六月末に退官した。
191——横山、前掲書、五五頁。
192——外務省アジア局中国課「第五回日中閣僚会議第一回全体会議・日本側閣僚発言」（昭和六二年六月・於北京）、四頁（開示請求番号二〇〇九‐〇〇〇九一）。
193——外務大臣発在中国大使「第五回日中閣僚会議（中国側発言）」（昭和六二年六月二七日）、二頁（開示請求番号二〇〇九‐〇〇〇九一）。
194——堀之内秀久「第五回日中閣僚会議の開催」『経済と外交』一九八七年八月号、二六頁。堀之内は当時の外務省アジア局中国課のスタッフ。
195——前掲「第五回日中閣僚会議（中国側発言）」、三頁。
196——外務省アジア局中国課、前掲「第五回日中閣僚会議 第一回全体会議・日本側閣僚発言」（「通商産業大臣発言」の箇所の四頁）。
197——前掲「第五回日中閣僚会議（中国側発言）」、四頁。
198——前掲「第五回日中閣僚会議 第一回全体会議・日本側閣僚発言」（「通商産業大臣発言」の箇所の六頁）。

199——ホワイティング、前掲書、二三四~二三六頁。
200——国分、前掲論文、九九頁。
201——兪、前掲書、一〇七~一〇八頁。
202——小嶋、前掲論文、二〇四~二〇五頁。
203——前掲『中曽根内閣史 首相の一八〇六日 下』、一四三七~一四三八、一四五一頁。
204——藤田元外務省アジア局長へのインタビュー(二〇一三年六月二七日)。
205——国分、前掲論文、九九頁。
206——前掲『中曽根内閣史 資料篇』、六五八~六五九頁。
207——高原・前田、前掲書、八〇~八一頁。
208——国分、前掲論文、一一二頁。
209——小嶋、前掲論文、二〇六頁。
210——国分、前掲論文、一一二、一一四~一一五頁。
211——小嶋、前掲論文、二〇七頁。
212——益尾、前掲「中国の近代化と日本モデル」趙・青山・益尾・三船、前掲『中国外交の世界戦略』、四五~四六頁。内閣府の調査によれば、中国に「親しみを感じる」日本人の割合は、一九八〇年五月の調査で最高の七八・六%を示したが、二度目のプラント問題発生後の八一年五月には六八・三%となった。その後は七〇%台半ばで推移したが、中曽根の靖国参拝後の一九八六年一〇月には再び六八・六%に落ち込み、その後三年間は横ばいであった。そして、天安門事件後の一九八九年一〇月の調査ではこの割合が五一・六%に急落する。
213——前掲『中曽根内閣史 資料篇』、六五二頁。
214——長谷川、前掲書、二七四頁。

215——前掲『中曽根内閣史 日々の挑戦』、六二三頁。
216——田中明彦『アジアのなかの日本』NTT出版、二〇〇七年、二四~二八頁。
217——谷野、前掲『アジアの昇竜』、六三~六四頁。
218——谷野作太郎・韮澤嘉雄「最近の韓国情勢をめぐって」『世界経済評論』一九八七年九月号、四一頁。
219——金、前掲『日韓関係と韓国の対日行動』、一八二頁。
220——『読売新聞』一九八七年六月二三日。
221——谷野・韮澤、前掲論文、四〇~四一頁。
222——前掲『中曽根内閣史 首相の一八〇六日 下』、一四四一頁。
223——「第一〇九国会参議院予算委員会議録第四号」(昭和六二年七月二三日)、一六~一七頁(国会会議録検索システム)。
224——藤田元外務省アジア局長へのインタビュー(二〇一三年六月二七日)。
225——谷野・韮澤、前掲論文、四三~四四頁。
226——田中(明)、前掲書、三三頁。
227——国分、前掲論文、一〇九~一一一頁。
228——長谷川、前掲書、三〇一~三〇二頁。
229——外務省『わが外交の近況』(昭和六二年版)、四〇三~四〇四頁。
230——前掲『柳谷謙介 オーラル・ヒストリー 下巻』、一二四頁。
231——東郷和彦『北方領土交渉秘話——失われた五度の機会』新潮社、二〇〇七年、一一四頁。
232——長谷川(毅)、前掲『北方領土問題と日露関係』、九六頁。
233——中曽根、前掲『中曽根康弘が語る戦後日本外交史』、四四五頁。
234——同右、四四六頁。
235——東郷、前掲書、一一四頁。

236――前掲『柳谷謙介 オーラル・ヒストリー 下巻』、一二五～一二六頁。
237――前掲『中曽根内閣史 資料篇』、四二二～四二四頁。
238――木村、前掲『遠い隣国』、四二七～四二八頁。
239――東郷、前掲書、一一四～一一五頁。
240――倉成正『「危うさ」の中の日本外交「心の外交」をめざして』小学館、一九八八年、一五二～一五三頁。
241――瀬川、前掲『米ソ核軍縮交渉と日本外交』、三三六～三四一頁。
242――『朝日新聞』一九八六年一〇月一三日(夕刊)。
243――同右、一九八六年一〇月一六日。
244――前掲『中曽根内閣史 首相の一八〇六日 下』、一一五一頁。
245――前掲『柳谷謙介 オーラル・ヒストリー 下巻』、一四二頁。
246――前掲『中曽根内閣史 首相の一八〇六日 下』、一一八七～一一八八、一二二三頁。
247――木村、前掲書、四二八頁。
248――長谷川(毅)、前掲書、一〇六～一〇七頁。
249――大須賀瑞夫「新たなスタート台に立った『東方外交』――中曽根首相の欧州四カ国歴訪に随行して」『アジア時報』一九八七年二―三月号、六〇頁。
250――中曽根、前掲『中曽根康弘が語る戦後日本外交史』、四六〇頁。
251――中曽根、前掲『天地有情』、五六九頁。
252――前掲『柳谷謙介 オーラル・ヒストリー 下巻』、一五二～一五三頁。
253――前掲『中曽根内閣史 日々の挑戦』、七七二～七七三頁。
254――大塚大使発外務大臣宛て電信「第一回・東独首のう会談(国際情勢及び東西関係)」(昭和六二年一月一五日)、二～五頁(開示請求番号二〇〇九‐〇〇〇九四)。
255――大塚大使発外務大臣宛て電信「総理の東独訪問(首のう会談取りまとめ)」(昭和六二年一月一五日)、一、三頁(開示請求番号二〇〇九‐〇〇〇九四)。
256――大塚大使発外務大臣宛て電信「第一回日・東独首のう会談(アジア情勢‐その一)」(昭和六二年一月一五日)、一～二頁(開示請求番号二〇〇九‐〇〇〇九四)。他方、ウラジオストク演説で言及された「アジア集団安全保障構想」について、中曽根は、欧州とアジアとの事情の差異を根拠に時期尚早と斥けた。大塚大使発外務大臣宛て電信「第二回日・東独首のう会談(アジア情勢‐その二)」(昭和六二年一月一五日)、一～二頁(開示請求番号二〇〇九‐〇〇〇九四)。
257――松原大使発外務大臣宛て電信「総理ユーゴー訪問(ミクリッチ首相との会談・国際情勢)」(昭和六二年一月一七日)、一～二頁(開示請求番号二〇〇九‐〇〇〇九四)。
258――「中曽根康弘内閣総理大臣のベオグラード大学における演説――欧州の友人へ」(一九八七年一月一五日)前掲『世界と日本』。
259――中曽根、前掲『天地有情』、五七〇～五七一頁。
260――有松総領事発外務大臣宛て電信「総理ポーランド訪問(第一回ヤルゼルスキー会談・国際情勢)」(昭和六二年一月一七日)、三頁(開示請求番号二〇〇九‐〇〇〇九四)。
261――中曽根、前掲『天地有情』、五七〇頁。
262――有松総領事発外務大臣宛て電信「総理のポーランド訪問(ヤルゼルスキーとのテタ・テート会談)」(昭和六二年一月一八日)、一～二頁(開示請求番号二〇〇九‐〇〇〇九四)。
263――大須賀、前掲論文、六四頁。
264――有松総領事発外務大臣宛て電信「総理ポーランド訪問(第一回

ヤルゼルスキー会談・ポ内政)」(昭和六二年一月一八日)、一〜二頁(開示請求番号二〇〇九－〇〇〇九四)。
265――前掲『中曽根内閣史 日々の挑戦』、七七五頁。
266――「長谷川・ソロヴィヨフ会談(四月七日)概要」(昭和六二年四月七日)、一〜二、六〜七頁(長谷川和年外交ファイル)。
267――長谷川(和)、前掲書、三一二〜三一三頁。
268――木村、前掲『遠い隣国』、四三三頁。
269――東郷、前掲書、一一五頁。
270――江川昌「失われた日ソ関係改善ムード――駐ソ武官国外退去事件をめぐって」『アジア時報』一九八七年一一月号、三六〜三七頁。
271――長谷川(和)、前掲書、三一三〜三一四頁。
272――東郷、前掲書、一一五〜一一六頁。
273――木村、前掲『北方領土』、一二三頁。
274――前掲『中曽根内閣総理大臣演説集』、三〇二〜三〇三頁。
275――菊地大使発外務大臣宛て電信「クラナリ・シェワルナッゼ会談(分割電報二－一)」(昭和六二年九月二五日)、二〜五頁(開示請求番号二〇〇九－〇〇〇九〇)。
276――菊地大使発外務大臣宛て電信「クラナリ・シェワルナッゼ会談(分割電報二－二)」(昭和六二年九月二五日)、一〜二頁(開示請求番号二〇〇九－〇〇〇九〇)。
277――前掲『中曽根内閣史 資料篇』、四三五頁。
278――同右、四三四〜四三五、四三七〜四三八頁。
279――前掲『中曽根内閣史 日々の挑戦』、七四八頁。
280――池井優『語られなかった戦後日本外交』慶應義塾大学出版会、二〇一二年、二三〇〜二三一頁。
281――前掲『中曽根内閣史 日々の挑戦』、七四九〜七五〇頁。

282――池井、前掲書、二三〇頁。
283――佐藤英夫『日米経済摩擦 1945〜1990』平凡社、一九九一年、一〇一〜一〇二頁。
284――黒田、前掲「対米摩擦と市場開放」、五九八〜五九九頁。
285――渡邊幸治「日米経済摩擦問題の実情と前途」『世界経済評論』一九八七年一一月号、一一頁。当時、渡邊は外務省経済局長の任にあった。
286――渡邊幸治「外務省はこう考える 総理訪米からベネチア・サミットまで」(一九八七年七月一七日)、二〜三頁(渡邊元駐ロ大使から提供された文書)。同文書は、一九八七年四月の首相訪米から六月のサミットまでを担当した渡邊の談話を、部内用に取りまとめたもの。
287――同右、三頁。
288――同右、三〜四頁。
289――同右、四〜五頁。
290――前掲『柳谷謙介 オーラル・ヒストリー 下巻』、一八一〜一八五頁。
291――大矢根聡『日米韓半導体摩擦 通商交渉の政治経済学』有信堂、二〇〇二年、一六八頁。
292――渡邊、前掲「外務省はこう考える」、五頁。
293――前掲『柳谷謙介 オーラル・ヒストリー 下巻』、一八六頁。
294――同右、一八七頁。
295――渡邊、前掲「外務省はこう考える」、七頁。
296――前掲『柳谷謙介 オーラル・ヒストリー 下巻』、一九二頁。
297――渡邊、前掲「外務省はこう考える」、七頁。
298――滝田、前掲『日米通貨交渉』、二三五頁。

299――久保田勇夫『証言・宮澤第一次（1986～1988）通貨外交』西日本新聞社、二〇〇八年、一三二～一三三頁。当時、久保田は大蔵省の副財務官（国際問題担当の大臣官房参事官）として、宮澤蔵相に直接仕えた。
300――滝田、前掲書、二三五～二三七頁。
301――NHK取材班、前掲『戦後五〇年その時日本は』、一四五頁。この箇所は、中曽根首相の私的な経済ブレーンである中川幸次の証言に基づく。
302――同右、一二〇頁。
303――同右、一四六～一四七頁。
304――同右、一四九頁。
305――前掲『柳谷謙介 オーラル・ヒストリー 下巻』、一八八頁。
306――渡邊、前掲「外務省はこう考える」、一〇頁
307――大矢根、前掲書、一六八頁。
308――松永大介「総理訪米を振り返って」『経済と外交』一九八七年五月号、九頁。松永は当時、外務省北米局北米第二課のスタッフ。
309――渡邊、前掲「外務省はこう考える」、一一頁。
310――From EAP-Gaston Sigur to The Secretary, "Scope Paper-Prime Minister Nakasone's Visit", The Official Visit of Yasuhiro Nakasone, Prime Minister of Japan, April 29-May 2, 1987" (April 29, 1987), JUII01393, pp.2-5.
311――前掲『中曽根内閣史 日々の挑戦』、八五七頁。
312――村田良平「中曽根総理訪米の成果と今後の課題」『世界経済評論』一九八七年七月号、一四頁。村田は当時、外務審議官として首相訪米に同行している。なお、この訪米から三ヵ月後の一九八七年七月に、柳谷の後任の外務事務次官に就任する。

313――前掲『中曽根内閣史 日々の挑戦』、七七六、八五七頁。
314――NHK取材班、前掲書、一五〇頁。
315――渡邊、前掲「外務省はこう考える」、一三頁。
316――滝田、前掲書、二四八～二四九頁。
317――同右、二五四頁。
318――村田、前掲論文、一六頁。
319――前掲『中曽根内閣史 日々の挑戦』、八五七～八五八頁。
320――村田、前掲論文、一七頁。
321――黒田、前掲論文、六〇一頁。
322――前掲『中曽根内閣史 日々の挑戦』、七七六頁。
323――瀬川高央「冷戦末期の日米同盟協力と核軍縮――INF削減交渉に見る『ロン・ヤス』関係の帰結点」日本国際政治学会編『国際政治』第一六三号（二〇一一年一月）、八九頁。なお、短射程中距離核は射程五〇〇～一〇〇〇キロ、短距離核は射程五〇〇キロ以下とされる。
324――村田、前掲論文、一八～一九頁。
325――渡邊、前掲「外務省はこう考える」、一二頁。
326――松永、前掲論文、一六頁（ナショナル・プレス・クラブにおける中曽根総理演説（仮訳）世界のための日米協力――挑戦と課題・昭和六二年五月一日）。
327――前掲『中曽根内閣史 日々の挑戦』、八五九頁。
328――渡邊、前掲「外務省はこう考える」、一三頁。
329――同右、一五頁。
330――倉成、前掲書、二〇九頁。
331――渡邊、前掲「外務省はこう考える」、一四頁。
332――倉成、前掲書、二〇九～二一〇頁。

333——渡邊、前掲「外務省はこう考える」、一四～一五頁。
334——船橋、前掲書、一四三～一四四頁。
335——NHK取材班、前掲書、一五一～一五四頁。
336——船橋、前掲書、一四八頁。
337——中川幸次「マクロ経済政策」前掲『中曽根内閣史 理念と政策』、六四三～六四八頁。
338——渡邊、前掲「外務省はこう考える」、一八頁。
339——前掲『中曽根内閣史 資料篇』、六五六頁。
340——前掲『中曽根内閣史 日々の挑戦』、七七八頁。
341——中曽根、前掲『天地有情』、五八二頁。
342——船橋、前掲書、六～七頁。
343——久保田、前掲書、一五八～一五九頁。
344——北村汎「ヴェネチア・サミットの成果と日本の役割」『世界経済評論』一九八七年八月号、一七～一八頁。北村は外務審議官として、中曽根首相の個人代表として、ヴェネチア・サミットの準備に当たり、本番の会議でも日本代表団の事務総長役を務めた。
345——渡邊、前掲「外務省はこう考える」、一九～二〇頁。
346——北村、前掲論文、一六頁。
347——渡邊、前掲「外務省はこう考える」、二〇頁。
348——同右、一八、二〇頁。
349——北村、前掲論文、一一頁。
350——宮本雄二「米ソ軍備管理交渉の現段階と前途」『世界経済評論』一九八七年九月号、二六頁。当時、宮本は外務省国際連合局軍縮課長の任にあった。
351——瀬川、前掲論文、九〇頁。
352——瀬川、前掲書、四一四頁。
353——中曽根、前掲『中曽根康弘が語る戦後日本外交史』、四七三～四七五頁、前掲『中曽根内閣史 日々の挑戦』、七七九頁。
354——瀬川、前掲論文、九〇～九一頁。
355——中曽根、前掲『中曽根康弘が語る戦後日本外交史』、四七三～四七四頁。
356——瀬川、前掲書、四一四～四一六頁。
357——中曽根、前掲『中曽根康弘が語る戦後日本外交史』、四七六～四七七頁。
358——瀬川、前掲論文、九〇～九二頁。
359——五百旗頭・伊藤・薬師寺編、前掲『岡本行夫』、一四七、一四九頁。
360——瀬川、前掲論文、九二頁。
361——村田良平『村田良平回想録 下巻——祖国の再生を次世代に託して』ミネルヴァ書房、二〇〇八年、一四頁。
362——畠山襄『通商交渉 国益を巡るドラマ』日本経済新聞社、一九九六年、二四一～二四二頁。当時、畠山は通産省の貿易局長として、東芝機械事件に対応した。
363——佐々淳行「中曽根内閣と国の危機管理」前掲『中曽根内閣史 理念と政策』、三一八～三一九頁。当時、佐々は内閣安全保障室長の任にあった。
364——畠山、前掲書、二四四頁。
365——石井修「第四章 対立と協調 一九七二－一九八九年」細谷千博監修(A50日米戦後史編集委員会)『日本とアメリカ——パートナーシップの五〇年』ジャパンタイムズ、二〇〇一年、一八四頁。
366——栗原、前掲『証言・本音の政治』、一九三～一九八頁。
367——畠山、前掲書、二四五～二四六頁。

368——後藤田、前掲『情と理 下』、一七九頁。
369——佐々淳行『わが上司 後藤田正晴』文春文庫、二〇〇二年、三二一頁。塩田、前掲書、二二一～二二三頁。
370——前掲『中曽根内閣史 日々の挑戦』、八六〇～八六一頁。
371——村田、前掲『村田良平回想録 下巻』、一五頁。
372——畠山、前掲書、二四八～二五〇頁。
373——渡邊、前掲「日米経済摩擦問題の実情と前途」、一四頁。
374——畠山、前掲書、二四九～二五〇頁。
375——佐々淳行「瀬島龍三はソ連の『協力者』だった」『正論』二〇一三年一一月号、一〇八～一〇九頁。
376——畠山、前掲書、二五一頁。
377——石井、前掲論文、一八五～一八六頁。
378——前掲『中曽根内閣史 日々の挑戦』、八六一～八六二頁。
379——佐々、前掲「瀬島龍三はソ連の『協力者』だった」、一〇八頁。
380——前掲『中曽根内閣史 日々の挑戦』、八六二頁。
381——Memorandum from EAP-Gaston Sigur to EB-Mr. Mcminn, "Your Meeting with MITI Vice Minister Kuroda, July 14, 4:00 pm" (July 14, 1987), JUII01424, pp.1-2.
382——畠山、前掲書、二五二頁。
383——同右、二五二～二五三頁。
384——村田、前掲『村田良平回想録 下巻』、一六～一八頁。
385——畠山、前掲書、二五四頁。
386——前掲『中曽根内閣史 日々の挑戦』、八六三頁。
387——塩田、前掲書、二三四～二三五頁。
388——Letter from Allan Wendt to Stephen D. Bryen, "Causal Relationship between Toshiba Machine Company Illegal Exports and Soviet Submarine Quieting" (September 8, 1987), JUII01438, pp.1-2.
389——春名幹男『スクリュー音が消えた 東芝事件と米情報工作員の真相』新潮社、一九九三年、九八頁。
390——同右、九七～一〇一、一一一～一一二頁。
391——"Causal Relationship between Toshiba Machine Company Illegal Exports and Soviet Submarine Quieting", op.cit, p.1.
392——Telegram from American Embassy Tokyo to U. S. Department of State, "Toshiba COCOM Violations—Conspiracy Theory Resurfaces" (August 28, 1987), JUII01435, p.1.
393——Ibid.
394——春名、前掲書、一二六～一二七頁。
395——石川博友『日米摩擦の政治経済学——プラザ合意から一〇年』ダイヤモンド社、一九九五年、五六頁。
396——大月信次・本田優『日本ＦＳＸ戦争——日米同盟を揺がす技術摩擦』論創社、一九九一年、一二六頁。
397——「日本外交インタビューシリーズ（6）松永信雄——戦後外交とともに歩んで」（聞き手・北岡伸一）『国際問題』二〇〇二年一二月号、七六頁。
398——手嶋龍一『たそがれゆく日米同盟——ニッポンＦＳＸを撃て』新潮文庫、二〇〇六年、三一四、三二八頁。
399——大月・本田、前掲書、一二七頁。
400——佐藤、前掲書、一四〇～一四一頁。
401——前掲『松永信雄 オーラル・ヒストリー 下巻』、一五五頁。
402——石井、前掲論文、一八一頁。
403——前間孝則『戦闘機屋人生 元空将が語る零戦からＦＳＸまで九〇年』講談社、二〇〇五年、二八四頁。

404——Department of State Briefing Paper, "U. S.-Japan Relations and the FSX" (March 1987), JUI01354, p.1.
405——大月・本田、前掲書、九八～一〇一頁。
406——手嶋、前掲書、七四～七五頁。
407——佐藤、前掲書、一四六～一四七頁。
408——大月・本田、前掲書、一〇九～一一一頁。
409——同右、一一一～一一三頁。
410——佐藤、前掲書、一四七～一四八頁。
411——大月・本田、前掲書、一二二～一二三頁。
412——手嶋、前掲書、六〇頁。
413——同右、六一頁。
414——同右、六三頁。
415——栗原、前掲『本音の政治』、二〇二～二〇三頁。
416——手嶋、前掲書、八四頁。
417——同右、八六頁。
418——大月・本田、前掲書、一四九～一五一頁。
419——佐藤、前掲書、一四八頁。
420——大月・本田、前掲書、一五三～一五四頁。
421——同右、一五六～一五八頁。
422——栗原、前掲『証言 本音の政治』、一八八頁。
423——『朝日新聞』一九八七年九月一八日(夕刊)。
424——大月・本田、前掲書、一七〇～一七一頁。
425——栗原、前掲『証言 本音の政治』、一八三～一八四頁。
426——大月・本田、前掲書、一七三頁。
427——佐藤、前掲書、一四八～一四九頁。
428——独立行政法人経済産業研究所「ＦＳＸ摩擦とはなんだったのか：日米双方からの検証と教訓」(ＲＩＥＴＩ特別ＢＢＬセミナー：二〇一一年一〇月七日・今野秀洋とジェームス・Ｅ・アワーの証言箇所)、一、三頁(同研究所のウェブサイトより)。
429——前掲『松永信雄 オーラル・ヒストリー 下巻』、一五五、一五七頁。
430——『朝日新聞』一九八七年一〇月三日(夕刊)。
431——同右、一九八七年一〇月四日。
432——五百旗頭・伊藤・薬師寺編、前掲書、一二一～一二三頁。
433——大月・本田、前掲書、一八一頁。
434——友田、前掲『現代日本外交』、一二三頁。
435——山口航「中曾根康弘政権における日米同盟の拡大」『同志社法学』六四巻(二〇一二年九月)、二四三～二四五、二五五頁。
436——加藤博章「冷戦下自衛隊海外派遣の挫折——１９８７年ペルシャ湾掃海艇派遣問題の政策決定過程」『戦略研究１０』(戦略研究学会・二〇一一年一〇月)、一一五～一一六頁。
437——「第一〇九国会衆議院内閣委員会議録第六号」(昭和六二年八月二七日)、四七頁(国会会議録検索システム)。
438——中曽根、前掲「日米関係は複合摩擦の時代に」、九二頁。
439——加藤、前掲論文、一一八頁。
440——『Ｃ・Ｏ・Ｅオーラル・政策研究プロジェクト ＰＫＯオーラルヒストリー・シリーズ 栗山尚一(元駐米大使)オーラル・ヒストリー——湾岸戦争と日本外交』(政策研究大学院大学)、二〇〇三年、四七～四八頁。
441——佐々、前掲書、二九九～三〇〇頁。
442——五百旗頭・伊藤・薬師寺編、前掲書、一三〇頁。
443——菊地大使発外務大臣宛て電信「日米首のう会談(ペルシャ湾、

イ・イ戦争」(昭和六二年九月二一日)、一〜二頁(開示請求番号二〇〇九‐〇〇〇九五)。

444——五百旗頭・伊藤・薬師寺編、前掲書、一三〇頁。この巡視船派遣案を提案したのは、当時の外務省安全保障課長の岡本であった。もっとも、海上保安庁の船は防御が弱いため、ホルムズ海峡の中に入れるのは危険であろうとされた。そこで、オマーンに補給所を作り、巡視船をホルムズ海峡の東、インド洋の西に遊泳させたうえで、湾内の安全航行情報や機雷掃海の進捗状況を日本や外国の船に毎日提供する計画が立てられた。つまり、巡視船はホルムズ海峡外の安全な外洋から、通信センターの役割を担うことが想定されたのであった。山口、前掲論文、二五三頁。

445——加藤、前掲論文、一二〇〜一二一頁。

446——五百旗頭・伊藤・薬師寺編、前掲書、一三一〜一三二頁。

447——村田、前掲『村田良平回想録 下巻』、二二頁。

448——後藤田、前掲『内閣官房長官』、一〇六〜一〇七頁。

449——同右、一〇七〜一〇八頁。

450——山口、前掲論文、二五七頁。

451——村田、前掲『村田良平回想録 下巻』、二三頁。

452——中曽根、前掲『中曽根康弘が語る戦後日本外交史』、四八三頁。

453——村田、前掲『村田良平回想録 下巻』、二三頁。

454——五百旗頭・伊藤・薬師寺編、前掲書、一三三〜一三四頁。

455——加藤、前掲論文、一二三〜一二五頁。

456——菊地大使発外務大臣宛て電信「日米首のう会談」(昭和六二年九月二一日)、二〜三頁(開示請求番号二〇〇九‐〇〇〇九五)。

457——前掲『中曽根内閣史 日々の挑戦』、七八二〜七八三頁。

458——村田、前掲『村田良平回想録 下巻』、二三〜二四頁。

459——山口、前掲論文、二六一〜二六二頁。

460——松田(喬)、前掲「自民党と中曽根政権」、一五〇〜一五一頁。

第Ⅳ部

冷戦の終焉と新たな日本外交の模索

――一九八八〜八九年〈竹下登政権期〉

第七章　内政志向型政治家による外交

1　竹下政権の成立――中曽根外交からの継続性

中曽根首相による裁定を経て竹下登が後継の自民党総裁となり、一九八七年一一月六日、竹下政権が成立した。陣頭指揮型の政治指導を好み、時に派手なパフォーマンスも辞さない中曽根とは対照的に、竹下は前々任者の鈴木に近い典型的な調整型の指導者であった。外交よりは内政を得意とする政治家であるだけに、米国では竹下が独自性を打ち出した外交を展開するとの見方は少なかった。新政権成立を受けて国務省が作成した「新たな日本の政権：政治状況」という文書は、以下のような分析を行っている。

政策に関する竹下の公的発言や彼の閣僚人選からすれば、中曽根政権が推進してきた経済政策や安全保障政策を忠実に継承するものと見られる。竹下は、田村元通産相や宮澤喜一蔵相（宮澤は副総理）を留任させ、中曽根の腹心・宇野宗佑を外相に充てた。

典型的な合意重視型の政治家の竹下は、前川レポートが掲げている経済面での構造改革や、内需刺激による日本経済の発展、日米間の防衛協力強化を推進する意向を表明している。彼は、日米関係――その関係を上手く運営することがいかなる日本の総理大臣にとっても必須事項であるが――を日本の外交政策の基軸と位置づけている。[1]

また、中曽根政権の最末期から竹下政権期に外務事務次官を務めた村田良平は、終焉が近づいていたとはいえ冷戦は継続しており、強く日本の政治・安全保障上の活動を規定していた以上、「竹下氏は中曽根内閣時代に築かれた日本の（国際的）地位を前提として外交を進めれば」良かったと解説する。その一方、「竹下流財政政策や内政での調整力は、依然として外交の最大の課題である米欧との経済摩擦というネガティヴな問題の処理にも、ODAの増大といったポジティブな方向にも発揮されうるものでもあった」と指摘する[2]。竹下自身、国際的相互依存の深化した現代では、「外交は内政そのものであることが多い」として、むしろ国内調整に長けた自分こそが外交をよくなし得ると自負していた[3]。

さらにその政治経歴を追うと、外交面で経験不足とは一概に言えないことも分かる。佐藤政権末期の一九七一年に四七歳で官房長官に抜擢された竹下は、日米繊維交渉やドル・ショックといった外交問題を間近に見ることができた。さらに、大平政権の後半（一九七九年一一月～八〇年七月）と中曽根政権の大部分で（一九八二年一一月～八六年七月）務めた蔵相として、五回のサミットに出席するなど、豊富な外交経験を積んでいる[4]。

とりわけ、一九八五年のプラザ合意に象徴される通貨外交のカウンターパートであったベーカー財務長官との親交は、竹下とホワイトハウスとの意思疎通にきわめて大きな役割を果たした。ベーカーは財務長官の後、レーガン大統領の首席補佐官、次のブッシュ（父）政権では国務長官を歴任して、「レーガン‐ブッシュ」という共和党政権下で竹下の対米外交を支える役割を果たした[5]。

しかしながら、竹下政権は外交政策を展開するにあたり、消費税法案と昭和天皇の病気、リクルート事件という三つの制約要因を抱えていた。また、国際政治や外交に関心を持ち、自ら勉強した中曽根とは異なり、竹下の対外面での関心は概ね通貨問題に限られ、国際政治についてそれ以上の勉強をするタイプでもなかった。

それでも、首相となった竹下は、政務畑を歩み、戦略的思考を持つ村田外務事務次官からの詳細かつ濃密なブリーフィングを受けて知識を吸収するとともに、村田との間に緊密な信頼関係を形成した。竹下外交は知的・構想面で、相当程度村田に依存していたと言ってよい。さらに、竹下と宇野宗佑外相との間にも党人派同士ゆえの信頼関係があり、器用かつ機動力のある宇野外相が、右の三つの制約要因で身動きがとりにくい竹下を補う役割を果たした[6]。

竹下が首相を務めた約一年半は、依然冷戦期とはいえ、米ソ間の緊張緩和が大幅に進展し、中ソ対立も収束する一方、民主化した隣国・韓国が「北方外交」を標榜して、従来の冷戦型の外交路線の修正に着手する時期にあった。そして、冷戦対立が緩和するにつれ、米国では日本との経済関係の現状への不満が増幅していく。「西側の一員」の旗印だけでは対応できない国際状況が、生じつつあった。

2 竹下首相初外遊とASEAN首脳会議
――変化の兆候を示すインドシナ

政権発足から間もない一九八七年一二月一五日、竹下は東南アジア諸国連合(ASEAN)首脳会議に出席するため、フィリピンのマニラを訪問した。

この首脳会議は、ASEAN結成二〇周年を記念して開かれるという節目のものであった。一九七七年の「福田ドクトリン」の表明以来、ASEAN諸国との絆は、日本の対アジア外交の重要な柱の一つとして位置づけられてきた。もっとも、一九八三年五月の中曽根首相のASEAN歴訪以来、日本の首脳外交で同諸国が焦点となることはなかった。それだけに、竹下の首相就任以前から、首相のマニラ訪問は既定の方針であった[7]。

それでも、日本の新首相が最初の外遊先にフィリピンを選び、同地でASEAN首脳と一堂に会することの外交的意義は小さくなかった。同国では、前年の革命によって誕生したアキノ政権下、各地で反政府ゲリラが活発な動きを見せており、安全上の問題から首相の会議出席を見合わせるべきとの意見も政府内にはあった。現にインドネシアのスハルト大統領は首脳会議に合わせ、同国の駆逐艦をマニラ湾に待機させるという警戒ぶりであった。しかし、竹下は警備をすべてフィリピン政府に委ね、予定通り一二月一五日にマニラ入りする[8]。このことは、ASEAN首脳会議への出席とアキノ政権支援を重視する竹下の姿勢をアピールすることになった。

竹下のマニラ行きを約一ヵ月後に控えた一一月一〇日、訪日した米国のシグール国務次官補(アジア太平洋地域担当)は、会談相手の宇野外相に対して日米両国にとってのフィリピンの重要性を強調し、両国の対アキノ政権支援が「必要不可欠」と語っている[9]。同政権への支援は、対米協調外交の一環でもあった。

ASEAN首脳会議に出席した竹下は、その冒頭、「日本とASEAN――平和と繁栄へのニュー・パートナーシップ」と題する政策演説を行った。演説のなかで、日本が軍事大国の道を歩まないとする「福田ドクトリン」の基本路線を堅持すると述べた竹下は、「今や、日本とASEANの協力関係は、アジア・太平洋地域、ひいては世界のダイナミックな成長と政治的安定にとって不可欠」と謳いあげた。

その一方で竹下は、「現在我が国は、その経済構造を国際協調型のものとするとともに」、「その増大した国際的責任を果たすべく、一層の努力を積み重ねつつ」あるとするかたわら「ＡＳＥＡＮも、発足当初の主として第一次産業に依存した国々の集まりから大きく脱皮し、高度技術産業から農業まで幅広い経済分野を抱え、更なる発展を目指して、国際社会との交流拡大に努めて」いると述べた。そして、右の現状認識を踏まえて、日本－ＡＳＥＡＮ間に「これまでより一歩進んだ新たな補完関係」に基づき、「新しいパートナーシップ」を深化・拡大させていくべきと訴えた。

そして、この新たなパートナーシップを構築していくため、経済・政治・文化のそれぞれの面での具体策を提唱した。すなわち、①ＡＳＥＡＮ各国の民間部門の発展、及び域内協力推進のため、今後三年間に、通常の二国間資金協力に追加し二〇億ドルを下回らない額の「ＡＳＥＡＮ・日本開発ファンド（ＡＪＤＦ）」の供与を行う、②今後、シアヌーク大統領を中心とする対話の動きがさらに進展し、ベトナムの積極的対応を得て具体的な和平のプロセスに結びつくことを願い、古い友人である同殿下の努力をできるだけ支援する、③ＡＳＥＡＮ六ヵ国と日本が、それぞれに特色を持つ優れた伝統や文化を尊重しあいながら、多様な分野の交流を推進していくことを目指す「日本・ＡＳＥＡＮ総合交流計画」の提唱、の三点であった[10]。

これに対し、ＡＳＥＡＮを代表してマレーシアのマハティール首相が、「日本政府の対ＡＳＥＡＮ関係重視の現れ」と、竹下の会議出席に歓迎の意を表した。また、日本が打ち出したＡＪＤＦの資金協力を多とするとともに、日本－ＡＳＥＡＮ間の文化・人的交流面の促進にも賛意を示して、竹下演説を評価した。

その一方、①新たな基金は条件の面で従来の日本の対ＡＳＥＡＮ援助に比べて有利なものとなるべき、②同基金は全てのＡＳＥＡＮ諸国に公平に利用されるべきであり、また今後の円高によるリスク軽減のための措置がとられるべき、③ＡＳＥＡＮ製品の対日輸出促進、④日本政府は、民間に対ＡＳＥＡＮ投資をさらに奨励してほしい、といった経済面での諸要求も表明した[11]。

一連のやり取りの後、会議は非公開セッションに入り、カンボジア問題が俎上に上がった。まず、タイのプレム首相が、竹下が冒頭演説で同問題の恒久的解決を目指すＡＳＥＡＮの努力への「日本の変わらぬ支援を確認」したこと、並びに「日本政府のタイ・カンボディア国境難民、被災民に対する援助」を評価し、感謝の言葉を述べた。また、ソ連とASEAN各国との要人往来の活発化や、一九八六年末にベトナムに新指導部が発足し、国内改革の動きが出てきている点に言及しながら、「最近、問題の解決を握る二カ国、ソ連及び越が政治解決に柔軟な姿勢を見せ始め、かかる解決に向け事態が動き出している」との認識を示した[12]。ソ越両国に従前最も強硬な対決姿勢をとってきたタイの首脳が、このような発言を行うことは注目された。

とりわけプレムは、カンボジアのシアヌーク殿下の役割に着目した。一二月初旬にパリで行われたシアヌークとヘン・サムリン政権のフン・セン首相との会談を踏まえ、「(同殿下は)カンボディア人同志の話し合いによる政治解決を重視し、同時に、周辺国の安全保障の確保に力点」を置いていると分析した。そのうえで、同殿下は「全関係当事者が受け入れやすい易い人物である。……シアヌーク・フンセン(会談)をきっかけとして政治解決に向け進展が見られることを希望」すると表明したのである[13]。

竹下もプレムの分析・認識に同意を示した。日本がASEANの立場を支持しつつ、シアヌーク殿下のイニシアティブを支援していく点を改めて確認するとともに、日本も国連安保理(非常任)の理事国として「問題解決に貢献したい」旨を表明した[14]。日本政府は「(カンボジア三派連合政府を支援する)ASEANの和平努力を引き続き支援する」(中曽根首相)としてきた、それまでの慎重姿勢を転換し、情勢の変化の兆しをとらえ、対シアヌーク支持を明確にするなど、より踏み込んだ立場に移行し始める[15]。

この会議でも、ASEAN側から貿易・投資・援助の面での要求が相次いだ。シンガポールのリー・クアンユー首相は、「ASEANの対日輸出の大宗が一次産品であり、工業製品の占める割合は、一〇%以下に過ぎない。……日本は経済大国であり、ASEANからの工業製品輸入を促進しなければならない」と注文を付けた。そのうえで、輸入促進の方法として、①ASEANにおける日系合弁企業が生産した製品を日本市場で買い取る取り決めの締結(バイ・バック取り決め)、②ASEANの関心品目に配慮した一般特恵関税制度(GSP)の改善を提案してきた。

しかし竹下は、前年策定の「アクション・プログラム」に則って、「その着実な実施を行っており、今後共この面で一層努力を続けていきたい」と市場開放の努力を強調するに止まった[16]。事前にASEANから強い希望の出されていた骨なしチキンや製材など七品目の関税引き下げや輸入枠拡大について、竹下自身は強い意欲を持っていたが、農水省や自民党農林族の抵抗で折り合いが付かず、具体的な約束には踏み込めなかったのである[17]。

マハティール首相からは日本の投資に関して、「近年においては、日本の対外直接投資の大きな部分が米国、EC向けに行われ、日本の投資に占めるASEANのシェアが低下していることを懸念する」との発言があり、日本政府から民間企業にASEANへの投資を行うよう積極的な働きかけが求められた。これには竹下も「我が国の対ASEAN投資は、今年四～九月の半年間で昨年度一年分と略々匹敵する額を記録する等増大傾向にあり」と反論した。

援助については、アキノ大統領から円借款承認の事務手続き迅速化と、「贈与部分の増加」を含めたODAの質的改善への配慮を求める意見が出された。竹下は日本政府がODA七ヵ年倍増計画（一九八五～九二年）の二年前倒し実施を決定したことを挙げ、個々の国々のニーズに応じていく姿勢を示した[18]。

日本に対する一連の経済的要求は、当時のアジアにおける日本経済の存在感の大きさと日本－ASEANの経済関係深化の裏返しでもあった。日本への苦情や懸念を述べたASEAN首脳たちは同時に、「日本とASEANは、経済面における重要なパートナー。特に、日本の経済力はASEAN全体の運命を左右する程重要になっている」（リー・クアンユー首相）、「日本の対ASEAN投資は、ASEANの工業化に貢献するものであり、日本の直接投資促進のための努力に感謝する」（マハティール首相）とも語っている[19]。

一九八五年のプラザ合意による円高誘導を契機に、日本企業がASEAN諸国や韓国、台湾に進出するようになった結果、これらの国々の経済は一層活発化し、アジア全体の経済が発展する状況につながった。と同時に、アジア域内での直接投資の増加と貿易の拡大によって、域内での経済的な相互依存も深まり、アジア太平洋の地域協力の機運も急速に高まっていた[20]。

アジア太平洋の地域協力については、この会合の中でも「途上国間でも単純なレベルであるが技術協力が進展している。然しながら、こうした南々協力には自ら限界」があると述べるインドネシアのスハルト大統領から、「先進諸国にかける期待が大であり、特に日本に対してはこれ等諸国の先頭に立って太平洋地域における域内協力を推進していただきたい」と持ち掛けられている。このとき竹下は、アジア太平洋の地域協力に関する従前の日本の方針や取り組みを説明するに止まった[21]。

しかし、年が明けた一九八八年一月下旬に訪米した竹下は、民主党上院総務のバードら議会指導者たちから、米国が日本をはじめとするアジア太平洋の国々と自由貿易協定を結ぶことに関心を寄せていることを知らされた。帰国した竹下は、早速、通産省の福川信次事務次官に日米自由貿易協定やアジア太平洋地域の経済協力について検討するよう指示する[22]。

この首相指示を契機に、通産省の事務レベルでは、一九八八年二月以降、アジア各国間の貿易不均衡を是正するとともに、各国経済の脆弱性を克服していくべく、非公式の研究会が発足する。同年八月に提出された「中間とりまとめ」は、地域協力への閣僚ベースの参加を提言するなど、今日のアジア太平洋経済協力(APEC)の骨格をほぼ全て網羅したものであった。その後、同省はオーストラリアとの協力を軸にするかたわら、米国やASEAN諸国にも働き掛けることにより、一九八九年一一月に初のAPEC閣僚会議の開催(オーストラリア・キャンベラ)にこぎ着けることになる[23]。

ASEAN首脳会議に出席した翌日の一二月一六日、アキノ大統領との会談に臨んだ竹下は、同政権への全面的支援を表明した。具体的には、会談に先立って署名された第一四次円借款(総額八〇二億円)とは別に、日比友好道路の改修目的で一四〇億円の特別円借款を供与する意向が示された。また、国際収支悪化に悩むフィリピン経済への「特効薬」として商品援助や民生安定の基礎となる農業基盤の整備などを重点に、できる限り早期に第一五次円借款の内容を詰める考えも合わせて表明された[24]。

首相のフィリピン訪問を準備した外務省アジア局の小林秀明地域政策課長は、その成果として、①「ASEAN日本開発ファンド」のみならず、これまでの経済協力、貿易上の措置全般についてASEAN側が日本の積極的な姿勢を評価したこと、②ASEAN側にとってみれば、竹下首相が最初の外国訪問としてマニラを訪れ、日本・ASEAN首脳会議に臨んだこと自体、新内閣のASEAN重視の姿勢を示すものとして評価されたこと、の二点を挙げている[25]。

一方、米国の在フィリピン大使館も、本国や関係各国に向け、竹下初外遊の評価を書き送っている。その内容は、「訪問に関する新聞記事は圧倒的に好意的で、首相の謙虚で親しみやすく、かつ気取らないスタイルは、フィリピンの主催者や他のASEAN諸国の指導者に誠実な印象を与えた」、「竹下はアキノ女史やフィリピン政府に大変気遣っており、フィリピンにおける民主主義を彼自身、そして日本政府が支援していくことを誓った」など概ね肯定的なものであった[26]。

米国の評価にあるように、竹下は、中曽根政治の継承を謳うかたわら、この訪問を通じて、独自の外交スタイルを演出しようと考えていたようだ。ASEAN首脳会議での冒頭発言において、「私の東南アジアとの結びつきも、日本の青年海外協力隊創設に先立ち、日本青年の海外活動の調査のため自民党代表団長として一九六一年に東南アジアを訪問したことが端緒であります」と述べたこと、そして同席する宇野外相も同訪問団の一員であったことを紹介したのも、そうした意識の表れであった。竹下は「以来、私は、幾たびかASEAN諸国を訪れる機会に恵まれました」と、自分と同諸国との浅からぬ関係を強調した。

さらに竹下は、ASEAN外交に臨む際の三つの心構えとして、①常に相手に対する友情を基本とする、②日本とASEAN双方の民間や地方のイニシアティブを尊重していく、③日本とASEANの間で世界に開かれ、世界に貢献する関係を維持し、発展させる、という三点を掲げた[27]。竹下は自分の政治スタイルに即した形で、日本の対ASEAN重視の姿勢を示した。アジアの途上国の首脳たちにとって、竹下のような目線の低い、抑制的なリーダーは好感を抱かれやすいのかもしれない。

年が明けた一九八八年一月一八日にシンガポールで開催された外務省の東アジア・大洋州地域大使会議でも、竹下のASEAN首脳会議出席は「成功理に行われた」という意見で出席者の一致を見た。しかし同時に、「今後ともASEANの貿易関心品目の市場アクセスの問題につきわが国として可能な限り努力を払うと共に、同首脳会議で大枠の固まった資金協力(AJDF)及び文化協力につき速やかなフォローアップを行うことが不可欠」との指摘がなされた。また、角谷清駐フィリピン大使からは、「現在アキノ大統領に代わりうる人物が存在しない以上、同大統領を支持していく必要がある」との見解も示された[28]。

さらに同会議では、膠着状態が続いてきたインドシナ情勢が変化しつつあるとの認識が共有され、今後、インドシナ問題解決のための国際会議が開催される可能性が高まるなかで、会議への参加を確保するべく、日本として「本問題解決のための貢献の実績を作っておく必要がある」との意見が出された[29]。

股野景親駐ベトナム大使は、①日本としては普段からアジアの平和の問題に積極的に貢献する用意があることを明らかにしておくことが大切、②日本も、仏政府が行ったようにシアヌーク・フンセン会談をアレンジしうるような体制作り――諸外国の要人たちを日本に長期間滞在させるための予算の手当て――をすることが必要、と主張した。他方、中島敏次郎駐中国大使は、①カンボジア和平成立後、復興援助を大規模に行いうるのは日本だけであるから、国際会議参加のために小細工する必要はない、②逆に日本の方から、インドシナ復興を含めた「東南アジア経済復興(開発)会議」のようなものを提唱して主導権を握るのも一案、との見解を表明している[30]。

会議では、『「カ」問題解決への具体的な方策について、わが国としては従来のASEANの和平努力にとどまらず、わが国独自の解決努力を進めるべし」との意見が出される一方で、「わが国独自の解決努力を行う上で、インドネシア及びタイの『顔を立てる』よう配慮することが必要」との指摘もなされた。なかには、カンボジア問題での日本の積極姿勢をアピールするために、「ASEANに対し言い訳のような説明」をしてまで、「わが国がシアヌークを招待する必然性があるのか」という質問もあったが、外務省本省からは、日本が問題解決の努力を行う理由として、①国際紛争を平和的に解決するという日本の原則がある、②東南アジアでのソ連のプレゼンスを減少させる、③インドシナ復興が実現する場合には、東南アジア全体にきわめて大きな経済的効果をもたらす、といった説明がなされている[31]。

この会議での議論は、実に百花繚乱の感ありで、まだまだ方針や具体策が収斂するに至ってはいなかった。ただし、鈴木・中曽根両政権下では総じて低調に推移したカンボジア問題に関する議論が、にわかに活性化したことは確かであった。会議が行われた同月には、パリで二回目のシアヌーク・フンセン会談が開かれ、そして八月にタイでチャチャイ(Chatichai Chunhavan)政権が発足して、「戦場から市場へ」をスローガンに柔軟な対越政策を推進すると、カンボジア和平の機運は一層高まった。急速な情勢変化は、日本政府に積極的な対応を迫ることとなる。

3 前面に出る経済問題・影の薄い防衛問題
――竹下首相訪米

ASEAN首脳会議出席をこなした竹下は、一九八八年一月一二日、首相として初の日米首脳会談に臨むため訪米することとなった。

前年の一二月九日、一時帰国した松永信雄駐米大使は米国側の情勢を竹下に報告した。松永大使は、米国側が、日米間の諸懸案を、新政権が迅速に処理することを期待している、と伝えると同時に、とりわけ、①農産物一二品目の輸入自由化、②公共事業への米企業の参入、③在日米軍駐留経費の負担、④内需振興策、の四点については、訪米までに日本側の考え方をまとめておくよう進言した。松永は、米国が外圧をかける前に日本自身が主体的に問題解決に取り組むことが、長期的な日本の国益確保につながると考えていたのである[32]。

なかでも前政権から引き継いだ重要案件は、①の農産物問題であった。米、麦、牛肉、柑橘類こそ別扱いであったが、従来日本が輸入数量制限を行ってきた農産物一二品目については、かねてより米国の自由化要求を受けていた。問題はGATTのパネル(小委員会)に持ち込まれ、一一月末のGATT総会に伴う会談でも、ヤイター通商代表から宇野外相に、一二品目の自由化について総会で一括採択するよう重ねて要請があった[33]。

一二月二日の外相の帰国後、政府首脳による協議が重ねられ、最終的には竹下自身の決定で、総会での報告書の採択を明年二月の理事会まで延期するよう求めることになった。この要望は総会で了承されたが、米国側は強い不満を表明することになった[34]。採択の先送りを求めた背景には、自由化に抵抗する農水省と日米関係を第一として自由化に積極的な外務省との調整がつかなかったことがあった。農水省の背後に自民党の農水族がいたことは自明であったが、竹下にとって、この先送りは不本意なものであった[35]。

一方、竹下を迎える米国側では、シグール国務次官補が、日米首脳会談に備えたシュルツ国務長官あてのメモランダムで、日米関係の良好な運営は日本の首相にとっての「絶対的な必要事項」と指摘したうえ、「自民党を支持する主要な利益集団に不利益をもたらす対米約束を果たすことにかけては、おそらく、竹下の方が中曽根よりも優れた力量を持っている」との期待感を示した[36]。

また、シュルツ国務長官がレーガン大統領にあてたメモランダムでは、竹下の訪米を通じて、米国側が達成するべき目標として以下の六点が列挙された。

① 日米関係をより幅広くとらえることの重要性と、「ロン・ノボル」時代に向けた積極的な傾向と議題を公に再確認する。

② 防衛協力やバーデン・シェアリング、フィリピンやペルシャ湾に対するより大きな経済的支援の確認。
③ 米国側が実施しているのと同じ程度に、建設市場を開放するとの日本側の約束。
④ 日本の経済政策がよりその経済力に見合ったものであることの明確な表示。すなわち、内需拡大政策であり、経済成長を促進し、かつ輸入拡大につながるような構造改革に対する約束。
⑤ 米国産農産物に対する輸入障壁を除去する必要性をよりよく理解させる。
⑥ 日本が米国で享受しているのと同等に、米国が日本のプログラムにアクセスするのを可能とするような科学技術協定。[37]

一月一四日の日米首脳会談は、当初、竹下・レーガン両首脳だけの顔合わせから始まった。二人は「ロン・ヤス」時代と同様、個人的な信頼関係を築くことで一致した。また、前年九月に癌の摘出手術を受けた昭和天皇の経過についても話題に上がった[38]。

その後、会談は外相‐国務長官など、関係者を交えた全体会合に移り、竹下は「今年は東西関係の構築、世界経済の運営という二大課題につき西側の対応が試される」と述べた。そして、東西関係については「安定的米ソ関係確立への大統領の努力」を強力に支援していくこと、経済面では「世界のGNPの三分の一を占める日米両国の世界経済に対する影響は大きく、今後も協調して世界経済の問題に対処」していきたい旨を表明した[39]。

特に竹下は、「わが国は内需拡大、構造調整、市場開放等果たすべき役割を果たす」としたうえで、「前川レポート」に取り組み、来年度内需中心の三・八％成長が見込まれる。来年度予算については、公共事業を当初比で二・〇％増やした」と述べ、経済政策面での日本の努力を説明した。また、「経済の持続的成長を達成し、為替相場の安定を図る」ため、現行の低金利政策の継続の見通しを語った[40]。

これに対してレーガンは、「日本の力強い成長は極めて印象深い(impressive)。内需拡大をハイレベルで維持することをお願いするとともに、必要であれば補正予算を組んででもこれを維持して下さることを希望する」と要請した。また、「構造調整は、より均衡のとれた経済構造及び持続的成長にとって非常に重要である」と発言した[41]。

続いてベーカー財務長官は「米経済の実体的基盤は健全」と経済運営に自信を示し、「世界的リセッション回避のために成長指向政策を続けることが重要である」と主張した。また、米国側は、財政赤字削減の努力を継続する意向を表明した。さらにマクロ政策面での日本の貢献を高く評価しつつ、「成長の鈍化の兆しがあれば補正（予算）を検討されるとか、あるいは税制改革に際し減税を先行されるとか、前川レポートの実施」などを進言した[42]。進言を受けた竹下は、「米国のリセッションは世界のリセッションにつながる」と念を押すとともに、補正予算には慎重姿勢を見せながらも、「減税先行については、自分としてはいい話として承っておく」と応じた[43]。

レーガンは市場開放に関して野党民主党が多数を持つ米議会の強い保護主義に注意を喚起し、「対日アクセスの改善」が保護主義への対抗上助けとなると述べて、日本側の努力を促した。特にレーガンは「われわれ（米行政府）に不利な問題の例」として、建設市場（公共事業）の開放問題を挙げた[44]。そして農産物問題については、「米農民は自由競争の下で日本の消費者が自由に選択できるという状況を望んでおり、日本の輸入障壁の撤廃を望んでいる」と述べて、日米が共同歩調をとり、「貿易を歪曲する補助金、障壁の撤廃に向けて作業をするべきである」と主張した。また、シュルツ長官も、日本が農産物一二品目を自由化すべき、としたGATTパネルの報告を重視するよう促した[45]。

たたみかける米国側に対して竹下は、①農業者にも、日本が最大の農業輸入国であるとの点に加え、生産者のみでなく、消費者の立場からも考えるよう呼び掛けている、②一二品目に関するGATTパネル報告については、二月のGATT理事会できちんと対応する、と発言した。

一方、公共事業の開放問題について竹下は、小沢一郎官房副長官が中心となって日本側の案をとりまとめたことに言及した。「これを基礎に話を進め、（日米）双方にとって良い結論が得られる」よう、との期待の表明であった[46]。科学技術協定に関しても、レーガンが締結に向け一層努力するよう、「研究への同程度のアクセスや特許保護が重要」と日本側に呼び掛けたことに対し、「協定の重要性は認識しており、早期に新しい枠組みが出来ることを期待」すると応じた[47]。

他方、国際情勢では、前年末の米ソ間INF交渉妥結について、シュルツが説明した。ゴルバチョフ書記長が、日本が一貫して支持してきたゼロ・オプションを受け入れたのは、①「西側の分断が不可能なこと」が分かったためであり、また、②「外の世界に較べ（ソ連の）経済がうまく行っていないことも見えて来た」ためであった。それを踏まえシュルツは、「友邦間の団結、忍耐と粘り強さ、目標を設定したらそれを堅持し、しかもその目標にグローバルな意味合いを付与すること」の重要性を「INF交渉の大きな教訓」として挙げた。そして今後、「米国の国益、同盟国・友邦の利益になる限りにおいて、交渉を進めること」を対ソ方針とする、と語った。竹下は「グローバル・ゼロ」の実現に重ねて感謝を示した[48]。

アジア情勢も話題となった。竹下は前年一二月のフィリピン訪問時にASEAN首脳たちに「二〇億ドルを下回らぬ基金の創設」を表明したことを紹介し、フィリピンの安定にとっての対アキノ支援の重要性を強く確信したと述べた。レーガンも、①在比米軍基地は日本を含めこの地域の安全保障にきわめて重要であり、その存続を希望しているが、反対の声も多い、②海を隔ててカムラン湾にはソ連が進出していることもあって、これら(在比米軍)基地を維持するために日米が一緒になって何かできれば素晴らしい、③ASEANが以前にも増して、ソ連ではなく日米寄りになることを期待している、と応じた。ちなみに、竹下も在比米軍基地の重要性について「承知」とコメントした[49]。

また、ペルシャ湾情勢に関しては、当地から戻ってきたばかりのカールッチ国防長官が、「イランは依然攻撃的で、これがアラブ諸国の懸念の的になっている」として、同国に圧力をかけ続けるべきと主張した。そして、「高度航行安全施設や国連決議五九八号(イラン・イラク戦争の即時停戦を求める)のフォローアップ等」日本の貢献策を評価する一方、「アラブ諸国に感謝されるばかりか、情勢変化にもつながる」として、「日本の対イラン原油輸入を削減すること」を要請してきた(これに対する竹下の返答は不明である)[50]。

なお、ペルシャ湾の安全航行確保に絡み、中曽根政権は前年一〇月に発表した貢献策のなかで、在日米軍駐留費の日本側負担増を公約していた。そこで竹下政権は、年末の予算編成で一九八八年度防衛関係費を前年度比五・二%増(対GNP比一・〇一%)としたほか、在日米軍労務者経費負担(日本人基地従業員の諸手当)についても日本側負担を前年度の四〇%から五〇%に増額し、九〇年度までに同経費の全額を日本側で負担することを決定した。一月一五日、カールッチ国防長官は竹下との個別会談をもち、右の諸措置に謝意を表明すると同時に、「駐留受け入れ諸国の中で、日本の現状は最も優れた状態だ」と最大限の賛辞を送った[51]。

レーガンの人柄が作用してか、会談そのものは「本当に柔らかい雰囲気」であったという[52]。また前年末、村田次官が首脳会談に向けた詰めの準備をするべく、藤井宏昭北米局長と渡邊幸治経済局長、寺田輝介首相秘書官を密かに米国に派遣していたことも、首脳会談を円滑なものにした[53]。

首脳会談と同日、竹下は米議会の実力者たち（多数派を握った民主党関係者）と相次いで会談し、経済問題をめぐって議会が対日強硬路線＝保護貿易主義に走らないよう根回しを試みた。下院のフォーリー院内総務からは、日本の内需拡大策に対する支持とともに、「自分としても保護主義との闘いに手を貸したい」という言葉を引き出すことに成功するが、一方でフォーリーは、議会での貿易関連法案の審議で政治的混乱が発生する事態を憂慮し、「日本政府は二国間案件にきちっと取り組んでほしい」と注文をつけることを忘れなかった[54]。

上院のバード院内総務は、①対日赤字は、一九七七年の九七億ドルから前年の八七年の六〇〇億ドルに拡大した、②石炭の対日輸出が輸出量として減っているだけでなく、日本市場でのシェアも減少している、③農産物一二品目については、一〇品目についてGATT違反とされている、と現状の問題点を列挙したうえで、「（事態の）改善に向けての具体的進展を期待している」と発言した。竹下は、日米間で問題が発生するのは不可避としつつ、「ひとつひとつ話し合っていく必要がある」と防戦に努めた。このときバード総務から日米自由貿易協定について、「その利点・欠点を日米間で研究してみてはどうか」と持ちかけられた竹下がこれに応じ[55]、帰国後、本件について通産省幹部に検討を指示したことは前述の通りである。

4 日米間の懸案処理
――牛肉・オレンジの自由化と建設市場参入

東西関係や防衛といった政治問題以上に、マクロ経済政策や通商といった経済問題が焦点となった日米首脳会談から帰国した竹下は、米国側に約束した日米間の経済上の諸懸案の解決に着々と動く。

農産物一二品目の自由化問題については、二月二日のGATT理事会において、日本側がパネルの報告を一括で受け入れることで――ただし、一二品目中、一〇品目は自由化するが、酪農製品と澱粉《でんぷん》の自由化は困難との留保を付けた――一応の決着を見た[56]。当初日本は、GATTの裁定適用は「他の国々に対しても好ましくない事態が発生する」と主張することで、ECなどの同調を得られると期待していた。ところがECは「今回の裁定は日本に対してのみ適用すべきことを条件に、裁定に賛成する」との意見を表明した。これにより日本側は、農産物問題での自国の孤立と牛肉・オレンジ問題をGATTの裁定に持ち込むことの不利を思い知らされたのであった[57]。

牛肉・オレンジをめぐっては、それまで約一〇年にわたって日米間の交渉が繰り返されていた。第一次交渉は、一九七七年から七八年、第二次交渉は八三年から八四年にかけて行われ、それぞれ「輸入枠の拡大と四年後の再協議」という形で合意を見ていた。第二次交渉での日米間協定は一九八八年三月三一日で失効となっていたことから、この問題は竹下政権に委ねられた。ちょうど、第二次交渉開始を控えた一九八二年、牛肉・オレンジを他の農産物から切り離し、GATT提訴に含めないよう働きかけるべく訪米したのが、鈴木政権下で自民党の幹事長代理を務めていた竹下であった[58]。

そもそも、農業と政治の関わりには根深いものがあるが、とりわけ牛肉とオレンジは、米国のなかでもカリフォルニア、テキサス、フロリダという、大統領選挙の行方を左右する三つの有力州が大きな利害関係を有している問題であった。また、貿易の一層の自由化を目指すウルグアイ・ラウンドなど、多国間交渉を推進し、議会の承認を得ようとする米政府にとって、大きな政治力を持つ農業団体の支持を取り付けることは不可欠であった。このような事情から、米政府としては農業分野、とりわけ牛肉・オレンジの自由化を日本に強く迫る必要があった。

一方の日本国内でも、当然、農業は政治的に大変センシティブな問題であった。特に、牛肉・オレンジは、日本農業が米作り偏重からの脱却を図り、構造改革を進めるうえで重視されてきた分野なだけに、農業の根幹に触れる大問題と見なされてきた。このため自民党から共産党まで、各政党がこぞって自由化に反対してきた。だからこそ、貿易額で見れば対米輸出全体の僅少な割合しか占めず、自由化されても微小な米国の輸出増となるにすぎないにもかかわらず、本件は長い間日米貿易摩擦の焦点の一つであり続けたのである[59]。

第三次とも呼ぶべきこのときの牛肉・オレンジ交渉は、最初から日米間の認識の乖離が目立った。米国側の実務レベルでの交渉担当者であった通商代表部（USTR）のスミス次席代表（Michael B. Smith）は、一九八八年三月末の第二次協定失効をもって輸入割当制の撤廃を意味するものと解釈していた。そのため、日本側の実務担当者であった農水省の真木秀郎経済局長（後に審議官）が輸入割当量の規模に関する交渉の再開を働き掛けても、スミスは交渉自体を拒んだのである[60]。

米国側は、前年から始まったGATTのウルグアイ・ラウンド交渉で自由な農業貿易ルールの確立を目指していたため、日本との牛肉・オレンジ交渉で輸入割当量を引き続き認めるわけにはいかなかった。むしろ、この対日交渉で同ラウンドにおける農業交渉の一つのモデルを作りたいと考えていた節もあり、米国の自由化要求は一層厳しいものになった。これに対して、日本国内では相変わらず各党が揃って自由化に反対し、自民党の輸入自由化小委員会も自由化反対を確認していた。高い国内産牛肉への国内世論の反発もなかった。そのため日本政府は自由化を困難とし、従前通り輸入数量の増大で対応する姿勢で対米交渉に臨んだ[61]。

四年前の協定が失効する直前の三月二九日、佐藤隆農水相は訪米して、早速にヤイター通商代表と会談したが、話し合いは予想通りすれ違いに終わった。農水相の訪米でも何ら解決の糸口が見えなかったため、米政府はGATTへの提訴を決定する。日本の牛肉・オレンジ輸入制限は明らかにGATT違反なので、提訴すれば勝てるとの読みに基づく決定であった。ただし、同時に、五月四日のGATT理事会までは提訴の手続きは見合わせることも決定された。今後の対応について、約一ヵ月の猶予を与えるという日本側へのサインであった[62]。

日本としてはGATTで再び争うか、それとも日米二国間で解決を図るかの選択を迫られた格好だったが、早い段階から竹下の腹は二国間交渉による自由化で決まっていたようだ。確かに、GATTの裁定に従う形をとる方が政治的には安易であったが、「そうなれば自由化の時期や国内対策の面で制約を受け、アメリカ以外の国との関係も生じてくるという問題も考えられ」るので、日米二国間の解決による国内農業生き残りの可能性に賭けたのである[63]。

四月一八日の記者懇談で、竹下は牛肉・オレンジ交渉の見通しについて、「お互いに譲るべきものは譲る。それによって双方の国内から不満や批判が出る」と語った。交渉結果が「必ず批判を受けることは覚悟しなければならない」ことであった。竹下は、国際政治経済と日米関係の現状に鑑み、「日本は弱体化した米国を助けて行かざるを得ない」と考えており、仮にここで対米譲歩ができなければ、「日本は孤立化し、経済・産業構造の転換も進まないで、二一世紀に生き残ることはできない」との認識を持っていた[64]。

一方、一九八八年二月上旬に作成された米国務省内の文書も、前任者の中曽根と同じく「(農業政策について)竹下も、日本が国際的ルールに沿ってその責務を果たす姿勢を驚くほどに率直に示している」と指摘していた。ただし、「現時点での議論の焦点は、農家に壊滅的打撃を与えるような早急かつ全面的な自由化ではなく、自由化のタイミングや具体的な手法で」あり、「その自由化のプロセスは漸進的なものとなろう」との見通しも合わせて示していたのであった[65]。

米国のGATT提訴までの猶予期間にも、東京とワシントンで事務レベルの交渉が続いた。四月二七日から五月三日には、佐藤農水相が再び訪米してヤイター通商代表と会談を行った[66]。佐藤は、これまで日本が農業分野で払ってきた多大な市場開放努力と、日本が米国農産物の最大の顧客である点を強調することで米国の理解を求めたが、ヤイターは日本が最大の顧客であることは評価しつつも、牛肉・オレンジの自由化は絶対譲れないとの姿勢に終始した。

二度目の農水相訪米でも交渉は一向に進展を見せなかった。五月四日、米国はついに予告通り、本件を正式にGATT理事会に提訴する。しかし、実際にはGATTの裁定で米国が勝利したところで、米国内の牛肉・オレンジ業界の利益につながる保証はなかった。日本があくまで裁定を拒み、その代償として他の工業分野などでの大幅関税引き下げに応じる、といった可能性もあり得たからである。また先述の通り、米国はウルグアイ・ラウンドを睨み、対日交渉を先例に、農業分野の自由化ルールを確立したいという非常に強い意欲を持っていた。一方の日本は、もとより対米交渉を通じて国内産業の存立を可能にする条件を確保する方法を模索していた[67]。

交渉が膠着するなか、六月一九日からのカナダ・トロントでのサミットを控え、竹下は決着に向けて一気に動く。六月初旬、西欧歴訪に赴いた竹下は、五月末にモスクワで行われた米ソ首脳会談からの帰途ロンドンに立ち寄ったレーガン大統領と、六月三日に急遽首脳会談を持った。この会談で竹下は、「牛肉・オレンジ問題については、今なおワシントンで交渉を継続中だが、何とか二国間で解決したい」と持ち掛ける。レーガン大統領は「妥結に向けての首相の決意を歓迎する」と応じた[68]。以後、日本側は、国内産業存立の手当てができるのであれば、最終的に自由化もやむなしとの考えを固め、自由化までの移行期間の長さ、その間の輸入総量、および自由化後の保護水準について、最終的な対米折衝に臨むことになった[69]。

六月一四日から東京において、真木－スミスによる事務レベル交渉が行われ、一七日になって相当の進展が見られたことから、一八日にはヤイター代表が来日する。一九日に佐藤とヤイターによる閣僚レベル交渉が終日行われると、事務レベルの詰めを経て、二〇日までに日米両国は実質的な合意に達する。かくして、七月五日、ヤイター代表と松永駐米大使はワシントンで日米牛肉・オレンジ協定に正式に調印した。あわせて、同日、米通商代表部は、本件に関するGATT提訴を取り下げた。

この協定の基本理念は自由化にあった。輸入割当制度は、生オレンジについては三年以内、オレンジジュースは四年以内、牛肉も三年以内に撤廃となった。これにより、牛肉割当制の撤廃以後、日本の畜産振興会（LIPC）は輸入牛肉の価格設定、購入、販売には介入できないことになった。しかし、このような段階的撤廃期間の設定は、完全自由化を原則とする米国にとって大きな譲歩であった[70]。

特に牛肉の場合、日本は関税一本化の原則を受け入れる一方、関税を現行の二五%から大幅に引き上げることでも合意していた。すなわち、輸入割当制がなくなる一九九一年度の関税は七〇%、九二年度六〇%、九三年度五〇%とするうえに、この間、輸入が急増すれば緊急措置としてさらに二五%関税を引き上げることにしたのであった。つまりこの交渉では、「『アメリカは『原則』を確保し、日本は、『名より実をとった』格好になった」（薮中三十二北米第二課長）といえるし、それだけに、これほどの高水準の関税に合意することは米国側にとり相当な困難を伴う決断であった[71]。

六月二〇日に交渉が実質合意に至った時点で、竹下はトロント・サミットに出席中であった。妥結の報を聞いた竹下の心境は、喜びと痛みが半ばする複雑なものであった[72]。この決着が、日本の国内政治にもたらす影響への懸念が払拭できなかったためである。実際、牛肉・オレンジの自由化は、翌年の一九八九年の参議院選挙で自民党が大敗したことの大きな要因の一つとして指摘されている。自民党大敗を生じせしめた選挙民、特に農民の反応は、自由化によって日本農業が壊滅的打撃を受けるのではないかという不安と、自由化はしないと主張し続けた日本政府が、最終的に自由化に追い込まれたことへの批判を反映するものであった。しかし、日本市場の閉鎖性の象徴であった牛肉・オレンジ問題の解決は、同市場のイメージ改善に少なからぬ貢献をした[73]。

この当時、牛肉・オレンジ交渉と並んで日米間の重要な懸案事項となっていたのは、公共事業をめぐる建設市場の市場開放交渉であった。事の発端は、新関西国際空港プロジェクトへの外国企業参入問題である。一九八六年七月、この問題を提起すべく来日したボルドリッジ商務長官に、中曽根首相が同プロジェクトにおいては外国企業に対しても公正かつ無差別の競争の機会を与える旨を表明したのを契機に、日米間の話し合いが行われてきた[74]。

もっとも、その後の日米間交渉の進展具合は捗々しくなかった。日本の入札システムは外国企業の参入を想定していなかったため、外務省としてはNOとしか言えなかったのである。日本で公共事業の入札に加わるには、まず建設免許を取得し、日本国内で相当の工事実績を積む必要があった。しかし、米国企業でこうした要件を備えている企業は皆無であった。日本の入札システムを無視し、突然、日本の建設工事に加わりたいと言ってきても、それは無理な相談というものであった[75]。

ところが米国は「日本企業はアメリカで年間三〇〇〇億円以上の建設工事をしているのに、アメリカ企業が日本で入札にすら参加できないのはおかしい」との主張を強硬に繰り返した。日本企業が一〇年以上かけて米国市場参入のために多大の努力を払ってきたこと、米国での年間三〇〇〇億円の工事実績の内実はトヨタなどの米国工場建設を日本の建設会社が請け負ったり、日本の建設会社自らが手がけたリゾート開発プロジェクトが大半であったこと、そして米国の公共企業への参入は金額にして九〇億円、比率でいえば三%足らずであること、などの実情については、米国側は考慮しなかった[76]。

最後の「ロン・ヤス」会談となった一九八七年九月の日米首脳会談でもレーガン大統領は関空問題を採りあげ、中曽根の約束が依然達成されていないとクギを刺し、「早期に全てのフェーズにつきとう[透]明公正な手続きを策定し、日米の企業に対し米企業の参加がかん[歓]迎される旨を明らかにすべきである」と要求していた。

中曽根は、同年一〇月中旬を目途に以下三点の内容を発表する考えであるとして、①予告期間を含めた入札手続の詳細の決定、発表、②米企業の契約実績および今後の見込みの取りまとめ、③本件手続を民間主体の大型公共プロジェクトのモデルとし、東京湾(横断道路)プロジェクトなどにも適用することを挙げた。さらに、関空の人工島ができる一九九〇年ごろまでは、コンサルティング、エンジニアリング、機器の購入があり、米企業参加を指導していきたいとも発言している[77]。そして、一〇月中旬以降、関空プロジェクトへの外国企業参入についての大詰めの日米協議が東京で鋭意行われ、「関空方式」と呼ばれる関西空港の調達手続きの具体的文言を詰める作業が進んだ[78]。

ところが問題はこれで落着しなかった。米国側が関空だけではなく、日本国内のすべての大型プロジェクトに米国企業参入の道を開いてほしいと言い出したためである[79]。日本側は、関空方式は関空と同様の民間事業主体が実施する大型プロジェクトのモデルとなるものであり、現時点で関空の他には東京湾横断道路プロジェクトだけが対象となる旨伝えたところ、米国側は、九月の日米首脳会談で、首相が大統領に、他の大型プロジェクトのモデルになるという理解を示していると反論した。関空、東京湾以外の大型プロジェクトへの参入の機会を与えられなければ、関空問題自体に決着を付けないと強調した[80]。

かくして、関空の調達手続きが公共事業を含む日本の他のプロジェクトにも適用されるか否かという問題が、日米間の論争の焦点となった。一九八七年の一一月二日から四日にかけて外務省の渡邊幸治経済局長を団長とする政府代表団が、急遽交渉のためワシントンを訪れたのは、中曽根が辞任する一一月六日前に問題を決着させるためであった。結果、関空の調達手続きの修正については暫定的な合意に持ち込むことができた。しかし、新方式が関空・東京湾横断道路以外の建設事業計画にも適用されるのか否かについては合意できなかった。

一一月五日、米政府内部の通商政策検討会議（ＴＰＲＧ）が会合を開き、日本の譲歩は不十分であるとの結論に達した。また、参加した省庁の実務者たちの大多数は、ＴＰＲＧが閣僚レベルの経済政策閣僚会議（ＥＰＣ）に対して、今回の事案を通商法三〇一条に該当するとして自主的に同条を発動するよう勧告を行うことで合意する。国務省は反対したが、明らかに少数意見であった。これとほぼ同時に、マコウスキー上院議員（Frank Murkowski）が、三〇一条に基づく調査を支持すると発表した。

退陣を目前に控えた中曽根はレーガン大統領に書簡を送り、建設問題を解決するためには三〇一条の発動という一方的措置よりも日本と共同して作業を進めるべきだと訴えた。同条の発動が、自身が後継指名した竹下新政権にとって難題となることは明らかだった[81]。

新政権発足直後の一一月一八日から二一日まで、ベリティ商務長官（William Verity）が来日し、宇野外相らと会談を重ねた。一連の会談で日本側は、公共事業の制度に検討を加えるという場合は、多国間の場で話し合うことが適当との見解を示した。これに対して、ベリティ長官は、①多国間の協議は時間がかかりすぎるので、まず、日米二国間で協議を行い、その成果を多国間の話し合いに均霑《きんてん》していくことが望ましい、②本件に関し、早急に進展が見られなければ、米政府として三〇一条の圧力に抗しきれなくなると、警告を交え要求した[82]。

ベリティ長官の訪日後の一二月一日、TPRGは、米政府は自主的に三〇一条を発動すべきだという一一月五日の勧告を再確認する。もっとも、国務省がこれに反対するロビー活動を強力に展開したため、TPRGは明年一月の竹下首相の訪米による問題解決の行方を見極めるまで、その勧告を延期することを決めた。しかし、米議会では、一二月一八日に開催された上下両院合同委員会が「ブルックス＝マコウスキー修正法案」を承認する。この共同修正法案は、米国の建設会社を締め出した国の企業は、連邦資金による建設プロジェクトから排除するというものだった。名指しこそなかったが、同法案が日本を対象としていることは自明であった[83]。

一九八七年一二月末になると、日本政府も建設市場開放問題に本格的に取り組み始める。米議会の強硬姿勢に加えて、TPRGに代表されるように、米政府が日本の建設市場を一九七四年の通商法三〇一条に該当する案件として取り上げるべきだという結論を下すという状況下、明年一月に首相訪米と日米首脳会談が予定されていたからである。本件に何らかの対策を示して会談を成功させなければ、衆目、国際経験が乏しいとされる竹下が、対米関係を固めて新政権を安定させる機会を失うことになりかねなかった[84]。

迫る日米首脳会談を視野に入れつつ、建設問題の対策作りの任務を中心となって取り仕切ったのは、官房副長官の小沢一郎であった。閣僚でもなく、問題を直接担当する閣僚でもない小沢が日米間の交渉に関わるというのは異例なことであった。建設市場をめぐる対米摩擦の解決という困難な役目を担う人間が不在ななか、小沢にお鉢が回ってきたのである[85]。

この問題は、公共事業全般に影響しかねず、年間何万件という公共事業の円滑な実施に支障をきたすことのないよう配慮しながら、外国企業の参入の道を開くという非常にデリケートな対応が求められていた。国際的に見てもGATTの対象となっておらず、一定の国際ルールもなかっただけに[86]、この問題の解決策を導くには相当な政治力が必要と思われた。当時、小沢は当選七回とはいえまだ四五歳であったが、その力量を見込まれ、任務を委ねられた。彼が竹下派の幹部で、建設業界に強い影響力を持っていたことも大きなポイントであった。

かくして、首相官邸の小沢の下に、建設・運輸・外務各省の幹部が集まり、対策が練られた。この結果、日本の指名入札システムの維持を前提に、外国企業が日本市場に不慣れで、プロジェクトに参入が困難である事情を考慮し、特定のプロジェクトについては、外国での実績を日本国内での実績と同等に扱う特例を認めるというアイディアがまとめられた[87]。

以後、日本側が作ったアイディアをベースに、特例となる措置の内容と対象プロジェクトの詳細を詰めるため、一九八八年の二月から三月にかけて東京とワシントンで事務レベルの交渉が断続的に行われた。事業発注に関する日米間のシステムが大きく異なっていることから、この事務レベルの折衝は難航した。それでも、三月七日までに、ワシントンでのファーレン商務省次官代理(Michael J. Farren)と佐藤嘉恭《よしやす》外務省経済局長を代表とする折衝で、入札手続きについて話がまとまりかけた。

ところが、特例入札手続きの対象を特定のプロジェクトに限定するのではなく、すべての公共事業に適用すべきとの声が米国内に依然強くあり、議会の了解が得られないということで、交渉は振り出しに戻ってしまう。しかも、米国政府は制裁の実施を三週間先の三月末までに見合わせるという条件付きで、三〇一条の発動に踏み切った。いわば、時限付きの脅しをかけて譲歩を迫る手法であった[88]。

このような米国側の姿勢を、日本側は不愉快極まりないものとして受け止めた。しかし、一九八八年三月には、前年度の貿易統計が公開され、米国全体の貿易赤字が史上最高の一五二一億ドルに上り、このうち対日赤字が五六三億ドルとなることが判明した。ここで「日本市場の閉鎖性の象徴案件」たる建設市場問題が決裂すると、米国国内の保護主義勢力が勢いづくことは必至だった。しかも、交渉それ自体は相当煮詰まっており、解決の可能性は十分にあった。そこで日本側は、従来の基本ラインを維持しつつ、対象プロジェクトや入札手続きの内容に関し、可能な範囲で柔軟に対応していくことにした[89]。

にもかかわらず、三月二二日からワシントンで再開された事務レベル交渉は何の進展も見せなかった。事ここに至り、実力者の小沢が首席代表として交渉の最前線に出ることになる。一方、米国側では、これまで首席代表を務めてきたファーレンが三月上旬に降板し、牛肉・オレンジ交渉にあたっている通商代表部のスミス次席代表が交渉を担うこととなった[90]。

三月二四日、訪米した小沢は、スミスとの交渉に臨んだ。小沢によれば、スミスをはじめとする米国側は、日本人が交渉の場で約束したことを守らないという固定観念を持っていたという。往年の日米繊維摩擦の折、佐藤首相がニクソン大統領に「前向きに検討する」と発言しながら実行せず、米国側を失望させたようなことを、長年、日本は対米関係で繰り返してきた。それが対日不信の根底にあると分析していた小沢は、こうした不信を解くべく、「約束したことは政治生命を懸けても実行するから心配するな」と説得したのであった[91]。

交渉の場では、日本でも強面のタフ・ネゴシエーターとして知られたスミスが大声で迫っても、小沢は「できないことはできないんだから」と突っぱね、半日ほど双方が睨みあう状況が続いた。しかし、その間にも小沢とスミスの間に「ウマが合う」といった雰囲気が生まれ、最後は双方が折れ合う形で決着を見た[92]。結局、小沢とスミスの交渉はわずか八時間で決着した。この交渉で小沢は、「タフ・ネゴシエーターだが、単刀直入でわかりやすい、一度合意すれば頼れる相手」という米政府内の評価を得るのである。こうして一九八〇年代末から九〇年代初めにかけて、小沢は対米交渉の「非公式な窓口」となる[93]。

交渉の決着内容は、①前年一一月に日本側が発表した「関空方式」が米国にとっても満足がいくものである点を確認するとともに、関空、東京湾岸道路に続く第三の対象プロジェクトとしてNTT本社ビルを加える、②七件の特定大型プロジェクト(①のプロジェクトとは別)について、外国企業が日本の公共事業の制度に習熟することを目的として、手続きの公平性、透明性に最大限留意した特例措置を設ける、③右のプロジェクトに関連して実施される民間・第三セクターの事業主体に対しても内外無差別の調達方針に沿った諸措置を勧奨する、といったものになった[94]。

特に、②に関して、入札期間は、日本市場に不慣れな外国企業に配慮して、工事施工に支障をきたさない範囲でできる限り長くすることとし、最終的には四〇日ということで決着が図られた。また交渉の最終段階で、米国側が空港ターミナルやテレポートなどに関心を絞ったことを受け、参入対象となるプロジェクトが追加された。ともあれ、日本側としては交渉にあたっての基本的な枠組みを維持することができ、米国側も本格的に日本市場に参入が可能となったことで、双方にとってまずまずの決着となった。本件の交渉は、日米間の経済活動がボーダレス化するなか、サービス貿易交渉の増大という趨勢を示す先がけとして位置付けられる[95]。

他方、もう一つの懸案であった日米科学技術協定の交渉も妥結に向かった。この交渉自体は前年の一九八七年から始まっていたが、①日米双方ともに政府部内の多くの省が交渉に参加したため、各政府内の合意に達するのが困難、②テーマそのものが技術的な性質を持つ、③日米間の利害関係の対立に直結、という三要因のために協議は難航した。米国では議会を中心に、自国が日本に大量の技術を「一方的に与えてばかりいる」と懸念をいだいていたのに対し、日本のマスメディアには、米国の意図はあらゆる高度技術分野で米国を追い越そうとする日本の試みを挫くことにあるという見解すらあった。それでも、一九八八年六月二〇日、トロント・サミットに出席したレーガン・竹下両首脳によって、同協定は調印の実現を見た[96]。

政権発足から約半年で、竹下政権は、牛肉・オレンジ、建設市場参入、科学技術協定と日米間の諸懸案を着実に決着に持ち込んだ。松永駐米大使は後年、以上の懸案処理の実現が竹下の指導力によるものと認めたうえで、「国内的な業界、政界への根回しでは、竹下さんという人は（歴代首相の中でも）群を抜いていた」と証言する。また、その卓抜した調整力の背景に、「総理のために火の粉を払うブレイン・スタッフ、軍団」の存在を指摘する。首相を支えるスタッフの層の厚さにおいて、竹下は中曽根を凌駕していた[97]。

懸案を着実に解決していく竹下に対する米国側の評価は、次第に高まっていったようである。日米賢人会議で活躍したコロンビア大学のパトリック教授（Huge Patrick）は、「竹下氏は前任首相よりも派手さはないが、ユーモアに富み、約束したことを実行し、当地での信頼感は抜群」と評価し、「彼の賢明な対応がなければ日米経済摩擦は最悪の状態を招いていただろう」と解説した[98]。日米経済摩擦はひとまず小康状態となった。

5　強まる役割分担要請——根強いソ連不信

一九八七年一二月のＩＮＦ全廃条約調印後も、日本の対ソ認識は大きく改まらなかった。年が明けた一九八八年一月一三日、日米首脳会談に出席するため訪米した宇野外相は、カールッチ国防長官との会談で、「ＩＮＦ合意に敬意を表すが、これでアジア、太平洋地域の環境が一変したわけではない」と言明した。その六日後にワシントンで開かれた日米防衛首脳協議でも、瓦力《かわらつとむ》防衛庁長官が、「極東ソ連軍は通常兵力を質・量両面で一貫して増強を続けており、潜在的脅威は依然として増大、西太平洋での一層の日米協力が大切である」との認識を示した。また、この協議で「日本有事の際の米軍来援円滑化のための研究」を進めていくことが合意されている[99]。

確かに、米国もソ連に対する警戒感を依然解いてはいなかった。一月二〇日、レーガン大統領は議会に「米国の国家安全保障戦略」と題する報告書を提出した。同報告書に、自国と同盟国の安全保障上の脅威として「ソ連とその手先」を依然想定しており、ソ連軍の量的増強に対し、欧州・中東・太平洋正面で米軍を前方展開し、軍事技術的に優位な対ソ抑止力(核・通常戦力を含む)を高める必要性があると述べられていた。特に、アジア太平洋地域に対する米国の関与上、「日本との協力関係」が重要だと位置付けていた[100]。

その一方、米議会では前年六月、日本が対GNP比の三%まで防衛費を拡充できない時には安保料としてその差額を米国に支払うよう求める決議がなされていた。米政府はこの種の極論を排し、日米間の防衛分担のあり方について再検討の作業に入るべく一九八八年三月三一日、国防省内に特別委員会を設置した。同委員会では、在日米軍の基地経費の負担、受け入れ国支援(HNS)のための国内法整備、兵器の事前集積、武器の共同開発、対比経済援助といった両国間の諸懸案が検討されることになる[101]。

五月三日から六日までホノルルで開催された第一八回日米安保事務レベル協議では、日本の防衛力増強と日米防衛協力が焦点となった従前の協議と異なり、初めて安全保障上の責任分担の一環として経済援助が持ち出された。すなわち、経済大国日本に政府開発援助を含む経済援助の拡大など、「日米間の防衛協力体制確立という狭いアプローチのみではなく、より広い戦略的観点からのアプローチ」を求めるという「総合安保」的色彩の強い会議となったのである[102]。

同協議でアーミテージ国防次官補は、「(両国間の)責任分担は政治的問題となっており、対処しなければならない」として、以下のように、一九九〇年代に向けた「グローバル・メニュー」を提示した。

防衛

我々は、日本が現在合意された水準以上の役割を果たすことを期待しているわけではないが、脅威の増大によって、現在よりも速いペースでの防衛努力が必要となるであろう。

受け入れ国支援

一九八〇年代に入って、大幅な増額がなされたものの、日本は、在日米軍が抱えた円高コストを全部引き受けるべきである。

技術協力

我々は、将来における共同開発実施を方向づけるFSXの了解覚書(MOU)に早期に合意する必要がある。

平和維持活動

日本は、国際的な(国連が主導する)平和維持活動に参加するための方途を探るべきである。

戦略援助

援助は、防衛上の必要経費に対する代替物とすべきではないが、対外援助を増やすことは、責任分担をめぐる議論や、フィリピン、南太平洋、アフガニスタン、トルコ、中南米の将来に劇的に良い影響を与えるであろう。[103]

ホノルルでの日米安保事務レベル協議からまもない五月一一日には、日米間の防衛分担のあり方を再検討する特別委員会の委員長を務めるタフト国防副長官(William H. Taft)が来日した。同日行われた瓦防衛庁長官との会談で、タフト副長官もホノルルでアーミテージが挙げた右の五点について、日本側の一層の役割分担を要請した。

翌一二日、宍倉宗夫防衛事務次官はタフトに対し、①(在日駐留米軍の)負担配分に関する現行協定の下では限界に近いが、この面においても米国の目的を理解している、②カールッチ国防長官が訪日する時期(六月初旬)までに、FSXの了解覚書を取りまとめて、技術協力を前進させたい、③PKOやODAは、外務省と議論すべき問題である、との認識を示した。タフトは、「年末の議会報告までに、少なくとも、将来の日本が行うべき努力の方向性」がまとまるよう希望を表明している[104]。

同日、タフトは宇野外相や栗山尚一外務審議官らとの会談でも、米政府が自国の安全保障面での努力を継続できるよう国内世論を説得するために、日本の貢献増大の必要性を強調した。ここでは、国会審議出席のため中座した宇野に代わり、栗山審議官が、ODAやPKOに関する日本政府の検討作業の概要を説明した。

栗山はODAについて「日本が特に重要な役割を果たすことができる領域」とし、首相のリーダーシップの下、現行の一九八六年から九二年までのODA増額プログラムの新たな目標を設定すべく、省庁間で見直し作業を行っていると述べた。また、新たな目標は全体の金額のみならずODAの質も対象であり、今回のODA強化策が、アジア以外の国々への援助増額にもつながっていくとの見通しを語った[105]。

次いでPKOに関しては、「自衛隊が関与しない限り、PKOへの参加拡大に対する日本国内の世論支持が得られると、外務省としては判断している」と発言した。同席した木島輝夫国連局審議官も、自衛隊のPKO参加は、国連安保理の下での平和維持活動における燃料輸送の業務に限られるとしながらも、PKOに対する日本の貢献は、国連安保理の活動を支えることを通じ、政治面でも可能と主張した。

さらに栗山は、日本がアフガニスタンの難民再定住を積極的に支援していく意向を示すとともに、「日本は、難民救援プログラムを通じて、PKOに貢献していく」と発言した。その一方、ペルシャ湾岸問題については「日本が、掃海艇や沿岸警備艇を湾岸に派遣するのは不可能であるが、他の方法での貢献を提案している」と述べている。こうした日本側の発言を受けたタフトは、帰国後、日本が米国の役割分担要請に対応していると発言したいと述べるとともに、重ねて日本が本件で積極的な成果を上げるよう期待を表明した[106]。

一方、タフトはこの訪日中に、竹下後継を窺う安倍晋太郎幹事長とも会談した。この席で安倍は、ソ連の軍備増強努力が低下しているとの情報により、「国民世論に防衛努力の継続していく必要性を納得させるのは困難になっている」と指摘するかたわら、「(東アジア)地域におけるソ連の軍事展開は、増大し続けている」との認識を表明した。タフトもこの安倍の意見に同意し、ソ連が在越基地を拠点に東南アジアに「アクセスを確保する」ことに強い懸念を示しつつ、ソ連太平洋艦隊の増強が続くとの見解を明らかにした[107]。

六月二日、モスクワでの米ソ首脳会談の帰途、カールッチ国防長官が来日し、再び瓦防衛庁長官と会談する。この席で、カールッチ長官は、FSX開発に関する了解覚書について両国間で合意がなされたことや、在日米軍経費の日本側負担の増大、現行の防衛計画の残り三ヵ年も、十分に予算を充当していくとする日本側の姿勢を評価した。カールッチは米ソ首脳会談についても説明し、ソ連軍のアフガン完全撤退の見通しを語るとともに、軍備管理交渉での一定の進展を認めた。その一方で、ソ連軍の構造は防衛的ではないし、ソ連の政治・経済両面での変化に関わらず、社会主義システムから離脱する動きは全く生じていないことも指摘した[108]。

カールッチは、その後の宇野外相との会談でも、「ソ連軍の攻撃的な軍事姿勢に全く変化の兆候はない」として、防衛費増額や技術移転、ODAで日本が一層の役割分担を負うよう促した。宇野も、東西関係での米国の立場への日本の確固たる支持を強調する[109]。

このように、冷戦終結前夜の一九八八年においても、日米間の二国間協議では、声高な防衛力増強要求こそなくなったが、ソ連に対する抜きがたい警戒感や東西対立構造を前提にした議論が健在であった。その一方、この時期から、米国の対日要求はODA拡充など、より多面的性格を帯びるようになり、中にはPKOへの人員派遣のように冷戦終結後に焦点となる問題も提起されていた。

6 「国際協力構想」の発表
——西欧諸国歴訪・国連特別軍縮総会・サミット

日本の役割分担強化に関する米国政府の要請は日増しに高まっていたが、竹下政権は、日米同盟関係の枠内に止まらず、国際社会全体における日本の役割増大の模索に着手する。首相就任直後の一九八七年一一月二七日、国会での所信表明演説で、竹下は『「世界に貢献する日本」』との姿勢を確立し、日本の豊かさと活力を世界にいかしていかなければならない」と述べた[110]。

「世界に貢献する日本」というテーマが、日本の主要外交議題として表明された要因として、①日本の経済力の増大、②米国経済力の相対的低下、③GNP比における防衛費負担の少なさが挙げられる。国家間の相互依存関係が深化するなかで、経済大国・日本が、「世界全体の平和と繁栄という視点を欠いて、自己の狭い利益のみを追求するとすれば」、「自己中心的な国」として国際社会から異端視され、自国を含む世界全体に厄災を招きかねないという危機意識があった。そして、日本が、「軍事以外の分野(例えば途上国への経済協力等の面)において」、国際的な役割を果たすことで、「米国の力を補完し、米国の指導力を支えていく」ことを目指したのである[11]。

この「世界に貢献する日本」の具体化にあたっては、「国力にふさわしい日本の貢献の具体像を、国の内外に示すという積極面を出しつつも」、徐々に国力を低下させていた米国からの負担増を求める圧力や、同国を含む諸外国との摩擦の増大を受けて、「無責任な大国との批判を受けつつある日本の立場を如何に是正するかという防衛的思想が強」くなったことは否定しようのない事実であった。

いずれにせよ、外務省では竹下政権発足直後から、村田事務次官を中心に「貢献」の具体化作業が行われ、それは一九八八年四月末に「国際協力構想」としてとりまとめられた。度重なる省内の討議の過程で、「平和のための協力」、「政府開発援助の質、量両面の改善」、そして「国際文化交流」を、首相が同構想を打ち出す際の三本の柱とするのが妥当との結論に達し、首相官邸側の了解を得た[112]。なお、当時の外務審議官・栗山によれば、「国際協力構想という のは、基本的には村田次官の構想」であった[113]。その策定作業は村田次官－栗山審議官を軸に進められ、本省の局長クラスですら関与していなかったという[114]。

竹下首相が就任早々に行った国会での所信表明演説の振り付けからスタートして半年余りの間、村田次官が国際協力構想実現のための内外の根回しに注いだ努力は、多忙な事務次官としては異例というべきものであった。当時、村田は栗山審議官に対し、「日本の国力は今がピークだ。これから国力が低下していくときに、このようなこと（国際協力構想）をやろうと思ってもできない。今しかないのだ」と漏らすことがあったという[115]。

一方、竹下自身は、同構想を作成、打ち出していくことには終始前向きであった[116]。ただ、陣頭指揮型のリーダーシップを志向した中曽根の時代と違い、調整型の竹下をトップとする首相官邸は、外務省に対して積極的な指示をすることもなかったようだ[117]。

次いで、国際協力構想の三本柱を政策として実現するためには、各柱の内容の詰めと併行して、これらを対外的に表明する場と、そのタイミングについても考えを固める必要があった。そこで次の三段階の段取りが考案された。

① 首相が一九八八年五月初旬に欧州を訪問し、その際ロンドンで行う基調スピーチで三本柱の全体像の概要を打ち出すとともに、「国際文化交流」につき敷衍する。

② 六月初めの国連軍縮特別総会の機会に、首相が「平和のための協力」について述べる。
③ 続くトロント・サミットで、「政府開発援助についての竹下構想」を披露する。[118]

外遊の性格に合わせて、構想を効果的にアピールする外交的段取りが整うのを見届けると、竹下は、四月二二日、宇野外相に対し、五月から始まる一連の外遊で打ち出す「世界に貢献する日本」の具体像の最終案を作り上げるよう指示する。これを受けた宇野は、同日の記者会見で、竹下政権として打ち出す「国際協力構想」を早急に取りまとめると発表した[119]。

また、宮澤蔵相兼副総理や小渕官房長官、小沢官房副長官、自民党首脳にも、構想の内容と進め方の説明が行われ、了承を得る一方、大蔵省事務当局にも構想への協力を求め、理解を得た。さらに、これに先立つ四月上旬、村田次官は、首相歴訪準備のため西欧諸国六ヵ国を回った。本省常在を原則とする事務次官が、海外出張することはきわめて異例であった[120]。

かくして竹下は、四月二九日から五月九日まで、バチカン、イタリア、イギリス、西ドイツを訪問した後、一旦帰国し、さらに二〇日ほどの期間をおいた五月三一日にはニューヨークの国連軍縮特別総会へ出席した後、さらに六月九日までフランス、オランダ、ベルギー（EC本部）へ足を伸ばすという、二度の欧州歴訪を敢行した。

「世界に貢献する日本」が「国際協力構想」を掲げて国際的役割を担うにあたり、西欧諸国は重要なパートナーであった。だからこそ、同構想は首相の西欧歴訪という機会に披露されなくてはならなかった。村田は一回目の西欧歴訪直後の講演で、「米ソ両大国の相対的な地位低下」により「日本とヨーロッパの役割が相対的に高まってきている」という国際政治の大きな趨勢を指摘した。特に、イギリスとイタリアを中心に経済が活性化し、一九九二年のマーストリヒト条約調印に向け、欧州統合が精力的に推進されている点に言及し、七〇年代から八〇年代前半にかけての「ユーロペシミズム」が相当程度克服されてきたと観察した。

さらに村田は、アフガンやカンボジアでの内戦、イラン・イラク戦争など、長らく膠着状態にあった諸々の地域紛争が解決の兆候を見せる状況下、米ソ両超大国が「大きい力でもって紛争の成行きを左右できるという度合いが減少して」いることに触れ、直接の当事国・当事者が話し合い、紛争の周辺国がその動きを支援したり、国連の枠組みを用いて解決を図るべきとする認識が広まってきていると分析した。その意味でも、日本や西欧の主要な国々が、地域紛争の解決に「一昔前よりも」相対的に大きな役割を果たすべきだと村田は主張した[121]。

村田は後年の回想でも、この時の首相西欧歴訪の意図について、「中曽根内閣時代若干米国偏重の観を呈したこともあり、欧州にしかるべく配慮することが必要との認識」があったと説明している[122]。村田の言う「米国偏重の観」とは、当時、「ロン・ヤス」関係が大きく喧伝されたことと、日本外交のエネルギーの多くが、米国との経済摩擦解消に充てられたことを指すものと考えられる。村田の発言には、自身が外務省ではドイツ語研修組に属し、「欧州派」の系譜に連なることに由来する対米ナショナリズム感情も作用していたようだ[123]。

四月二九日、竹下は第一次欧州歴訪に出発した。英独伊三ヵ国の首脳たちはいずれも会談の中で、首相就任から半年という早い時期に自国を訪問した竹下への感謝を示し、今後の日本との協力関係に強い期待感を表明した。各国の竹下への厚遇は、経済・技術両面で顕著になりつつあった日本の存在感や、中曽根政権以降、日本がグローバルな安全保障問題に従前より積極的に発言するようになったこと、あるいは国連安保理の場で独伊両国と同じ非常任理事国としてイラン・イラク戦争に関して協議を重ねてきたことなどによるものであった[124]。

五月四日、竹下はロンドン市長の主催する午餐会で、「日欧新時代の開幕」と題する講演を行うなかで、次のように「国際協力構想」の三本柱を明らかにした。

> 第一は、平和のための協力強化であります。
> 我が国は平和と国是としており、憲法上も、軍事面の協力を行いえないことはご承知のところであります。しかし、我が国が世界の平和について拱手傍観すべきでないことは申すまでもありません。私は、我が国としては、政治的及び道義的見地から、なしうる限りの協力を行うべきであると考えており、紛争解決のための外交努力への積極的参加、要員の派遣、資金協力等を含む、新たな「平和のための協力」の構想を確立し、国際平和の維持強化への貢献を高めてまいります。
> 第二は、国際文化交流の強化であります。

我が国が世界の人々の日本に対する関心に応え、また自らの国際化を推進するためには、多様な文化の積極的な交流活動に力を注がなければなりません。同時に我が国は、世界的な文化遺跡の保存及び文化の振興のため、適当な国際機関に協力して、積極的貢献を行うべきであると考えております。

第三は、我が国の政府開発援助(ODA)の拡充強化であります。

政府開発援助は、我が国の国際的貢献の面で最も期待されているものであります。我が国はこれまで三度にわたりODA拡充のための中期目標を掲げ、開発途上国に対する支援の強化につとめてきております が、私は、今後とも、その量、質両面における改善をはかり、より積極的な貢献を行っていく所存であります。

そして、第二の柱に即した日欧間の文化交流強化の具体策として、①人的交流の拡大、②日本研究や日本語教育に対する助成強化、③相互の文化の紹介や日欧交流・日欧対話の組織の拡充を挙げている[125]。提案の背景には、当時欧州で日本語学習者の人口が急増するとともに、自然科学や工学といった領域でも、日本の研究への関心が高まっていたことがあった[126]。

五月九日に第一次西欧歴訪から帰国した竹下は、わずか三週間あまり後の五月三〇日には、ニューヨークの国連軍縮特別総会に出席し、次いで第二次西欧歴訪に向かう。

六月一日、竹下は第三回国連軍縮特別総会で演説し、軍備管理・軍縮を進めるにあたり考慮すべき事項として、①抑止と均衡、②地域の特性、③軍事情報の透明性、④実効的な検証、の四点を挙げた。特に④に関して、「我が国は、地震学における進んだ技術を活用し、核実験の検証方法の確立に寄与してきた」とアピールしたうえで、核実験検証制度に関する国際会議を国連との共催で、日本で開くことを提案した。

さらに国際協力構想の第一の柱である「平和のための協力」についても、次の五分野で積極的に推進していく意志を表明する。それぞれ、①確固たる平和の基盤をつくるための外交努力、②紛争を未然に防ぐ国際的活動への協力、③紛争の平和的解決をはかる努力への積極的な参加、④難民に対する援助の強化、⑤復興援助への精力的貢献、である[127]。

①の外交努力については、カンボジア問題解決のため引き続きシアヌーク大統領の活動を支援していくことが明言され、④の難民援助については、その後、日本政府はアフガン難民の帰還支援のために六〇〇〇万ドルの拠出を決定した。⑤の復興援助に関しては、日本政府はそれまでにもカンボジア和平がもたらされた暁には、同じアジアの一国として復興のための積極的な援助を惜しまないことなどを折に触れて表明してきていた[128]。特に、カンボジア和平が近い将来、具体化していく見通しとなるなか、これに積極的に関与するべきであるとの外交当局の強い意識が、「平和のための協力」の核心にあった[129]。

注目すべきは、③の「紛争の平和的解決をはかる努力への積極的な参加」である。竹下は演説のなかで、「私としては、『平和のための協力を』今後強化していく一環として、我が国にとって適切な協力分野における要員の派遣を考慮する」と述べ、その具体例として「選挙監視、輸送、通信、医療」などを挙げた[130]。従前の日本の国際貢献が経済援助に偏重し、「カネは出すが人は出さない」と批判されてきたことを受け、ここに初めて「人的貢献」を打ち出したのである[131]。

竹下の演説を受けて、政府は六月、外務省国連局の事務官を国連事務局に出向させ、国連アフガニスタン・パキスタン仲介ミッション(UNGOMAP)の政治スタッフに送り込む。さらに八月には、国連イラン・イラク軍事監視団(UNIIMOG)の五名からなる政務担当の文民部門に、外務省国連局の事務官が政治スタッフとして、また前国連職員が法律顧問として採用された[132]。翌年の一九八九年には、国連ナミビア独立支援グループ(UNTAG)の選挙監視要員として自治体職員が派遣されることになる。戦後の日本外交におけるODA以外の人的貢献は、米ソ冷戦終結後の一九九二年の国際平和協力法の成立を待たず、このとき既に始まっていたと言える[133]。

当時は、右のような文民協力に止まらず、自衛隊による国際協力も政府内では検討されていた。首相の西欧歴訪前後の時期にあたる一九八八年四~五月にかけて、村田は外務省の形式的な幹部会とは別に、同省の主要幹部や有力課長と非公式かつ極秘裏の会合を持ち、如何にして国連PKOへの自衛隊の参加を可能とするかを話し合っている。構想としては、非軍事的目的、さらに国連の平和維持活動のための自衛隊員の派遣が考えられたが、憲法論議が絡むので、手始めに文民派遣の実績をいくつか作ってから、機を見て全く非戦闘目的の自衛隊員派遣へ進むというのが、当時の村田自身の発想であった[134]。

確かに、国連の平和維持活動への資金協力にも文民派遣要員にも、野党各党からの批判は生じなかったし、世論も概ね肯定的であった。しかし自衛隊の国際協力となると話は全く別となり、社会党はもとより世論の支持も期待できなかった[135]。この時期はまだ自衛隊の海外派遣自体が禁句であり、外務省が密かにかかる研究を行っていることが外部に漏れれば、野党やマスコミを中心に強い非難が噴出することは必至であった[136]。

自衛隊の海外派遣については、政府部内でも意見や立場が統一されていなかった。防衛庁も派遣には依然として慎重であったし、当の外務省が、その具体的な段取りを詰めきれていなかった[137]。中曽根政権末期、ペルシャ湾への自衛隊艦船ないし海上保安庁の巡視船派遣が論議となり、推進する方向で動いた外務省や中曽根首相に、後藤田官房長官が強く反対して実現しなかった経緯もあった。自衛隊派遣をめぐる国内合意の欠如は、安全保障面での人的貢献の制約となっていた[138]。

国連特別軍縮総会の後、竹下は六月三日からの第二次西欧歴訪に直行した。西欧各国の首脳は「短い期間に二回も来てくれた」と非常に喜んだ。最後の訪問地・ベルギーのブリュッセルで、竹下はECのドロール委員長に加えて、NATOのキャリントン事務総長(Lord Carrington)とも会談した。日本の首相がNATOの事務総長と話し合いを持つのは初めてのことであった。竹下は「SS20の撤去問題以来、日本と西側世界の安全保障は一体である」との認識に立ち、この会談に臨んだという[139]。

そして、国際協力構想の第三の柱である「政府開発援助についての竹下構想」については、一九八八年六月中旬のカナダのトロント・サミットを機に、ODAに関する第四次中期目標の発表という形で明らかにされた。一九八五年に策定された第三次目標(一九九二年のODA実績をドル・ベースで八五年度実績の倍にする)が急激な円高もあって努力目標としての実質的意味を失ったため、目標を再設定する必要が生じたのである。外務省と大蔵省の折衝の結果、新たな目標は、過去五年間の日本のODA実質総額の二倍にあたる五〇〇億ドル以上の援助を一九九二年までの五年間に実施することとされた[140]。

もっとも、ODAの総額をGNPの一定パーセントに固定することについて、大蔵省は了承しなかった[141]。日本の援助額を対GNP比に換算すれば、一九八六年は〇・二九%、八七年は〇・三一%と伸びているものの、OE

CDの開発援助委員会(DAC)加盟国の平均値である〇・三五%には達していなかった[142]。それでも、一九八八年のODA総額は九一億ドルと、八七年の七四億ドルを大幅に上回った。一九九〇年代に入ると総額は概ね一〇〇億ドルを凌駕するようになり、日本は米国を抜いて世界一の援助供与国となるが、その契機となったのが、この国際協力構想であった[143]。

しかしながら日本のODAは、量はともかく質の面で国際的評価に問題があった。例えば、日本のODAは借款の比重が大きいため、全体に占める贈与(無償援助)の比率はDAC諸国のなかで最下位であった。また、援助を受ける国がどの国からでも自由に物資・役務を調達できるように、円借款のアンタイド化を推進することも課題とされていた。日本の援助は依然、ビジネスの一手段とのイメージを脱しきれていなかったのである[144]。

そこで、援助の質向上の一環として、日本は債務返済能力の乏しいアジア・アフリカの後発開発途上国(LLDC)に対し、一九七八年度以降、八七年度以前に貸し付けた円借款の今後の返済額五五億ドルに見合う無償援助を行い、これらの国々の返済負担を実質的に相殺することを明らかにした。関係諸国はこの措置を高く評価する[145]。

さらに、援助の質の面では、留学生対策の充実、国際文化交流、非政府組織(NGO)との連携強化など、これまでになくソフトな面での貢献が明示された[146]。一九八八年九月には、「文化に関する総理のための懇談会」(平岩外四東京電力会長が座長)が組織され、ODAを活用した世界の文化財・遺跡の保護、途上国との人的交流拡充、途上国における日本語教育や日本研究を含む学術研究振興策の強化などが討議された。また、欧州諸国などに比べて見劣りがする文化外交の強化のため国際交流基金の活動強化策が話し合われた。同懇談会は二〇回の会合を重ね、一九八九年五月に結論が取りまとめられた。その一部は新たなイニシアティブとして採用されることになる[147]。

国際協力構想に即したカンボジアの平和回復への積極的関与、最貧途上国の債務救済のための無償援助といった日本の具体的行動を見て、一九八八年七月二日の『ロンドン・エコノミスト』誌に代表される如く、世界では、国際的な役割分担について、日本が従前の消極的な姿勢から漸く脱却しつつあるという見解も出始めた。提唱者たる竹下も、前年一一月の国会での所信表明演説で、「平和も繁栄も我が国自身が懸命に汗を流して追求すべき課題であり、そのためのコストは進んで負担していかなければならない」と決意のほどを示していた[148]。

ところが、その竹下は一九八九年春にリクルート事件のために退陣し、ポスト竹下の最有力候補であり、同構想を引き続き推進すると期待された安倍幹事長もリクルートコスモス社の未公開株の譲渡を受けていたため、後継たりえなかった。その結果、せっかくの構想は充分にフォローアップされることなく、竹下を引き継いだ宇野内閣成立以降の頻繁な内閣交代のなかで雲散霧消する。とりわけ、第一の柱の「平和のための協力」について具体的施策の進展が不十分な状況のまま、一九九〇年八月の湾岸危機を迎えてしまったことは、日本外交にとって不幸なことであった[149]。竹下退陣後の国内政治の流動化や、国際環境の激変により、同構想の有していた画期性は減殺されてしまったのである[150]。

7 大韓航空機爆破事件と竹下首相訪韓

日米間の経済摩擦の解消に努める一方、米国からの役割分担強化の要求を意識しながら、二度の西欧諸国歴訪と国連軍縮特別会議、トロント・サミットを通じて、国際協力構想を発表した点だけに着目すれば、竹下外交の重点は対欧米に傾斜しているかに見える。

しかし実際には、竹下の首脳外交はアジア太平洋地域に対してもきめ細かく展開されている。すなわち、就任早々のASEAN首脳会議出席とフィリピン訪問(一九八七年一二月)に始まり、韓国(八八年二月)、豪州(同年七月)、中国(同年八月)、韓国(同年九月)、昭和天皇の不例、崩御、大喪の礼を経た後のASEAN諸国(八九年五月)と精力的な外遊が続いた。

わけても、竹下政権は発足早々、朝鮮半島問題に直面していた。一九八七年一一月二九日、イラクのバグダッドからアラブ首長国連邦のアブダビ、バンコクを経由してソウルに向かう大韓航空機八五八便が、日本の偽造パスポートを所持する北朝鮮の工作員二名により、インド・ベンガル湾上で撃破され、乗客・乗員一一五名が犠牲となった大韓航空機爆破事件が起きた。その後、アブダビからバーレーンに入った工作員のうち一人は服毒自殺をしたが、生き残った女性工作員の金賢姫《キムヒョンヒ》は、一二月一五日にソウルに移送された[151]。

当初、北朝鮮側は事件を韓国の捏造であると主張した。日本国内にも、その主張に同調する者もいた。しかし日本政府は、これまでの北朝鮮のテロ行為の手法について豊富な知識を持つ韓国当局がまとめた捜査結果を尊重した[152]。

年が明けた一九八八年一月一五日、韓国の合同捜査本部が、事件を「北朝鮮の工作員によるテロ」と明らかにするのを受けて、同日、小渕恵三官房長官は談話を発表し、北朝鮮の爆弾テロを非難した。

その一方で、小渕長官は右談話で「事件をきっかけに朝鮮半島の緊張が激化し、不測の事態が生じるようなことが回避されることを希求する」とも述べ、北朝鮮を追い込まないよう配慮を見せた[153]。翌一六日には、韓国外務部の朴銖吉《パクスギル》第一次官補が、日本政府に対し、北朝鮮との人的、物的交流を全面的に中断し、日本国内での北朝鮮工作員の活動を取り締まるための法的、制度的措置をとるよう強く要請した。しかし、小渕は、「日本政府としては、国際世論の動向や諸外国の対応を見つつ、慎重かつ真剣に対処する」と発言するに止めた[154]。

米国はこのテロ事件に真っ先に反応した。一月二〇日、事件の責任が北朝鮮にあることは疑う余地がないと断じたうえで、①北朝鮮をテロ支援国家に指定する、②北朝鮮パスポート保持者に対するビザ発給体制を従来以上に厳しくする、③米国の外交官が北朝鮮外交官と中立的な場において実質的な議論を行うことの許可(一九八七年三月)の撤回、という三点の措置を国務省から発表した[155]。

米国が右の措置をとる旨を日本側に事前通告してきたのを受け、外務省も対応策を検討した。検討過程で、「米国にできる限り足並みをそろえないと、日米、日韓関係がまずくなる」といった北朝鮮への強硬論が勢いづき、慎重論は抑え込まれた。一月二一日には、藤田公郎アジア局長が小渕に、「断固とした措置」を強く進言したことで、これまで制裁の効果を疑問視してきた官邸サイドも、軌道修正を図るようになる[156]。北朝鮮への制裁論の高まりの背景には、①パスポートの偽造によって日本の法益が害された、②一九八三年のラングーン事件も含めて、北朝鮮の行動は過激化している、③前年の東京サミットでの国際テロ声明との整合性を重視する、といった論理が働いたと思われる[157]。

もっとも制裁発動にあたっては、ただ米国に言われるままではなく、日本政府として一定かつ独自の手順を踏み、自らの判断で制裁を発動するという形を作る必要があった。そこで、外務省アジア局の田中均北東アジア課長がソウルに派遣され、金賢姫と面会している[158]。

こうして、一月二六日、官房長官談話の形で、以下のような日本の北朝鮮に対する制裁措置が発表された。

① わが国の外交官と北朝鮮の職員との第三国における接触を厳しく制限する。
② 国家公務員の北朝鮮渡航を原則として見合わせる。
③ 北朝鮮からの公務員の入国は原則として認めないこととし、その他の北朝鮮からの入国についてはその審査をより厳格に行うこととする。また北朝鮮籍の船がわが国港湾に入港する場合であっても、その乗員の上陸についてはその審査を厳格に行うものとする。
④ わが国と北朝鮮との間を航行することになる特別機については、第三国のものであってもわが国への乗り入れを認めない。[159]

元外務事務次官の村田によれば、「政府が北朝鮮にとった措置は人的交流制限中心で限定的であって、『制裁』の表現も用いなかったが、韓国政府は評価した」という。その背景には、日本の在アラブ首長国連邦(アブダビ)大使館と在バーレーン大使館の情報収集やバーレーン当局との機敏な折衝によって、同当局が実行犯である工作員二名を拘束できた点を、韓国政府が評価したことが作用していよう[160]。

日本政府が、北朝鮮を刺激しないよう慎重姿勢をとった背景に、一九八三年一一月の発生以来、問題が長期化していた第一八富士山丸事件があったことは間違いない。韓国が捜査当局の中間発表に基づき、日本政府に制裁を要求する状況下の一月一七日(制裁発表の九日前)、訪米の帰途ハワイに立ち寄った竹下は制裁に関し、「第一八富士山丸問題があるので人道的立場から考えなくてはいけない」として、「(北朝鮮と)一切接触がなくなった場合、富士山丸がどうなるか国民が心配している」と述べていた[161]。

同事件は、閔洪九《ミンホング》という北朝鮮兵士が、第一八富士山丸に乗り込んで日本に密入国した後、北朝鮮側が、同国へ再渡航した同船の紅粉《べにこ》勇《いさむ》船長と栗原好雄機関長をスパイの疑いありとして拘留したことに端を発するものであった(当初は五名が拘留されたが、三名の船員は釈放された)。北朝鮮側は、閔の北への送還を条件に無実の紅粉・栗原両人を送還するとの態度をとったが、日本側としては、人道上の見地から、閔の送還に応じられず、問題が長期化していたのである。

一九八六年、中立国であり、日朝両国と外交関係を有するオーストリアのウィーンで計一〇回にわたる日朝の実務者の交渉が極秘裏に行われたが、釈放を行うべき場所や第三国の関与を認めるか否かといった問題をめぐり対立して、結局、交渉は物別れとなった[162]。一九八七年一二月には、邦人両名に対し、北朝鮮の法廷が労働教化刑一五年という死刑に次ぐ刑罰を下していた。さらに、一九八八年一月に発表された大韓航空機爆破事件に伴う日本の制裁措置に、北朝鮮政府も二月二日に対抗措置を発表し、日本外交官とは一切接触しないと宣告した。これまで極秘裏に行われてきた第一八富士山丸事件に関する折衝を全て断絶するとの通告であり、事件解決を探る糸口が途切れてしまったことを意味した[163]。

一方、金賢姫の逮捕によって、北朝鮮による日本人拉致も明るみとなった。日本人になりすまして犯行に及んだ金が、日本から拉致された疑いのある「李恩恵《リウネ》」(各種の特徴から、一九七八年七月に行方不明となった田口八重子さんと推定される)に日本語の訓練を受けたことが判明したためである。一九八八年三月、梶山静六法相は国会で、七〇年代後半に発生したいくつかの日本人の行方不明事件は、北朝鮮による拉致である可能性があると答弁した。これは日本政府が初めて北朝鮮による拉致の可能性を認める答弁であった。しかし、同答弁は新聞で小さく報道されるにとどまり、国民の注意を惹くこともなく、事態は放置されてしまう[164]。

ともあれ、大韓航空機爆破事件は国連の安全保障理事会でも議論となり、厳しいやり取りが繰り広げられた。北朝鮮側は、①日米韓で加担して事件をデッチ上げている、②(金賢姫がバーレーンから韓国へ身柄を送られたことについて)韓国がバーレーンに賄賂を贈った、③戦後発生した飛行機墜落事件は全て米国の仕業である、といった主張を展開したが、多くの国の代表はこれを真面目に受け取る空気は乏しく、安保理の雰囲気は冷めきったものであった[165]。対照的に、韓国の代表が終始抑制された姿勢で応じたことは、大方の好感をもって迎えられた。

他方、北朝鮮は一九八五年以来、ソウル五輪開催反対の立場を転換して、五輪の「南北共催」と競技の「南北分散開催」を強く主張し、IOC(国際オリンピック委員会)も南北間の仲介に乗り出すなど、五輪への北朝鮮の参加の可能性もゼロではなかった。ところが、大韓航空機事件発生による南北間の緊張激化で北参加の可能性は消散し、結局不参加となる[166]。

しかしながら、ソウル五輪の攪乱を狙った北朝鮮による凄惨なテロ行為は、日本にとっても慄然とする事件であった。仮に、北朝鮮の工作員二名が平壌に無事に戻っていた場合、大韓航空機爆破は日本人の犯行となり、その後の日韓関係が著しく阻害されたものと考えられるからである[167]。

おりしも、爆破の実行犯である金賢姫がソウルに移送された翌日の一九八七年一二月一六日、韓国の大統領選挙で与党候補の盧泰愚が野党候補の両雄であった金泳三、金大中を破って当選していた。梁井新一駐韓大使は、同選挙を通じ韓国社会のあり方が、「従来の激しやすく妥協しない態度から、コンセンサスをそん《尊》重する態度に変わりつつある」と肯定的に受け止め、日本として韓国社会の変化に対応して、人的・文化交流を進めるよう提言した[168]。

一二月二〇日、竹下の要請を受けて、安倍幹事長が特使としてソウルに赴き、翌二一日に次期大統領の盧泰愚と会談した。なお、安倍は、党政調会長として一九八一年六月に訪韓した際、当時、国軍保安司令官であった盧と知り合い、以後、両者間の交流が続いていたという[169]。

この安倍‐盧会談では、「中曽根・全ライン」に引き続いて、「竹下・盧」関係を軸とした新しい日韓関係の発展と「和合政策」――大統領選で対立が強まっていた野党との関係正常化――の必要性が確認された。また、盧は、来年二月の大統領就任式に出席するという形での竹下の訪韓を正式に要請した。さらに、竹下は盧宛ての親書を安倍に託している。その内容は、①自由と民主主義という共通の価値を有する日韓両国の善隣友好協力関係は、アジアの平和と繁栄の基礎を築く、②この関係をさらに確固としたものになるよう、韓国の対中関係改善、ソウル五輪成功などをはじめ、あらゆる機会をとらえ、陰ながら最大限の協力を惜しまない、というものであった[170]。

訪韓要請を受けた竹下は、大統領就任式出席による外交上のメリットに着目する外務省からの進言も踏まえて、一九八八年二月二四日にソウル入りし、翌二五日の盧泰愚新大統領の就任式に出席した[171]。

盧大統領の誕生は、韓国における初の平和的政権委譲を象徴する歴史的な出来事であった。新大統領は就任演説で、過去の葛藤、わだかまりの解消を提唱した。そして新政権は「民主主義という地図、国民和合という羅針盤」で進むと述べた。また、外交面については、米国をはじめとする西側との連帯を強化する従来の政策を推進する一方、中国、ソ連との関係改善にも積極的な姿勢を示し、さらに、朝鮮半島情勢の緊張緩和のため、北朝鮮にも積極的な対話を呼び掛けた。

そして最後に、「国民と肩を並べていく同行者」という新しい大統領像を国民の前に提示した。それは、彼が以前より繰り返し述べてきた「普通の人（ポトン・サラム）の偉大な時代」の幕開けを画すものであった[172]。事実、盧泰愚時代になって青瓦台周辺の情景は一変した。バリケードがすべて取り外され、一般市民が青瓦台の門の前で記念写真を撮るようになるのである。全斗煥時代には考えられない情景であった[173]。

大統領就任式に出席した後、竹下は盧泰愚新大統領との首脳会談に臨んだ。両首脳の初顔合わせは終始ソフトムードに包まれ、盧大統領が国会での予算審議中に訪韓した竹下に謝意を表明すると、竹下も「就任式典演説は生涯の思い出。立派で感慨深かった」と新大統領を大いに持ち上げた。盧は、大韓航空機爆破事件での日本の捜査協力にも謝意を示した[174]。

国際情勢に関する意見交換では、中国の開放政策、米ソのＩＮＦ合意、ソウル五輪への多数の国々の参加などは、朝鮮半島および北東アジアにとり好ましい要因ではあるが、半面、金日成の政策に変化が見られないこと、ソ連の極東軍事プレゼンスの増大、ソ朝間の軍事的結び付きの強化など懸念すべき要素もあると、盧は指摘した[175]。竹下も、ＩＮＦ合意は軍縮への第一歩と評価するが、残った諸課題があるので緊張緩和ムードと見てはいけないと応じた[176]。

この日韓首脳会談での合意事項は、①ソウル五輪成功に向けて日韓五輪安全対策連絡協議会の設置、②二一世紀日韓委員会（仮称）の設置、定期閣僚会議、外相定期協議の早期開催、③竹下が盧の年内訪日を招請し、大統領も訪日の意向を表明、の三点であった[177]。

加えて両首脳が会談で確認し合ったのは、日韓間で幅広い人材交流の推進であった。一九八〇年代後半においても、両国の学者・知識人同士の交流は依然として限られた状況にあった。韓国の世論調査で「一番嫌いな国」として北朝鮮の次に日本が挙げられる状況下、韓国を研究対象としようとする人、あるいは韓国の知識人たちと積極的な交流を深めようとする日本の知識人、学者、文化人は少なかったし、韓国でも一握りの日本研究者を除けば、学術界、知的サークルの人々の目は専ら米国に向けられていた。

また東京からソウルに出張する、外務省も含めた諸官庁の公務員のほとんどが過去に訪韓経験がないなど、霞が関の官僚にとって韓国はそれほどに「近くて遠い国」であった。特に、外務省で対韓関係といえば、先には金大中事件、近くは歴史教科書問題、そして安保経済協力問題といった後始末的、あるいは危機管理的な仕事を、一部の限られた人たちが処理する時代が長く続いていた[178]。

さらに言えば、日韓間の人的交流のあり方は極めて歪な形態となっていた。確かに、全斗煥政権が五輪成功に全力を注ぐべく、韓国を世界にアピールすることに努めた結果、韓国を訪れる日本人の数は劇的に増加した。ところが、日本人観光客の多くは男性に占められており、その観光目的の大半は買春であった[179]。「キーセン観光」と呼ばれた、このような観光のあり方は、当時の韓国人、特にその女性をして、日本人に反感を抱かせるのに十分であった。この反発が過去の日本による植民地支配批判と女性の権利向上運動、そして民主化運動と連動しつつ、従軍慰安婦問題として結実し、一九九〇年代以降の日韓関係を大きく阻害していくことになる[180]。

日韓間の国民のレベルでの相互理解は、いまだ深まっていなかった。その意味で、竹下首相の訪韓により、それぞれ政権を担当して間もない両国の首脳が話し合いの機会を持ったこと自体に、その後の日韓関係にとって極めて重要な意義があった。まだまだ脆弱な日韓関係にあって、中曽根-全斗煥両最高首脳の間の強い信頼関係がある種の安定剤の役割を果たしたことに鑑みれば、新しい最高首脳同士が早い時期に顔合わせしておく必要があったのである[181]。

竹下首相訪韓のフォローアップとして、一九八八年三月二〇日、宇野外相がソウルに赴き、崔侊洙外務部長官との間で外相定期協議に臨んだ。この協議の第一目的もまた、日韓交流の裾野の拡大であった。

まず、日韓善隣友好協力関係を国際的視野から長期にわたり安定的に発展・強化させていくため、二月の首脳会談で設置が決まった二一世紀日韓委員会について、両国の座長および基本的枠組みが合意された[182]。人的交流の拡大については韓国側から、一九八九年から五年間にわたり、毎年両国の教員、学生などそれぞれ約八〇〇名(五年間で総計八〇〇〇名)が相互に交流し合おうという提案が行われた。日本側は、提案の数字の大きさに若干の戸惑いを見せながらも、韓国側から積極的な提案があったことに非常に感激して、その実現に向けて詰めの作業を進めることとなる[183]。

そして長年の懸案であり、歴代の日本の外相が強く申し入れてきた常駐記者枠の拡大に韓国側が積極的な姿勢を見せた結果、日韓両国が相互に派遣し得る常駐記者数が一五名から三〇名に倍増されることになった。報道を通じて両国国民の相互理解が深まるという観点に立てば、意義ある措置であった。

次に、日韓五輪安全対策連絡協議会については、日韓両国の首席代表を外務省アジア局長、外務部亜州局長とすること、また第一回の会合の四月下旬開催を目途として準備することが決まった。また、同会合での協議事項を、①国際テロに関する情報交換、②両国における安全対策、③五輪の安全対策に関する日韓協力、④今後の取り進め振り、とすることについても合意した[184]。

しかし、これら今後の両国間の交流拡大といった将来に向けたテーマに多くの時間が割かれたため、今回の協議では、在サハリン残留朝鮮人や在韓被爆者（広島・長崎で被爆し、その後朝鮮半島に帰還した人たち）といった過去の歴史に由来する問題では目に見える前進はなかった[185]。

前者の在サハリン残留朝鮮人の問題は、出稼ぎのため樺太へ自発的に移住したり、アジア太平洋戦争による労働力不足のなか、官による斡旋や、徴用などの「強制連行」によって樺太に移動した朝鮮人が、講和条約によって日本国籍を失い「無国籍」となり、さらに韓ソ間に国交がなかったことで祖国への帰還が事実上不可能になったことに起因する[186]。

純法律的な見地に立てば、日本政府には、これらサハリン残留朝鮮人を帰還させるために取り得る法的手段はなく、できることには限度があった[187]。しかし、本件が人道上の問題であることに鑑み、残留朝鮮人の帰還あるいは親族との再会について配慮を払うようソ連に申し入れてきた。しかしソ連側は、この問題は原則的にソ連と北朝鮮の間の問題であり、日本との話し合いにはなじまないという態度を崩さなかった[188]。

それでも、日本における親族再会（ソ連側より一時出国許可を得て日本に入国し、韓国から訪日した親族と一時再会）の件数は近年逐次増えてはきていた[189]。さらに一九八八年末、本件を「日本の歴史的責任」の問題とし、党派を超えて取り組んでいた社会党の五十嵐広三代議士の提案により、翌八九年に日韓赤十字社による共同事業体が発足し、公的支援による帰還事業が開始される。ソ連のゴルバチョフ政権による「新思考外交」という追い風を受け、一九九〇年代に韓国への一時帰国事業が増大すると、それに合わせて日本政府も帰還事業に資金を供出するようになり、ひとまず問題は決着する[190]。

後者の在韓被爆者問題についても、日本政府は、①法的には一九六五年の日韓請求権協定で両国間の請求権問題は解決済み、②本件は第一義的には韓国の国内問題として処理するべき、③ただし、この問題は人道的問題であるので、韓国政府から具体的要請があれば日本としても検討したい、との立場をとっていた。その後、日韓両政府の交渉により、一九八一年から五年間、「渡日治療」ということで、医療費は日本側（厚生省）、渡航費は韓国側が負担する形で、在韓被爆者の日本での治療が実施されてきた。その後、五年間の協定期限切れに際して日本側は、「渡日治療」の継続を申し入れたが、韓国側は、①渡日治療が必要な者はほぼ治療を受けた、②韓国の医療水準の向上により、国内での治療が可能になった、という理由で継続実施を辞退してきた。

ところが、一九八七年一一月、「韓国原爆被害者援護協会」の辛泳洙《シンヨンス》会長が梁井駐韓大使の元を訪れ、在韓被爆者の損害補償として二三億ドルの支払いと韓国における原爆病院の建設を併せて申し入れた。この件について、宇野と崔による外相協議では実務者レベルの調査団を韓国に派遣することが合意され、その調査に基づき今後の協力のあり方を検討することになった[191]。そして、一九九〇年五月、日本政府は在韓被爆者医療支援として、四〇億円の拠出を表明することになる。

8　対北朝鮮制裁解除と二度目の訪韓

ソウル五輪を二ヵ月後に控えた一九八八年七月七日、盧泰愚政権は南北対話で主導権を握るべく、南北朝鮮問題に関する大統領特別宣言を発した。このなかで盧大統領は、以下の六項目の提案を行った。

① 政治家、学生などの相互交流推進と海外同胞の南北自由往来。
② 離散家族間の生死・住所確認、通信、相互訪問の斡旋。
③ 南北間交易の門戸を開放、これを民族内交易と見なす。
④ 北朝鮮と韓国の友邦国との非軍事的貿易に反対しない。
⑤ 南北代表の国際舞台での自由な接触。
⑥ 北朝鮮が米、日などとの関係を改善するのに協力する。また韓国はソ連、中国をはじめとする社会主義国家との関係改善を追求する。[192]

宣言を発表する六日前、米国ジャーナリストのインタビューに応じた盧は、北朝鮮の孤立を謀ってきた従来の政策を転換し、「われわれは、北朝鮮が正式な国際社会の一員として国際舞台に出てくるよう、同盟国や友好国に説得してもらうつもりだ」と語るとともに、北朝鮮の同盟国である共産主義諸国との関係構築に努力することを強調した[193]。米ソ間の緊張緩和に伴って、朝鮮半島にも確実に変化の兆しが表れたと言えるだろう。

一九八四年から八七年一月まで韓国公使を務めた後、外務省アジア局の審議官として韓国の動向を絶えず見守ってきた谷野作太郎は、右の六項目提案について、「驚くべき内容でした」と回想する。日本が北朝鮮政策で少しでも前向きな姿勢をとると、韓国が強く牽制してきた過去を振り返ると、特に「韓国は中ソとの関係改善を図り、北朝鮮と米国や日本の関係改善に協力する」という第六項は「大きな転換」であった[194]。

同じ七月七日、小渕官房長官は記者会見で「日本政府見解」を発表した。先の大統領提案を評価、歓迎するとともに、「北朝鮮側が同様の柔軟性をもって南北対話・交流に積極的に応じることを強く期待する」と表明した同政府見解には、さらに次のようなくだりがあった。

わが国としても、北朝鮮側が建設的な姿勢を示す場合には、関係国とも密接に協調のうえ、韓国と中国・ソ連との均衡に配慮しつつ、日朝関係の改善を積極的に進めていきたいが、そのためにも第一八富士山丸問題の解決は前提とならざるをえない。政府は、これら日朝間の懸案のすべての側面について北朝鮮側と話し合いを行う用意がある。[195]

このように、第一八富士山丸問題の解決を前提としながらも、日本政府が国交のない北朝鮮との直接対話に乗り出す方針を初めて公式に打ち出したのも、韓国の対北朝鮮姿勢の大きな転換への日本なりの対応であった。七月二八日、東京で行われた日韓事務レベル協議でも、韓国側は、経済や人の交流を中心に中ソ両国との関係改善に積極的に取り組む考えを示すと同時に、これとのバランスを保つ意味からも、「日本がある程度北朝鮮との関係打開に動くことは、朝鮮半島の緊張緩和に役立つ」との見方を示した[196]。

他方、北朝鮮からも相次いでシグナルが送られていた。大韓航空機爆破事件による制裁発動からまもない一九八八年三月八日には、訪日したザンビアの外相が宇野に、「北朝鮮の高官（金永南《キムヨンナム》外相か？）が『機会があれば日本との関係を修復したい』と言っていた」と語った。八月九日には、カンボジアのシアヌーク大統領が来日し、宇野に金日成主席のメッセージを伝えた。その内容は「日本に敬意を表し、日本との友好関係の発展を真剣に望んでいる」というものであった[197]。

日朝間に対話ムードが出てきたことは、第一八富士山丸事件にも解決の道筋が見えてくるということでもあった。八月一〇日、村田次官は東京滞在中のシアヌークを夕食に招待した際、首相の指示であるとして、第一八富士山丸の船員に関する日本との政府間交渉に応じるよう金日成主席に働き掛けてもらいたいと依頼した[198]。シアヌークが、金日成・正日親子と非常に近しい関係にある点に着目した依頼であった。しかし、一九七二年のクーデターで祖国を追われた際、唯一支援したのが金日成であったという経緯から、金に本件の働き掛けをするのはできないとの返答であったという[199]。

北朝鮮との直接対話を目指しはじめた日本では、大韓航空機爆破事件に伴って一月に発動した制裁措置を、九月一七日のソウル五輪開催前に前倒しして解除するという選択肢が浮上する。当時の外務省北東アジア課長であった田中均は後年、解除前倒しについて、「オリンピックの成功という目的を実現するためには、むしろ、逆に思い切って開会式の前に北朝鮮制裁を解除することによって、南北間の厳しい雰囲気を緩和する材料に使ったほうがよい」との意図があったと説明する。

さらに田中は、「日朝関係打開の切り札という観点からも、オリンピック前の制裁解除という外交カードが浮上したのである」とも回想する。つまり北朝鮮に、五輪直前に解除に踏み切る、とあらかじめ通報することによって同国によるテロ行為を抑えるとともに、第一八富士山丸問題の前進や日朝関係の打開の糸口にもしようとの発想で日本政府は動こうとしていた[200]。村田次官も証言するように、当時の日本の北朝鮮への関心は、「北朝鮮による日本人拉致には全く置かれず、専ら第一八富士山丸の船員二名の釈放にあ」った。また「北朝鮮の重なるテロ的行為にかかわらず同国を孤立させないという考え方が主流であった」[201]。

政府にとって最大の問題は、北朝鮮との交渉のパイプであった。当時、北朝鮮と対話の窓口を持っていたのは社会党のみであり、特に外交官同士の接触制限も強化された一月の制裁発動後は、朝鮮労働党と社会党の間のパイプに頼るほかなかった。そのため外務省事務当局は、社会党の幹部たちと何度も協議を行った[202]。

実のところ、五輪前の制裁解除という妙手は、社会党のアイディアを外務省事務当局が受け入れたことによるものだった。おりしも、山口鶴男書記長が率いる社会党訪朝団が九月九日の建国四〇周年記念の祝賀に出席し、その前日の八日に金日成・正日親子と会談する予定になっていた。事前に山口書記長と竹下が、また社会党の国際局長を経験した外交通の河上民雄と外務省事務当局が、それぞれ協議を重ねていた。

当初、制裁解除しても二名が必ず帰還できる保証がないとして解除を渋る外務省事務当局に、河上は「天下の長嶋茂雄でも、プロ野球にデビューした最初の試合では、金田正一投手の前に四三振した」と、状況を野球になぞらえた。制裁解除をしなければ日朝間の対話ムードを阻害しかねず、ここは「空振り」覚悟で解除すべきとの主張であった。結局、外務省は社会党の意見を容れ、①第一八富士山丸の二人が帰ってこなくても、ソウル五輪開幕直前までに北朝鮮に対する制裁を解除する、②解除が実行された後、社会党が招待する北朝鮮要人を朝鮮労働党の肩書きのままでの入国を認める、との二点を約束した[203]。

かくして外務省は、社会党から北朝鮮に制裁解除のメッセージを伝達してもらう手はずを整えた。解除の日取りは五輪開会前日の九月一六日に設定した。首相を含めて、政府・与党中枢も了解済みであった[204]。韓国に対しては、九月二日、村田が李源京《イウォンギョン》駐日大使を招いて、五輪を成功に導くための緊張緩和、および第一八富士山丸問題解決のため、北に対する制裁措置の解除を行う旨を説明した。李大使は、解除自体には何のコメントも行わなかったので、村田としては、韓国側は暗黙の了解をしたと解したという。と同時に、制裁解除の政府方針は、米国にも伝達された[205]。

社会党訪朝団帰国後の九月一三日、小渕は官房長官談話の形式で、「朝鮮半島の緊張緩和に向け新たな動きが見られ、ソウル五輪の安全対策が着実に進展した」として、五輪が「可能な限り緊張が緩和された雰囲気の下に実施されるべきだ」との判断に至った経緯を説明した。こうして一六日の制裁解除が表明される[206]。

九月一七日、竹下は首相として二度目の訪韓を行い、同日開幕したソウル五輪の開会式に出席した。盧との首脳会談は、開会式後に青瓦台で約四〇分間持たれ、北朝鮮情勢が中心的テーマとなった。両首脳は北朝鮮の国際的孤立を回避する点で一致した。また、盧大統領の初来日を同年一一月一五日から設定することでも合意した。ところが、竹下の帰国直後に昭和天皇の病状が悪化して、大統領来日は翌年五月に延期され、その日程も四月の竹下の首相退陣表明で再延期される。結局、盧来日は、海部政権下の一九九〇年五月までずれ込む[207]。

ともあれ、日韓首脳会談が行われた一七日夜、小渕官房長官は第一八富士山丸事件について、外交ルートを通じて九月中にも日朝間の話し合いに入りたいとの考えを表明した[208]。しかし、五輪開催前の制裁解除による対話開始のシグナルにも平壌から反応はなく、この後も第一八富士山丸事件が日朝関係を阻害し続ける[209]。特に、一二月一六日に日本政府が前年に仮釈放していた閔洪九に日本での特別滞在許可を与えたことに関し、北朝鮮側は年明けの一九八九年一月一二日に外交部スポークスマン談話を通じて、「関係改善の用意があるのなら、それを妨害している条件を除去するのが先決である」と批判した[210]。

この段階で、日本が閔に特別滞在許可を付与したのは、閔を政府の管理から解放しなければ、北朝鮮側は富士山丸船員二名との交換を要求し続けるであろうし、日本側が人道上の見地から閔の北朝鮮送還に応じることができない以上、二名が日本に戻ることも不可能となってしまうとの認識によるものであった。ただ、閔に特別滞在許可を付与することで、日本人二名に危害が及ぶ危険性も排除できなかった。そのため、外務省は、国連難民高等弁務官事務所(UNHCR)の代表を日本に呼び、閔の日本定住の意思を確認するとともに、閔を自由にする旨を外国のプレスに書いてもらうようにはからうことで、日本の措置が国際社会からお墨付きを得ている形を整えた。事実、北朝鮮は具体的な報復をしてこなかった[211]。

一方、五輪を無事に執り行った韓国は、一層自信をもって対外政策を展開するようになる。五輪閉会からまもない一〇月一八日、盧大統領は、国連総会において北朝鮮問題につき六者協議会の設置を提案する。この六者協議会の顔触れは、南北両朝鮮に米国、中国、ソ連、そして日本の六カ国であった。それまで韓国では、朝鮮半島の和平構築に日本だけは絶対関わらせるなという考え方が強かった(中国も和平構築に向けた話し合いに日本が入ってくることを、強く忌避していたという)。

これまでジュネーブで行われてきた南北朝鮮と米中両国による四者協議を、日本は常に悔しい思いで見ていただけに、盧の日本に対する和平プロセスへの誘いは、日本政府に強い印象をもって受け止められたであろう[212]。先述の七月七日の南北朝鮮問題に関する大統領特別宣言に加え、この一〇月一八日の国連総会における大統領提案は、日本政府がその後、対北朝鮮外交で従前より前向きな態度に向かう重要な契機になっていく。

自信を強める韓国が、対外政策を大きく転換させ、国際社会で「どんどん光り輝いていった」(谷野作太郎外務省アジア局審議官)のとは対照的に、北朝鮮は大韓航空機爆破事件で国際的に孤立し、窮地に陥っていたことは想像に難くない[213]。韓国が北方政策を掲げて中ソ両国との関係改善を図る一方、追い込まれた北朝鮮も、南の中・ソ接近に対応するべく、米国や日本にアプローチするようになる。しかし、そのような南北朝鮮両国の戦略的な動きに対して、当時の日本政府はその意味合いを必ずしも把握しておらず、ただただ第一八富士山丸事件という二国間問題にとらわれていたのである[214]。

9 仕切り直しの日中関係
——平和友好条約締結一〇周年を迎えて

中曽根政権の後半、日中間に様々な摩擦が表面化していたことはすでに何度も触れたとおりである。靖国公式参拝や防衛費GNP一%枠撤廃、教科書(第二次)、光華寮裁判、「雲の上の人」発言、東芝機械ココム違反事件など、心理的かつシンボリックな問題をめぐる摩擦が際立った。なかでも、一九八七年初めには、これまで日本の経済協力に多くの賛辞を送っていた胡耀邦総書記が失脚し、中国が強硬な対日姿勢を取り始めたことは、日本側に懸念を抱かせることになった[215]。

ただ、前章でも述べたように、一九八七年秋に中国の国内政局が安定感を取り戻すとともに、硬直化した中国の対日政策も次第に影を潜めていく。それでも、同年九月に駐中国大使として北京に赴任した中島敏次郎は、信任状奉呈の場で、中国側から日中関係上の「三つの問題」(東芝機械ココム違反事件・光華寮裁判・「雲の上の人」発言)の早期解決を要求された。外交儀礼の上では異例な中国側の言動に接した中島は、赴任早々、「これ(中国)は簡単な相手ではないな」との印象を持ったという[216]。

一九八八年三月、米国務省内では、「日本と中国——ぎこちない隣人たち」という題の短い報告がまとめられた。そこには以下のような記述が見られる。

最近、北京は日本に対し失望すると同時に、懐疑的になっている。貿易や技術移転、台湾といった諸問題や日本の膨張主義への恐れが、日中関係をここ数年で最も緊張した状態にさせている。…

北京は、日本の経済力から生じる慢心が、いつか膨張主義という魔神を呼び起こすことを懸念する。また、日本軍国主義の復活を神経質に恐れている。……米国の「衰退」も、中国側の懸念の一部である。鄧や他の指導者たちは、米国がやがて太平洋から撤退し、その戦略上の役割を日本に引き渡すであろう、と個人的に述べている。

その一方で報告は、「大々的かつ早期の関係改善には至らないであろうが、東京が良好な関係を望んでおり、北京も日本の経済援助を必要とする以上、両国政府は関係改善を試みるであろう」と予測してもいた。そして、「現存する諸問題こそあるが、一時的な妥協を図っていくことは、日中両国政府にとって依然重要である」と分析している[217]。

実際、米国当局の分析通り、日中関係は関係改善に向かう。竹下新政権発足直前の一九八七年一一月三日、鄧小平主任は日中関係者に向い、「竹下政権の誕生で中日関係が新たな局面に入ることを望みます」と述べた。一二月六日には、章曙駐日大使が、首相官邸に小渕官房長官を訪ね、翌年の竹下首相の訪中を要請した。また、年が明けた一九八八年二月二七日、趙紫陽総書記は中南海で朝日新聞社長と会見した際、日中関係の現状について「総じていえばよい」とし、竹下の訪中を歓迎する意向を表明するとともに、同年で一〇年の期限が満了する日中平和友好条約「継続」の希望も表明した[218]。

他方、赴任早々に中国側の外交儀礼に反する行為に直面した中島大使も、日中関係全体が悪化しているとまでは考えていなかった[219]。そして、首相就任を控えた竹下のもとを訪ねた中島は、「まず(日中関係の)冷却化の原因になるような事態はできる限り解消する、そしてもっと前向きの日中関係を築いていく」と課題設定したうえで、第三次円借款をどのように処理するかについて意見具申するとともに、首相訪中の早期実現を進言した[220]。竹下も、日中関係を円滑にするためには何をすべきかと考慮をめぐらしていたという[221]。

もとより、竹下は、一九七二年に日中国交正常化を断行した田中元首相の派閥を実質的に継承しており、彼の派閥は中国との密接な関係を持っていた。一九八七年一月には自民党幹事長として訪中し、鄧小平と会談を行っている。

政権に対する中国側の期待は、竹下の政治的来歴に根差していた。そして首相となった竹下は、一九八八年一月二五日の国会における施政方針演説で、日中関係の長期安定的な発展は「我が国外交の主要な柱の一つ」と位置付け、平和友好条約締結一〇周年の本年中の訪中に言及した[222]。

四月一七〜二〇日、自民党の伊東正義総務会長が、首相特使として訪中した。伊東総務会長は大平正芳政権の官房長官、大平首相の急死に伴う首相臨時代理、続く鈴木善幸政権の外相時代を通じて、「日本外交の基軸は日米、日中関係の重視」を持論としていた。外相として最初の外遊先に選んだのはアジア諸国であり、なかでも中国を軸に置いた。この時の外遊で、まだ副首相であった鄧小平と初の会談を行っている。外相退任後も、日中関係をライフワークとし、中国要人から厚い信頼を得ていた[223]。戦前、農林省の官僚から興亜院に出向して大陸経営の仕事に携わった経緯から、贖罪意識も含めて中国への並々ならぬ思いがあったのであろう。

四月一九日、伊東‐鄧小平会談は北京・中南海で行われたが、鄧との顔合わせは実に六度目であった。この席上、鄧は開口一番「私たちは本当に心を打ち明けられる友人だ」と歓迎の意を表明した後、次のように語った。

伊東先生、日本に帰ったら竹下総理にぜひ伝えてもらいたい。李鵬総理と趙紫陽・中国共産党書記と、本当に腹蔵なく話し合える仲にぜひなってほしい。また、日中両国は、将来にわたって友好親善を続けていくべきである。竹下さんに、そのことをよく話してもらいたい。

さらに鄧は、京都嵐山の周恩来詩碑にペンキが塗られる(一九八七年六月)、また福岡の中国総領事館に実弾が撃ち込まれる(一九八八年三月)といった事件を例に挙げて、日本がこれら事件に厳正に対応するとともに、両国に存在する日中友好を好まない人間をともに抑え込んでいくよう呼び掛けた。伊東は、日中友好を好まない人間はごく少数にすぎず、心配は無用と答えたうえで[224]、竹下首相が八月に訪中する意向であることを伝え、「首相訪中がますますの友好関係発展の契機となることを祈っている」と述べた。このとき、鄧が歴史教科書や靖国参拝、光華寮といった問題に直接言及する場面はなかった[225]。

ところが、この伊東‐鄧会談の僅か三日後の四月二二日、日中関係を大きく揺るがす閣僚発言が飛び出してしまう。靖国神社の春季例大祭に参拝した奥野誠亮国土庁長官が、「共産主義の国は唯物史観だから、精神的な面は理解が少ない」、「私は何も中国の指導者に悪口を言う意思はないが、鄧小平さんの言動に日本国民が振り回されるのは情けないことだ」と発言したのである。さらに、欧米列強はみな植民地を有していたのに、日本だけに罪悪が押し付けられることへの不満も表明する。この発言に中国外交部のスポークスマンは二七日、「日本の国務大臣が外交的礼儀を顧みず、歴史的事実を無視した談話を発表したことに驚くとともに非常に遺憾である」と述べ、事態は外交問題化する[226]。

五月三日、北京での日中外相会談で銭其琛《せんきしん》外交部長は、宇野外相に「竹下内閣が伊東特使の派遣など日中関係で示した熱意を高く評価する」と述べる一方、「日本の閣僚の一人が礼儀を欠く発言をした」と奥野発言に言及した。そのうえで、八月末の首相訪中までに、この問題で日本政府が何らかの対応策を講じるべきだと考えを示した。宇野は「私も竹下首相も中国の新聞で批判を受けたことは遺憾だと国会答弁で説明し、中国側の理解を求めている」と説明した[227]。さらに翌四日の李鵬首相との会談で、宇野は日中友好の既定の政策は、「日中平和友好条約を遵守し、日中関係四原則(平和友好・平等互恵・長期安定・相互信頼)を発展させることを踏まえて、日中の友好関係を末永く推進していかなくてはならない」と表明する[228]。

ところが奥野長官は五月九日の衆院決算委員会で、「日中戦争と言われているが、政府は常に不拡大方針をとってきた」と述べ、日本に中国侵略の意図はなかったとする立場を主張した。そして「東京裁判は、勝者が敗者に加えた懲罰だ」との歴史観を表明する[229]。さらに翌一〇日の会見でも、報道によって自分の発言が国際問題になったとマスコミに矛先を向け、日本人・中国人ともに多くの犠牲者が出たことに言及して、「侵略戦争と言いたくない」心情を吐露した[230]。

奥野発言をめぐる騒動の過程で、外務省幹部は「問題がこじれれば、(平和友好条約締結一〇周年の)お祝いムードなど吹っ飛び、最悪の空気のなかでの首相訪中となる」と懸念した。宇野も苛立ちを募らせ、奥野に再三にわたり発言の自粛を求めた[231]。五月一〇日、宇野は国会答弁で「(日中戦争は)軍国主義が発動した侵略戦争」と答弁する[232]。宇野は「戦争中、(私は)学徒出陣で北朝鮮にもいたし、旧満州にもいた。日本は悪いことをした。やはり侵略だ」という気持ちから、右の答弁を行ったのである[233]。

一方、首相官邸には当初、首相が事態収拾に向けてただちに行動を起こさなければならないという危機意識はなく、外務省の対応を見守った。しかし、週一回の村田外務事務次官のブリーフィングを通じて、竹下の耳にも中国側の厳しい反応が入ってくる[234]。特に五月九、一〇日の奥野発言によって、野党各党が長官の罷免を含む責任追及を行う事態に発展すると、中韓両国のマスコミからの反発も強くなってしまう。

ここに至り、ようやく竹下自ら事態収拾に乗り出した。すなわち、奥野と事前に意見調整したうえ、一一日の参院本会議の答弁で「戦前の我が国の行為につきましても、これが侵略であるという厳しい国際的批判を受けているのは事実」であり、「この事実は政府として十分に認識する必要があります」と述べ、国際批判を引用する形で政府として「侵略」を実質的に認める見解を示したのである。ところが奥野は同じ会議の場でも、日中戦争は一九三七年七月の盧溝橋事件を機に「偶発的」に起こったとして、あくまでも「侵略」を認めない立場を繰り返した[235]。

五月一一日の本会議での発言を受け、竹下には「奥野更迭」以外に選択の余地がなくなってしまった。彼が辞任しない限り、国会答弁、記者会見、マスコミ報道、近隣諸国の反発という連鎖反応が延々と続きかねないからである。空気を察した奥野は、一三日に辞表を提出する[236]。

このとき中国側には、奥野発言で必要以上に話をこじらせる意図はなかったようだ[237]。五月三一日に国連本部で竹下と会談した銭外交部長も、「中国の指導者はみな、日中二国間関係の促進を希望している」と発言して、奥野発言を問題化させない姿勢を示していた[238]。

同時期、日中間の懸案となっていた光華寮問題でも、中国側はより柔軟な姿勢を見せるようになった。五月四日、李鵬首相は本件について、訪中した宇野に、日本の三権分立に配慮して最高裁判決が出るまでは待つ姿勢でいることを示唆し、「日中間の問題は大局に立って対処すれば解決は難しくない。その意味でも竹下首相の訪中を重視する」と語っていた[239]。

中国は、奥野発言や光華寮問題で執拗に日本政府を追求することを避け、竹下首相訪中の実現とそれに伴う日本からの経済協力獲得を何より重視していた。奥野発言が問題化する直前の一九八八年三月、第七期全国人民大会代表大会第一回会議では、李鵬(当時はまだ首相代行)が政治活動報告を行い、「日本は我が国の隣国で、両国の経済・貿易関係は緊密であり、人的交流も頻繁である。中日友好は両国人民の根本的利益に合致している」との認識を示し、日中関係のさらなる発展の重要性を指摘した。確かに対中円借款による貿易促進や投資環境の整備が、良好な日中関係を下支えしていることは明らかであった[240]。

　中島大使も後年の回想で、首相の訪中で両国関係をより前進させるための第一の手段が第三次円借款の供与であり、第二の手段が投資保護協定の締結であったと位置付けている[241]。なお一月の東アジア・大洋州地域大使会議で、中島は「対中経済協力に関する大平三原則」の第一点「ASEANとのバランス」について、「ASEANが経済発展を遂げ自信をつけてきていること及びASEANへの援助がほう《〔飽〕》和状態になりつつある」こと、さらに第二原則「西欧との協調」に関しても「既に西独等が対中無償援助協力をわが国以上に積極的に進めている一方、わが国はトウシバ事件の後後遺しょう《〔症〕》になやんでいる状況」であることから、ASEAN諸国や西欧諸国に気兼ねせずにより積極的に対中協力を進めていくべき、と提案している[242]。

　実際、竹下が訪中時にお土産として持ち込む第三次円借款その他経済協力は、それまでの第一次、第二次円借款と比較してはるかに大規模なものであった。具体的には一九九〇年度から九五年度の六年間に、総額約八一〇〇億円の円借款、輸銀のアンタイド・ローンを約四〇〇〇億円、合計約八五〇〇億円を目途にして経済協力を行うというのである。内訳は、中国の優先開発四〇案件に対する円借款が約七七〇〇億円、中国が地域総合開発の対象として重視している海南島と青島の開発案件に円借款約四〇〇億円、加えて必要に応じ輸銀のアンタイド・ローンを供与することとなっていた[243]。

　第一次円借款（一九七九年度～八三年度）は三三〇九億円、第二次円借款（一九八四年度～八九年度）は四七〇〇億円である。八一〇〇億円と、第二次の一・七倍の増額となった第三次円借款の大きさがわかるだろう。また、対象案件も第一次は六事業、第二次が七事業であったのに対して、今回は四二事業という急増ぶりであった。第一次のころは、中国の石炭開発関連の鉄道と港湾建設に円借款の供与対象が限定されていたが、第二次の段階では重点項目に電力開発が加わり、第三次では電力関係が一層重視されるようになるとともに、輸送関係では道路・空港が、また農業の近代化に対する協力や中国の国民生活に密着した案件（上下水道整備・都市ガス）も新たに対象となった。さらに、協力案件の多様化にしたがって、協力する地域も一層拡大する[244]。四二事業八一〇〇億円という莫大な額は、外務省の経済協力局が大蔵・通産・経企の各省庁の事務レベルとプロジェクト一件ごとに詰めの協議を重ね、首相裁断を仰いで固められていた[245]。むろん、ここまでの大増額となったのは、竹下が提唱する「国際協力構想」の三本柱の一つであるＯＤＡの拡充・強化という大きな政策目標があったためである。同年六月のトロント・サミット前には、政府はＯＤＡの第四次中期目標を設定し、一九八八年度から九二年度までの五年間にＯＤＡを五〇〇億ドル以上とすることを決定、それを実施しようとしていた[246]。

竹下政権にとって対中円借款供与は、ＯＤＡに関する第四次中期目標を達成して、日本の国際的責任分担を示す手段であった。事実、外務省および大蔵省の担当者は、「(中国からの要請に) 思い切って出さないと、ＯＤＡ拡充の第四次中期目標が達成できなくなるとの判断があった」と語っている[247]。もちろん蔵相を五期も務めた竹下が首相として訪中するとなれば、大蔵省としても、ＯＤＡの大幅増額に前向きにならざるをえなかった[248]。

日中投資保護協定も、首相訪中直前、一九八八年七月の交渉で中国側が日本側に内国民待遇を供与することで合意が図られ、八月の首相訪中時に調印される運びとなった。一九八一年五月の開始以来、約七年におよぶ難交渉であった。当時、海外から中国への投資は、約四三億ドルで香港が一位、次いで約一九億ドルの米国、約一四億ドルの日本は第三位であったが、投資保護協定の発効により、以後は日本の対中投資の増加が見込まれた[249]。

中国の改革開放路線を支援するという当時の日本政府のスタンスは確固たるものであった。前出の谷野アジア局審議官の言葉を借りれば、「かつてのような左翼教条路線一本槍」ではなく、「経済建設に専念する中国」であることが、「安定した日中関係なり米中関係」につながっており、「こんにちの(アジアの)安定に非常に重要」と考えたという[250]。日本政府は対中円借款を、安定した米中日三国間の相互関係を支えるための一つの手段と位置づけていたのである。

当時の外務事務次官の村田は、第三次円借款が八一〇〇億円という多額なものになったことについて、「私は当時、ＯＤＡは中国が賠償要求を放棄したことを考慮して行うものであるので、相当の額になるのは止むを得ないと考えていた」と振り返る[251]。一九八八年当時、少なくとも外務官僚や首相官邸などの政治エリートレベルでは、中国政策に関する幅広いコンセンサスが存在していたことが窺われる。

もっとも、八一〇〇億円といっても年次ベースにすれば、九七〇億円となり、一九八七年度に日本がフィリピンに約束した円借款と無償援助、技術援助の総額一五〇六億円や、八八年度にインドネシアに対して約束した一七六〇億円の円借款に比べると、大分下回ることは指摘しておきたい[252]。その意味で、当時の日本の経済協力が別段、中国に偏していたわけではなかったのである。

10 竹下首相訪中
——友好的雰囲気と国際環境変動の予兆

一九八八年七月三〇日、村田次官が首相の先遣隊として訪中し、劉述卿外交部副部長と日中二国間問題やカンボジア問題、朝鮮半島問題について討議し、銭其琛外交部長とは首相訪問の取り進め方やカンボジア問題、ソ連の前途に関し話し合い、首相訪中の最後の地ならしを行った[253]。

そして、八月二五日に訪中した竹下は、同日夕方に李鵬首相との会談に臨んだ。まず「自分は、従来より日中友好を信念としており」、首相就任以来、可能な限り早期の訪中を希望していたとアピールした竹下は、次いで、日中関係の発展が日本外交の主要な柱と位置付けたうえで、「過去の歴史に対する厳しい反省を出発点と、日中共同声明、日中平和友好条約及び日中関係四原則を基礎とするわが国の対中国重視政策は不変」と表明した。また、今後とも中国の近代化に可能な限り協力すると述べて、「世界に貢献する日本」の具体策としての「国際協力構想」を説明した[254]。

李鵬は竹下の対中重視政策に歓迎の意を示し、「日本との友好協力関係は中国の外交方針の重要な構成部分」と応じた。また、改革開放政策が、「既にある程度の成果を収め、経済も発展している」と述べて、同政策継続への強い決意を示すとともに、日本の協力姿勢を高く評価した。さらに、「国際協力構想」について、賞賛し、エールを送った[255]。

竹下は、中国の第八次五ヵ年計画(一九九一年~九五年)に対し、「九〇年度からの六年間に、円借款約八一〇〇億円、輸銀アンタイド・ローン約四〇〇〇億円を目途とする協力を行う用意がある」と表明し、無償資金協力についても「日中平和友好条約一〇しゅう《〔周〕》年を記念し、中国側が最重点を置いていると承知しているかん《〔環〕》境分野のプロジェクトにつき協力する用意がある」ことを伝えた[256]。

李は、日本の資金協力が「中国の近代化、とりわけインフラ整備に大変大きな役割を果たす」と謝意を示し、環境分野への協力も評価した。これら協力が、長期的には中国のみならず日本にとっても有利であると指摘した。一方、竹下も、「自分は援助という言葉を使うことは適当でないと考えており、従って国内でも相互協力という言葉を使うよう留意している」と謙虚な姿勢を見せた[257]。

また、日中間の貿易不均衡が近年是正されている点も、李は高く評価した。日本として中国のGATT参加を歓迎し、支援していく姿勢を表明した竹下の発言にも、李は「喜ばしい」と好意を示した。さらに「中国のガット復帰後、台湾が一つの関税地域としてガットに加入することを排除しない」とも発言した[258]。

中国側から不満が持ち出されたのは、対中技術移転の分野であった。李は、①東芝機械事件の対ソ制裁措置発動によって、中国が関わる多くの契約が延期になり、少なからず損失を被った、②ココムが中国を制限する一つの理由が共産国家であるからと言うが、中国は世界の平和や西側の安全に影響をもたらすことはしない、と述べ、「技術移転については、日本側は積極的な態度をとってほしい」と注文をつけた。これには竹下も、昨年来の不正輸出に対する行政処分が結果的に中国に損失を与える点を「大変留意していた」と述べつつ、「対中規制緩和に一層の促進を図る方向で努力したい」と答えた[259]。

竹下は、政治・経済関係のみならず、「両国の人的交流、文化・学術交流」の発展によって、両国間の相互信頼関係が確固としたものになることを指摘し、①留学生の受け入れ体制の整備など幅広い施策を推進する、②敦煌《とんこう》における文化遺跡保存のための施設建設の面で新たな協力を行う、意思を表明した。李は日本の芥川賞作家・井上靖原作の映画「敦煌」が中国でも大きな評判となっている点に言及して、日本側の申し出を歓迎した。また、留学生交流の意義を指摘する一方、「(留学生の他に)貴国はわが国の研修生を受け入れ、学びながら工場等で研修しているが、これは有意義」と評価した[260]。

そして、過去の歴史問題について李は、日中戦争が中国人民に大きな損害をもたらすとともに、「日本も戦争後期、戦後、大きな不幸を経験した」と指摘し、この悲劇を繰り返さないよう努力するべきと述べた。竹下は、①一九四五年の終戦時、自分は二一歳であり、この時に「戦争のない世界を作ろう」と決意したのが政治家になった原点であり、②したがって、平和憲法、非核三原則、専守防衛の徹底という考えを今後も続けるし、国民もそれを支持すると確信する、と答えた[261]。

李は、竹下の抱負を評価しながらも、「東南アジアそして中国が日本の防衛力増大に関心を示していることを、貴総理が重視されるよう希望する」とクギを刺した。竹下は、瓦力防衛庁長官をインドネシア、シンガポールに派遣し、日本の防衛政策について説明させたと返答した[262]。

この会談では国際情勢についても話し合われた。まず竹下がソ連の外交姿勢について、①アフガン撤退決定やカンボジア問題への取り組み方を見れば、ソ連の対外姿勢に一定の変化が認められる、②しかし、極東ソ連軍は一貫して増強され、削減の兆候はなく、領土問題に関する姿勢にも変化はなく、「新思考外交」が実行されているとは感じ取れない、と分析した[263]。日本は依然ソ連に警戒的であった。

これに対して李は、世界情勢が緊張緩和の方向に向かいつつあることを歓迎しながらも、「日本の北方領土に対する『ゴ（ゴルバチョフ書記長）』の態度は『新しい思考』を実証していない」と竹下に同調するとともに、同問題で中国が日本を一貫して支持する姿勢を明らかにした。また、中ソ関係正常化の主な阻害要因がカンボジア問題であると指摘し、「越は撤兵の詳細なタイムテーブルはなく、国際監視も実施されていない」、「（同問題の）解決はまだ先のこと」と語った[264]。

しかし、その一方で、「ここ数年（中ソ）国家関係の正常化に向けて、経済、文化の面で進展」があり、「中ソの全般的正常化の問題」が「既に議事日程に上っている」ことを明らかにした李は、明後日（八月二七日）の中ソ外務次官級交渉でカンボジア問題に対する見解が一致を見れば、「関係正常化に向けて一歩前進するだろう」との展望も語った。そして、①関係正常化は中ソ両国の平和と安全に役立つ、②正常化されたとしても、一九五〇年代のような同盟関係に戻ることはない、と付言した[265]。

この問題については、首相訪中直前に帰国した中島大使も、八月二二日の記者会見で、中ソ正常化の「三つの障害」（①中ソ国境・モンゴルのソ連軍、②ソ連のアフガン介入、③カンボジア問題）各々が改善されている点を根拠に、「正常化は一般に考えられているより、もっと速いテンポで進む」との感触を語っていた[266]。米ソ対立、そして中ソ対立と、一九八〇年代の日本外交が与件としてきた国際環境は、すでに溶解過程に入っていた。

そのうち、中ソ関係の行方に強い関連性を持つカンボジア問題の解決にソ連が積極的な理由について、竹下は「背景には、対中関係改善を求めるソ連の政策がある」との見方を示し、明後日の中ソ次官級交渉の帰趨に注目すると述べた。また、カンボジアからのベトナム軍の完全撤退とポル・ポト政権の復帰阻止が問題解決の必要条件としたうえで、一一月に予定される三回目のシアヌーク大統領とフン・セン首相（ヘン・サムリン政権）との会談にも注目すると付け加えた[267]。

李は、①ポル・ポト政権が単独で政権を担当することを支持しない、②フン・セン首相により政権が担当されることは、なおさら支持しない、③シアヌーク殿下を首班とする四派連合政権を支持する、という中国の立場を示した。中国にとって、ヘン・サムリンの単独政権を容認することは、「越の『カ』侵略の合法性を認める」ことに等しく、到底認められなかったのである[268]。

次に朝鮮半島情勢について、竹下は「南北両当事者間の話し合いによる平和統一実現のためにも、それまでの過程においては、南北間、韓国と中ソ間、北朝鮮と日米間で交流が進むことは有意義と思料」と表明し、日本の朝鮮半島政策の基本線を次のように説明した。

① 先般の七・七盧大統領特別宣言において、韓国政府が柔軟かつ建設的姿勢を打ち出したことを支持し、歓迎。北朝鮮側が同様の柔軟性をもって応じることを強く期待。北朝鮮側が提案した南北国会連席会議に韓国側が前向きに対応する等の動きは好ましいものとして注目。

② 日朝関係は、韓中・韓ソ関係に比較して直接貿易、人的交流の面で既に相当進んでいるが、わが国としても、韓国の柔軟姿勢、韓中・韓ソ関係の進展等の新たな情勢を踏まえ、日朝関係を更に深める用意あり。ただし、ここで問題となるのは第一八富士山丸問題解決が全ての前提になるということ。

③ いずれにせよ、直接的話し合いは前提条件なく行いたい。先般北朝鮮に対し公に直接対話を呼びかけたが、これは初めてのこと。北朝鮮が対話に応じることを強く希望。

そして、スポーツ協議や国際会議、経済、観光の諸領域で、「中韓関係が静かに、しかも着実に進展していること」を歓迎するとともに、「韓国側は、貴国の置かれた国際的立場を十分認識しつつも、地道に交流を積み上げていくことを真摯に希望」していると伝え、日本も中韓関係の改善を側面から支援するとした[269]。

李も、南北対話に賛意を示すとともに、朝鮮半島の安定を阻害するような北朝鮮の行動に対しては、友好国としても支持しないと発言した。また、日朝間の直接対話に期待を表明した。ただし、「北朝鮮を国際社会から孤立させないことが大切」だとして、早期の韓国との外交関係樹立は不可能とも述べた[270]。

さらに、四月の伊東総務会長訪中時に李が訪日招請を快諾している経緯を踏まえ、竹下が「明年さくらのさくころの訪問は如何」持ち掛け、李も応じた。竹下はまた、趙紫陽総書記や万里全人代委員長、銭外交部長三名の訪日希望を表明したが、同席の銭は、自身については本年（一九八八年）一〇月の訪日予定と述べた[271]。

翌八月二六日午前には、竹下は鄧小平主任との会談に臨んだ。鄧小平は、首相の訪中を「熱烈に歓迎する」として、合わせて「田中、大平時代に比べても決して見劣りのしない新しい日中関係を結びたい」と語った。鄧によれば、「田中、大平時代」には、日中両国首脳の間に関係発展の基盤となる相互信頼、「心を通ずるような友人」のような関係があったという[272]。一方、竹下が「今世紀末までに中国人一人当たりの所得を八〇〇ドルにするという目標（決して裕福ではないが、楽に暮らせる「小康社会」の実現）は、閣下が故大平総理と会った時に言われたものとうかがった」と水を向けると、鄧は「この目標は故大平総理のヒントから考えたこと」と述べ、大平との思い出話に花を咲かせた[273]。

鄧は「中国の経済改革は難関突破の段階に差しかかっている」と語った。第三次対中円借款についても、「今度のお土産は決して軽くない。歓迎するとともに感謝する」と率直に謝意を表明した。そのうえでなお、技術移転と投資のという二点の協力を「六二億ドル（八一〇〇億円の円借款）より重要である」と評して協力強化を要請した。竹下は今回の訪中で投資保護協定が調印されることに触れ、「これを機会に本当の民間投資が進まねばならないと考える」と述べた[274]。

竹下が自らの敦煌行きについて、「千年、二千年前に今の日本文化の原点がそこにあり、それを日本の若い人たちに教える契機にしたい」と抱負を語ると、鄧は「非常に結構」と応じた。会談の最後に竹下が「健康に留意され、私たちを指導願いたい」と述べると、自身の健康ぶりをアピールした鄧であったが[275]、これが日本の現職首相と会見する最後の機会となった。

同日夕方、竹下は趙紫陽総書記との会談を持った。趙総書記は、改革開放政策による経済発展を強調する一方、「経済発展が早すぎて、この二年間インフレの問題が発生している」ことを認め、経済発展の速度と物価を統制する必要性を語った[276]。竹下は、中国の開放政策を高く評価すると同時に、「南の発展なくして北の発展はない」として、日中両国の経済発展はアジア太平洋地域の発展と平和につながるとの認識を示した。あくまでも、日本は経済面で中国に「援助」ではなく、「協力」をしているとの立場であった[277]。

さらに竹下は、①中国の「沿海地区発展戦略」、②カンボジア問題、の二点についての中国側の見解を尋ねた。まず、趙は①について、「われわれは、日本企業が中国の沿海地区において独資あるいは合弁企業を設立することを非常に希望している」と呼び掛け、「日中双方の沿海地区が交流を行うことは輸送面でも非常に有利な条件を有している」と説いた[278]。

また、②に関し、「越の撤兵」を前提に、前日の李鵬首相と同様、ヘン・サムリン派による単独政権樹立は絶対反対だとして、シアヌーク殿下が真に主宰する「四派連合」による政権樹立に賛成すると表明した。また、ヘン・サムリン派による単独支配を回避するべく、「平和維持軍や国連監視団を派遣することを支持」するとともに、四派相互の武力衝突を防止し、総選挙の順調な実施を保証するため、「四派を解散し、その後四派が各々同数の兵を出して国防軍が作られるべき」と提案した。他方、国連代表権について、民主カンボジア支持の原則論を主張した[279]。

これに対しては竹下も、「越軍の全面撤退と四派連合政権の樹立」という点で同意するとともに、平和維持軍や監視団の派遣に関しても、日本として検討中と答えた。また、八月初旬のシアヌーク殿下との会談を通じて、「(殿下が)問題解決に向けて強い意欲を持っているように見受けられた」とも語った。そして、今後とも中国と意見交換を行い、日本の対応を検討すると述べた[280]。

竹下が趙の訪日招請の意を伝えると、趙は早期の訪日実現への希望を語りながらも、「自分は総書記になってから、国内の事で極めていそがしく、外国訪問の機会が少ない」と述べ、時期を明言しなかった[281]。結局、趙は明年(一九八九年)六月の天安門事件で失脚し、訪日自体が消える。

竹下訪中は、前年(一九八七年)に総書記となった趙が自信を持って施策を進めていた時期にあたっていた。中国側も親善ムードを世界にアピールする演出を考えていたから、防衛費や靖国、教科書、奥野発言などの問題は全く取り上げられず、台湾や光華寮に関する中国側発言も想定通りの枠内で処理された[282]。中国側は自国の経済発展を推進すべく、日本から可能な限り多くの経済援助を引き出す見地に立ち、なおかつ田中－大平に続く親中国派の実力者に位置付けられる竹下の政権が今後長期にわたって続くとの予測に基づいて、右の諸難題で揺さぶることは得策でないと判断したのだろう[283]。

北京での中国首脳陣との会談を済ませた竹下は、敦煌、西安に赴いた。特に、敦煌行きの実現には、竹下自身が非常に強いこだわりを見せた。このアイディアは、かねてより首相と親交のあった平山郁夫画伯によるもので、彼の働きかけが功を奏したものと見られる[284]。前年の暮れ、竹下は、平山画伯から、敦煌の石窟をはじめとする文化財保護の問題について意見を聴取した後、文化懇談会を設けて、一八名の委員により、首相官邸で審議会を開くなど、首相就任当初から、日本の文化政策を積極的に推進しようとした。文化遺産の保護は、政治・社会体制の相違を超えて、文化発展と平和を目指す日本の国是にとって最も相応しい使命であった[285]。

竹下は敦煌で莫高窟《ばっこうくつ》を見学し、西安では敦煌遺跡の保全事業を目玉に国際協力構想の第三の柱の重要性を盛り込んだ記念講演を行った[286]。竹下が同講演のなかで、日中間の文化交流、特に敦煌の事業に関して詳説、実際当地に赴いたことを『人民日報』は集中的に報道し、記事数は四日間で八件に上った。これらの報道では、日本が先進国として対中援助を行っている国であるだけでなく、古来、文化が相通ずる友好国家であることがアピールされていた。ODAにおける日本イメージにも歴史と文化に関わる内容が加わったのである[287]。

この訪中を通じて、「ぎくしゃくしていた関係を鎮静化させ、日中関係を盛り上げるセットはできた」（中島大使）とはいえた[288]。また、竹下自身、北京で中国首脳との一連の会談をこなしたことにより、田中、大平に次ぐ「中国派」として、大きな発言力を保持することになる[289]。

他方、訪中直後の九月初旬にまとめられた、「日本と中国：関係改善を画した竹下訪中」という題の米国政府の内部文書では、次のような分析がなされている。

> 東京の視点から見れば、理想の日中関係は、誠心誠意で、通商関係中心、政治面での困難に左右されないものであろう。北京の指導部は、そうした日本側の望

む線に日中関係を改めて方向づけたようである。……（訪中の際の）北京側の温かさは、日本にへつらったと批判された胡耀邦の一九八七年一月の失脚以来始まった、対日批判の強化傾向を方向転換した。この転換は、新たな中国指導部の選出や対日強硬姿勢の古参幹部の引退、中国沿海部の開発が注目されたこと、昨年度の中国の対日貿易入超が減少したことを反映したものである。中国の「古い友人」である竹下の首相選出もまた、このような中国側の政治的調整をより時宜を得たものにしているかもしれない。[290]

確かに、日中関係を重要な基盤である経済関係は、竹下政権期に改善傾向を示していた。一九八〇年代半ばの日中関係に影を落としていた貿易不均衡についても、中国側が八五年から輸入抑制策を採り、洗濯機、カラーテレビ、冷蔵庫などの家電製品の日本からの輸入が大きく減少したこと、中国の対日輸出が増加したことから、八七年には日本の輸出超過は八億ドルまで減少し、八八年以降は日本側の統計では中国の輸出超過という状況を迎えていた。また、日本からの対中直接投資も一九八〇年代の後半には急増した。一九七九年から八五年までの累計で二一一件二八七億円に留まっていた日本の対中直接投資は、八八年には一年間で一七一件二九六億円にのぼったのである[291]。

竹下訪中から約三ヵ月後の一一月一八〜二〇日、東京で日中友好二一世紀委員会の第五回会議が開かれ、同会議終了の翌二一日、日中双方の委員が楊振亞駐日大使同席の下、竹下と会見した。竹下は、自身の訪中成功は「皆さんの努力のお陰」と謙遜しつつ、そのうえで日本の対中経済援助は「援助」ではなく「協力」とする持論を展開する[292]。

「ＯＤＡは援助ではなく協力」との竹下の発言は、右の李鵬や趙紫陽との会談でも登場している。中国側には、円借款は戦争賠償の代替品であるという前提意識があった。また、援助を望むならば対日批判は控えよとする「金持ち日本」の傲慢さへの指摘があった。中曽根政権に対しては対中ＯＤＡを日本の対外戦略の手段として使用しているとして批判する向きもあった。事実、中曽根は後年、「（第二次対中円借款には）中国を自由主義陣営の仲間に入れてソ連への対抗勢力とする外交戦略上の意図があった」と明言している。「金持ち日本」のイメージとＯＤＡの政治利用が相まって、日本のＯＤＡに対する中国のイメージが損なわれていたようだ[293]。

対中ＯＤＡに関して竹下があえて低姿勢な発言を繰り返

したのは、中国側の潜在意識を踏まえて、ODAや日本そのもののイメージ悪化を食い止める意図があったと推測できよう。また、竹下が謙虚な姿勢に徹したためか、特に鄧との会談は、「非常にパーソナルな温かい出会い」（寺田輝介元首相秘書官）となったという[294]。

竹下は、先述した日中友好二一世紀委員会の委員たちとの会見で、「三二年前、私が故郷で青年団の仕事に携わっていた頃に、呉学謙先生（前外交部長）と楊振亜先生にお会いしました。当時は誰も、今日ここでこのような身分で再会することなど予想できませんでした」と続けた。事実、かつて積極的に青年交流に参加した両国の青年組織の責任者や、青年交流の先頭に立っていた人たちのなかには、一九八八年時点で、政府の要人となった者が多くいた。青年団時代の話に花を咲かせつつ、和やかな雰囲気のうちに会見は終わった[295]。

胡耀邦という一指導者との個人的友好関係を日中友好関係の軸に据えた中曽根に対し、竹下は特定の指導者との関係のみに踏み込むことはなく、むしろ、若き日の青年団人脈を梃子に、より幅広く中国側とのコネクションを構築しようとしたようだ。派手さはないが、謙虚かつ地に足の付いた竹下の対中アプローチは、前政権の後半に軋みがちであった日中関係をひとまず安定化させた。

竹下政権にとって対中関係修復の切り札は対中円借款であった。ところが、中国首脳からODAが中国のみならず日本の利益にもなっている点を指摘があらわれるようになるなど、ODAに対する評価は相対的に下がっていた。第三次円借款に関する中国側の報道も、一九七九年の第一次、八四年の第二次の時と比して明らかに低調であった[296]。先進国と発展途上国という非対称な経済関係の下で、中国側が歴史的に負の遺産を抱える日本側に不信感と警戒感を持つことは避けがたかった[297]。円借款に寄りかかった対中外交は、曲がり角に差し掛かっていた。

註

1——Department of State Briefing Paper, "New Japanese Government/Political Situation" (November 6, 1987), JUI01467, p.1.

2——村田、前掲『村田良平回想録 下巻』、三三二頁。

3——久米郁男「竹下登——保守党政治完成者の不幸」渡邉編、前掲

『戦後日本の宰相たち』、三八〇頁。
4——佐道、前掲「竹下登」佐道・小宮一夫・服部龍二編『人物で読む現代日本外交史』、二八五〜二八七頁。
5——後藤謙次『竹下政権・五六七日』行政問題研究所、二〇〇〇年、二九〇〜二九一頁。
6——寺田輝介元駐韓国大使へのインタビュー(二〇一五年一一月一三日)。寺田は、外務官僚で、竹下の首相秘書官を務めた。
7——同右。
8——後藤、前掲書、二八八〜二八九頁。
9——Telegram from American Embassy Tokyo to U. S. Department of State, "Assistant Secretary Sigur's Meeting with Foreign Minister Sosuke Uno" (November 10, 1987), JUII01482, p.1.
10——「日本・ASEAN首脳会議における竹下内閣総理大臣冒頭発言『日本とASEAN——平和と繁栄へのニュー・パートナーシップ』」(一九八七年一二月一五日)前掲『世界と日本』。
11——「日・ASEAN首脳会議」(一九八七年一二月一五日・於フィリピン国際会議場)、一〜三頁(開示請求番号二〇〇九-〇〇〇九六)。
12——同右、三〜四頁。
13——同右、四〜五頁。
14——同右、六頁。
15『読売新聞』一九八七年一二月一六日。
16——前掲「日・ASEAN首脳会議」、八〜九頁。
17『読売新聞』一九八七年一二月一六日。
18——前掲「日・ASEAN首脳会議」、九〜一一頁。
19——同右、八〜九頁。
20——栗山尚一・永井陽之助・細谷千博・粕谷一希「特別座談会 戦後史の分水嶺としての一九八九年」『外交フォーラム』一九八九年一二月号、二六頁。
21——前掲「日・ASEAN首脳会議」、六〜七頁。
22——船橋洋一『アジア太平洋フュージョン——APECと日本』中央公論社、一九九五年、八九、四三〇頁。
23——畠山、前掲『通商交渉』、一四〇〜一五一頁。ちなみに、アジア太平洋の地域協力枠組みに積極的であった通産省に対して、外務省の動きは鈍かったようだ。竹下政権時代に外務省アジア局参事官の任にあった谷野作太郎は、「たしかに、APECの立ち上げに情熱を持って仕事したのは、外務省ではなくて通産省でした。外務省にはASEANを差し置いて日本が主導権を握ることに対して、アジアの国々から警戒心を呼ぶんじゃないかという気持ちがあったのかもしれません」と回想する(谷野、前掲『アジア外交』、二二一頁)。また、竹下政権当時、外務省欧亜局長とアジア局長を歴任した長谷川和年も、「環太平洋連帯構想を日本が進めようとすれば、ASEANが反発するという事情もあった。だから外務省は同構想について、どちらかというと後ろ向きだった」と証言する。長谷川、前掲『首相秘書官が語る中曽根外交の舞台裏』、二四九頁。
24——『毎日新聞』一九八七年一二月一六日(夕刊)。
25——小林秀明「日・ASEAN首脳会議の成果と今後の課題」『経済と外交』一九八八年二月号、八頁。
26——Telegram from American Embassy Manila to U. S. Department of State, "Takeshita Visit to ASEAN Summit" (December 17, 1987), JUII01498, pp.1, 6.
27——前掲「日本・ASEAN首脳会議における竹下内閣総理大臣冒

頭発言」。

28——三宅大使発外務大臣宛て電信「東アジア・大洋州大使会議（報告・政治情勢）」（昭和六三年一月一九日）、四～五頁（開示請求番号二〇〇九‐〇〇一五五）。

29——同右、五頁。

30——同右、五～六頁。

31——同右、六～七頁。

32——松永信雄「アメリカ経済、日米関係の実情と前途」『世界経済評論』一九八八年二月号、二一～二三頁。

33——村田、前掲『村田良平回想録 下巻』、三七～三八頁。

34——同右、三八頁。

35——久米、前掲論文、三八〇～三八一頁。

36——Memorandum from EAP Gaston Sigur to The Secretary, "Scope Paper—Prime Minister Takeshita's Visit, January 12-15, 1988" (January 12, 1988), JUII01504, p.2.

37——Memorandum from Gerge P. Shultz to The President, "Visit of Japanese Prime Minister Takeshita, January 12-15, 1988" (January 12, 1988), JUII01506, p.2.

38——松永大使発外務大臣宛て電信「日米首のう会談（その二・テタ・テート）」（昭和六三年一月一四日）、一～二頁（開示請求番号二〇〇九‐〇〇一四六）。

39——松永大使発外務大臣宛て電信「日米首のう会談（その三・全体会議）」（昭和六三年一月一四日）、二～三頁（開示請求番号二〇〇九‐〇〇一四六）。

40——同右。

41——同右、三～四頁。

42——同右、六頁。

43——同右、七頁。

44——同右、四頁。

45——同右。

46——同右、四～五頁。

47——同右、五頁。

48——松永大使発外務大臣宛て電信「日米首のう会談（その四・米ソ関係）」（昭和六三年一月一四日）、一～三頁（開示請求番号二〇〇九‐〇〇一四六）。

49——松永大使発外務大臣宛て電信「日米首のう会談（その五・アジア）」（昭和六三年一月一四日）、一頁（開示請求番号二〇〇九‐〇〇一四六）。

50——松永大使発外務大臣宛て電信「日米首のう会談（その六・ペルシャ湾）」（昭和六三年一月一四日）、一頁（開示請求番号二〇〇九‐〇〇一四六）。

51——瀬川、前掲「日米防衛協力の政治経済史」、一三一、一三三頁。

52——寺田元駐韓国大使へのインタビュー（二〇一五年一一月一三日）。

53——村田、前掲『村田良平回想録 下巻』、三九頁。

54——松永大使発外務大臣宛て電信「総理訪米・訪加・記者ブリーフ（下院院内総務との会談）」（昭和六三年一月一三日）、一～二頁（開示請求番号二〇〇九‐〇〇一四六）。

55——松永大使発外務大臣宛て電信「総理訪米（バード上院院内総務との会談）」（昭和六三年一月一五日）、一～四頁（開示請求番号二〇〇九‐〇〇一四六）。

56——村田、前掲『村田良平回想録 下巻』、三九頁。

57——尾野村祐治「『負け戦』だった日米牛肉・オレンジ交渉」『世界週報』一九八八年七月五日号、一七頁。
58——竹下、前掲『証言保守政権』、二一〇頁。
59——薮中三十二『対米経済交渉——摩擦の実像』サイマル出版会、一九九一年、七一〜七二頁。薮中は、一九八七〜九〇年まで外務省北米局北米第二課長として、対米経済交渉を担当した。
60——フクシマ、前掲『日米経済摩擦の政治学』、三〇一頁。
61——薮中、前掲書、七五〜七六頁。
62——同右、七六〜七七頁。
63——竹下、前掲書、二一四頁。
64——久米、前掲論文、三八二〜三八三頁。
65——Memorandum from Morton I. Abramowitz to The Secretary, "Japan: Agricultural Politics—Emotions, Fears, and Money" (February 8, 1988), JUII01508, pp.1, 3.
66——フクシマ、前掲書、三〇四〜三〇五頁。
67——薮中、前掲書、七八〜七九頁。
68——後藤、前掲書、二九四頁。
69——薮中、前掲書、七九〜八〇頁。
70——フクシマ、前掲書、三〇七〜三一〇頁。
71——薮中、前掲書、八一〜八二頁。
72——竹下、前掲書、二一六頁。
73——薮中、前掲書、八四〜八五頁。
74——八木正典「日米建設協議の実質的な決着——その経緯と決着内容」『経済と外交』一九八八年五月号、三四頁。当時、八木は外務省北米局北米第二課のスタッフ。
75——薮中、前掲書、五五頁。
76——同右、五六頁。
77——菊地大使発外務大臣宛て電信「日米首のう会談(経済関係)」(昭和六二年九月二二日)、一〜二頁(開示請求番号二〇〇九-〇〇〇九五)。
78——八木、前掲論文、三四頁。
79——薮中、前掲書、五六頁。
80——八木、前掲論文、三四頁。
81——フクシマ、前掲書、三四四〜三四五頁。
82——八木、前掲論文、三五頁。
83——フクシマ、前掲書、三四六〜三四七頁。
84——同右、三四七〜三四八頁。
85——五百旗頭真・伊藤元重・薬師寺克行編『90年代の証言 小沢一郎 政権奪取論』朝日新聞社、二〇〇六年、一五〜一六頁。
86——薮中、前掲書、五九頁。
87——同右。
88——同右、六〇〜六三頁。
89——同右、六四〜六五頁。
90——フクシマ、前掲書、三五二〜三五三頁。米有力紙の情報によれば、日本の建設会社のロビイストがベーカー大統領首席補佐官に働き掛け、対日交渉で弾力性に欠けるファーレンの次官昇任を潰したことが辞任の背景にあるという。
91——五百旗頭・伊藤・薬師寺編、前掲『小沢一郎』、一七〜一八頁。
92——薮中、前掲書、六五頁。
93——信田智人「対外政策決定のアクターとしての小沢一郎」外交政策決定要因研究会編(主査・橋本光平)『日本の外交政策決定要因』PHP研究所、一九九九年、三一頁。

94——八木、前掲論文、三六頁。

95——薮中、前掲書、六六〜六八頁。

96——フクシマ、前掲書、二七八、二八二〜二八四頁。

97——前掲『松永信雄 オーラル・ヒストリー 下巻』、一九一頁。

98——編集部「竹下内閣の五七五日——外交と内政 後世必ず評価される時が来る」『新経世』(特別号・一九八九年八月)、一九〜二〇頁。

99——今回合意された研究対象には、戦車や装甲兵員輸送車など重装備の事前集積や、兵員の大量輸送手段の確保、戦時受け入れ国支援体制の整備が含まれていた。高杉忠明「米国における対日責任分担論——議会、政府を中心にして」『外交時報』一九八九年一月号、二三、二七頁。

100——瀬川、前掲「日米防衛協力の政治経済史」、一三三〜一三四頁。

101——高杉、前掲論文、一八、二四〜二五頁。

102——同右、二五〜二六頁。

103——Memorandum from Gaston Sigur to The Secretary, "Burden-Sharing with Japan" (May 7, 1988), JUII01535, p.1.

104——Telegram from American Embassy Tokyo to U. S. Department of State, "Discussions between JDA Officials and DEPSECDEF Taft" (May 18, 1988), JUII01538, pp.1-2.

105——Telegram from American Embassy Tokyo to U. S. Department of State, "DEPSECDEF Taft's Meetings with MOFA Officials" (May 18, 1988), JUII01537, pp.1-2.

106——Ibid.

107——Telegram from American Embassy Tokyo to U. S. Department of State, "DEPSECDEF Taft's Call on LDP Secretary General Abe" (May 23, 1988), JUII01539, p.1.

108——Telegram from American Embassy Tokyo to U. S. Department of State, "SECDEF Carlucci's Meeting with JDA Director-General Kawara" (June 4, 1988), JUII01541, pp.1-2.

109——Telegram from American Embassy Tokyo to U. S. Department of State, "SECDEF Carlucci's June 2nd Meeting with FONMIN Uno" (June 7, 1988), JUII01542, pp.1-2.

110——後藤、前掲書、四四九〜四五〇頁(関係資料・第一一〇回国会における所信表明演説(昭和六二年一一月二七日))。

111——池田維「『国際的貢献』に対する日本のアプローチ——経済大国にとっての課題」『外交時報』一九八九年二月号、五〇〜五四頁。当時、池田は外務省情報調査局審議官として、「国際協力構想」の策定に関わっている。

112——村田、前掲『村田良平回想録 下巻』、三九〜四〇、四二頁。

113——『栗山尚一(元駐米大使)オーラル・ヒストリー——湾岸戦争と日本外交』(C・O・Eオーラル・政策研究プロジェクト PKOオーラルヒストリー・シリーズ)政策研究大学院大学、二〇〇五年、六頁。

114——長谷川(和)、前掲『首相秘書官が語る中曽根外交の舞台裏』、三二八頁。

115——栗山尚一『戦後日本外交 軌跡と課題』岩波現代全書、二〇一六年、一八〇頁。

116——前掲『栗山尚一(元駐米大使)オーラル・ヒストリー——湾岸戦争と日本外交』、六頁。

117——長谷川(和)、前掲書、三二三頁。

118——村田、前掲『村田良平回想録 下巻』、四二〜四三頁。

119——栗山尚一「責任ある経済大国への途」『外交フォーラム』一九

八八年一一月号、三三頁。

120 ――村田、前掲『村田良平回想録 下巻』、四三頁。

121 ――村田良平「変わりゆく国際情勢と日本外交の課題」『世界経済評論』一九八八年八月号、一二~一八頁。

122 ――村田、前掲『村田良平回想録 下巻』、四二頁。

123 ――寺田元駐韓国大使へのインタビュー(二〇一五年一一月一三日)。

124 ――村田、前掲論文、一〇、二〇~二一頁。

125 ――ロンドン市長主催午餐会における竹下登内閣総理大臣スピーチ「日欧新時代の開幕」(一九八八年五月四日)前掲『世界と日本』。

126 ――村田、前掲論文、二二~二三頁。

127 ――外務省『わが外交の近況』(昭和六三年版)、三五二~三五八頁(第三回国連軍縮特別総会一般討論における竹下登内閣総理大臣演説)。

128 ――池田、前掲論文、六一頁。

129 ――前掲『栗山尚一(元駐米大使)オーラル・ヒストリー――湾岸戦争と日本外交』、五頁。

130 ――前掲『わが外交の近況』(昭和六三年版)、三五二~三五八頁。

131 ――後藤、前掲書、三〇三~三〇四頁。

132 ――栗山、前掲「責任ある経済大国への途」、三八頁。

133 ――庄司貴由『自衛隊海外派遣と日本外交――冷戦後における人的貢献の模索』日本経済評論社、二〇一五年、二三頁。

134 ――村田、前掲『村田良平回想録 下巻』、四七、五四~五五頁。

135 ――一九八八年一〇月に実施された総理府の「外交に関する世論調査」によれば、国連などの平和維持活動への資金協力と派遣要員の双方の実施に対する支持率は五七・八%(一方、資金協力のみ一七・一%、不関与四・七%)にのぼり、過半数の支持を得ていた。しかし、右の派遣要員の「要員」というのは文民限定を意味していた。事実、同年一月の総理府による「自衛隊・防衛問題に関する世論調査」では、「自衛隊が今後力を入れていくべき面」と題して支持率が調査され、国の安全の確保が三八・〇%、国内の治安維持一二・二%、災害派遣三六・九%、「その他・分からない」が八・〇%であったのに対して、竹下や外務省が掲げた「平和のための協力」に該当する民生協力は四・九%に止まっている。庄司、前掲書、三〇~三一頁。

136 ――村田、前掲『村田良平回想録 下巻』、五五頁。

137 ――前掲『栗山尚一(元駐米大使)オーラル・ヒストリー――湾岸戦争と日本外交』、六~七頁。

138 ――庄司、前掲書、二八~二九頁。

139 ――長谷川和年「米ソ首脳会談、竹下総理の国連軍縮総会出席、第二次西欧訪問をめぐって」『世界経済評論』一九八八年八月号、一一、一九頁。

140 ――池田、前掲論文、六二頁。

141 ――村田、前掲『村田良平回想録 下巻』、四一頁。

142 ――池田、前掲論文、六二頁。

143 ――村田、前掲『村田良平回想録 下巻』、四五頁。

144 ――栗山、前掲「責任ある経済大国への途」、三八頁。

145 ――池田、前掲論文、六三頁。

146 ――『朝日新聞』一九八八年六月一五日。

147 ――村田、前掲『村田良平回想録 下巻』、四六~四七頁。

148 ――栗山、前掲「責任ある経済大国への途」、三九頁。

149 ――村田、前掲『村田良平回想録 下巻』、四八頁。

150——佐道、前掲「竹下登」、二九一頁。
151——田中均、前掲『外交の力』、四二～四三頁。
152——谷野、前掲『アジアの昇龍』、一四五～一四六頁。
153——『朝日新聞』一九八八年一月二三日。
154——同右、一九八八年一月一六日(夕刊)。
155——谷野、前掲『アジアの昇龍』、一四四頁。
156——『朝日新聞』一九八八年一月二三日。
157——一九八八年一月一八日にシンガポールで開催された東アジア・大洋州地域大使会議における、梁井新一駐韓大使やアジア局長経験者である木内昭胤駐タイ大使の意見に基づく。前掲「東アジア・大洋州大使会議報告(政治情勢)」、二頁。
158——田中、前掲書、四三～四四頁。
159——谷野、前掲『アジアの昇龍』、一四四頁。
160——村田、前掲『村田良平回想録 下巻』、三六頁。
161——山本、前掲「記録 日朝不正常関係史」、一九四頁。また、元次官の村田も、「(日本の対北朝鮮制裁は、)第一八富士山丸問題その他の考慮から、さほど強硬な内容のものではなかった」と回想する。村田、前掲書、三六頁。
162——村田、前掲『村田良平回想録 上巻』、三六九頁。
163——西村秀樹『北朝鮮抑留——第一八富士山丸事件の真相』岩波現代文庫、二〇〇四年、一〇七～一一〇頁。
164——村田、前掲『村田良平回想録 下巻』、三五～三六頁。
165——谷野作太郎「最近のアジア情勢と日本の対応」『世界経済評論』一九八八年五月号、二九～三〇頁。大韓機爆破事件当時、谷野は外務省のアジア局審議官。
166——谷野、前掲『アジアの昇竜』、一五七～一六一頁。
167——同右、一五五頁。
168——前掲「東アジア・大洋州大使会議報告(政治情勢)」、一頁。一九八八年一月一八日のシンガポールで開かれた東アジア・大洋州地域大使会議での梁井大使の発言。
169——『毎日新聞』一九八七年一二月二〇日(安倍へのインタビュー記事)。
170——同右、一九八七年一二月二一日(夕刊)。
171——寺田元駐韓国大使へのインタビュー(二〇一五年一一月一三日)。
172——相馬弘尚「竹下総理の訪韓——盧泰愚大統領就任式と日韓新首脳会談の成果」『経済と外交』一九八八年四月号、二五～二六頁。当時、相馬は外務省アジア局北東アジア課のスタッフ。
173——谷野、前掲『アジア外交』、一五八頁。
174——後藤、前掲書、三二八～三二九頁。
175——相馬、前掲論文、二六頁。
176——後藤、前掲書、三二九頁。
177——同右、三三〇頁。
178——谷野、前掲『アジアの昇龍』、二六五、三〇八、三二〇頁。
179——木村、前掲『日韓歴史認識問題とは何か』、五七～五八頁。なお、一九八六年の統計によれば、日本人の韓国への出国人数五九万一七八〇人のうち、男性は五〇万八五六四人と数は圧倒的に男性に偏重していた。同じ統計で、日本人のフィリピン、あるいは台湾に出国する人の男女比も同様な傾向にあり、これも韓国同様、買春旅行の存在を示すものである。谷野、前掲『アジアの昇龍』、三一〇頁。
180——木村、前掲書、五八～五九頁。

181――谷野、前掲『アジアの昇龍』、二六四～二六五頁。
182――道上尚史「宇野外務大臣の韓国訪問」『外交フォーラム』一九八八年五月号、三八頁。当時、道上は外務省アジア局北東アジア課のスタッフ。なお、二一世紀日韓委員会の日本側座長は、元駐韓大使であり、韓国でも広く尊敬されている須之部量三元外務事務次官、韓国側座長は、歴史学者として高名な高柄翊元ソウル大学総長となった。その他、同委員会の設置期間は二～三年を目途とし、日韓各五～六名の委員で構成すること、委員会は相互協力(政治、経済、科学技術)、相互理解(青少年交流、歴史・文化)の各分野について専門家を招致してその意見を聴取すること、第一回の会合を七月初旬開催とすることが決まった。
183――谷野、前掲『アジアの昇龍』、二六五～二六六頁。
184――道上、前掲論文、三八～三九頁。
185――同右、三九頁。
186――波多野、前掲『国家と歴史』、一六五頁。
187――日本政府が本件で法的に対応できない立場にあったのは、①一九五二年のサンフランシスコ平和条約で朝鮮の日本からの分離・独立が確定し、従来日本国籍を有していた朝鮮半島出身者は、南樺太在住の人々も含め日本国籍を喪失した、②日本は同時にサンフランシスコ条約において南樺太に対する全ての権利、権原、請求権を放棄した(同条約第二条(C))、という事情があったためである。谷野、前掲『アジア外交』、二九二頁。
188――同右、二九二頁。
189――親族再会例は、一九八四年には三名にすぎなかったが、その後八五年に六名、八六年二〇名、八七年に五〇名(同年一〇月末まで)と急増している。同右、二九三頁。
190――波多野、前掲書、一六七～一六八頁。
191――谷野、前掲『アジアの昇龍』、二九三～二九五頁。
192――同右、一三九～一四〇頁。
193――オーバードーファー、前掲『二つのコリア』、二二四～二二五頁。
194――谷野、前掲『アジア外交』、一五九頁。
195――谷野、前掲『アジアの昇龍』、三六六～三六七頁。
196――『朝日新聞』一九八八年七月二九日。
197――西村、前掲書、一三一～一三二頁。
198――村田、前掲『村田良平回想録 下巻』、五四頁。
199――長谷川(和)、前掲書、三三五～三三六頁。一九八八年六月に外務省の欧亜局長からアジア局長に転じた長谷川和年は、同年中にタイ・バンコクのホテルに滞在するシアヌーク殿下と面会し、第一八富士山丸事件解決への助力を願っているが、本文の如く断られている。
200――田中、前掲書、四五頁。
201――村田、前掲『村田良平回想録 下巻』、五三頁。
202――田中、前掲書、四五～四六頁。
203――河上民雄『社会党の外交――新しい時代作りのために』サイマル出版会、一九九四年、六五～六六頁。
204――田中、前掲書、四六頁。
205――村田、前掲『村田良平回想録 下巻』、五三頁。
206――『朝日新聞』一九八八年九月一三日(夕刊)。
207――後藤、前掲書、三三〇～三三一頁。
208――『朝日新聞』一九八八年九月一八日。
209――田中、前掲書、四七～四八頁。

210――山本、前掲論文、一九五頁。
211――田中、前掲書、五一～五三頁。
212――谷野、前掲『アジア外交』、一五九～一六〇頁。
213――同右、一六〇頁。
214――寺田元駐韓国大使へのインタビュー（二〇一五年一二月一〇日）。
215――徐、前掲『日本の経済外交と中国』、一三八～一四一頁。
216――中島、前掲『日米安保・沖縄返還・天安門事件』、二一〇頁。
217――U. S. Department of State Secret Analysis, "Japan—A Series: IV. Japan and China—Uneasy Neighbors" (March 18, 1988), JUI101515, p.1.
218――小嶋、前掲「光華寮問題」、二〇八～二〇九頁。
219――中島、前掲書、二一〇～二一一頁。
220――中島敏次郎「天安門事件の発生」『外交フォーラム　臨時増刊　中国』一九九七年、一三一頁。
221――中島、前掲書、二一二頁。
222――後藤、前掲書、四六五頁（関係資料・第一一二回国会における施政方針演説・昭和六三年一月二五日）。
223――国正、前掲『伊東正義』、四八、五一頁。
224――同右、四八～五〇頁。
225――『朝日新聞』一九八八年四月一九日（夕刊）。
226――後藤、前掲書、三七七～三七八頁。
227――『朝日新聞』一九八八年五月四日。
228――李卓・梁云祥「竹下登内閣と中日関係」歩編、前掲『中日関係史　1978-2008』、二〇三～二〇四頁。
229――「第一一二回国会衆議院決算委員会議録第五号」（昭和六三年五月九日）、六頁（国会会議録検索システム）。
230――『朝日新聞』一九八八年五月一〇日（夕刊）。
231――同右、一九八八年五月一四日。
232――崔金柱・銭昕怡「宇野、海部両内閣と中日関係」歩編、前掲『中日関係史　1978～2008』、二二一頁。
233――ただ、宇野が、「軍国主義が発動した侵略戦争」という言い方にしたのは、「わしの小学校の男子同級生の半分は戦争で死んだ。あいつらが侵略で死んだとはどうしても言えん」という気持ちによるものであったという。宮本雄二『これから、中国とどう付き合うか』日本経済新聞出版社、二〇一一年、一〇三～一〇四頁。なお、宮本は外務官僚で、当時宇野外相の秘書官を務めている。
234――寺田元駐韓国大使へのインタビュー（二〇一五年一二月一〇日）。
235――「第一一二回国会参議院会議録第一六号」（昭和六三年五月一一日）、三～四頁（国会会議録検索システム）。
236――後藤、前掲書、三七九～三八〇頁。
237――中島、前掲書、二一三頁。
238――『朝日新聞』一九八八年六月一日（夕刊）。
239――同右、一九八八年五月五日。
240――関山健『日中の経済関係はこう変わった――対中円借款三〇年の軌跡』高文研、二〇〇八年、七六～七七頁。
241――中島、前掲論文、一三一～一三二頁。
242――前掲「東アジア・大洋州大使会議報告（政治情勢）」、三～四頁。ちなみに、「大平三原則」の第三原則は、「中国に対する軍事協力を行わない」ということであった。
243――長谷川和年「竹下総理訪中の成果と今後の課題」『世界経済評論』一九八八年一一月号、一四頁。
244――松浦晃一郎・韮沢嘉雄「竹下総理の中国訪問と日中経済協力を

めぐって」『世界経済評論』一九八八年一二月号、六九頁。松浦は当時の外務省経済協力局長。六五～六七頁。

245 ——同右、六九頁。

246 ——長谷川（和）、前掲「竹下総理訪中の成果と今後の課題」、一四頁。

247 ——徐、前掲書、一五五～一五六頁。

248 ——寺田元駐韓国大使へのインタビュー（二〇一五年一二月一〇日）。

249 ——長谷川（和）、前掲「竹下総理訪中の成果と今後の課題」、一三頁。長谷川は、一九八一年の投資保護協定の第一回締結交渉も、アジア局参事官として担当した経緯を持つ。

250 ——谷野、前掲論文、二六～二七頁。

251 ——村田、前掲『村田良平回想録 下巻』、五二頁。

252 ——長谷川（和）、前掲「竹下総理訪中の成果と今後の課題」、一四頁。

253 ——村田、前掲『村田良平回想録 下巻』、五一～五二頁。

254 ——中島大使発外務大臣宛て電信「日中首のう会談（日中関係総論・含冒頭発言）」（昭和六三年八月二六日）、一～二頁（開示請求番号二〇〇九－〇〇〇九二）。

255 ——同右、三～四頁。

256 ——中島大使発外務大臣宛て電信「日中首のう会談（経済協力）」（昭和六三年八月二六日）、一～二頁（開示請求番号二〇〇九－〇〇〇九二）。

257 ——同右、二頁。

258 ——中島大使発外務大臣宛て電信「日中首のう会談（貿易関係含むガット加盟問題）」（昭和六三年八月二六日）、一～二頁（開示請求番号二〇〇九－〇〇〇九二）。

259 ——中島大使発外務大臣宛て電信「日中首のう会談（技術移転）」（昭和六三年八月二六日）、一～二頁（開示請求番号二〇〇九－〇〇〇九二）。

260 ——中島大使発外務大臣宛て電信「日中首のう会談（文化・人的交流）」（昭和六三年八月二六日）、一～二頁（開示請求番号二〇〇九－〇〇〇九二）。この時の竹下のコミットメントが端緒となって、一九九四年八月に「敦煌石窟文化財保護研究展示センター」が完成している。平山郁夫画伯はその後も私財を投じて莫高窟の保存にエネルギーを注いだという。後藤、前掲書、三二二～三二三頁。

261 ——中島大使発外務大臣宛て電信「日中首のう会談（過去の歴史の評価等）」（昭和六三年八月二六日）、一～二頁（開示請求番号二〇〇九－〇〇〇九二）。

262 ——同右、一～二頁。

263 ——中島大使発外務大臣宛て電信「日中首のう会談（国際情勢の一般認識）」（昭和六三年八月二六日）、一頁（開示請求番号二〇〇九－〇〇〇九二）。

264 ——同右、一～二頁。

265 ——同右、二頁。

266 ——『朝日新聞』一九八八年八月二三日。

267 ——中島大使発外務大臣宛て電信「日中首のう会談（カンボディア情勢）」（昭和六三年八月二六日）、一頁（開示請求番号二〇〇九－〇〇〇九二）。

268 ——前掲「日中首のう会談（カンボディア情勢）」、一頁。

269 ——中島大使発外務大臣宛て電信「日中首のう会談（朝鮮半島情勢）」（昭和六三年八月二六日）、一頁（開示請求番号二〇〇九－〇〇〇九二）。

270――同右、二頁。
271――中島大使発外務大臣宛て電信「日中首のう会談（要人往来）」（昭和六三年八月二六日）、一～二頁（開示請求番号二〇〇九－〇〇〇九二）。
272――中島大使発外務大臣宛て電信「総理訪中（トウ小平主任との会談）」（昭和六三年八月二七日）、一～二頁（開示請求番号二〇〇九－〇〇〇九二）。
273――同右、三～四頁。
274――同右、五頁。
275――同右、五～六頁。
276――中島大使発外務大臣宛て電信「総理訪中（チョウ総書記との会見・分割電報三の一）」（昭和六三年八月二七日）、三頁（開示請求番号二〇〇九－〇〇〇九二）。
277――中島大使発外務大臣宛て電信「総理訪中（チョウ総書記との会見・分割電報三の二）」（昭和六三年八月二七日）、二頁（開示請求番号二〇〇九－〇〇〇九二）。
278――同右、三頁。
279――中島大使発外務大臣宛て電信「総理訪中（チョウ総書記との会見・分割電報三の三）」（昭和六三年八月二七日）、一～二頁（開示請求番号二〇〇九－〇〇〇九二）。
280――同右、二頁。
281――前掲「総理訪中（チョウ総書記との会見・分割電報三の一）」、二～三頁。
282――村田、前掲『村田良平回想録 下巻』、五二頁。
283――寺田元駐韓国大使へのインタビュー（二〇一五年一二月一〇日）。
284――同右。
285――平山郁夫「敦煌と竹下総理」前掲『新経世』、二七頁。
286――長谷川（和）、前掲「竹下総理訪中の成果と今後の課題」、一〇頁。
287――王坤「認識・イメージ 中国側から見る日中経済協力：一九七九～一九八八年の『人民日報』の対中ODA報道を中心に」『OUFCブックレット・三』（二〇一四年三月一〇日）、三一三～三一四頁。
288――中島、前掲論文、一三二頁。
289――後藤、前掲書、三二三頁。
290――U. S. Department of State Confidential, Analysis, "Japan/PRC: Takeshita Visit Marks Upturn in Relations" (September 4, 1988), JUI01559, p.1.
291――関山、前掲書、七六頁。
292――劉、前掲『時は流れて』、六三一～六三二頁。
293――王、前掲論文、三〇四、三一一頁。
294――寺田元駐韓国大使へのインタビュー（二〇一五年一二月一〇日）。
295――劉、前掲書、六三四～六三五頁。
296――王、前掲論文、三一二～三一三頁。
297――兪、前掲『国際社会における日中関係』、一一八～一一九頁。

第八章　冷戦終結過程の国際環境と流動化する日本政治

1　制約を受ける日本外交、その新たな胎動

竹下政権期の後半にあたる一九八八年九月から八九年の春までの日本外交は、従来の機動性や推進力を大幅に低下させることになった。まず、九月一九日、昭和天皇の容態が急変する。以降、日常の外交諸案件の処理や、重要度が高いと判断される外相の外国訪問は行われたものの、首脳レベルの外交は自粛され、外務省は次官以下、粛々と大喪の礼の準備作業に入った。

そして昭和天皇の不例以上に、この時期の日本外交を阻害したのがリクルート事件であった。一九八四～八五年にかけて、株式会社リクルートが、関連会社であるリクルート・コスモスの未公開株を、政界関係者らに子会社からの融資で購入させ、公開時（一九八六年一〇月）の値上がりによって利益を得させたという贈収賄事件であった。JR川崎駅前の再開発問題に端を発した事件の摘発は、一九八八年九月ごろから加速し、東京地検の捜査対象は政界、財界から官界にまで広がった。一二月九日に宮澤喜一蔵相兼副総理が辞任に追い込まれると、消費税の導入問題が相まって内閣支持率も急落する。一九八九年三月には、竹下首相自身、リクルート社によるパーティー券購入や政治献金の受領も明るみに出て、まもなく政権は瓦解する。

政権が死に体となっては、「総理大臣による外交上の強力なイニシアティブも、もはや期待すべくもなかった」（村田外務事務次官）[1]。もとより外交や国際関係に明るくない竹下は、首相就任当初から村田次官からの定期的なブリーフィングに依存しながら、首脳外交を展開していたが、天皇の不例以降は、次官からのインプットも十分に受けられなくなっていた。年が明けてリクルート事件が火を噴くと、

竹下の関心は一層内政に向けられ、もはや政権に外交問題を考える余裕はなくなった。官邸全体が、大きな国際情勢の変動を把握する力を欠いていた[2]。

それでも、冷戦が緩和するこの時期、外務省事務当局主導で、中曽根政権末期に停滞状態に陥った日ソ平和条約交渉に再びエンジンがかかり始める一方、戦後日本外交が積み残した重要懸案である日朝国交正常化交渉に向けた動きも始まる。他方、米国ではブッシュ(父)政権が誕生し、日米関係のあり方も往年の「ロン・ヤス」時代とは異なる様相を見せるようになる。総じて慎重かつ保守的な日本外交も、いやおうなく変化を迫られていた。

2 再起動する日ソ関係

日本政府は、ゴルバチョフ書記長によって進められる一連のソ連の改革や軍縮、地域紛争への取り組みについて、その真意を慎重に見極めようとしていた。一九八七年一二月のINF全廃条約調印後においても、そうした懐疑的な姿勢は変わらなかった。同条約調印直前の一一月に首相に就任した竹下であったが、対ソ外交に関する自身の戦略や定見はなく、外交の場でももっぱら事務方が作成する発言要領で対応した。竹下政権の対ソ外交の実態は、「外務省・宇野外交」といって良かった[3]。前任の中曽根首相が、時として自身の主導によって対ソ外交を推進しようとしたのとは対照的であった。

一九八八年六月のトロント・サミットにおいて、竹下は「ゴルバチョフ書記長の政策がソ連の新しい面を見せているけれども、日ソ関係に関する限りは、北方領土問題や、その北方領土あるいはアジア地域におけるソ連の軍事力増強という点は変わっていない」と発言している。同サミットの政治宣言でも、欧州側の東西関係に加え、初めて極東におけるソ連軍の増強やアジアにおける不安定が言及された[4]。

また竹下政権下では、北方領土問題を「国際化」しようとする戦術が顕著であった。これは、同問題を単に日ソ二国間の争いとしているだけでは一向に埒があかず、国連総会での日本代表の演説を通じて漠然と国際世論に訴える方法にも限界があるという見地から、米国をはじめとする西側主要先進諸国の結束に力を借りて問題解決を図ろうとする戦術である[5]。この戦術は外務省の発案であった[6]。

しかし、この戦術も有効と呼ぶには程遠かった。冷戦期を通して領土問題を日ソ関係の改善を阻止する手段にしてきた米国だったが、ゴルバチョフの新思考外交の展開に伴い、対ソ関係の改善を追求していた。むしろ日ソ両国の間に立って問題解決を促し、新たな国際秩序を形成しようと考える米国が[7]、日本の主張する四島一括返還論の受け入れを、ソ連側に一方的に迫ることはなかった。そして、同問題に関する英独仏三国の反応も、基本的に冷淡なものであった[8]。ソ連は当然、領土問題の「国際化」戦術に反発した[9]。

そもそも、竹下の主張とは裏腹に、ソ連の新思考外交はアジアでも確実に進行していた。中ソ関係改善の動きを見れば、一九八七年以降、モンゴル駐留のソ連軍撤退が始まっていたし、翌八八年五月にはアフガンからもソ連軍は撤退を開始した(撤退完了は八九年二月)。カンボジア問題に関しても、一九八八年八月の中ソ外務次官級協議で新展開があり、一二月には銭其琛外交部長がモスクワを訪問する。中ソ国境問題も、同年までにかなりの進展が見られるなど、いわゆる「三つの障害」は相当程度解消されつつあったのである。

さらにソ連は、北朝鮮の抗議にもかかわらず、一九八八年九月のソウル五輪に参加していた。五輪のために設置されたソ連の事務所は、大会の終了後も存続し、対韓経済関係拡大の任務に従事する。この動きは、盧泰愚大統領の対ソ接近政策と呼応していた。つまり、中ソ関係、ソ韓関係、カンボジア問題などアジアの国際関係も欧州と同様大きく変わりつつあり、そのような変化が、ゴルバチョフの新思考外交によってもたらされたことは明らかであった[10]。

サミットの直後の六月二三〜二七日にモスクワで開かれた日ソ事務レベル協議で、ロガチョフ外務次官(Igor Rogachev)は「ソ日関係は世界全体の肯定的な動き、東西関係のダイナミズムに遅れていることは疑いない」と述べ、ソ日関係の現状について「完全に満足しうる状況ではない」と評した[11]。対する栗山尚一外務審議官はロガチョフ次官の主張を牽制するかのように、「本年第一四半期の日ソ貿易高は昨年同期比五〇%以上の増加である」などと例示しながら、「最近の日ソ関係は、貿易、経済、漁業、文化など実務関係の諸分野でそれなりに進展している」と述べ、そのうえで、実務関係が進展するなか、「遺憾ながら」領土問題などの基本問題が進展を見ていないと釘を刺した[12]。

ロガチョフは、「日米の軍事訓練も定期的に行われ、防衛的な枠組を超えている」、「日本側が米軍の兵器を大規模に貯蔵するとの決定、在日米軍の駐留費負担を増やす決定を行ったことにも我々は注目している」と切り返し、日米同盟強化の動きを批難した。これに対して栗山審議官は、日米安保体制は防衛的なものと反論し、極東ソ連軍増強やソ朝間の軍事協力強化にも言及して、「新思考外交」が、「この地域のソ連の軍事体制に反映することを希望する」と要望した[13]。日ソ間の協議はさながら、新冷戦時代同様の状態であった。

対ソ警戒感を払拭しきれない日本側が、ソ連の「新思考外交」を感得する契機となったのは、一九八八年七月の中曽根前首相の訪ソであった[14]。前首相となった中曽根の訪ソ目的は、両国関係の膠着状態の打開・融和にあった。訪問にあたって中曽根は、竹下首相と入念な打ち合わせを行っている[15]。中曽根にとっては、首相時代にやり残した仕事を完遂する外遊であった。

訪ソにあたって中曽根は、ソ連側に、①ゴルバチョフ書記長と北方領土問題について一歩踏み込んだ話し合いをしたい、②ソ連の国際戦略や外交戦略の専門家たちに向けた講演をしたい、③テレビを通じてノーカットでソ連国民に語り掛けたい、という三つの要望を行っていたが、ソ連は全て応諾した。ゴルバチョフは中曽根の訪ソを積極的にとらえていたのであろう[16]。

モスクワ入りした中曽根は、七月二一日、IMEMO（世界経済国際関係研究所）で演説を行い、「スターリン主義と抑止政策を完全に撤回し、新しい原理と体系による世界的和解」、すなわち、約四〇年来続いてきた東西冷戦体制を終結させるのが望ましいとの見解を提示した。次いで、アジアでは欧州のような「ヘルシンキ型の安保体制」を導入することはできないと指摘し、北方領土問題、朝鮮半島における緊張、カンボジア問題といった具体的な諸問題を解決することが先決と主張した。そして最後に、「ソ連政府がまずイニシアティヴをとって、日本との間の領土問題につき、従来の頑なな態度を再検討し、その解決に向けて前進する誠意を示す」よう訴えた[17]。

さらに、翌二二日のゴルバチョフとの会談でも、前日のIMEMOでの演説同様、「世界が冷たい戦争で対立した原因はスターリニズムにある……スターリンは、日本に対しては北方四島占領という間違いを犯している」と論じ、「もうスターリニズムはやめなさい。われわれも封じ込めをやめる。世界的和解をやって、平和を維持し人類の未来を拓こうではないか」と呼びかけた。

もっとも、領土問題をめぐる両者の議論は平行線をたどるばかりであった。中曽根は、米国が沖縄を返還したことを引き合いに出しつつ、北方四島が北海道に属していることは、日露通好条約や千島樺太交換条約で明確に規定されているとして、第二次大戦終結直後にソ連軍がこれら四島に侵入したと指摘した。また、一九六〇年の安保改定を機にソ連が発した覚書（二島返還論無効化）は、「一方的通報」にすぎず、あくまで一九五六年の共同宣言に基づいて、両国は交渉すべきと主張した。

これに対してゴルバチョフは、戦後に決まった国境は不可侵という原則を掲げ、一九五六年の国交回復時にソ連が歯舞・色丹の二島返還という「善意」を示したが、日本は四島返還論に固執してそれを拒んできたうえに、一九六〇年の安保改定とその後の東アジアにおける米国の軍事的プレゼンスを理由に挙げて、二島返還も無効になったと述べた。

それでも中曽根は、ゴルバチョフから、一九八八年末のシェワルナゼ外相訪日の約束とともに、書記長自身の訪日の可能性を示唆する発言も引き出した。ゴルバチョフは、日ソ関係について、両国間の異なるアプローチの存在に言及しながら、「お互いにどうすればよいのか、もう一度よく考えてみなければならない」とも語った[18]。中曽根に随行した東郷和彦ソ連課長は、一連の書記長の発言を目の当たりにして、ゴルバチョフの対日政策は検討中の段階で、まだ定まっていないという印象を受けた[19]。中曽根も、ゴルバチョフが「北方四島」というべき箇所を「三島」と言い間違えるのを聞いて、彼が領土問題について正確かつ深い認識を持っていないと感じた、と証言している[20]。

前年来の関係悪化で、ソ連側が「領土問題は解決済み」とする態度に後退していた点に鑑みれば、この会談でゴルバチョフから「存在しない」、「解決済み」といった領土問題を門前払いする発言が一切出なかったことは一歩前進と言えた。中曽根は「先方が領土問題を含めて日ソ関係の改善、打開に向けて（話し合いの）土俵に上がった」と受け止めた[21]。

ソ連が、領土に関して硬直的な立場を修正したことは、前述の中曽根によるＩＭＥＭＯでの演説やインタビューがノーカットでテレビ放映された点にも表れていた。またこの時期になると、ソ連の学者たちが、日ソ間に領土問題が存在することを認めるべきと主張するようになるとともに、プリマコフをはじめゴルバチョフのブレーンと見なされる人々も、類似の発言を行うようになった[22]。

中曽根訪ソ直後の七月二五〜二七日、ソ連では外務官僚や共産党員、有識者などによる外交政策の再検討会議が開かれた。その場で、シェワルナゼ外相が、アジア太平洋地域におけるソ連の政策を立て直す必要性に言及し、コバリョフ外務次官(A.G.Kovalev)も、議論を総括するなかで、対日関係の「重要性が強調された」と発言した。さらに、ソ連外務省刊行の『国際生活』七月号では、ソ連の日本専門家や外交官などが対日政策を率直に議論する記事が掲載された。そのなかで、IMEMOの担当官らが、①世界第二の経済力を有する日本は、いまや国際経済全体に影響を与えるほどの存在になった、②日米同盟を非難する従来のソ連の政策は、もはや時代遅れではないか、などの発言を行った[23]。

そして九月一六日、ゴルバチョフは、クラスノヤルスクでソ連のアジア・太平洋政策を総括する演説を行い、「ソ日関係の状態は、疑いなくこの地域の情勢全体にとり重要な意味を有する」として、次のように続けた。

最近の中曽根前総理との率直な会談によって、二国間及び地域の利益のバランスに基づいて両国関係を活発化するための土壌と双方の志向が存在することに、私はますます確信を得るようになった。この様な肯定的な傾向が今後の政府的接触の進展に際して、継続され、正常な発展の道へと導き出すことを希望する。

また、防衛予算のGNP比一%枠撤廃に絡めて日本の防衛力増強にクギを刺しつつも、「日本人は、現代世界において軍国主義に頼らずに大国のステータスを得ることが可能であることを実証したように思われる」として、戦後日本の歩みを肯定したことは注目される[24]。ソ連も、当時ダイナミックな発展を遂げつつあったアジア・太平洋地域の原動力たる日本との関係を重視せざるをえなかったのである。

これに対し、加賀美秀夫国連大使は、九月下旬の国連総会で一般演説を行い、右のクラスノヤルスク演説がソ連の対日関係改善の意欲を示すものとして歓迎すると同時に、「両国間の政治対話の一層の進展を希望する」と発言した。そのうえで、ソ連の標榜する「新思考外交」が、「北方領土問題の解決、極東におけるソ連軍事力の削減等、この地域の平和と安定に貢献する、より具体的な行動となって表れるよう強く期待する」とさらなる努力を促した[25]。さらに同じ九月、これまで対日強硬派として日ソ関係を牛耳ってきたコワレンコ共産党国際部副部長(Ivan Kovalenko)が引退した。彼の引退も、日本側の新思考外交に対する疑念を払拭する効果を持ったものと見られる[26]。

事実、この時点までに、外務省事務当局は、ソ連側の微妙な変化をにらみつつ、新たな対ソ政策の方針を一定程度詰めていたようである。クラスノヤルスク演説の二日前の九月一四日、東郷ソ連課長は、経団連日ソ経済委員会情報連絡会での講演において、現在（一九八八年）を、一九五六年の国交回復時、七三年の田中首相訪ソ時と並ぶ、あるいはそれらを上回る戦後日ソ関係の『第三の波』ともいうべき関係再調整の時期」と位置づけた。

そのうえで、現在の日本の経済・技術力、政治的発言力は、「五六年は言うに及ばず七三年と比べても比較にならない大きなものがあります」と指摘し、「これからしばらくの間が、対ソ交渉上、重要な時期」と論じた。そして、「ゴルバチョフ書記長は、これまでのソ連のどの指導者よりも費用対効果の計算ができる人と認識すべき」と評価し、今後は日本側からもソ連の変化を引き出す外交を進めるよう提言した[27]。

東郷は、ゴルバチョフの対日観がまだ固まっていないことに着目して、「ゴルバチョフをして領土問題の大決断がソ連の利益になると判断させるような全体状況を創り出す」という考えに至ったのである。そのために、これまで日本の対ソ政策を硬直させていた「政経不可分」と「安保敵対視」という二つの軸――「領土問題の解決なくして経済協力なし・国の根幹に関わる安全保障問題には触れない」――を、爾後ソ連側の出方を見ながら、少しずつ緩める方向で検討するようになる。慎重な外務省事務当局にもまた、明らかな変化が生じつつあった[28]。

3　シェワルナゼ外相の二度目の訪日
――一進一退の日ソ関係

対ソ新政策を実現するための最初の具体的な外交課題は、一九八六年五月以来中断していた外相定期協議の再開であった。

一九八八年九月二六日、国連本部で栗山外務審議官とペトロフスキー外務次官（Vladimir F. Petrovskii）による次官級協議が行われ、一二月に東京で外相定期協議を行うことで合意した[29]。また同協議で日本側は、①本年末にシェワルナゼ外相が訪日した際には、領土問題に関し歴史に遡って議論したい、②領土だけでなく、その他の実務面でもやれることはやっていこうと考えている、の二点を提案した。ソ連側は特に反論することなく、第二の実務面での協力について肯定的な反応を示した[30]。

この間、米国も日ソ間の対話再開の流れを注視していた。九月三〇日に作成された「日本の北方領土――熊は動きだすのか」と題する国務省の内部文書では、両国とも領土問題での妥協は困難と指摘しながらも、「関係改善は双方の利益でもあり、両国はこの問題をめぐる打開策を求め続けるであろう」との予測を立てた。特に日本側の認識に関して、「領土問題を二国間問題のなかの確固とした議題の一つとして受容するよう方向に、ソ連を少しずつ動かしていく機会が到来したと確信している」と観察した[31]。米ソ対立が大幅に緩和するなかで、米国はより冷静な立場から日ソ関係の動向を見守っていた。

そして、一二月の外相定期協議に向けた事務レベルの話し合いで、ソ連側から「もっときめの細かい議論をしたい」という申し入れがあり、ワーキンググループ(WG)設置の提案がなされた[32]。すなわち、政治・経済・領事・地域問題・安全保障の五つのグループの設置を提案した。この提案について、日本側で検討した結果、「ワーキンググループを作るのであれば、日ソの一番重要な問題である平和条約の問題についてワーキンググループがないのはおかしいではないか」と主張して、平和条約・地域問題・経済問題の三つのWGを作る案を逆提案した。ソ連は日本側の逆提案を受容した[33]。

他方で日本側は、ソ連外相を迎えるにあたり、ソ連側が領土問題でより前向きな姿勢がとれるよう、科学技術協力では、環境、地震に関する協力を政府間で行うことに応じ、文化についても、翌年、翌々年の計画について合意した。また、一五年前に署名された渡り鳥条約についても、領土問題との絡みで問題となっていた事項について了解に達し、同条約を事務的に発効させた[34]。

しかし実際には、外相定期協議の場でソ連側が領土問題について日本に歩み寄る見込みは立たなかった。一二月一三日、武藤利昭駐ソ大使は、シェワルナゼ外相に「訪日が領土問題解決への実質的ステップになること、その意味で『新思考』を強く期待する」という宇野外相のメッセージを伝えた。ところがシェワルナゼは、日本側こそが「新しい思考」を発揮してほしいと注文し、米ソ、欧ソ、中ソなどの関係が大きく進歩し、韓ソ間の経済交流も進んでいるのに、「日ソ関係は立ち遅れている」と強調した[35]。

かくして、東京で一二月一九日に外相定期協議、翌二〇日に次官級の平和条約WGで領土問題について歴史に遡った議論がなされた。しかし、ソ連側は日本側の投げたボールに応じつつも、結局これまでの「領土問題は解決済み」

との立場を理論的に整理するだけに止まった[36]。次官級協議では、以下のような激しい議論が展開された。

日本側

① 北方領土は、一八五五年の日露通好条約締結時から一九四五年に至るまで九〇年にわたり日本の領土であり、ソ連が日本によるポツダム宣言受諾の後にこれらの島を占拠したのは、武力の行使による領土拡張以外の何物でもない。

② 一九五六年の共同宣言を順守するが、一九六〇年の日米安保条約改定にあたって、フルシチョフ首相が共同宣言の領土条項を一方的に破棄したことは国際法にもとる。NATOがソ連と西ヨーロッパ諸国との関係正常化の障害にならないのなら、なぜ日米安保条約が改善の障害になるのか理解できない。

③ 一九五六年の共同宣言と松本＝グロムイコ書簡で認められ、七三年の田中首相訪ソ時に未解決であると確認された四島返還を実現することが平和条約締結の前提条件である。

ソ連側

① ロシア語においても、日本語においても、クリル諸島がロシア人によって先に発見され、開発されたという文献が多く存在している。

② 日露戦争の結果としてのポーツマス条約は一八五五年の日露通好条約と七五年の千島樺太交換条約の効力を失わせた。

③ ソ連のクリル侵攻は、領土拡張ではなく、第二次大戦での連合国との取り決めに基づいて行われた。日本の無条件降伏は、当然、ソ連へのクリル領有を認めたヤルタ協定を承認することを含んでいる。

④ 一九五六年の共同宣言でソ連が歯舞・色丹の返還に合意したのは、ソ連の善意から出たのであり、義務ではない。共同宣言の領土条項は、歯舞・色丹の二島が「平和条約締結の後に」返還されると規定しているのみで、国後・択捉については何ら言及していない。しかも、日本は、平和条約を締結する代わりに、一九六〇年に日米安全保障条約を改定することによって、この領土条項を利用しなかった。同条約改定により、日本の軍事範囲が極東まで拡大したので、同条約はもはや「防衛的」であるとはいえない。

⑤　一九七三年の共同声明について、ソ連側は「未解決の問題」のなかに領土問題を含むという解釈はとってこなかった。

こうしたソ連側の主張を直接聞かされた栗山審議官は、ロガチョフ外務次官に「率直にいって、あなたの意見を聞いていると、双方の立場が狭まったとはいえないし、相手をより理解したとは思われない」と漏らしたという[37]。

そのため、外相定期協議に伴って発表される共同声明に、領土問題をどのように表記するかをめぐっても交渉は難航した。日本側は「平和条約ＷＧで領土問題について歴史に遡って議論した」との趣旨を記載するよう強く主張したのに対し、ソ連側は、一九八六年の交渉時点の文言（「日ソ平和条約の内容となりうべき諸問題」）を用い、平和条約ＷＧを設置したことを表記するに留めるよう主張して一歩も譲らなかった。

その後、一九日の外相協議で、宇野が懸命に巻き返しを図った結果、領土問題に直接言及する形にはならなかったものの、「（平和条約交渉において）双方は、両国関係に存在する困難の除去に関し、その歴史的および政治的側面についてのそれぞれの認識を述べた」と表記するところまではこぎつけた[38]。

いずれにせよ、領土問題について、日ソ間で初めて詳細な話し合いが行われたことは事実であり、今後は常設のＷＧを作って作業を継続するよう、シェワルナゼからの提案もあった。そのような経緯もあり、外相協議では、外相レベルで書記長訪日を準備することと、次官レベルで平和条約ＷＧを作り、今後作業を継続していくことで合意ができ、その旨が共同声明にも表記された[39]。

この外相協議では、軍縮や国際情勢についても話し合われた。シェワルナゼ外相は、「ゴルバチョフ書記長は、今世紀末までに核兵器を廃絶するプログラムを提示した」と切り出した。また、向こう二年間でソ連軍定員五〇万人を一方的に削減するとした一二月七日の同書記長による国連総会演説に即し、「武力、武力による威嚇が対外政策の手段であってはならない」、「ソ連では軍拡経済から軍縮経済へのシフトを検討している」とも発言した。そして世界の平和・安全のための「ユニークな機関たる国連の役割は高まって」いると論じた[40]。

これを受けた宇野は、前出のゴルバチョフ演説時のＧＡＴＴ総会に出席した際、「右演説につき、各国外相の見解は、『ゴ』は新思考で思い切った発言をされたということで概ね一致していた」と評価した。そのうえで、「日本は、ソ連の脱イデオロギー、軍縮への動き、一方的兵力削減を歓迎するとともに、これが具体的政策にどう現われてくるか、熱い視線で見つめてゆきたい」と続けた。その一方で、『新しい思考』がアジア・太平洋諸国への外交に適用されることを期待。また、武力を外国に使用しないと言われたが、実際の政策に反映することを期待」すると述べた[41]。

このように、「新思考外交」の内実を慎重に見極めようとする宇野に対し、シェワルナゼは、INF条約締結によるソ連アジア部の核兵器大幅削減やソ連軍のアフガン撤兵実施、モンゴルからの撤退決定などを例挙し、ソ連はすでに「新思考外交」を実践していると反論した。また、シェワルナゼは、「ゴルバチョフ書記長は、クラスノヤルスク演説においてアジア・太平洋地域の安全保障の問題に関する外相会談の開催を提案している」と持ち掛けた。だが宇野は、「ASEAN外相会談に米、豪等と共に参加し、拡大外相会談とし、経済問題について協議を行っている」と説明するのみであった[42]。ソ連を交えて地域の安全保障問題を話し合う会議体を作ることに、日本政府は依然として慎重であった。

その一方、建設的な話し合いもあった。宇野は、「第一八富士山丸問題については(地域問題)作業グループで詳細な話があったと承知するが、人道的見地から(乗組員の)早期釈放の要請を改めて(北朝鮮に)伝達頂ければ有難い」と述べた[43]。当時、外務省欧亜局長であった都《と》甲《ごう》岳洋《たけひろ》は、このときソ連側が、北朝鮮に対する日本の要望を何でも伝達するとともに、朝鮮半島の緊張緩和で相互に協力していく姿勢を示したと証言する。そしてソ連側の姿勢に「日ソが建設的な対話の相手になってきつつある」と感じたという[44]。地域問題のWGでは、カンボジア和平後のポル・ポト派排除の方向で双方の足並みが揃い、シェワルナゼが「五点満点」と評価するほど、そこでの意見交換は有意義であったようだ[45]。

他方、事務レベルでの二国間問題に関する作業グループ(WG)で、ソ連側は、両国間の経済協力の重要性を主張し、投資保護協定と貿易経済の原則に関する協定の締結の検討を日本側に要請したが、日本側は、①対ソ投資実績や日本企業の投資機運、ソ連側の投資受け入れ環境などから見て、投資保護協定の検討は時期尚早である、②日ソ通商条約、貿易支払い協定に加えて、貿易経済の原則を定めた協定を締結する意図はないと、ソ連側の要請を拒んだ[46]。外相協議でも宇野が、「これ(日ソ経済協力)を発展させていくためには、第一に互いの好ましい環境づくりが必要で、これは長期にわたる安定的政治関係が築かれるべきであることを言っている」と発言した[47]。日本側は、領土問題の解決－平和条約の締結なしに、ソ連との経済協力を先行させて進める意図はなかった。一二月二〇日の東京での講演会でシェワルナゼは、「その他すべての問題を、この問題（領土問題）の解決の人質にするようなことは、決してあってはなりません」と述べ、日本の対応に不満を鳴らした[48]。

一二月二〇日には、竹下とシェワルナゼとの会談が首相官邸で持たれた。もとより、ソ連に関する歴史・政治的知識を持ち合わせていない竹下は、外務省が作成した応答要領に即して、四島返還論という従来の日本政府の立場を強く主張した。シェワルナゼも、従来のソ連の立場を崩すことなく、極めて厳しい回答をした。会談の雰囲気は、緊張感に充ち満ちたものであったという[49]。

それでも、シェワルナゼが、「領土問題の解決が見いだせないならば、ソ日関係をどう発展させるのか」と質すと、竹下は、「熱意をもって話し合えば解決できない問題はない」と答え、書記長の早期訪日実現に期待を表明すると同時に、昨今のソ連の「肯定的な変化」を評価して見せた[50]。

さらに、竹下は、「意見の一致しない分野を減らし、一致する分野を増やすように行動しよう」と呼びかけた。この発言は、ソ連側に重く受け止められたようである[51]。翌二一日に日本記者クラブでの会見で、シェワルナゼは竹下との会談を「興味深い会談、内容の充実したもの」と評価した。東京での交渉全般についても、「両国間の関係の実際的発展のために大きな展望を開く重大な一歩前進が行われた」と語った[52]。

ところが、東京での外相定期協議に対するソ連側の肯定的な受け止め方は、必ずしも日本側では共有されなかった。ソ連側は、一二月の外相協議時に書記長訪日の話が出てきた際、環境、観光、宇宙平和利用、経済協力原則、投資保護、銀行事務所の相互設置の六つの協定を挙げて、これら全ての調印を訪日の成果とするよう執拗に迫っていた。その結果、日本側には、①ソ連側は、平和条約WGで領土問題を延々と議論して遷延させておいて、その間に書記長訪日を実現させて日ソ関係の実をとってしまおうと考えているのではないか、②一二月の外相協議に日本側が応じたことを、ソ連側は領土問題を棚上げにして対日関係を進め得るというメッセージとして受け取ったのではないか、という疑念が生まれていた[53]。

悪く言えば「領土以外の食い逃げ」という危険性をはらんだ「方程式」がソ連側から提案された以上、日本側としては、その危険性を明確に除去する必要があった。その格好の舞台となったのが、年が明けた一九八九年一月八日にパリで開催された化学兵器全廃国際会議に伴って設定された宇野－シェワルナゼ会談であった[54]。東京での定期協議からまだ三週間も経たぬうちの再会談となったこの場で、宇野は、書記長訪日が「実質を伴うもの」にするため、次のように働きかけた。

①　領土問題を解決して平和条約を締結することが両国の真の善隣友好関係に寄与するものであるというのがわが国の基本的考え方。

②　ソ連が領土問題を動かす考えであるならば、われわれとしてもソ連が望む成果についてできる限りの対応を検討する用意がある。

③　他方、ソ連が領土を動かす考えがないのであれば、われわれもソ連が望む成果につき積極的に検討する用意はない。

④　双方にとって、成果の伴わないものでも、ゴルバチョフ訪日がなされ、首脳間の対話が進められることは歓迎するが、かかる事態となるのは残念。

シェワルナゼは、①内容のない書記長訪日は双方にとって意義がないという点につき、双方は意見が一致している、②日本が領土問題に固執すれば、関係改善にマイナスになる、と強い口調で反論した。こうして会談は何らの成果もなく、議論継続のみを確認して終わった[55]。日本側としては今後の交渉を視野に、「(領土問題についてソ連側に)クギを刺しておいた」(宇野外相)ということであった[56]。

しかしソ連側は日本の姿勢について、せっかく一二月に良い話し合いの基礎を作りながら、一月にはまた再び最後通牒的な態度に戻ったと解した[57]。当時、ソ連外務省太平洋・東南アジア局次長であったパノフは、東京での外相定期協議を評価していただけに、「(パリでの)日本の態度の新たな転換に当惑することになった」と回想すると同時に、書記長訪日に条件を付けるかのような宇野の発言によって、書記長訪日の早期実現に向けたソ連側の意欲が削がれたと指摘する[58]。

当時の担当課長であった東郷は、後年の回想で、「(パリでの)この一連のやりとりを通じて、日ソ間で議論が生産的でない、無駄な方向に流れ始めたとも感じていた」と証言する。お馴染みの「政経不可分論（入口論）」と「政経分離論（出口論）」との不毛な激突であった。グロムイコ外相時代さながらの原則論の応酬のままで良いのかとの問題意識から、領土が先か、経済が先かということをあらかじめ相互に要求するのを止め、相手国の要求を互いに真摯に考える「拡大均衡路線」という新たな対ソアプローチが生まれてくる。しかし、それが一つの外交方針として明確な姿を表すのは、竹下政権が瓦解する一九八九年春のことであった[59]。

4　小康状態の日米関係と米国の政権移行・大使交代

一九八五年九月の新通商政策を境に、米政府は相手国に市場開放を要求し、応じなかった場合には制裁も辞さないという議会の強硬な姿勢に与するようになっていた。そして政府と議会の接近が一層顕著となったのは、一九八八年八月の包括通商法案の成立であった。これによって議会は、政府が相手国の市場開放に対して、より真剣な姿勢をとるよう法律で規定することに同意を取り付けたのである。

今回の包括通商法の第一の特徴は、一九七四年通商法三〇一条を改正し、相手国の不公正貿易に関する判断、および報復措置発動の権限が大統領からＵＳＴＲ（通商代表部）に移行したことである。この規定によって大局的な判断よりは通商という視点をより重視するＵＳＴＲが報復措置の是非の決定権限を得ることになる。

同法の第二の特徴は、スーパー三〇一条の存在であった。これは、一九八九〜九〇年の二年間にわたり、ＵＳＴＲが毎年行っている貿易障壁に関わる年次報告書提出後、三〇日以内に輸入障壁、および市場歪曲慣行を持つ国を市場開放優先国として特定し、その障壁・慣行が存在しなかった場合の米国の推定輸出増加額も合わせて議会に報告するというものであった。さらに、ＵＳＴＲは、報告後二一日以内に調査と相手国との交渉を同時に開始し、三年以内の障壁・慣行の撤廃、または相手国の代償措置の提供を目的とすることを定めた。

以上の内容は、自由、多角、無差別を定めたＧＡＴＴの精神に照らし合わせて疑義があると、日本をはじめ各国から指摘があった。運用の仕方によっては、報復が相手国の報復を招き、世界貿易が縮小均衡に向かう恐れがあるとの懸念が出され、不公正な貿易慣行を有すると特定された国の心理的反発を憂慮すべきとの批判もなされた[60]。

しかしながら、包括通商法の議会通過直後の一九八八年秋、日米間の経済摩擦は一時的な小康状態にあった。同年前半、建設市場問題と牛肉・オレンジ問題という大型の貿易摩擦案件が解決したことに加え、過去一年間で米国の対日輸出が約一〇〇億ドルも増大したことで、一九八五年から八七年までの三年間続いてきた米国の対日輸入が輸出の三倍に達する極端な貿易不均衡が、ひとまず解消されたことによる(一九八八年は二・四倍)[61]。一九八五年のプラザ合意を契機とする円高・ドル安傾向が、いわゆる「Jカーブ」の時期を経て、ようやく貿易不均衡の是正に効果を発揮したのであった。レーガン後継を争う、一九八八年秋の大統領選挙期間中、対日経済摩擦は大きな争点にはならなかった[62]。

経済摩擦の一定の緩和によって、対米交渉に明け暮れてきた日本側関係者にも、日米関係の将来を考える時間が生まれた。外務省では民間人を中心とする研究会が設けられ、新たな日米経済関係の模索が重ねられた。この研究会メンバーの共通認識は、「日米という世界の二大経済大国が、個別のセクターでギスギスした交渉を繰り返すのは時代錯誤もはなはだしく、ボーダレス・エコノミーの動きに即した新たな経済関係を作り上げる必要がある」というものであった。具体的には、日米間で税制をはじめ各種制度の平準化、調和化を目指すとともに、個別問題の政治化を避けるためにも、日米間で紛争処理手続きを作るべきだといったアイディアが出された[63]。

この時期、外務省の有馬龍夫北米局長は、在日米国人の集まりで、「レーガン政権ほど日本、さらには東アジア全体に対し関心と配慮を示したことはなかった」、「主要問題についての対日協議ということが、事実この政権のいわば体質の一部となっているようだ」と翌年一月に任期満了を迎えるレーガン政権を非常に高く評価した。そのうえで、「この体質と呼べるものが、次期政権に遺産として引き継がれていくことを我々は願ってやまない」と語った。

しかし、有馬局長は、レーガン時代のような日米関係がその後も維持・発展させていくのは困難と展望していた。その理由として、「現在米国の抱えている財政・貿易赤字、ハイテク産業の将来、米国経済の地位の相対的低下、バードン・シェアリング(責任分担)などが論じられる時、往々にして日本がJapan Problemとしてあたかもその原因であるかのごとき影を落としているからである」と指摘した。そのうえで、米新政権発足にあたっての日本の課題として、日本が米国の抱える諸問題解決の不可欠のパートナーであり、問題それ自体ではない点を立証する必要性に言及した。

また、米国指導層において、「防衛ただ乗り」論に依拠して、日本に対して当然の如く、戦略援助増額や中米諸国への債務救済への参画を要求する「非生産的な姿勢」が存在するのに対し、有馬は「悲しむべきこと」と評した。さらに、今後の日米関係の不安材料として、「ホワイトハウスを含めた行政府の対議会影響力の低下、議会スタッフと連邦政府の官僚制度の競合的併存、議会内における党指導部の弱体化と個々の議員、委員会、小委員会の力の増大などの理由で米国政治における政策決定過程が分散化し、一貫性を欠くものとなっている。……個別の利益が、国際約束の履行を阻んだりする政治的土壌がここにある」とも警告したのである[64]。

他方、一九七七年以来、約一一年にわたって駐日米国大使を務めたマンスフィールドも、一九八八年一二月に退任することになっていた。長らく連邦議会の最高実力者として広く知られたマンスフィールドはその大使任期中、「日米関係は世界で最も重要な二国間関係である。しかも例外なしに」という台詞を謳い文句に、日米両国の各層への影響力行使を通じ、日米関係の重要性を体現する象徴であり続けた。

マンスフィールドは、安全保障上の日米間の紐帯が経済問題で損なわれないよう、問題解決にあたり常に日本に対して寛容さを示した。一九八三年一月の中曽根首相訪米前、シュルツ国務長官に、「米国は日本のさらなる市場開放を欲しています。しかし、我々も膨大な量の農産物その他を日本に輸出していることを忘れるべきではありません」と強調した。さらに、竹下政権下の一九八八年九月、米国精米業者協会が日本に対する「スーパー三〇一条」の適用を求めて提訴した際、マンスフィールドはヤイター通商代表らに意見具申して提訴却下に導いた。

当然、米国内では、通商問題で寛容な対日姿勢をとる大使に、ジャパン・バッシャーたちが批判の矛先を向けた。しかし、レーガン大統領も、シュルツ国務長官にも、大局的見地からマンスフィールドを交代させる意思はなかった[65]。村田事務次官は、マンスフィールドを「米国が派遣し得る理想の駐日大使であった」と高く評価し、「日米貿易摩擦ひとつをとっても、同大使が常に日本側の事情も理解して、ワシントンへ所要の意見を述べているのを確認して、かかる大使を派遣されている日本は幸せだと考えたものである」と回想する[66]。

マンスフィールドが東京を去り、年が改まった一九八九年一月二〇日、米国ではブッシュ政権が誕生した。前政権に引き続き共和党政権であった。同月まで駐米公使の任にあった渡邊泰造外務省報道官は、新政権が前政権同様、共和党保守派を支持基盤としている点を根拠に、前政権の対日政策の基本線を継承すると予測した。また、マンスフィールドの後任大使にアマコストが任命されたことも、「日本の感情をよく配慮したうえでの人事配置」と評して、新政権の対日姿勢が従来よりも厳しくなるとする一部の議論を排していた[67]。

アマコストは、当時まだ五二歳ながら、国務省や国家安全保障会議、国防総省で要職を歴任した高級官僚であった。ところが、この次期大使は、議会上院での駐日大使指名審議の際、「私自身が大使館の先頭に立つ通商担当官になる」と発言する。日米経済摩擦が、貿易不均衡を構造的に生むとされる日本国内の制度・慣行の改革をめぐる攻防に転化する状況下、日本に寛容さを示し続けた前任者の路線を転換し、米国の経済的利益を追求する路線へ移行させるとの宣言であった[68]。

一九八九年五月一〇日、アマコストは駐日大使としての着任挨拶のため、外務省に村田次官を訪ねた際、米議会が日米間の貿易収支の悪化は均衡回復不可能なレベルに達したとしており、親日派の議員も日本を守りきれなくなっていると述べた[69]。着任後、アマコストは、大使館を米国の経済的利益追求のための拠点へと作り変えていき、同年七月から開始され、翌年六月まで続く日米構造協議の過程で、日本に根付く旧来の商慣行を糾弾する一方、自民党幹部や派閥領袖との接触を重ねて米国案への支持を取り付けるなどの精力的な動きにより、「ミスター外圧」という異名で警戒されることになる[70]。

新政権がアマコスト駐日大使をはじめ、ヒルズ通商代表(Carla Anderson Hills)、ヤイター農務長官(前通商代表)といった実務派の閣僚を配したことで、「完璧な実務型の日本包囲陣」が完成し、経済、貿易、防衛の各方面で厳しい対日要求を突き付ける議会に積極的に配慮した体制を敷いたのではないかとする見方は当初からあった[71]。

なかでもヒルズ通商代表は、議会の強硬姿勢を意識して就任の記者会見の席上にカナコテを持って現われ、外国の不公正貿易には断固とした姿勢で臨む考えであると宣言した。ヒルズは対日関係について、「結果を重視していく」と述べた。この発言の背景には、「日本異質論」――日本はまったく異質な国であり、消費者はまったく重視されていない。こういう異質な国に対しては、自由貿易とは異なるルールを適用すべきである――が大きな影響を及ぼしていたと考えられる。日米経済摩擦の小康状態は、早くも一九八九年の年明けに終焉を迎えた[72]。

5 竹下–ブッシュ会談――過渡期の国際情勢を映して

一九八八年一一月の大統領選挙でブッシュ候補が当選した直後、外務省事務当局は竹下首相との首脳会談を申し入れた。米国の新政権の対日政策が固まる前に、首相を通じ日本の考えを伝えるのが、外務省の狙いであった。その結果、一九八九年二月の首脳会談開催となった[73]。竹下自身は訪米出発前に、「少なくとも今後四年間の日米関係の基礎固めをする会談」と意欲を語っていた。具体的には、「政策協調と共同作業」、「個人的信頼関係の確立」を挙げた[74]。

財政赤字削減の具体策で米議会多数派の民主党と抜き差しならぬ対立が予想されるなか、ブッシュ大統領は日本から目に見える形でバードン・シェアリングを引き出す政治的必要に迫られていた。当時の国家安全保障問題担当の大統領補佐官であったスコウクロフト(Brent Scowcroft)は、バードン・シェアリングに伴う日本の貢献策として、①防衛責任の増強、②第三世界の西側諸国に対する安全保障および経済援助面などでの支援を挙げている。

このバードン・シェアリングについて、竹下は、「ミリタリー(軍事面)を含まないということはずっと言い続けたことだ。バードンシェアリングというのは創造的役割分担で、グローバルに考えて経済面とかいろんな意味で分担していこうということだから」と説明していた。軍事的側面は含まれず、政府開発援助(ODA)の拡充などによって日本が責任分担を果たしていく考えであった[75]。

二月二日のホワイトハウスでの日米首脳会談は、竹下–ブッシュの初顔合わせであった。ブッシュは席上、「日米関係はユニークで強じん〔靱〕だ」とその重要性を強調しつつ、二月下旬の大喪の礼への出席を「名誉なこと」と付言した。一方、竹下は、「米国の役割を代わって行える国はない。強い米国、良い友人であってほしい」と述べ、「(日米間の)摩擦が大きくなる前に話し合いで解決することが大事だ」と発言した[76]。首脳会談自体の雰囲気は、竹下にとり旧知のベーカー国務長官が傍らにいたこともあり、前年のレーガンとの首脳会談時よりも、非常に打ち解けた雰囲気であったという[77]。

次いで、ブッシュは、米国が今後とも「世界全体にフルコミット」する姿勢を表明する一方、「米大統領選挙中、私は、防衛分担責任や保護主義などで強い圧力を受けた」と述べて、日本が安全保障や経済援助でより大きな役割を果たすとともに、貿易不均衡問題を克服するよう求めた。これに対して、竹下は、「日本が安保体制の維持、強化に努力していく」、「一層の市場開放を進めたい」との意向を表明した。また、対比援助強化の考え方を示すとともに、従来のアジア中心の援助から中南米やアフリカ地域にも拡大する意向を表明した[78]。

さらに、竹下は、米国の経済政策について、「基軸通貨国として節度ある財政、金融政策と自由貿易体制の維持をお願いしたい」、「財政赤字の削減や産業競争力の強化、民間貯蓄の増大や、包括通商法の慎重な運用を望む」と注文を付けた。これに対し、ブッシュからは、「私は米国の財政赤字を減らす断固たる決意を持っている」、「自由貿易体制の維持は、ウルグアイ・ラウンド(新多角的貿易交渉)を通じて十分協議していきたい」との言質を取り付けた[79]。蔵相を長期間務めた竹下は、日米経済関係の円滑な運営に対する関心が強かった。しかし、今回の首脳会談では、経済案件で個別具体的なものは議論に登場せず、一般的な枠組み、方向付けをすることに止まったようだ[80]。

むしろ、一連の会談を通じて目立ったのは、前出のバードン・シェアリングの問題の他、日米両国の対ソ政策など東西関係の展望をめぐる議論であった。

竹下は、東西関係の進展を評価しつつも、「今後もソ連の平和攻勢、軍備管理、対ソ経済関係などでは日米の緊密な協議をしていきたい」と呼びかけた。改めて領土問題など日本の対ソ政策の基本線を述べ、日本の立場への理解を求める竹下に、ブッシュも支持を表明した。ベーカー国務長官からは、ソ連側の姿勢・対応をいま少しよく見極めながらも、基本的にはソ連との緊張緩和策を進めていくという意向が示された[81]。

ブッシュが「日ソ関係についてうかがいたい」と質すと、竹下は書記長訪日への期待を表明したものの、「日本に対してもペレストロイカの風が吹いているが、まだ実感するほどではない」と答えた。宇野外相も、「ソ連は大事な隣人だが、平和条約を結ぶには四島返還が必要。ソ連はシベリア開発を希望しているが、難しい」と発言した。ブッシュは重ねて、「欧州の対ソ世論は侵攻の懸念が薄らぐなど変化があるが、日本はどうか」と尋ねたが、竹下は、「ムードの広がりがあるが、ペレストロイカは日本に具体的な影響をもたらしていない。対ソ資本投資も積極的になる状況はない」と応じている[82]。

以上の竹下・宇野両者の発言が意味するところは、日本側は領土問題の解決を曖昧にしたまま、ソ連に性急に接近する意思はなく、国内においても対ソ接近ムードは低調であるとのメッセージを米国側に発したということになろう。東西冷戦対立を与件に、米国へ身の証を立てた竹下・宇野であったが、その対立構造自体の崩壊は、未だ彼らの考慮に入っていなかった。

一方、この日米首脳会談の開催直前にあたる二月一日、シェワルナゼ外相が北京を訪問して鄧小平以下の中国首脳と会談し、結果、五月中旬に北京での中ソ首脳会談の開催が決まっている。ワシントンの日米両首脳も、関係正常化の一歩手前までできた中ソ関係の動向を意識せざるをえなかった。そこで、竹下が、「今度、(大統領は二月下旬に)訪中されるが、中ソ関係は一九五〇年代に戻ることはない。中国の近代化努力に日米が協力することが必要だ」と発言したのに対し、ブッシュも、「中国は劇的に変化しており、私の訪中が開放を助長すればよい」としたうえで、「五〇年代の中ソ関係に戻るのは日米にとって良くない。ゴルバチョフ訪中には何の懸念も持っていない。彼のビジネスである」と応じた[83]。

両首脳とも、中ソの関係改善が日米両国の対中政策に影響を及ぼさないと強調している点に、逆に一抹の不安感も窺える。

二月三日、竹下は今回の訪米を総括する会見をワシントンで行った。その席上、首脳会談で確認されたバードン・シェアリングの強化について、軍事的側面に及ぶことはないとの考えを強調する一方、責任分担の一環としてODAを挙げ、中南米への協力にあたっては、米国の意向を踏まえて行うことを明確にした。他方、北方領土やソ連との平和条約締結問題で日本の立場を米国が支持していることに感謝の意を示し、対ソ観で「全く米国と日本に差があるとは思わない」と明言した[84]。

しかし実のところ、米国側に、日本が軍事面での責任分担を積極的に担っていくことへの期待は、さほど強くなかった。一九八八年一一月に作成された米国務省当局者の分析でも、米国内の議会や世論からは防衛面での責任分担強化を求める圧力がある一方、米ソ関係改善の状況下、軍事力増強に関して日本の国内世論の支持がほとんど期待できない以上、竹下は、五ヵ年分の防衛計画の総額枠内で、最低限度の防衛費の伸び(往年の対GNP比一%を僅かに超える程度の伸び)の確保を選択すると予測されていた[85]。

むしろ当時の米国には、フォード（Gerald R. Ford）、カーター両大統領経験者たちのように、現状の日本の防衛力水準で十分という主張が現れ始めていた[86]。それどころか、ブッシュ政権の外交・安全保障政策の中枢には、日本の軍事力強化は米国の利益に反すると公言する者すら出ていたのである。国務副長官に就任したイーグルバーガー（Lawrence Sidney Eagleburger）は、長官指名前に著した共同論文のなかで、以下のように論じていた。

米国はこれまで、日本に対し、国民総生産（GNP）に占める国防費の割合を増やすよう求めてきたが、ほぼ目的を達した。米国の長期的利益に関連する諸般の理由に照らし、このような米国の努力はこれ以上続けられるべきではない。第一に、日本ほど経済的に強力になった国が軍事的な卓越を永久に求めようとしないといった例は歴史上ない。日本の若い世代の一部に日本が世界でもっと軍事的に関わるべきだと考える兆しが出始めている。第二に、日本がもっと多くの金を防衛に支出すれば、遠くない将来、日本が世界で主要な武器供給国となり、米国はますます高度な技術の武器の供給を日本に頼らなければならなくなる。

スコウクロフト大統領補佐官も、補佐官に決まる前に「日本には今後、防衛予算の割合の増加を求めることはなかろう」と発言している[87]。竹下が軍事面での米国の肩代わりを拒み、あくまで、経済援助など非軍事面での日本の貢献を強調しても、ブッシュ政権から異論が出なかったのは、日本の防衛力増強に否定的な主張が存在していたためかもしれない。

6　FSX問題の再燃――日米同盟の綻び

この一九八九年二月の竹下首相訪米をめぐっては、日本政府のなかでは、①今回の訪米でブッシュ大統領との個人的な関係が構築できた、②その結果、新時代を迎えた日米関係は「安定軌道」に乗ったとして、今後の日米関係を楽観視する見方が多かった[88]。ところが、FSX（次期支援戦闘機）開発問題の再燃により、この種の楽観論は吹き飛び、日米関係は一九七一年のニクソン・ショック以来最も緊張した局面に入る。

そもそも、FSXはすでに決着済みの問題であった。一九八八年一一月、日米両政府によって「了解覚書」（MO

U）が締結され、ゼネラル・ダイナミクス社のF16戦闘機を基本に両国が共同開発を行うことや、開発費は日本側の全額負担とすること、米国がF16の技術を日本に供与するといったことが決まっていたからである。年明けの一九八九年一月初旬には、三菱重工とゼネラル・ダイナミクス社との間で、「技術援助協定」（LTAA）が締結されていた。したがって日本側では、米議会も共同開発を問題なく承認すると見ていた。

ところが、一九八八年末から八九年初頭にかけて米国の政権移行期であったため、通常の時期以上に議員たちが大きな発言権を得ることになった。このため本件は、新政権の閣僚の信任を求める議会の公聴会で取り上げられるに至った。さらに、上院の保守派議員たちの主張によって、米議会はFSXについての政府間覚書の全面的再検討を行う、という約束をブッシュ新政権から取りつけたのである[89]。右の「了解覚書」や「技術援助協定」の締結交渉は、本来政治レベルで決着すべきところを事務的・技術的レベルに委ねた結果、問題解決が米国の政権交代期まで長引いてしまったことが仇になった格好であった[90]。

一九八九年二月初め、竹下首相訪米を前に、バード民主党院内総務やダンフォース議員、ヘルムズ議員（Jesse Alexander Helms, Jr）といった上院共和党の有力メンバーらは、F16の技術情報を日本側に提供することに反対する一通の書簡を、ブッシュ大統領に送付した。同書簡は、F16の技術を日本に供与することは、米国が唯一世界的な優越性を保っている航空機産業の健全な発展と競争力維持への長期的な影響など、様々な問題が含まれていると指摘していた。さらに、本件交渉は国務・国防両省が担当し、通商代表部や商務省が関与していないため、航空機産業への影響という視点が蔑ろにされたと非難した。そして、FSX計画は全省庁の参画の下、重要な問題点をあらゆる角度から再検討するべきと主張し、この作業が終了するまで、FSXに関する対日約束の履行を止めるよう要請したのである[91]。

当時、外務省北米一課長であった岡本行夫は、共同開発への米議会の強硬な反対について、「当時の日米経済摩擦に対する感情的な反発」と断じ、「（これまでの交渉の経緯を）理解しないアメリカ議会は、日本がアメリカの軍事技術をとろうとしていると考えた」と証言する[92]。また、一九八九年の一月ごろから、「日本の米経済侵略の衝撃」と題する文書が、政府の外交政策に大きな影響を持つ上院、特に外交委員会の共和党保守派議員の間に流布されていた。同文書は、米国が「二正面の世界戦争――ソ連との軍事闘争と日本との経済・技術闘争――を闘っている」という認識の下、いまや日本との闘争の方が重要で、米国の生存そのものがかかっていると、警鐘を鳴らしていた[93]。

すでに、一月初旬に結ばれた「技術援助協定」についての同意が議会で得られれば、共同開発機のベースとなるF16戦闘機の技術情報が日本に提供され、FSXの共同開発はスタートするばかりの態勢になっていた。しかし、米議会を中心とする「日本脅威論」の広がりは深刻で、ブッシュ政権は議会に対し及び腰になっていた。

二月二日の日米首脳会談に先立って行われた外相会談の席で、ベーカー国務長官は宇野に、国務省は共同開発を支持しているとしながらも、FSXに関する技術援助協定の議会への通告は大統領の専権事項だと指摘し、通告の実施まで「しばらく猶予をしてほしい」と語った[94]。首脳会談では、ブッシュが議会内で共同開発に対する反対論があることを示唆していた[95]。

翌三日の竹下と米議会指導者との会談でも、ダンフォース議員から、「日本の航空機産業は将来、国際競争力をさらに伸ばすのではないか」との懸念をぶつけられた。竹下は、「日本が強大な競争力を身につけることになるのはずっと将来のことだ」と防戦し、その直後の記者会見では、①FSX・次期支援戦闘機は、日米の専門家が長い間議論し、共同開発することに決まったものだ、②この問題と貿易、技術移転の問題はリンクさせて考えることではない、と米国側にクギを刺した[96]。

首相訪米直後に、米国入りした防衛庁の西広整輝事務次官と日吉章防衛局長らは、タフト国防副長官ら国防・国務両省や大統領府の高官たちと会談し、「FSXの基礎となるF16の技術情報について議会の承認手続きを終え、早く日本に提供してほしい」と求めた。これには米国側も、早期解決のための努力を約束したと見られる。二月八日、竹下と宇野、田沢吉郎防衛庁長官が対応を協議し、米政府に議会の承認を得るための手続きを早急に進めるよう、引き続き求めていく方針を確認する[97]。

一方、共同開発問題をめぐるブッシュ政権内の意見調整は難航した。日米両国が調印した「了解覚書」を行政府として変更なしに承認し、米議会へ承認を求めるために送ることを主張する国防省や国務省、NSC(国家安全保障会議)に対し、その場で承認することに反対するUSTR、商務省などが衝突したのである。前者は、通商・経済的な課題と政治・軍事安全保障的な課題とは明確に区別すべきという伝統的な対日アプローチを志向していたが、後者の各省庁や議員たちは、経済と安全保障との関連性を強く主張して、問題に容喙したのである[98]。

二月初旬から約一カ月にわたった次官補クラスによる事務折衝では両者の議論はまとまらず、三月一五日にブッシュ大統領が出席して開かれた閣僚レベルの国家安全保障会議でも、激論が続いて結論に至らなかった。それでも、この過程で、当初「日本にF16を買わせるべきだ」としていたモスバカー商務長官(Robert A.Mosbacher)はやや態度を軟化させ、共同開発そのものは認める立場に変わった。同盟国への武器供与と装備の共同開発の決定に、今後は国防総省、国務省だけでなく、商務省も一枚加わるとの妥協が成立したからであった[99]。国防総省と商務省との間で、①商務省は既存の協定の改善を求めるが、劇的な変更は要求しない、②その代わり国防省はこのFSXとすべての了解覚書について商務省が主要な役割を果たすことに同意する、という取引が成立し、これに基づいて最終的な日本への対応が決まった[100]。

安全保障と経済政策をリンクさせないとした伝統的な対日アプローチが崩れるなか、二月二四日、昭和天皇の「大喪の礼」出席のため来日したブッシュ大統領に随行したベーカー国務長官は宇野と会談し、後に日米交渉の最大の争点となるFSXの生産段階での米国側分担比率について、「政治的サイン」を送った。すなわち、米政府として「三月一三日には、議会通告に踏み切るつもりだ」とFSX計画を原則として推進する姿勢を示す一方、「とりわけ、生産段階でも研究・開発段階と同様、アメリカ側のシェアを四〇パーセントと明確にすべきだ、という声が強い」と切り出し、米国国内の厳しい事情に理解を求めた。

これに対して宇野は、「研究・開発にこれから着手しようという今の段階で、生産段階のシェアまで言及することなどできない」と難色を示した。前年一一月の日米間の「了解覚書」を修正する再交渉になることを危惧したのである[101]。なお、同覚書では、「開発」段階におけるシェアを米国に三五~四〇%を与えることは明示されていたが、実際の「生産」段階のシェアの数字は書かれていなかった。宇野が指摘したように、この時点で生産段階のシェアを議論することは物理的にも困難であった。そもそも、国家間で一度取り決めた事項を再交渉するのは、通常ありえない話であった[102]。

三月二〇日、松永駐米大使が国務省に呼ばれた。松永は、ベーカー国務長官、チェイニー国防長官(Dick Cheney)、モスバカー商務長官、スコウクロフト国家安全保障担当大統領補佐官の四閣僚が居並ぶなか、ベーカー長官から米国側の要求を取りまとめた「三項目の覚書」を手渡される。三項目の要求は、以下のようなものであった。

① 生産段階の米側シェアを四〇％とするよう明確化すること。

② アメリカから日本に提供される軍事ハイテク技術の範囲を明確化すること。

③ 日米の共同開発から派生するどのハイテク技術がアメリカに提供されるか明確化すること。

このときベーカーは、「FSX計画には議会の反対が強く、このままでは議会通告に踏み切ったとしても、承認の見通しは立ちかねます」としたうえで、「したがって、われわれとしては、日米両国政府の合意内容をクラリファイする（明確化する）必要がある、と判断したのです」と説明した。「了解覚書」の範囲内で曖昧な点を明確にする体裁をとったのは、日米同盟に亀裂が入るのを回避するための外交上の配慮であったが、実質的には合意の見直し要求であった[103]。要するに、「アメリカは開発段階だけでなく、生産段階においてまで四〇％のワークシェアを強硬に主張し、……今度はフライトコントロールのためのソースコード（機密部分）を供与しないと言い出した。一方、日本側の技術はアメリカの要求があれば無条件で引き渡せ」（岡本行夫元北米一課長）という要求をぶつけてきたのである[104]。

米国側の申し入れにより、西広防衛事務次官が、三月二三日から二八日まで訪米した。防衛庁首脳にしてみれば、もともとFSXの自主開発を主張していたところを、対米配慮から共同開発に踏み切り、合意も成立していたのに、米国側はこの期に及んで何を言っているのか、日本が損をする話なら御破算にしても構わぬという心情であった[105]。

合意を取りまとめるにあたっての大きな難問は、生産段階でも米国側のワークシェアを開発段階と同じ割合にすることをあらかじめ文書化することであった。訪米した西広は、チェイニー国防長官、ベーカー国務長官、モスバカー商務長官、スコウクロフト国家安全保障担当大統領補佐官らと会談するなかで、生産段階のワークシェアを固定的な数字の形で文書化できないと主張した。その理由は、①予算の単年度主義に抵触しかねない、②開発段階を通じて日米それぞれの優れている分野が明らかになり、その経済的効率性に基づいて、生産段階のワークシェアも決まってくる、という二点であった。

一方、米国側は議会を納得させるためにも、日本側の表明を公表できる文書にしたいと強く求め、交渉の決着に手間取った。このため、最終的には松永大使とベーカー長官が会談し、生産段階の米国側のシェアを開発段階と同じ三五〜四五%とすることを尊重する日本政府の公式見解を伝達し、これを松永大使の書簡あるいは議事録の形で残すことで調整が行われた。しかし、ベーカー長官は、なお問題が残っていると不満を表明して、事務レベルの協議を継続することになった[106]。

防衛庁や自民党の国防族、航空自衛隊や技術研究本部は、米国への安易な妥協に反対だったが、外務省は日米同盟重視の見地から、ブッシュ政権が議会の強い意向に押されて苦しい立場にある以上、日本としても協力するべきだという立場をとった[107]。特に有馬龍夫北米局長や重家俊範安保課長らは、包括通商法に盛り込まれた通商法のスーパー三〇一条による対日制裁問題が出てくると、米議会の雰囲気はさらに複雑になる見通しを考慮に入れ、早期の問題解決を望んでいた。

しかしワシントンの駐米大使館からは、竹下政権がリクルート疑惑で動揺していることに着目して、「アメリカ側は、もっと日本から要求を引き出すチャンスだ、と見ている」との報告が入っていた。「レーガン政権時代に約束したことだから、守ってほしい」とする松永大使の筋論も、現政権には通じなかった[108]。

リクルート疑惑に苦しむ竹下自身は、このFSXという懸案だけは自身の内閣で解決したかった。四月一八日、山本雅司防衛庁装備局長を訪米させ、対米交渉で松永大使の補佐にあたらせた。その一方、小沢一郎官房副長官が、防衛庁、外務省、それに通産省から、連日ヒヤリングを受ける形で国内の意見取りまとめに動きだした[109]。四月二五日には一九八九年度予算の成立を期して、竹下は政治不信の責任をとって退陣表明に踏み切るが、FSXについても二八日までに、政府部内の調整を急ぎ、防衛庁を半ば押し切る形で大幅譲歩による交渉妥結を図る方針を固めた[110]。

四月二八日、日米両国は、これまでの「了解覚書」に「松永駐米大使からベーカー国務長官宛て書簡」と「ベーカー国務長官から松永大使宛て書簡」を付け加える形で、最終合意とした。これらの書簡で日本側は、生産段階での米国側の作業分担について「四〇%」とすることを明確に認めた。それとともに、米国への開発成果の供与に関しても、「米側が取得を希望する技術はすべて」認めるなど、米国側の主張に大きく譲歩した[111]。

他方、松永はベーカーとの会談で、「ＦＳＸの共同開発を実効あらしめるため、ソフトウェアについてはできる限り日本側にアクセス可能とされることを確認したい」と要望したのに対し、ベーカーは、「必要となるソフトウェアを米国の開示手続きに従い最大限日本にアクセスを可能とする」と回答した[112]。

ところが最終合意の内容は、一方的に米国側に有利なものとなっていた。「了解覚書」では、「(ＦＳＸの共同開発は)日米の優れた技術を結集し、Ｆ16を改造する。……米側は、Ｆ16に関する技術情報を適切に供与する」となっていた。ところが、実際の合意では、米国側はＦ16に関する技術情報のうち最新のソースコードなどについて、供与の制限を日本に受容させた。これに対して、日本側は、共同開発によって生まれる技術ばかりか、すでに日本側が開発済みの四つのハイテク関連技術まで、「了解覚書」では全く触れられていないにもかかわらず、全て米国側に提供することになった。情報技術に関していえば、あまりにも一方通行なものになってしまった[113]。

それでも、四月二八日の合意に基づき、五月一日、ブッシュ大統領はＦＳＸ開発に伴う対日技術供与を上院に通告する。ところが、上院は日米合意についての修正決議案を可決させるなどしてさらなる抵抗を続けた。これに対し、七月三一日、ブッシュが修正決議への拒否権を行使し、九月一三日に上院で拒否権を覆すか否かの投票を行った結果、拒否権を覆すための票が一足りなかったことにより、ＦＳＸの共同開発問題は辛くも決着を見た。

以上の一九八九年前半の第二次ＦＳＸ交渉について、外務省の村田次官は、「米側内部の権限争い、商務省が議会をたきつける動きなど、利欲の絡む不愉快な問題であった」と振り返る。さらに、「双方の相互不信、とりわけ米国議会の対日不信は、およそ同盟国の議会人にふさわしからざるものであった」と指摘し、「何となく本来の日米同盟の『終わりの始め』のように感じられた」と回想する[114]。

7　北朝鮮へのシグナル

竹下政権末期の外交で、もう一つ注目すべきポイントは、対北朝鮮関係であった。韓国と中ソ両国との関係が正常化に向かい、冷戦構造が崩れはじめる状況下、北朝鮮は日本との接近を図るようになる。日本にとっても、ソ連との平和条約締結とともに、北朝鮮との関係正常化は、戦後長く残されている大きな政治課題であり、外務省の歴代の北東アジア課長は、日朝正常化のための道を絶えず模索してきた[115]。

おりしも、韓国の盧泰愚政権が、日本が朝鮮半島の平和のために南北両国と均衡をとりながら関係を維持することに支持を表明するようになると、竹下も懸案に着手しなければならないとの見地から、外務省事務当局の知恵を借りつつ、北へのシグナルを出すようになる[116]。しかし、北朝鮮に関する当時の日本の最大の関心事は、第一八富士山丸事件の解決であった。日本は同船の乗組員二名の釈放をにらんで、北朝鮮に柔軟姿勢をとり、他方、北朝鮮は同事件を「エサ」に対日接近を図った[117]。

一九八九年一月二一日、北朝鮮は、朝鮮労働党代表団（団長は金養建《キムヤンゴン》中央委員副部長）を東京に派遣した。この代表団訪日を控えた一月一一日、北朝鮮側は外交部スポークスマンの談話を発表し、日本の「韓国一辺倒政策」を批判する一方、「日本政府が真にわが方との関係改善の用意を持っているならば、まず関係改善に障害となる諸条件を除去することに慎重な考慮を払うべきである」と主張した。政府間接触の前提として、日本側に「誠実な態度」を示すよう求めたのである[118]。

翌一二日、小渕官房長官は、朝鮮労働党代表団の訪日について、「社会党の招請ということかもしれないが、政府としても懸案の事項があるので、話し合いの機会があればありがたい」と述べ、富士山丸の乗組員二名の釈放を目ざして、代表団との直接交渉をしたいとの考えを示した[119]。また、高辻正己法相は、一七日の会見で代表団が来日中の二三日に社会党大会に出席する是非を問われた際、北朝鮮からの訪問者に日本での政治的活動や発言を禁じている従来の政府方針に「必ずしもこだわる必要はない」と語り、柔軟に対応していく意向を示した[120]。

さらに、代表団到着前日の二〇日、日本政府は、「わが国の朝鮮半島政策について」と題する政府見解を発表した。日本の対北朝鮮敵視政策を否定した同見解は、日朝関係改善のため「第一八富士山丸問題の早期解決を切望する」とし、「日朝間の懸案のすべての側面について前提条件なく、また、いかなる懇談でも話し合いを行う用意がある」ことを表明していた。見解は以下のように続く。

① 政府は、過去において、わが国の行為が近隣諸国の国民に多大の苦痛と損害を与えたことを深く自覚している。

② 在日朝鮮人については、在日韓国人と基本的には同じ待遇を受けられるよう配慮している。

③ 北朝鮮の閔洪九・元兵士の在留特別許可（前年一二月）は、人道的観点から国際的慣行に従ってとられた措置である。

そして最後に、頑なな対日姿勢を崩さない北朝鮮に、「一方的な立場の表明を行い、相手を非難するよりも、相互理解を深め、懸案を解決していくことが建設的である」と呼び掛けた[121]。この政府見解は、「前提条件なく」日朝間の話し合いを持つ意向を示すとともに、日本の植民地支配を念頭に、初めて北朝鮮に対して過去の行動に関する謝罪の意を表明するものであった。

当時、外務省北東アジア課長であった田中均は、米ソ・中ソ両関係の緊張緩和を背景に日本政府が柔軟な対北朝鮮姿勢をとることは、中ソ両国が韓国により柔軟な政策をとることを後押しし、朝鮮半島の安定化につながると指摘していた。さらに田中は、過去の植民地支配という「特殊なかかわりあい」を念頭に、「日本は、朝鮮半島の過去の関係について、反省の立場にたたざるをえない」と考えていた[122]。

しかし、北朝鮮側の態度は依然として硬かった。一月二六日、東京で行われた社会党との会談で、朝鮮労働党代表団は、①現在の両国関係のすべてが、日本政府の敵視政策、南北の分裂固定化政策によってもたらされた、②日本政府の立場が変わらない限り、政府間折衝は時期尚早だと原則論を主張した。また、会談後の記者会見で、富士山丸事件について政府間協議の必要性は認めたものの、閔洪九の身柄送還が解決の絶対的条件と改めて強く主張した（前年一二月、日本政府は閔に特別滞在許可を付与し、北の送還要求を拒んでいた）[123]。

一方、「たとえ中身のある話し合いができなくても、非公式に接触したという事実が重要で、今後につなげることができる」（外務省幹部）という見地から、政府は代表団との接触の機会を探った。同じ二六日には、外務省出身の藤田公郎内閣外政審議室長（前外務省アジア局長）が、社会党の山口鶴男書記長に会い、「接触の仲介」を内々に依頼して、同日夜の夕食会で、山口がその意向を伝えたが、北朝鮮側は拒絶した[124]。辛うじて、小渕官房長官が政府間協議の意向を、山口を通じて代表団に伝達し、同じ夕食会で、金養建団長から、「承った、政府に伝える」という言質を得るに止まった[125]。

それでも、竹下政権は北朝鮮になおもシグナルを送り続ける。二月一三日の衆議院本会議で竹下は、「我が国は、北朝鮮を敵視するといった政策はとっていません」と述べ、第一八富士山丸事件の解決のためにも、「速やかに日朝政府間の接触が実現」することを「切望しております」と発言した[126]。一六日の衆議院予算委員会では、宇野も、「(朝鮮労働党の)より高いレベルの方が来られますということを我々は歓迎したい」と述べると同時に、「可及的速やかなる政府間折衝を持ちたい」と答弁する[127]。さらに、二八日の閣議で、一往復ごとに取得申請しなければならない北朝鮮行きの旅券(パスポート)発給制度を緩和し、有効期間中、何度でも往復できる数次旅券の発給を認めることなどを内容とする旅券法改正案を決定している[128]。

これら一九八九年に入ってからの竹下政権の一連の対北朝鮮アプローチは、国際政治における緊張緩和の潮流が、朝鮮半島にも着実及び始めていたことを反映するものであった。すでに、前年一〇月末には、米韓両国が、米国が北朝鮮に「穏健なイニシアティブ」で接触することで合意し、一二月から米朝間の「北京チャンネル」が開かれている[129]。また韓国は「北方外交」を標榜して、一九八八年一二月にソ連と貿易代表部の相互設置で合意し、年が明けた一九八九年二月にはハンガリーとの国交樹立を実現していた。韓国は同年後半以降、その他の東欧諸国とも相次いで国交樹立を果たすのである。

8 竹下首相見解の発表と田辺訪朝団

ここで、日朝関係改善を目指す社会党が、政府をいま一度後押しする。三月三〇日に社会党代表団を率いて訪朝する予定の田辺誠副委員長は、訪朝に先立ち布石を打った。戦前の植民地支配についての謝罪や、それに対する償いといった根本的な問題について、「政府が基本的な態度をきちんと」するための事前調整であった。

三月九日、まず田辺は国会内で安倍晋太郎自民党幹事長に、過去の問題についての明確な姿勢表明の必要性を説いた。前政権で長く外相を務めた安倍は、「韓国に言ったことぐらいは北朝鮮に言うのは当然」としたうえで、「韓国を超えることはできないけれども韓国並みのことはやらなければならない」と語り、自身の発言を竹下に伝えるよう求めた。一四日、田辺が竹下に安倍の意見を伝えたところ、竹下は「同意見である」と答えた。こうして、国会において社会党議員の質問に竹下が答弁する形で首相見解を発表する段取りが固まった[130]。

三月三〇日の衆議院予算委員会で、社会党の村山富市議員の質問に答えた竹下は、戦後日本が、「過去における我が国の行為が近隣諸国の国民に多大の苦痛と損害を与えてきたことを深く自覚して、このようなことを二度と繰り返してはならないとの反省と決意の上に立って平和国家としての道を歩んできた」との認識を示し、特に朝鮮半島に的を絞って、以下のように続けた。

そのような自覚と反省は、歴史的にも地理的にも我が国と最も近接しております朝鮮半島との関係においても、とりわけ銘記さるべきものであると考えております。朝鮮半島をめぐる情勢が新たな局面を迎えております。この機会に、改めて、同地域のすべての人々に対し、そのような過去の関係についての深い反省と遺憾の意を表明したい、このように思います。……

朝鮮民主主義人民共和国との間においても、朝鮮半島をめぐる新たな情勢に配慮しつつ、さきに述べました認識に立脚して関係改善を進めていきたい、このように希望しておるところでございます。[131]

その内容は、北朝鮮に「朝鮮民主主義人民共和国」という正式名称を用いる配慮を施して、日朝政府間対話の早期実現を呼びかけると同時に、過去の植民地支配について、「同地域のすべての人々に深い反省と遺憾の意を表明したい」と述べ、初めて韓国だけでなく、北朝鮮をも含む半島全体への「遺憾」の意を表明するものであった。当初、社会党は、北朝鮮の意向を汲む格好で、日本政府が戦後から現在までの状況についても遺憾だと明言するよう主張した。これには外務省が、戦後まで踏み込んで遺憾と表明するのは韓国への対応と均衡を欠き（韓国に対しては植民地支配から戦争までについて「遺憾と反省」を述べている）、また戦後に関しては北朝鮮側に問題が多いとして、社会党の主張を退けた[132]。

なお、この首相見解発表は外務省事務当局の主導によってなされ、竹下は事務当局が準備したシナリオに沿って動くに止まった。この三月末にはリクルート事件が深刻化しており、首相官邸は外交に取り組める状況ではなかった[133]。ただ、事務当局主導といっても、外務省全体が対北朝鮮外交に積極的に動いたわけではない。当時の村田次官にして、この問題はもっぱら社会党マターであり、「政府としては国交もなく、手の打ちようがないとの先入観」が強くあったと証言する[134]。また当時のアジア局長の長谷川和年は、当時の北朝鮮への対応は、同局北東アジア課のレベルで処理され、局長自身が関与することはなかったと回想する[135]。

したがって一連の動きは、国際的な孤立を恐れた北朝鮮が、対日接近を進めるべく、田辺ら社会党議員を動かし、社会党が外務省北東アジア課に働き掛け、田中課長など中堅の外務官僚が社会党とシナリオを練ったうえで、首相がそのお膳立てに従って平壌に和解のシグナルを発したと解するのが適切であろう。

もう一点、田辺が訪朝する前に打った布石は、日朝交渉の場に自民党の実力者を同席させることであった。朝鮮労働党サイドからも国交正常化をにらみ、「自民党と接触をしなければばならない」との意向が田辺に届けられていた[136]。特に、労働党書記の許錟《ホダム》からは、「最高人民会議(北朝鮮の国会)の議長が自民党の国会議員を招待するから、自民党の執行部ではなくて、しかも自民党をおさえられる人が団長で来てもらえれば歓迎する」との話があった。

思案の末、北朝鮮が出してきた条件を満たす実力者として、田辺が白羽の矢を立てたのが、竹下の後見人であり、自民党の最大派閥・経世会を束ねる金丸信であった。金丸は田辺自身とも、国会対策の場を通じ、「主義主張は違えども、肝胆《かんたん》相照らす人間関係」にあった[137]。当初、金丸は自身が元来、親韓国・台湾派であることを理由に訪朝に慎重であったが、日朝関係正常化が日本やアジアの安全と第一八富士山丸乗組員の釈放につながると田辺が説得した結果、平壌行きを受け入れた[138]。

なお、金丸と竹下は姻戚関係(金丸の長男と竹下の長女が婚姻)にあり、北朝鮮に関する情報が、田辺－金丸ラインを通じて竹下のもとにも届けられていたことは間違いない。また、竹下の政務秘書官も対北朝鮮関係で社会党議員と接触をしていたとされる[139]。国会対策を通じて形成された竹下・金丸両者と社会党とのパイプが、当時の日朝関係打開における大きな鍵となったのである。

三月二九日、金丸は、第一八富士山丸事件の早期解決によって日朝関係の正常化を図るべく、自ら訪朝する意向を示す内容の金日成主席宛ての親書を翌三〇日に訪朝する田辺に託した[140]。そして、同日、平壌に向かう途上に北京入りした田辺は、前述した三月三〇日の首相見解の要旨を、北朝鮮の朱昌駿《チュチャンジュン》駐中国大使に伝達した[141]。こうして田辺は、首相見解と金丸書簡という二つの「手土産」を持って、平壌での会談に臨むことになった。

三一日、平壌に入った田辺は、許錟書記と第一回目の政治会談を行った。席上、田辺は、首相見解を説明するとともに、第一八富士山丸事件の解決や自民党訪朝団の実現を強く要請した。許錟は両案件について、「(引き続き行われる)今後の政治会談などで話し合っていきたい」と答えた。また、首相見解については、朝鮮労働党として正式な見解を発表すると表明した[142]。

首相見解に関し、許錟は四月三日の第二回目の政治会談で、「わが人民に不幸と苦痛をもたらしたことに対する謝罪内容が明確でない」と述べ、①北朝鮮に対する敵対視政策の中止、②植民地支配に対する戦後賠償問題などへの言及がない点を指摘した。その一方で、「関係改善のために努力するといったことは注目に値する」とも表明する[143]。

また、自民党訪朝団についても、北朝鮮の国会にあたる最高人民会議の議長が、金丸を自民党国会議員代表として招待するという形であれば、自民党との接触を是とすると返答した。こうして、金丸訪朝で両国が合意することになったが、その時期は、七月の参議院選挙が終わって政局が落ち着くと見られる秋とされた[144]。

そして、四月四日、田辺は金日成主席との会談に臨んだ。この席で、金主席は日本側に次のようなメッセージを発した。

日本政府の竹下総理の謝罪発言および自民党金丸信元副総理の訪朝などについて、一定の評価をし、今後見守っていきたい。今後とも日本社会党と田辺先生たちが、両党・両国民の友好親善のために努力してくれることを強く期待しています。[145]

このメッセージを、外務省は北朝鮮の対日姿勢に変化が生じつつあると受け止めた。田中課長の表現によれば、「いままでは、日本が何をいっても『二つの朝鮮』ということが真っ先にきた」のが、「最近はそうでなくて、謝罪しろとか、賠償の問題があるではないかとか、先に出してきている」ということであり[146]、原則論に固執する姿勢から、関係改善に向けて具体的な条件闘争に出てきたと見たのである。さらに、金主席との会談を終えた田辺は、記者会見で第一八富士山丸事件について触れ、「途絶えていた政府間折衝を復活するとの意思確認ができた」ことを明らかにする[147]。

四月一〇日、竹下は首相官邸で田辺から訪朝に関する報告を受けた。この場で竹下が、日朝関係改善に向けた政府自民党と社会党による「三者協議」の設置を提案し、田辺も基本的に同意した[148]。翌一一日の衆議院外務委員会では、宇野が、「一般論」と前置きしながらも、「国交正常化の前段階として、在外事務所を設けるのも一つの方法ではないだろうか」と述べた[149]。日朝間の貿易事務所や連絡事務所設置に関する提案は、以前から水面下で議論されており、機が熟したということで右の外相答弁となったようだ[150]。

しかし、日朝関係改善は、その後まもなく、日朝両国の国内事情によって停滞してしまう。北朝鮮は一九八九年六月の中国・天安門事件、秋以降の東欧共産圏の崩壊に直面し、国内の団結を最優先しなければならなくなる。一方、日本でもリクルート事件後の政治不信の責任を取った竹下が退陣し、後継となった宇野政権も七月の参議院選挙での自民党大敗の責任をとり崩壊した後、八月に少数派閥出身の海部俊樹が最大派閥の竹下派経世会(金丸が会長)に支えられて首相に就任するなど、国内政治も混乱が続いた。また、同年秋に社会党と北朝鮮を巻き込んだ「パチンコ疑惑」が発生して、北朝鮮の対日姿勢が硬化してしまう[151]。結局、金丸・田辺両者率いる自民・社会両党代表団の訪朝が実現するのは、一九九〇年九月にずれ込んだ。

9 「拡大均衡」の提示と進まぬ日ソ関係改善

竹下政権末期、対北朝鮮外交に動きが出る一方、停滞局面に入っていたかに見えた日ソ関係も、一九八九年二月の昭和天皇の大喪の礼に伴うルキヤノフ最高幹部会第一副議長(Anatolii Lukianov)の訪日を契機に、対話ムードが復活する。二月二二日の竹下－ルキヤノフ会談で、互いに歩み寄り、前向きに進んでいこうとの認識が示されたのである[152]。

このような動きを背景に、三月二二日に平和条約の作業部会(WG)が東京で持たれた。ここで外務省の栗山審議官は、一八五五年の通好条約によって、ロシアは北方領土が日本領であり、他のクリル諸島と区別されるものであることを承認したと主張した。また、ソ連側が北方領土領有の根拠とする一九四五年のヤルタ協定は法的効力のない連合国間の取り決めであること、また一九五一年のサンフランシスコ講和条約で日本が放棄した領土はウルップ島以北のクリル諸島であって、北方領土は含まれないこと、などを論じた。さらに、平和条約締結後に歯舞・色丹両島の日本返還を規定した一九五六年の共同宣言を、ソ連側が六〇年の日米安保改定を理由に一方的に破棄したのは違法であると指摘し、次いで、一九七三年の共同声明にある「未解決の問題」には領土問題が含まれるとの主張を展開した[153]。

一方のロガチョフ外務次官は、領土問題の解決は、第二次大戦の結果によって設定された現実と大戦の最中に連合国の間で締結された取り決めから出発すべきと述べ、ヤルタ協定をソ連の主張の最大の根拠とした。同協定には束縛されないとする日本の主張に対しては、国連憲章の第一〇七条、いわゆる「敵国条項」を持ち出し、日本はヤルタ協定に束縛されると論じた。さらに、同協定に則ったソ連による千島諸島の占領が連合国との同意のもとに、当時の国際法に基づいてなされたと論じ、一九四三年のカイロ宣言に合致して「日本の侵略を阻止し懲罰するため」に正当化されるものであると主張した[154]。

法的面でのソ連側の主張は、要するに、「敵国であった日本は無条件降伏したのだから、何も言う権利はないとか、日本の領土に対する処置は、侵略者日本を処罰するために行った」などという、相当厳しいものであった[155]。他方、ロガチョフは、様々な史料を引用しながら、クリル諸島がロシア人によって発見、開発されたことを証明して、ソ連の同諸島に対する権利を正当化した。すなわち、通好条約締結より一三〇年前に、エカテリーナ一世(Ekaterina I)はクリルをロシア帝国の領土であるとする勅令を発し、一八世紀半ばまでに、北方四島を含むすべてのクリル諸島は、ロシア領になったとの主張であった。日本は一八世紀末に至るまでこの地域に進出しなかったとして、北方領土は「ロシアの太古からの土地」と強調した[156]。

ソ連側は、日中・日韓間で棚上げとなっている尖閣・竹島両問題にも言及し、日本側に北方領土についても柔軟策をとるよう求めた。領土問題を棚上げして、経済協力を拡大し、平和条約締結が可能との示唆であった。栗山は、尖閣・竹島と北方領土とは歴史的な経緯や背景、重要性が違うので同列に議論できないと反論する[157]。

さらに、平和条約の概念についても、ソ連側の考えが示された。その要点は、①日ソ関係が二一世紀に向かって良好な関係を築くための共通原理を規定すべきもの、②領土問題の存在は認められないが、両国間の国境画定は可能なので、国境線について今後の交渉で話し合っていく必要がある、ということであった。そして、その話し合いは、①善意、②現実の是認、③利益の均衡、の以上三原則を基礎とするべきと主張した[158]。以上の平和条約WGの議論は、非常に厳しくかつ平行線をたどるのみであった[159]。

そして、四月三〇日から五月五日まで、宇野外相は日ソ外相定期協議に臨むため、ソ連を訪問した。なお、直前の四月二五日に竹下首相は退陣表明を行っていたが、領土問題に関する日本の姿勢の一貫性を強調するべく、当初の予定通り、外相訪ソは実施された[160]。

宇野のモスクワ入りの前日、同地で栗山－ロガチョフによる事務レベルでの平和条約WG会合が再度開催された。日本側は、この会合の大半の時間を費やして、三月のWG会合で「敵国条項」やヤルタ協定を根拠に展開されたソ連の主張について、国際法・歴史的経緯の両面から、徹底的に反駁した[161]。

まず国際法の観点からは、「ヤルタ協定は、連合国の一つの政治的な意思でしかなく、領土問題の法的な決着をつける文書ではな」く、「法的効果を持つはずがない」ので、国連憲章上の「敵国条項」を引用しても意味をなさないと主張した。歴史的経緯についても、松前藩の様々な文書や、当時の地図などを詳細に調べあげたうえで、一八五五年の日露通好条約締結の時点までに、日本が北方四島の領有権を固めていたと論じるとともに、同条約締結に伴って、択《エト》捉《ロフ》島と得撫《ウルップ》島との間に国境線が引かれた事実を精緻に立証した[162]。

平和条約の概念についても、日ソ間では通常の平和条約が意味するところの戦争の終結と賠償請求権の二つは、一九五六年の日ソ共同宣言で解決済みであるのに対し、懸案の領土問題を解決するのが、平和条約の唯一最大の目的であると強く訴えた。また、領土問題の解決を条件に、①ソ連の主張する二一世紀に向けての両国関係の友好的側面を平和条約のなかに組み入れることに反対しない、②国境線の問題はおのずから解決するだろう、と付言した[163]。

ソ連側も、①平和条約のなかに国家間の原則が入ることを日本が認めたこと、②有益な議論が行えたこと、の二点を評価した[164]。

事務方による論議が重ねられた後、五月三日に日ソ外相定期協議が行われた。同日午前の第一セッションで国際情勢、午後の第二セッションで二国間関係がそれぞれ討議された。

その午後の第二セッションの冒頭、宇野は、「日ソ関係を改善し、真に安定した信頼し合える関係を実現していくことが、喫緊の課題である」と述べて、「この容易ならぬ日ソ関係改善の過程を構成する要素を五つの側面からとらえること」を提案した。五つの側面とは、①平和条約の締結、②信頼関係の強化（国際情勢・漁業・人道）、③実務関係の推進、④人的交流の拡大・強化、⑤書記長訪日であり、「この五つの要素を全体としてとらえる時、改善のプロセスが明確に浮かび上がってくる」と論じたのであった[165]。

ここに、「拡大均衡」の概念が、初めてソ連側に提示された。当時の外務省ソ連課長の東郷和彦は同概念について、『領土が動かなければ他が動かない』という言い方をソ連側にするよりも、『領土も動かす。しかしそれ以外の部分も動かす。もって日ソ関係を拡大』する」ことを提示したと敷衍する[166]。

事実、宇野は、右の拡大均衡の第三点目の「実務関係の推進」を裏付けるべく、「環境分野は両国間で互恵的協力関係をすすめうる」として、環境保護協定の締結を真剣に検討したいと表明した。また、一九七四年以来途絶えていた両国間の海運実務に関する協議の再開や、前年末に発効した渡り鳥条約に基づく協力についての協議開始も提案する[167]。受けて立つシェワルナゼ外相も、「そういう考えはソ連側の考え方とも軌を一にする」と応じ、日ソ間の共通の認識の下、はじめて本格的な日ソ関係の正常化が可能になると述べた[168]。

シェワルナゼは拡大均衡の精神に則り、北方四島墓参についいては国後島への日本人訪問を許可する旨を表明するとともに、「人道主義の立場」から「樺太については、一九八八年に同島の全ての地を外国人に開放した」と説明した。さらに人的交流についても、「漁業大臣の訪日もあるし、外務大臣同士の交流も続ける必要がある。(外務省事務レベルの)WGも勿論である」、「自民党とソ連共産党との間の交流を段々と前進させたい」と発言した[169]。

もっとも、日本側が最も重視していたゴルバチョフ書記長訪日については、「一定の成果として実を結ぶことが必要」との条件が付いた。シェワルナゼによれば、五月中旬に予定されている書記長の訪中も、その準備に「一年半」かかったし、この訪問には、中ソ二国間の完全な関係の正常化という明確な成果があるということ。それは、成果が明確にならない限り、書記長の訪日は困難という意思表示でもあった[170]。

この外相定期協議で注目すべきは、シェワルナゼが、日米安保条約が存在していても日ソ平和条約の締結は可能であると、初めて公式に言及した点であった[171]。すでに前年以降、ソ連では米ソ関係の進展を背景に日米安保を容認する論調が出ていたが、この時期から翌一九九〇年にかけては、とりわけ日米間の摩擦を調整し、アジア太平洋地域の国際関係の安定に果たす日米安保体制の役割が積極的に評価されるようになる[172]。一九六〇年の日米安保条約の改定が日ソ共同宣言の領土条項の破棄につながった点に鑑みれば、ソ連の同条約是認は、領土条項破棄の原因そのものが消滅したことになる。ソ連が歯舞・色丹二島の返還を認めた共同宣言を再確認する可能性が出てきた[173]。

しかし、ソ連側が日米安保是認を明確にし、日本側が「拡大均衡」を打ち出したにもかかわらず、外相定期協議での領土問題をめぐる両国の議論は平行線をたどった[174]。

他方、宇野は国際情勢の討議のなかで、「我々は中ソ間の（和解の）動きを歓迎する。朝鮮半島でも情勢が変化している。韓国はソ連の新しいアプローチを歓迎している」と切り出した。シェワルナゼは、「モスクワと北京で首脳会談の準備は終わりに近づいている」と答えて、首脳会談が「中ソ関係の完全な正常化を意味する」ことを表明した。それは、今後の中ソ関係は、「五〇年代の（蜜月の）関係」にこそ戻らないが、逆に「七〇年代の（緊張）関係にも戻らない」ことを意味していた。

朝鮮半島情勢についても、シェワルナゼは南北朝鮮間の対話の重要性に言及し、そのうえで「朝鮮問題を巡る情勢は良い方向に変化しつつある」との状況認識を示した。そして、三月三〇日の竹下の首相見解にも触れながら、北朝鮮との関係正常化に向けた日本の努力に歓迎の意を表し、あわせて米国の北朝鮮に対する関係正常化の働き掛けも評価した。ソ韓関係については、「非政府レベルでの貿易経済交流が行われている。南朝鮮との人的交流、文化、観光も意義がある」との説明があった[175]。

カンボジア問題について宇野は、「越軍の完全撤退、公正な選挙に基づく国民政権の樹立が緊要」との認識を示して、日本としてはカンボジアの和平プロセスを進めるべく、「環境醸成のため越との直接交渉の用意」があると、踏み込んだ発言を行った。そして、ソ連がベトナム、中国がポル・ポト派、それぞれの後ろ盾となってきたことを念頭に、和平実現のため「中ソ間で共通点を探求して欲しい」と促した。

これに対してシェワルナゼは、ヘン・サムリン政権のフン・セン首相とシアヌークとの間で、越軍撤兵と全ての外国援助の停止、ポル・ポト派との対話継続、国際会議の招集と国連監視下の選挙についても合意が成立したと説明し、「悪くない前進であり、展望も良い」と語った。次いで、「本問題に関するソ中間接触を活発化させる方針」と述べると同時に、「数日後に中越両国の外務次官協議が開催の予定」であることを明らかにした。さらに「日本側に越側との会談の用意があるとの点を歓迎する」と表明した[176]。以上の国際情勢をめぐる両外相の協議は、アジアの緊張緩和に向けて日ソ両国が協働していく可能性を示すものであった。

そして、外相協議の二日後の五月五日、宇野はゴルバチョフ書記長との会談に臨んだ。ゴルバチョフは、（日ソ間の）対話が進んでいることを評価しながらも、日ソ関係の現状が、著しい関係改善を見せる米ソ、中ソ両関係などに比して立ち遅れていると示唆した。これに対し、宇野は竹下首相からのメッセージを伝えた。その内容は、①前年以来の両国間の対話を歓迎すると同時に、対話の芽を大事に育てていくことが重要である、②日ソ間の困難の問題を、現在の世代で片づけるのが、両国の指導者の使命である、③書記長訪日が日ソ関係の今後にとって大きな役割を果たす、というものであった[177]。

また、宇野は、右メッセージは、竹下後継が誰になっても「継承されていく考え方だ」と語るとともに、外相協議で提示した「拡大均衡」を改めて説明した[178]。これに対し、ゴルバチョフは、「信頼の芽が育ち、本格的な友好の木に育つことを望む。お互いを憂慮させている問題を脇に置くことなく関係を進めたい」としたうえで、「この文脈において、自分も訪日の必要性ありと考えている」と述べた[179]。

しかし、ソ連側の視点に立つと、「拡大均衡」という概念は、「当時はまだ定式化されたばかりで、それ以前にもっと明確かつ断固として述べられた『前提条件論』（＝政経不可分論）の否定的印象を払拭することはできなかった」（パノフ・ソ連外務省太平洋東南アジア局次長）という[180]。宇野‐ゴルバチョフ会談でも、両国が「拡大均衡」を軸に歩み寄ることはなく、相も変わらず、領土問題をめぐって厳しいやり取りが展開される。

すなわち、宇野が、太平洋戦争時、米国は沖縄で多くの犠牲者を出したにもかかわらず、一九七二年に沖縄を返還し、「日米関係は確固たるものになった」と、米国を引き合いに出して、戦後処理の重要性を書記長に強く訴えた。これに対してゴルバチョフが、日韓・日中両関係の現状について質すと、宇野は、「非常に順調に伸びております。貿易総額は中国とは二〇〇億ドル、韓国とは二六〇億ドルにのぼり、日ソ貿易の四倍、五倍になります」と答えた。

ゴルバチョフは、宇野が示した日中・日韓の経済関係の発展ぶりを抜け目なくとらえ、以下のように日本が領土問題で中韓両国には柔軟姿勢をとっていることを指摘して、強力な経済力を盾に対ソ交渉で高飛車な姿勢をとらないよう牽制した。

日本は、韓国および中国との間には領土問題を抱えながら、そのように関係を発展させているのではないですか。日本は韓国および中国に対するアプローチと、ソ連に対するアプローチとを変えているのではないですか。

もし日本側に、ソ連の方が日ソ関係の改善をより強く望んでいるという考えがあるとすれば、それは誤解である。二国間の関係は、現実的な問題に根ざして進めていかなければならない。その際に、お互いの国家利益のバランスを十分考えなければならない。

一方、「竹島は日比谷公園と同じくらいの大きさだし、尖閣列島にしても似たようなものだ」と述べた宇野は、千葉県と同じ面積を持ち、一万七〇〇〇人が居住していた北方領土の問題は、前者二つのケースと「全く同列に置くことができない問題」だと強調した。そして、ソ連の主張を「一方的」と切り捨て、領土問題の解決がなされることで、「初めてお互いの関係の拡大均衡があり得る」と強く主張した[181]。

また、アジア太平洋地域の軍縮問題に関しても、意見の相違が見られた。書記長は同問題について、次の二点に絞って切り出した。

①　ソ連は軍備を極東において減らしているのに、日本は増やしているのではないか。

②　アジア太平洋地域協力問題について、ソ連はウラジオストク、クラスノヤルスクにおける書記長の演説のなかで前向きな、いろいろなイニシアティブをとったにもかかわらず、アメリカと日本がこれに十分に反応してきていない。どうしてなのだろうか。どうもソ連に対する根深い不信感があるのではないか。

宇野は日本の軍備の問題について反駁した。すなわち、①日本は戦後、軍事大国への道を歩まなかったために、資源小国、食糧小国でありながら、各国の協力を得てここまで伸びることができた、②いま、その経済力を使って、特にアジア地域への経済援助を中心に貢献しようとしている、③日本が軍事大国にならず、アジアに経済援助をしてきたからこそ、アジアの発展がここまできたと述べた。そして、日本とアジアの発展の基盤を損なうようなことは望まないので、「日本が軍事大国になることはない」と主張した。

また、宇野は、海軍力によって極東の安定をもたらしていると米国の軍事力について弁護する一方、自国の軍事力を公表しないまま、極東で軍備増強するソ連への懸念を表明した[182]。なお外相協議でも、米国の海軍力を念頭に、アジア安保をテーマとするソ日米三国協議の開催を提案したシェワルナゼに対し、宇野は「米国が海軍兵力削減に同意するとは思えない」と指摘し、開催を拒んでいる[183]。

会談の最後に、宇野は、書記長が来日し、日本の各界の人たちと対話することが、「日ソ関係の将来に大きな役割を果たす」と説いた。しかし、ゴルバチョフは自身の訪日の期日を明言せず、「日本の国民に対する尊敬の念を伝えてほしい」という言葉で会談を締め括った[184]。竹下退陣後の日本の政局を見きわめるべく、訪日を長期保留としたのだろう。

むろん、日本の政局だけが、書記長訪日の先送りの要因とは言えない。ロガチョフ次官は外相協議直後の記者会見で、書記長訪日の準備に取り組むにあたり、日ソ双方ともいかなる前提条件も持ちだすべきではないと明確に述べていた。ソ連側にとって、領土問題で両国が激しく応酬する状況下での書記長訪日は時期尚早であった[185]。米ソ・中ソ両関係をはじめ、改善が進む国際情勢の変動のスピードに比べると、日ソ関係改善の動きは立ち遅れ感が否めなかった。

10　竹下首相最後の旅――ASEAN諸国歴訪

宇野訪ソに先立つ四月二五日、米国とのFSX交渉に目途を付けた竹下は退陣表明を行っていた。退陣表明を行うや、外務省をはじめとする各省から首相への報告は激減した。国際関係に関する情報も首相が決定すべき事案も、全く官邸に上がってこなくなった[186]。前年秋以来、すでに外交機能は低下していたが、これにより官邸は実質的に機能を停止する。

ところが、竹下は四月二九日から五月七日までASEAN諸国歴訪の旅に出る。竹下自身には、退陣を表明した首相の訪問は外交儀礼上問題ありとの認識はあった。しかし、前年秋から準備に着手され、万端が整っていたこと、そして、首相の本心が訪問にあることを察した宇野が、外交の一貫性・継続性の見地から実施を願い出たことにより、予定通り行われることとなった[187]。首相就任直後にASEAN首脳会議に出席するためフィリピンを訪れたものの、他のASEAN諸国を訪問する機会がなかった竹下は、最後の外遊を「ASEAN外交から始まってASEAN外交で終わる」という形で、自身の外交の幕引きとしたかったようだ。

辞任を表明していた竹下は、この歴訪を首脳外交ではなく、あくまでも日本政府としての外交活動と位置付け、全てを事務当局に任せる構えをとった。したがって、歴訪中の首相会談での発言や演説、会見の内容も事務当局が用意した資料をなぞるのみであった。

それでも訪問先の各国首脳の竹下への接遇は、非常に温かなものとなった。まもなくその地位を去る首相に礼を尽くす姿勢には、欧米とは異なる、アジア的寛容もあったとは思われるが[188]、そればかりが理由ではなかったはずである。たとえば各国には、竹下が退任後も自民党最大派閥の領袖として政治的影響力を維持し続けるとの読みもあったようだ。

ともあれ、この最後の外遊は、前年五月に竹下自身によって打ち出された「国際協力構想」を東南アジア地域の安定化、特にカンボジア和平の推進という文脈で具体化する場となった。

五月五日、竹下はインドネシアのジャカルタで、「共に考え共に歩む――日本とASEAN」と題する政策演説を行い、そのなかで「今後とも東南アジアを『国際協力構想』の最も重要な対象地域の一つと位置づけ、これを推進していく」と宣言した。そして日本が「いまやASEAN諸国に対する政府開発援助の最大の供与国」であることを強調し、カンボジア和平の実現に向けた四つの方策を挙げた。

一つは、国際監視下におけるヴィエトナム軍の完全撤退とポル・ポット政権が行ったような非人道的政策の再来の防止を確保することであります。

二つは、カンボディア人の民族自決を実現し得る、公正かつ自由な選挙の実施とこれを通じて真の独立・中立・非同盟のカンボディアの樹立であります。

三つは、これらの目的を達成するための効果的な国際監視メカニズムの導入であります。

そして最後に、いかなる政治解決もカンボディア国内の安全が確保されるとともに周辺国全ての安全保障に十分配慮したものでなくてはならず、このためにも包括的な政治解決の達成が不可欠であると信じる次第であります。

今後の和平プロセスの中で、日本が「効果的な国際監視メカニズムの導入及びその実施に必要な資金協力、要員の派遣、必要な非軍事資機材の提供等につき積極的に検討するとともに、政治解決達成後はインドシナ地域の復興と開発に対する協力を行っていく」ことを言明したのである[189]。戦後、日本の首相が、特定地域の平和構築について、これほど明確に関与していく意思を表明したのは初めてのことであった。究極的にはこの演説内容が、一九九一年のパリ和平協定調印に向けたプロセスへの政治的関与、さらには一九九三年のカンボジアＰＫＯへの自衛隊の参加という形で具現化する。

しかしながら、この時期、日本が和平プロセスに関与していく余地は、まだ乏しかった。シアヌークを政治的に支援していたものの、紛争解決の鍵を握るベトナムとの関係改善が進んでいなかったし、その後援を受けているヘン・サムリン政権とは接触すら持っていなかったからである。

対越援助は日越関係改善のバロメーターであり、経済状況が深刻化するベトナム側からは、非公式に早期援助再開の要請も行われていた。しかし、右の演説と同日の記者会見で、日本の対越援助再開に触れた竹下は、「計画的な経済協力は総合的に判断すべきで、今言える立場にない」と慎重な言い回しに終始した[190]。しかし、同じ四月、ベトナムは半年以内にカンボジアから撤退することを宣言していた。和平への障害は半ば除かれた形となり、矢継ぎ早に紛争各派や関係国による非公式会談が開催されていた[191]。国際情勢は大きく動こうとしていたが、竹下は事務当局のシナリオに沿って慎重姿勢に徹したのである。

同年六月に外務省アジア局が作成した政策文書でも、たとえベトナム軍が撤退しても、中国の支援を受けるポル・ポト派と他の連合政府二派との内戦勃発の危険性があり、「内戦を防止するためには、クメール・ルージュ（ポル・ポト派）の政治的役割をある程度認めつつ、軍事的脅威を封じ込めること」が必要であるとされていた。外務省内部でも和平プロセスと政権の構成について確たる展望が持てないでいる様子が窺える。一九八九年までのアジア局内の政策文書の多くは、福田ドクトリンの妥当性と対ベトナム支援の意義は説くものの、紛争当初からの反越勢力（三派連合）の支持という拘束から抜け出せない現実を物語っていた[192]。この拘束から脱し、ポル・ポト派の切り離しを明確にするのは、一九九〇年に外務省がヘン・サムリン政権と接触を試みるようになってからである。

実際、ベトナムのグエン・コ・タック外相は、「日本は『もう一つの中国』にすぎない」と非難し、七月からパリで開催される予定になっていたカンボジア和平を話し合う国際会議に、日本が参加しないよう牽制すら行っていた。当時の外務省情報調査局審議官であった池田維《ただし》は、「ベトナムが、三派連合政府を承認していた日本を当時、中国寄りと見ていたとしても決して不思議ではなかった」と言う。そして、竹下政権が崩壊するこの時期まで、日本はカンボジア問題において「部外者」的な立場に過ぎず、他の関係各国と比して、日本の関与の度合いは格段に小さかったとも証言している[193]。

確かに、七月のパリのカンボジア和平国際会議に日本は正式に招請され、和平後の復興問題を議論する分科会の議長も務めることになった。しかし、この段階で、和平後の暫定政府の権力分担の比率の問題などに日本が関与することはなかった。依然、日本は和平後の復興のための資金源としての参加に止まっていたのである[194]。

ＡＳＥＡＮ諸国を含めた国際社会から日本が期待されていたのは、経済面での貢献に他ならなかった。そのことは竹下の歴訪でも如実に示されていた。ＡＳＥＡＮ諸国に共通する問題として、進行する円高による同諸国の円建て債務増があり、同件についてはマレーシア・インドネシア両国から指摘の声が上がっていた[195]。

マレーシアとの間では、日本政府が責任をもって対応している円借款に焦点を絞って議論が行われた。マレーシア側の要望は、①過去の円借款の金利を下げてもらいたい、②新たに二・九％の金利による円借款の供与を得たい、③新規借款供与にあたっては円為替レート変動による影響を回避するため換算レートを固定するか、現地通貨（リンギ）建てにしてほしい、というものであった。これらの要望に対して日本側は、いずれも現行制度の下では対応が困難であるため、新金利適用の下での「ニューマネー」供与で対応したい旨を回答した[196]。

インドネシアには、一九八九年度分として二〇億ドルの資金協力が約束された。竹下の示した資金協力の内訳は、円借款一二億ドル、日本輸出入銀行の融資六・五億ドル、「ＡＳＥＡＮ・日本開発ファンド」の一・五億ドルとなっていた[197]。

他方、フィリピンとの間では、「多国間援助構想」が最大の懸案となっており、アキノ大統領の関心もこの一点にあった。竹下が、①できるだけ早く「多国間援助構想」を打ち上げる援助国会議を開催する、②東京を開催場所として提供する用意がある、③日本は同構想の全体に対して充分な(サブスタンシャルな)貢献をする、と表明すると、大統領は評価する姿勢をとった[198]。当時米国は、安全保障上の一層の役割分担増大の一環として、日本が同構想のなかで中心的役割を果たすことを求めていた[199]。

この要請に竹下政権は、援助が米国主導で戦略的色彩の強いものになることを警戒しながらも、アキノ政権支持とフィリピンの安定が東南アジア全体の平和と安定につながるとの見地から、多国間援助構想の具体化に積極的に動いた。このような枠組みによる資金協力は、往年のマルコス疑惑の反省から、援助条件をより厳格にすることが望まれていたことや、世界銀行の条件に合わせて援助供与ができるという効率性からも、日本側にとって好ましかった。七月には東京で対フィリピン援助国会議が開かれ、日米両国を中心とする先進各国が、差し当たり一九八九年度分として総額三五億ドルの資金供与で合意する[200]。

これらを考え合わせると、竹下が受けた温かな歓待には、援助大国・日本の首相を歓迎する意味合いがあったことは否定しがたい。当時、日本とASEANとの経済関係が、貿易・投資・ODAのどの領域から見ても、比較的良好であったことも作用していただろう。とりわけ、ASEAN諸国からの対日輸出が増え、なかでも製品の対日輸出の増大が著しかったし、日本からのASEAN向け投資の急伸長は、同諸国に赴く竹下にとって追い風となっただろう[201]。

その一方で、竹下が一年半の首相在任中、ASEAN諸国首脳と複数回顔を合わせ、友好関係・相互理解の促進に努めてきたことも、各国の歓迎の一因であった[202]。実際、首相就任直後のASEAN首脳会議に参加したのを皮切りに、一九八九年二月の大喪の礼でも各国首脳と会談したうえで、今回の歴訪に至っている。竹下の首脳外交は、「ASEANに始まりASEANで終わる」という感はあった。なお、前出のジャカルタ演説の最後を、竹下は次のように締め括っている。

> 私は、この訪問を締めくくりとして、帰国後新年度予算の成立を待って自らの職を退き、次の政権にあとを託します。しかし、新しい政権においても、我が国は、外交の継続性を堅持し、日本とASEANの絆を一層強めながら、更に努力することを確信いたしてお

ります。[203]

11 冷戦の黄昏——漂流し始める日米同盟

首相官邸の外交機能が喪失していく状況下、ブッシュ政権は、経済面で呵責のない要求を突きつけてきた。日米関係は、一九七一年のニクソン・ショックの時期に匹敵するか、それを凌駕するほどの緊張した局面に入る。

三月末に訪米した外務省の國廣道彦外務審議官(経済担当)は、米国各省の高官(閣僚も含む)たちと意見交換するとともに、ロビイストたちとの会合を持った。一連の会合を通じて、巨額の対日赤字が一向に減らないことへの苛立ちや、産業界から日本市場に関する苦情を受けた米議会の対日姿勢が一段と厳しくなっていることが痛感された。実際、議会は政府の包括通商法の実施状況を厳しく監視している状況であった。

米国側は國廣審議官に、①日本が真剣に事態改善に努力している印象を与える画期的な提案がほしい、②日本市場には、米国のそれと同程度に開放的であるべき、③日本は自ら進んで輸入促進策をとるべき、④今後二、三ヵ月の間に貿易統計が改善しないまま、効果的な改善策が合意できなければ、日米関係は大変なことになる、と強調した。國廣自身も、このままではヒルズ率いるUSTR(通商代表部)が極めて戦闘的になるだろうと予想したという[204]。

特に貿易不均衡をめぐって、日本に具合が悪かったのは、米国の対EC貿易収支が著しい改善を見せていたことであった。対日赤字は五〇〇億ドルという高水準で推移しており、米国全体の貿易赤字が一五〇〇億ドルから一〇〇〇億ドルにまで減少するなかで、対日貿易赤字が米国全体の赤字の半分近くを占める事態を迎えていた[205]。

対日赤字が突出する事態を背景に登場したのが、「日本異質論」であった。「日本異質論」者は、日本との赤字が一向に改善しないのは、日本の側に輸入を阻止する異質な仕組みがあるからであり、この種の国には、自由貿易とは別のルールを適用する必要があると強調した。同論は、米国の保護主義勢力にとって最上の味方であった。異質な国・日本を自由貿易の例外とすることで、保護主義者と呼ばれるのを回避しながら、輸入制限を主張できるからである[206]。

一九八九年四月に発行された米国の『ザ・アトランティック』誌に、代表的な「日本異質論」者である在日米国人評論家のファローズ(James Fallows)が、「日本封じ込め」という扇情的な題名の論文を寄稿した。同論文は、日本の価値観を欧米のそれと対極に置き、結論として、自由貿易を脅かす日本に対する「自衛のため」の報復措置の必要性を示唆した。「日本封じ込め」というタイトルは、米ソ冷戦体制を理論化したケナン(George F. Kennan)の「ソ連封じ込め」を想起させるものであった[207]。

これに先立つ二月に行われた『ワシントン・ポスト』とABCテレビの共同調査では、「日本の経済力の方がソ連の軍事力より脅威が大きい」と答えた者が四四%にのぼっていた[208]。政策集団「ワールド・ポリシー・インスティテュート」による五月の世論調査でも、「米国の安全保障への最大の脅威は、日本の経済的な挑戦だと政府は認識すべきである」と考える者が、実に全体の七三%も占めた[209]。

一方、日本では、竹下首相の退陣表明後、後継者選定の難航も相まって、約一ヵ月余り政治不在の状態に陥った。日米貿易摩擦の最前線で調整に苦労していた経済官庁の官僚のなかには、「レイムダックになった竹下政権では、相手が足元を見透かして攻勢を仕掛けてくる。交渉がやりにくくて仕方がない」と嘆く者もいたという[210]。

事実、退陣表明からわずか三日後の四月二八日、米国のUSTRは貿易障壁年次報告を発表し、日本については、同国の公的機関の調達が不十分なスーパーコンピューター、米国製品の日本市場でのシェアが低い半導体、大規模店舗小売法による出店規制が輸入障壁となっている流通分野など三二項目を「問題」と指摘する[211]。USTRは、この年次報告をもとに五月末までに包括通商法スーパー三〇一条の適用対象を特定することになった。

また同日、USTRは、日本政府がMOSS電気通信協定に違反しているとの見解を発表した。五月三日には違反とされた五四品目の製品と四種類のサービスのリストを公表すると同時に、この問題に関する日米間の交渉が成功しなかった場合には、これらの品目に一〇〇%の関税を課すとの意向を示した。もっとも、本件については、六月二〇日にその直前まで官房副長官を務めていた小沢一郎が訪米して、厳しい交渉の末、二八日に決着に持ち込んだ[212]。

それでも、一時は、制裁措置発動の構えをとった米国の姿勢について、当時次官の村田は、「モトローラ社一社の陳情を、『合衆国の要求』として持ち出し、道義的に非難した」と非難し、この一連の過程自体を「報復という圧迫下の後味の悪い交渉であった」と振り返るなど、米国への反発を隠さない[213]。

そして、五月二五日、ブッシュ政権は前出の四月二八日発表の年次報告をもとに、日本、インド、ブラジルの三ヵ国を輸入障壁撤廃のための交渉を優先させる国として特定し、日本のスーパーコンピューター、人工衛星、木材の三品目を、不公正貿易慣行を行っていると指摘した。なお、この三ヵ国に加え、当初優先国（優先地域）として特定されると予想されていたEC、韓国、台湾は対象から外され、スーパー三〇一条の主たる目標が日本であることがここで明らかになった[214]。

同日、ヒルズ通商代表からスーパー三〇一条の対日適用の通告を受けた松永駐米大使は、同条の一方的適用が、日本の政府・国民を失望させ、世論が反発することで「懸案解決を一層困難にする」として、同条による制裁措置に反対を表明した。三塚博通産相も、「スーパー三〇一条の枠組みの中での二国間交渉に応じるつもりはない」と反発した[215]。

もっとも、右の五月二五日の決定は、米議会と日本との間で板挟みの立場にあったブッシュ政権が、辛くも生み出した妥協の産物であった。ブッシュ政権が誕生すると、米議会の有力議員らは、新任のヒルズ通商代表に、米政府が日本をスーパー三〇一条の優先対象国に特定するよう要求した。したがって、同政権は議会との関係悪化を避けるべく、日本を特定せざるをえなかった[216]。

他方、日本政府は前年の包括通商法案審議の段階から、米国の政府や議会に強い懸念を表明し、節度ある対応を求めていた[217]。米政府のなかでも国務省などの官庁が、日本を特定することは、すでに弱体化している自民党政権を弱め、日米間の政治・軍事関係を不安定化させると懸念を示していた[218]。

議会と日本との板挟みになった米政府は、少なくとも両者にとっての不満を最小限度に止められる解決策をとる決断をする。それが、日本をスーパー三〇一条による優先対象国として特定し、議会を満足させる一方、自由化の優先対象は、日本にとって相対的に解決しやすい品目を選ぶという、右の五月二五日の決定となった[219]。

その米国の決定とは、スーパー三〇一条の対象をスーパーコンピューター、人工衛星、林産物の三点に限定するかたわら、日本の流通などの制度問題については、一概に不公正と決めつけるのを避ける形でスーパー三〇一条の対象から外す代わり、同条の枠外で交渉するというものであった[220]。つまり、「構造問題をいきなりスーパー三〇一条の対象とすることによって予期される日本の強い反発を避けながら、議会の顔も立てるという巧妙な両面作戦」(栗山外務審議官)に他ならなかった[221]。

なお、スーパー三〇一条の枠外扱いとなった制度問題は、一九八九年九月から始まる日米構造協議で議論されることになる。対象は、貯蓄投資、土地利用、流通制度、価格メカニズム、系列、排他的ビジネスの六項目に及んだ。同協議は、外交当局者をして「内政干渉がましい話だな」と受け止めさせるとともに、財政・金融の問題を一国だけで処理できないグローバル化の時代の到来を感じさせるものとなった[222]。

ともあれ、今般のスーパー三〇一条の発動にあたって、日本側の米国への不信感が増大したのは否めなかった。すでに、一九八九年五月の時点で駐米大使に赴任することが内定していた村田は、米国の一連の対応を、「唯我独尊、他国の気持ちを理解しないところのある米国の欠点が典型的に現れた」、「何故この三国(日本・インド・ブラジル)が選ばれ、何故日本について、この三つの品目の扱いを不公正と断定するのかについて、客観的に納得のいく理由は皆無であった」と批判する。そして、米国赴任を控えて、「つくづく先が思いやられると感じた」と振り返る[223]。

当時、外務省北米第二課長であった藪中三十二は、一九八〇年代の日米交渉が、「毎回、『アメリカからの強硬な市場開放要求』と『日本の大幅譲歩』というワン・パターンの繰り返しであった」と指摘し、日本人の側に米国の強欲・傲慢さへの反発心や、日本政府の弱腰ぶりへの不満が増幅されていったと当時の状況を解説する[224]。一九八九年一月に刊行された『NOと言える日本』(石原慎太郎・盛田昭夫共著)がミリオンセラーとなり、この年の流行語にまでなったのは、この種の対米感情の反映であった。日本国内では「嫌米」あるいは「侮米」という意識が指摘された。

もっとも、内閣府(当時は総理府)の「外交に関する世論調査」の数字を見ると、一九八九年から数年間の時期ですら、「アメリカに対して親しみを感じる」人々の割合は、ほぼ一貫して七〇%台を維持しており、逆に「親しみを感じない」の割合は二〇%前後で推移している点に着目すれば、当時、日本国民のなかに反米感情が高まったとは決していえない[225]。外交当局者など日本の政治エリートの米国への憤懣が、その後の日本外交の米国離れに結び付いたわけでもなかった。

それでも、その後、日米同盟は「漂流」という言葉に象徴されるように、不安定な局面に入っていくこともまた事実であった。前出の栗山外務審議官（一九八九年九月から事務次官）は、冷戦時代の日米同盟が「成功物語」であった理由について、①ソ連の軍事的、イデオロギー的脅威から平和と自由を守る、②西側世界の自由貿易体制を維持する、という両国間の利益認識の共有があったことを挙げている。つまり、「アメリカは、アジア・太平洋地域において、経済的に繁栄し、政治的には民主主義国である日本を必要とし、日本は、日本自身を含むアジア・太平洋地域の安全を保障し、自由貿易体制を守ってくれるアメリカを必要としていた」という、「日米同盟を支えてきた基本的枠組み」があったのである。ところが、こうした基本的枠組みが、冷戦終結と国際経済のグローバル化により、「時代遅れで説得力に欠けるものになってしまった」と栗山は指摘する[226]。

すでに、竹下が退陣表明を行った一九八九年四月末の時点で、栗山が指摘するところの日米同盟を支えてきた最大の要因である冷戦自体が、終焉を迎えつつあった。さりながら、日本において多くの人々の耳目は、変動しつつある国際情勢ではなく、混迷する国内政局に向けられた。「ポスト竹下」選びは紆余曲折の末、五月三一日、宇野外相に内定した。

米国側も日本の政局の動向に注意を払っていた。宇野政権発足二日前にあたる六月二日の米国務省の内部文書では、宇野後継の決定に関し、「ほぼ完璧な選択」と持ち上げ、「宇野は多芸で、活力ある職業政治家で、農村出身の経歴と幅広い外交経験が、有権者にアピールするであろう」と評価するとともに、「自民党は、宇野が経済サミットの場で有能な国家の代表として振る舞い、道義性を失った自民党に憤る有権者にアピールすることを期待している」と分析した[227]。ところが予想に反して、宇野政権は僅か二ヵ月で崩壊する。さしもの自民党の安定的支配も、ここにきて金属疲労が隠せなくなってきた。

宇野後継決定に先立つ五月一二日、ブッシュ大統領は、テキサス農業工科大学での演説で、「（ソ連）封じ込め戦略は成功した」と宣言していた。そのうえで、「今こそ、封じ込め戦略を乗り越え、一九九〇年代にふさわしい新たな政策へと前進すべき時にきている」と述べ、「ソ連が一段と開放性と民主化を強め、責任ある国際的な行動という要請にこたえるならば、米国はソ連とわれわれの行動を調和させていく考えである」と表明する[228]。いよいよ、米国は冷戦終結を視野に入れつつあった。

12　中ソ関係正常化成る──「米中日対ソ」構図の解体

ブッシュ大統領がソ連封じ込め戦略の終焉を示唆する政策演説を行った三日後にあたる五月一五日、ゴルバチョフ書記長が中国を訪問し、中ソ両国の関係が党の関係も含めて正常化された。ソ連の最高指導者の訪中は、一九五九年のフルシチョフ第一書記（Nikita S. Khrushchyov）が訪中して以来、実に三〇年ぶりであった[229]。

北京の米国大使館は、このゴルバチョフ訪中に注意を集中させていた。米国の公式的な立場は、この訪中には何ら心配はなく、「ソ連と中国との緊張緩和は世界の平和と安定のためになる」（前年秋のカールッチ国防長官の発言）というものであった。しかし、すでに、アフガンからのソ連軍の撤退が完了したほか、ゴルバチョフはモンゴルの中ソ国境付近に展開するソ連軍部隊の撤収もすでに約束しており、中ソ間に長く刺さっていた棘は抜かれつつあった。ニクソン政権時代以来、米国にとっての最大の不安は、ソ連と中国が対立を解消してある種のパートナーシップを構築することであっただけに、表面上の平静さと裏腹に、政府部内には不安が渦巻いていたという[230]。

一方、日本側も、急ピッチで進む中ソ両国間の和解を注意深く見守っていた。一九八九年四月一二日、竹下首相は日本を訪問した李鵬首相と中ソ関係についても意見を交換する。この席で、竹下が、中ソの関係正常化の動きを歓迎するとしつつ、「中ソ関係の進展が日中関係に不利にならないことを希望する」と要請すると、李首相は、「中ソ関係は平和共存関係にはなるだろうが、大きな発展ではない。中国は独立・自主の外交方針を変えない」と答えていた[231]。また、五月七日、銭其琛外交部長は、訪ソの帰途北京に立ち寄った宇野外相に、「中ソ正常化は中日関係に何ら影響を与えるものではない」と改めて強調した[232]。

中国側から以上のような説明があったためか、日本政府も、ゴルバチョフ訪中による中ソ関係正常化によって生じる国際的な影響を控えめに解釈する立場をとった。ゴルバチョフ訪中を受け、外務省情報調査局長の山下新太郎は、今回の中ソ首脳会談の共同コミュニケで、中ソ関係正常化は「第三国の利益を害するものではない」こと、中国は「いかなる国とも同盟関係を締結しない」こと、さらに、中ソ双方は「いかなる一方も覇権を求めるべきでない」こと、が明記されている点を挙げ、「中ソ関係正常化はアジア太平洋地域の政治的枠組みや軍事的戦略構造の根本的変更を意味しないものと判断し得よう」との展望を示した。

山下局長は、国際関係に構造的変化を及ぼす要因となる「中ソ同盟関係の復活」の可能性についても、中ソ両国の外交が「脱イデオロギー志向」を示し、かつ「米ソ関係が安定化し、米中および日中間に外交関係が存在して」いる点に加え、中ソ両国とも「自国の経済改革に国策の重点を置」き、「(日米両国などの)先進民主主義国の資本・技術の導入が必要」なため、西側陣営諸国との「関係悪化の危険を冒してまで同盟復活に走ることはない」と分析した。そして、今回の中ソ会談により、「わが国の死活的利益がただちに影響を受け、その結果としてわが国が自らの外交政策を見直さなければならないことはない」と結論付けた[233]。

実際、一九八九年六月の宇野政権発足とともに、外務省中近東アフリカ局参事官から首相秘書官に転じた折田正樹も、当時の同省が中ソ正常化を冷静に受け止めていたと回想する[234]。むしろ、六月に外務省アジア局長となった谷野作太郎は、ソ連の後ろ盾でベトナム軍がカンボジア撤退を拒んでいた点に着目して、「中ソの和解が実現し、ソ連が崩壊に向かったことは、カンボジア和平にも非常にいい影響がありました」と証言する[235]。

一方、ゴルバチョフは自らの訪中で中ソ対立の終結を演出するとともに、日本にさらなるシグナルを送った。すなわち、五月一七日の北京の人民大会堂での演説において、「日本を尊敬しており、今後、より大胆な関係を持ちたい。日ソの交流はアジアの安定に大きく貢献しよう」と日本との交流拡大の意思を率直に語ったのである[236]。

この演説について、前出の東郷ソ連課長は、領土に関する言及がなかったとしながらも、「ゴルバチョフ書記長が北京で日ソ関係の好転について述べることは、中国に対する牽制の意図を示すという見方もされたが、いずれにせよ日本にとって悪い話ではなかった」と前向きに受け止めた[237]。中ソ正常化は、日本の国益にとって少なくともマイナスの影響は与えないかに見えた。

しかし、いわば東側陣営の両巨頭の三〇年ぶりの握手は、外務省の見立てよりも、長期的な意味で日本外交に深遠な影響を与えるとする見解もあった。ゴルバチョフ訪中の直前、米中関係の専門家で、二月のブッシュ大統領訪中の際、大統領に中国問題を進講したハーディング(米国ブルッキングズ研究所上級研究員・Harry Harding)は、日本のマスコミのインタビューで、「中ソ対立が次第に薄れていくにつれ、中国は自らの安全保障に対する他からの脅威をより強く意識するだろう」とした。そして「中国はソ連の脅威が明白に薄らぐならば、日本の軍事力の増大により一層懸念を示すようになる」と予測した[238]。

中曽根の首相秘書官を務め、一九八九年六月まで外務省アジア局長を務めた長谷川和年も、「日本は中ソ対立を前提に中国との関係を進めてきた」、「外務省の考えは、依然としてソ連は非友好国で、中国は西側志向だということだった」と語る。さらに長谷川は、中曽根首相が、中ソが対立している方が、日本として対中外交を進めやすく好都合と考えていたと証言する[239]。中ソ関係正常化は、過去一〇年来の日本の対中外交の重要な与件、すなわち、「米中日対ソ」の対立構図の解体を意味していたのである。そして、この構図の解体が、まもなく中国の行動によって公然のものとなる。

13 天安門事件の発生──転換期に入る日中関係

五月中旬にゴルバチョフ書記長を迎えた北京では四月一五日の胡耀邦前総書記の死去を契機に、民主化を求める学生デモが活発化していた。五月二〇日には、北京に戒厳令が敷かれたにもかかわらず、デモは鎮静化しなかった。北京が騒然とした空気に包まれる六月三日、宇野新内閣の認証式が行われた。天安門広場において中国軍が遂に実力を行使し、多数の学生や一般人の死傷者が生じる事件が起きたのは、その翌日未明のことであった。新首相の宇野は、五月二八日まで外相としてOECD閣僚会議に出張しており、六月一日に急遽帰国、翌二日ただちに組閣というスケジュールであったため、外務省事務当局から北京の最新状況について説明を受けていなかった。二日に新外相となった三塚博も同様であった。新しい首相・外相は、なんの準備もないまま天安門事件に対応することになったのである[240]。

六月五日、宇野首相は記者団の質問に「憂慮に堪えない」と答え、同日の記者会見で塩川正十郎官房長官も、「まことに遺憾であると言わざるを得ない」と表明した。しかし、対中制裁については、翌六日、宇野、三塚外相とともに、当面、欧米諸国の制裁措置に同調する考えがないことを表明した。こうした慎重姿勢には与野党や財界から批判の声が上がったが、政府はまず在留邦人の安全を優先した。七日には、外務省が日本人の中国全土への渡航自粛を勧告するとともに、北京市内の在留日本人に対し退避勧告を発したことから、北京の日本大使館は約五〇〇〇人の一時引き揚げというオペレーションに忙殺されることになった[241]。

次いで、日本政府としてとるべき態度について累次議論した結果、起こったことは極めて遺憾であるが、欧米諸国と同じように対中制裁を考慮するのは行き過ぎであると判断がなされた。つまり、事件は中国の内政問題と位置付けられ、日中関係の特殊性を配慮し、抑制された態度で臨むのが妥当との方針となった[242]。六月七日の衆議院本会議で、宇野が、「われわれは中国とかつて戦争関係にあったという過去を持っており、今中国が混乱している時に、あえて黒白をつけるような発言は避けるべきだと思う」と答弁したように、日中戦争に対する贖罪意識が、日本の対中姿勢を抑制的なものにしたといえる[243]。

しかし、中国では、六月八日、李鵬首相がテレビで天安門広場制圧の勝利宣言を行い、翌九日には鄧小平が楊尚昆、李鵬以下の保守強硬派の党幹部および軍幹部と会見した模様が同じくテレビ放映された。総書記の趙紫陽は、六月二四日の四中全会で解任され、後任には江沢民が就任した。学生・市民の自由化要求は「少数者の暴乱」であるとされた[244]。民主化運動家の摘発や死刑判決も続き、上海郊外での列車焼き討ち事件に関連した被告三人の処刑は、西側各国の助命要請にもかかわらず、判決から僅か一週間後の六月二一日に実行され、その翌日には北京で七人が動乱時の重大な経済犯罪を理由に処刑された[245]。

天安門事件の模様は、各国のメディアによって生々しい映像として世界中に配信され、鄧小平の改革開放路線への期待感に支えられた国際社会の中国へのロマンチシズムは打ち砕かれた[246]。それとともに、同事件は、西側諸国の二つの社会主義国に対する態度を逆転させることになった。すなわち中国は、西側諸国の最も好む社会主義国家ではなくなり、むしろ着実に民主化を遂行しつつあるゴルバチョフのソ連が西側の寵児となるのである[247]。六月下旬以降、西欧各国は中国への新規ＯＤＡ供与停止などの制裁措置に踏み切り、米国も、六月五日と二〇日の二度にわたって制裁措置を発表する[248]。

むろん、共産党政権による民主化運動の弾圧は、穏健な対中方針をとろうとした日本の外交当局者たちにさえ、違和感を抱かせた。事件発生直後、北京の日本大使館の一等書記官であった佐藤重和が、東京の本省に「対中ＯＤＡはじめ、僕たちがこれまでやってきたことは、一体、何だったんでしょう！」と涙声で電話をかけてくるほど、現場の外交官たちは衝撃を受けていた[249]。一九八七年から駐中国大使を務めてきた中島敏次郎も、自国民を発砲して事件を収拾する中国政府の対応に強い憤りを覚え、一〇月一日の国慶節終了を待って離任する[250]。

西欧諸国や米国の対中政策が厳しさを加えるなか、日本はこれまでになく困難な対中外交の舵取りを迫られた。七月中旬にフランスで開かれたアルシュ・サミットでは、政治宣言での中国に関する表記が問題となった。準備段階の話し合いで、フランスをはじめ西独などが、宣言に具体的な対中制裁措置を盛り込むよう提案したのに対し、サミットのシェルパを務める國廣外務審議官は、中国の抑圧的行為を非難はするが、中国を孤立させないよう配慮した文言にすべきと主張して、日本は一時孤立状況となるほどであった。

サミット本番の外相会議では、三塚外相も、日本が中国を孤立させてはならないと主張するのは、自国の経済的利益のためではなく、長期的なアジアの平和と安定の見地によるものと説明した。幸い、ブッシュ大統領が日本の主張を支持した結果、流れが変わり、宣言は最終的にバランスのとれた表現に落ち着いた。そもそも、ブッシュはフォード政権時代、北京の米国連絡事務所長を務めていた経験から同国の事情に通じていたし、天安門事件に際して米政府がとった対中措置は多分に議会をはじめとする国内世論への配慮に基づくものであった[251]。なお、サミットの宣言の要点は、中国を非難する一方で、改革開放政策が維持されれば、先進諸国としても中国と関係を回復する用意があるというものとなった[252]。

しかし、サミットでは日本に助け舟を出したブッシュ大統領にしても、穏健な対中政策を維持することは困難であった。米議会の上下両院は事件発生直後、民主化要求をデモで鎮圧した中国政府を強く非難する両院同一決議を可決し、六月二九日には下院で追加制裁を求める対外援助修正法案が満場一致で可決されるなど、米政府は対中政策でも議会の強硬論から拘束を受けていた。特に、反体制物理学者の方励之《ほうれいし》の政治亡命が問題化すると、方の亡命の成否は、民主主義と人権に対する米国のコミットメントの試金石と化す一方、中国にとっては内政干渉の象徴的事柄となり、米中関係は緊張の度合いを増した。米議会は大統領の弱腰を非難し、対中制裁の強化を目指した[253]。

一方、当初対中制裁に慎重であった日本政府も、米国をはじめとする西側諸国との協調は重視せざるをえなかった。米国の二回目の制裁措置が発表された直後の六月二一日、三塚外相は一九九〇年度から始まる第三次対中円借款の新規案件をめぐる協議、開発調査団派遣などを全て当面見合わせるという見解を表明した。日本政府は「制裁」の実施を公言しないものの、実質的には第三次円借款及び日中友好環境保全センターなどの新規経済協力案件を凍結したのである。

決定の背景には、ブッシュが日米欧協調路線の下、非公式に制裁措置をとるよう日本に打診してきたことも作用していた。さらに、おりからの日米経済摩擦をこれ以上悪化させないためにも、北京に対し独自の立場をとって米国を刺激しないよう細心の注意を払う必要があったのである。六月下旬に訪米した三塚はベーカー国務長官との会談で、日米間の懸案について米国との協力姿勢を表明するとともに、中国情勢については、米国と基本的に同じ考えであることを強調した[254]。

もっとも外務省としては、第三次対中円借款の凍結はあくまで一時的な措置であり、あくまでも天安門事件は内政問題であり、改革開放政策を進めている中国を孤立させて、逆戻りさせてはならないという立場であった。そこには、中国という国は外国の制裁で自国の態度を変更することはないという認識があった[255]。

しかし、一九八九年の秋になっても、対中借款凍結継続を求める米国の圧力は続いた。一〇月、外務省の松浦晃一郎経済協力局長は講演で、欧米諸国の対中姿勢が厳しいままでは、第三次円借款を含めた新規の対中援助に踏み切るきっかけがないと漏らす状態であった[256]。日本外交は、米欧と中国との板挟みとなった。

一九七九年一二月の大平首相訪中時に表明された日本の対中経済協力三原則の一つ「西側諸国との協調」という文言が、これまでになく日本に重くのしかかってきた。換言すれば、日本政府はこれまで、米国やその他の西側諸国の意向をそれほど深刻に勘案することなく、対中外交を展開できていたのである。日本の対中外交は重要な転換期に差し掛かっていた。

一九七〇年代以降、米中両国と日本はソ連という共通の対抗目標の存在により、実質的・戦略的な提携関係を維持してきた。それが、日米中の三国関係が安定した最大の理由であった。この間、日米の間で中国の近代化が共通の利益としても想定されていた。一九七〇年代前半から、中国は周恩来の政治指導の下で徐々に国際社会への復帰を成し遂げ、七八年以後の鄧小平時代においては改革開放政策により、積極的に国際社会への接触と学習を求めるようになった。このような中国の姿勢を日米両国とも高く評価し、国際社会への参入を積極的に後押しした。ところが、冷戦終結により、それまで日米中の関係を結びつけていたソ連という対抗目標が消滅した結果、三国はお互いを引き付ける接着剤を失ってしまったのである[257]。

一九八九年七月一二日に国務省が作成した「日本:中国に対する慎重さ」という文書は、以下のように、米中日の戦略的提携関係が転換期を迎えるなかで、日本が抱いていた不安を窺わせる。

地理戦略上の趨勢

東京の視点から見れば、中国での出来事(天安門事件)が、地理戦略上の環境において不穏な傾向を助長してきたということになる。これまでの一九八〇年代の大半は、東京、ワシントン、そして北京との間の非公式の同盟が、恐るべきモスクワの軍事的脅威を相殺してきた。ここ数年の米ソ関係の改善やモスクワの北京との友好関係樹立が、そうした非公式の同盟に変化を及ぼし始め、いまや、米中間の争いによって戦略的な均衡が複雑化してしまった。

ゴルバチョフは、東京において関心を引き付けてきた。しかし、日本人は彼らの北の隣人に対し依然として懐疑的なままであり、もし、ワシントンとの関係悪化が北京をモスクワとの戦略上の和解に追いやることになれば、不安に感じるようになるだろう。

また、この文書では、「(国際的に)包囲された中国が、ソ連との戦略上の和解に向かいかねないという懸念」から、日本政府が中国への追加制裁措置には極力慎重であったとの指摘もなされている[258]。中ソ両国が関係正常化の域を越えて、何らかの戦略上の提携関係を結ぶに至ることについて、当時の日本政府が警戒していたことが知れる。

日本のみならず、米国自身もまた、アジアの戦略環境の変化に不安を覚えていたようである。六月三〇日にベーカー国務長官に提出された内部文書では、「過去八年間、米国は、アジアにおいて明らかに成功を収めてきた」としながらも、「いまや、我々の成功を可能にしてきた基盤が変化しつつある。今後四年間で、地域の安全と繁栄の構造が解体する危機に直面している」と指摘されている。その危機の具体例として、天安門事件や通商摩擦の激化による米中・日米両関係の悪化や、「脅威からパートナー」へのイメージチェンジに一定程度成功したソ連が、アジアで早晩活発なアクターとなることなどが挙げられている[259]。

しかしながら、国際環境の大きな変動にもかかわらず、日本政府は従来の対中政策の維持に努める。翌一九九〇年七月のヒューストン・サミットでは、新規の対中円借款交渉に応じることを明らかにし、西側諸国が押し並べて中国との要人往来を断っていたなかで、九一年四月に中山太郎外相が、八月には海部首相がそれぞれ相次いで訪中した。一九九二年一〇月には、天皇訪中も実現している[260]。

対中政策の方向性を変えなかった背景について、一九八九年八月に外務事務次官に就任した栗山は、後年、「経済改革開放をやっていけば、いずれはもっと多元的な政治体制に変えていく方向に行かざるを得ない」という「願望」に基づき、「できるだけ中国というものを国際社会の中に取り込んでいく」べく、強硬な対中政策を回避しようとしたと回想する[261]。上記の証言で、栗山が「願望」という言葉を使っていることは、日本政府の対中政策の方向性と一九九〇年代以降の現実の中国の方向性との間の齟齬を示唆しているようで興味深い。

天安門事件後、従来型の対中政策を進める前提となった国際環境はむろんのこと、日本国内の条件も浸食され始めていた。すなわち、天安門事件の前後で大きく変化したものは、多くの日本人の中国に対する感情であった。一九七二年の国交正常化以後、八〇年代に入ってからも、日本人の中国に対する見方は概ね温かいものがあった。政府が行っている世論調査でも、中国は常に「親しみの持てる国」の上位にあった。ところが、天安門事件を契機に、日本人の中国に対する見方は厳しくなった。国際関係の文脈上、中国の安定を望ましいとしても、共産党政権が自らの人民を弾圧したイメージは、長く日本人の中国評価に影響を与えることになる[262]。

そして、この種の感情は、中国の急速な経済発展と軍備増強が顕在化した一九九〇年代半ば以降、政府の対中政策にも影響を及ぼすようになっていく。一九七〇～八〇年代にかけて多用された「日中友好」という用語も、二一世紀が近づくころまでには、日本の政治指導者や政策当局者たちの発言から、次第に聞かれなくなり、対中関係をより戦略的、あるいは実利的な観点から思考する見方が台頭する。

いずれにせよ、一九八九年五月の中ソ関係正常化と六月の天安門事件は、東アジアにおける「米中日対ソ」の対立構図の終焉を告げるものであった。その後、国際環境の変化は加速度を増していき、一一月のベルリンの壁崩壊と一二月の米ソ両首脳による冷戦終結宣言に至る。一方、竹下退陣後の自民党政治も往年の安定性や指導力を失い、混沌とする国際情勢への対応力を低下させていく。カンボジア和平への関与といった例外的なケースこそあれ、日本は概ね、変転著しい国際政治における積極的なアクターとはなりきれなかったのである。

註

1――村田、前掲『村田良平回想録 下巻』、五五～五七頁。
2――寺田輝介元駐韓国大使へのインタビュー(二〇一六年二月八日・四月四日)。
3――同右(二〇一五年一一月一三日)。
4――北村汎「トロント・サミットの特徴と日本」『世界経済評論』一九八八年九月号、一二～一三頁。北村は当時経済担当の外務審議官。トロント・サミットで首相の個人代表(シェルパ)を務めた。
5――木村、前掲『北方領土』、一三九～一四〇頁。
6――寺田輝介元駐韓国大使へのインタビュー(二〇一五年一一月一三日)。
7――長谷川(毅)、前掲『北方領土問題と日露関係』、一二一～一二二頁。
8――同右、一二三頁。
9――木村、前掲『北方領土』、一四一頁。
10――長谷川(毅)、前掲『北方領土問題と日露関係』、一二二～一二三頁。
11――「第八回日ソ事務レベル協議関連資料」、五六～五七頁(開示請求番号二〇〇九‐〇〇〇八四)。
12――同右、四六～四七頁。
13――同右、一九、二三、二六頁。
14――都甲岳洋「ソ連の新思考外交と宇野外相ソ連訪問の成果」『世界経済評論』一九八九年七月号、一四頁。鹿取泰衛「特別講演会 今後の日ソ関係をどうするか――政治が進むのなら、経済も進めよ」『アジア時報』一九八九年五月号、一七頁。都甲は当時、外務省欧亜局長。鹿取は一九八四年から三年間、駐ソ大使を務め、同講演の時点では国際交流基金理事長。
15――中曽根、前掲『中曽根康弘が語る戦後日本外交』、五一三頁。
16――同右、五一三～五一四頁。
17――長谷川(毅)、前掲書、一二五～一二六頁。
18――中曽根、前掲『天地有情』、五七一～五七七頁。
19――東郷、前掲『北方領土交渉秘録』、一一八頁。
20――中曽根、前掲『中曽根康弘が語る戦後日本外交』、五一一～五一二頁。
21――木村、前掲『北方領土』、一四五～一四六頁。
22――同右、一五四～一五五頁。
23――鹿取、前掲論文、一七～一八頁。
24――外務省『われらの北方領土――資料編』(二〇〇八年版)、三一頁(一九八八年九月一六日のクラスノヤルスクにおけるゴルバチョフ書記長演説・日本関係部分)。
25——「第四三回国連総会一般討論演説における加賀美国連大使演説」(一九八八年九月二八日)前掲『世界と日本』。
26——長谷川(毅)、前掲書、一二九頁。
27——東郷和彦『日露新時代への助走』サイマル出版、一九九三年、五〜七頁。
28——東郷、前掲『北方領土交渉秘録』、一一九〜一二二頁。
29——都甲、前掲論文、一四頁。
30——東郷、前掲『日露新時代への助走』、八〜一〇頁。
31——Memorandum from Morton I. Abramowitz to The Acting Secretary, "Japan's Northern Territories—Is the Bear About to Budge?" (September 30, 1988), JU01560, pp.1-2,4. なお、同文書は、同月にソ連側が日本の大蔵省高官に対し、四島とサハリンを開発目的で貸与することについて打診したが、日本の外務省は、四島へのソ連の主権を承認することにつながるとしてこの話を無視し、後に、ソ連外務省も同件の存在を否認した経緯に言及している。
32——都甲、前掲論文、一五頁。
33——東郷、前掲『日露新時代への助走』、一一頁。都甲、前掲論文、一五頁。
34——同右。
35——『朝日新聞』一九八八年一二月一四日。
36——東郷、前掲『日露新時代への助走』、一〇、一二頁。
37——長谷川(毅)、前掲書、一三六〜一三八頁(一二月二〇日の次官級協議のロシア側の速記録に基づく記述)。
38——東郷、前掲『日露新時代への助走』、一〇頁。
39——都甲、前掲論文、一五頁。
40——「I　外相間協議　1・外相間協議第一セッション(国際情勢)」(日時:一二月一九日 九時三〇分〜一三時・場所:飯倉公館)(開示請求番号二〇〇九-〇〇一四四)。
41——同右。
42——同右。
43——「3・外相間協議第三セッション(総括・コミュニケ)」(日時:一二月二〇日 一五時〇〇分〜一七時三〇分・場所:飯倉公館一階会議室)(開示請求番号二〇〇九-〇〇一四四)。
44——都甲、前掲論文、一五〜一六頁。
45——前掲「3・外相間協議第三セッション(総括・コミュニケ)」。
46——『朝日新聞』一九八八年一二月二一日。
47——「2・外相間協議第二セッション(北方領土問題、二国間関係)」(日時:一二月一九日 一四時三〇分〜一七時〇〇分・場所:飯倉公館)(開示請求番号二〇〇九-〇〇一四四)。
48——「特別講演会 シェワルナゼ・ソ連外相 新たな国際関係を目ざして」(一九八八年一二月二〇日)『アジア時報』一九八九年三月号、一七頁。
49——寺田元駐韓国大使へのインタビュー(二〇一六年四月四日)。
50——『朝日新聞』一九八八年一二月二〇日(夕刊)。
51——パノフ、前掲『不信から信頼へ』、三三頁。
52——「シェワルナゼ・ソ連外相の共同記者会見」(一九八八年一二月二一日)『アジア時報』一九八九年三月号、三一頁。
53——都甲、前掲論文、一六頁。
54——東郷、前掲『日露新時代への助走』、一三〜一四頁。
55——同右、一四〜一五頁。
56——宇野宗佑「新時代を迎えた日本外交の針路——米新政権誕生、

日ソ対話新展開の中で」『アジア時報』一九八九年四月号、三三二頁。

57――都甲、前掲論文、一六頁。

58――パノフ、前掲書、三三～三四頁。

59――東郷、前掲『北方領土交渉秘録』、一二五～一二六頁。

60――草野厚「米国対日通商政策の国内的視点」『国際問題』一九八九年一二月号、四九～五一頁。

61――藪中、前掲『対米経済交渉――摩擦の実像』、一〇～一二頁。

62――外務省『外交青書』(平成元年版)、一九八九年、一七八～一七九頁。

63――藪中、前掲書、八九～九一頁。

64――有馬、前掲『対欧米外交の追憶 下』、四三四～四三八頁。

65――千々石泰明『大使たちの戦後日米関係――その役割をめぐる比較外交論 一九五二～二〇〇八年』ミネルヴァ書房、二〇一二年、一三二～一三六頁。

66――村田、前掲『村田良平回想録 下巻』、五八頁。

67――渡邊泰造「ご大喪・アメリカ社会の変化・ブッシュ政権下の日米関係」『世界経済評論』一九八九年五月号、一九、二一頁。

68――千々石、前掲書、一三八～一三九頁。

69――村田、前掲『村田良平回想録 下巻』、五八頁。

70――千々石、前掲書、一三八～一四〇頁。

71――『読売新聞』一九八九年二月二日。

72――藪中、前掲書、九二～九四頁。

73――五百旗頭・伊藤・薬師寺編、前掲『岡本行夫』、一五八頁。

74――後藤、前掲『竹下政権』、二九七頁。

75――同右、二九六～二九七頁。

76――同右、二九八頁。

77――寺田元駐韓国大使へのインタビュー(二〇一六年二月八日)。

78――『読売新聞』一九八九年二月三日(夕刊)。

79――同右。

80――前掲『松永信雄 オーラル・ヒストリー 下巻』、二〇三～二〇四頁。

81――『読売新聞』一九八九年二月三日(夕刊)。

82――後藤、前掲書、三〇〇頁。

83――同右。

84――『朝日新聞』一九八九年二月四日(夕刊)。

85――Memorandum from Morton I. Abramowitz to The Acting Secretary, "Japan to Continue Limits on Defense Spending" (November 21, 1988) JUII01564, p.1.

86――Memorandum from William T. Breer to Willaim Clark, Jr, "Taft Call on Uno" (December 1, 1988), JUII01565, p.3.

87――金重紘「日米経済戦争突入への前触れ 米議会に浸透する『日本脅威論』」『世界週報』一九八九年二月二八日号、四四頁。

88――鈴木美勝「真価問われる『世界の中の日米関係』アゲインスト風が待ちうける『ジョージとノボル』」『世界週報』一九八九年二月二八日号、四一頁。

89――フクシマ、前掲『日米経済摩擦の政治学』、二六五～二六六頁。

90――経済産業研究所、前掲「FSX摩擦とはなんだったのか」、二頁。

91――大月・本田、前掲『日米FSX戦争』、一九六頁。

92――五百旗頭・伊藤・薬師寺編、前掲『岡本行夫』、一二三～一二四頁。

93――金重、前掲論文、四二～四三頁。

94——鈴木(美)、前掲論文、四〇頁。
95——竹下登「検証 戦後日米首脳会談 第一二回 四三〇兆円はゴルフ場で決まった」『エコノミスト』一九九一年四月九日号、八六頁。
96——手嶋、前掲『ニッポンFSXを撃て』、一二四頁。
97——大月・本田、前掲書、二一三〜二一四頁。
98——フクシマ、前掲書、二六四〜二六五頁。
99——大月・本田、前掲書、二二〇頁。
100——宮里政玄「ポスト覇権時代の日米関係 一九八五−一九九三」細谷千博編『日米関係史』東京大学出版会、一九九五年、二七五頁。
101——手嶋、前掲書、一七四頁。
102——有馬、前掲書、四四三、四四九〜四五一頁。
103——手嶋、前掲書、二二一〜二二五頁。
104——五百旗頭・伊藤・薬師寺編、前掲書、一二三頁。
105——有馬、前掲書、四五四〜四五五頁。
106——大月・本田、前掲書、二二三〜二二四頁。
107——手嶋、前掲書、二三三〜二三五頁。
108——大月・本田、前掲書、二三〇頁。
109——手嶋、前掲書、二三五〜二三九頁。
110——大月・本田、前掲書、二四〇〜二四一頁。
111——佐藤、前掲『日米経済摩擦』、一五七〜一六〇頁。
112——大月・本田、前掲書、二四八頁。
113——同右、二五一〜二五二頁。
114——村田、前掲『村田良平回想録 下巻』、六五頁。
115——田中(均)、前掲『外交の力』、四八頁。
116——谷野、前掲『アジア外交』、一六一頁。
117——寺田元駐韓国大使へのインタビュー(二〇一六年二月八日)。
118——小此木政夫「日朝国交交渉と日本の役割」同編『ポスト冷戦の朝鮮半島』日本国際問題研究所、一九九四年、二五六頁。
119——『読売新聞』一九八九年一月一三日。
120——『朝日新聞』一九八九年一月一七日(夕刊)。
121——『読売新聞』一九八九年一月二一日。
122——田中均「日朝関係改善を進める外務省の意図」『現代コリア』一九八九年六月号、二三〜二四頁。
123——『朝日新聞』一九八九年一月二七日。
124——同右、一九八九年一月二九日。
125——『読売新聞』一九八九年一月二九日。
126——「第一一四国会衆議院会議録第四号」(平成元年二月一三日)、八頁(国会会議録検索システム)。
127——「第一一四国会衆議院予算委員会議録第二号」(平成元年二月一六日)、一八頁(国会会議録検索システム)。
128——『読売新聞』一九八九年二月二八日(夕刊)。
129——金、前掲『日韓関係と韓国の対日行動』、一九三〜一九四頁。
130——田辺誠「野党外交の歴史的成果 日朝関係の新しい樹立」『月刊社会党』一九九〇年一二月号、一二九頁。
131——「第一一四国会衆議院予算委員会議録第九号(その一)」(平成元年三月三〇日)、六頁(国会会議録検索システム)。
132——田中(均)、前掲書、四九〜五〇頁。
133——寺田元駐韓国大使へのインタビュー(二〇一六年二月八日)。
134——村田、前掲『村田良平回想録 下巻』、三七頁。
135——長谷川(和)、前掲『首相秘書官が語る中曽根外交の舞台裏』、三四七頁。
136——田辺、前掲論文、一二九頁。

137——金丸信・田辺誠「いま、一層の拍車を」『世界』臨時増刊号（一九九二年四月号）、四四頁。
138——田辺、前掲論文、一三〇頁。
139——寺田元駐韓国大使へのインタビュー（二〇一五年一一月一三日・二〇一六年二月八日）。
140——『毎日新聞』一九八九年三月三〇日。
141——同右、一九八九年三月三一日。
142——同右、一九八九年四月一日。
143——同右、一九八九年四月四日。
144——田辺、前掲論文、一三〇頁。
145——同右、一三〇～一三一頁。
146——田中（均）、前掲論文、二七頁。
147——『毎日新聞』一九八九年四月五日。
148——『朝日新聞』一九八九年四月一一日。
149——「第一一四国会衆議院外務委員会議録第二号」（平成元年四月一一日）、四頁（国会会議録検索システム）。
150——谷野、前掲『アジア外交』、一六一～一六二頁。
151——小此木、前掲「日朝国交交渉と日本の役割」、二五八頁。
152——都甲、前掲論文、一七頁。
153——長谷川（毅）、前掲書、一四四～一四五頁。長谷川がソ連外務省の役人から入手した会談記録（「平和条約作業部会会議の基本的内容の記録、一九八九年三月二一日、東京」）に基づく。
154——同右、一四六～一四八頁。右のソ連外務省の文書に基づく。
155——都甲、前掲論文、一七頁。
156——長谷川（毅）、前掲書、一四七頁。
157——『毎日新聞』一九八九年三月二五日。
158——東郷、前掲『日露新時代への助走』、二二一～二二三頁。
159——都甲、前掲論文、一八頁。
160——村田、前掲『村田良平回想録 下巻』、六三頁。
161——東郷、前掲『日露新時代への助走』、二二三頁。
162——都甲、前掲論文、一八頁。
163——東郷、前掲『日露新時代への助走』、二二三～二二四頁。
164——都甲、前掲論文、一八頁。
165——「2・外相間定期協議第二セッション」（開示請求番号二〇〇九－〇〇一四五）。
166——東郷、前掲『日露新時代への助走』、二二四頁。もともと、この「拡大均衡」という言葉は、この年の一月三〇日に、東郷課長が、経団連日ソ経済委員会情報連絡会で、「政治と経済を拡大発展させる、両者が均衡した形で進むこと、拡大均衡して発展させることが大事」と述べたなかで使用したものであった。ただ、この拡大均衡の発想それ自体は、一九七三年の田中首相訪ソ当時のソ連担当課長であった新井弘一によって想起されたものという。すなわち、田中訪ソ時に発表された共同声明のなかには、領土問題の存在を念頭にした「戦後未解決の諸問題」が書かれた一方、「特にシベリア天然資源の共同開発、貿易、運輸、農業、漁業などの分野における協力を促進すべきである旨の一致をみた」との記述があった。「領土も動かす、経済も動かす」という新井元課長から、東郷は学んだ結果、「拡大均衡」という言葉に行きついたという。東郷、前掲『北方領土交渉秘録』、一一七頁。
167——前掲「2・外相間定期協議第二セッション」。
168——都甲、前掲論文、一九頁。
169——前掲「2・外相間定期協議第二セッション」。

170――同右。
171――都甲、前掲論文、一九頁。
172――小澤治子「日米関係とソ連」木村昌人・高杉忠明編著『パール・ハーバー50年――日本・アメリカ・世界　変容する国際社会と日米関係』東洋経済新報社、一九九一年、一〇八頁。
173――長谷川(毅)、前掲書、一五〇～一五一頁。
174――『朝日新聞』一九八九年五月四日。
175――「1・外相間定期協議第一セッション」(開示請求番号二〇〇九-〇〇一四五)
176――同右。
177――都甲、前掲論文、二〇頁。
178――同右。
179――東郷、前掲『北方領土交渉秘録』、一二八頁。
180――パノフ、前掲書、三五頁。
181――都甲、前掲論文、二一頁。
182――同右、二一～二二頁。
183――重城康二「政治対話の困難さを示した宇野訪ソ」『世界週報』一九八九年五月三〇日号、六一頁。
184――都甲、前掲論文、二二頁。
185――パノフ、前掲書、三四～三五頁。
186――寺田元駐韓国大使へのインタビュー(二〇一六年二月八日)。
187――村田、前掲『村田良平回想録 下巻』、六二～六三頁。
188――寺田元駐韓国大使へのインタビュー(二〇一六年四月四日)。
189――前掲『外交青書　わが外交の近況』(平成元年版)、三一〇～三一三頁(竹下内閣総理大臣のASEAN諸国訪問における政策演説・「共に考え共に歩む――日本とASEAN」・一九八九年五月五日ジャカルタ)。
190――『読売新聞』一九八九年五月六日。
191――波多野澄雄・佐藤晋『現代日本の東南アジア政策』早稲田大学出版部、二〇〇七年、一九六頁。
192――同右、二〇六～二〇七頁。この政策文書は、一九八九年六月二一日にアジア局南東アジア一課が作成した「カンボディア問題」である。
193――池田維『カンボジア和平への道――証言日本外交試練の5年間』都市出版、一九九六年、二四～二六頁。
194――田中(明)、前掲『アジアのなかの日本』、七八頁。
195――松浦晃一郎『援助外交の最前線で考えたこと』国際協力推進協会、一九九〇年、一〇四～一〇五頁。
196――同右、一一一～一一二頁。
197――『朝日新聞』一九八九年五月六日(夕刊)。
198――松浦、前掲書、一一六～一一七頁。
199――稲田十一「アジア情勢の変動と日本のODA」『国際問題』一九九〇年三月号、四八頁。
200――同右、四八～四九頁。
201――松浦、前掲書、九九～一〇二頁。
202――同右、九九頁。
203――前掲『わが外交の近況』(平成元年版)、三一六頁。
204――國廣、前掲『回想「経済大国」時代の日本外交』、二八三～二八四頁。
205――藪中、前掲書、二二頁。
206――同上、二二～二三頁。なお、「日本異質論」の代表的人物としては、日本との交渉にあたったプレストウィッツ元商務省顧問（Clyde Prestowitz）や、日本での生活経験をもとに論陣を張ったジャーナリストのファローズ、さらには日本の権力構造に関して鋭い分析を行ったウォルフレン（Karel van Wolferen）らが挙げられる。

207――『読売新聞』一九八九年四月一九日。

208――同右。

209――金重紘「米国でますます高まる『日本脅威論』議会も政府も世論も次第に対日姿勢を硬化」『世界週報』一九八九年九月一九日号、一一～一二頁。

210――『読売新聞』一九八九年四月三〇日。

211――草野、前掲「米国対日通商政策の国内的視点」、五一頁。

212――フクシマ、前掲書、二七二～二七三頁。

213――村田、前掲『村田良平回想録 下巻』、六五～六六頁。

214――草野、前掲論文、五一頁。当時、ワシントンでは、日本のほか、EC、韓国、台湾、ブラジル、インドなどが、スーパー三〇一条の優先対象国として噂されていた。米国政府としては、日本だけを対象とするのは外交的に問題が多すぎるということで、検討の結果、インドとブラジルが優先対象国として認定されたという。また、韓国は対象国となるのを回避するために、米国に対する猛烈な働き掛けを行い、認定の決定が行われる直前に投資自由化について合意し、回避にこぎつけた。さらに、ECが対象国から外れたのは、前述の如く、米‐ECの貿易不均衡が改善したという事情によるものであった。藪中、前掲書、九九～一〇〇頁。

215――『日本経済新聞』一九八九年五月二六日（夕刊）。

216――フクシマ、前掲書、一九九～二〇〇頁。

217――藪中、前掲書、一〇一頁。

218――フクシマ、前掲書、二〇〇頁。

219――同右。

220――藪中、前掲書、一〇一頁。

221――栗山、前掲『日米同盟』、六六頁。なお、スーパー三〇一条の対象とされたスーパーコンピューターと人工衛星の政府調達、及び林産物の輸入規格についての交渉は紆余曲折を経て一九八九年九月から翌九〇年五月にわたって交渉が行われ、米国側の一応満足できる合意がまとまり、米国政府も九〇年四月、スーパー三〇一条の対象国に特定しないとの決定を下すに至る。藪中、前掲書、一二二～一四三頁。

222――有馬、前掲書、四六七～四六八頁。

223――村田、前掲『村田良平回想録 下巻』、六六頁。

224――藪中、前掲書、三頁。

225――飯倉章「世論調査にみる対米観・対日観」前掲『日本とアメリカ』、六四四～六四五頁。

226――栗山、前掲『日米同盟』、一〇～一一頁。

227――Confidential, Analysis, "Japan: Sousuke Uno" (June 2, 1989), JUI01582, p.1.

228――「ドキュメント ブッシュ米大統領の三つの外交演説 上」『世界週報』一九八九年七月一一日号、六四～六五頁（テキサス農業工科大学での演説 五月一二日）。

229――山下新太郎「中ソ、三〇年ぶりの和解を読む」『外交フォーラム』一九八九年七月号、六六頁。山下は当時、外務省情報調査局長の任にあった。

230――マン、前掲『米中奔流』、二七七～二七八頁。

231――『朝日新聞』一九八九年四月一三日。

232――同右、一九八九年五月八日。

233——山下、前掲論文、七二〜七三頁。
234——折田正樹（服部龍二・白鳥潤一郎編）『外交証言録 湾岸戦争・普天間問題・イラク戦争』岩波書店、二〇一三年、九一〜九二頁。
235——谷野、前掲『アジア外交』、一七一頁。
236——『毎日新聞』一九八九年五月一七日（夕刊）。
237——東郷、前掲『北方領土交渉秘録』、一二八頁。
238——『読売新聞』一九八九年五月一一日。
239——長谷川（和）、前掲書、三五五〜三五六頁。
240——村田、前掲『村田良平回想録 下巻』、六七頁。
241——三宅康之「六・四（第二次天安門）事件 一九八九‐九一」高原・服部編、前掲『日中関係史 1972‐2012』、二三五〜二三六頁。
242——村田、前掲『村田良平回想録 下巻』、六八〜六九頁。
243——田中（明）、前掲『アジアのなかの日本』、四五〜四六頁。
244——村田、前掲『村田良平回想録 下巻』、六八頁。
245——三宅、前掲論文、二三七頁。
246——添谷、前掲『日本のミドルパワー外交』、一六八〜一六九頁。
247——長谷川（毅）、前掲書、一五六頁。
248——三宅、前掲論文、二三四、二三七〜二三八頁。
249——谷野、前掲『アジア外交』、一七七頁。
250——中島、前掲『日米安保・沖縄返還・天安門事件』、二三一〜二三三頁。
251——村田、前掲『村田良平回想録 下巻』、七一〜七二頁。
252——前掲『栗山尚一・転換期の日米関係 オーラル・ヒストリー（第一回）』、四六頁。
253——宮下明聡「援助外交における国益と外圧」同・佐藤洋一郎編『現代日本のアジア外交』ミネルヴァ書房、二〇〇四年、六二〜六三頁。
254——徐（顕芬）、前掲『日本の対中ODA外交』、一六二〜一六三頁。
255——長谷川（和）、前掲書、三五七〜三五九頁。
256——松浦、前掲書、一五八〜一五九頁。
257——国分良成「冷戦終結後の日中関係——『七二年体制』の転換」『国際問題』二〇〇一年一月号、四五〜四六頁。
258——Secret, Analysis, "Japan: Cautious on China" (July 12, 1989), JUII01592, p.1.
259——Memorandum from Dennis Ross and Richard H.Solomon to The Secretary, "U.S. and East Asia: A Strategy for a New Era" (June 30, 1989), JUII01585, p.1.
260——毛里和子『日中関係 戦後から新時代へ』岩波新書、二〇〇六年、一二一頁。
261——前掲『栗山尚一・転換期の日米関係 オーラル・ヒストリー』、四七〜四八頁。
262——田中（明）、前掲『アジアのなかの日本』、五三〜五四頁。

終章

本書は、「西側の一員」の旗印を掲げた一九八〇年代の日本外交が、新冷戦から緊張緩和、冷戦終焉へと移り変わる国際環境のなか、いかなる展開を遂げてきたか検証してきた。最後に一連の考察を踏まえ、当時の外交をいま一度総括して、その意義を明らかにするとともに、戦後外交史の中に位置付けていきたい。

1　鈴木政権二年間の重要性

最初に指摘すべきことは、大平正芳－中曽根康弘による日米同盟強化という文脈のなかで、半ば谷間的扱いとなってきた鈴木善幸の役割の重要性である。ソ連によるアフガン侵攻の余韻冷めやらぬ時期に行われた米国からの防衛力増強要請は、当時の防衛計画大綱の水準を遙かに超えるものであった。防衛費を前年度比で二桁近く増加すべきとの内容は、国内事情に鑑みて、鈴木でなくとも到底受容できるものではなかった。

「ハト派」志向に基づく鈴木の、米国に対する抵抗や回答の引き延ばし戦術は、両国関係に混乱をもたらした。一九八一年五月の日米共同声明における「同盟」の解釈をめぐる紛糾は、その混乱を象徴するものと言えよう。もっとも、鈴木政権の二年目、一九八二年度の防衛予算に、米国政府は高い評価を下している。鈴木も任期後半には、五六中業の策定作業を通じて、近い将来における防衛費のGNP一％枠突破の可能性を示唆するようになった。さらに一九八二年八月の日米安保事務レベル協議で、日本は日米ガイドラインに基づくシーレーン防衛の共同研究を提案して、研究の道筋を付けた。政権最末期には、三沢基地へのF16配備受け入れも決定している。

したがって、いまだ経済摩擦はくすぶっていたものの、鈴木から中曽根に首相が交代する時期までには、少なくとも防衛摩擦は峠を越えていたと言える。防衛問題で、日米両国が互いに歩み寄る機運はすでに高まっていたのである。防衛面で不十分な対米貢献を補完する意味合いを持っていた、韓国への「安保経協」についても、政権前半期の園田直外相‐盧信永外交部長官との厳しい交渉を経て、両国に妥協点を探る動きが強まり、歴史教科書問題さえなければ、鈴木政権期に妥結していたと見られる程度に、交渉は詰められていた。対米武器技術輸出の問題も同様である。中曽根が鈴木から首相を引き継ぐ時点までに落としどころは明らかになり、あとは政治決断次第という状況にあった。

　すなわち、就任まもない中曽根首相の、米韓両国に対する華々しい首脳外交の陰には、鈴木時代という「熟成の二年間」が存在したのである。任期前半の鈴木の「突っ張り」が米韓の対日姿勢の柔軟化をもたらし、後継中曽根の対応をより容易にしたとも言える。歴史にＩＦはないが、大平後継が鈴木ではなく、中曽根であったらどうなっていたであろうか。むろん外交・安全保障に通じた中曽根であれば、「日米同盟」で鈴木のような失言はしないだろうが、その中曽根にしても、初期レーガン政権の防衛努力要求に満額回答を示すことはできなかったに違いない。仮に、中曽根が米国の要求に積極的に応じようとしたところで、その「タカ派」イメージによって、国内世論の強い反発を浴びることは必至であった。

　鈴木政権下で実質的な防衛力増強の下地が築かれ、国民世論の側にも日米防衛協力に対する一定の免疫ができた後であったからこそ、中曽根は世論の掣肘《せいちゅう》を受けずに、日米同盟強化に邁進《まいしん》できたのではなかろうか。大平‐鈴木‐中曽根という政権担当の順序は、あくまでも自民党内の政治力学の産物に過ぎなかったが、日本外交にとって適切な巡り合わせであったように思われる。

　さらに、大平政権が日米同盟強化に道筋を付ける役割を果たしたように、鈴木政権は対東南アジア、対ソ連外交で、新冷戦下の日本がとるべき基本的方向性を提示する役割を担った。米国との防衛協力こそ躊躇したものの、これら地域政策において、「西側の一員」という鈴木政権のスタンスは総じて明確であった。

　東南アジアについては、一九八〇年八～九月の伊東正義外相のアジア五ヵ国歴訪に際し、カンボジア紛争をめぐってタイを中心とするＡＳＥＡＮ諸国への支持を表明してベトナムを強く非難する方針を打ち出した。翌八一年一月の鈴木首相のＡＳＥＡＮ歴訪でもその路線が確認される。歴訪中に行われた首相の政策演説は、「福田ドクトリン」の方向性を現下の情勢に即して修正したものであった。ベトナムなどインドシナ諸国との接触は、概ね外交当局のレベルに止められた。次の中曽根も同路線を踏襲し、カンボジア紛争ではASEAN支持を明確にするに止め、それ以上、問題に踏み込むことはなかった。

ソ連についても見ていこう。一方の鈴木政権は当初、あえてソ連に関係修復を働き掛けず、一九八一年二月には「北方領土の日」を制定するなど、強硬な姿勢をとった。しかし、その後、ソ連が貝殻島周辺のコンブ漁で柔軟策をとるのを受け、アフガン侵攻を契機に途絶えていた日ソ間の政治対話、特に事務レベル協議を復活させた。日本としても、対ソ関係の著しい悪化は望むところではなかったのである。もっとも、日米両国を離間させ、領土問題の解決なしに経済関係のみ強化しようとするソ連側の意図を強く警戒した日本は、対話による成果を求めるというより、対話の継続そのものを目的とした。そのような対話のあり方もまた、中曽根政権に引き継がれる。

2　中曽根政権前半の外交——戦後日本外交の一頂点

鈴木の後継という巡り合わせの妙を差し引いても、外交の戦略性の高さ・プライオリティの設定の明瞭さにおいて、中曽根が戦後歴代首相の中で傑出していたことは明らかである。事実、首相就任一年目は韓国-米国-ASEAN諸国-米国（ウィリアムズバーグ・サミット）、二年目は中国-印パ両国-英国（ロンドン・サミット）-印（弔問）、三年目は米国-大洋州諸国-ソ連（弔問）-西独（ボン・サミット）-仏など西欧四ヵ国-米国（国連）を訪問した。外遊日程からは、一年目はまず身内とも言うべき米国などの自由主義陣営諸国と紐帯を固め、二年目以降、中国や印パ、ソ連など、非同盟諸国や社会主義諸国といった政治体制の異なる国々との関係改善を進めたことが読み取れる。

そして、レーガン、胡耀邦、全斗煥などとの個人的信頼関係を軸に、米国、中国、韓国をはじめ、ASEAN諸国や西欧諸国、印パ両国、豪州などとの関係を固めたうえで、極東で軍事力の増強を進めるソ連を包囲するかのような外交を展開する。日米首脳会談では「不沈空母」や「日米運命共同体」を謳い、ウィリアムズバーグ・サミットでは、西側の結束堅持を最優先にパーシングⅡミサイルの西独配備を断固主張して、ソ連を刺激する言動も厭わなかった。このように、米国と共同して強硬な姿勢を貫き、ソ連を追い込むことで対話のテーブルに引き込んでいく手法は、結果的に功を奏する。

一方、中国との関係については、国交正常化‐平和友好条約締結‐円借款供与の開始という基本的枠組みが、一九八〇年代までに出来上がり、その枠組みの上にどのような関係性を築いていくかが課題となっていた。韓国に関しても、一九八〇年前後の朴正熙大統領の「維新体制」の崩壊‐軍事クーデターによる全斗煥体制の樹立があり、朴時代の古い両国間のパイプが途切れ、新たな関係性の構築が求められていた。

その意味で言えば、一九八〇年代初頭の日中・日韓両関係は、ある種、更地の状態であったが、鈴木首相はこれらに新たな装いを施すには至らなかった。日中関係についてもプラント・キャンセル、歴史教科書などの問題収拾にあたった以外は、これといって主導性を発揮しなかった。むしろ、教科書問題に際しては対応が後手に回り、さらに日中戦争が侵略か否かは後世の歴史家に判断を委ねるという微妙な発言をしてしまう。国交正常化一〇周年という節目の首相訪中も、後から見れば、首相退陣を心に秘めた鈴木の「卒業旅行」の感が強く、それ以上の意義は見出しにくかった。

韓国の全斗煥体制に対し、鈴木、そして外相を務めた伊東や園田が親近感を持っていなかったことは否めない。鈴木にとって全政権との「安保経協」交渉は、日米協調関係を維持していくための、ある種、義務的性格の強い案件であった。鈴木政権下では、前半は金大中死刑判決への対応、中盤から後半にかけては「安保経協」交渉、末期は教科書問題に手を取られて消耗してしまい、韓国との間に新しい前向きな関係性を形成する機運には乏しかった。

逆に、中曽根には日中・日韓両関係に対する、より明確な考え方があった。政権発足早々、歴代首相として初めて日中戦争を侵略と認め、自らの「タカ派」イメージの払拭に努める。また日中関係のさらなる強化を図るため、一九八四年の訪中では四七〇〇億円に上る第二次円借款を約束した。中曽根にとって円借款は中国を西側諸国に引き付ける手段であったが、それ以上に、中ソ関係の改善が進捗せず、一方、台湾への武器売却をめぐり一時期軋轢が目立っていた米中関係も安定軌道に入りつつあるという、日本にとって好ましい国際環境が揃っていたことは幸運であった。

経済建設が緒につき始めた中国にとって、経済大国・日本との良好な関係は、極めて重要であった。

中曽根による対中外交の目玉は、日中関係の長期的発展の方策を探るべく立ち上げた「日中友好二一世紀委員会」であった。ここで大きなテーマとなったのは両国の青年交流であり、中曽根・胡耀邦の両首脳も非常に重視するところであった。そして、胡のイニシアティブにより、一九八四年の中国の国慶節に合わせて、日本人青年三〇〇〇名を招待する一大イベントが行われ、「過去二〇〇〇年で最良の日中関係」が演出された。さらに胡は首脳会談で、円借款に対し実に心のこもった謝意を表明し、日本の防衛力増強にも理解を示した。歴史認識問題を持ち出すこともなかった。当時の良好な日中関係は、中曽根の努力や構想力以上に、日中友好に対する胡の強い思いにも依っていた。

日韓関係についていえば、一定の政治的リスクを冒し、軍事独裁政権である全斗煥政権に対する四〇億ドルの「安保経協」交渉を決着させ、電撃的な訪韓を果たしたことは、政治指導者としての中曽根の胆力を示すものであった。一九八四年九月の全大統領の訪日にあたっては、自ら筆をとって昭和天皇の「お言葉」の文案を「過去の清算と未来の協力を一挙に盛り込んだ形」とした。また、お言葉の内容を補完するべく、過去の植民地支配に伴う日本の責任と過ちを事実上認める挨拶を行う。韓国国内の反対を抑えて訪日を決断した全の顔を立てつつ、天皇の尊厳を傷つけないようにしなくてはならない、水際だった文言作成作業であったが、リスクをとることも厭わず突き進む中曽根の個性が遺憾なく発揮された場面であった。中曽根訪韓－全斗煥来日という一連のプロセスは、第二の国交正常化といっても過大評価にはならないだろう。

また、中曽根は全との首脳会談で、韓国の戦略的立場に理解と共感を示す発言をしながらも、一方的に韓国に肩入れして、北朝鮮を敵視していると内外から受け止められないよう一線を引いた。事実、「安保経協」ももっぱら韓国の民生安定の文脈から説明されたし、共同声明での朝鮮半島情勢に関する文言も、過去の内閣が発表したものを基本的に踏襲した。全大統領が帰国した直後には、一九八三年一〇月のラングーン事件に伴って発動された対北朝鮮制裁の解除に踏み切る。日朝間の民間交流を阻害しないための決定であった。

さらに、全大統領訪日とほぼ同じ時期、一九七八年以来、六年ぶりの日越外相会談が東京で開かれた。カンボジア情勢の膠着状態が続くなかで、安倍晋太郎外相は対ＡＳＥＡ

N支持という枠内で、「福田ドクトリン」の精神に沿って日本の政治的役割を追求するために、ベトナム外相を招請して対話を行ったのである。ラオスへの援助強化も、事態打開に向けたささやかな試みであった。

一九八三年九月の大韓航空機撃墜事件の際には、中曽根は米国と緊密な連携をもとに、犯行事実を認めないソ連を追い込む半面、事件に伴う対ソ制裁にあっては抑制的な対応をとった。むしろ同事件後、中曽根政権はモスクワに向けて、対話を重視する姿勢を明確にする。安倍外相がソ連との対話の拡充に熱心であったことも相まって、一九八四年までに、日ソの政治関係は七〇年代後半の水準に戻った。大平‐鈴木という自民党保守本流・宏池会の系譜に連なる政権よりも、かつての鳩山一郎・民主党の流れを汲む保守傍流の中曽根‐安倍の方が、対ソ関係の打開に積極的に動く傾向があったと見ることも出来よう。

中曽根は一面において、「西側の一員」という立場を前面に押し立てて日米同盟を強化し、自由主義諸国との紐帯を固め、サミットにおいて国際安全保障に積極的に参画する姿勢を見せる一方、米国をはじめ西側諸国との間に軋轢を惹起しない範囲内で、東西冷戦の枠組みを超えてソ連や北朝鮮、ベトナムなどとの関係発展ないし維持に努めた。その意味では、「西側の一員」という旗印の下、実質的に、一九七〇年代に福田赳夫首相の標榜した「全方位外交」が追求されていたという見方も可能であろう。特に、社会主義諸国との対話を前線で担ったのが、福田の政治的後継者である安倍であったことは示唆的である。

むろん、中曽根政権前半の日米関係も、「ロン・ヤス」関係、また安倍外相‐シュルツ国務長官との信頼関係を基盤に、全般的に安定的して推移した。防衛摩擦は過去のものとなり、実務レベルでの日米同盟関係の実体化は着実に進んだ。牛肉・オレンジ問題といった経済上の争点もあったが、両政府のリーダーシップにより適正に処理された。米国のアジア政策が往年の「中国カード」路線を相対化させ、経済大国・日本との政治・軍事・経済面での協力関係を軸に、アジア太平洋地域の経済発展を促進して、地域の安定を図ることを基本としていた点も、中曽根の外交展開には有利に働いた。

またサミットにおいて、中曽根が国内の批判も覚悟のうえ、安全保障問題で米欧と足並みを揃えたことは、米国のみならず、西欧諸国にも日本を西側同盟の一員だと認知する契機となった。従前経済の領域にとどまり、しかも受動的傾向の強かった日本の外交活動を、国際政治における自由世界の連帯の上に立ったより広い分野にまで拡大するなど、中曽根は日本外交に一つの転機をもたらした。

このように見ていくと、中曽根政権中盤の一九八四〜八五年にかけて、日本は大方の国々と基本的に良好な関係を構築し、かつ国際社会での存在感を高めていった。その意味で、この時期が、戦後日本外交の頂点であったのかもしれない。

3 中曽根政権後半の外交
──国際情勢の変動に追われて

二期目のレーガン政権が対ソ関係の改善に転じ、ゴルバチョフ書記長が登場したことを見届けるや、中曽根は、ゴ書記長の訪日を視野に置きつつ、対ソ関係の打開を政権後半の外交における主要な目標の一つと位置付けていく。ボン・サミットでは、SDI研究への参加の是非や新ラウンド開始のタイミングといった問題により、西側諸国の結束が阻害されないよう努めるかたわら、コール西独首相やミッテラン仏大統領との個別の会談で、今後の対ソ政策に関して意見交換する念の入れようであった。「風見鶏」と揶揄された中曽根であったが、新冷戦から新たな緊張緩和へ向かう国際環境の潮目の変化を鋭敏に読み取り、ダイナミックな対ソ外交を展開しようとした。

ところが、米国がソ連との関係改善に舵を切るにつれ、それまで中曽根外交の中軸となってきた日米関係に、通商問題を中心とする軋みが目立つようになる。米国人の警戒対象が、ソ連の軍事力から日本の経済力や技術力に向かい始めたためであった。日米首脳会談やサミットの場で、中曽根は東西関係や軍備管理問題についてレーガンを支援する姿勢を貫き、日米協力や西側結束の重要性をアピールするものの、やがて議題の多くを経済や金融の問題が占めるようになる。政治や理念を大所高所から語ることを好み、細かい数字の話を得意としない中曽根にとっては望ましくない雲行きであった。

しかも、米国などの批判の矛先は、かつてのような鉄鋼や自動車、カラーテレビといった個別製品の輸出問題に止まらず、日本の経済社会の構造改革を要求するものへと変化してゆく。米国首脳は、日本のマクロ経済政策や金融政策に対して遠慮無く物申すようになる。それでも、中曽根は経済ブレーンの力を借りつつ、アクション・プログラム、プラザ合意による円切り上げ、前川レポートなどを断続的に打ち出し、日本が欧米諸国から非難の集中砲火を浴びないように事前の手当てを重ねる。しかし、これら諸国の対日批判・非難は、対策を打ち出した瞬間こそ鎮まるものの、たびたび再燃するため、後半の中曽根政権はあたかも自転車操業のように、対策に追われることになる。

政権後期の中曽根が、米国との経済摩擦問題に消耗していったことは、首相の外遊日程からも窺える。政権四年目は、カナダ－米国－韓国－中国、最終年は、東欧諸国－米国－イタリア（ヴェネチア・サミット）－米国－タイを訪れているが、全体に外遊の日数や頻度が減り、その対象も米国など先進諸国の比重が増していた。また、前期・中期までとは異なり、外遊の順序にも戦略的意図が見えにくくなっている。四年目の中韓両国の訪問は、歴史認識問題で揺れた両国との関係を手当てする性格の強い外遊であったし、最終年の東欧諸国訪問は、ゴルバチョフ書記長訪日がキャンセルされたことにより、急遽実施されたものである（ただ、この東欧歴訪は対ソ外交の布石となっており、政権後半の外遊のなかでは最も戦略性が高かったといえる）。

それでも中曽根は、一九八六年、衆参同日選挙での自民党大勝の余勢を駆って、対米関係の懸案事項であったSDI研究への参加と防衛費のGNP一％枠の撤廃を相次いで決定する。特に後者は、数年来、与野党対立の重要な焦点の一つとなっており、自民党内でも宮澤喜一総務会長など党内「ハト派」勢力を中心に撤廃に対する慎重論が根強かったため、ここまで先送りになっていた。政治人生の宿願である憲法改正が現実的には着手できない状況にあった中曽根にとって、防衛費の一％枠撤廃は悲願に向けた第一歩であり、「戦後政治の総決算」における具体的目標の一つだったのである。

もっとも、枠撤廃の最終局面を中心的に取りしきったのは「ハト派」の後藤田正晴官房長官であった。また後藤田は、枠撤廃が将来の軍拡につながらないよう、中期防衛力整備計画の三年後の見直しも同時に取り消した。ある意味、政治色が希薄になった一％枠問題は、その後、論争の舞台から急速にフェードアウトしていく。とはいえ、SDI研究への参加や一％枠の撤廃が、最終的に党内ハト派や野党、世論からもさしたる反対を受けずに通った事実は、広く日本人の安全保障観が現実主義の方向に確実に進んだことも示していた。中曽根政権の五年間に、前政権時にたいへんな物議を醸した「日米同盟」という言葉も論争の対象とはならなくなり、確実に定着していった。安全保障について国民の教化を目指した中曽根の目論見は、一定の成果を上げたのである。

一方、「戦後政治の総決算」のもう一つの重要目標であった靖国神社公式参拝は、中曽根にとって不本意な結末に終わった。戦後四〇年にあたる一九八五年の終戦記念日にこれを断行した中曽根であったが、その翌月以降、中国では大学生の反日デモが発生するなど、A級戦犯を祀った神社への公式参拝に事前の予想を超える反発が起きる。胡耀邦との個人的な信頼を基盤にした「過去二〇〇〇年で最良の日中関係」を前に、中曽根にいささかの油断があったかもしれない。

　A級戦犯の分祀を図るなどして、靖国参拝を継続したい中曽根であったが、中国国内での政治的立場が動揺していた胡耀邦を守り、良好な日中関係を維持するため、一九八六年の終戦記念日は参拝を自粛する（次の年も参拝せず）。この一九八六年の夏、第二次教科書問題、藤尾正行文相の発言と、歴史認識が問われる事案が相次いで発生したが、靖国参拝での対応と同様、中曽根はこれらの問題でも、自国のナショナリズムよりも国際協調を優先する立場から解決を図った。発生した問題への処理にあたって、中曽根の動きは機敏であった。衆議院での三〇〇議席獲得は、中曽根をして自民党の支持基盤を「左ウィング」に伸ばす重要性を認識させ、彼の外交はむしろ中道志向を強めていったのである。

　しかし、中曽根の配慮の甲斐なく、胡耀邦は一九八七年一月に失脚に追い込まれ、中曽根政権の最終年における日中関係は、一九七二年の国交正常化以後、最も険悪な状態に陥る。光華寮裁判や経済協力、防衛費といった諸問題をめぐって、日中双方の政府関係者同士が、相互に刺々しいやり取りを繰り返し、国交正常化一五周年も祝賀ムードにはほど遠いものとなった。胡と中曽根の個人的関係に依拠した良好な日中関係は、いかにも脆かった。胡一人でなく、それ以外の中国のリーダーたちとも、しっかりしたコネクションを作っておくべきであった。

　ただ、こうした局面においても中曽根自身は感情的に流されることなく、日中関係を正常軌道に戻すよう努めている。一般に「タカ派」と目される中曽根であったが、過去の歴史認識への反省を含めた深い洞察と、問題発生時の対処の迅速性は、前任の鈴木、後任の竹下よりも格段に優れていた。

　しかしながら、中曽根が対中外交で躓いたことは否定できない。靖国公式参拝から胡の失脚までの一連の過程で残ったものは、日本の首相が外国への配慮によって自国の戦争犠牲者の慰霊を取り止めた事実と、日本に過度な肩入れをすると政治的に危うい立場に追い込まれる、という中国指導部にとっての教訓であった。中曽根の靖国参拝は、明らかにその後の日中関係にマイナスの影響を残したのである。

中曽根外交後半の大きな焦点となった日ソ関係は、一九八六年に入り、外相定期協議が東京、モスクワと相次いで行われ、平和条約締結交渉が本格化した。領土問題に関するソ連側の姿勢は依然硬かったが、一九七三年の田中首相訪ソ時に発表された共同声明(日本側が領土問題の存在をソ連側に認めさせたと解釈する)の線まで押し戻すことができた。また、一九八七年年頭のゴルバチョフ書記長の訪日が政治日程に上がるなど、前年来の米ソ関係改善の流れに乗る形で、日ソ関係も順調に進展するかに見えた。

しかし、前出のSDI研究への日本参加決定や、レイキャビクでの米ソ首脳会談が不調に終わったこと(これもSDIが原因であった)、一九八七年に入ってからの東芝機械ココム違反事件の発生など、いくつもの阻害要因が重なって、書記長訪日の話は立ち消えとなり、前年のような外相レベルの往来も止まってしまう。中曽根政権が売上税法案問題で内閣支持率を大幅に落とし、衆参同日選勝利による任期延長も僅か一年に区切られてしまったことから、ソ連側にとって書記長訪日の動機が削がれたことは否定できない。もとより、領土に関するソ連の姿勢は非妥協的であったが、日本側も、両国が領土問題で歩み寄りができるような仕掛けを作る創意工夫を欠いていた。東西対立を前提とする冷戦思考から抜けきれない両国は、結局、関係改善の機会を失したのである。

中曽根政権の最終年、米国との関係も困難の度合いを増していく。前川レポートが提言する内需拡大に向けた国内経済・社会の構造改革は、すぐに実行できるものでもなかったし、プラザ合意に基づく円安是正によっても、日米間の貿易不均衡は沈静化しなかった。それゆえ米国内では、議会を中心に感情的な日本叩きが噴出した。内需拡大政策を求める米政府の圧力は強まる一方であった。

これに対し、中曽根はヴェネチア・サミットで六兆円の経済対策を打ち出して米欧からの集中砲火を免れ、面目を保った。むしろ、他国には真似の出来ない大規模な経済対策を提示することで、経済大国・日本の力をアピールできたとも言える。ただ、財政再建路線から積極財政路線へ転換したことで、相次ぐ公定歩合の引き下げと相まって、近い将来にバブル経済を招来することとなる。それでも、サミットでは安全保障問題において、依然議論の取りまとめ役として存在感を発揮し、首相を退任する時期までには、アジア部でのSS20の撤去が実現する。一九八七年一二月、米ソ両国はINF全廃条約の調印に至る。中曽根外交の面目躍如であった。

しかしながら政権末期、日米関係において経済摩擦に加えて、半導体対日制裁措置の解除問題や、東芝機械事件、FSX交渉といった、いわば経済と技術、安全保障が相互に絡む「複合摩擦」が表面化し、中曽根はその対応に悩まされる。一連の問題への対応において、中曽根の基本的姿勢は日米関係に極力波風を立てないということであった。

政権最末期には、ペルシャ湾への自衛隊掃海艇派遣という従来の日本が想定してこなかった問題も浮上した。掃海艇派遣に中曽根や外務省は前向きであったが、当事者たる防衛庁や自衛隊にそれを実施する体制が整っておらず、閣内では後藤田官房長官の強い反対もあり、最終的には無難な非軍事的貢献策で落ち着くことになった。弛緩していたとは言え、冷戦構造自体はいまだ健在であり、日本政府においては、日米安保を地理的・機能的に拡大する用意はなかったのである。中曽根外交は後半になるにつれ、良くも悪くも、現状維持的かつ無難な対応の比重が増していた。

4 竹下外交——目線の低さと事務当局への依存

政治家の類型で言うなら、中曽根の後継首相である竹下登は、外政志向で陣頭指揮型の前任者よりも、内政志向かつ調整型という点で前々任者の鈴木と多くの共通性を持っていた。竹下政権時代、日米関係は、政治や防衛以上に経済問題が比重を占め、経済摩擦を処理するにも、経済改革を進めるにも、国内の利害調整能力なくしては立ちゆかなくなっていた。その意味においては、竹下首相の登場は時宜を得たものと言えるかもしれない。案の定、竹下は持前の調整能力を発揮し、懸案事項の農産物や建設市場開放といった諸問題を解決する。

しかし竹下に、中曽根のような、国際政治に対する独自の戦略眼や外国首脳と渡り合うだけの教養や歴史観は期待できなかった。彼の政治的関心は内政、わけても消費税導入にあった。したがって、竹下外交は戦略面に関して、村田良平事務次官以下の外務省事務当局に依存することとなる。竹下が打ち出した「世界に貢献する日本」というスローガンを政策的に具体化した「国際協力構想」も、村田次官ら少数の外務省幹部が作成したものであった。

国際協力構想の三本柱（①平和のための協力・②国際文化交流の強化・③ODAの強化）のうち、①については紛争地への文民派遣、すなわち「カネ」ではない「ヒト」による国際貢献が着手された。外務省内では、将来的な国連PKOへの自衛隊派遣も検討対象に上っていたが、当時の世論に鑑みれば、拙速に派遣を進めるわけにはいかなかった。

バブル経済の下、経済大国として繁栄の極にあった日本には、米国から通商上の諸々の圧力、あるいは役割分担要求のみならず、他の先進諸国や発展途上諸国からも、反発や疑心暗鬼が生じつつあった。中曽根政権末期のヴェネチア・サミットでは、対GNP比率で考えれば政府開発援助による日本の貢献を過大評価するべきでないとする注文がフランスなどから上がったし、途上国側からは日本を「無責任な大国」と見る向きすらあった。それゆえ日本としては、国際社会にどのような形で関与・貢献していくかという青写真を描いてみせる必要性があり、それが右の構想の発表につながった。東西対立は、終焉とまで言えないにしても既に一段落し、「西側の一員」という旗印は訴求力を低下させていた。つまりは、それに代わる日本の国家像、旗印が求められたともいえる。

一九八八年秋に昭和天皇の病状が悪化するまで、竹下は、フィリピン（ASEAN首脳会議出席）－米加両国－韓国（大統領就任式出席）－西欧（英・西独・伊・バチカン）－米国（国連軍縮特別総会出席）－西欧（仏・蘭・ベルギー・バチカン）－加（サミット）－豪州－中国－韓国（オリンピック開会式出席）と、僅か一年足らずの間に、中曽根以上に精力的な外交日程をこなしている。外交が得意ではないとの世評を、払拭する意図が働いていたのかもしれない。

一連の外遊のなかで、特に竹下自身の個性が発揮されたのが一九八八年八月の訪中であった。中国首脳は、日中国交正常化を実現させた田中角栄の系譜を継ぐ竹下政権を歓迎した。鄧小平に至っては「田中、大平時代に比べても決して見劣りのしない新しい日中関係を結びたい」と語った。鄧の言葉は意味深長で、暗に中曽根－胡耀邦時代の日中関係は好ましくなかったと示唆しているかのようであった。確かに、中国側には、靖国公式参拝や防衛費一％枠撤廃といった中曽根の政治大国化志向に違和感や警戒心があったと見られる。

また、中国への円借款供与を対ソ戦略の文脈で位置付ける傾向のある中曽根に対し、円借款を政治利用していると反発する向きもあったようだ。そして、中曽根政権末期の中国の対日政策硬化の一つの要因として、日中間の貿易不均衡や対中投資への消極性など、経済面で蓄積された日本への不満が存在していた。中国は経済面での過剰な対日依存を再考しつつあった。

以上のような中国側の中曽根に対する違和感、また従前の日本の対中政策への不満については、竹下も認識していたフシがある。竹下は中国首脳たちとの会談で、対中円借款について、あえて「援助」と言わず、「相互協力」という表現を用いて謙虚な姿勢をアピールした。そして、第三次円借款とともに、中国側が年来強く望んできた日中投資保護協定を訪中にあたっての土産とした。

ちなみに第三次円借款の総額は、第二次の四七〇〇億円の実に一・七倍におよぶ八一〇〇億円という膨大なものとなった。大平・中曽根両政権を通じて四年以上にわたり蔵相を務めてきた竹下が訪中するとなれば、通常は財政支出に慎重な大蔵官僚も、大幅増額に前向きに応じざるを得なかったのである。さらに、大増額の背景には、竹下が提唱する「国際協力構想」の三本柱の一つである、ODAの拡充・強化という大きな政策目標があった。

注目すべきは、竹下が国際協力構想の第三の柱・国際文化交流の強化の一環として、敦煌遺跡の保全事業を日本の政府開発援助で行う約束をしたことである。このことは中国のメディアにも盛んに取り上げられた。日本が単に先進国として対中援助を行っているだけでなく、古来、中国と文化が合い通ずる友好国家として、かつ文化と平和を目指す国是を有する国家としてアピールできる、意義あるイニシアティブであった。日本の円借款への中国側の評価が、相対的に低下し始めていたことに鑑みても、時宜を得ていた。

竹下は中国への人的アプローチでも、中曽根との違いを見せた。もっぱら胡耀邦との個人的信頼関係に依拠した中曽根が、結果的に胡の失脚によって対中外交で行き詰ってしまった経緯を踏まえたのか、竹下は特定の指導者に肩入れすることを避け、むしろ、自身の青年団時代の人脈を頼りに、地味ながらも幅広い対中アプローチを心がけていた。この種の目線の低いアプローチは、最初の外遊であるフィリピンでのASEAN首脳会議出席の際のスピーチのなかで、自身と東南アジアの古い関わりから説き起こし、日本-ASEAN関係の発展における地方と民間の重要性を強調したところにも、如実に見出すことができる。

竹下の謙虚かつ地味な手法は、中国側にある種の安心感を与えた。事実、首脳会談を通じて、中国側は光華寮や防衛費、歴史認識といった厄介な問題を持ち出すことはなかった。自国の経済発展を推進したい中国側としては、日本から可能な限り多くの経済援助を引き出すため、そして田中－大平に続く親中国派の実力者に位置付けられる竹下の政権が今後長期にわたって続くとの予測に基づいて、これらの諸難題で政権を揺さぶるのは得策でないと判断したのだろう。

もう一つ、対アジア外交で竹下政権らしさが現れたのは、対北朝鮮外交であった。中曽根政権時代、中曽根派の谷洋一議員が日朝関係を前進させるべく水面下で動いていたが、顕著な成果を出すには至らなかった。この時期、中曽根は遠い将来の「南北クロス承認」を視野に、全斗煥や胡耀邦との首脳会談で中韓両国に関係改善を促すことに終始していた。一九八〇年代を通じて、平壌とのパイプ役を中心的に担っていたのは社会党であった。石橋政嗣委員長が「補完外交」と称して政府の対北外交をサポートする動きもあったが、中曽根と社会党との間には、必ずしも太いパイプがあったわけではなく、何より韓国が日本の対北接近に神経質で、日本としても身動きの取りようがなかった。

ところが竹下政権期に入ると、盧泰愚政権の「七・七特別宣言」によって韓国の政策転換が起こる。ここに竹下や彼の後見人たる金丸信が長年の国会対策で培った、田辺誠をはじめとする社会党議員たちとの人脈が生きる下地が整ったのである。首相官邸の意向を受け、社会党と外務省アジア局北東アジア課が連携して、ソウル五輪直前の対北制裁解除から、政権末期の「首相見解」（北朝鮮を正式名称で呼ぶとともに、過去の植民地支配について北朝鮮を含む半島全体への「遺憾」の意を示したもの）まで、一連の関係改善に向けたあらゆるシグナルが発出された。国際的に孤立傾向にあった北朝鮮は、東京からのシグナルに応じ、これが一九九〇年に行われた金丸と田辺率いる日本の国会議員訪朝団につながっていく。

全般に竹下外交は中曽根外交と異なり、国際政治の舞台で大上段に振りかぶって大国・日本の存在を強調する手法を避け、他国から反発を買わないよう、どこまでも低姿勢を貫いた。それでも、中曽根外交がやり残した日米間の経済案件の処理や、胡耀邦なき中国との関係修復、北朝鮮との政府間接触で相応の結果を残すとともに、国際社会に対する日本の貢献のあり方を発信したのであった。

5 激動する国際情勢と司令塔なき日本外交

しかし、冷戦終焉に向かいつつある国際情勢に対する竹下の感受性は、中曽根のそれと比較して明らかに鈍かった。対北朝鮮外交について言えば、竹下の関心の中心は第一八富士山丸事件の解決であり、南北両朝鮮の意図を含めた朝鮮半島をめぐる国際情勢の変動は十分に認識していなかった。いわんや日本人拉致問題はほぼ考慮の外であった。対ソ外交については特別な関心を払っておらず、宇野宗佑外相以下の外務省にほぼ委任していたと思われる。

中曽根は鋭敏な国際感覚から、任期中盤以降、米ソの関係改善に遅れをとらぬよう、日ソ関係打開を積極的に進めようとした。外務省事務当局の慎重論を制して、故チェルネンコ書記長の葬儀に赴き、ゴルバチョフ新書記長との会談を実現させたり、時には外務省を迂回して、独自のルートで対ソ外交を動かそうとした。また、政権末期には、東欧諸国を歴訪し、同諸国首脳を通じてゴルバチョフ来日を実現させようとするなど、強い執念を見せた。そこには、ゴルバチョフへの好意と強い期待があった。中曽根には、漠然とした形であれ、四〇年来の東西冷戦対立が大きく変化する予感が働いていたのかもしれない。

一方、首相時代の竹下の対ソ関係をめぐる発言には、ゴルバチョフの新思考外交に懐疑的な見方を示すものが多い。一九八八年六月のトロント・サミットでは、米国や西欧諸国に向けて北方領土問題の重要性を訴え、これら先進諸国の理解と支持を梃子に問題解決を図ろうと試みる。この手法は、かつての鈴木首相の「北方領土の日」制定と同様、ソ連の対日感情を不必要に害するだけで、生産的ではなかった。すでにソ連との関係改善を進めている米欧諸国が、日本のためにこの問題でモスクワに働き掛ける見込みは薄かった。竹下や、その外交の振り付けをする外務省事務当局の発想は明らかに冷戦的思考に囚われており、周回遅れであった。

それでも、一九八八年七月、前首相となった中曽根が訪ソし、ゴルバチョフと会談したのを契機に日ソ交渉は再起動する。以後、外相・次官級で、平和条約の締結に向けた話し合いが本格的に繰り返されることになるが、案の定、領土問題がネックとなり、議論にさしたる前進は見られなかった。この間、竹下は「司々に任せる」との姿勢に終始し、事態打開に向け陣頭指揮をとることもなかった。消費税法案の成立や天皇御不例への対応、リクルート事件への対処などに精力を使い果たした竹下は、国際情勢の大きなうねりにまで到底気が回らなかった。中曽根あるいは安倍がこの時期に官邸の主であれば、もっと機動力のある対ソ外交が展開されたであろう。

最後の外遊となった一九八九年五月のＡＳＥＡＮ歴訪で、竹下は政策演説を行い、東南アジアを「国際協力構想」の最も重要な対象地域の一つと位置づけ、将来のカンボジア和平において、日本が資金や要員派遣、非軍事資機材の提供などで積極的に協力していく意思を表明した。最終的には、この演説内容が一九九一年の和平協定調印へのプロセスにおける日本の政治的関与、さらには九三年のカンボジアＰＫＯへの自衛隊の参加という形で具現化する。その意味で、非常に画期的な演説ではあったが、歴訪の前月に退陣表明をしていた首相の発言がインパクトを持って受け止められることはなかった。

竹下の退陣表明から宇野宗佑政権の成立までの約一ヵ月強、日本外交は政治的な最終決定機能を喪失していた。その虚を突く格好で、ブッシュ政権は、スーパー三〇一条適用など強硬な経済的要求を突き付けた。冷戦終結へ向かう流れと国際経済のグローバル化により、アジア太平洋地域で経済的に繁栄し、政治的には民主主義国である日本が必要、とする米国側の基本的了解、すなわち日米同盟を支えてきた基本的枠組みが揺らぎ始めていた。そして、その揺らぎを食い止める政治力が、日米両国ともに欠けていた。もはや、中曽根や安倍、レーガンやシュルツ、マンスフィールド駐日大使も外交の第一線から退いていた。

こうして、日米同盟が「漂流」し始めるなか、一九八九年五月、ゴルバチョフの訪中によって中ソ和解のプロセスが完成する。中ソ和解について日本は、一九五〇年代の中ソ同盟への回帰を意味するわけではなく、カンボジア和平にとってはむしろプラスであるとして、総じて冷静に事態を受け止めようとした。しかし、日本政府が中ソ対立を前提に対中関係を構築してきたことは明白であり、中ソが対立している方が対中外交上は都合が良いとする見解すらあったことから、中ソ和解には一抹の不安をもって注視していたというのが、実際のところであろう。

ゴルバチョフ訪中からまもない六月に天安門事件が発生し、「米中日対ソ」という東アジアにおける基本的対立構図に幕が下りる。改革開放路線を歩んできたはずの共産党政府が民主化運動を軍事力で強引に封殺した事実が、日本の政治家や外交当局者、世論に少なからぬ衝撃や戸惑いを与えたことは想像に難くない。それでも、外務省を中心とする日本政府は、国際社会における中国の孤立を避け、あくまでも同国の改革開放路線を支えていくとの見地から、対中制裁には慎重であった。

しかし、人権問題に厳しい欧米諸国が、相次いで対中制裁措置に踏み切ると、日本としても諸国の動きに真正面から抗うことはできなかった。結局、宇野政権は「制裁」という言葉の使用は避けつつも、第三次円借款など新規の経済援助案件の供与凍結という形で、事実上の制裁措置に踏み切り、欧米諸国と歩調を合わせた。米国と深刻な経済摩擦を抱えるなか、対中政策での米欧日協調を求めてくるブッシュ政権の意向を無視できないという側面もあった。ただし、制裁措置の強化に関しては、中国をソ連との戦略的提携に追い込むとして極力慎重姿勢を貫いた。

かつて大平首相が発表した対中経済協力三原則中の「西側諸国との協調」が、これほど重く日本に圧し掛かったことはかつてなかった。中ソ和解が日中関係に及ぼす影響を否応なく認識させられた瞬間でもあったことだろう。一九七〇年代以降、米中両国と日本は、ソ連という共通の対抗目標を掲げ、実質的な戦略的提携関係を維持してきた。この間、日米両国は中国の近代化政策を高く評価し、国際社会への参入を積極的に後押しした。しかし、ここへきてソ連が米中日共通の対抗目標ではなくなり、三国の提携関係は解消に向かうことになる。カーター大統領と華国鋒首相が大平の遺影の前で協力を約束した九年前の国際状況は、遠い過去のものとなった。一九九〇年代以降、日本にとって対中関係の舵取りはより困難なものとなっていく。

6　新冷戦状況に依拠した外交的成果

鈴木政権前半、日本は、防衛力増強や「安保経協」をめぐって米韓両国と軋轢を抱えたものの、同政権後半から中曽根政権に入る頃には、その種の齟齬も克服された。日米防衛摩擦も「安保経協」も東西対立の座標軸上にある問題であったので、「西側の一員」を旗印に割り切って踏み込めば、米韓両国の姿勢次第とはいえ、比較的合意を得やすかったからである。

つまり新冷戦時代には、軍事的な脅威であるソ連を標的に、同盟国の米国をはじめその他の国々と関係を固めていけば良いとする、外交上の方程式があった。「西側の一員」路線に沿って外交・防衛政策を遂行するにあたり、鈴木や中曽根が注意すべきは、敗戦以来、強く日本社会に深く根付いた国民の平和志向と、近隣アジア諸国の日本軍国主義復活に対する懸念であった。この二つの要因について、鈴木は深刻に受け止めたが、中曽根は鈴木よりも楽観的にとらえ、むしろ国民の安全保障観を現実主義に向けて導こうとした。後者のアジアの懸念について言えば、三八度線を挟んで北朝鮮との火種を抱える韓国はむろんのこと、ASEAN諸国や中国も、日本の一定の防衛努力に理解を示した。

裏返せば、それほどまでに、当時のアジア、あるいはそれ以外の地域でも、多くの国々がソ連を脅威の対象と見なしていた。外交感覚の鋭い中曽根は、そうした状況をフルに活用し、日米首脳会談やサミット、アジア外交の場で、結束してソ連と対峙する必要性を訴えた。自由主義陣営諸国や中国、その他の国々との紐帯を強化することで、国際社会における日本の存在感を高めたのである。それでいて、最大の脅威たるソ連とも、新冷戦期の段階で政治対話を続けた。日本はあらゆる国々と良好な、もしくは少なくとも適正な関係を持つようになったといえる。その意味で、中曽根外交の成功は新冷戦状況の所産と評価できよう。

しかし、特定の状況に依拠して成功した外交が、その構図の弛緩につれて舵取りを難しくすることは必定であった。鈴木政権時代の一九八二年には既に、中国がソ連を主要敵と見なす外交戦略を修正し、ソ連との和解プロセスに着手することで、アジアにおける新冷戦の構図は変質し始めていた。訪中した鈴木が、中国首脳との会談で、ソ連の脅威をあえて指摘し、中国がソ連に警戒感を持つか否か確認したのは、中ソ接近に対する日本の警戒感を示している。

それと同時に、予期せぬ姿で教科書をめぐる歴史認識問題が、中国、次いで韓国との間に浮上してくる。この問題は明らかに東西対立の座標軸で割り切れるものではなかったし、冷戦後の世界では一層深刻化する課題であった。鈴木政権が「宮澤談話」を出すまで苦慮を重ねたのも、教科書問題が経験則に従って処理できない課題だったからである。

とはいえ、中曽根が首相に就任して約二年間、新冷戦状況の変質スピードが緩慢であったことが、彼の外交展開には幸いした。中ソ間の和解交渉は顕著な進展を見せず、一方の米中間では台湾問題が一段落したことで、両国は政治・軍事・経済面で安定的に関係を発展させていた。米ソ間の戦略兵器削減交渉はすでに始まってはいたが、レーガンがソ連を「悪の帝国」と罵倒するなど、いまだ米ソ関係は対立が基調であった。中韓両国との歴史認識問題が表面化せず、日米間の経済摩擦もそれほど深刻とはならなかった、この二年間が、戦後の日本外交にとって最も幸せな瞬間であった。

「西側の一員」路線に則り、国際社会での地歩を固めてきた日本にとって適合的であった国際環境が、一九八五年を分水嶺にして急速に消滅していく。この年以降、米ソ関係は緊張緩和局面に入り、中ソ間の和解も加速する。そして、同じ年に債務国に転落した米国の警戒感の矛先は、次第に経済大国・日本に向くようになる。中国でも、親日政策を推進する胡耀邦の政治的地位が徐々に危うくなるなかで、経済的繁栄を背景に政治面でも自己主張を増す日本を警戒する動きが出てくる。

こうした状況の変化に、中曽根は日本外交の基軸である日米関係の揺らぎを止めるべく、経済摩擦への対応で陣頭指揮をとる。また日米関係の基盤は政治・安全保障の領域と考える中曽根は、いわゆる中期防衛見積りを正式な防衛計画に格上げし、防衛費GNP一%枠の撤廃に動く。さらに、SDI研究への理解を表明し、米国の対ソ軍備管理交渉を側面から応援する。ただ、このようなハイ・ポリティクス面での協力も、ソ連と関係を改善しつつある米国に対し、「新冷戦」華やかなりし数年前のように高くは売れなかった。米国の経済面での対日要求は厳しくなるばかりで、中曽根政権の外交力を消耗させていく。

それでも、中曽根が外政家として優れていたことは、米ソ間の緊張緩和を日ソ関係打開の好機と見て素早く動いた点によく表れている。対ソ警戒心の強い、換言すれば新冷戦の思考から抜けきらない外務省の一歩先を行く形で、ゴルバチョフ書記長来日の実現を目指したのもその一例と言えよう。しかし、中曽根のイニシアティブも、領土問題をはじめ様々な障害に阻まれ、顕著な成果を残すには至らなかった。

そして、中曽根は一九八五年の靖国神社公式参拝の敢行によって、八二年の教科書問題以降は鎮静化していた中韓両国の歴史認識問題に再び火を付けるという失策を犯す。猛烈な中国の反発によって、中曽根は翌年参拝を自粛するが、それが今度は日本国内のナショナリズムをあおり、藤尾発言や第二次教科書問題を惹起して、ついには韓国のナショナリズムを刺激してしまう。日中・日韓双方のナショナリズムが相互に刺激し合い、事態を複雑化させるという、冷戦後にある種、常態化する光景を思わせるような事態が、冷戦末期の一九八五〜八六年に早くも現出していたのである。日中関係に限れば、続く一九八七年にも、歴史認識に加え、台湾や防衛費、経済協力のあり方をめぐって両国間の応酬は続いた。それは、この地域における冷戦対立のくびきが弱まっていたことの証左であった。

おりしもアジア太平洋地域では、日本を先頭に、韓国や台湾などNIES諸国、ASEAN諸国、中国といった、雁行型の経済発展が現出していた。一九八五年のプラザ合意に伴う円切り上げによって、日本企業のアジア諸国進出が加速し、「アジア太平洋」という地域概念が、より実態性を帯びるようになっていた。状況は、かつて（一九八〇年）大平首相が提唱した「環太平洋連帯構想」を、民間レベルでの検討ではなく、政治的リーダーシップによって推進、具体化すべきタイミングを迎えていた。しかし、中曽根政権後半、中韓両国との歴史認識をめぐる対立と、米国との経済摩擦への対応、そして対ソ関係打開が優先された結果、中韓以外のアジア諸国に対する外交的目配りは十分になされなかったきらいがある。

一九八七年末のＩＮＦ全廃条約の調印により、米ソ協調の趨勢はいよいよ固まっていく。しかし、日本の当局者の多くの対ソ認識は依然として警戒的であり、竹下も、中曽根のように日ソ関係を率先して前進させようとはしなかった。竹下外交は、「国際協力構想」の表明という画期的な一面を持つが、日米経済摩擦の処理や日中友好関係の再起動といった、前政権が十分にフォローできなかった案件を手堅く処理するという守成的性格が強いものであった。唯一、国際情勢により積極的に反応したかに見える北朝鮮との接触も、首相官邸や外務省の関心の中心は第一八富士山丸事件の解決であり、必ずしも朝鮮半島情勢の変化を見越したものではなかった。

任期を満了したレーガンからブッシュに政権が移行し、リクルート事件によって竹下政権が死に体となるなか、ソ連への脅威認識を大きく低下させた米国は、経済上の脅威である日本に呵責のない要求を突き付けるようになる。日米同盟は漂流の時代に入った。そして、天安門事件で日本の対アジア外交にとっての与件であった「米中日対ソ」の構図が崩れると、竹下が前年に底固めしたばかりの日中関係も重大な転期に立たされてしまう。

日本と米ソ中三大国との関係を時系列で追うと、大平が逝去し、鈴木が後継首相となった一九八〇年時点では、対ソ関係は冷却の極にあったものの、米中両国との関係は良好な関係にあった。中曽根が再選を果たして長期政権を窺う一九八四年には、「ロン・ヤス」あるいは「中曾根－胡耀邦」で日米・日中両関係は盛り上がり、日ソ関係も一時の冷却状態から脱しつつあった。ところが、竹下が国内世論の糾弾を受け、首相官邸を去る一九八九年には、日米同盟は漂流し始め、ＯＤＡと友好を基軸にした従前の日中関係も曲がり角を迎える一方、東西対立が大きく緩和しているにもかかわらず、日ソ関係の修復も捗捗《はかばか》しくない状態となっていた。

このように見てくると、日本は一九八〇年代半ばまでに獲得していた外交的優位をわずか数年のうちに失い、冷戦が終焉した一九八九年には、ソ連のアフガン侵攻直後の一九八〇年よりも外交上厳しい状態に置かれたことがわかる。日本外交は、東西の対立軸が明確な新冷戦状況の下で機動性を発揮したが、それが不鮮明になるにつれて柔軟性と迅速性を失っていった。一九八〇年代後半の急速な国際環境の変動は、外交巧者にして、かつ長期政権を誇った中曽根すら相当に苦しめたし、国内政治に忙殺された竹下に至っては、変動それ自体をあまり意識しないまま、外交を後手に回してしまった。

7 「北進論」としての一九八〇年代外交

さらにいえば、一九八〇年代に入ったとき、すでに日本の対アジア外交の基礎的枠組みは確立していたことを指摘しなければならない。日中関係で言えば、共同声明‐平和友好条約という両国関係を規定する基本的枠組みの成立とともに、円借款供与を通じて中国の近代化を支援しつつ、国際社会への統合を促すという大きな戦略は出来上がっていた。東南アジア政策でも、地域全域の平和と安定を図る「福田ドクトリン」という方向性がすでに提出されていた。その大方針を前提に、鈴木首相はインドシナ情勢の現状に即した対ASEAN支持を鮮明にしたのである。アジア太平洋地域全体の包括的な青写真についても、大平首相が一九七〇年代末に「環太平洋連帯構想」を提示しており、民間レベルでの検討・具体化が着手されていた。

これらと比べると、朝鮮半島の状況は異なっていた。一九七〇年代の日韓関係は金大中事件などの懸案に忙殺され、大きな外交展開が見られなかったうえ、七九年に朴正熙大統領が暗殺され同政権が崩壊すると、関係それ自体がリセットされてしまう。この間、北朝鮮との関係改善も中途半端に終わっていた。その意味で言えば、一九八〇年代の日本が対アジア外交で、新境地を開く余地が最も大きかったのは、朝鮮半島政策であった。

それを実際に担ったのが、中曽根外交であった。すなわち、中曽根首相訪韓‐全斗煥大統領来日は、一九八〇年代の日韓協力関係の基礎固めであると同時に、天皇の「お言葉」を通じて、一九六五年の日韓国交正常化による戦後処理を補強するものであった。また、両国首脳の相互往来により、それまで一握りの親韓国派や親日派という狭いサークルで動かされていた日韓関係は、両国の外交当局同士のフォーマルな関係性に基づいて運営されるようになる。日韓関係は、ある意味、普通の二国間関係となったのである。中曽根政権の後半、在日韓国・朝鮮人の指紋押捺制度が改善されていることも指摘しておきたい。

他方、一九八〇年代の日中関係は、日韓関係に匹敵するような新境地を開いたとは言えない。確かに、中曽根によって、日本の首相が共産党国家の政治指導者と家族ぐるみで交流したり、日本人青年三〇〇〇人が中国の国慶節に出向いたりといった出来事は、斬新であり人目を引いたことは間違いなかった。しかし、極めて属人的な関係性は、胡耀邦の失脚とともに霧散してしまい、その後の日中関係にプラスの遺産とならなかったばかりか、中国の指導者たちに、日本の首脳との親密な交流の危うさを印象づけてしまった。

結局、「二〇〇〇年で最良の日中関係」を演出した中曽根にしても、日中友好のスローガンと政府開発援助を頼りに、日中関係の発展と国際社会への中国の取り込みを図るという、一九七〇年代末までに確立された路線の上を走っていたにすぎないのである。振り返ってみれば、一九八〇年代に入り、日本が中国の経済建設により深く関与するなかで生じる貿易不均衡や、歴史認識問題、大国・日本への警戒心といった矛盾に、どのような理念や手法で対応していくのかという思索が、日本の政治指導者や外交当局者たちに十分ではなかったように見受けられる。厳しい見方をすれば、表面上の日中関係の良好さによって、対中外交が惰性に流れた側面があるのかもしれない。

なかでも、一九九〇年代以降に深刻化する、中国・韓国との歴史認識をめぐる対立について、当該問題がまだ関係阻害要因として育ちきらない八〇年代のうちに、その芽を摘むことができなかったのか、との思いは禁じえない。内政志向の鈴木や竹下はともかく、中曽根は国際政治や歴史に精通し、戦争中の日本の過ちについても率直に客観視する姿勢を有していたし、彼のブレーンのなかには靖国神社に代わる公的追悼施設設置を提唱する者もいた。その種の試みに向けた可能性がゼロであったとは思わない。が、後代から当事者にそこまで求めるのは、いささか酷かもしれない。

ともあれ、一九八〇年代の日本の地域外交の力点は、全体として中韓両国の北東アジアに多く注がれていたと考えられる。中曽根は、この両国に加えソ連との関係打開を視野に入れていた。彼の視線は北方を向いており、ASEA

Nを含む東南アジアや、大平以来の「アジア太平洋」についてはいては大きな政策展開を行わなかった。竹下の対アジア外交も、ASEAN諸国には足を運んだものの、最重要点は中国であり、次いで一年に二度訪問した韓国、そして政権後半の対北朝鮮接触の試みと、やはりその中心は北東アジアであった。カンボジア和平やベトナムについては、一九八〇年代を通じて基本的には外務省事務当局が中心的に担っており、安倍外相のイニシアティブを除くと、政治指導者が直接関与するケースは少なかった。

一九七〇年代の日本の対アジア外交の焦点が、米中和解とベトナム戦争終結という国際環境を反映して、日中国交正常化－日中平和友好条約あるいは「福田ドクトリン」、「環太平洋連帯構想」というように中国から東南アジア、太平洋に向かったという意味で「南進」であったのに対し、北東アジアに焦点が向いた八〇年代外交は「北進」であったとも言えよう。共産側の勝利で分断線が解消されたベトナムとは対照的に、朝鮮半島では依然冷戦による分断が続き、しかも第四共和制から第五共和制、さらには民主化と韓国政治が流動化したこと、さらにソ連の軍事的脅威の存在と改革開放への中国の大きな政策転換が、日本外交の眼を北方に向けさせたのである。

8 国際情勢の急変動とパラダイム転換

一九八〇年代の日本が、政治・軍事・経済いずれの面でも名実ともに米国の忠実な「同盟国」として振る舞い、冷戦における米国の勝利に間接的に貢献したことは確かであろう。本来であれば、冷戦の勝者の側に列するべき立場である。ところが超大国間の協調が進むにつれて、米国の対日姿勢は厳しくなる一方であった。

まさに一九八〇年代の終わり、八九年一二月、米ソ両首脳がマルタ島で歴史的会談を行い、冷戦構造が完全な終焉に向かうなか、米国は日米構造協議を通じて日本に膨大な要求を突きつけるなど、より強い圧力をかける一方、同年六月に起こった天安門事件をめぐって日本の対中外交を牽制しようとする。

こうしたプロセスを見るにつけ、一九九一年、資金援助のみの貢献で批判を浴びた湾岸戦争での外交的「敗北」以前に、日本は冷戦の「敗者」ではなかったかというある種の割り切れなさを感じる。と同時に国際政治の酷薄さを認識せざるをえない。

一九八〇年代を通して、米国は日本に対し、防衛費をはじめとする防衛政策全般から、途上国への経済協力のあり方、マクロ経済政策、さらには日本の経済社会の構造まで、内政干渉まがいの要求まで突き付けてきた。東芝機械ココム違反事件の際の日本に対する集中的批判や、FSX導入時のブッシュ政権の再交渉要求など、米国側の姿勢は理不尽を越えて不可解な場合すらある。日本の事情を斟酌《しんしゃく》しない防衛努力要求に、鈴木は「日本は米国の家来ではない」と不満をもらした。若手代議士時代に「青年将校」として吉田政権の対米外交を強く批判してきた中曽根もまた、米国の飽くなき諸要求に苛立ちを覚える場面があったかもしれない。

それでも、日本の政治指導者や外交当局者たちは憤りを呑み込み、多くの場合、米国の要求を大枠で受け入れていった。一九八〇年代を通じて、自衛隊と米軍との共同軍事訓練は定例化し、日米同盟が実質化していると言えばその通りであろう。また、日本が経済面で米国の地位を脅かすかに見えたこともあっただろう。しかし、戦勝国－敗戦国関係さながらの上下関係は、この時期においても解消されていなかった。ナショナリスト・中曽根をして、基本的には従順に対応せざるを得なかった、米国という国家の凄みを感じずにはいられない。そして米国は、この時期以降、経済面をはじめ、多方面で自国の利益追求を一層際立たせつつ、日本との関係に臨んでくることになる。

一九八〇年代の日本外交にとって不幸であったのは、冷戦終焉前後の国際情勢の急激な変動とそれに伴うパラダイム（認識枠組み）の転換によって、八〇年代には画期的な効果を上げた政策が、わずか数年後、九〇年代の前半にはすっかり色褪せてしまったことである。中曽根が華々しい首脳外交を展開し、経済的には日本の国力が最高潮にあったにもかかわらず、残念ながら一九八〇年代の日本外交は成果の多くを後世に残すことができなかった感がある。

一九九一年の湾岸戦争を経て、ペルシャ湾への掃海艇派遣、カンボジアPKOと自衛隊海外派遣が着々と現実のものとなれば、中曽根が、国内の反発を招きながらも、巨大なソ連の軍事力に備えて日米同盟を実体化するべく、防衛力の増強に勤しみ、執念のうちに数年がかりで防衛費の対GNP一％枠撤廃を実現させたことのインパクトは後景に退いてしまう。竹下政権が紛争地への文民派遣を決定したことも然りである。竹下の標榜した「国際協力構想」は、政権の崩壊とともに人々の耳目から消え去っていった。

凄惨な天安門事件を経て、一九九〇年代に江沢民国家主席が執拗なまでに歴史認識問題を提起し、日本国民の感情を害した経緯をみると、中曽根と胡耀邦が二一世紀にわたる日中友好を謳い上げ、鄧小平が竹下に田中‐大平時代に劣らぬ日中関係の構築を呼び掛ける光景も、幻としか思えぬ歴史の一コマとなってしまう。若き新指導者・ゴルバチョフに対ソ関係の打開を賭け、彼の来日実現のために中曽根があらゆる手を尽くしたことも、一九九一年のソ連崩壊とゴルバチョフ失脚を知るわれわれには空しさを感じさせるばかりである。

中曽根政権が米国や西欧諸国と緊密な協力関係を梃子にして、最終的にアジア部を含めた世界規模でのSS20ミサイルの撤去を実現した画期的な政治的達成が、二〇一〇年代に瀬川高央が着手するまで本格的な研究対象として注目されなかったのも、その達成からまもなく冷戦が終結し、ソ連が消滅してしまったことにより、インパクトが急速に薄れてしまったことによるだろう。

韓国も、一九九〇年代に入ると民主化に伴って従前のように歴史認識問題を統御できなくなる。とりわけ従軍慰安婦問題が以後の両国関係を著しく阻害する光景が繰り返されるに及ぶと、一九八四年の全斗煥大統領訪日の際の昭和天皇の「遺憾の意」表明による過去の清算とは一体何だったのだろうと考えざるをえない。

あるいは、中曽根がサミットの場で繰り広げた、西欧首脳たちと国際政治や政治哲学について議論するなかで協調関係を形成するという外交手法を、竹下以降の歴代首相がそれを継承・発展させた形跡は見られない。東西対立の解消に加え、一九九〇年代の世界を覆った地域主義の潮流が、西欧諸国との協調発展への日本側のモチベーションを弱化させた側面はあろう。しかし、そもそも西欧の首脳たちとの丁丁発止のやり取りそのものが中曽根の個人的技量に大きく依存していたことは見逃せない。

結局、冷戦終結後の日本外交の数少ない成功例は、鈴木・中曽根・竹下の三政権が外交政策上の主要課題として扱わず、もっぱら外務省の事務方に委ねていた案件であった。その最たる例は、一九九一年以降本格化するカンボジア和平プロセスへの関与である。確かに安倍外相の動きはあったが、カンボジア和平はむしろ一九七〇年代、「全方位外交」の時代に発出された「福田ドクトリン」の産物と言えた。

また、大平が提唱した「環太平洋連帯構想」は、一九八九年一一月にアジア太平洋経済協力（APEC）という形で結実するが、こうした地域主義に向けた動きも、政治のレベルでは鈴木政権以降、基本的に低調に推移した。ようやく、一九八八年以降、ＡＰＥＣ設立を豪州と連携して積極的に働き掛けたのは、外務省ではなく、通産省であった。

9　八〇年代日本外交が示唆すること

時代はめぐり、一九八〇年代から約一世代の年月が経過した。気づけば「米ソ新冷戦」ならぬ「米中新冷戦」の国際状況が現出し、「ソ連脅威論」ならぬ「中国脅威論」が盛んに喧伝されている。日本を取り巻くアジア太平洋地域では、冷戦終結後に横溢していた楽観主義と地域主義志向が大きく後退し、国家ナショナリズムと地政学的志向が幅を利かせている。改憲論者であり、ナショナリストと目される安倍晋三首相が「地球儀を俯瞰する外交」を掲げ、中国を取り囲むように世界各国をめぐって精力的な首脳外交を展開する姿は、同じく改憲論者でナショナリストであった中曽根が「国際国家日本」を標榜して、華々しい首脳外交によって米国をはじめとする自由主義陣営の紐帯を固め、ソ連を包囲していった姿勢とオーバーラップする。

安倍は中国を包囲する外交を展開するかたわら、福田康夫元首相など北京への人的パイプを活用し、また靖国参拝を自粛することを通じて、緊張を孕みつつも、日中関係を「低位安定」の状態に導いている。このことも中曽根が「不沈空母」や「日米運命共同体」など、一見刺激的な言辞を繰り出しながら、大韓航空機撃墜事件での対ソ制裁措置ではむしろ抑制的な対応をとり、日ソ関係を一定程度改善させた経緯とよく似ている。

中曽根政権の前は鈴木善幸政権、第二次安倍政権の前は民主党政権（鳩山由紀夫、菅直人、野田佳彦）である。前任が相対的にリベラルかつ内向的な政権であり、それぞれ前政権の外交上の失策を巧みにバネにして、政策展開している点も共通項と呼べるかも知れない。

また、レーガン政権の防衛力増強要求に物を申そうという心情が逸って「日米同盟」に関する不用意な発言で日米関係を混乱させた鈴木の姿と、対米自主外交を志向して「最低でも県外発言」により基地問題で米国との軋轢を招いた鳩山由紀夫首相の姿には被る面が多い。さらに、鳩山外交の混乱を収拾するべく、後続の菅直人・野田佳彦両首相が、従来型の対米協調路線に回帰し、安倍にバトンタッチした経緯と、鈴木が、「同盟」発言による混乱を収拾するべく、政権二年目以降、米国からの諸要求につき可能なものは前向きに受容するという、より現実的な方向性に転換したうえで、中曽根に引き継いだ経緯も、また然りである。あたかも何がしかの法則性が存在するかのようである。

むろん、現在と過去の比類に過剰に依拠することは危うい。一九八〇年代のソ連は、見かけの軍事的威容とは裏腹に、国家体制の崩壊に結び付く内部矛盾を多く抱える存在であった。現在の中国も国内に多くの矛盾を抱えている点は同様だが、当時のソ連より活力に溢れ、崩壊間近とは見えない。しかも、中国はソ連と違い、グローバルな国際経済の最重要アクターの一つであり、日米両国をはじめ中国経済に依存している国々は多い。

なにより、一九八〇年代にはアジア経済の巨人であり、経済的繁栄ではソ連や中国と比べようもなかった日本は、現在ではすでに地域第一の大国の座を中国に譲り渡し、過去二〇有余年にわたる国力の低迷から脱するきっかけすらつかめないままでいる。日本が頼みとする米国もオバマ(Barack Obama)政権の下で、アジアでは「リバランス」戦略を採用し、中国の海洋進出に対抗する構えは放棄していないものの、冷戦を闘っていたレーガン時代のような「世界の警察官」としての威容は持ち合わせない。

安倍外交は、かつての中曽根外交と同様、国際状況と時代性に一見上手く適応しているように見える。しかし、中曽根外交は、その後――新冷戦に機敏に適応し、その状況下で日本外交の存在感を大いに高めた後に――国際情勢の急速な変動を受け、様々な困難に直面することになった。では、現下の米国の「リバランス」戦略、すなわち「米中新冷戦」の国際状況は中長期的に継続するものだろうか。日本がその戦略に協調していくためのコストは受容可能なものなのか。あるいは、米国が「リバランス」戦略を修正し、アジア太平洋地域で中国と協調を強めていく可能性はないのだろうか。トランプ大統領(Donald Trump)の登場は、こうした可能性をより排除しがたいものにしている。

一九八〇年代の日本外交が強く示唆するのは、目前の国際環境を固定的にとらえすぎないことの重要性である。個人として見れば、中曽根のように情勢の変化に積極的に適応する動きもあったが、日本外交全体としては相対的に安定した状況に満足し、冷戦終焉という事態を前に手をこまねいた感が否めない。しかも、現在の中国はかつてのソ連よりも対抗相手としては難しい存在であり、現体制の中からゴルバチョフのような改革者が登場する可能性もほとんどない。米国ももはや「世界の警察官」ではない。国力の低下によって対外関与への余裕と関心を失い、自国の利益確保に固執する傾向を一層強めるだろう。日本の相対的な国力低下も止まらない。混迷を深める国際社会の中で、日本が三〇年前よりも遙かに苦しい舵取りを迫られることは確実である。今後はますます、厳しい客観状況を踏まえた外交方針の策定が求められることになろう。

あとがき

本書刊行の話が最初に持ち上がったのは、今を遡ること約九年前、二〇〇八年であったと記憶している。札幌から上京して東京の研究会に出席した私は、その後の酒席において千倉書房の神谷竜介氏から、同社の創立八〇周年を記念して立ち上がる新シリーズ「叢書21世紀の国際環境と日本」の創刊ラインナップに一書を寄せて欲しいとの要請を受けた。二〇〇六年に『「全方位外交」の時代』(日本経済評論社)と題する、一九七〇年代の日本外交を論じた著書を刊行し、『全方位外交』後の日本外交にどうなったのか」という知的関心から、一九八〇年代の新冷戦期外交について書き進める大まかな構想を持っていた私は、神谷氏の快諾もあり、二、三年後の刊行を目指して筆を執ることとなった。

さりながら、実際の刊行は平成の世も押し迫った二〇一七年秋となり、六、七年もずれ込んでしまった。企画が持ち上がった二〇〇八年当時、世界では「リーマン・ショック」の嵐が吹き荒れ、先年、二期八年の大統領任期を全うしたバラク・オバマ前大統領が、アメリカ大統領候補として「Yes We Can」を合言葉に旋風を巻き起こしていた。おりしも日本では、衆参「ねじれ国会」で青色吐息の自民党政権が、「政権交代」に向けて意気上がる民主党にジリジリと追い詰められていた。いずれも、遠い過去のように感じる話である。私ごとで言えば、現在小学校三年生と一年生である子供たちも、まだ世に生を受けていなかった。五十の坂に手がかかり、老眼に悩まされつつある私は、刊行までにかかった膨大な時間を痛感している。

脱稿の見通しが立ち始めた二〇一六年一〇月、私は千葉市幕張で開催された国際政治学会を抜け出し、同市のさつきが丘団地に赴いた。本書で採りあげた米ソ新冷戦から冷戦終焉の手前まで、私はこの街で育ち、この研究について考えをめぐらす間にも、時々、往時の生活を思い出すことがあったからである。同団地内の犢橋《こて》貝塚《はし》(地元の通称は貝塚公園)の木々の緑は、私が友人たちと遊びに興じている頃と変わるところがなく、立ち並ぶ団地群の佇《たたず》まいも「三十年一日の如し」であった。ただ、公園に子供の姿は見えず、道行く人は高齢者ばかりで、団地全体に相当寂《さび》れた感があったことは否定できなかった。確実に過去となった。それゆえ、このように一冊の本ともなり得たのであろう。

これほどまでに時間がかかった理由はいくつかある。むろん、私自身の能力の不足や要領の悪さはあろう。しかし序章で述べたように、一九八〇年代の日本外交が、全体として把握し難いことが大きな壁となったことは否めない。『「全方位外交」の時代』を書いた時は、日中関係では、日中国交正常化－日中航空協定－日中平和友好条約－対中円借款供与、対東南アジア外交では、田中首相歴訪に伴う反日暴動－サイゴン陥落－福田ドクトリン発表－ベトナムのカンボジア侵攻といった、ある種、可視的なストーリーがあって、文章にしやすかったのである。

これに対して一九八〇年代の日本外交には、「ロン・ヤス」外交や歴史教科書・靖国参拝といった歴史問題、日米経済摩擦など、個々の注目すべきトピックがあるものの、右の七〇年代外交のように、これらを相互に関連付けながら、整然とした時間軸に沿って一つの物語としてまとめていくことは、当初の予想を遥かに超える困難であった。対アジア外交では時代を画するトピックが少なく、対ソ外交でも一進一退が続く一方、日米間の防衛・経済摩擦が慢性化するという、俗な言葉で表現すれば「スッキリしない」状況に陥るのである。それは「ポスト戦後処理」の時代に突入した一九八〇年代の日本外交が、それ以前よりも内政要因に掣肘され、困難なものとなったことの表れだったのかもしれない。

その一方、刊行を果たした今となっては、「十分な時間をかけて良かった」としみじみ思うことも事実である。なかなか筆が進まぬその間、中曽根康弘元首相を筆頭に、長谷川和年大使、故・中江要介大使、故・中島敏次郎大使、谷野作太郎大使、藤田公郎大使、寺田輝介大使、渡邊幸治大使、浅井基文先生といった、一九八〇年代当時、政策決定・形成過程に携わった方々へのインタビューを行う機会を得て、そのうちの幾つかはオーラル・ヒストリーとして刊行することができた。元首相や外務省OBの方々の貴重な証言により、各種史料や文献だけでは把握が難しい、政策決定過程の機微や背景、意図をつかむことができた。右の証言なくしては、本書は完成を見なかったかもしれない。この場を借りて、謹んで御礼申し上げる次第である。

一連のインタビューの機会を作り、そこにメンバーとして加えてくださった服部龍二先生をはじめ、中島琢磨先生、楠綾子先生、昇亜美子先生、道下徳成先生、瀬川高央先生、加藤博章先生、神田豊隆先生、井上正也先生、江藤名保子先生、石田智範先生、庄司貴由先生、佐橋亮先生、白鳥潤一郎先生、アンドレア・プレッセロ先生、武田悠先生、野添文彬先生、木村隆和先生、長谷川貴志先生には多くのご教示をいただいた。また、瀬川先生や石田先生、山口航先生、プレッセロ先生からは学位論文、益尾知佐子先生から論文をご提供いただき、大いに学ばせていただいた（特に、瀬川先生から多くの貴重な一次史料の提供もあった）。さらに、二〇〇六年の拙書に続き、本書のタイトルについても、宮城大蔵先生から大切な示唆をいただいた。改めて感謝の気持ちをお伝えしたい。そして、ここにお名前を挙げていない多くの先生方にも、いろいろな局面でお世話になったことを申し添えたい。

本書編集担当の神谷氏には、よくぞ辛抱強く待ってくださったという感謝の気持ちで一杯である。早生まれの私は氏と同学年であり、本書が対象とする一九八〇年代を多感な十代のうちに過ごした共通体験を持つ。そのため本書の内容や、その他の相談にあたっての意思疎通は極めてスムーズであった。時に会話は脱線し、当時NHKで夕方六時から放送していた子供向け情報番組（「600こちら情報部」）など、往時のテレビ番組から、ドラマ、流行歌、ポップカルチャーまで、尽きぬ話題に盛り上がることもしばしばだったが、おかげで脱稿後の編集作業も非常に楽しいものとなった。

執筆にあたって常に私の支えとなってくれたのは妻・桂子である。彼女は、ほぼ年子の子供たちを抱えて家事・子育てに奔走しながら、私の研究活動を理解し、支援を惜しまない。原稿の誤りを探しながら、時に内容に関する素朴な疑問を投げかけてくれて、とてもありがたかった。そして、極度の集中を求められる執筆作業のなか、近所の公園で子供たちと遊ぶことは、なによりの気分転換であった。その意味で、長女・麻唯と長男・秀熙も立派に研究を支えてくれたといってよい。家族みんなに感謝したい。

また今日、研究者としての私があるのは、いまは遠く離れて暮らす父・挂二と母・久美子、妹・麻耶の応援の賜物と言える。目下病院で闘病中の父は、私が著書を出すたび、赤ペンを持ちつつ熱心に読んでくれるのが常だった。父の快癒を願って、あとがきを終わりたい。

二〇一七年七月　緑深まる藻岩山の山容を望みつつ

参考文献リスト

未公刊資料

・情報公開法に基づく行政機関の開示文書（番号は外務省開示文書の請求番号を示す）

外務本省

「第五章　第三五回国連総会における伊東・グロムイコ会談」二〇〇三-〇〇二〇〇

外務省アジア局「ASEAN諸国及びヴィエトナム事情」（昭和五五年一一月二六日）＊請求番号不明

アジア局地域政策課「昭和五五年度東アジア・大洋州地域大使会議議事録」（昭和五六年一月）＊請求番号不明

外務省アジア局「鈴木総理大臣のASEAN諸国訪問」（昭和五六年三月）二〇〇七-〇〇七一四

外務大臣発在仏、西独、伊、オランダ、ベルギー、英、デンマーク大使宛て電信「日韓外相会談（第三国へのブリーフィング）」（昭和五六年八月二五日）二〇〇七-〇〇六七八

ソヴィエト連邦課「ニュー・ヨークにおける日ソ外相会談用資料」（昭和五六年九月七日）二〇〇七-〇〇六八〇

外務大臣臨時代理発在韓大使宛て電信「日韓定期閣僚会議（大臣の考え）」（昭和五六年九月九日）二〇〇七-〇〇六七九

外務大臣発在米大使宛て電信「日韓定期閣僚会議（米国に対するブリーフィング）」（昭和五六年九月一七日）二〇〇七-〇〇六七九

「第一一回日韓閣僚会議　外務大臣個別会議」二〇〇七-〇〇六七九

外務大臣発在EC代表部、仏、伊、オランダ、ベルギー、英国、デンマーク、アイルランド、西独大使宛て電信「日韓定期閣僚会議についての対ECブリーフィング」（昭和五六年九月一七日）二〇〇七-〇〇六九七

ソ連課「日ソ事務レベル協議（今後のとりすすめ方）」（昭和五六年一二月四日）二〇〇七-〇〇六八一

外務省アジア局地域政策課「昭和五六年東アジア・大洋州地域大使会議（資料）」（昭和五六年一二月七〜九日）二〇〇七-〇〇七二一

ソヴィエト連邦課「第二回日ソ事務レベル協議議事録（その一・国際情勢）」（昭和五七年一月）二〇〇七-〇〇六八一

中国課「日中外交当局間定期協議第三回会議　発言要領　応答要領　参考資料（その一・国際情勢）」（昭和五七年三月一九〜二二日）二〇〇

七－〇〇七一六

中国課「第三回日中外交当局者協議（幹部会用資料）」（昭和五七年四月一日）二〇〇七－〇〇七一六

北米一「総理・ブッシュ会談についての北米局長及び経済局長記者ブリーフィング」（昭和五七年四月二四日）二〇〇七－〇〇七一九

中国課「趙紫陽総理訪日会談記録」（昭和五七年六月一〇日）二〇〇七－〇〇七一七

中国課「鈴木総理訪中会談記録」（昭和五七年一〇月九日）二〇〇六－〇一一三〇

「中ソ関係（胡耀邦主席の十二全大会演説）」（一九八二年一〇月に開催された東アジア・大洋州地域大使会議用の資料）二〇〇七－〇〇七二二

アジア局北東アジア課「中曽根総理大臣韓国訪問（会談記録）」（昭和五八年一月）二〇〇九－〇〇〇二一

北米課「ワシントン－アンカレッジ間機中における総理記者会見」（昭和五八年一月二一日）二〇〇九－〇〇〇二三

北米課「後藤田官房長官記者会見概要」（昭和五八年一月二一日）二〇〇九－〇〇〇二三

ア地政「中曾根総理ASEAN諸国及びブルネイ訪問時の首脳会談録」（昭和五八年五月）二〇〇九－〇〇〇二四～二六

ソヴィエト連邦課「第三回日ソ事務レベル協議議事録」（昭和五八年四月）二〇〇九－〇〇〇二八

北東アジア課「日韓閣僚会議」（昭和五八年八月二七日）二〇〇九－〇〇〇三一

「日韓外相会談（第一回会談）」二〇〇九－〇〇〇三一

「日韓外相会談（第二回会談）」二〇〇九－〇〇〇三一

外務大臣発在米大使宛て電信「レーガン大統領の来日（第一回首脳会談）」（昭和五八年一一月九日）二〇一五－〇〇八〇三

外務大臣発在米大使宛て電信「レーガン大統領の来日（第二回首脳会談）」（昭和五八年一一月一〇日）二〇一五－〇〇八〇三

南西アジア課「ハック・パキスタン大統領訪日首脳会談議事要録」（昭和五八年八月一日）二〇〇九－〇〇〇三四

北米局北米第一課「レーガン大統領の訪日（評価）」（昭和五八年一一月一二日）二〇一五－〇〇八〇三

中国課「日中首脳会談記録（その一・テタ・テート会談）」（昭和五八年一一月二四日）二〇〇六－〇一一三一

中国課「日中首脳会談記録（その二・全体会議）」（昭和五八年一一月二四日）二〇〇六－〇一一三一

「日中外相会談記録（二五日、一〇：〇〇～一一：四五）」（昭和五八年一一月二五日）二〇〇六－〇一一三二

北米第一課「ブッシュ副大統領との会談並びにブッシュ副大統領主催関係閣僚ランチ」（昭和五九年一月二八日）二〇〇七－〇〇三四六

北東アジア課「第一回日韓高級事務レベル協議（昭和五九年三月二日 於ソウル・資料）」（昭和五九年二月）二〇〇九－〇〇〇三一

北東アジア課「日韓高級事務レベル協議（韓国の主張の概要）」（昭和五九年三月七日）二〇〇九－〇〇〇三一

南西アジア課「中曾根総理のパキスタン訪問（会談録）」（昭和五九年五月）二〇〇九－〇〇〇三四

南西アジア課「中曽根総理のインド訪問（会談録）」（昭和五九年五月）二〇〇九－〇〇〇三四

「一九八四年七月のASEAN拡大外相会議の参考資料」二〇〇九－〇〇〇九八

北米課「第一五回日米安保事務レベル協議の概要」（昭和五九年七月一六日）二〇〇九‐〇〇一六一
北東アジア課「日韓首脳会談（九月六日及び七日）」（昭和五九年九月一〇日）二〇〇九‐〇〇〇二二二
北東アジア課「全大統領訪日の評価（対外説明のポイント）」（昭和五九年九月一〇日）二〇〇九‐〇〇〇二二一
南東アジア第一課「ヴェトナム社会主義共和国グェン・コー・タック外務大臣の訪日（記録）」（昭和五九年一〇月）二〇〇九‐〇〇一〇三
ア地政「昭和五九年度東アジア・大洋州地域大使会議議事要録（その一）」（昭和六〇年三月）二〇〇九‐〇〇〇九七
「II 外相間協議」二〇〇九‐〇〇〇八七
「四 外相間定期協議」二〇〇九‐〇〇〇八七
「中曽根総理・全斗煥大統領会談」（九月二一日九：三〇〜一〇：五〇）二〇〇九‐〇〇一〇〇
中国課「中曽根総理訪中の概要（その一・胡耀邦総書記との会談）」（昭和六一年一一月八日）二〇〇六‐〇一一三四
外務省中国課「中曽根総理訪中の概要（その二・趙紫陽首相との会談）」（昭和六一年一一月九日）二〇〇六‐〇一一三四
外務省中国課「中曽根総理訪中の概要（その三・鄧小平主任との会談）」（昭和六一年一一月九日）二〇〇六‐〇一一三四
外務省アジア局中国課「第五回日中閣僚会議 第一回全体会議（日本側閣僚発言）」（昭和六二年六月・於北京）二〇〇九‐〇〇〇九一
外務大臣発在中国大使「第五回日中閣僚会議（中国側発言）」（昭和六二年六月二七日）二〇〇九‐〇〇〇九一
「日・ASEAN首脳会議」（一九八七年一二月一五日・於フィリピン国際会議場）二〇〇九‐〇〇〇九六
「第八回日ソ事務レベル協議関連資料」二〇〇九‐〇〇〇八四
「I 外相間協議 1・外相間協議第一セッション（国際情勢）」（日時：一二月一九日九時三〇分〜一三時・場所：飯倉公館）二〇〇九‐〇〇一四四
「2・外相間協議第二セッション（総括・コミュニケ）」（日時：一二月一九日一四時三〇分〜一七時〇〇分・場所：飯倉公館）二〇〇九‐〇〇一四四
「3・外相間協議第三セッション（総括・コミュニケ）」（日時：一二月二〇日一五時〇〇分〜一七時三〇分・場所：飯倉公館一階会議室）二〇〇九‐〇〇一四四
「1・外相間定期協議第一セッション」二〇〇九‐〇〇一四五
「2・外相間定期協議第二セッション」二〇〇九‐〇〇一四五

在外公館

小木曽大使発外務大臣宛て電信「東南アジア地域臨時大使会議（議事録送付）」（昭和五五年八月二八日）二〇〇三‐〇〇一一四
小木曽大使発外務大臣宛て電信「イトウ大臣のアジア諸国訪問（外相会談）」（昭和五五年八月二五日）二〇〇三‐〇〇一一三
鈴木大使発外務大臣宛て電信「大臣のアジア諸国訪問（ハック大統領との会談）」（昭和五五年九月一日）二〇〇三‐〇〇一一三
吉田大使発外務大臣宛て電信「大臣のアジア諸国訪問（華国ホウ主席との会見）」（昭和五五年九月三日）二〇〇三‐〇〇一一三
前田大使発外務大臣宛て電信「第一一回日韓定期閣僚会議（第一回全体会議）」（昭和五六年九月一一日）二〇〇七‐〇〇六七九
前田大使発外務大臣宛て電信「閣僚会議代表団の全大統領表けい訪問」（昭和五六年九月一三日）二〇〇七‐〇〇六九七

前田大使発外務大臣宛て電信「日韓個別閣僚協議（経企庁）」（昭和五六年九月一四日）二〇〇七－〇〇六九七

西堀大使発外務大臣宛て電信「ソノダ大臣のグロムイコ外相との会談（二の一）」（昭和五六年九月二三日）二〇〇七－〇〇六八〇

西堀大使発外務大臣宛て電信「ソノダ大臣のグロムイコ外相との会談（二の二）」（昭和五六年九月二三日）二〇〇七－〇〇六八〇

大河原大使発外務大臣宛て電信「大臣訪米（レーガン大統領への表けい）」（昭和五七年三月二二日）二〇〇七－〇〇五五一

山田総領事発外務大臣宛て電信「東アジア・大洋州大使会議（アジア情勢・その二）」（昭和五七年一〇月七日）二〇〇七－〇〇七二二

山田総領事発外務大臣宛て電信「東アジア・大洋州大使会議（提言・要望事項）」（昭和五七年一〇月七日）二〇〇七－〇〇七二二

大河原大使発外務大臣宛て電信「総理訪米（解説記事）」（昭和五八年一月二四日）二〇〇九－〇〇〇二三

鹿取大使発外務大臣宛て電信「シュルツ米国務長官（報道）」（昭和五八年二月二日）二〇一四－〇八二九

大河原大使発外務大臣宛て電信「総理訪米（日米首のう会談・テタテート）」（昭和五八年五月二八日）二〇〇七－〇〇三四八

大河原大使発外務大臣宛て電信「ワインバーガー国防長官との会談（ヤザキ防衛局長のブリーフィング）」（昭和五八年八月二三日）二〇〇七－〇〇三四六

大河原大使発外務大臣宛て電信「防衛庁長官の訪米（大臣記者会見）」（昭和五八年八月二三日）二〇〇七－〇〇三四六

大河原大使発外務大臣宛て電信「安倍大臣訪米（シュルツ長官とのテタテ・ト会談）」（昭和五九年一月二八日）二〇〇七－〇〇三四六

高島大使発外務大臣宛て電信「アンドロポフのそうぎ（安倍・グロムイコ会談）」（昭和五九年二月一五日）二〇〇九－〇〇〇三〇

前田大使発外務大臣宛て電信「日韓高級事務レベル協議」（昭和五九年三月二日）二〇〇九－〇〇〇三一

前田大使発外務大臣宛て電信「北鮮・三者会談」（昭和五九年三月五日）二〇〇九－〇〇〇三一

前田大使発外務大臣宛て電信「日韓高級事務レベル協議（韓国の対中・対ソ関係）」（昭和五九年三月五日）二〇〇九－〇〇〇三一

鹿取大使発外務大臣宛て電信「首のう会談（二国間問題）」（昭和五九年三月二四日）二〇〇六－〇一一三二

鹿取大使発外務大臣宛て電信「首のう会談（経済協力・経済交流）」（昭和五九年三月二四日）二〇〇六－〇一一三二

鹿取大使発外務大臣宛て電信「総理訪中（首のう会談・国際情勢）」（昭和五九年三月二四日）二〇〇六－〇一一三二

鹿取大使発外務大臣宛て電信「総理訪中（首のう会談・朝鮮半島問題）」（昭和五九年三月二四日）二〇〇六－〇一一三二

鹿取大使発外務大臣宛て電信「総理訪中（コヨウホウ総書記との会談）」（昭和五九年三月二五日）二〇〇六－〇一一三二

鹿取大使発外務大臣宛て電信「トウ小平主任との会談」（昭和五九年三月二五日）二〇〇六－〇一一三二

中村総領事発外務大臣宛て電信「第一五回日米安保事務レベル協議（記者ブリーフ・二日目）」（昭和五九年六月二七日）二〇〇九－〇〇一六一

山崎大使発外務大臣宛て電信「ＡＳＥＡＮ拡大外相会議（「カ」問題・三項目提案以外）」（昭和五九年七月一二日）二〇〇九－〇〇〇九八

山崎大使発外務大臣宛て電信「ＡＳＥＡＮ拡大外相会議（「６＋１」・政治問題）」（昭和五九年七月一四日）二〇〇九－〇〇〇九八

黒田大使発外務大臣宛て電信「国連における日ソ外相会談（会談録）」（昭和五九年九月二五日）二〇〇九-〇〇〇八五
穂さき大使発外務大臣宛て電信「ナカソネ・チーホノフ会談」（昭和五九年一一月四日）二〇〇九-〇〇〇八六
中村総領事発外務大臣宛て電信「日米首のう会談（拡大・米ソ）」（昭和六〇年一月四日）二〇〇九-〇〇一四八
中村総領事発外務大臣宛て電信「日米首のう会談（拡大・防衛問題）」（昭和六〇年一月四日）二〇〇九-〇〇一四八
中村総領事発外務大臣宛て電信「日米首のう会談（拡大・経済問題）」（昭和六〇年一月四日）二〇〇九-〇〇一四八
中村総領事発外務大臣宛て電信「日米首のう会談（ちゅう食会）」（昭和六〇年一月四日）二〇〇九-〇〇一四八
中村総領事発外務大臣宛て電信「日米首のう会談（少人数・第二五号・米ソ）」（昭和六〇年一月五日）二〇〇九 〇〇一四八
鹿取大使発外務大臣宛て電信「チェルネンコそうぎ（ブッシュ米副大統領との会談のブリーフィング）」（昭和六〇年三月一四日）二〇〇九-〇〇〇七七
鹿取大使発外務大臣宛て電信「日ソ関係（ナカソネ総理・ゴルバチョフ書記長会談）」（昭和六〇年三月一五日）二〇〇九-〇〇〇七七
宮崎大使発外務大臣宛て電信「第一回日独首のう会談（その三-ＳＤＩ関係）」（昭和六〇年五月一日）二〇〇九-〇〇二九四
宮崎大使発外務大臣宛て電信「分割電報その一（コール首相の冒頭発言）」（昭和六〇年五月一日）二〇〇九-〇〇二九四
宮崎大使発外務大臣宛て電信「ボン・サミット（日米首のう会談についての記者ブリーフィング）」（昭和六〇年五月二日）二〇〇九-〇〇三七八
宮崎大使発外務大臣宛て電信「その二（ナカソネ総理の発言他）」（昭和六〇年五月四日）二〇〇九-〇〇二九四
本野大使発外務大臣宛て電信「総理訪仏・ミッテラン大統領とのテタ・テート会談（その一・対ソ関係）」（昭和六〇年七月一五日）二〇一〇-〇〇〇三二
本野大使発外務大臣宛て電信「総理訪仏・ミッテラン大統領とのテタ・テート会談（その二・ＳＤＩ）」（昭和六〇年七月一五日）二〇一〇-〇〇〇三二
本野大使発外務大臣宛て電信「総理訪仏・ミッテラン大統領とのテタ・テート会談（その三・新グラウンド）」（昭和六〇年七月一五日）二〇一〇-〇〇〇三二
みかなぎ大使発外務大臣宛て電信「日韓閣僚会議（第二次全体会議に関する記者ブリーフィング）」（昭和六〇年八月三〇日）二〇〇九-〇〇一五〇
黒田大使発外務大臣宛て電信「主要国首のう会合（分割電報三の一～三）」（昭和六〇年一〇月二五日）二〇〇九-〇〇二九三
黒田大使発外務大臣宛て電信「主要国首のう会合（レーガン大統領主催ばんさん会）」（昭和六〇年一〇月二五日）二〇〇九-〇〇二九三
遠藤総領事発外務大臣宛て電信「第一六回ＳＳＣ（記者ブリーフ）」（昭和六一年一月一五日）二〇〇九-〇〇一六二
遠藤総領事発外務大臣宛て電信「第一六回ＳＳＣ（第一回会合）」（昭和六一年一月一六日）二〇〇九-〇〇一六二
遠藤総領事発外務大臣宛て電信「第一六回ＳＳＣ（三日目記者ブリーフィング（１））」（昭和六一年一月一七日）二〇〇九-〇〇一六二
松永大使発外務大臣宛て電信「第一回日米首のう会談（経済関係）」（昭和六一年四月一四日）二〇〇九-〇〇三七九

松永大使発外務大臣宛て電信「第一回日米首のう会談（フィリピン関係）」（昭和六一年四月一四日）二〇〇九‐〇〇三七九

松永大使発外務大臣宛て電信「第一回日米首のう会談（朝鮮半島関係）」（昭和六一年四月一四日）二〇〇九‐〇〇三七九

松永大使発外務大臣宛て電信「第一回日米首のう会談（米ソ関係）」（昭和六一年四月一四日）二〇〇九‐〇〇三七九

松永大使発外務大臣宛て電信「第一回日米首のう会談（首のうランチ）」（昭和六一年四月一四日）二〇〇九‐〇〇三七九

松永大使発外務大臣宛て電信「第二回日米首のう会談（経済問題）」（昭和六一年四月一四日）二〇〇九‐〇〇三七九

みかなぎ大使発外務大臣宛て電信「総理のアジア大会御出席（内外記者会見）」（昭和六一年九月二一日）二〇〇九‐〇〇一〇〇

みかなぎ大使発外務大臣宛て電信「総理訪韓（首のう会談）」（昭和六一年九月二一日）二〇〇九‐〇〇一〇〇

みかなぎ大使発外務大臣宛て電信「総理訪韓（首のう会談に対する記者ブリーフ）」（昭和六一年九月二一日）二〇〇九‐〇〇一〇〇

遠藤総領事発外務大臣宛て電信「第一七回ＳＳＣ（第一日目）」（昭和六二年一月八日）二〇〇九‐〇〇一六三

大塚大使発外務大臣宛て電信「第一回・東独首のう会談（国際情勢及び東西関係）」（昭和六二年一月一五日）二〇〇九‐〇〇〇九四

大塚大使発外務大臣宛て電信「総理の東独訪問（首のう会談取りまとめ）」（昭和六二年一月一五日）二〇〇九‐〇〇〇九四

大塚大使発外務大臣宛て電信「第一回日・東独首のう会談（アジア情勢・その一）」（昭和六二年一月一五日）二〇〇九‐〇〇〇九四

大塚大使発外務大臣宛て電信「第二回日・東独首のう会談（アジア情勢・その二）」（昭和六二年一月一五日）二〇〇九‐〇〇〇九四

松原大使発外務大臣宛て電信「総理ユーゴー訪問（ミクリッチ首相との会談・国際情勢）」（昭和六二年一月一七日）二〇〇九‐〇〇〇九四

有松総領事発外務大臣宛て電信「総理ポーランド訪問（第一回ヤルゼルスキー会談・国際情勢）」（昭和六二年一月一七日）二〇〇九‐〇〇〇九四

有松総領事発外務大臣宛て電信「総理ポーランド訪問（ヤルゼルスキーとのテタ・テート会談）」（昭和六二年一月一八日）二〇〇九‐〇〇〇九四

有松総領事発外務大臣宛て電信「総理ポーランド訪問（第一回ヤルゼルスキー会談・ポ内政）」（昭和六二年一月一八日）二〇〇九‐〇〇〇九四

菊地大使発外務大臣宛て電信「日米首のう会談（ペルシャ湾、イ・イ戦争）」（昭和六二年九月二一日）二〇〇九‐〇〇〇九五

菊地大使発外務大臣宛て電信「日米首のう会談」（昭和六二年九月二一日）二〇〇九‐〇〇〇九五

菊地大使発外務大臣宛て電信「日米首のう会談（経済関係）」（昭和六二年九月二二日）二〇〇九‐〇〇〇九五

菊地大使発外務大臣宛て電信「クラナリ・シェワルナッゼ会談」（昭和六二年九月二五日）二〇〇九‐〇〇〇九〇

松永大使発外務大臣宛て電信「総理訪米・訪加・記者ブリーフ（下院院内総務との会談）」（昭和六三年一月一三日）二〇〇九‐〇〇〇一四六

松永大使発外務大臣宛て電信「日米首のう会談（その二・テタ・テート）」（昭和六三年一月一四日）二〇〇九‐〇〇一四六

松永大使発外務大臣宛て電信「日米首のう会談（その三・全体会議）」

（昭和六三年一月一四日）二〇〇九-〇〇一四六
松永大使発外務大臣宛て電信「日米首のう会談（その四・米ソ関係）」（昭和六三年一月一四日）二〇〇九-〇〇一四六
松永大使発外務大臣宛て電信「日米首のう会談（その五・アジア）」（昭和六三年一月一四日）二〇〇九-〇〇一四六
松永大使発外務大臣宛て電信「日米首のう会談（その六・ペルシャ湾）」（昭和六三年一月一四日）二〇〇九-〇〇一四六
松永大使発外務大臣宛て電信「総理訪米（バード上院院内総務との会談）」（昭和六三年一月一五日）二〇〇九-〇〇一四六
三宅大使発外務大臣宛て電信「東アジア・大洋州大使会議（報告・政治情勢）」（昭和六三年一月一九日）二〇〇九-〇〇一五五
中島大使発外務大臣宛て電信「日中首のう会談（日中関係総論・含冒頭発言）」（昭和六三年八月二六日）二〇〇九-〇〇〇九二
中島大使発外務大臣宛て電信「日中首のう会談（経済協力）」（昭和六三年八月二六日）二〇〇九-〇〇〇九二
中島大使発外務大臣宛て電信「日中首のう会談（貿易関係を含むガット加盟問題）」（昭和六三年八月二六日）二〇〇九-〇〇〇九二
中島大使発外務大臣宛て電信「日中首のう会談（技術移転）」（昭和六三年八月二六日）二〇〇九-〇〇〇九二
中島大使発外務大臣宛て電信「日中首のう会談（文化・人的交流）」（昭和六三年八月二六日）二〇〇九-〇〇〇九二
中島大使発外務大臣宛て電信「日中首のう会談（過去の歴史の評価等）」（昭和六三年八月二六日）二〇〇九-〇〇〇九二
中島大使発外務大臣宛て電信「日中首のう会談（国際情勢の一般認識）」（昭和六三年八月二六日）二〇〇九-〇〇〇九二
中島大使発外務大臣宛て電信「日中首のう会談（カンボディア問題）」（昭和六三年八月二六日）二〇〇九-〇〇〇九二
中島大使発外務大臣宛て電信「日中首のう会談（朝鮮半島情勢）」（昭和六三年八月二六日）二〇〇九-〇〇〇九二
中島大使発外務大臣宛て電信「日中首のう会談（要人往来）」（昭和六三年八月二六日）二〇〇九-〇〇〇九二
中島大使発外務大臣宛て電信「総理訪中（トウ小平主任との会談）」（昭和六三年八月二七日）二〇〇九-〇〇〇九二
中島大使発外務大臣宛て電信「総理訪中（チョウ総書記との会談）」（昭和六三年八月二七日）二〇〇九-〇〇〇九二

•外交史料館所蔵文書（番号は資料番号（あるいは分類番号）を示す）

外務省アジア局中国課「第一回日中閣僚会議」（昭和五五年一二月）〇四-一〇三一-一
中国課「第一回日中閣僚会議（項目別会談記録）」（昭和五五年一二月一六日）〇四-一〇三一-二
外務省アジア局中国課「第二回日中閣僚会議」（昭和五六年一二月）〇四-一〇三〇-一
中国課「第二回日中閣僚会議（会談記録）」（昭和五六年一二月二三日）〇四-一〇三〇-一-二
外務大臣発在米大使宛て電信「中曽根総理とマンスフィールド大使の会談」（昭和五八年一月七日）（中曽根総理米国訪問ファイル・二〇一六-一一九七）
北米局北米第一課「シュルツ国務長官の総理表敬（メモ・一月一七日）」（昭和五八年一月一八日）（中曽根総理米国訪問ファイル・二〇一六-一一九七）
大河原大使発外務大臣宛て電信「総理訪米（W・P・社主との朝食

会」(昭和五八年一月一八日)(中曽根総理米国訪問ファイル・二〇一六－一一九八)

大河原大使発外務大臣宛て電信「総理訪米(首のう会談・テタテート)」(昭和五八年一月一九日)(中曽根総理米国訪問ファイル・二〇一六－一一九八)

大河原大使発外務大臣宛て電信「総理訪米(首のう会談)」(昭和五八年一月一九日)(中曽根総理米国訪問ファイル・二〇一六－一一九八)

国連局政治課「国連安保理における大韓航空機撃墜事件」(昭和五八年九月九日)(国連安保理緊急特別会合／大韓航空機サハリン沖撃墜事件ファイル・二〇一六－一一九九)

鹿取大使発外務大臣宛て電信「安保理(大韓航空機撃つい事件)」(昭和五八年九月一二日)(国連安保理緊急特別会合／大韓航空機サハリン沖撃墜事件ファイル・二〇一六－一二〇〇)

「日本を訪れた胡耀邦総書記の東京到着のさい空港でのステートメント」(一九八三年一一月二三日)(中国共産党中央委員会総書記訪日ファイル・二〇一六－二一三六)

「日本の国会における胡耀邦総書記の演説」(一九八三年一一月二五日)(中国共産党中央委員会総書記訪日ファイル・二〇一六－二一三六)

「日本各界青年の集いにおける胡耀邦総書記の演説」(一九八三年一一月二六日)(中国共産党中央委員会総書記訪日ファイル・二〇一六－二一三六)

中国課「胡耀邦総書記訪日の成果」(昭和五八年一二月一日)(中国共産党中央委員会総書記訪日ファイル・二〇一六 二一三六)

渡辺臨時代理大使発外務大臣宛て電信「コ・ヨウ邦総書記の訪日(中国側評価)」(一九八三年一二月二日)(中国共産党中央委員会総書記訪日ファイル・二〇一六－二一三六)

鹿取大使発外務大臣宛て電信「総理訪中(北京大学学生とのこん談会)」(昭和五九年三月二五日)(中曽根総理中国訪問ファイル・二〇一五－二一九九)

外務省中国課「昭和五七年教科書問題資料」(昭和六一年九月一〇日)〇三－六四四－二

「昭和六一年教科書問題関係資料」(昭和六一年九月一二日)〇三－六四四－一

●長谷川和年外交ファイル

「日中関係の情勢判断に関するメモ」(一九八五年一〇月二八日)

「米ソ首脳会談 レーガン来信」(一九八五年一一月二一日)

外務省欧亜局「ゴルバチョフ政権と我が国の対応」(昭和六〇年一二月二五日)

外務省欧亜局ソヴィエト連邦課「シェヴァルナッゼ・ソ連外相の訪日の全般的評価(付・シェヴァルナッゼ外相自身についての気づきの諸点)」

「稲山・中国側要人会談メモ」

「株式会社文藝春秋 代表取締役社長 上林吾郎による中曽根康弘内閣総理大臣と後藤田正晴官房長官宛て抗議文」と「抗議に至る背景説明」(昭和六一年九月九日)

「長谷川・ソロヴィヨフ会談(四月七日)概要」(昭和六二年四月七日)

●大村襄治関係文書

「第二回首脳会談(五月八日午前)」(「日米関係」ファイル)

「安保事務レベル協議（国際情勢）」（「SSC」ファイル）
「安保事務レベル協議（米太平洋軍司令官の観察）」（「SSC」ファイル）
「日米安保事務レベル協議」（「SSC」ファイル）
「日米安保事務レベル協議（極秘一五六号）」（「SSC」ファイル）
「大村防衛庁長官の訪米（タワー上院軍事外交委員長との会談）」（「訪米、訪欧関係（メモ）」ファイル）
「総理大臣に対する報告」（昭和五六年七月一〇日）（「長官訪米関係」ファイル）
「防衛庁長官の訪米・訪欧について」（昭和五六年七月一〇日閣議 防衛庁長官発言要旨）（「長官訪米関係」ファイル）
「同盟諸国の防衛責任分担に関する米国防省報告（昭和六〇年度以前）」（一九八五一月一三〜二三日）（「欧米視察資料ファイル」）
「我が国の防衛努力をめぐる米議会の動向」（一九八五一月一三〜二三日）（「欧米視察資料ファイル」）
「防衛力整備に関する提言」（自由民主党政務調査会・昭和五九年一二月二一日決定・政調審議会・同日了承）（「防衛力整備小委員会・予算資料ファイル」）
「今後の防衛力整備について」（昭和六二年一月二四日閣議決定）（「防衛力整備小委員会・予算資料ファイル」）

●その他
佐藤功旧蔵資料（「閣僚の靖国神社参拝問題に関する懇談会」資料・国立国会図書館ホームページより）

●国会議事録検索システム
データベース『世界と日本』（日本政治・国際関係データベース 東京大学東洋文化研究所 田中明彦研究室）

●インタビュー
浅井基文元外務省中国課長（二〇一三年二月六日・四月四日）
寺田輝介元韓国大使（二〇一五年一一月一三日・一二月一〇日・二〇一六年二月八日・四月四日）
藤田公郎元外務省アジア局長（二〇一三年五月二八日・六月二七日）
渡邊幸治元ロシア大使（二〇〇九年五月一六日）

●非公刊論文
藤田公郎「日中関係の展望とわが国の対応——中国の対日政策の特徴と問題点」（昭和六三年一月二八日・国際情勢研究会）
渡邊幸治「外務省はこう考える 総理訪米からベネチア・サミットまで」（一九八七年七月一七日）

●学位論文
石田智範「対韓支援問題をめぐる日米関係（一九七七〜一九八一年）——「責任分担」論の視点から」（二〇一〇年度 慶應義塾大学大学院法学研究科修士論文）
辛貞和「日本の北朝鮮政策（一九四五〜一九九二）——国内力学の観点から」（慶應義塾大学法学研究科博士論文・二〇〇〇年九月）
瀬川高央「日米防衛協力の政治経済史——防衛政策・予算制度・防衛力整備」（北海道大学大学院経済学研究科博士論文・二〇〇七年二月）

山口航「新冷戦期初期における日米安全保障関係の変容と継続――『狭義の安全保障』と『講義の安全保障』の交錯」(同志社大学法学研究科博士論文・二〇一六年三月)

Andrea Pressello, Japan's Southeast Asia Policy and The Cambodian Conflict, 1979-1993: Diplomacy Amid Great Power Politics and Regional Confrontation(Dissertation, National Graduate Institute for Policy Studies)

公刊史料

世界平和研究所編『中曽根内閣史――首相の一八〇六日 上・下』一九九六年

世界平和研究所編『中曽根内閣史――資料篇』一九九七年

Digital National Security Archive Collection: Japan and the United States: Diplomatic, Security, and Economic Relations, Part II: 1977-1992,

定期刊行物

『朝日新聞』

『日本経済新聞』

『毎日新聞』

『読売新聞』

『北海道新聞』

『わが外交の近況――外交青書』

『東南アジア月報』

日記・回想録・オーラルヒストリー

明石康・高原幸雄・野村彰男・大芝亮・秋山信将編著『オーラルヒストリー 日本と国連の50年』ミネルヴァ書房、二〇〇八年

「浅尾新一郎氏(元外務審議官)インタビュー」(国際交流基金・一九九六年三月一〇日の村田晃嗣によるインタビュー)

有馬龍夫『対欧米外交の追憶 1962-1997 下』藤原書店、二〇一五年

五百旗頭真・伊藤元重・薬師寺克行編『九〇年代の証言 小沢一郎 政権奪取論』朝日新聞社、二〇〇六年

――『岡本行夫 現場主義を貫いた外交官 九〇年代の証言』朝日新聞出版、二〇〇八年

岩手放送編(聞き手・七宮涬三)『元総理鈴木善幸激動の日本政治を語る――戦後40年の検証』岩手放送、一九九二年

大河原良雄『オーラルヒストリー 日米外交』ジャパン・タイムス、二〇〇六年

大平正芳回想録刊行会編著『大平正芳回想録』一九八三年

小倉和夫『秘録・日韓一兆円資金』講談社、二〇一三年

折田正樹(服部龍二・白鳥潤一郎編)『外交証言録 湾岸戦争・普天間問題・イラク戦争』岩波書店、二〇一三年

唐沢俊二郎『唐沢俊二郎オーラルヒストリー そろそろ全部話しましょう』文藝春秋企画出版部、二〇〇九年

『菊地清明オーラル・ヒストリー(元国連大使・元外務審議官)下巻』(C・O・Eオーラル・政策研究プロジェクト)政策研究大学院大学、二〇〇三年

國廣道彦(服部龍二・白鳥潤一郎解題)『回想「経済大国」時代の日本外交 アメリカ・中国・インドネシア』吉田書店、二〇一六年

久保田勇夫『証言・宮澤第一次（1986〜1988）通貨外交』西日本新聞社、二〇〇八年
栗原祐幸『本音の政治』静岡新聞社、一九九三年
――『証言・本音の政治――戦後政治の舞台裏』内外出版、二〇〇七年
『栗山尚一（元駐米大使）オーラル・ヒストリー：転換期の日米関係』（C・O・Eオーラル・政策研究プロジェクト）、二〇〇五年
『栗山尚一（元駐米大使）オーラル・ヒストリー：湾岸戦争と日本外交』（C・O・Eオーラル・政策研究プロジェクト、PKOオーラルヒストリー・シリーズ）政策研究大学院大学、二〇〇五年
栗山尚一（中島琢磨・服部龍二・江藤名保子編）『外交証言録 沖縄返還・日中国交正常化・日米「密約」』岩波書店、二〇一〇年
後藤田正晴『情と理 後藤田正晴回顧録 下』講談社、一九九八年
瀬島龍三『瀬島龍三回想録 幾山河』産経新聞出版、一九九六年
「日本外交インタビューシリーズ（5）瀬島龍三――元大本営参謀と戦後外交」（聞き手・北岡伸一）『国際問題』二〇〇二年七月号
田中均『外交の力』日本経済新聞出版社、二〇〇九年
谷野作太郎（服部龍二・若月秀和・昇亜美子編）『外交証言録 アジア外交 回顧と考察』岩波書店、二〇一五年
丹波實『日露外交秘話』中央公論新社、二〇〇四年
――『わが外交人生』中央公論新社、二〇一一年
東郷和彦『北方領土交渉秘話――失われた五度の機会』新潮社、二〇〇七年
『夏目晴雄 オーラル・ヒストリー 元防衛事務次官』（C・O・Eオーラル・政策研究プロジェクト）政策研究大学院大学、二〇〇五年
長谷川和年（瀬川高央・服部龍二・若月秀和・加藤博章編）『首相秘書官が語る中曽根外交の舞台裏――米・中・韓との相互信頼はいかに構築されたのか』朝日新聞出版社、二〇一四年
中江要介（若月秀和・神田豊隆・楠綾子・中島琢磨・昇亜美子・服部龍二編）『アジア外交 動と静 元中国大使中江要介オーラルヒストリー』蒼天社出版、二〇一〇年
中島敏次郎（井上正也・中島琢磨・服部龍二編）『外交証言録 日米安保・沖縄返還・天安門事件』岩波書店、二〇一二年
中曽根康弘（聞き手・伊藤隆・佐藤誠三郎）『天地有情 五十年の戦後政治を語る』文藝春秋、一九九六年
――『自省録――歴史法廷の被告として』新潮社、二〇〇四年
――（中島琢磨・服部龍二・昇亜美子・若月秀和・道下徳成・楠綾子・瀬川高央編）『中曽根康弘が語る戦後日本外交』新潮社、二〇一二年
鈴木善幸（聞き手・東根千万億）『等しからざるを憂える 元首相鈴木善幸回顧録』岩手日報社、二〇〇四年
福田赳夫『回顧九十年』岩波書店、一九九五年
『藤波孝生（元内閣官房長官）オーラル・ヒストリー』（C・O・Eオーラル・政策研究プロジェクト）政策研究大学院大学、二〇〇五年
『松永信雄 オーラル・ヒストリー（元外務事務次官・元駐米大使）下巻』（C・O・Eオーラル・政策研究プロジェクト）政策研究大学院大学、二〇〇五年
「日本外交インタビューシリーズ（6）松永信雄――戦後外交とともに歩んで」（聞き手・北岡伸一）『国際問題』二〇〇二年一二月号
『股野景親 オーラル・ヒストリー 元スウェーデン大使』（C・O・Eオーラル・政策研究プロジェクト）政策研究大学院大学、二〇〇二年

村田良平『村田良平回想録 上・下巻』ミネルヴァ書房、二〇〇八年
『柳谷謙介オーラル・ヒストリー（元外務事務次官）中巻』（C・O・E・オーラル・政策研究プロジェクト）政策研究大学院大学、二〇〇三年
『柳谷謙介オーラル・ヒストリー（元外務事務次官）下巻』（C・O・E・オーラル・政策研究プロジェクト）政策研究大学院大学、二〇〇五年
読売新聞盛岡支局編『不羈不奔 椎名素夫回顧録』東信堂、二〇〇六年
キャスパー・W・ワインバーガー（角間隆訳）『平和への闘い』ぎょうせい、一九九五年
George P. Shultz, Turmoil and Triumph: My Years as Secretary of State (Charles Scribner's Sons, New York,1993).
Ronald Reagn, *The Reagan Diaries* Volume1 January 1981-October 1985, (Harper Collins, 2009).

単行本

朝日新聞社編『総点検・日米安保』朝日新聞社、一九八二年
安倍晋太郎『ドキュメント・通商産業大臣』サンケイ出版、一九八三年
――『創造的外交をめざして』行政問題研究所、一九八四年
――『日本外交の指針』廣済堂出版、一九八四年
池井優『語られなかった戦後日本外交』慶應義塾大学出版会、二〇一二年
池田維『カンボジア和平への道――証言 日本外交試練の五年間』都市出版、一九九六年
石川博友『日米摩擦の政治経済学――プラザ合意から一〇年』ダイヤモンド社、一九九五年
石橋政嗣『石橋が叩く 政界四十年 社会党への最後の叱咤』ネスコ、一九九一年
伊藤正『鄧小平秘録 下』産経新聞社、二〇〇八年
李庭植（小此木政夫・古田博司訳）『戦後日韓関係史』中公叢書、一九八九年
伊藤政経防衛懇話会編『男子の本懐３６３日――伊藤宗一郎防衛庁長官の軌跡』株式会社宗インターナショナル、一九八三年
井上寿一『日本外交史講義』岩波テキストブック、二〇〇三年
今川幸雄『ベトナムと日本』連合出版、二〇〇二年
上西朗夫『ＧＮＰ１％枠――防衛政策の検証』角川文庫、一九八六年
植村秀樹『自衛隊は誰のものか』講談社現代新書、二〇〇二年
宇治敏彦『鈴木政権・八六三日』行政問題研究所、一九八三年
――『実写１９５５年体制』第一法規、二〇一三年
江崎真澄『経済摩擦解消の対策――第二の開国を迎えた日本』世界政経文化研究会、一九八三年
江藤名保子『中国ナショナリズムのなかの日本『愛国主義』の変容と歴史認識問題』勁草書房、二〇一四年
ＮＨＫ取材班『ＮＨＫスペシャル 戦後五〇年その時日本は 第六巻 プラザ合意／アジアが見つめた「奇跡の大国」』日本放送出版協会、一九九六年
ＮＨＫ日ソプロジェクト『ＮＨＫスペシャル これがソ連の対日外交だ――秘録・北方領土交渉』日本放送出版協会、一九九一年
老川祥一『政治家の胸中――肉声でたどる政治史の現場』藤原書店、二〇一二年

ドン・オーバードーファー（菱木一美訳）『二つのコリア　国際政治の中の朝鮮半島』共同通信社、一九九九年
ドン・オーバードーファー（菱木一美・長賀一哉訳）『マイク・マンスフィールド 下』共同通信社、二〇〇五年
大河原良雄『孤立化を避けるために――大使の直言』世界の動き社、一九八五年
大月信次・本田優『日米FSX戦争――日米同盟を揺るがす技術摩擦』論創社、一九九一年
大庭三枝『アジア太平洋地域形成への道程』ミネルヴァ書房、二〇〇四年
大矢根聡『日米韓半導体摩擦　通称交渉の政治経済学』有信堂、二〇〇二年
岡部達味『中国の対外戦略』東京大学出版会、二〇〇二年
小野善邦『わが志は千里に在り　評伝　大来佐武郎』日本経済新聞社、二〇〇四年
外交研究会『安倍外交の軌跡――二一世紀に向けての創造的外交』廣済堂出版、一九八六年
外務省『われらの北方領土――資料編』（二〇〇八年版）
笠井尚『最後の会津人　伊東正義――政治は人なり』歴史春秋社、一九九四年
河上民雄『社会党の外交――新しい時代作りのために』サイマル出版会、一九九四年
ヘンリー・A・キッシンジャー（塚越敏彦・松下文男・横山司・岩瀬彰・中川潔訳）『キッシンジャー回想録　中国（下）』岩波書店、二〇一二年
北岡伸一『日本政治史　外交と権力』有斐閣、二〇一一年、
北村汎・村田良平・岡崎久彦『日米関係を問いつめる』世界の動き社、一九八三年
ヤン・C・キム『クレムリンの対日戦略――日米中ソ四極構造の中で』TBSブリタニカ、一九八三年
金栄鎬『日韓関係と韓国の対日行動――国家の正統性と社会の「記憶」』彩流社、二〇〇八年
木村幹『日韓歴史認識問題とは何か――歴史教科書・「慰安婦」・ポピュリズム』ミネルヴァ書房、二〇一四年
木村汎『北方領土――軌跡と返還への助走』時事通信社、一九八九年
――『遠い隣国　日本とロシア』世界思想社、二〇〇二年
行天豊雄『円の興亡――「通貨マフィア」の独白』朝日新聞出版、二〇一三年
清宮龍『宮澤喜一・全人像（改訂版）』行政問題研究所、一九九二年
国正武重『伊東正義　総理のイスを蹴飛ばした男――自民党政治の「終わり」の始まり』岩波書店、二〇一四年
倉成正『「危うさ」の中の日本外交「心の外交」をめざして』小学館、一九八八年
栗山尚一『日米同盟　漂流からの脱却』日本経済新聞社、一九九七年
――『戦後日本外交　軌跡と課題』岩波現代全書、二〇一六年
高坂正堯『現代の国際政治』講談社現代文庫、一九八九年
河野雅治『和平工作　対カンボジア外交の証言』岩波書店、一九九九年
後藤謙次『竹下政権・五六七日』行政問題研究所、二〇〇〇年
後藤田正晴『内閣官房長官』講談社、一九八九年
近藤健彦『プラザ合意の研究』東洋経済新報社、一九九九年
――『小説・プラザ合意――グローバルな危機への対処法』彩流社、

二〇〇九年
佐々淳行『わが上司 後藤田正晴』文春文庫、二〇〇二年
佐藤英夫『日米経済摩擦 1945～1990』平凡社、一九九一年
佐道明広『戦後日本の防衛と政治』吉川弘文館、二〇〇三年
――『自衛隊史論 政・官・軍・民の六〇年』吉川弘文館、二〇一五年
エドアルド・シェワルナゼ（朝日新聞外報部訳）『希望』朝日新聞社、一九九一年
塩田潮『官邸決断せず――日米「安保」戦争の内幕』日本経済新聞社、一九九一年
清水美和『中国はなぜ反日になったか』文春新書、二〇〇三年
徐顕分『日本の対中ODA外交 利益・パワー・価値のダイナミズム』勁草書房、二〇一一年
徐承元『日本の経済外交と中国』慶應義塾大学出版会、二〇〇四年
庄司貴由『自衛隊海外派遣と日本外交――冷戦後における人的貢献の模索』日本経済評論社、二〇一五年
杉本信行『大地の咆哮 元上海総領事が見た中国』PHP研究所、二〇〇六年
鈴木啓介『財界対ソ攻防史――1965-93年』日本経済評論社、一九九八年
世界平和研究所編『中曽根内閣史 政策と理念』、一九九五年
――『中曽根内閣史 日々の挑戦』、一九九六年
瀬川高央『米ソ核軍縮交渉と日本外交――INF問題と西側の結束 1981-1987』北海道大学出版会、二〇一六年
関山健『日中の経済関係はこう変わった 対ロ円借款三〇年の軌跡』高文研、二〇〇八年
添谷芳秀『日本のミドルパワー外交』ちくま新書、二〇〇五年
外岡秀俊・本田優・三浦俊章『日米同盟半世紀 安保と密約』朝日新聞社、二〇〇一年
高浜賛『中曽根外政論』PHP研究所、一九八四年
高原明生・前田宏子『開発主義の時代 1972-2014（シリーズ中国近現代史5）』岩波新書、二〇一四年
滝田洋一『日米通貨交渉 二〇年目の真実』日本経済新聞社、二〇〇六年
竹下登『証言保守政権』読売新聞社、一九九一年
武田悠『「経済大国」日本の対米協調』ミネルヴァ書房、二〇一五年
田中明彦『日中関係1945-1990』東京大学出版会、一九九一年
――『安全保障――戦後五〇年の模索』読売新聞社、一九九七年
――『アジアのなかの日本』NTT出版、二〇〇七年
田中伸尚『靖国の戦後史』岩波新書、二〇〇二年
谷口誠『南北問題-解決への道』サイマル出版会、一九九三年
谷野作太郎『アジアの昇竜――外交官のみた躍進韓国』世界の動き社、一九八八年
丹波実『200％の安全保障を求める国――ソ連戦略と日本の対応』人間の科学社、一九八四年
千々石泰明『大使たちの戦後日米関係――その役割をめぐる比較外交論 一九五二～二〇〇八年』ミネルヴァ書房、二〇一二年
ビクター・D・チャ（船橋洋一監訳・倉田秀也訳）『米日韓 反目を超えた提携』有斐閣、二〇〇三年
趙紫陽／バオ・プー／ルネー・チアン／アディ・イグナシアス（河野純治訳）『趙紫陽 極秘回想録 天安門事件「大弾圧」の舞台裏！』

光文社、二〇一〇年
手嶋龍一『たそがれゆく日米同盟――ニッポンFSXを撃て』新潮文庫、二〇〇六年
デニス・T・ヤストモ（渡辺昭夫監訳）『戦略援助と日本外交』同文舘出版、一九八九年
東郷和彦『日露新時代への助走』サイマル出版会、一九九三年
友田錫『入門・現代日本外交 日中国交正常化以後』中公新書、一九八八年
豊田祐基子『「共犯」の同盟史 日米密約と自民党政権』岩波書店、二〇〇九年
中北浩爾『自民党政治の変容』NHKブックス、二〇一四年
永野信利『日本外交のすべて』行政問題研究所、一九八六年
西村秀樹『北朝鮮抑留――第一八富士山丸事件の真相』岩波現代文庫、二〇〇四年
野添文彬『沖縄返還後の日米安保 米軍基地をめぐる相克』吉川弘文館、二〇一六年
長谷川毅『北方領土問題と日露関係』筑摩書房、二〇〇〇年
畠山襄『通商交渉 国益を巡るドラマ』日本経済新聞社、一九九六年
波多野澄雄『国家と歴史――戦後日本の歴史問題』中公新書、二〇一一年
波多野澄雄・佐藤晋『現代日本の東南アジア政策』早稲田大学出版部、二〇〇七年
服部龍二『日中歴史認識――「田中上奏文」をめぐる相剋 1927-2010』東京大学出版会、二〇一〇年
――『大平正芳 理念と外交』岩波現代全書、二〇一四年
――『外交ドキュメント 歴史認識』岩波新書、二〇一五年
――『中曽根康弘「大統領的首相」の軌跡』中公新書、二〇一五年
ロバート・D・パトナム／ニコラス・ベイン（山田進一訳）『サミット「先進国首脳会議」』TBSブリタニカ、一九八六年
アレクサンドル・パノフ（高橋実・佐藤利郎訳）『不信から信頼へ――北方領土交渉の内幕』サイマル出版会、一九九二年
春名幹男『スクリュー音が消えた 東芝事件と米情報工作員の真相』新潮社、一九九三年
グレン・S・フクシマ『日米経済摩擦の政治学』朝日新聞出版、一九九二年
船橋洋一『日米経済摩擦』岩波新書、一九八七年
――『通貨烈烈』朝日新聞社、一九八八年
――『アジア太平洋フュージョン――APECと日本』中央公論社、一九九五年
アレン・S・ホワイティング（岡部達味訳）『中国人の日本観』岩波書店、一九九三年
本田良一『日ロ現場史 北方領土――終わらない戦後』北海道新聞社、二〇一三年
前間隆則『戦闘機屋人生 元空将が語る零戦からFSXまで九〇年』講談社、二〇〇五年
牧太郎『中曽根政権・一八〇六日 上・下』行政問題研究所、一九八八年
――『中曽根とは何だったのか』草思社、一九八八年
孫崎享『日米同盟の正体 迷走する安全保障』講談社現代新書、二〇〇九年
益尾知佐子『中国政治外交の転換点――改革開放と「独立自主の対外政策」』東京大学出版会、二〇一〇年

松浦晃一郎『援助外交の最前線で考えたこと』国際協力推進協会、一九九〇年
ジェームス・マン（鈴木主税訳）『米中奔流』共同通信社、一九九九年
宮澤喜一『戦後政治の証言』読売新聞社、一九九一年
宮本雄二『これから、中国とどう付き合うか』日本経済新聞出版社、二〇一一年
村田晃嗣『大統領の挫折――カーター政権の在韓米軍撤退政策』有斐閣、一九九七年
毛里和子『日中関係 戦後から新時代へ』岩波新書、二〇〇六年
薮中三十二『対米経済交渉――摩擦の実像』サイマル出版会、一九九一年
山本剛士『戦後日本外交史VI 南北問題と日本』三省堂、一九八四年
横山宏章『日中の障壁 紛争と友好の代償』サイマル出版会、一九九四年
読売新聞政治部『素顔の中曽根政権――「夜討・朝駆レポート」「権力の素顔」より』徳間書店、一九八五年
兪敏浩『国際社会における日中関係 1978～2001の中国外交と日本』勁草書房、二〇一五年
吉田真吾『日米同盟の制度化 発展と深化の歴史過程』名古屋大学出版会、二〇一二年
劉徳有（王雅丹訳）『時は流れて――日中関係秘史五十年 下』藤原書店、二〇〇二年
若月秀和『「全方位外交」の時代――冷戦変容期の日本とアジア・一九七一～八〇年』日本経済評論社、二〇〇六年
――『大国日本の政治指導 1972～1989』吉川弘文館、二〇一二年
若宮啓文『戦後保守のアジア観』朝日選書、一九九五年
――『戦後70年 保守のアジア観』朝日選書、二〇一四年
和田春樹『北方領土問題――歴史と未来』朝日選書、一九九九年
Harry Harding, *A Fragile Relationship: The United States and China since 1972*, (Washington, D.C: Brookings, 1992).
Kimie Hara, *Japanese-Soviet/Russian Relations since 1945: a difficult peace*, (London and New York: Routledge,1998).
Tsuyoshi Hasegawa, *The Northern Territories Dispute And Russo-Japanese Relations*, Volume1 Betweem War and Peace, 1967-1985, (Berkeley: International and Area Studies University of California,1998).

論文（共著・紀要・雑誌）

赤沢璋一「前川リポート――国際協調のための経済構造調整」世界平和研究所編『中曽根内閣史 政策と理念』一九九五年
浅尾新一郎「日米首脳会談の真相」『世界経済評論』一九八一年七月号
――「新展開の日米関係」『東亜』一九八一年九月号
――「日米首脳会談の成果と今後の問題」『世界経済評論』一九八五年二月号
ASEAN問題研究会「注目されるASEANの最近の動き――自民党藤尾政調会長のASEAN四ヵ国歴訪」『経済と外交』一九八五年七月号
――「注目されるASEANの最近の動き――ASEAN拡大外相会議の歩み・第二回日・ASEAN経済閣僚会議」『経済と外交』一九八五年九月号
天野万利「日米経済関係における成果と今後の展望（レーガン大統領

の訪日－2)」『経済と外交』一九八三年
ジェームス・E・アワー／今野秀洋「FSX摩擦とはなんだったのか：日米双方からの検証と教訓」(RIETI特別BBLセミナー：二〇一一年一〇月七日)
リチャード・L・アーミテージ「日米防衛協力の意義 貿易摩擦にもかかわらず揺るぎなき同盟」『国防』一九八六年三月号
飯倉章「世論調査にみる対米観・対日観」細谷千博監修(A50日米戦後史編集委員会)『日本とアメリカ――パートナーシップの五〇年』ジャパンタイムズ、二〇〇一年
五百旗頭真「国際環境と日本の選択」有賀貞・宇野重昭・木戸蓊・山本吉宣・渡辺昭夫編『講座国際政治4 日本の外交』東京大学出版会、一九八九年
――「戦後日本外交とは何か(終章)」同編『戦後日本外交史』有斐閣アルマ、二〇一四年(第三版増補版)
五十嵐武士「宮澤喜一――保守本流 最後の指導者」渡邉昭夫編『戦後日本の宰相たち』中央公論社、一九九五年
五十嵐ふみひこ「『新時代』を迎えた日本の南西アジア外交 中曽根首相の印パ訪問に同行して」『世界週報』一九八四年五月二二日号
池上萬奈「対越経済援助における日本外交――経済援助再開の試みと日米関係」慶應義塾大学大学院法学研究科『法学政治学論究』(二〇一〇年六月号)第八五号
池田維「『国際的貢献』に対する日本のアプローチ――経済大国にとっての課題」『外交時報』一九八九年二月号
池田政巳「経済的パイプをつなぐ――永野ミッション訪ソの意義」『世界週報』一九八三年三月二二日号
石井明「中ソ・CIS関係」岡部達味編『中国をめぐる国際環境』岩波書店、二〇〇一年
石井修「第四章 対立と協調 一九七二－一九八九年」細谷編、前掲『日本とアメリカ』
伊豆見元「南北朝鮮と周辺諸国」『国際年報・第二三巻(一九八三～一九八四)』日本国際問題研究所、一九九〇年(第二三巻)
磯崎典世「韓国民主化と市民社会交流 1980年代(第四章)」李鍾元・木宮政史・磯崎・浅羽祐樹『戦後日韓関係史』有斐閣アルマ、二〇一七年
李娜兀「日本の対米軍事協力メカニズム――『武器輸出三原則』の解釈を中心に」慶應義塾大学大学院法学研究科『法学政治学論究』第六六号(二〇〇五年九月)
稲田十一「アジア情勢の変動と日本のODA」『国際問題』一九九〇年三月号
今川瑛一「中曽根首相の東南アジア訪問」『東亜』一九八三年七月号
殷志強・王新生「胡耀邦と中日関係」歩平(編集代表)・高原明生(翻訳)『中日関係史1978－2008』東京大学出版会、二〇〇八年
魚本藤吉郎「最近のソ連をめぐって」『世界経済評論』一九八二年七月号
宇野宗佑「新時代を迎えた日本外交の針路――米政権誕生、日ソ対話新展開の中で」『アジア時報』一九八九年四月号
江川昌「失われた日ソ関係改善ムード――駐ソ武官国外退去事件をめぐって」『アジア時報』一九八七年一一月号
江藤名保子「第一次教科書問題 一九七九－八二年」高原明生・服部龍二編『日中関係史1972－2012 I政治』東京大学出版会、二〇一二年

遠藤實「ウィリアムズバーグ・サミット後の世界経済情勢」『経済と外交』一九八三年六月号
王坤「認識・イメージ 中国側から見る日中経済協力：一九七九〜一九八八年の『人民日報』の対中ODA報道を中心に」『OUFCブックレット・三』(二〇一四年三月一〇日)
大須賀瑞夫「新たなスタート台に立った『東方外交』——中曽根首相の欧州四ヵ国歴訪に随行して」『アジア時報』一九八七年二-三月号
大嶽秀夫「防衛費増額をめぐる自民党の党内力学」同編『日本政治の争点』三一書房、一九八四年
大村襄治・坂田道太・阪中友久「日米防衛摩擦の真相(座談会)」『中央公論』一九八一年九月号
岡部達味「中国側からみた中ソ関係」『国際問題』一九八三年四月号
小此木政夫「日朝国交交渉と日本の役割」同編『ポスト冷戦の朝鮮半島』日本国際問題研究所、一九九四年
——「新冷戦下の日米韓体制——日韓経済協力交渉と三国戦略協調の形成」同・文正仁編『日韓共同研究叢書四 市場・国家・国際体制』慶應義塾大学出版会、二〇〇一年
小澤治子「日米関係とソ連」木村昌人・高杉忠明編著『パール・ハーバー五〇年——日本・アメリカ・世界 変容する国際社会と日米関係』東洋経済新報社、一九九一年
小野瀬修二「ベトナム引っ張り出しの『地ならし』——『カンボジア』国際会議とASEANの態度」『世界週報』一九八一年七月一四日号
尾野村祐治「『負け戦』だった日米牛肉・オレンジ交渉」『世界週報』一九八八年七月五日号
恩田宗「中曽根総理のASEANおよびブルネイ訪問」『経済と外交』一九八三年六月号
J・カーター「日米関係を高いレベルに引き上げた総理」公文俊平・香山健一・佐藤清三郎監修『大平正芳 政治的遺産』
加藤淳平「『全方位外交』とその後の日本外交——1970年代末における日本外交路線の転換」『常磐国際紀要』第三号(一九九九年三月)
加藤博章「冷戦下自衛隊海外派遣の挫折——1987年ペルシャ湾掃海艇派遣問題の政策決定過程」戦略研究学会『戦略研究10』(二〇一一年一〇月)
門田省三「南北サミットの成果について」『経済と外交』一九八一年一一月号
鹿取泰衛「特別講演会 今後の日ソ関係をどうするか——政治が進むのなら、経済も進めよ」『アジア時報』一九八九年五月号
金重紘「日米経済戦争突入への前触れ 米議会に浸透する『日本脅威論』」『世界週報』一九八九年二月二八日号
——「米国でますます高まる『日本脅威論』議会も政府も世論も次第に対日姿勢を硬化」『世界週報』一九八九年九月一九日号
金丸信・田辺誠「いま、一層の拍車を」『世界』臨時増刊号(一九九二年四月)
苅田吉夫「鈴木総理の訪米について」『経済と外交』一九八一年六月号
——「日米同盟新時代——中曽根総理の訪米」『経済と外交』一九八三年二月号
川島真「進出か、侵略か(一九八二年)——日中歴史認識問題の変遷と課題」園田茂人編『日中関係史1972-2012 Ⅲ社会・文

化』東京大学出版会、二〇一二年
神田豊隆「1980年代の冷戦と日本外交における二つの秩序観——中曽根政権の対中外交を軸として」『アジア太平洋研究』第一九号(二〇一三年一月)
木内昭胤「鈴木総理ASEAN訪問の意義と成果」『世界経済評論』一九八一年三月号
北村隆則「第一回日中閣僚会議」『経済と外交』一九八一年一月号
北村汎「ヴェネチア・サミットの成果と日本の役割」『世界経済評論』一九八七年八月号
——「トロント・サミットの特徴と日本」『世界経済評論』一九八八年九月号
菊地清明「西側経済の再活性化に向けて(オタワ・サミットを終えて)」『経済と外交』一九八一年八月号
——「オタワ・サミットの成果と日本——連帯と協調を維持し自由貿易を堅持」『世界経済評論』一九八一年一〇月号
——「カンクン・サミットの成果と課題——『軍縮と開発』の問題が密接不可分であることを主張」『世界経済評論』一九八二年一月号
岸田郁弘「『新時代』開く全斗煥大統領来日」『世界週報』一九八四年九月四日号
木村俊夫「中東外交の展望——アラファト議長を迎えて」『世界』一九八一年一二月号
草野厚「米国対日通商政策の国内的視点」『国際問題』一九八九年一二月号
ヴィクトル・クジミンコフ「ゴルバチョフ政権の対日政策 一九八五‐一九九一年」『神戸法学雑誌』第五六巻第一号(二〇〇六年八月)
國廣道彦「ボン・サミットの成果」『経済と外交』一九八五年六月号
久米郁男「竹下登——保守党政治完成者の不幸」渡邉編、前掲『戦後日本の宰相たち』
栗山尚一「責任ある経済大国への道」『外交フォーラム』一九八八年一一月号
栗山尚一・永井陽之助・細谷千博・粕谷一希「特別座談会 戦後史の分水嶺として一九八九年」『外交フォーラム』一九八九年一二月号
黒木雅文「プラント問題をめぐる日中経済関係」『経済と外交』一九八二年二月号
黒田眞「対米摩擦と市場開放」前掲『中曽根内閣史 政策と理念』
江新鳳「中日防衛交流」歩(編集代表)・高原(翻訳)、前掲『中日関係史』
呉学文「帰路に立つ日本——中国から見た『大国日本』の選択」同編著『岐路に立つ日本』サイマル出版会、一九八九年
国分良成「対日政策決定のメカニズム——光華寮問題の場合」小島朋之編『アジア時代の日中関係——過去と未来』サイマル出版会、一九九五年
——「冷戦終結後の日中関係——『七二年体制』の転換」『国際問題』二〇〇一年一月号
小島華津子「光華寮問題 一九八七‐八八年」高原・服部編、前掲『日中関係史』
小島朋之「対ソ絡みで日米をためす中国」『東亜』一九八三年四月号
——「対日強硬姿勢と内政の動向」『東亜』一九八七年七月号
後藤利雄「全斗煥大統領訪日の成果と日韓関係」『世界経済評論』一九八四年一一月号
小林秀明「日・ASEAN首脳会議の成果と今後の課題」『経済と外

交』一九八八年二月号
小山高司「三宅島における米空母艦載機着率訓練場の代替施設設置問題の経緯」『防衛研究所紀要』第一一巻第二号（二〇〇九年一月）
崔金柱・銭昕怡「宇野、海部両内閣と中日関係」歩（編集代表）・高原（翻訳）、前掲『中日関係史』
櫻川明巧「日本外交の展開」『国際年報・第二一巻（一九七九－一九八〇）』日本国際問題研究所、一九八五年
――「一九八一－八二年の日本外交の課題」『国際年報、第二二巻（一九八一－八二年）』日本国際問題研究所、一九八八年
――「日本の武器禁輸政策――武器輸出三原則の国会論議をめぐって」日本国際政治学会編『国際政治』第一〇八号（一九九五年三月）
佐々淳行「中曽根内閣と国の危機管理」前掲『中曽根内閣史　理念と政策』
――「瀬島龍三はソ連の『協力者』だった」『正論』二〇一三年一一月号
佐道明広「竹下登『調整型政治』の完成とその限界」佐道・小宮一夫・服部龍二編『人物で読む現代日本外交史――近衛文麿から小泉純一郎まで』吉川弘文館、二〇〇八年
佐藤晋「『経済大国』日本とアジア――一九八〇年代」宮城大蔵編著『戦後日本のアジア外交』ミネルヴァ書房、二〇一五年
佐野真「対日揺さぶりへ始動するグロムイコ外交」『アジア時報』一九八三年五月号
「特別講演会　シェワルナゼ・ソ連外相　新たな国際関係を目指して」（一九八八年一二月二〇日）『アジア時報』一九八九年三月号
「シェワルナゼ・ソ連外相の共同記者会見」（一九八八年一二月二一日）『アジア時報』一九八九年三月号
信田智人「対外政策決定のアクターとしての小沢一郎」外交政策決定要因研究会編（主査・橋本光平）『日本の外交政策決定要因』ＰＨＰ研究所、一九九九年
重城康二「新たな段階に入った日中関係」『世界週報』一九八二年一〇月一九日号
――「政治対話の困難さを示した宇野訪ソ」『世界週報』一九八九年五月三〇日号
杉浦正章「新湾岸条項に役割分担の芽　首脳会談後の日米関係」『世界週報』一九八一年五月二六日号
鈴木美勝「真価問われる『世界の中の日米関係』アゲインスト風が待ちうける『ジョージとノボル』」『世界週報』一九八九年二月二八日号
鈴木庸一「安倍外務大臣の訪欧」『経済と外交』一九八三年二月号
須藤季夫「日本外交におけるＡＳＥＡＮの位置」日本国際政治学会編『国際政治』第一一六号（一九九七年一〇月）
須之部量三・小此木政夫「最近の日韓関係を考える（対談）」『国際問題』一九八三年八月号
隅丸優次「第三回日中閣僚会議」『経済と外交』一九八三年一〇月号
――「胡耀邦総書記の訪日」『経済と外交』一九八三年一二月号
「青少年交流」歩（編集代表）・高原（翻訳）、前掲『中日関係史』
瀬川高央「中曽根政権の核軍縮外交：極東の中距離核戦力（ＳＳ－20）問題をめぐる秘密交渉」『經濟學研究』第五八巻第三号（二〇〇八年一二月）
――「冷戦末期の日米同盟協力と核軍縮――ＩＮＦ削減交渉に見る『ロン・ヤス』関係の帰結点」日本国際政治学会編『国際政治』第

一三六号（二〇一二年一月）
相馬弘尚「竹下総理の訪韓——盧泰愚大統領就任式と日韓新首脳会談の成果」『経済と外交』一九八八年四月号
高木誠一郎「中国の対外関係——『独立自主』外交の展開」前掲『国際年報・第二三巻（一九八三〜一九八四）』
高杉忠明「米国における対日責任分担論——議会、政府を中心にして」『外交時報』一九八九年一月号
高原明生「中米関係——戦略的なパートナーかライバルか」川島真編『中国の外交——自己認識と課題』山川出版社、二〇〇七年
——「1980年代の日中関係（第5章）」国分良成・添谷芳秀・高原・川島真『日中関係史』有斐閣アルマ、二〇一三年
竹下登「四三〇兆円はゴルフ場で決まった（検証 戦後日米首脳会談 第一二回）」『エコノミスト』一九九一年四月九日号
田崎史郎「今後の課題は政治外交の中身　伊東外相アジア五ヵ国歴訪同行記」『世界週報』一九八〇年九月二三日号
——「『カンボジア』解決にはほど遠い　園田外相のマニラ訪問を取材して」『世界週報』一九八一年七月七日号
田中均「日朝関係改善を進める外務省の意図」『現代コリア』一九八九年六月号
田辺誠「野党外交の歴史的成果　日朝関係の新しい樹立」『月刊社会党』一九九〇年一二月号
谷野作太郎・韮澤嘉雄「最近の韓国情勢をめぐって」『世界経済評論』一九八七年九月号
谷野作太郎「最近のアジア情勢と日本の対応」『世界経済評論』一九八八年五月号
玉腰辰巳「歓迎、中野良子！（一九八四年）——映画による相互イメージの変転」園田編、前掲書
妻形克和「カンボジア三項目提案で評価得る　変質示した日本の対ASEAN外交」『世界週報』一九八四年七月三一日号
手島冷志「ボン・サミットの成果と今後の問題」『世界経済評論』一九八五年七月号
都甲岳洋「ソ連の新思考外交と宇野外相ソ連訪問の成果」『世界経済評論』一九八九年七月号
中川幸次「マクロ経済政策」前掲『中曽根内閣史　理念と政策』
——「総括——政策課題への取り組み姿勢」前掲『中曽根内閣史　理念と政策』
中島琢磨「中曾根康弘　冷戦期の日本外交の帰結点」佐道・小宮・服部編、前掲『人物で読む現代日本外交史』
中島敏次郎「レーガン米大統領来日の意義と成果」『世界経済評論』一九八四年一月号
——「天安門事件の発生」『外交フォーラム　臨時増刊　中国』一九九七年
中曽根康弘「日米関係は複合摩擦の時代に（検証 戦後日米首脳会談 第一一回）」『エコノミスト』一九九一年三月二六日号
永野信利「外務官僚高島益郎の外交感覚」『諸君』一九八一年四月号
——「外務省の憂鬱」『中央公論』一九八一年一〇月号
長嶺安政「中曽根首相のパキスタン・インド訪問」『経済と外交』一九八四年五月号
名越健郎「安倍和平提案を拒否する理由　フン・セン・カンボジア外相インタビュー」『世界週報』一九八四年九月一八日号
——「ゴルバチョフの新アジア戦略と北方領土」『世界週報』一九八六年九月九日号

西川吉光「集団的自衛権解釈の再考と日本国憲法」『国際地域学研究』二〇〇八年三月（第一一号）
西山健彦「ボン・サミットの政治的側面に関する考察と課題」『経済と外交』一九八五年六月号
――「日本にとっての西欧の意味と最近のソ連をめぐって――中曽根総理に同行し、またゴルバチョフ政権下のソ連を訪れて」『世界経済評論』一九八五年一〇月号
西脇文昭「大綱のワクを守れるか 時間かせぎいつまで 日本の防衛力増強」『世界週報』一九八一年七月二八日号
――「シーレーン防衛へ『共同作戦』」『世界週報』一九八二年九月二一日号
橋本恕・韮澤嘉雄「日米摩擦問題と日本の対外広報体制」『世界経済評論』一九八二年四月号
長谷川和年「米ソ首脳会談、竹下総理の国連軍縮総会出席、第二次西欧訪問をめぐって」『世界経済評論』一九八八年八月号
――「竹下総理訪中の成果と今後の課題」『世界経済評論』一九八八年一一月号
――「中曽根外交」前掲『中曽根内閣史 政策と理念』
――「『ロン・ヤス関係』誕生の記」『文藝春秋』二〇〇四年八月号
波多野敬雄「日米経済摩擦・中東和平問題をめぐって」『世界経済評論』一九八二年一二月号
服部龍二「宮澤談話に関する一史料」『中央大学論集』第三〇号（二〇〇九年三月）
――「中曽根・胡耀邦会談記録――一九八三、八四、八六年」『総合政策研究』（中央大学）第一九号（二〇一一年三月）
――「藤尾文相発言――外務省記録から」『中央大学 政策文化総合研究所年報』第一四号（二〇一一年八月一日）
――「中曽根・胡耀邦関係と歴史問題 一九八三～八六年」高原・服部編、前掲『日中関係史』
原野城治「鈴木総理のASEAN五ヵ国歴訪に同行して 期待される国際舞台での政治的役割」『世界週報』一九八一年二月一〇日号
――「証明された南北対話の難しさ――カンクン・サミットは何を残したか」『世界週報』一九八一年一一月一七日号
平松茂雄「日中軍事交流の軌跡」『東亜』一九八八年六月号
平山郁夫「敦煌と竹下総理」『新経世』特別号（一九八九年八月）
藤尾正行「『放言大臣』大いに吠える」『文藝春秋』一九八六年一〇月号
藤本敏和「全斗煥大統領訪日の意義と日韓関係の展望」『国際問題』一九八四年一二月号
アンドレア・プレセロ「ヴェトナム戦争後の東南アジア秩序と日本」宮城大蔵編『戦後アジアの形成と日本』中央公論新社、二〇一四年
編集部「竹下内閣の五七五日――外交と内政 後世必ず評価される時が来る」前掲『新経世』
「ドキュメント ブッシュ米大統領の三つの外交演説 上」『世界週報』一九八九年七月一一日号
堀之内秀久「第五回日中閣僚会議の開催」『経済と外交』一九八七年八月号
益尾知佐子「中国の近代化と日本モデル――鄧小平時代の日中関係」趙宏偉・青山瑠妙・益尾・三船恵美編『中国外交の世界戦略――日・米・アジアとの攻防三〇年』明石書店、二〇一一年
松浦晃一郎・韮澤嘉雄「竹下総理の中国訪問と日中経済協力をめぐって」『世界経済評論』一九八八年一二月号

松下竜朗「日韓防衛交流の進展と停滞——信頼醸成の可能性と限界」『防衛学研究』第四二号（二〇一〇年三月）
松田喬和「中曽根首相、猛暑の中のインド、パキスタン歴訪——期待される経済大国」『アジア時報』一九八四年六月号
——「自民党と中曽根政権」前掲『中曽根内閣史 理念と政策』
松田康博「日台関係の安定化と変化への胎動——一九七九-八七年」川島真・清水麗・松田・楊永明『日台関係史1945-2008』東京大学出版会、二〇〇九年
松永大介「総理訪米を振り返って」『経済と外交』一九八七年五月号
松永信雄「ベルサイユ・サミットの成果と日本」『世界経済評論』一九八二年八月号
——「アメリカ経済、日米関係の実情と前進」『世界経済評論』一九八八年二月号
道上尚史「宇野外務大臣の韓国訪問」『外交フォーラム』一九八八年五月号
三宅康之「六・四（第二次天安門）事件 一九八九-九二」高原・服部、前掲『日中関係史』
三宅和助・韮澤嘉雄「好転してきた海外の対日世論」『世界経済評論』一九八四年六月号
宮里政玄「ポスト覇権時代の日米関係 一九八五-一九九三」細谷千博編『日米関係史』東京大学出版会、一九九五年
宮下明聡「援助外交における国益と外圧」同・佐藤洋一郎編『現代日本のアジア外交』ミネルヴァ書房、二〇〇四年
宮本雄二「米ソ軍備管理交渉の現段階と前進」『世界経済評論』一九八七年九月号
村井雄「日中経済関係の再調整」『世界週報』一九八一年一月一三日号
村上隆「『サハリン』と『ヤンブルク』対ソ制裁強化で苦境に立つ石油・ガス開発」『世界週報』一九八二年七月二〇日号
村田晃嗣「『国際国家』の使命と苦悩（第5章）」五百旗頭編、前掲『戦後日本外交史』
村田良平「ロンドン・サミットから帰って」『世界経済評論』一九八四年八月号
——「中曽根総理大臣訪米の成果と今後の課題」『世界経済評論』一九八七年七月号
——「変わりゆく国際情勢と日本外交の課題」『世界経済評論』一九八八年八月号
本野盛幸「ウィリアムズバーグ・サミットの成果と日本」『世界経済評論』一九八三年七月号
桃井眞「国際安全保障への積極的参加」前掲『中曽根内閣史 理念と政策』
八木正典「日米建設協議の実質的な決着——その経緯と決着内容」『経済と外交』一九八八年五月号
山口寿男「ASEAN拡大外相会議」『経済と外交』一九八三年八月号
山口航「中曾根康弘政権における日米同盟の拡大」『同志社法学』第六四巻（二〇一二年九月）
山下新太郎「中ソ、三〇年ぶりの和解を読む」『外交フォーラム』一九八九年七月号
山本健「天然ガス・パイプライン建設をめぐる西側同盟——一九八一〜一九八二年」増田実・池田亮・青野利彦・斎藤嘉臣編著『冷戦史を問いなおす——「冷戦」と「非冷戦」の境界』ミネルヴァ書房、

二〇一五年
山本健彦「対ソ経済制裁解除と西側同盟の行方」『世界週報』一九八二年一二月一四日号
山本剛士「日朝関係と今後の選択」山本進・安原和雄・山村喜晴・山本（剛）・石丸和人・松本博一『戦後日本外交史Ⅶ 日本外交の進路』三省堂、一九八四年
――「記録 日朝不正常関係史」前掲『世界』臨時増刊号
結城雅秀「日米協力と懸案解決のための協力――安倍外務大臣の訪米」『経済と外交』一九八四年二月号
兪敏浩「中国の対外開放路線と日本（一九七六－一九八二）――対外開放論理の変容と日中関係の経済化」添谷芳秀編『現代中国外交の六十年――変化と持続』慶應義塾大学出版会、二〇一一年
依田智治「日米安保と防衛政策」前掲『中曽根内閣史 理念と政策』
李卓・梁云祥「竹下登内閣と中日関係」歩（編集代表）・高原（翻訳）、前掲『中日関係史』
渡辺幸治「鈴木総理のＡＳＥＡＮ歴訪」『東亜』一九八一年四月号
渡邊幸治「日米経済摩擦問題の実情と前途」『世界経済評論』一九八七年一一月号
渡邊泰造「ご大喪・アメリカ社会の変化・ブッシュ政権下の日米関係」『世界経済評論』一九八九年五月号
渡部亮次郎「元外相秘書官の語る秘話（16）国内混乱で三度目の外相」『自由』一九九五年一月号
Chi Su, "The Triangle and China's Soviet Policy", in Robert S. Ross (ed.), *China, The United States and The Soviet Union: Tripolarity and Policy Making in the Cold War*, (New York and London: M.E.Sharpe, 1993).
Nobuo Shimotomai, "Japan-Soviet Relations Under Perestroika: Perceptions and Interactions between Two Capitals" in Gilbert Rozman(ed.), *Japan and Russia: The Tortuous Path to Normalization*, 1949-1999 (New York: St.Martin's Press, 2000).

ナ

ハ

㋚

主要事項索引

マ

ヤ

ラ

ハ

サ

カ

主要人名索引

ア

年	月/日	主な出来事
	4/28	FSX共同開発をめぐる日米協議決着
	4/29	竹下首相がASEAN5ヵ国訪問（～5/7）
	5/15	ゴルバチョフ書記長が中国訪問（～5/18）。30年ぶりの中ソ和解
	5/25	米通商法の「スーパー301条」に基づき、日本はブラジル、インドとともに「不公正国」とされる
	6/2	宇野宗佑内閣発足（～8/9）
	6/4	中国政府、天安門広場を占拠中の学生・市民を装甲車・戦車で制圧（天安門事件）
	6/21	三塚博外相、第3次対中円借款の新規案件をめぐる協議、開発調査団派遣などを全て当面見合わせるとの見解を表明
	7/14	G7サミット（アルシュ）。宇野首相出席。中国に対する非難声明
	7/23	参議院選挙で、自民党は参議院で過半数を割り、ねじれ現象に
	7/30	パリでカンボジア和平を話し合うカンボジア和平パリ国際会議（～8/30）
	8/9	海部俊樹内閣が成立（～1991/11/5）
	9/4	日米経済構造協議が開始
	11/6	キャンベラで第1回アジア・太平洋経済協力閣僚会議（APEC）開催（～11/6～11/7）
	11/9	ベルリンの壁が崩壊
	12/2	ブッシュ大統領とゴルバチョフ書記長がマルタ島で会談（～3日）。冷戦終結を確認

年	月/日	主な出来事
1988 （昭和63）	1/8	竹下首相、日米・日加首脳会談のため、訪米・訪加（～1/20）
	1/13	蔣経国台湾総統が死去。李登輝副総統が総統に就任（～2000/5/20）
	2/3	GATT、日本に農産物自由化勧告裁定案採択
	2/25	韓国大統領に盧泰愚就任（～1993/2/24）。竹下首相が大統領就任式に出席、盧大統領と会談
	3/29	建設市場に関する日米協議が決着
	4/22	奥野誠亮国土庁長官、日本だけが侵略の責めを負うことへの不満を表明。中国などの反発により辞任（5/13）
	4/29	竹下首相が、バチカン、イタリア、英、西独を歴訪（～5/9）。ロンドンにおいて「国際協力構想」を発表（5/4）
	5/15	ソ連軍がアフガニスタンから撤退開始
	5/30	竹下首相、第3回国連軍縮特別総会に出席し、仏、ベルギーを歴訪（～6/9）
	6/19	G7サミット（トロント）（～6/21）。竹下首相出席。ODAに関する第4次中期目標を発表
	6/20	牛肉・オレンジ自由化に関する日米交渉妥結
	6/29	リクルート関連株譲渡問題で政治家関与が判明
	7/7	盧泰愚大統領、南北問題に関する大統領特別声明を発表し、北朝鮮に対話呼びかけ。日本政府、北朝鮮との直接対話に言及
	7/20	中曽根前首相がソ連訪問（～7/26）。世界経済国際関係研究所（IMEMO）で講演し、ゴルバチョフ書記長と会談
	8/20	イラン・イラク戦争停戦
	8/25	竹下首相訪中（～8/29）。総額8100億円の第3次円借款を約束
	8/28	米議会で包括通商法成立。相手国の不公正貿易に関する判断や報復措置発動の権限がUSTR（通商代表部）へ
	9/16	ゴルバチョフ書記長、クラスノヤルクスでソ連のアジア太平洋政策を総括した演説
	9/17	ソウルオリンピック開幕（～10/2）。竹下首相が開会式に出席
	9/19	昭和天皇の吐血報道をきっかけに自粛ムードが広がる。
	11/8	米大統領選挙で、共和党のジョージ・H・W・ブッシュ副大統領当選
	12/18	シェワルナゼ外相来日。日ソ外相定期協議が東京で約2年半ぶりに再開
	12/24	税制改革関連6法案が国会で成立（翌年4月に消費税導入）。
1989 （昭和61） （平成元）	1/7	昭和天皇崩御。大喪の礼（2/24）
	1/20	米大統領にブッシュ就任（～1993/1/20）
	1/31	竹下首相訪米（～2/5）。ブッシュ大統領と会談
	2/15	ソ連軍がアフガニスタンから撤収。ソ連アフガン戦争終結
	3/30	竹下首相、衆議院予算委員会で、「朝鮮民主主義人民共和国」と呼称し、朝鮮半島全体を対象に過去の植民地支配に遺憾表明
	3/30	田辺誠前社会党書記長等の社会党代表団、北朝鮮を訪問（～4/7）
	4/12	李鵬首相来日（～4/16）
	4/25	竹下首相、1989年度の予算成立後の退陣表明。内閣総辞職（6/2）

年	月/日	主な出来事
	11/28	国鉄分割・民営化関連8法案成立（翌年4月。JRグループ発足）
	12/9	中国各地で民主化を求める学生デモが発生
	12/30	1987年度予算案が決定。防衛費、対GNP比1%枠を初めて突破
1987（昭和62）	1/10	中曽根首相、東欧4ヵ国歴訪（フィンランド、東独、ユーゴスラビア、ポーランド）（～1/17）
	1/16	胡耀邦総書記解任
	1/24	防衛費の対GNP比1%枠撤廃。新基準として総額明示方式を閣議決定
	2/26	大阪高裁が中国人留学生寮「光華寮」の所有権を台湾に認める判決
	2/27	G7、黒字国の内需拡大、為替レートの現水準での安定化を確認（ルーブル合意）
	4/23	売上税法案、衆議院議長預かりの形で事実上の廃案
	4/29	中曽根首相、日米首脳会談のため訪米（～5/5）
	5/15	東芝機械、COCOM規制違反で処分
	5/29	経済摩擦と円高不況克服のための緊急経済対策を決定。公共事業、減税など総額6兆円
	5/29	栗原防衛庁長官が防衛庁長官による初の訪中（～6/5）。張愛萍国防部長と会談
	6/4	訪中した矢野絢也公明党委員長に_小平主任が、防衛費対GNP比1%枠撤廃と光華寮問題について不満を表明
	6/4	柳谷謙介外務事務次官が4日の_発言に不満表明（「雲の上の人」発言）。次官の遺憾表明（6/15）で事態収拾
	6/8	G7サミット（ベネチア）（～6/10）。中曽根首相出席
	6/29	韓国の盧泰愚大統領候補が民主化宣言発表
	7/4	自民党竹下派（経世会）結成。113名の議員参加で最大派閥に
	7/15	台湾当局が戒厳令を解除
	8/27	中曽根首相が衆議院内閣委員会で機雷除去のため自衛隊のペルシャ湾派遣は法的に可能と見解を表明
	9/19	中曽根首相、国連総会出席のため訪米（～9/23）。最後のレーガン大統領との会談で「ロン・ヤス」憲章に署名（9/21）
	10/2	日米防衛首脳協議、FSX（次期支援戦闘機）の共同開発に合意
	10/7	ペルシャ湾航行安全貢献策の政府決定。DECCA（高精度電波航行誘導）システム設置や湾岸諸国への財政援助を表明
	10/19	ニューヨーク株式市場大暴落（ブラック・マンデー）
	10/20	中曽根総裁、次期自民党総裁に竹下登幹事長を指名
	11/6	竹下登内閣発足（～1989/6/2）
	11/29	北朝鮮工作員による大韓航空機爆破事件。死者115名
	12/8	レーガン大統領とゴルバチョフ書記長が、中距離核戦力（INF）全廃条約調印
	12/15	竹下首相、フィリピン訪問（～12/16）。ASEAN首脳会議に出席
	12/16	韓国大統領選挙、民主正義党の盧泰愚候補が当選（翌年2月に大統領就任）。

年	月/日	主な出来事
1985 （昭和60）	9/18	北京で大学生らによる反中曽根デモが発生
	9/22	G5（先進5ヵ国蔵相・中央銀行総裁会議）がドル高是正の経済政策協調で合意（プラザ合意）。円高不況が始まる
	9/23	レーガン政権、新通商政策を発表。通商法301条の積極的活用を宣言
	10/10	安倍外相訪中（～10/13）。鄧小平主任や呉学謙外交部長から、首相の靖国参拝に対する批判を受ける
	10/19	中曽根首相、国連40周年記念式典、緊急サミット出席のため訪米（～10/26）
	11/19	米ソ首脳会談、6年ぶりにジュネーブで開催。レーガン大統領とゴルバチョフ書記長の初顔合わせ
1986 （昭和61）	1/12	中曽根首相、カナダ訪問（～1/16）
	1/15	シェワルナゼ外相が訪日（～1/19）。平和条約締結のための外相定期協議の再開
	2/25	フィリピンのマルコス大統領国外脱出。故ベニグノ・アキノ氏夫人のコラソンが大統領就任（～1992/6/29）
	4/5	西ドイツでディスコ爆破事件。米軍、事件の報復としてリビアを空爆（4/15）
	4/7	「国際協調のための経済構造調整研究会」が、報告書（前川レポート）を提出
	4/12	中曽根首相、キャンプデービットでの日米首脳会談のため訪米（～4/15）
	4/26	ソ連チェルノブイリ原発事故
	5/4	G7サミット開催（東京）（～5/6）。中曽根首相が議長。政策協調と相互監視強化、対リビア非難で合意
	5/29	安倍外相訪ソ（～6/1）。11年ぶりの北方領土墓参が決まる
	6/4	中国外交部が、「日本を守る国民会議」作成の歴史教科書を批判。第二次教科書問題へ
	7/6	衆参同日選挙で自民党が、300議席確保の歴史的圧勝
	7/22	第三次中曽根内閣が発足
	7/27	ゴルバチョフ書記長がウラジオストク演説。中日両国との関係改善の意向表明
	8/14	後藤田正晴官房長官談話において、靖国神社への公式参拝を差し控えると声明
	8/30	中曽根首相、自民党の軽井沢セミナーで「1986年体制」を宣言
	9/8	中曽根首相、日韓関係で問題発言を行った藤尾正行文相を罷免
	9/9	米SDI研究への参加方針を閣議決定
	9/11	自民両議院議員総会、中曽根総裁の任期1年延長を決定
	9/15	GATT閣僚会議（ウルグアイ）開催（～9/19）。新たな多角的貿易交渉（ウルグアイラウンド）開始を宣言
	9/20	中曽根首相が二度目の訪韓（～9/21）。藤尾発言について全斗煥大統領に陳謝
	9/22	中曽根首相、静岡県函南町の自民党研修会で「知的水準」発言
	10/11	レイキャビクで米ソ首脳会談。SDIをめぐって交渉決裂
	11/8	中曽根首相が二度目の訪中（～11/9）。胡耀邦総書記と会談

年	月/日	主な出来事
	5/30	「円・ドル委員会報告書」発表。日本、金融自由化や円の国際化の方向性を確認。
	6/7	G7サミット（ロンドン）（～6/9）。中曽根首相出席
	7/7	張愛萍中国国防部長が来日。栗原祐幸防衛庁長官と会談（7/9）
	7/12	ASEAN拡大外相会議（ジャカルタ）（～7/13）。安倍外相出席。カンボジア問題に関する「三項目提案」を発表
	9/6	全斗煥大統領、韓国の国家元首として初の来日（～9/8）。昭和天皇、歓迎晩餐会で不幸な過去に「遺憾」を表明。
	9/8	北朝鮮が合弁法制定。外貨の制限的導入を試みる
	9/24	中国側が日本の青年3000名を招待（～10/8）
	9/28	レーガン大統領、グロムイコ・ソ連外相がワシントンにおいて会談
	10/1	ベトナムのグエン・コ・タック外相来日。6年ぶりの日越外相会談開催
	10/15	日朝民間漁業協定調印（11/1に発効）
	10/31	自民党両議院議員総会で中曽根総裁の再選が決定。
	10/31	藤波孝生官房長官談話で翌年1月1日から対北朝鮮制裁解除を発表
	10/31	インドでインディラ・ガンジー首相暗殺される
	11/3	中曽根首相、ガンジー首相の国葬に参列。ニコライ・チーホノフ・ソ連首相と会談（11/4）
	11/6	米大統領選挙でレーガン再選
	11/20	南北赤十字会談が7年ぶりに再開
1985（昭和60）	1/1	中曽根首相訪米（～1/5）。レーガン大統領と、市場志向・分野選択型（MOSS）協議の開始合意
	1/13	中曽根首相、大洋州諸国歴訪（フィジー、パプアニューギニア・豪州・ニュージーランド）（～1/20）
	2/27	田中元首相、脳梗塞で入院
	3/10	チェルネンコ書記長死去、ミハイル・ゴルバチョフが後任
	3/14	チェルネンコ書記長葬儀に参列した中曽根首相、ゴルバチョフ新書記長と会談
	4/9	第7次対外経済対策を発表。中曽根首相、国民一人に100ドルの外国製品購入を呼びかけ
	5/2	G7サミット（ボン）。中曽根首相出席。「SDI五原則」の提示
	7/2	グロムイコ外相が最高会議幹部会議長に就任。後任外相にエドゥアルド・シェワルナゼ
	7/12	中曽根首相、欧州4ヵ国歴訪（フランス、イタリア、バチカン、ベルギー）（～7/21）
	7/27	中曽根首相、自民党軽井沢セミナーで講演。「戦後政治の総決算」を打ち出す
	7/31	市場開放のための行動計画「アクション・プログラム」の骨格決定
	8/15	中曽根首相、戦後の首相として初めて靖国神社を公式参拝
	9/18	59中業（中期業務見積り）に代えて、「中期防衛力整備計画（1986～90年度）」を閣議決定

年	月/日	主な出来事
1982（昭和57）	6/7	第2回国連軍縮特別総会開催（～7/10）。鈴木首相出席
	7/20	自民党国際経済対策調査会会長の江崎真澄団長一行9名（江崎ミッション）が訪台
	7/26	中国が教科書問題で日本政府に抗議。韓国も重大関心を表明
	8/17	米中両国が台湾への武器売却の制限に関する共同声明発表（第2次上海コミュニケ）
	8/26	宮澤喜一官房長官が教科書問題で政府見解を発表。政府の責任で記述是正へ（宮澤談話）
	9/1	胡耀邦中国総書記が中国共産党第12回大会で、「独立自主の対外政策」を発表
	9/26	鈴木首相訪中（～10/1）
	11/10	ブレジネフ書記長死去、後任にユーリー・アンドロポフが就任（1984/2/9）。鈴木首相、ブ書記長葬儀参列で訪ソ（11/14～16）
	11/27	中曽根康弘内閣成立（～1987/11/6）
1983（昭和58）	1/11	中曽根首相が日本国の首相として初の公式訪韓（～1/12）。全斗煥大統領と会談（対韓経済協力40億ドルで合意）。
	1/14	対米軍事技術供与を閣議決定
	1/17	中曽根首相訪米（～1/21）。レーガン大統領との会談で「日米運命共同体」を表明。米紙に「不沈空母」発言。
	3/23	レーガン大統領、SDI構想（戦略防衛構想）を発表
	4/30	中曽根首相、東南アジア諸国6ヵ国歴訪（～5/10）
	5/28	G7サミット（ウィリアムズバーグ）（～5/30）。中曽根首相出席。欧州と極東との安全の不可分性を確認
	8/21	フィリピンでベニグノ・アキノ元上院議員暗殺される
	9/1	ソ連空軍機、サハリン沖で大韓航空機を撃墜。死者269名
	10/9	ミャンマーのヤンゴン（当時ラングーン）で北朝鮮によるテロ（ラングーン事件）。韓国閣僚らが死亡
	10/12	東京地裁が田中角栄元首相に懲役4年の有罪判決。国会紛糾、解散へ
	11/9	レーガン大統領来日（～11/12）。西側の結束と日本の防衛努力を再確認
	11/11	第18富士山丸事件発生。日本の貨物船の船長と機関長が北朝鮮により拘留
	11/23	胡耀邦総書記来日（～11/30）。中曽根首相と会談し、日中友好21世紀委員会の設置を決定。国会で演説
	12/18	総選挙で自民党が大敗し、過半数割れ
	12/27	第2次中曽根内閣が発足。新自由クラブと連立
1984（昭和59）	2/9	アンドロポフ書記長が死去。後任にコンスタンチン・チェルネンコ。ア書記長の葬儀に安倍外相が参列
	3/23	中曽根首相が訪中（～3/26）。総額4700億円の第二次円借款供与を約束。
	4/7	日米農産物交渉（牛肉・オレンジ）が決着
	4/26	レーガン大統領が訪中（～4/30）。鄧小平との会談で、米国は中国の近代化支持、中国は米国の軍事力増強支持で合意
	4/30	中曽根首相がインド・パキスタン両国を歴訪（～5/6）

本書関連年表

年	月/日	主な出来事
1979（昭和54）	12/24	ソ連軍、アフガニスタンに侵攻。ソ連アフガン戦争始まる
1980（昭和55）	5/18	韓国で光州事件
	6/12	大平正芳首相選挙期間中に急死。伊東正義官房長官が職務代行
	6/22	初の衆参同日選挙。自民党大勝により両院で安定多数確保
	7/17	鈴木善幸内閣成立（～1982/11/27）
	8/27	韓国大統領に全斗煥就任（～1988/2/24）
	9/17	ポーランドで自主管理労働組合「連帯」結成
	9/17	韓国軍法会議で金大中に内乱罪などで死刑判決
	9/22	イラン・イラク戦争勃発（～1988/8/20）
	11/4	米国大統領選挙、レーガン共和党候補がカーター大統領に圧勝
1981（昭和56）	1/6	2月7日を「北方領土の日」と閣議決定
	1/8	鈴木首相、ASEAN（東南アジア諸国連合）5ヵ国歴訪に出発（～1/20）
	1/8	金大中、特赦で無期懲役に
	1/19	中国が上海宝山製鉄所第2期工事の契約破棄を通告
	1/20	米大統領にロナルド・レーガン就任（～1988/1/20）
	2/2	米韓共同声明発表。在韓米軍撤退計画を白紙撤回
	5/1	対米自動車輸出規制を決定
	5/4	鈴木首相訪米。レーガン大統領と会談し、日米共同声明発表。記者会見でシーレーン防衛を表明（～5/10）
	5/16	日米共同声明の「同盟」の文言に関する紛糾により、伊東正義外相辞任
	5/21	仏大統領にフランソワ・ミッテラン（社会党）就任（～1995/5/17）
	7/13	国連カンボジア国際会議が開催。園田直外相出席
	7/20	G7サミット（オタワ）。鈴木首相出席
	8/20	東京で日韓外相会談。安保経済協力をめぐり紛糾（～8/21）
	9/4	大慶化学プラント、宝山製鉄所に対し約3000億円の資金協力を決定
	10/12	ヤーセル・アラファトPLO議長来日（～10/15）。鈴木首相と会談
	10/20	鈴木首相、カンクン・サミット（南北サミット）出席のためメキシコ訪問（～10/23）
	12/13	ポーランドで反政府運動を牽制するために戒厳令施行
1982（昭和57）	3/24	レオニード・ブレジネフソ連書記長がタシケントで、中国に関係改善のための交渉開始を呼びかけ
	5/31	趙紫陽中国首相が訪日（～6/5）。超首相、「日中関係三原則」を表明

[著者略歴]
若月秀和（わかつき・ひでかず）
北海学園大学法学部教授
一九七〇年生まれ。一九八八年千葉市立千葉高等学校卒業。一九九三年同志社大学法学部政治学科卒業、二〇〇二年立教大学大学院法学研究科博士課程修了、博士（政治学）を取得。立教大学法学部助手、北海学園大学法学部専任講師、同准教授を経て現職。主著に『「全方位外交」の時代――冷戦変容期の日本とアジア　1971-80年』（日本経済評論社）、『大国日本の政治指導　1972-89』（吉川弘文館）などがある。

叢書　21世紀の国際環境と日本　006
冷戦の終焉と日本外交　鈴木・中曽根・竹下政権の外政　1980～1989年
二〇一七年一二月一日　初版第一刷発行

著者　若月秀和
発行者　千倉成示
発行所　株式会社 千倉書房
〒一〇四-〇〇三一　東京都中央区京橋二-四-一二
電話　〇三-三二七三-三九三一（代表）
http://www.chikura.co.jp/
印刷・製本　中央精版印刷株式会社
写真　尾仲浩二
造本装丁　米谷豪

ISBN 978-4-8051-1113-0　C1331

叢書「21世紀の国際環境と日本」刊行に寄せて

本叢書は、二十一世紀の国際社会において日本が直面するであろう、さまざまな困難や課題に対して、問題解決の方策をさぐる試みと言い換えることができます。その糸口は、歴史に学びつつ、現況を精緻に分析することでしか見出すことはできないでしょう。先人たちが「死の跳躍」に挑んでから一五〇年、今あらためて国際環境と日本を俯瞰するテーマを多角的に掘り下げていきたいと考えています。

多くの場合、合理的・秩序形成的な日本ですが、折々の国際環境や、それを映した国内の政治・経済状況といった変数の下で、ときに予期せぬ逸脱を見せることがありました。近代以後、数度にわたる逸脱の果てを歴史として学んできた世代が、そのことを踏まえて日本と世界を語ることには深い意義があるはずです。

多くのプレーヤー・諸要素に照らし分析することで、果たして如何なる日本が、世界が、立ち現れるのか。透徹した史眼を持つ執筆陣によって描きだされる、新しい世界認識のツール。小社創業八十周年を期にスタートする本叢書に、読者のみなさまの温かいご支援を願ってやみません。

二〇〇九年九月

千倉書房